FORJADA EN COBRE

FORJADA EN COBRE

KATIA FOX

Traducción de
Laura Manero

Grijalbo

Título original: *Das Kupferne Zeichen*

Primera edición: mayo, 2009

Printed in Spain – Impreso en España

ISBN: 978-84-253-4320-9
Depósito legal: B. 11.472-2009

Compuesto en Lozano Faisano, S. L. (L'Hospitalet)

Impreso y encuadernado en Printer Industria Gráfica, S. L.
N. II, Cuatro Caminos, s/n. 08620
Sant Vicenç dels Horts (Barcelona)

GR 4 3 2 0 9

Para mis hijos Frédéric, Lisanne y Céline

Escocia
Irlanda
Mar
del
Norte
Inglaterra
Gales
St. Edmundsbury
Orford
Northampton
Ipswich
Londres
Canterbury
Portsmouth
Flandes
Béthune
Neufchâtel-en-Bray
Barfleur
Beauvais
Compiègne
Tancarville
Caen
París
Champaña
Normandía
Bretaña
Sena
Maine
Borgoña
Loira
Anjou
Poitou
N
Condado de
La Marche
Angulema
Limoges
Aquitania
Périgord
Garona
Gascuña
Languedoc
Condado de
Tolosa
Castilla

LIBRO PRIMERO

PARTIDA

Orford, julio de 1161

Válgame Dios, Ellenweore, si hubieras nacido muchacho...! —A pesar del reniego, Osmond la miró con orgullo y pasó la mano sobre el yunque para limpiar la escoria—. Es una verdadera lástima. Tengo un hijo que se escapa del taller en cuanto me doy media vuelta, y aquí mi pequeña lleva la forja en la sangre.

Le dio unas palmaditas de satisfacción en el hombro.

Osmond no la alababa muy a menudo, y Ellen sintió que le afluía la sangre a la cabeza y que desde allí irradiaba una agradable calidez.

—¡Aedith! —exclamó la chiquilla a media voz cuando se abrió el pesado portón de madera de la herrería y vio aparecer a su hermana en el umbral.

Como de costumbre, Aedith se negaba a pisar el taller por miedo a ensuciar su bonito vestido. Kenny, el benjamín de Osmond, tiraba violenta y obstinadamente del brazo que su hermana le tenía aprisionado. Cuanto más tiraba el niño del brazo para alejarse de ella, con mayor fuerza cerraba los dedos Aedith alrededor de su delgada muñeca. Kenny estiró todo lo que pudo, pero al fin se quedó quieto.

—Madre ha dicho que te lo traiga —explicó Aedith con desdén, y lanzó a su hermano al interior del taller. Con la barbilla señaló en dirección a su hermana mayor—. Ellen tiene que ir por agua y a recoger madera. —Se quedó de pie en el vano, moviendo impacientemente el pie—. ¡Vamos, ven de una vez! ¿O acaso te has creído que tengo todo el día? —siseó.

A Osmond le costó un gran esfuerzo quedarse callado. El ayudante que lo asistía en las tareas más pesadas llevaba ya una semana enfermo, por lo que necesitaba a su hija para continuar con el trabajo. Kenny era todavía muy pequeño y no le resultaba de gran ayuda. Sin embargo, Ellen sabía muy bien que Osmond, pese a todo, jamás se opondría a las órdenes de su mujer. Nunca lo había hecho. Muy a su pesar, dejó las tenazas que sostenía en la mano, se quitó su querido mandil con una lentitud exagerada y se agachó para ponérselo a su hermano pequeño. El cuero le llegaba al niño hasta más abajo de los tobillos, y las correas le quedaban tan largas que Ellen tuvo que darles dos vueltas alrededor de su estrecha cintura.

Osmond la contemplaba en silencio. Cuando su hija levantó al fin la mirada, le dirigió un gesto de tristeza.

—¿Algo más? —preguntó Aedith con ánimo pendenciero.

Ellen dijo que no con la cabeza y la siguió a la casa.

Allí empujó el pesado cerrojo de hierro y abrió la puerta de golpe.

—¿No te tengo dicho que no andes siempre molestando en el taller? —vociferó Leofrun.

—Sí, madre, pero es que…

—¡No me repliques, descarada! —interrumpió su madre con aspereza—. Es Kenny quien tiene que ayudar a Osmond en la herrería, eso ya lo sabes. Tú eres la mayor y tienes que ocuparte de la casa, te guste o no. ¡Ea, ponte a trabajar!

La sonora bofetada cogió a Ellen desprevenida, pero se dio media vuelta con la cabeza bien alta. Aunque le ardía la mejilla, por nada del mundo habría cedido al impulso de frotársela. No pensaba otorgarle ese triunfo a su madre, y tampoco a Aedith. Desde muy niña se había acostumbrado a soportar el dolor de los golpes sin queja. Precisamente esa era su fortaleza: hacerle frente a su madre sin llorar, sin someterse ni tan siquiera un ápice. Aun así, no resultaba tan sencillo tragarse la sensación de amargura y rabia. ¿Solo por ser muchacha tenía que ocuparse de todas esas labores tan tediosas? «Cualquier bobalicón puede ir por agua, recoger madera, mantener la casa limpia y hacer la colada; incluso Aedith podría hacerlo», pensó con desdén. Se arrodilló frente al hogar y recogió las cenizas con el cepillo. Si cerraba los ojos, olía casi como en la herrería.

Con todo, no sería ella, sino Kenny, quien algún día se convertiría en maestro herrero, y eso pese a que, desde que le alcanzaba el recuerdo, siempre había sido ella quien pasaba la mayor parte del tiempo con Osmond en el taller. En la herrería se sentía protegida y segura, tal vez porque Leofrun nunca ponía un pie allí. Apenas dejó de usar pañales, Ellen había empezado a separar trozos de carbón vegetal por tamaños a los pies de Osmond, y con cinco o seis años barrió las cenizas de la fragua por primera vez. Desde hacía tres inviernos, además, su padre le dejaba atender el fuelle y sostener el hierro con las tenazas mientras él lo golpeaba. La primavera del año anterior había usado el martillo ella sola por primera vez y había sentido entonces la fuerza que irradiaba el metal. Al batir el hierro candente se obtenía un sonido sordo, pues el metal absorbía con avidez la fuerza de los músculos para transformarse. En el frío yunque, sin embargo, el sonido era claro y el martillo rebotaba como por sí solo. Tres, cuatro golpes sobre el hierro y luego uno sobre el yunque, que sonaba a música, para recuperar las fuerzas. Ellen respiró hondo. ¡No había derecho! Pelearse con Leofrun no tenía ningún sentido. Su madre la aborrecía como a ninguno de sus otros hijos y no desaprovechaba ocasión de hacérselo notar. La niña cogió los dos cubos nuevos de cuero, vertió el agua que quedaba en ellos en la caldera que encontró al lado del fogón y se dispuso a salir. En el huerto que había junto a la casa vio acuclillada a Mildred, la más pequeña de sus hermanos, expurgando voraces orugas de una col con muchísima paciencia.

—¡Guárdame unas cuantas para la yacija de Aedith! —le susurró Ellen con gesto burlón.

Mildred la miró con asombro y le dirigió una tímida sonrisa. Era la más callada y la más considerada de los hijos de Leofrun.

Ellen bajó sin ganas por el camino pedregoso que llevaba al ancho arroyo que serpenteaba por los prados de detrás de la herrería. Para llenar los cubos con más facilidad, se descalzó, se arremangó la túnica y se metió hasta las rodillas en el agua fresca y clara. De súbito emergió ante ella algo que daba resoplidos y escupía.

—Hoy no tengo tiempo, he de llevar agua a casa —le espetó de mal humor a su amigo Simon, antes aun de que este hubiera podido decir nada.

—¡Bah! Ven primero a darte un chapuzón. ¡Hoy hace mucho calor!

Ellen había llenado ya los cubos y había salido a la orilla con pasos de pato.

—No me apetece —mintió a desgana, y se sentó en una roca gris y angulosa.

En realidad, envidiaba a Simon. Aparte del trabajo en la herrería, no había casi nada que le apasionara tanto como ir a nadar con él. Sin embargo, ese año no había hecho más que darle un pretexto tras otro. Cuando Simon sumergió otra vez la cabeza, Ellen cruzó los brazos sobre el pecho; el verano anterior aún podía meterse en el agua sin camisa, pero hacía un par de meses que eso había cambiado. Se palpó con bochorno los pequeños montes que habían empezado a crecerle bajo la túnica. Eran duros y un poco sensibles.

—Ser niña es un fastidio —rezongó.

Habría sido mucho mejor nacer muchacho. ¡Cuánta razón tenía Osmond!

Simon salió a la orilla.

—¿Sabes qué me apetecería ahora?

Ellen sacudió la cabeza.

—No, pero como eres un tragaldabas, seguro que tiene que ver con comida.

Simon asintió con ganas y se relamió sin dejar de sonreír.

—¡Zarzamoras!

—¿Y el agua? —Ellen señaló los dos cubos—. También tengo que ir por leña.

—Ya lo haremos luego.

—¡Si tardo mucho, mi madre volverá a darme una zurra! No sé si seré capaz de contenerme dos veces en el mismo día.

—Si vamos los dos acabaremos enseguida. Ni siquiera sospechará que antes nos hemos divertido un poco. —La luz del sol hacía brillar las gotas que cubrían sus hombros. Se sacudió como un perro para quitarse toda el agua que pudo y luego volvió a ponerse su sucia camisa gris—. En la vieja choza que hay junto al bosque crecen las mejores. ¡Gordas, negras y dulcísimas! —Puso los ojos en blanco con deleite—. ¡Venga, vayamos!

—¿Has perdido el juicio? —Ellen se dio unos golpecitos con el índice en la frente—. La vieja Jakoba era bruja, ¡en su choza viven duendes! —Sintió que se le erizaba el vello de los brazos y la espalda.

—Bah, todo eso son bobadas. Los duendes viven en el bosque, no en cabañas. —Simon desestimó la idea con un gesto arrogante de la mano—. Además, ya he estado allí y no hay duendes ni nada por el estilo, de verdad. —Ladeó la cabeza y miró a Ellen con el rabillo del ojo—. Dime, ¿desde cuándo eres una cobardica?

—¡Yo no soy eso! —exclamó la niña, indignada.

De ninguna manera podía dejar ese agravio sin contestación, de modo que siguió a Simon por los pastos que se extendían entre el río y los bosques. Las ovejas ya habían devorado hasta la raíz de la mayor parte de la hierba agostada; solo en el cerro que delimitaba los pastos por el oeste quedaba paja seca sobre la que aún no se habían abalanzado los rebaños. Allí los tallos les llegaban a los niños casi hasta el pecho. Por todas partes crecían espinosos cardos que les arañaban las piernas y ortigas que les dejaban rojizas ronchas de escoceduras. Ellen hubiese preferido dar media vuelta, pero Simon le habría dicho otra vez que era una cobarde. Llegados a lo alto de la colina, entrecerró los ojos por el sol y buscó con la mirada la linde del bosque. La choza, inclinada por el viento, asomaba tras un grupito de abedules. A la izquierda, a solo un tiro de piedra de allí, pastaba entre las sombras un robusto caballo de reluciente pelaje marrón rojizo. Ellen se agachó.

Simon, instintivamente, hizo lo mismo que ella.

—¿Qué sucede? —masculló el niño con sorpresa.

—¿Qué hace ahí ese caballo? —Ellen señaló al animal—. ¡Ese alazán es de sir Miles!

Poco después de su nombramiento como lord canciller, Thomas Becket había recibido de manos del rey Enrique II el usufructo del condado de Eye, al cual pertenecía también Orford. Sir Miles estaba a las órdenes de Becket, pero se comportaba como si Orford fuera suyo. Era bien sabido que tenía muy pocos escrúpulos a la hora de llenar su bolsa, y sus arrebatos de cólera eran temidos por todos. Solo Aedith y la madre de Ellen se deshacían en halagos sobre él, pues se les antojaba elegante e imponente. Cacareaban como gallinas cada vez que el hombre acudía a la herrería, y eso a pesar de que trataba a Osmond como a un perro.

—Ah, ese —comentó Simon con desidia, y volvió a enderezarse.

«No se quedará tranquilo hasta que no haya llenado el buche», pensó Ellen con impotencia, y lo siguió, pero sin dejar de mirar atrás con preocupación. No se veía a nadie, todo estaba tranquilo y en paz... aunque el bosque parecía tener ojos. El sol brillaba, los abejorros y las abejas aprovechaban la bonanza del día para recoger néctar y hacían zumbar el aire con su diligente ajetreo. Ellen estaba a punto de alcanzar a Simon cuando percibió con el rabillo del ojo una figura que se acercaba rápidamente a la cabaña desde el otro lado del bosque. El corazón se le detuvo por un instante. ¿No correrían por allí duendes de verdad? Entornó mucho los ojos y, con cautela, volvió a mirar. Aquella figura era demasiado grande para ser un duende. Ellen suspiró con alivio: no era más que una mujer con un sencillo vestido de lino azul. No podía ver quién era porque llevaba la cabeza cubierta por un paño marrón. Tras mirar con desasosiego en la dirección por la que había venido, la mujer se apresuró a entrar en la cabaña. Ellen se acercó a Simon con vacilación. No sabía qué la inquietaba más: si los duendes que posiblemente acechaban y la observaban desde las matas, o la presencia de sir Miles y de aquella extraña. No hacía más que volver la vista hacia la choza, pero allí no se movía nada.

—¡Mmm, están deliciosas! —exclamó Simon, haciendo ruido al masticar—. ¡Pruébalas!

Le tendió una zarzamora y su amplia sonrisa descubrió una hilera de dientes teñidos de negro azulado. El zumo de las moras le caía hasta la barbilla.

—¡Enseguida vuelvo!

Ellen no pudo contener más su curiosidad y dejó a Simon allí plantado.

El chiquillo se acabó las moras con indiferencia, dio media vuelta y de nuevo se abrió paso entre los dulces frutos.

Ellen se deslizó hasta la cabaña y allí descubrió una grieta en un tablón mellado, muy arriba. Le temblaban las rodillas, pero se puso de puntillas para poder espiar el interior. Tuvo que volver la cabeza y acercar mucho un ojo a aquella madera de olor mohoso, y ni aun así consiguió distinguir a sir Miles ni a la mujer. Aguzó el oído, pero lo único que percibía era el fuerte latido de su corazón. Entonces oyó un susurro, como de un ratón correteando entre la paja, y otra vez silencio. ¿Es que no había nadie en la cabaña? Los tobillos le dolían del esfuerzo que tenía que hacer para estirarse. Decepcionada, se disponía ya a marchar cuando de súbito oyó un fuerte estrépito. Volvió a ponerse de puntillas con sobresalto y espió por la ranura. Sus ojos tardaron un momento en acostumbrarse a la penumbra, pero entonces vio que algo se movía en la estancia. ¡Se aproximaba! De repente distinguió la espalda velluda de sir Miles. «Como un animal sarnoso», pensó con repugnancia, sin preguntarse por qué iba a pecho descubierto. El hombre estaba tan cerca de los tablones de la pared que por la grieta se olía su sudor. Ellen sentía los latidos de su corazón en el cuello.

—¡Desnúdate! —oyó que decía el hombre con voz ronca.

La niña apenas podía respirar. Entonces reparó también en la mujer, que se le acercaba con pasos ágiles. Alzó la mirada un poco, pero ni siquiera así logró verle la cara. La misteriosa desconocida empezó a quitarse la ropa con movimientos lentos y elegantes. Sin ningún cuidado dejó caer al suelo la camisa de lino. Sir Miles apresó con ansia sus pechos, de aspecto casi translúcido, y empezó a masajearlos. Ellen cerró los ojos por un breve instante. A su alrededor todo empezó a dar vueltas. Cuando volvió a abrirlos, sir Miles ya se había arrodillado, tomaba con la boca las puntas rosadas de los pechos de la mujer y mamaba de ellos como un niño. El tórax de la desconocida empezó a crecer y decrecer cada vez más deprisa. De pronto el hombre se puso de pie y la empujó contra la pared con un imperioso movimiento. Toda la cabaña tembló.

Ellen no podía soportar más el dolor de los tobillos, sus rodillas apenas la sostenían ya. Aun así, no se movió. Tenía que ver qué sucedía a continuación. Naturalmente, sabía que los hombres y las mujeres se unían. Igual que las vacas, las cabras o los perros, las personas hacían lo mismo para tener hijos. Ellen había escuchado a escondidas mientras su madre le explicaba a Aedith que esa era una de las obligaciones maritales con las que la mujer debía cumplir, por las buenas o por las malas. También había visto alguna vez a Osmond yacer sobre ella. Aquello no duraba mucho y desprendía un ligero olor a pescado. Mientras él se movía encima de ella, jadeando en voz baja, Leofrun permanecía rígida como una piedra bajo él, sin emitir un solo sonido.

Aquella mujer misteriosa se comportaba de una forma muy diferente. Pasaba los dedos con anhelo por el espeso vello del pecho de sir Miles y tiraba de él para incitarlo. Después empezó a acariciarle la espalda con movimientos impulsivos, como si no quisiera dejar intacta ni una pulgada de su piel. Le apresó las nalgas con ambas manos y frotó la falda de su vestido contra la pierna del hombre sin dejar de respirar cada vez más deprisa y con más fuerza.

Ellen sintió un impreciso palpitar en la tripa. Esa curiosa y extraña sensación de repugnancia y deleite la asustó, pero por un instante le dio vueltas a la idea de ir en busca de Simon. Hasta entonces había estado convencida de que la unión carnal era una tortura para todas las mujeres y que solo podía gustarle a los hombres. ¿Acaso estaba equivocada? Siguió allí de pie, fascinada, sin dejar de mirar por la ranura. Sir Miles metió una recia mano entre los muslos de la mujer, blancos, casi con destellos azulados, y le acarició el sexo hasta hacerla gemir débilmente. Se separó entonces de ella, se tumbó sobre un montón de paja y le indicó que se acercara. La desconocida se sentó con audacia sobre su miembro erecto.

Ellen empezó a respirar más deprisa.

Arriba y abajo, como a lomos de un caballo, la mujer se contoneaba sobre el cuerpo de sir Miles. De pronto soltó un gemido, pareció estremecerse de placer y echó la cabeza hacia atrás. Ellen vio una nube de cabellos pajizos que caía por la espalda estrecha y huesuda de la extraña, y vio entonces también su rostro. Estaba transformado por el deseo, pero la reconoció al instante. Una especie de rayo atravesó todo su cuerpo: ¡Leofrun! Sintió un sofoco y unas náuseas hasta entonces desconocidas. Se le saltaron las lágrimas.

—¡Zorraaa! —clamó, y se apartó de la grieta sollozando desconsoladamente.

Simon se volvió, sobresaltado, y corrió hacia ella.

—¿Es que has perdido la cabeza? ¿A ti qué te importa con quién viene a verse aquí? —Al chico no parecía sorprenderle que sir Miles utilizara la cabaña para citarse con mujeres—. ¿Es que no te das cuenta del peligro en que nos estás poniendo? —refunfuñó, y tiró de ella para alejarla de allí.

Ellen estaba pálida como un cadáver.

—Ahora no me vengas con que no sabías que los hombres y las mujeres hacen esas cosas —dijo el chiquillo, intentando tranquilizarla.

Ellen le propinó a su amigo un puñetazo en el hombro y le dio un empujón.

—¡Pero es que la mujer de ahí dentro es mi madre!

El rostro de Simon enrojeció de vergüenza.

—No lo... Es que... No lo sabía.

La puerta de la cabaña se abrió de repente.

—Hay que salir de aquí. ¡Si nos pilla, que Dios se apiade de nosotros! —exclamó Simon al tiempo que agarraba a Ellen del brazo y echaba a correr con ella.

Sir Miles estaba junto a la choza, medio desnudo, y alzaba amenazante el puño.

—Esperad que os atrape. ¡Y a ti, mal bicho, pienso arrancarte esos ojitos curiosos y cortarte esa lengua impertinente que tienes en la boca! —gritó tras de ellos.

Ellen corría todo lo rápido que era capaz. Simon se volvió un par de veces.

—No nos persigue, todavía —jadeó sin dejar de correr.

No detuvieron su carrera hasta llegar a la curtiduría. Los curtidores necesitaban mucha agua para realizar su trabajo y por eso la familia de Simon se había establecido en la orilla del Ore varias generaciones atrás. Simon vivía con sus padres, la abuela y cuatro hermanos más pequeños en una casita de madera y barro con tejado de barda. En el aire flotaba el denso vapor de la casca, que escocía en los ojos. Ellen se dejó caer completamente sin aliento sobre un tocón de árbol, lejos de los noques de las pieles, y se puso a escarbar con pies nerviosos en la tierra suelta.

—¡Duendes! ¡No me hagas reír! ¡Solo quería mantenernos alejados de la cabaña! —Los ojos de Ellen refulgían de furia.

—No sé, si yo hubiera pillado así a mi madre... Bueno, no sé, habría... —Simon no terminó la frase—. ¡Al diablo con todo! —prorrumpió con desdén en lugar de intentarlo, y escupió al suelo.

—Ha sido repugnante —murmuró Ellen mientras miraba cautivada a una tropa de hormigas que daban buena cuenta de una abeja muerta—. El Señor los castigará por esto, a los dos —siseó con obstinación.

—En cualquier caso, ahora no puedes volver a casa como si nada hubiese sucedido. Ya te muele a palos por cualquier tontería, ¿quién sabe qué hará contigo ahora?

La frente arrugada del niño delataba su preocupación por Ellen.

—Pero ¿qué voy a hacer, si no?

El hijo del curtidor se encogió de hombros.

—¿Por qué tenías que ser tan curiosa? Más te valía haberte quedado comiendo moras conmigo —dijo lleno de reproche, y lanzó un puñado de tierra a las hormigas, que entretanto ya habían llegado a donde estaba él.

Los diligentes insectos no se dejaron disuadir por la lluvia de polvo y continuaron acarreando su botín.

—¡No era yo la que quería ir a la cabaña! Pero tú, con tu glotonería de siempre, tenías que llegar hasta allí como fuera —espetó Ellen.

—Tengo miedo —susurró Simon con culpabilidad.

—Y yo.

La niña se pasó el dedo índice por la sien. La preocupación hizo que sus ojos verde hierba se tornaran oscuros como el musgo mientras su melena relucía como el fuego a la luz del sol.

A lo lejos se oyó la llamada de un arrendajo. El viento susurraba suavemente entre los árboles y el imperioso Ore murmuraba con placidez. En la superficie del agua, cerca de los noques, flotaban burbujas de un blanco sucio que se acumulaban en los lugares más serenos y de pronto escapaban a toda velocidad. El río se estrechaba un tanto a su paso por la curtiduría, pero aun así era lo bastante ancho para permitir la navegación de dos barcas mercantes juntas.

—¿Y qué haré yo ahora?

Ellen se inclinó hacia delante para recoger una piedra plana y la lanzó al río tomando impulso. Esta rebotó una vez sobre el agua con un leve *chas* y luego se hundió con un *plop* sordo. La verdad es que a Simon se le daba mejor. Él hacía botar las piedras como si fueran saltamontes.

—¡Está claro que aquí no te puedes quedar! Ve a ver a Aelfgiva, seguro que ella sabrá qué aconsejarte. —Se limpió con la manga las velas que le colgaban de la nariz.

—¡Simooon! —oyeron gritar a su madre—. Simon, ven a ayudar a tu padre a enjuagar unas pieles.

La voz afable y cálida de la mujer no iba en consonancia con su flaca figura. El vestido basto y sucio de la esposa del curtidor, hecho de un lino color arena, colgaba igual que un saco. Tenía el rostro pálido. A Ellen le daban asco sus manos nudosas y sus uñas, muy gruesas y teñidas de amarillo a causa de los curtientes. Lo peor, con todo, era el olor a orín y corteza de roble que desprendía.

—¡Huy, pero si estás empapado, hijo!

La mujer del curtidor le acarició el pelo con cariño a su primogénito.

Ellen no podía ni ver a la madre de Simon. Era completamente distinta de Leofrun, quería muchísimo a sus hijos y se habría dejado descuartizar por cualquiera de ellos. Sin embargo, la niña opinaba que no le habría hecho mal darse un baño. Leofrun se lavaba todos los días y se ponía tras las orejas unas gotas de aceite de lavanda, igual que hacían las mujeres y las hijas de los mercaderes de Ipswich. Aunque, como se dijo con rabia, por dentro hedía de una forma más espantosa que la curtidora, y jamás podría lavar sus pecados.

—Anda, Simon, ve a ayudar a tu padre. Vosotros dos ya os veréis mañana.

Ellen miró fijamente el suelo hasta que le ardieron los ojos. «¿Quién sabe qué sucederá mañana?», pensó con desaliento.

—Que te vaya bien —le susurró su amigo, y le robó un raudo beso en la mejilla.

Después se levantó obediente y corrió tras su madre con los hombros caídos. Aún se volvió una vez más y le dedicó a Ellen un triste ademán.

La chiquilla oyó un crujido entre la maleza y miró en derredor con espanto. No había nadie. Simon tenía razón: sir Miles y Leofrun no podían encontrarla; tenía que ir a ver a Aelfgiva. Si alguien sabía qué aconsejarle, sería ella. De súbito, Ellen sintió apremio y echó a correr por el bosque tan deprisa que sus pies casi no tocaban el suelo; para variar, apenas notaba las puntas de las piedras bajo las delgadas suelas de piel de sus zapatos. Ni siquiera reparó en esas flores de un amarillo suave que tanto le gustaban y que se escondían en muchos rincones del sotobosque. De Leofrun no podía esperar ningún tipo de compasión. ¡Aelfgiva tenía que socorrerla! No tardó mucho en llegar al pequeño claro en el que se alzaba la cabaña de la partera, y allí se detuvo sin aliento.

En los rayos de sol que caían a través de la cubierta de hojas verdes danzaban finas motas de polvo que brillaban como el oro.

Aelfgiva estaba inclinada sobre unas caléndulas e iba recogiendo las flores de un amarillo anaranjado para preparar con ellas ungüentos y tinturas. Su melena cana, que siempre llevaba recogida con un moño en la nuca, relucía como la nieve entre la hierba. Al ver que Ellen se acercaba corriendo, la anciana se llevó una mano a los riñones e hizo fuerza para enderezarse con más facilidad.

—¡Ellenweore! —exclamó con alegría.

Su rostro se llenaba de pequeñas arrugas cuando reía, y los ojitos astutos y bondadosos le brillaban.

La niña se quedó paralizada ante ella; las lágrimas le cerraban la garganta.

—Pero, chiquilla, ¿qué sucede? ¡Parece que acabes de encontrarte con el diablo en persona! —Aelfgiva extendió los brazos y estrechó a la llorosa niña con compasión—. Vamos adentro. Aún me queda algo de sopa de col; la calentaré un poco y luego me explicas esa pena tan grande que tienes para que tu alma pueda recobrar la tranquilidad.

Aelfgiva recogió su cesto y tiró de Ellen tras de sí llevándola de la mano.

—¡Se ha revolcado en la paja con sir Miles, ese fanfarrón asqueroso! —En la voz de Ellen se reflejaban el odio y la desesperación—. ¡Lo he visto con mis propios ojos!

Se le demudó el rostro con una mueca de repugnancia, primero entre sollozos, pero cada vez con más ira por lo que había presenciado.

Una vez se hubo calmado, Aelfgiva se levantó, se acercó a la chimenea y escarbó con nerviosismo entre las cenizas. Después volvió a sentarse mientras se toqueteaba el escote y se pellizcaba las arrugas del cuello.

—Tu madre debía de tener más o menos la misma edad que tú ahora. Ay, Señor, perdóname, sé que le prometí que no se lo explicaría a nadie. —Alzó la mirada al cielo y se santiguó. Ellen la miró con curiosidad—. Estaba prometida a un acomodado comerciante de jabones, pero entonces conoció a un joven normando y se enamoró de él. —La anciana respiró hondo, como si le costara hablar—. Tu pobre madre no sabía en aquel entonces nada de las consecuencias del amor y enseguida quedó encinta. Tu abuelo se puso hecho una furia al enterarse. El joven normando era de alta cuna, lo cual zanjaba la cuestión de un posible matrimonio, pero también hubo que anular el compromiso con el comerciante de jabones. El novio, enojado, amenazó incluso con llevar a Leofrun a la picota si no desaparecía de la ciudad. —Aelfgiva tomó a Ellen de las manos y la miró muy fijamente—. Los castigos para las mujeres que tienen un hijo sin estar casadas son muy duros. Les afeitan la cabeza y las azotan. Algunas no sobreviven al dolor y la deshonra, y mueren en la picota. Hay otras, empero, que sobreviven, pero no pueden llevar ya una vida honrada, y por eso muchas cometen después el peor de todos los pecados y ponen fin ellas mismas a su mísera existencia. Tu abuelo tenía que salvar su reputación y la vida de su única hija, de modo que la casó con Osmond contra su voluntad y la mandó lejos de Ipswich antes de que nadie notara su deshonra. —Los rasgos atribulados de Aelfgiva adoptaron una mayor suavidad al seguir hablando—: Osmond se enamoró al instante de tu madre, que era muy guapa.

—Entonces, tuvo mucha suerte de que mi padre la aceptara. ¡Sin él, seguramente estaría muerta!

—Pagó muy cara su ignorancia y, en lugar de acabar con un acaudalado comerciante y una vida acomodada, tuvo que conformarse con un sencillo artesano. Detesta la vida sucia y humilde que tiene que llevar ahora, por eso está llena de ira —intentó explicar la partera.

—¿Y qué fue del niño? —preguntó Ellen con curiosidad.

Aelfgiva le acarició los rizos alborotados.

—¡Ay, cariño! ¡Eres tú! ¿Por qué crees que te trata siempre así? Para ella, tú eres la culpable de todas sus desgracias.

Ellen miró atónita a Aelfgiva.

—Pero entonces no soy… y Osmond no es mi… —tartamudeó sin atreverse apenas a acabar de formular esa idea. ¡No, no podía ser cierto!—. Osmond es mi padre. Me ha criado. ¡Pero si el amor por la forja me viene de él…! —Dio una fuerte patada en el suelo.

—Aunque no fueras hija suya, desde el primer momento tú significaste todo para él. —La anciana la miró con nostalgia—. Tu cabecita parecía tan pequeña entre sus fuertes manos… —Sonrió. Entonces volvió al presente—. Comoquiera que sea, no puedes regresar a casa. Seguro que sir Miles habrá enviado ya a por ti a sus hombres. Tienes que marcharte enseguida.

—¡Pero es que no quiero irme!

Aelfgiva la acogió entre sus brazos y la acunó como si fuera una niña pequeña.

—Y pensar que también a ti he de perderte… —masculló sacudiendo la cabeza.

Después se puso en pie y se acercó con determinación a dos arcas que había dispuestas una sobre la otra en el rincón más oculto de la estancia. Empezó a rebuscar con apremio en la de encima, aunque no encontró nada hasta que abrió la de abajo.

—¡Ah, aquí estaba!

La anciana sostuvo en alto un fardo cuidadosamente atado. Lo dejó en la mesa, deshizo los nudos y lo desdobló. La camisa y los calzones estaban un poco amarillentos. El jubón de lana, de un marrón oscuro, y el par de medias de color tierra estaban como nuevos.

—Casi no se puso estas ropas. Acababa de hacérselas cuando... —se interrumpió.

—¿Son de Adam?

Aelfgiva asintió.

—Sabía que algún día le serían de provecho a alguien. Acababa de cumplir trece años por aquel entonces.

La mujer se volvió de espaldas. Ellen supuso que intentaba ocultar sus lágrimas.

El año anterior al nacimiento de Ellen, la población de Orford se había visto diezmada por unas fiebres muy altas y fuertes diarreas. Casi todas las familias habían sufrido alguna muerte, e incluso Aelfgiva, pese a conocer bien las hierbas, había perdido a su marido y a su único hijo.

—¿Sabes qué? Tengo una idea... —Aelfgiva sacó unas tijeras—. ¿No has dicho muchas veces que los muchachos lo tienen más fácil?

Ellen asintió con timidez.

—Bueno, ¡pues ahora serás uno!

La idea tenía cierto atractivo, pero... Ellen miró a la vieja con incredulidad.

—¿Cómo va a ser eso posible?

—Bueno, está claro que no podemos hacer de ti un auténtico mancebo, pero si te cortamos el pelo y te pones la ropa de Adam, todo el mundo te tomará por un chiquillo.

Aquello pareció convencerla. Aelfgiva cortó la larga trenza de Ellen y le dejó el pelo muy corto, casi hasta la altura de las orejas.

—Y en cuanto al color... —masculló.

Lo pensó un momento y luego sacó un líquido oscuro y de olor acre. Lo extraía de la corteza del nogal y se utilizaba para teñir ropa. La tintura le oscureció mucho el pelo, pero también le abrasó el cuero cabelludo y dejó unas manchas que parecían de sangre en su túnica infantil.

—Cámbiate ya, no me siento muy cómoda pensando que todavía no te has ido —la apremió Aelfgiva.

A Ellen le pareció extraño vestir la ropa de Adam. Fue como meterse en la piel de otra persona. Todas las prendas le venían un poco grandes, lo cual tenía la ventaja de que aún podría usarlas durante una buena temporada.

Aelfgiva cogió la túnica de Ellen y le sonrió.

—¡Creo que acabo de tener una buena idea! Esta tarde dejaré tus cosas cerca de la ciénaga. Las rasgaré y las embadurnaré con la sangre de algún pájaro, o de una pequeña marta, ya veremos lo que pesco por ahí. Cuando los hombres de sir Miles encuentren la ropa, pensarán que te ha devorado un espíritu de la ciénaga y dejarán de buscarte.

La niña se estremeció al pensar en las historias que se explicaban sobre aquellos monstruos y palideció.

Aelfgiva le acarició la mejilla para tranquilizarla.

—No temas, todo saldrá bien. —La anciana contempló a Ellen, se acercó al hogar, cogió un poco de ceniza de los bordes y le embadurnó de suciedad la frente y las mejillas—. Así está mejor. Con un poco de tierra en el pelo, nadie te reconocerá. Me apuesto cualquier cosa. De todas formas, no te dejes ver cerca de la herrería.

Cogió a Ellen de los hombros, le hizo dar una vuelta y asintió, satisfecha.

—¿De verdad crees que enviará a alguien a buscarme?

—El lord canciller es un hombre de la Iglesia, jamás permitiría que uno de sus servidores ronde a mujeres casadas. Sir Miles lo intentará todo para que su señor no se entere de nada. —Aelfgiva alzó la mirada y remató su explicación con un movimiento del pulgar, que segó su cuello con la uña—. No tienes que darte a conocer ante absolutamente nadie, ¿me oyes? —Había reunido unas cuantas cosas útiles y las había atado en su mejor pañuelo. Se lo puso a Ellen en las manos y la empujó hacia la puerta—. Y ahora será mejor que te vayas; conmigo no estás a salvo.

La niña corrió por el bosque en dirección al camino principal, tal como le había aconsejado Aelfgiva, y pronto estuvo más lejos de Orford que nunca. El sol empezó a ponerse y sumergió todo el bosque en una luz tenue, entre rojiza y amarillenta. Ellen satisfizo sus necesidades detrás de un gran arbusto y se lavó las manos, la cara y el cuello en un pequeño arroyo, siempre con cuidado de coger agua solo de los lugares claros. El agua oscura, sobre la que caían las sombras —según le había explicado Aelfgiva una vez—, podía estar poseída por demonios y ser peligrosa. Abrió el fardo que le había preparado la anciana. La buena mujer había pensado en todo, la verdad, y había anudado en su pañuelo de lana un trozo de queso de cabra hecho por ella misma, un poco de tocino, tres cebollas, una manzana y media hogaza de pan. Ellen cerró los ojos y olió el suave tejido. Estaba impregnado de aromas de humo y hierbas, igual que la partera. Tragó saliva. ¿Cuándo volvería a verla? Lenta y comedidamente, fue dando cuenta de su valiosa cena. Si era lo bastante precavida, tendría comida para dos días. Solo Dios sabía qué vendría después. De todas formas, hasta ese momento el Señor no había escuchado sus oraciones ni una sola vez, y sus santos tampoco habían resultado ser muy cumplidores. Cuando Leofrun y Aedith viajaron a Ipswich a ver a su abuelo, Ellen había rezado a san Cristóbal, patrón de los viajeros, para rogarle que posara su mano protectora sobre personas mejores que ellas dos. Pero de nada había servido; ambas habían regresado sanas y salvas. ¿La protegería también a ella? Se arrodilló y se puso a rezar, aunque no encontró en ello ningún consuelo. Tenía por delante la primera noche sola a la intemperie; habría que buscar algún refugio. Con el sol desaparecieron también las mariposas y las abejas. Solo los mosquitos perseveraron, e incluso se hicieron más numerosos y molestos. Los árboles parecían crecer en aquella oscuridad cada vez más penetrante, se alzaban sombríos y tenebrosos. En el cielo se arremolinaban gruesas nubes. Ellen miró en derredor con preocupación y descubrió, no muy lejos, una cornisa de piedra que sobresalía de la roca. Allí podría esconderse bien. Ladrones, bandidos y proscritos, pero también duendes y elfos cometían sus excesos en los bosques y raptaban o mataban a los viajeros dormidos. Además, había que pensar en los osos y los jabalíes. Sintiéndose pequeña y desamparada se tumbó bajo el saliente de piedra, llorosa, colocó el fardo bajo su cabeza y aguzó el oído. Todos los ruidos que llegaban desde la oscuridad del bosque le daban miedo. El aire era denso y sofocante; se preparaba una tormenta. Un rayo resplandeciente atravesó la oscura noche y la hizo brillar por un momento como si fuera de día. Después siguió el estallido de un trueno. Cuando rompió a llover, la temperatura bajó un poco y el suelo del bosque empezó a oler a hierba y tierra mojada. Ellen se apretó contra la reconfortante pared de roca, cerró los ojos con fuerza y escuchó el repiqueteo de la lluvia al caer hasta que se quedó dormida.

En mitad de la noche, de pronto, oyó voces y abrió los ojos. Todo estaba negro como boca de lobo. Primero fueron solo unos tenues susurros, después algo semejante a una risa. Apenas se atrevía a respirar y permaneció tumbada, inmóvil.

—No vale nada. ¡Mátala! Es la única culpable de todas mis desdichas —oyó que siseaba una voz parecida a la de Leofrun.

—Además es fea y tonta —dijo una segunda voz.

Ellen estaba muerta de miedo.

—Deberíamos hacerla pedazos y dársela de comer a las bestias. Nadie la echará en falta.

—¡Sácala de ahí! —dijo la primera voz.

Ellen se debatió desesperadamente y se golpeó una muñeca contra la roca. El dolor hizo que despertara sobresaltada. A su alrededor reinaban la oscuridad y silencio. Solo se oía la llamada de un mochuelo.

—¿Hay alguien ahí? —inquirió con voz trémula—. ¿Madre? ¿Aedith?

No obtuvo respuesta. Tardó un rato en tranquilizarse y comprender que solo había sido un mal sueño.

Entrada la mañana del día siguiente, encontró por el camino a un grupo de personas de aspecto afable. Su cabecilla, un hombre fuerte con una barba rubia y revuelta, viajaba acompañado por dos jóvenes, su mujer y sus tres hijos. Ellen preguntó con suma cortesía si podía unirse a ellos durante parte del trayecto, y la gruesa mujer asintió con condescendencia. En su rostro redondo ya se veían perlas de sudor pese al frescor de la mañana.

Después de varios indicios inequívocos y de algunas millas de camino compartido, Ellen comprendió que la mujer estaba en estado de buena esperanza, y se puso roja de vergüenza por haber sido tan corta de entendederas.

Los demás se morían de risa.

—No te lo tomes a mal, muchacho. Todavía no tienes experiencia con las mujeres, pero ya te llegará y, comoquiera que sea, cuando una se ponga así de redonda, será ya demasiado tarde para cualquier precaución —comentó el marido con una risa sarcástica y un guiño, y le dio una palmada en el hombro con una sonora carcajada.

¡Había dicho «muchacho»! ¡Ellen había olvidado que iba disfrazada!

Los hombres explicaron que eran carpinteros de obra y que iban de camino a Framlingham, donde el Señor había querido que se erigiera un nuevo castillo.

—¿Necesitarán allí a un ayudante de herrero?

—Claro, ¿por qué no? ¿Tienes conocimientos de forja? —El carpintero miró a Ellen con curiosidad.

—Mi padre... Mmm, sí, he trabajado en una herrería.

—¿Cómo te llamas? —preguntó el hombre.

—Ellen —repuso ella sin pensar, y un instante después se quedó paralizada de miedo.

¡Había vuelto a olvidar que se suponía que era un chico! Se quedó parada, plantada en el suelo, deseando que se la tragara la tierra. ¡Ni siquiera había pensado en buscarse un nombre adecuado!

La mujer del carpintero iba justo detrás y tropezó con ella.

—Chiquillo, ve con más cuidado. ¡No puedes detenerte de esa manera! —rezongó de mala gana.

El carpintero se volvió, se acercó a ella riendo y le tendió una mano.

—Encantado de conocerte, Alan. Estos son mis hermanos pequeños, Oswin y Albert. Yo soy Curt, y esta bruta oronda es mi queridísima mujer, Bertha. —Rió con ganas.

Bertha masculló una maldición incomprensible, pero luego esbozó una sonrisa.

Ellen sintió un grandísimo alivio. ¡El carpintero había entendido «Alan»!

—¿A ti qué te parece, Bertha, cielo? ¿Nos quedamos con el chaval?

Berta escudriñó a Ellen con una mirada penetrante.

—No estoy muy segura. A lo mejor es un delincuente, un ladrón o puede que un asesino.

Con los ojos muy abiertos por el susto, Ellen negó con la cabeza.

—¡Déjalo tranquilo, Bertha, cielo! El muchacho no le haría daño a una mosca, créeme, se le ve. Si quieres, puedes venir con nosotros a Framlingham, Alan. Voy a pedirle trabajo al maestro constructor; acaso también haya algo para ti.

—Os lo agradezco, maese Curt —repuso Ellen con cortesía—. Señora.

Asintió en dirección a Bertha con la esperanza de conseguir así su clemencia y, con una oración silenciosa, dio gracias al Señor por no tener que pasar sola ni una noche más.

Framlingham bullía de actividad. Picapedreros y constructores de andamios, ayudantes, mujeres, niños, aves de corral y animales de bellota corrían por entre los carruajes y las cabañas de los trabajadores. Ellen se quedó asombrada ante el estruendo ensordecedor del picar de la piedra y los demás oficios.

Mientras Curt iba a ver al maestro constructor, los demás se sentaron en un prado a descansar un rato.

—¡Con gusto contratarán a buenos carpinteros como nosotros! —exclamó Curt, aún desde lejos, al regresar—. Mis hermanos recibirán cuatro peniques cada jornada; yo, seis. También dan una comida caliente a mediodía. El maestro constructor, además, es amigo de Albert de Colchester. Cuando se ha enterado de que habíamos trabajado para él, me ha adjudicado un cobertizo al este de la obra para que podamos alojarnos. Se trabaja como en todas partes, desde que el sol sale hasta que se pone, salvo los festivos y el día del Señor. Si dejamos contento al maestro constructor, tendremos trabajo al menos para tres años, tal vez más.

Bertha sonrió, resplandeciente.

—¿Tres años? Eres el mejor marido que pueda desear una mujer. ¡Ven aquí y déjame que te dé un beso! —Y se acarició con regocijo el vientre abultado.

—¡Bueno, pues venga aquí ese arrumaco!

Curt se acercó a su mujer y dejó que le plantara un largo beso en los labios.

Ellen recordó lo que había visto en la choza y se sonrojó.

Los hermanos de Curt percibieron su rubor y le dieron unos codazos sin dejar de sonreír.

—¡Ah, sí, Alan! —Curt se toqueteó la rubia barba como si quisiera limpiarse el beso de Bertha—. También he hablado con el herrero. Tienes que ir a verlo enseguida, quiere ver si sirves para algo.

—¡Vaya, gracias, Curt!

Ellen se alegró de no tener que estar sentada por ahí sin hacer nada; se puso en pie de un salto y echó a correr.

—¡Lo encontrarás justo tras la puerta de la ciudad, a la derecha, junto a la muralla! —gritó el carpintero.

El entusiasmo de Ellen se vino abajo al ver al herrero, un hombre de aspecto gruñón y con unas manos como tapas de barril. Estaba segura de que al ver su cuerpecillo esmirriado se echaría a reír. Hubiera preferido dar media vuelta en aquel mismo instante, pero el hombre ya la había visto y le indicó que se acercara.

—Tú eres el muchacho de quien me ha hablado el carpintero, ¿verdad? —De su cabeza sobresalían unas greñas rubias, sucias y despeinadas, y cuando se rascó el mentón, la niña vio que le faltaba la punta del dedo corazón de la mano izquierda—. ¿Has trabajado alguna vez en una herrería?

—Sí, maestro. —No se atrevió a ser más concreta.

—¿Golpeando piezas?

—No, maestro, solo como tenacero. Aún no soy lo bastante fuerte para golpear con el macho.

Ellen estaba completamente segura de que su sinceridad había acabado con sus posibilidades de trabajar para él, pero el herrero se limitó a asentir.

Cogió una barra de hierro y la metió en la fragua.

—Está claro que no eres muy fuerte, ya lo veo. Pero con un poco de trabajo eso puede cambiar. Seguro que aún tienes que crecer. ¿Cuántos años tienes?

—Doce, creo —respondió ella a media voz.

—Buena edad para aprender —dijo el herrero—. Quiero ver lo que sabes hacer. Cuando el hierro alcance la temperatura adecuada, sácalo de ahí y fórjame una punta de cuatro filos. —Señaló en dirección a la fragua—. Por cierto, me llamo Llewyn, pero también me llaman el Irlandés.

Se enjugó con la manga las gotas de sudor que le caían desde las sienes hasta las mejillas.

—Yo me llamo Alan. —Y, tras un breve silencio, añadió con curiosidad—: Pensaba que los irlandeses eran todos pelirrojos.

Llewyn le dedicó una amplia sonrisa y Ellen descubrió que tenía un aspecto muy simpático cuando no adoptaba esa expresión tan gruñona.

—No estoy acostumbrado a trabajar a la luz —masculló como disculpa la muchacha cuando las chispas del fuego indicaron que el hierro se había calentado demasiado.

Sacó la barra de la fragua y la dejó sobre el yunque. Osmond se ponía hecho una furia cuando doblaba una punta hacia uno u otro lado, por eso había practicado muchísimo, hasta hacerlo siempre bien. Para forjar una punta normal de cuatro filos había que mover la barra un cuarto de circunferencia entre golpes, primero hacia delante y luego otra vez hacia atrás, y así se conseguía, en primer lugar, la simetría. Cuando el hierro se hubo enfriado, volvió a meterlo en el fuego.

—Se ve que lo has hecho más de una vez —afirmó el herrero, satisfecho—. Espero que sepas trabajar duro, pues harás algo más que limpiar las herramientas y atender el fuelle. Aprenderás a dejarte la piel en algo de provecho, pero por ello te pagaré un penique y medio al día, aunque tendrás que buscarte tú mismo dónde dormir.

Ellen se marchó de allí henchida de alegría. Poco después acordó con Bertha disponer de cena y un lugar en el cobertizo a cambio de un poco de ayuda y medio penique al día. ¡Qué sencillo era apañárselas siendo un muchacho! Ellen recordó a Osmond con nostalgia. ¡Seguro que se habría sentido orgulloso de ella!

Durante las primeras semanas, la niña soportó el dolor más grande que jamás había sentido en los músculos. A veces los hombros le dolían tanto que apenas podía sostener el martillo pero, obstinada, intentaba que no se notara y aguantaba con valentía. Llewyn parecía tomarla por un muchacho esmirriado que lo único que necesitaba era trabajar duro para hacerse más recio, de modo que no la mimaba precisamente. Los primeros meses acabó con las manos llenas de ampollas que, a causa del roce con el mango de madera, no hacían más que reventarse y sangrar de continuo. A veces le caían lágrimas del dolor, pero Llewyn fingía no darse cuenta. Por las noches salía de la herrería destrozada, con una honda sensación de desaliento, desesperanza y un miedo constante a no conseguir soportar el día siguiente. A menudo el agotamiento era tal que no lograba tragar ni un bocado, se arrastraba hasta su saca de paja y caía llorosa en un sueño negro y sin ensoñaciones.

Cuando llegó octubre y el fuerte viento empezó a hacer caer las coloridas hojas de los árboles, Bertha trajo un niño al mundo. A Ellen le pareció flacucho y feo, pero Bertha y Curt estaban encantados de haber sido bendecidos con un segundo varón.

—Los hijos son la riqueza del hombre sencillo —le gustaba decir al carpintero.

Ellen le daba la razón y envidiaba al niño por su afortunado nacimiento. Ella era una muchacha, y lo seguiría siendo.

Nunca le cambiaría la voz y tampoco le saldría una sombra de barba en el rostro. Así pues, se esmeraba mucho para no levantar sospechas con comportamientos femeninos y aprovechaba todo el tiempo que pasaba con los carpinteros para hacer suyos los gestos y las expresiones más masculinos. Lo cierto es que a veces incluso le divertía tomarles el pelo a los demás, hasta aquel domingo de noviembre en que casi la descubren…

Thomas, el hijo del maestro constructor, y sus amigos habían encontrado entre la hojarasca otoñal unas enormes arañas marrones y estaban jugando a ponérselas en los brazos, e incluso en la cara, como prueba de valentía. Les divertía que las chiquillas, fascinadas por su valor, se los quedaran mirando fijamente y al instante se volvieran con agudos grititos, pues los peludos animalejos les parecían repugnantes.

—Toma, aquí tienes una —dijo Thomas con displicencia, y puso en la mano de Ellen uno de esos monstruos de ocho patas.

La niña sintió tal asco que lanzó la araña bien lejos. Cuando los muchachos empezaron a desternillarse de risa y a burlarse de ella, Ellen vio claro que tenía que pensar algo, y enseguida. Alzó la nariz y se arrancó una flema con todo el escándalo que pudo para escupirla con tino. Había practicado muchas veces, de manera que se sentía lo bastante segura de su habilidad para hacer aterrizar el gargajo de lleno sobre la araña.

—¡Acerté! —Con una resplandeciente expresión de triunfo, alzó en alto el puño derecho y se hizo aclamar convenientemente por su puntería—. ¡Toma, criatura del demonio! —añadió aún con desdén, pues los improperios eran también una cosa muy masculina.

Después de haber salido bien parada de ese incidente, sin embargo, se anduvo con muchísimo cuidado para comportarse siempre como un muchacho: maldecía a menudo, comía con la boca abierta y soltaba fuertes eructos cuando bebía cerveza. Caminaba con las piernas muy separadas y se tiraba de los pantalones al andar, como hacían siempre los hombres. Solo se abstenía de participar cuando los muchachos iban a orinar y organizaban competiciones, aunque le habría encantado hacerlo. ¿Por qué no había querido el Señor que viniera al mundo siendo varón?

Tras un otoño muy húmedo y tempestuoso llegó un invierno temprano y gélido que paralizó en gran parte los trabajos de construcción. No obstante, los herreros siguieron forjando, y al aire libre, porque los costes de la obra ya habían superado en mucho los cálculos iniciales y no se habían podido construir los prometidos talleres de piedra. Para no congelarse, habían protegido con tablones de madera como habían podido los costados de su recinto, pero el frío seguía entrando por la parte delantera, que estaba abierta. Para que la madera no prendiera a causa de las chispas que salían volando, Ellen rociaba todos los días las paredes con agua, que las bajas temperaturas congelaban en bonitas formas florales, y que le enrojecía y le agrietaba las manos. Temblaba de frío mientras trabajaba, e incluso Llewyn, a quien el clima no parecía afectarle tanto, pateaba incesantemente con los pies en el suelo. La fragua solo caldeaba la barriga y el rostro del que se colocaba justo delante, pero siempre tenían los pies fríos y enseguida se les entumecían tanto que apenas sentían los dedos. Si no estaban en constante movimiento, corrían peligro de que se les congelara un dedo del pie. Solo cuando el frío arreciaba de verdad dejaban de forjar, apagaban la fragua y se iban al Chivo Rojo, la única posada de todo Framlingham que ofrecía cerveza bebible y comida decente a un precio sensato. Mientras pasaban allí toda la tarde, a veces en silencio, Ellen pensaba en su casa. Cada día añoraba más a Osmond, Mildred y Kenny, y naturalmente también a Simon y Aelfgiva. Incluso la ira que sentía hacia Leofrun se había aplacado un tanto, y casi echaba de menos a Aedith también. Hablar con Llewyn sobre la añoranza que sentía habría tenido poco sentido. Él no tenía mujer ni hijos, y tampoco era amigo de muchas palabras. Solo se dirigía a ella en el trabajo, aunque entonces se pasaba de la raya, para el gusto de Ellen. Con sus explicaciones siempre repetitivas sobre todos los procesos acababa por exasperarla, pues ella era capaz de aprender un procedimiento solo con haberlo contemplado una vez y repetirlo más adelante ella sola. No importaba cuántos pasos conllevara ni lo complicado que fuera cada uno de ellos; todo tenía un sentido, y eso le bastaba como explicación en sí misma. Lo que necesitaba no eran clases teóricas, ¡sino práctica y experiencia propia!

Cuando los primeros lirios de los valles se estiraron hacia el sol de la primavera, cuando todos tuvieron de nuevo las manos ocupadas y los días volvieron a ser más agradables, de pronto faltó más de medio chelín del bote de barro de Ellen. La muchacha ahorraba con gran disciplina y casi cada día se alegraba al ver cómo crecía la cantidad de monedas que guardaba, pero de repente el corazón empezó a latirle con fuerza. ¿Se habría equivocado al contar? Empezó otra vez desde el principio, pero obtuvo el mismo resultado: faltaban siete peniques y medio. El dinero solo podía habérselo robado alguien de la familia de carpinteros, puesto que Bertha se encargaba de que el cobertizo no quedara nunca sin vigilancia para que ningún ladrón pudiera colarse dentro. Con lágrimas en los ojos, Ellen volvió a meter en el bote las monedas que le quedaban y, desilusionada, lo escondió bajo la saca de paja que le hacía las veces de cama.

Pasaron unos días sin que sucediera nada, y la muchacha ya estaba a punto de dejarlo correr cuando vio a alguien acercarse a los jergones. Era Jane, la hija mayor de Curt.

Ellen arremetió contra ella:

—¡Ladrona miserable!

La niña empezó a gritar como si la estuvieran matando, y Bertha, que limpiaba verduras frente a la puerta, entró corriendo.

—¡Ha sido Alan quien ha robado, acabo de verlo! —exclamó Jane con una voz aguda y el bote de Ellen en la mano—. Mira cuántas monedas tiene. ¿Cómo puede haber ahorrado tanto? —La voz de Jane sonaba casi crispada—. Lo habéis acogido como a un hijo y ¿cómo os lo agradece? ¡Robándoos! —Jane miró a Ellen con ojos furibundos y sacó varios peniques del bote antes de bajar con habilidad la escalera hasta el piso de abajo, donde le alcanzó a su madre las monedas—. ¡Toma, madre, tu dinero!

—¡Esto traerá consecuencias, jovencito! —increpó Bertha con un tono amenazante, e hizo desaparecer el dinero en su mandil—. Curt decidirá esta noche qué hacer contigo. Si de mí dependiera, la cosa llegaría ante el juez. Según he oído, lord Bigod tiene especial inquina por los ladrones y los castiga con dureza.

Bertha se volvió llena de furia y regresó a su trabajo. Jane sonrió triunfal, corriendo tras su madre.

Ellen se quedó allí de pie, como paralizada. ¡Jane no solo debía de haberle robado a ella, sino también a sus propios padres!

—¡Al diablo! —siseó, y dio una patada furiosa contra una bala de paja.

Se puso a sudar y empezaron a caerle lágrimas de los ojos. Si la enviaban al calabozo, solo sería cuestión de tiempo que descubrieran que no era un muchacho... y no se atrevía a imaginar siquiera qué sería entonces de ella. Tomó una decisión y echó a correr hacia la herrería todo lo deprisa que pudo.

—Me marcho de Framlingham —le dijo a Llewyn, sin aliento, en cuanto lo tuvo delante.

—Comprendo que te marches. A fin de cuentas, aquí ya no puedes aprender nada más de mí. —Llewyn estaba a todas luces decepcionado.

Ellen lo miró con espanto; ¡no había sido su intención herirlo!

—Nada tiene que ver contigo ni con la herrería. Es que... —Se interrumpió a media explicación, mirándose la punta de los pies.

—Déjalo, no tienes que explicarme nada. Eres un hombre libre. ¿Sabes ya adónde quieres ir? —preguntó el herrero sin mirarla.

—A Ipswich, creo. —En realidad no tenía ni idea de adónde iría, pero eso no quería decirlo.

—Ipswich. —Llewyn asintió con satisfacción—. Eso está bien. ¿Qué quieres hacer allí?

—Forjar, ¿qué, si no? No sé hacer otra cosa.

—Tú puedes hacer mucho más que eso. Solo conozco a una persona que tenga un talento tan notable para el hierro como tú. De él podrías aprender aún muchísimas cosas. Pregunta en Ipswich por maese Donovan; es el mejor forjador de espadas de Anglia Oriental. ¡Con él volverás a ser un completo principiante! —Llewyn permaneció un momento totalmente inmóvil; parecía perdido en sus recuerdos—. Era amigo de mi padre. Dile que te envío con mis mejores recomendaciones. Yo no fui lo bastante bueno... —masculló—, pero tú sí lo serás. —Y, en voz más alta, añadió—: ¡No dejes que te diga lo contrario!, ¿me oyes? Donovan es un viejo cascarrabias, pero debes hacer cuanto haga falta para que te acepte. ¡Prométemelo!

—Sí, maestro —dijo Ellen con voz compungida.

Como despedida, Llewyn le puso su martillo en la mano.

—A mí me lo dio mi maestro; guárdalo como un tesoro —dijo con sequedad; luego se aclaró la garganta y le dio unas palmadas de ánimo en el hombro—. ¡Que te vaya bien, muchacho!

—Gracias, Llewyn —murmuró ella con voz ahogada.

Y no logró decir nada más.

Después entró a hurtadillas en el cobertizo, recogió su dinero y sus cosas, y salió de Framlingham como un ladrón.

Ipswich, primeros de mayo de 1162

Ellen entró en Ipswich por la puerta norte de la ciudad y se detuvo un instante, indecisa. Precisamente aquella mañana, el resplandeciente sol primaveral de los últimos días empezaba a esconderse tras espesas nubes. Una gota de lluvia le cayó en la punta de la nariz y la hizo mirar al cielo con inquietud. Solo se veía una minúscula mancha de azul. Estaba visto que no tardaría en ponerse a llover. Al contrario que ella, la mayoría de los viajeros que acababan de entrar por la puerta norte parecían saber muy bien adónde dirigirse, y se apresuraban sin mirar en derredor. Ellen echó a andar hacia el sur con paso lento. Nadie la esperaba, de manera que tenía todo el tiempo del mundo para recorrer la ciudad con tranquilidad. Se detuvo en el primer cruce y miró hacia todas partes. Al sur se divisaban mástiles de barcos; allí, pues, debía de quedar el puerto. A izquierda y derecha se extendía una calle repleta de casas apiñadas. Ellen se frotó la sien con el índice y miró alternativamente en ambas direcciones sin poder decidir cuál de los dos caminos tomar. Oprimida por la duda, se sentó en un pequeño muro, dejó colgar las piernas y se bebió el último trago de agua que quedaba en el odre. «Tengo que volver a llenarlo», pensó mientras percibía el cacareo exaltado de unas jóvenes. La curiosidad hizo que se volviera.

Las muchachas no estaban muy lejos y hablaban con gran agitación. Se reían en voz muy alta y se comportaban de una forma harto llamativa, a fin de atraer las miradas de todo el que andaba cerca. Una joven entrada en carnes se pasó la mano por la larga melena oscura, reclamando atención. Reía con gran algarabía. A todas luces se veía que disfrutaba de la franca admiración de los hombres y de la envidia de sus amigas, que de pronto rieron con más fuerza y alboroto, para que se fijaran también en ellas.

—Ea, venid ya, ¿a qué estáis esperando? ¡Vayamos de una vez! —apremió con impaciencia una chica delgada y de manos rojas, que agarró del brazo a una de sus amigas y tiró de ella en dirección a la plaza.

—¿Acaso no puedes esperar ni un momento para ir a la feria anual? —La de la melena oscura torció la boca con malicia y le hizo un guiño a una de las otras—. ¡Le tiene echado el ojo al sacamuelas! —explicó, y le dio un codazo a la que estaba a su lado.

La más delgada se ruborizó y miró al suelo, avergonzada.

¡Había feria en Ipswich! ¡Por eso había encontrado incluso a músicos en el camino! El corazón de Ellen latió de alegría. Aedith le había explicado una vez cómo era una feria, y casi le había costado respirar de la emoción al contarle todo cuanto había que ver allí. Una feria anual era un acontecimiento extraordinario. Solo las ciudades de mayor relevancia podían permitírselo, puesto que, a fin de cuentas, tenía que organizarse con el beneplácito del rey, y el soberano hacía pagar cara la concesión de ese privilegio. Muchos mercaderes llegaban de remotos lugares para ofrecer especias, valiosos tejidos y aperos de toda clase. Sin embargo, las ferias anuales que se daban a conocer con suficiente antelación atraían también a predicadores, charlatanes, bufones y músicos que entretenían al público y se ganaban así el sustento.

Cuando las muchachas empezaron a moverse sin dejar de reír, Ellen se dejó caer del muro y las siguió con entusiasmo. Las calles estaban más concurridas cuanto más avanzaban, y la chiquilla se dio cuenta enseguida de que toda la gente parecía confluir en una misma dirección. Las callejas se iban estrechando y las casas parecían alzarse cada vez más cerca unas frente a otras. Las nubes, entretanto, se habían tragado también el último pedazo de azul, de modo que el cielo se desdibujaba y se confundía con los tejados; gris sobre gris. Aunque no era ni siquiera mediodía, parecía estar anocheciendo. Ellen no había avanzado mucho cuando, de repente, empezaron a caer con fuerza unos enormes goterones que en pocos instantes convirtieron el suelo polvoriento de la calle en un viscoso barrizal. Como todos los demás, se acercó corriendo a las casas para conservar los pies secos al menos un rato. Sin embargo, la lluvia remitió igual de deprisa que había llegado. La tierra absorbió la humedad con avidez y, al cabo de poco, solo un par de charcos recordaban el pequeño chaparrón. Incluso algún que otro rayo de sol logró abrirse paso hasta la estrecha calleja. También los cerdos, que durante la lluvia habían echado a correr, volvían a deambular entre la muchedumbre y surcaban la tierra húmeda gruñendo en busca de algo que comer. Los zapatos de Ellen estaban casi secos y, para que así siguiera siendo, tuvo cuidado de que no la empujaran a ningún charco mientras avanzaba con el gentío.

En los escalones de la iglesia de Cornhill, emplazamiento del mercado de cereales, un mendigo le llamó la atención. Su vestimenta, aunque consistía en prendas sucias y ajadas, parecía haber vivido días mejores. Estaba allí sentado, desplomado, sin moverse. Toda su pierna derecha era una herida comida por los gusanos; sin duda debía de dolerle horrores. Mantenía el rostro oculto, probablemente a causa de la vergüenza por su existencia lamentable, y Ellen se preguntó qué debía de haber hecho aquel hombre para que Dios lo castigara así. Del todo impasibles ante esa imagen, avezados en la pobreza y en la suciedad, unos niños jugaban en el barro con palos y piedras a pocos pasos del mendigo. Tres chicas algo mayores, a buen seguro hermanas que tenían que cuidar de los pequeños, aguardaban susurrando en una esquina. Estaban tan absortas en sus cuchicheos que ni siquiera vieron a la atrevida rata que se acercaba a uno de los niños e intentaba morderlo. Dos chiquillos de unos diez años que estaban algo más allá empezaron a pelearse y a darse empellones. Ellen se los quedó mirando, pues uno era igual que el otro. Había oído hablar de los gemelos, pero nunca los había visto. Se quedó un momento quieta contra la pared de una casa y se preguntó cómo sería tener una hermana que fuera idéntica a ella. Aquella idea le resultó reconfortante, aunque estaba claro que tampoco los gemelos coincidían siempre en todas sus opiniones. Los dos niños se peleaban cada vez con más ganas y empezaron a darse puñetazos, pero la muchedumbre empujó a Ellen y la alejó en dirección a la feria, de modo que los perdió de vista. Cuanto más se acercaba a la plaza del mercado, más llenas estaban las calles. Ellen no hacía más que detenerse a cada paso. Al otro lado de la vía, a poca distancia por delante, un hombre le llamó la atención. No podía quitarle los ojos de encima. De pronto vio cómo le cortaba el monedero del cinto a un viajero bien vestido sin que este se diera cuenta. Ellen tomó aire. La víctima aún no había comprendido qué había sucedido cuando el ladrón puso pies en polvorosa y corrió directo hacia ella. Al verlo pasar por su lado como una exhalación reparó en que no era un hombre, sino un muchacho apenas mayor que ella y solo un poco más alto. El pelo fino y sucio se le pegaba en la frente, llena de espinillas, y su mirada fría pasó por encima de Ellen sin verla. La muchacha sintió un escalofrío en la espalda. Estaba indignada por lo que había visto, pero cuando el chico pasó tan cerca sintió ante todo aversión, y miedo de que pudiera robarle el dinero a ella también. Enseguida se llevó una mano a la barriga. Su temor era infundado; la escarcela seguía colgando en su sitio, bajo la camisa. Cuando miró en derredor, ya no vio al ladrón por ningún lado.

—¡Pastelitos frescos de pescado! —exclamó una chica de grandes ojos adornados por unas profundas ojeras.

Su voz llegaba sorprendentemente lejos, teniendo en cuenta que tenía un cuerpecillo frágil, casi enjuto, mal abrigado por un ajado vestido de lino gris oscuro. El aroma a eneldo y clavo con que estaban condimentados los pastelitos llegó hasta Ellen, que se abrió camino hasta la muchacha como pudo.

—¿Cuánto cuestan? —preguntó, y señaló una de las apetitosas tartaletas que la chiquilla llevaba en una cesta colgada del brazo.

—Tres *farthings*.

Un *farthing* era un cuarto de penique. Tres *farthings* por un solo pastelito era un precio considerable. Ellen decidió, con todo, deleitarse con una de esas tartaletas de tan delicioso aroma. Todavía no había comido nada y tenía un hambre de lobo. Con ruidos en el estómago no podía presentarse ante ningún herrero. Rescató su escarcela de debajo de la camisa y sacó las monedas necesarias. La muchacha agachó la mirada con pudor cuando Ellen le hizo un gesto pidiendo el pastelito. Después la miró, sonrió y se sonrojó. Dos profundos hoyuelos se le dibujaron en las mejillas. Escogió un pastelito dorado, más grande que los demás, y se lo dio con una encantadora caída de ojos.

—¡Tiene una pinta deliciosa! —agradeció Ellen con cortesía.

La chica se ruborizó una vez más hasta las orejas.

Ellen sonrió con satisfacción, pues estaba claro que la había tomado por un muchacho bien parecido.

—Mmm. —Puso los ojos en blanco con fruición—. ¡Está riquísimo! —Se lamió los labios con avidez y la muchacha sonrió, contenta.

—Compro el pescado por la mañana, a la salida del sol, y los vendo recién hechos todos los días. —La chiquilla le dedicó otra sonrisa resplandeciente.

—¿No sabrás, por casualidad, dónde puedo encontrar a Donovan, el forjador? —preguntó Ellen, masticando aún.

La muchacha sacudió la cabeza con pesar.

Ellen se encogió de hombros.

—No pasa nada, ya daré con él.

Se disponía a marchar cuando un pequeño grupo de hombres armados se acercó a la vendedora.

—Eh, tú, pequeña, ¿cuánto pides por toda esa cesta de pastelitos? —exclamó uno de ellos a voz en grito.

La muchacha se encogió de hombros sin atreverse apenas a mirar en la dirección de la que procedía la pregunta.

Un caballero descomunal, ya mayor y con una profunda cicatriz en la mejilla izquierda, se acercó a ellas. Llevaba un jubón de cuero pespunteado, casi nuevo, y unas espuelas en las botas que resonaban a cada paso que daba. Por su acento, Ellen creyó distinguir que era normando. Sus acompañantes aguardaban algo más apartados, contemplando a las prostitutas que había en la siguiente esquina y que les dirigían gestos incitantes.

La vendedora de pastelitos miró a Ellen en busca de ayuda, y luego a su cesto.

Probablemente intentaba contar cuántos pasteles le quedaban para calcular lo que tendría que pagarle el caballero, pero estaba tardando una eternidad y Ellen empezó a temer que el normando se impacientara, de modo que apremió a la chiquilla:

—¡Date prisa! —siseó con los dientes apretados.

Ya debía de saber lo poco que podía tardar un caballero así en volverse peligroso si se encolerizaba.

Cuando el hombre se dio cuenta del dilema en que se encontraba la niña, le ofreció una tentadora moneda de plata.

—Creo que con esto deberías darte más que por bien pagada.

Ellen entornó la mirada y contempló la moneda que cambiaba de manos ante sus ojos: tenía una efigie grabada. Desconocía su valor, pero le pareció un pago generoso, de modo que volvió a apremiar a la chiquilla.

—¡Dale el cesto, vamos!

El caballero sonrió de oreja a oreja.

—Es la primera vez que pago por recibir un cesto de una chica bonita —dijo, divertido, y se echó a reír—. De modo que haz el favor de ser amable y pon fin a mi suplicio —pidió con fingido pesar. Después profirió una estruendosa carcajada.

Rauda, como si de pronto al cesto le ardiera el asa, la vendedora le ofreció la mercancía.

—Espero que os gusten, milord. —La voz le temblaba de miedo.

—Bueno, eso espero yo también, pues si no están recién hechos y jugosos vendré a recuperar mi dinero y a ti te arrancaré la cabeza —amenazó el hombre de repente, mirándola a los ojos con dureza.

La risa había desaparecido de su rostro.

La muchacha abrió los ojos con espanto, y Ellen vio en ellos miedo en estado puro.

—Yo mismo he comido uno; aún caliente, de lo recién hechos que están y, además, deliciosamente condimentado, os lo aseguro, milord —se aventuró a decir Ellen, y se sorprendió a sí misma por su enérgica actuación.

—¡Demontre, jovencito, espero que en la boca no tengas solo esa lengua impertinente, sino también un buen paladar!

El caballero alzó las cejas con aire burlón, volvió a reír con estruendo y le dio a Ellen una palmada amistosa en la espalda con tanta fuerza que por un momento esta no pudo respirar. Sacudiendo la cabeza y sin dejar de reír con ganas, regresó junto a sus acompañantes, les alcanzó el cesto y dijo algo en un idioma extranjero. Los hombres miraron en dirección a las niñas y se echaron a reír.

Cuando al fin se marcharon, Ellen respiró con alivio.

La vendedora se había quedado de piedra.

—Tendré que comprar un cesto nuevo —tartamudeó en voz baja—. Si no, ¿cómo venderé mañana los pastelitos? —No parecía precisamente contenta, aunque eso es lo que habría cabido esperar después de tan buena venta—. Esos cestos no son baratos, espero que aún me quede dinero para gastar. Cuando a mi madre le parece muy poco, hace bailar a su gato de siete colas en mi espalda.

Ellen vio las lágrimas de los grandes ojos de la chiquilla y sintió pena por ella, aunque no sabía qué era un gato de siete colas. Comoquiera que fuese, parecía algo terrible, o eso le pareció. ¿Sería acaso peor que cuando Leofrun la azotaba con sus correas de cuero?

—Seguro que esa moneda vale mucho más que el cesto y los pastelitos —le dijo a la chiquilla para animarla—. Tu madre estará muy contenta contigo, ya lo verás.

—Has sido muy valiente al decir que los pastelitos están buenos. —Miró a Ellen a los ojos—. Y muy simpático. —Después alzó la cabeza con orgullo—. Si mañana vuelves por aquí, te regalaré uno. En agradecimiento.

La vendedora le sonrió y se despidió robándole un raudo beso en la mejilla antes de desaparecer corriendo.

Esta vez fue Ellen quien se puso colorada. Echó a andar despacio hasta llegar a la plaza del mercado, donde contempló a un malabarista y bufón que, con sus chanzas, hacía ruborizar a las muchachas pudorosas y reír con malicia al resto de los espectadores. Una y otra vez se inclinaba sonriente, agradeciendo el aplauso del público así como las monedas de cobre que le lanzaban.

No muy lejos de allí actuaban un tragafuegos y un tragasables: un hombre orondo, con el pecho desnudo y velludo y el cráneo pelado, que, ante las exclamaciones de asombro de los curiosos, se metía un largo puñal por la boca y lo hacía entrar hasta lo más hondo de sus fauces. La mirada de Ellen se había quedado fascinada por la función del prestidigitador cuando un grito estremecedor atrajo su atención hacia una reunión de gente.

Se abrió camino hasta allí. Un cirujano barbero y el sacamuelas del que habían hablado las muchachas de antes compartían un gran estrado de madera en la esquina más alejada de la plaza del mercado.

Como se podía ver por su estado destartalado, la tarima no se movía en todo el año de aquel lugar. Probablemente allí arriba también celebraban juicios, azotaban a adúlteras, ponían a criminales en la picota o cortaban manos de ladrones. Puede que en aquel estrado lleno de manchas oscuras se llevaran a cabo incluso ejecuciones. En aquel momento, sin embargo, estaba ocupado por dos grandes sillones para los enfermos.

El sacamuelas había dispuesto mordazas y tenazas de diferentes tamaños en una mesita, además de hierbas y tinturas para curar rápidamente las heridas. Ellen pensó en la chica de las manos rojas y se preguntó si de veras se habría encaprichado de ese viejo de aspecto huraño que estaba colocando el instrumental. Pero al ver que subía al estrado un joven apuesto y vestido con una capa marrón rojizo, comprendió enseguida que el viejo no era más que el ayudante del sacamuelas.

Al otro lado de la concurrencia, junto a la escalera, vio a la muchacha, absorta hasta los tuétanos en la contemplación del joven. Esperó que se le ocurriera alguna otra artimaña que hacerse extraer un diente para llamar su atención.

La puesta en escena del cirujano barbero incluía una mesa más grande que la del sacamuelas. A un lado del tablón había dispuesto hierbas, medicinas y paños para escayolas y vendajes; al otro, sierras para amputaciones, pinzas, escalpelos y agujas de diferentes tamaños. También había preparado un cubo de ascuas con un hierro al rojo vivo. Para que los enfermos no pudieran ponerse en pie de un respingo a causa del miedo o del dolor y escapar corriendo, tanto el barbero como el sacamuelas habían atado gruesas correas de cuero a sus sillas.

Hasta al más pintado se le perlaba la frente de sudor cuando había que arrancarle un diente o coserle una herida. Alrededor del estrado se apiñaban enfermos en cuyos rostros se veía tanto el miedo al dolor como la esperanza de curación.

También los curiosos acudían junto a la tarima con la esperanza de poder ser testigos de la extirpación de algún miembro o alguna otra visión espantosa. La multitud no quitaba ojo a las maniobras de ambos hombres, comentaba sus gestos con repugnancia y asombro, y los gritos de los torturados, con vituperios. Para muchos, el espectáculo parecía ser una novedad muy bienvenida.

Ellen no fue capaz de quedarse a mirar más rato. El nauseabundo olor del pus y la podredumbre, la sangre y la carne quemada eran demasiado para su estómago. Tuvo que echar mano de todas sus fuerzas y su férrea voluntad para impedir que el pastelito saliera por donde había entrado.

Al otro lado de la plaza, apiñados unos contra otros, se encontraban los tenderetes de los vendedores, en cuyas cubiertas de telas de colores o piel se había acumulado el agua de la lluvia. Los mercaderes empujaban desde abajo con palos para hacer caer el agua. Labriegos, monjes e innumerables mercaderes habían llevado sus productos a la ciudad. Todo cuanto uno podía necesitar se encontraba en la feria: cazos de hierro o cobre de todos los tamaños y formas, toda clase de recipientes de barro, cestos, juguetes y enseres del hogar, cuero y todo lo que se podía fabricar con él, telas y cintas, ornamentos y variopintos útiles de cuerno, hueso, madera o metal.

En un rincón había dos monjes de hábitos desgastados que ofrecían cerveza de unos enormes barriles abombados. Aunque tenían aspecto de ser muy pobres, su brebaje debía de ser especialmente bueno, pues ante su carro se había formado una larga cola de gente que quería comprar y que llevaba consigo una o varias jarras de buen tamaño.

Un poco más allá se podía comprar volatería viva, huevos, harina, hierbas, carnes en salazón, tocino ahumado, fruta, verdura y otros alimentos.

Los puestos más extraordinarios, no obstante, los que estaban siempre rodeados de mirones, eran los de especias y frutos exóticos, como dátiles, granadas, pimienta, jengibre, anís estrellado, canela y mostaza. Ellen inspiró con deleite sus aromas embriagadores. Al cerrar los ojos imaginaba que estaba en otro mundo.

Los mercaderes gritaban a pleno pulmón anunciando sus mercancías. En los puestos de baratijas se apiñaban sobre todo mujeres y muchachas de todas las edades, que se empujaban y apartaban unas a otras únicamente para echar un vistazo a las cosas bonitas que se exponían allí, y tal vez intentar tocarlas. Aunque durante los últimos meses Ellen había adoptado por completo las actitudes de un mancebo, en aquel momento se quedó como el resto de las mujeres, boquiabierta y con unos ojos como platos ante las cintas de colores para el pelo y demás bonitos adornos. Los colores brillantes, los extraños aromas de la feria y el variado surtido de productos a la venta la embriagaron como una jarra de cerveza fuerte.

—¡Largo de aquí, joven, que no dejas ver a las damas! —gritó con tosquedad un pálido mercader.

Y un instante después volvió a forzar la sonrisa y siguió elogiando sus cordeles, ribetes y cintas.

Acabó ahuyentando a Ellen de allí con una mirada de pocos amigos, y aquella maravillosa sensación de felicidad se esfumó de repente. «¿Qué es más importante, boba, llevar cintas de colores en el pelo o la forja?», se reprendió Ellen, y entonces se enfadó por haberse dejado cautivar por aquellos objetos, preciosos pero inútiles. Le dio la espalda a los tenderetes con determinación. «Tendría que ponerme a buscar de una vez a ese herrero del que me habló Llewyn, y no andar mirando baratijas como si estuviera alelada», pensó, y se llevó la mano a la bolsa del dinero. Mientras no tuviera trabajo, sus ahorros eran cuanto poseía.

De pronto sintió un sudor frío y buscó la bolsa bajo la camisa. Nada. Ellen encontró el cordel de cuero que llevaba al cuello, pero la escarcela con su dinero había desaparecido: alguien había cortado la correa. El corazón empezó a latirle muy deprisa, la cabeza le bullía de ideas. Reflexionó febrilmente cómo y cuándo podía haber tenido lugar el hurto. ¿Acaso después de comprar el pastelito de pescado había olvidado esconder la bolsa bajo la camisa? Miró en derredor con impotencia. ¿Quién podía haberle robado? ¿No habría sido la simpática vendedora de pastelitos? Le pareció que un agujero gigantesco se abría ante ella dispuesto a engullirla. Le asomaron lágrimas a los ojos.

Entonces vio muy cerca de allí al cortabolsas al que ya había observado en plena acción. Avanzaba entre el gentío, alejándose cada vez más.

¡Él era el ladrón! Intentó desesperadamente abrirse paso también entre la masa de gente, pero la distancia que la separaba del joven se hacía cada vez más grande en lugar de más pequeña. En un momento dado, lo perdió de vista. Debía de haber torcido por alguno de los callejones laterales.

Abatida, Ellen se apoyó en la pared de una casa y miró al vacío con lágrimas en los ojos, incapaz de pensar qué hacer. No le quedaba nada más que la ropa que llevaba puesta. Sintió las gotas caer por sus mejillas. Había trabajado muy duro para ganar ese dinero, ¿qué haría ahora? Se enjugó las lágrimas con desesperanza y miró indefensa en derredor.

Se fijó entonces en un hombre mayor, muy alto. Su aspecto sorprendió tanto a Ellen que, por un momento, olvidó todas sus cuitas y se lo quedó mirando con incredulidad. Sus ropajes distinguidos y largos hasta el suelo eran de un paño noble y de color azul oscuro, y además estaban adornados con unas nobilísimas pieles marrones. Su lujosa vestimenta, el reluciente cabello gris y el bastón con empuñadura de plata en el que se apoyaba al caminar le conferían una elegancia extraordinaria. Sin embargo, fueron sus penetrantes ojos azules y el gesto agrio de su boca los que apresaron la atención de la muchacha, pues le recordaron a su madre. Se dirigió hacia él involuntariamente, hasta que el hombre se detuvo frente a una gran casa, sacó del cinto una pesada llave de hierro y se dispuso a abrir la costosa puerta tallada en roble. Con todo, antes aun de que pudiera meter la llave en la cerradura, la puerta se abrió como por arte de magia.

En el vano apareció una joven.

Ellen se acercó un poco más a ambos para verlos mejor.

El vestido azul celeste de la muchacha era de una tela brillante y cara, con bordados de hilo de plata y perlas en el escote. La vestimenta parecía lujosa pero, a la par, era de una sencillez muy elegante. ¡Nunca había visto nada más bonito! Sin embargo, al mirar al rostro de aquella figura angelical, tuvo que coger aire. ¡Aedith! Había crecido mucho desde que Ellen la viera por última vez.

El anciano que tanto se parecía a Leofrun, pues, ¡debía de ser su abuelo!

De súbito se le hizo un nudo enorme en la garganta y la añoranza que sintió por volver a estar en casa aprisionó su corazón como si fuera una tenaza de hierro. Por un momento se rindió a la fantasía de acercarse a ellos y abrazarlos. La curiosidad de Ellen por su abuelo era imperiosa, y la ira hacia su hermana parecía haberse disipado de repente.

Aedith debía de haber ido a Ipswich a casarse con el mercader de sedas al que Leofrun la había prometido hacía más de un año. ¿Estarían también Mildred y Kenny allí?

Cuando Aedith cerró la puerta tras dejar pasar a su abuelo, su mirada soberbia pasó fugazmente por encima de su hermana. Estaba claro que la había tomado por un simple muchacho de las calles, un pillastre que no era merecedor de su atención.

Ellen pensó, con decepción y amargura, que no había cambiado tanto como para que no la reconociera.

Siguió caminando, cabizbaja. De improviso volvió a ver al joven ladrón, que parecía haber escogido ya a su siguiente víctima. La rabia hacia la vergonzosa actividad a la que se dedicaba y la esperanza de poder recuperar la escarcela que le había robado le infundieron valor. No en vano se había convertido en un muchacho, ¡sabía bien cómo tratar a personajes de semejante calaña!

Se acercó a él desde atrás con gran sigilo. Cogió lo que quedaba de su cordel de cuero con las dos manos y lo tensó. El joven era un poco más alto que ella, pero también más flaco. Ellen se acercó con cautela, le aprisionó el cuello desde atrás con la cuerda y, con un fuerte impulso, tiró de él hacia un callejón lateral. El joven se tambaleó hacia atrás y se llevó las manos al cuello para aflojar el cordel, que se le estaba clavando.

—¿Dónde está el monedero que hace nada colgaba de esta

cuerda? —siseó Ellen, arrastrando al chico por la estrecha y oscura calleja.

El muchacho daba inútiles boqueadas para coger aire.

—Ya no lo tengo —dijo entre estertores.

—Pues vayamos a buscarlo. ¡Ahora mismo! —le amenazó Ellen.

Dejó que tomara un poco de aire para respirar, pero se mantuvo preparada para apretar con más fuerza aún e impedir que se escapara si lo intentaba.

—Eso no podrá ser.

—¿Por qué no?

—Me molerá a palos, y a ti también.

—¿Quién?

—Gilbert el Tuerto.

—¿Y ese quién es? —gruñó Ellen con disgusto.

—Tiene un burdel allí, en Tart Lane. Si no le llevo suficientes bolsas de mis incursiones por la ciudad me muele a palos.

Ellen escupió con asco.

—¿Y es ese motivo para robarle a la gente honrada un dinero que les ha costado mucho esfuerzo ganar? —espetó, nada comprensiva—. Escápate y busca un trabajo decente, aún eres joven.

Enfadada, le propinó un puñetazo en los riñones.

—No puedo. Tiene a mi hermana pequeña. Mientras robe lo suficiente, la dejará en paz. Si me escapo, o si algún día no le llevo suficientes monedas, la ofrecerá a sus clientes.

Ellen sintió lástima por un momento y dudó sobre qué hacer, pero entonces vio que el muchacho se relajaba un poco. Seguro que le había soltado un embuste.

—No puedo devolverte tu escarcela, pero podría robar a alguien para devolverte el dinero, si quieres. —Su voz adquirió una entonación esperanzada, y Ellen lo imaginó sonriendo.

Consideró la oferta con la frente arrugada. Comoquiera que fuese, el cortabolsas seguiría robando, así que ¿por qué no aceptar que compensara su pérdida? Ellen pensó en la mujer a la que el muchacho había estado acechando. Llevaba a un niño pequeño de la mano y seguro que ese dinero le hacía falta para comprar comida y demás cosas necesarias para su familia. ¿Debía pagar la mujer la deuda del muchacho? Y, si no era ella, ¿quién se convertiría en su siguiente víctima? ¿Acaso no necesitaba todo el mundo su dinero?

—Por favor, suéltame, me arde el cuello —suplicó el chico.

—¡Piérdete de vista, vamos, desaparece! —le gritó Ellen con repulsión, y lo empujó toscamente lejos de sí.

El joven cayó de rodillas, se puso en pie como pudo y echó a correr.

Ellen se tiraba de los pelos. No le quedaba ni un solo penique y tenía que encontrar trabajo enseguida; si no, estaba perdida. Se llevó la mano con ilusión al martillo que colgaba de su cinto. Tenía que encontrar al maestro Donovan, como le había prometido a Llewyn. ¡Era su última esperanza! Miró en derredor: por lo visto había llegado a la calle de los pañeros. Se decidió a preguntar en uno de los puestos cómo llegar a la zona de las herrerías.

Una señora mayor que acababa de comprar un corte de lino le sonrió con afabilidad.

—Yo te enseñaré el camino si a cambio me acompañas durante un rato —le propuso, y colocó el paquete en lo alto de su cesto lleno.

Ellen se ofreció con educación a llevarle las compras, y la mujer aceptó agradecida.

—Bueno, pues vamos allá. Por cierto, me llamo Glenna, y mi marido, Donovan, es herrero.

—¡Oh! —exclamó la chiquilla ante la inesperada casualidad, y se le iluminó el rostro.

—¿Has oído hablar de él? —La pregunta de Glenna parecía más bien una afirmación.

—Sí, claro que sí. —Ellen asintió y la siguió.

Pensó febrilmente qué debía hacer. Si le exponía sus intenciones a la mujer antes que al herrero, el hombre podía creer que había querido enredarlo y tomárselo a mal. Por otro lado, también sería poco cortés no decir nada. Como esposa del maestro, a fin de cuentas, también ella era responsable de todos los que vivían en la casa, por lo que aprendices y ayudantes eran también de su incumbencia. Ellen sopesó los pros y los contras, pero no llegó a ninguna conclusión.

—Eres demasiado joven para ser oficial, pero veo en tu cinto un martillo que ha sido harto usado —comentó la mujer.

Ellen decidió aprovechar la oportunidad para hacer su petición.

—Tenéis razón, todavía no soy oficial —repuso con resolución y simpatía—. Ni siquiera he sido un auténtico aprendiz, apenas ayudante de herrero. El martillo me lo ha entregado mi maestro como regalo. Se llama Llewyn, y en Framlingham también lo conocen como el Irlandés. Creo que vuestro marido sabe quién es.

—¡Llewyn! —exclamó la mujer, y en su semblante se extendió una sonrisa—. Claro que sabe quién es. Pero ¡si lo crió él! —exclamó, riendo.

Ellen miró a Glenna maravillada y enarcó las cejas.

—A mí solo me dijo que su padre conoció muy bien al maestro Donovan.

—El padre de Llewyn fue el mejor y probablemente el único amigo de Donovan. ¡Un cabezota irlandés! Solo alguien así podría llevarse bien con Don. —Glenna asintió con expresividad y se apartó un mechón cano de la cara—. La madre de Llewyn era una delicada galesa que no sobrevivió al parto. Unos años después, cuando también su padre falleció, el pequeño se quedó solo en este mundo. Entonces lo acogimos en casa. En aquella época tenía como mucho cuatro años. Donovan y yo acabábamos de casarnos. —Se detuvo y le puso una mano en el brazo—. ¿Cómo le va a mi Llewyn?

Ellen lo imaginó ante sí. Despedirse de él le había resultado más duro de lo que había creído en un principio. Su carácter silencioso y sereno le había infundido seguridad y la sensación de estar protegida.

—Le va bien, muy bien —dijo, con ánimo de contentarla.

A Ellen la mujer le agradó enseguida, tal vez porque se le iluminaba la cara al oír hablar de Llewyn.

—¿Está casado? ¿Tiene hijos?

—No. —Ellen movió la cabeza.

Glenna pareció algo decepcionada.

—¿Cuántos hijos tenéis vos? —preguntó entonces Ellen.

—No tenemos hijos propios, el Señor no nos ha bendecido con esa alegría. Por eso envió a Llewyn a nuestras vidas. —Esta vez su voz sonó triste.

No había sido esa la intención de Ellen; miró al suelo, avergonzada.

—Si Llewyn te ha dado ese martillo, debe tenerte en altísima estima. —Glenna detuvo sus pasos—. ¿Puedo? —Cogió la herramienta y la contempló unos instantes—. Ya me lo había parecido. Este martillo se lo dio Donovan después de acabar su formación. ¿Ves esta marca en el cotillo? Es el símbolo de Donovan, estoy segura.

Ellen comprendió entonces, embargada de emoción, el grandísimo apego que debía de haber sentido Llewyn por ese martillo. Recordó también la expresión melancólica de su mirada cuando le había hablado de Donovan, y se preguntó por qué no habría llegado a ser forjador de espadas como su maestro. Por mucho que quisiera, no podía imaginar que de veras no hubiera sido lo bastante bueno. A pesar de su curiosidad, decidió no preguntar a Glenna al respecto. Si acababa trabajando con Donovan, de una forma u otra terminaría por saberlo.

—Bueno, ya hemos llegado. Esta es nuestra casa, y allí está la forja —dijo Glenna, señalando hacia el taller que había unos pasos más allá.

En el patio había un gato al sol, unas gallinas que picoteaban contentas en la arena y, en una pequeña parcela de hierba que había junto a la casa, una cabra atada. Que una forja estuviese construida en piedra no era nada extraordinario; una casa de piedra, por el contrario y para sorpresa de Ellen, denotaba riqueza. Donovan debía de ser un forjador verdaderamente importante para poder permitírsela.

Ellen había crecido en una sencilla casa hecha de maderos de roble, barro y paja. La mayoría de las casas de Orford se construían así; solo la iglesia y Orford Manar, la casa señorial, eran de piedra.

Glenna abrió la puerta.

—Entra un momento; antes que nada, seguro que tienes sed, y puede que también hambre. Siéntate a la mesa, el cesto puedes dejarlo sobre esa silla.

Le indicó que entrara y le puso delante una jarra de mosto, una pata de pollo ahumado y una rebanada de pan.

—¿Pollo ahumado? —preguntó con sorpresa Ellen, que de súbito volvía a tener apetito—. ¡Está delicioso! —exclamó mientras masticaba y lo devoraba con placer—. En Orford solo teníamos queso ahumado… que también está muy bueno —siguió parloteando sin parar, y enseguida se enfadó consigo misma porque había sido descuidada y había delatado su procedencia.

Por suerte, Glenna estaba absorta en sus pensamientos en ese instante y no le prestaba atención. Por la expresión de su cara, debía de estar pensando en Llewyn.

—Discúlpame, haz el favor, ¿qué decías? —preguntó entonces.

—Que está muy bueno, y el mosto también —respondió Ellen con rapidez, y se dijo que en el futuro tendría que ser más cuidadosa.

—Supongo que tu intención será pedirle trabajo a Donovan.

Ellen creyó ver en sus ojos un ápice de lástima.

—Tuve que prometérselo a Llewyn. —Se esforzó por que no sonara a disculpa.

—Entonces debes ir a verlo ahora mismo. No te resultará fácil, te lo advierto. Es un hombre muy testarudo y se le ha metido en la cabeza no aceptar a ningún aprendiz más. —Glenna le dio unas palmaditas en el hombro—. Aun así, debes insistir en que te haga una prueba, ¡da igual lo mucho que reniegue o cuánto te maldiga! —Le dirigió un gesto de ánimo—. Y, ahora, ve para allá… Ah, sí, ¿cómo te llamas?

—Alan.

—Bueno, Alan, pues ve. ¡Y buena suerte!

—¡Gracias!

—No dejes que te eche del taller. ¡Recuerda lo que te he dicho! —exclamó Glenna tras ella.

Cuando Ellen entró en la forja, se sintió como si hubiese regresado a casa. El orden del interior del edificio de piedra le recordó al taller de Osmond. Aun así, no logró dejar de sentir miedo. Donovan era muy diferente a como lo había imaginado. Esperaba encontrar a un hombre grande y fuerte, como Llewyn; pero Donovan era bajito, casi frágil. Parecía más un orfebre que un forjador de espadas.

—¡Cierra esa puerta! —bramó con una voz sorprendentemente grave.

Ellen se apresuró a cerrar. Osmond tampoco podía soportar que la puerta de su herrería estuviera abierta. No obstante, como Llewyn había tenido que seguir trabajando al aire libre en primavera, Ellen, pese a la promesa que le hiciera al maestro constructor, había perdido la costumbre de cerrar la puerta del taller nada más entrar.

—Os saludo, maese Donovan.

Ellen esperó que no hubiese notado cómo le temblaba la voz.

—¿Qué quieres? —preguntó el hombre, malhumorado, y luego la miró de arriba abajo frunciendo el ceño.

Ellen jamás se había sentido tan insignificante como ante la despreciativa mirada de aquel hombre.

—Quiero trabajar para vos y aprender de vos, maestro.

—¿Y por qué habría de entregarte a ti mis conocimientos? ¿Tanto puedes pagarme? —preguntó Donovan con frialdad, sin dignarse mirarla.

Ellen puso ojos de espanto. ¿Cómo podía un maestro que se preciara formular semejante pregunta? ¿Acaso lo único que le importaba era el dinero? ¿Acaso vendía sus conocimientos como una mercancía al mejor postor, en lugar de a quien más lo mereciera?

—No, maestro, yo no puedo pagaros —dijo, casi sin voz.

—¡Ya lo imaginaba! —espetó él.

—Pero como contrapartida, puedo trabajar a cambio de vuestro saber. Trabajo muy bien.

Ellen se dio cuenta de lo respondona que se había mostrado y maldijo su falta de dominio de sí misma. «Parezco una pescadera, y no un forjador falto de experiencia», se increpó.

—No necesito ningún ayudante, ya tengo quien me ayude a martillar.

—Yo sé hacer más que martillar, ¡probadme!

—Tengo demasiado quehacer y no puedo malgastar mi tiempo. ¡Vete al cuerno, mocoso impertinente!

A pesar de que el forjador la había escuchado de mala gana y nada receptivo, Ellen creyó ver en su mirada algo semejante a la desesperanza. Donovan no le causó buena impresión a primera vista, pero si Llewyn lo tenía en tan alta estima, debía de haber motivo para ello, así que decidió seguir el consejo de Glenna y no hacer ningún caso de sus viles reniegos.

—Bueno, si tanto quehacer tenéis, no os vendrá mal que os echen una mano.

El temblor de su voz dio paso a un frío glacial. Dejó su gastado fardo en un rincón y echó un vistazo al taller.

En una forja, el orden era de esperar. Las tenazas tenían que estar siempre en el mismo sitio, igual que los martillos y demás herramientas necesarias, para poder echar enseguida mano de ellas cuando se necesitaban. El orden de Donovan tenía muy pocas diferencias con el de Llewyn; no le costaría mucho familiarizarse con el lugar.

—¿Quién te has creído que eres? ¿Crees que puedes irrumpir así en mi taller y decirme lo que tengo que hacer? —Donovan parecía tan molesto como sorprendido.

—Me llamo Alan, hace ya algún tiempo que trabajo forjando y, con vuestro permiso, hasta hace pocos días nunca había oído hablar del forjador de espadas Donovan. —La propia Ellen quedó asombrada de lo osada que podía llegar a sonar, pero prosiguió, impertérrita—: No os conozco, por mucho que seáis verdaderamente el mejor forjador de espadas de Anglia Oriental, aunque no sé quién puede decidir algo así. He acudido a vos porque me lo ha aconsejado un herrero al que aprecio sobremanera. Él cree que vos podríais enseñarme más de lo que me ha enseñado él.

—¿Y quién es ese, si haces el favor? —Donovan no parecía dar mucho valor a la opinión de los demás herreros.

—Mi maestro se llama Llewyn. Creo que lo conocéis bien.

Cuando pronunció el nombre de Llewyn, los ojos de Donovan se convirtieron en dos pequeñas ranuras iracundas. Ellen ya temía que fuera a abalanzarse sobre ella, pero el forjador se limitó a resollar con desdén:

—¡Llewyn no lo consiguió!

—Me dijo que creía no haber sido lo bastante bueno para vos.

—Pero cree que tú sí lo eres, ¿no? —bramó Donovan.

—Sí, maestro —repuso Ellen con calma.

Donovan guardó silencio durante largo rato; Ellen esperó. La expresión de su rostro no delataba en qué estaba pensando el hombre.

—Si quieres que te ponga a prueba, vuelve mañana poco antes del mediodía —dijo al cabo, y se volvió de espaldas a ella.

—¡Aquí estaré! —repuso la chiquilla con orgullo, agarró su fardo y, sin despedirse, cerró la puerta al salir.

Cuando Glenna y Donovan estuvieron a solas, cenando, la mujer del forjador rompió el silencio.

—Al menos deberías darle al muchacho la oportunidad de que te demuestre lo que sabe hacer. Si no, te pasarás la vida preguntándote si Llewyn llevaba razón.

—Llewyn no fue lo bastante bueno —repuso Donovan con aspereza—, ¿cómo va a juzgar él si...?

—¡Qué disparates son esos! No fue lo bastante bueno... ¡No me hagas reír! No tenía fuerza suficiente para medirse contigo, para llevarte la contraria alguna que otra vez. ¡Sabes perfectamente que podría haberlo conseguido! Pero fuiste demasiado duro, nunca le dijiste que creías en él, nunca elogiaste sus méritos. Sé cuánto lo echas de menos, no lo rechaces otra vez. Ese joven es un regalo que te hace, la señal de que te ha perdonado.

Glenna apartó unas cuantas migas de pan con un gesto decidido de la mano.

—¿Que me ha perdonado? No tengo nada de lo que sentirme culpable, siempre lo traté como a un hijo. ¿Qué tendría que perdonarme? —Donovan se levantó bruscamente de la mesa.

—También un hijo habría acabado huyendo algún día de un padre como tú. Habría llegado a ser igual que tú, pero no le dejaste tiempo para demostrártelo, fuiste demasiado impaciente. Que a ti te resulte fácil y rápido aprender no es motivo para que esperes eso mismo de todos los demás. Posees una habilidad muy especial, y no todo el mundo cuenta con ella. Él tuvo que trabajar muy duro para lograr cosas que en ti surgían con naturalidad. ¡Escúchame, por favor! Atiende al muchacho. También por ti mismo.

—¿Qué sacaré con eso? Hace ya mucho tiempo que no encuentro un solo aprendiz que no se haya marchado lloriqueando al cabo de poco. A lo mejor les exijo demasiado, pero no puedo ir más despacio, no puedo repetirlo todo una y otra vez. Así no voy a ninguna parte. —La ira de Donovan se había convertido en desesperación—. Perdí a Llewyn porque no sé tener paciencia, ¿por qué habría de quedarse a mi lado un joven desconocido?

—¿Qué tienes que perder? Si no te sirve de nada, lo echas. —Glenna lo miraba con ojos implorantes.

—Cada joven al que echo del taller es como una batalla perdida. Ya no quiero más derrotas.

Donovan se había desmoronado en la silla. Apoyó la cabeza en una mano.

—Don, por favor, piensa en lo que sucedió con Art. No quisiste aceptarlo porque era bastante hombretón. «Es bobo y grandullón», dijiste, y creíste que no podría seguirte el paso. Pero a pesar de todo, os habéis acostumbrado el uno al otro, conocéis vuestros puntos fuertes y flacos. ¿Querrías ahora renunciar a él?

—No, claro que no —rezongó Donovan—. ¡Pero tampoco es un aprendiz! —puntualizó un instante después.

—Por favor, Donovan, sé que Alan será el aprendiz indicado para ti. ¡Lo presiento!

El forjador no dijo nada durante un buen rato. Después, transigió:

—Le he dicho que venga mañana y que probaré su trabajo. Ya veremos si se atreve. En cualquier caso, no se lo voy a poner fácil solo porque lo envíe Llewyn.

Glenna se dio por satisfecha con esa respuesta. Estaba segura de que el joven lo conseguiría. En caso de aceptarlo como aprendiz, lo trataría con especial dureza precisamente porque lo había enviado Llewyn, pero si era bueno, Donovan se daría cuenta y eso le haría feliz.

Ellen se marchó de la forja sin pasar a ver a Glenna otra vez. Aunque le hubiese gustado mucho volver a charlar con ella, Donovan no podía pensar, en caso de que las viera, que había necesitado el consuelo de nadie. La terquedad y los prejuicios del forjador la indignaban sobremanera. Aun cuando verdaderamente fuera uno de los mejores forjadores de espadas de Inglaterra, ¿le daba eso derecho a tratar así a los demás? En el fondo, Ellen sabía que los maestros tenían también otros muchos derechos y que los aprendices, por el contrario, solo tenían obligaciones. Habría que ver si conseguía, para empezar, llegar tan lejos como para convertirse en aprendiz. Antes que nada debería pasar la prueba. Al pensar en la mañana siguiente sintió un hormigueo en el estómago, una mezcla de esperanza y miedo. Intentó convencerse de que era lo bastante buena para superar el examen. ¿Le habría hecho prometer Llewyn, de no ser así, que se esforzaría por conseguirlo? Para más seguridad, decidió ir a la iglesia. Seguro que no le haría mal pedirle al Señor su bendición.

Ellen pasó la noche en un rincón de la iglesia de San Clemente y, por la mañana, echó a andar camino de la forja. Al llegar, Donovan la saludó con una afabilidad sorprendente y Ellen se preguntó qué habría provocado ese cambio de actitud.

El forjador tenía un método muy sencillo para comprobar si un joven sabía trabajar o no. Cogió unos pedazos irregulares de hierro y se los enseñó a la muchacha.

—Supongo que hasta ahora solo habías trabajado con hierro en lingotes o barras.

Ellen asintió.

—Esto es hierro colado tal como sale de la fundición. Es decir, que nunca ha sido forjado. Si miras bien cada fragmento, verás que todos tienen un aspecto diferente en los bordes. Por la forma del punto de fractura puedo saber cómo tendré que trabajar después el hierro y, sobre todo, para qué será adecuado: si para el alma de la hoja, basta y blanda, o para su revestimiento, más duro. Lo único que tienes que hacer es separar el hierro crudo en material adecuado para alma y para revestimiento. Una fractura granulosa y brillante indica que el hierro es duro; una fractura uniforme y de aristas suaves, hierro blando. Por la diferencia de color también se puede determinar la impureza.

Entretanto, Donovan le puso a Ellen un pedazo en la mano y después hizo un gesto con la cabeza señalando el montón de trozos de hierro colado que tenían delante. Casi parecía divertirlo. Seguramente hacía esa misma prueba a todos los jóvenes que querían aprender bajo su tutela, y seguramente la mayoría fracasaba.

Los herreros de grueso, que solo fabricaban herramientas sencillas, herrajes y rejas con hierro maleable, utilizaban como materia prima hierro de cubilote, que había sido fundido una segunda vez y al cual podían dar forma de inmediato. Por eso para Ellen el hierro colado era algo nuevo por completo. Sin embargo, había prestado atención a las explicaciones de Donovan y había grabado en su mente todas sus palabras.

Se sentó con las piernas cruzadas en el hollado suelo de arcilla del taller y volvió a examinar con atención los fragmentos que le había enseñado el forjador. Intentó asimilar con precisión sus características más relevantes. Donovan fingió ocuparse en otra cosa, pero la observaba de reojo. Con toda tranquilidad, Ellen cogió los dos primeros pedazos de hierro colado, los sopesó en las manos y los contempló en detalle, les dio la vuelta, los olió y los palpó por todas partes. Al cabo de un rato los dejó en el suelo, uno a la derecha y otro a la izquierda, frente a sí. Después tomó el siguiente, lo examinó de la misma forma, lo tocó, lo olió y después lo dejó en uno de los lados. Cuanto más contemplaba los pedazos de hierro colado, mejor comprendía de qué se trataba. Estaba segura de que incluso Donovan tardaba lo suyo en conseguir separarlos. Aunque Ellen no sabía nada en absoluto sobre la fabricación de espadas, imaginaba que la calidad de un arma así dependía en gran medida del material con el que estaba forjada, y decidió separar otros dos montoncitos, aparte de los principales. Cuando hubo terminado, se puso en pie y se acercó a Donovan.

La expresión de su rostro era inescrutable.

—Maestro, ya he terminado.

Donovan la acompañó hasta los montones.

—Aquí está el material para la hoja, ahí el del alma, y además he separado los pedazos que me han parecido especialmente impuros.

Donovan la miró con escepticismo pero con curiosidad, y se dirigió a los dos montones más grandes. Examinó los fragmentos uno a uno, igual que había hecho Ellen, y no asintió hasta que los hubo comprobado todos.

Ellen se dio cuenta de lo satisfecho que estaba de su trabajo. Sin embargo, en cuanto la miró sus ojos volvieron a ensombrecerse. ¿En qué estaría pensando Llewyn cuando le dijo que fuera a verlo? A Ellen, Donovan le parecía soberbio y maleducado. No obstante, en el momento en que le había explicado en qué consistía la prueba había acontecido algo extraordinario. Algo para lo que la muchacha no encontraba palabras los unía pese a todas sus diferencias. Ambos parecían haber abordado la tarea de una forma similar. Las explicaciones de Donovan habían sido de lo más sucintas, muy pertinentes y precisas; ni Llewyn ni Osmond le habían hablado nunca así.

—Voy a pensar si te acepto. Vuelve a venir esta tarde, entonces habré tomado una decisión —dijo Donovan, y volvió a mirarla con rudeza.

«Este cascarrabias no puede ni verme, pero yo tampoco a él.» Cuando salió de la forja se encontró con Glenna, que estaba en el patio tendiendo la colada de un cordel.

—¡Alan, buenos días! —exclamó con alegría, y le indicó que se acercara como habría hecho una vieja amiga.

—Buenos días a vos también, señora —repuso Ellen con humildad, pero no logró ocultar la decepción en su voz.

—¿Y bien?

—He hecho lo que me ha dicho.

—¿Has sabido separar los fragmentos de hierro colado?

—Sí, y lo he hecho bien. Ha comprobado los fragmentos uno a uno y luego los ha vuelto a dejar donde yo los había puesto.

—Bueno, entonces seguramente debo felicitarte, pero ¿por qué estás tan apesadumbrado?

Glenna cogió un gran paño de lino y lo colgó en la cuerda.

—El maestro no ha decidido nada todavía, tengo que volver más tarde. Creo que no me soporta.

—Es un viejo testarudo y amargado, necesita un poco de tiempo. No es a ti a quien no soporta, sino a sí mismo. Además, aún sigue enfadado por lo sucedido con Llewyn. Pero todo saldrá bien, ¡créeme!

Glenna le sonrió para infundirle ánimo.

Mientras que Donovan hacía que Ellen se sintiera molesta y rebelde, Glenna irradiaba seguridad y afecto maternal.

—Volveré más tarde —dijo la muchacha desalentada, y decidió regresar a la feria.

Cuando llegó al lugar en el que el día anterior había encontrado a la vendedora de pastelitos, la niña no estaba. Era mediodía y a Ellen le rugía el estómago, de modo que buscó con atención entre todo aquel gentío; a fin de cuentas, le había prometido uno. Justo cuando se disponía a marcharse decepcionada, vio aparecer a la vendedora, que le hacía señas con alegría.

—La pieza de plata de ayer valía mucho más que los pastelitos y el cesto. El caballero podría haberse llevado tres cestos enteros por lo que me pagó y, aun así, habría sido un precio de usura. ¡Además, ya no estaba del todo lleno! —Sacó dos deliciosas tartaletas y se las dio a Ellen—. ¡Toma, para ti!

—¡Pero si son dos!

—Bah, no pasa nada —dijo, y le hizo un gesto con las mejillas sonrosadas como melocotones.

—Gracias, son los mejores pastelitos que he probado jamás. —Ellen mordió con avidez el primero—. Además, ya he encontrado al herrero por el que te pregunté ayer, aunque hasta dentro de un rato no sabré si me acepta como aprendiz.

—Vaya, ojalá tengas suerte. ¡Así podrías venir a verme más a menudo! —La vendedora de pastelitos le guiñó un ojo con picardía.

«Me considera un candidato a marido», pensó Ellen con sobresalto; le dirigió de nuevo un gesto de agradecimiento y se internó enseguida entre la gente para seguir curioseando por la feria.

Su mirada se topó entonces con un hombre de aspecto majestuoso que estaba algo alejado, entre la muchedumbre. A Ellen le dio un vuelco el corazón. ¡Sir Miles! Se quedó petrificada por el miedo… hasta que el hombre se volvió un tanto y Ellen pudo verle mejor el semblante, y comprendió que se había confundido. Respiró con alivio y siguió dando vueltas hasta que oyó el escandaloso griterío de dos mujeres.

Algunos curiosos habían empezado ya a arremolinarse en torno a ambas, y Ellen se unió a ellos. Una vendedora robusta, con el pelo castaño y sucio, ofrecía toda clase de cintas de tela y ribetes, tanto de lino sencillo como de materiales más nobles, como seda o brocado, tejidos de un solo color o estampados, con ricos bordados, largos y cortos, gruesos y finos.

La estridente voz de la airada compradora no tardó en hacerse oír:

—Os he pagado trece cintas, cada una de ellas de una yarda, y ahora me pedís más dinero. ¡Estafadora! ¡Sinvergüenza!

—Me habéis pagado trece cintas sencillas, pero cinco de las que habéis escogido son de seda y con bordados, conque cuestan más. Lo mismo que las cuatro de tela de colores que os habéis llevado. Por todo eso me debéis aún medio chelín más.

—¡Que alguien vaya por el alguacil de la feria! —gritó la vendedora del puesto contiguo—. Estas jovencitas acomodadas o son muy tontas o intentan estafar a la gente de bien. No deberíais dejar que se salga con la suya.

La clienta debía de saber que tenía todas las de perder. Ante la perspectiva de que el asunto llegara ante el alguacil de la feria y tuviera que defenderse, masculló unos cuantos improperios, sacó la cantidad que le pedían y pagó. Cuando se volvió, Ellen vio quién era. No había reconocido la voz de Aedith.

—¡Dejadme pasar! —exclamó con impaciencia a la entretenida muchedumbre que la rodeaba.

Ellen sabía que no había nada en el mundo que Aedith detestara más que se rieran de ella. En adelante, las vendedoras tendrían que andarse con cuidado cuando la tuvieran cerca.

Al pasar con la cabeza bien alta junto a Ellen, Aedith le dio un codazo en las costillas y le dijo:

—¿Por qué me miras así, granuja del demonio?

Ellen se sintió bullir de rabia por dentro y, sin pensarlo dos veces, le puso a su hermana la zancadilla, como había hecho en tantísimas ocasiones. Aedith tropezó y la gente se carcajeó aún más de ella. Iracunda y desconcertada, se volvió y por un breve instante miró a Ellen a los ojos. Esta vio lágrimas en los de su hermana y, de repente, sintió lástima por ella.

—¿Ellenweore?

Se sobresaltó. Aedith alargó la mano, pero antes de que pudiera atraparla, Ellen dio media vuelta, echó a correr y desapareció entre el gentío como si la persiguiera el diablo. El corazón le latía deprisa. Se escondió tras un carro, sin aliento, y desde una distancia segura contempló a Aedith, que se abría paso entre la gente.

Obstinada como siempre, pero con la cabeza ya no tan erguida y orgullosa, se perdió por la calle de los pañeros. Aún se volvió un par de veces para buscar entre el gentío, pero no dio con su hermana.

Ellen, furiosa, se golpeó la frente con el puño. «¿Es que no puedo contenerme ni una sola vez? ¿Por qué he tenido que ponerle la zancadilla? ¿No habría sido más inteligente dejarla marchar?» Aunque Donovan la aceptara en su taller, ahora corría el riesgo de volver a encontrarse con Aedith en algún momento y que la delatara. La muchacha se vino abajo. ¿Tendría que pasar el resto de su vida huyendo? ¿Hasta dónde y hacia dónde tendría que ir, y sin dinero, además? Se quedó allí sentada, desalentada, durante una eternidad. «Aedith es mi hermana, seguro que no tengo nada que temer de ella», se dijo para intentar tranquilizarse, aunque sin conseguirlo.

Después de haberse lamentado lo suficiente, se puso en pie, irguió los hombros y alzó la terca barbilla hacia delante. Lo primero que haría sería ir a ver a Donovan para conocer su decisión.

Ante la forja encontró media docena de caballos. Solo uno carecía de jinete, y los demás caballeros parecían estar aguardando a aquel hombre. Ellen no les prestó mayor atención, aunque pensó que a lo mejor no debería entrar. Quizá era buena cosa que Donovan, por lo que se veía, estuviera ocupado, así ella podría ir a ver a Glenna a la casa y le explicaría que había ofendido a la hija de un mercader y que por eso tenía que desaparecer de Ipswich. La anciana lo entendería, sin lugar a dudas, y Donovan estaría más que conforme con que no volviera a entrometerse en su camino.

Justo cuando iba a llamar, la puerta de la casa se abrió y de dentro salió el normando de los pastelitos de pescado.

El hombre agarró a Ellen de los hombros, pues casi se la había llevado por delante, y se echó a reír.

—¡Válgame!, pero ¿no es este nuestro joven catador?

—Milord. —Ellen prefirió mirar al suelo.

—¡No me habíais dicho que también tuvierais aprendiz, maese Donovan! —exclamó el caballero dirigiéndose hacia el interior de la casa.

El forjador apareció en el umbral.

—Se le ve un mancebo muy valiente. ¡Qué suerte! Para un viaje así, un gallina no os habría servido de mucho.

—Pero es que… —Ellen quería explicar que no era el aprendiz de nadie, pero el normando no la oyó y siguió hablando con Donovan:

—Zarparemos un día después de Pentecostés. Sin animales. Traed vuestras herramientas y no demasiados bultos. En Tancarville se os proporcionará todo cuanto hayáis menester. Presentaos en el puerto al alba para que no tengamos que esperar por vos. El capitán del puerto conoce nuestros barcos y os indicará el camino. Hasta entonces, no os iría mal aprender algo de francés —dijo, y soltó una estruendosa carcajada.

Donovan masculló algo incomprensible.

Tal vez Ellen debiera haber dicho algo para aclarar el malentendido, pero guardó silencio. ¿Qué mal había en ello? ¡El normando la había tomado precisamente por quien más deseaba ser! No había comprendido lo mucho que anhelaba convertirse en aprendiz de Donovan hasta que ya casi lo había dado por perdido. ¿Qué clase de viaje sería ese del que hablaba el caballero?

Los hombres se habían marchado ya, pero Donovan seguía sin dignarse mirarla.

Ellen continuaba allí de pie, plantada y sin saber qué hacer. Entonces salió Glenna de la casa, completamente aturdida.

—¡Explícamelo, Don, no logro entenderlo! ¿Qué rencor te guarda el rey, que te envía tan lejos de aquí?

Donovan acarició con ternura las mejillas de su mujer.

—El rey no me guarda ningún rencor, cielo, eso es justamente lo más descabellado. William de Tancarville es un hombre de confianza muy cercano al rey. Que haya enviado a FitzHamlin para que me lleve a Normandía a forjar para él es un gran honor. ¡Un honor como solo recibe un forjador de espadas de veras excepcional!

—Entonces es verdad que quieres ir —sentenció Glenna.

—Tenemos que ir. Rechazar esa invitación sería como un insulto a mi rey. He podido poner alguna condición, nada más.

Donovan había hablado primero con FitzHamlin a solas y no había llamado a Glenna hasta algo después.

—¿Qué clase de condiciones? —preguntó la mujer con recelo.

—Le he dicho que, naturalmente, necesitaremos una casa como Dios manda, y que alguien tendrá que administrar nuestro hogar de aquí hasta nuestro regreso. Además, me he negado a tener que vivir allí más de diez años.

—¿Diez años? —El rostro de Glenna se tornó ceniciento—. ¡Quién sabe si viviremos tanto!

—Acaso sean solo tres o cuatro —dijo Donovan para intentar tranquilizarla, aunque él mismo no parecía demasiado convencido.

—¿Podremos llevarnos al menos a Art y al chiquillo con nosotros? —preguntó su mujer con voz ahogada.

El forjador asintió sin dudarlo siquiera.

Ellen no sabía qué sacar en claro, pero si por fuerza tenía que abandonar Ipswich, ¿por qué no partir hacia Normandía? El corazón empezó a latirle desbocado ante la idea de vivir la aventura de un viaje así. Por otro lado, una vez más, no había podido decidir su futuro por sí misma. Nadie le había preguntado siquiera cuál era su opinión. Vio que Donovan se dirigía a la forja y quiso ir tras él, pero Glenna la retuvo suavemente del hombro.

—Déjale algo de tiempo, mañana será otro día. —Empujó a Ellen al interior de la casa—. Ven, te enseñaré dónde vas a dormir. —Suspiró en voz baja—. ¡Seguro que será duro, pero lo conseguirás!

A Ellen le pareció que Glenna se estaba infundiendo más ánimo a sí misma que a ella, pero asintió.

Aunque le hubiera gustado explicarle lo de su nueva aventura a la vendedora de pastelitos, que la estaría esperando, Ellen no se atrevió a volver a la feria por miedo a encontrarse con Aedith. Sin embargo, los días que pasaron hasta la partida fueron los más emocionantes que había vivido jamás. El primer día se levantó ya antes de que saliera el sol, se vistió deprisa y ni siquiera comió nada para presentarse puntual ante Donovan en el taller. Se grabó en la memoria dónde guardaba exactamente todas las herramientas para poder alcanzárselas en cuanto las necesitara y devolver cada una de ellas a su sitio una vez acabado el trabajo. Llenó la artesa de agua y limpió la campana de la fragua, como haría todas las mañanas a partir de entonces, y ya se sintió lista para empezar a trabajar con el maestro forjador.

Desde el primer momento, Donovan se comportó con ella como si siempre hubiese sido su aprendiz. Le daba un par de instrucciones sucintas para el día y después se ponía a trabajar para poder terminar antes de la partida los encargos que tenía empezados. Algunos días estaba tan inmerso en su trabajo que se olvidaba de comer. Cada una de sus maniobras estaba bien pensada, no desperdiciaba ni un segundo.

Ellen creyó comprender entonces por qué Llewyn le había dicho que no había sido lo bastante bueno. Llewyn era un buen herrero, pero para él la forja era una profesión; para Donovan, en cambio, era una vocación.

Rara vez se tomaba la molestia de explicarle nada, pero Ellen comprendía todas las operaciones, presentía, intuía, adivinaba todo lo que hacía, cómo y por qué. Ni siquiera le molestó verse condenada a la inactividad y dedicarse solo a observar. Contemplaba con gran concentración el trabajo de Donovan, y cada día aprendía más de lo que habría podido aprender en semanas en cualquier otro lugar. Por la noche le dolían los ojos y caía en la cama como si hubiera realizado un esfuerzo físico extenuante, aunque no hubiera levantado el martillo siquiera. Donovan hablaba poco con ella, pero cada día la miraba con algo más de simpatía que el anterior.

La mañana de la partida Ellen se levantó especialmente temprano, pues de todas formas la emoción apenas la había dejado dormir. Glenna le había dado algo de ropa interior, dos camisas de lino y un jubón que debían de haber sido de Llewyn, y ella lo empaquetó todo en el pañuelo de Aelfgiva junto con las pocas pertenencias que poseía. Hacía tiempo que el tejido había dejado de oler como la partera, pero a Ellen aún se le saltaban las lágrimas cada vez que hacía un fardo con él.

Glenna también se había levantado antes del alba. Hacía días que dormía mal, por lo que estaba de bastante mal humor. Le inquietaba la cuestión de qué llevarse al extranjero y qué dejar en casa. Le habría gustado cargarlo todo, pero tenía que limitarse a las cosas por las que sentía más apego. Los muebles y los enseres cotidianos de más bulto tendría que dejarlos atrás. No hacía más que cambiar de opinión, y abría y cerraba una y otra vez los dos grandes baúles que tenían que llevarse. Ropa, paños, candelabros, mantas y parte de los utensilios domésticos quedaron finalmente almacenados allí dentro junto con los documentos que, tal como habían acordado, les había llevado un jinete de FitzHamlin. A medida que el día iba clareando, Donovan y Art se despertaron también. Desayunaron en silencio hasta que llegaron vecinos y amigos a desearles todo lo mejor y despedirse con unas palmadas en el hombro. Puesto que Ellen casi no conocía a ninguno de ellos, se retiró un momento a la parte de atrás de la forja, sacó el pequeño rosario de madera que le había regalado el cura de San Clemente tras la última misa del domingo y se arrodilló con devoción. Fue pasando las agradables cuentas de madera mientras decía sus oraciones e incluyó en sus rezos a las personas a quienes quería y a quienes no sabía si volvería a ver jamás. Después de eso, se sintió dispuesta para emprender el viaje.

—Y cuidad de la cabra, no la sacrifiquéis aunque ya no dé más leche, ¿me oís? —les dijo Glenna, entre sollozos, a los vecinos que atenderían la casa.

A esas alturas tenía los nervios destrozados.

—Déjalo ya, la cabra no importa —rezongó Donovan, más arisco que de costumbre.

—¡Forjaremos muchas espadas para jóvenes y nobles caballeros! —exclamó Art, alegre y exultante. Su buen ánimo había sido el único con el que se podía contar aquellos últimos días.

Donovan, molesto, le dio un codazo.

—Basta ya de una vez, Art. ¡Tenemos que irnos!

Cuando se pusieron en camino, Glenna sollozaba. No hacía más que volverse a mirar la casa, hasta que una curva del camino le impidió verla más.

Ellen no había ido nunca a los muelles, por lo que estaba muy emocionada. Aunque también Orford era una ciudad portuaria de bastante peso, la muchacha no había pisado jamás un barco de verdad, tan solo una sencilla barca de pescadores. Miraba en derredor con ojos curiosos. Por todas partes había toneles, cajones, balas y sacas apiladas, y junto a una humilde cabaña de madera que daba la sensación de que iba a venirse abajo en cualquier momento, vio a unos hombres de aspecto famélico y vestidos con ropas gastadas. Eran jornaleros que esperaban que el capitán del puerto les diera trabajo. La faena era muy penosa (había que cargar y descargar las enormes cajas, los toneles y las balas), estaba mal pagada y además era peligrosa. A veces morían aplastados por una carga que se desplomaba, o ahogados, si caían al agua y nadie llegaba a tiempo de rescatarlos.

En los muelles había carros de bueyes para entregar y recoger mercancías. Los carreteros proferían fuertes lamentos y causaban un gran alboroto decidiendo el orden de la fila.

Por todas partes pululaban viajeros. Unos peregrinos se habían reunido en un rincón e intercambiaban apasionados consejos y experiencias sobre los caminos más cómodos y más seguros. Los comerciantes zumbaban como moscardas entre los futuros viajeros, con la esperanza de poder venderles aún alguna baratija de mayor o menor utilidad. Ante un lujoso barco pintado de colores había unos altos eclesiásticos. Nuncios del Papa, tal vez, pensó Ellen al ver sus ricas vestimentas de color escarlata y púrpura. Los monjes y sacerdotes que había a su alrededor parecían pobres ratones de campo con sus sencillos hábitos de lana. Eruditos, médicos y jóvenes de la nobleza rodeaban con curiosidad a los representantes de la Iglesia.

En Ipswich también se hacían a la mar mercaderes y aventureros, facetas estas que algunos aunaban en una sola persona. Todos ellos aguardaban ociosos, sentados en salientes de muros, balas de paja, cajas o arcones. Ninguno quería apresurarse a subir a bordo, preferían quedarse en tierra firme hasta que la partida de su barco fuera inminente. Así no tendrían que pasar más tiempo del estrictamente necesario sobre esos tablones oscilantes.

Cuando Donovan y los demás, después de mucho buscar entre todo el pandemonio, encontraron por fin al capitán del puerto, el hombre, que hedía a alcohol y a pescado podrido, los envió sin ninguna cortesía a un imponente velero de dos palos. Ellen reparó en que era el barco más grande de cuantos había allí atracados.

Por una plancha de madera, innumerables estibadores acarreaban provisiones, agua potable y mercaderías al interior del barco en grandes toneles y cajones. Se cargaban sobre las espaldas gigantescas balas que casi los hacían desaparecer bajo su peso.

Un oficial normando de edad avanzada repartía instrucciones precisas sobre dónde había que dejar cada cosa. Parecía conocer a la perfección hasta el último rincón del barco. Siguiendo sus órdenes, los hombres amarraban la carga con grandes maromas para que el vaivén de las olas no las convirtiera en peligrosos proyectiles. Las monturas de los caballeros también encontraron un sitio, así como algunas ovejas y cestos con aves de corral. El desbarajuste de cubierta era cada vez más caótico, pero el oficial tenía los ojos en todo y permanecía tranquilo.

—¡Eh, tú, lleva esas lanzas a la bodega! En el rincón derecho de la parte de atrás aún queda sitio. Colócalas en pie y átalas con las puntas hacia arriba, ¿queda claro?

El escudero asintió y se apresuró a hacer lo que le habían encomendado.

—Las cajas de las cotas de malla y las de los escudos van ahí. ¡Vamos, aprisa!

Ellen miró a su alrededor. En una esquina había un par de personas sencillas que, igual que Donovan y su mujer, no eran ni caballeros ni soldados de a pie, y que también contemplaban cómo cargaban el barco.

—¿Serán otros artesanos que viajan a Tancarville? —Le dio un golpecito a Glenna y señaló con la barbilla en dirección al pequeño grupo.

—Ah, sí —repuso esta, y se volvió hacia su marido—. ¡Mira, allí está Edsel, el orfebre, con su mujer y sus dos hijos! —le susurró.

Se acercó a ellos con alegría y tiró de Ellen consigo.

Los normandos habían reunido a ingleses de lo más variopinto. Fletcher, el fabricante de flechas, e Ives, el fabricante de arcos, aguardaban uno junto al otro. Eran hermanos y, según le susurró Glenna a Ellen mientras Edsel se les acercaba, jamás habían separado sus caminos. El orfebre llevaba de la mano a un niño pequeño que a Ellen le recordó a Kenny. Suspiró y le sonrió con melancolía. El pequeño le sacó la lengua, y la muchacha tomó aire con indignación.

—Aquellos de allí son los Webster, una pareja de tejedores de Norwich que también viene con nosotros —explicó Edsel.

No dijo nada de las dos prostitutas que llamaban la atención por sus chales amarillos y sus labios y mejillas de estridente maquillaje.

—¿Y quién es aquella joven? —preguntó Glenna.

—No lo sé. Creo que cocina pastelitos —respondió Edsel con desprecio, y se encogió de hombros.

También Ellen vio entonces a la muchacha y, sorprendida, corrió hacia ella.

—¿Qué haces tú aquí?

—Bueno, el caballero, ya sabes. Dice que mis pastelitos son los mejores que ha probado jamás. Por lo que se ve, su señor es un gran amante del pescado. Me ha ofrecido un buen dinero y trabajo seguro. Nunca me había atrevido a imaginar que una vez viajaría tan lejos de casa.

—¿Y tu madre ha estado conforme? —preguntó Ellen con incredulidad.

—No sabe nada. Me he ido sin más, como todas las mañanas. Cuando se dé cuenta, ya estaré surcando los mares, ¡libre! ¿Y tú? Querías trabajar para un herrero, ¿no lo has conseguido?

—¡Sí, por eso estoy aquí! ¡Es una larga historia!

Ellen sonrió. Le alegraba conocer a alguien más en el barco aparte del forjador, Glenna y Art.

—Por cierto, me llamo Rose. —La muchacha se limpió la mano en el delantal y se la tendió.

—Alan —repuso Ellen, sucinta, y se esforzó por ofrecer un apretón masculino sin aplastar demasiado la mano de la niña.

Rose se la quedó mirando con franca admiración y le dedicó una seductora caída de ojos.

Aquello a Ellen no le gustó ni un pelo. «Está convencida de que le haré la corte si pestañea con suficiente ímpetu», pensó con desconcierto.

Tardaron bastante en terminar de cargar toda la bodega del barco y pedir a los pasajeros que subieran a bordo, pero entonces el capitán empezó a apremiar a todo el mundo. Entre la carga apenas quedaba espacio, y cada cual tuvo que colocar sus cajas o sus fardos como mejor pudo para intentar acomodarse en aquellas estrecheces. Cuando el barco zarpó, Ellen se sentó con la espalda apoyada en un tonel bien amarrado que olía a roble y un poco a vino.

—¡Espero que no haya ratas a bordo! —clamó Glenna, y miró en derredor con recelo antes de sentarse.

—Eso sí que me sorprendería. No existe, creo yo, ningún barco sin ratas. Además, unos cuantos bichos de esos podrían venirnos muy bien; ¿no dicen, a fin de cuentas, que las ratas son las primeras en abandonar un barco cuando se está hundiendo? Si se arrojan a las olas, al menos sabremos que estamos a punto de zozobrar —dijo Donovan, y torció las comisuras de los labios hacia arriba en una gran sonrisa.

Glenna se quedó mirándolo sin salir de su asombro.

—¡Si intentabas ser ingenioso o divertido, has fallado pero bien! —bramó, y le volvió la espalda a su marido.

Donovan se encogió de hombros y buscó la compañía de los demás artesanos ingleses, que estaban departiendo en cubierta.

Los caballeros de a bordo se habían puesto a jugar a los dados nada más zarpar.

Únicamente un hombre de elegantes vestiduras, con el pelo largo hasta los hombros y un tanto enmarañado, aguardaba apoyado solo en la borda. Por una de las prostitutas supieron que se llamaba Walter Map y que era sirviente del rey. En su último viaje a Inglaterra había caído enfermo y no había podido regresar a Normandía. Por eso FitzHamlin se había mostrado dispuesto a ampararlo y llevarlo de vuelta junto a su señor tras la recuperación.

Walter Map había crecido en París, sabía leer y escribir, cosa que hacía también para el rey, y dominaba el latín y la gramática. Sin embargo, no solo era un erudito, sino también una persona afable. Y con todo el mundo, además. Trataba a todas las mujeres de a bordo como a damas e intentaba hacer reír con pequeñas chanzas a los viajeros más nerviosos. Cuando el oleaje arreció y se levantó un fuerte viento, se aferró a la borda como casi todos los demás, tembloroso y verde, a vaciar el estómago revuelto. Aparte de los marineros, Ellen y Rose parecían ser las únicas que se encontraban más o menos bien. Solo el olor a vómito les resultaba cada vez más insoportable. Cuando Ellen se levantó para ir a ver qué tal le iba a Walter, que hacía ya un buen rato que colgaba de la barandilla, la camisa se le subió un poco por la espalda y Rose vio entonces una mancha rojiza y marronosa en sus pantalones. La agarró del brazo:

—Espera, debes de haberte hecho daño. Mira, tienes sangre en los calzones. —Un simple arañazo causado por un clavo oxidado podía poner una vida en peligro. Rose rebuscó en los tablones sobre los que se había sentado Ellen, pero no vio nada—. Aquí no hay nada con lo que puedas haberte lastimado. Acaso la mancha sea de antes.

Ellen no se explicaba de dónde había salido esa sangre. Salvo por los insidiosos retortijones que la torturaban desde hacía un rato, y que había tomado por las primeras señales de mareo, no había sentido ningún dolor. Se retiró a un rincón apartado, donde nadie la viera, se bajó los pantalones y comprobó que la sangre procedía de su sexo. Sintió miedo. Recordaba vagamente que también su madre había sangrado —solía decir entonces que estaba «impura»—, pero por qué sangraba, cuánto duraba y qué debía hacerse, Ellen no lo sabía. Se sintió del todo indefensa. ¿Qué sucedería cuando lo viera Glenna? Se lo contaría a Donovan y su viaje acabaría antes aun de que hubiera comenzado de verdad. Se le arrasaron los ojos en lágrimas. A lo mejor incluso la castigaban y la encarcelaban, o la abandonaban en Normandía. Además de los retortijones, empezó a sentir sofocos.

De pronto vio a Rose frente a ella mirándole la entrepierna, que seguía descubierta. Allí donde los hombres estaban bien provistos, faltaba algo. Solo un poco de vello ralo cubría su sexo.

—No eres un muchacho —afirmó—. ¿Es la primera vez que sangras? —preguntó con interés.

Ellen asintió sin decir nada; la vergüenza le impedía mirar a Rose a los ojos.

—Iré a ver a Hazel, seguro que las putas saben de eso.

—¡Por favor, no me delates! —susurró Ellen, y la miró con súplica.

—No lo haré, debes de tener tus motivos para hacer creer que eres un mancebo. Le diré que he empezado a sangrar yo, no te preocupes. ¿Te duele? —Rose parecía saber más que Ellen sobre esas hemorragias.

—La tripa.

Se quedó esperando acuclillada en un rincón y se subió los pantalones por el momento.

Cuando Rose regresó, había conseguido información suficiente para tranquilizarla.

—Hazel me ha dado un par de paños y me ha enseñado cómo se colocan. Las mujeres cuidan de no sentarse sobre la falda para que no se les manche, pero tú llevas calzones y medias, conque tendrás que asegurarte de que el jubón te tape siempre bien, pero no te sientes encima de él. Además, también tienes que cambiar y lavar los paños a menudo. Si no, huelen. —Le dio los trapos—. Y esto es artemisa, ponte un par de hojas bajo la lengua. Dicen que va bien para los dolores. ¿Tienes otros calzones?

Ellen asintió.

—En mi fardo.

Era incapaz de hacer nada y se sintió muy agradecida de que Rose se ocupara de todo.

—Toma, póntelos y dame los manchados. Ya los lavaré yo, y también los paños de lino. Así no llamarás la atención. No te preocupes, nadie notará nada —dijo Rose después de haber ido por el fardo y haber sacado los pantalones limpios.

—Me has ayudado mucho, gracias —mascullló Ellen mientras se colocaba un paño doblado entre las piernas.

Para que no se moviera, Rose le anudó un trapo más grande alrededor de las caderas, tal como le había enseñado Hazel. Ellen se puso los calzones limpios encima. «Si Llewyn supiera...», pensó. Con gran esfuerzo consiguió reprimir una risita histérica que la asaltó de repente.

Rose adoptó por completo el papel de protectora y guardiana del secreto de Ellen, y esta se sintió más agradecida que nunca de contar con su amistad.

—¿Te encuentras mejor? —le preguntó más tarde Hazel a Rose, que al principio no sabía de qué le estaba hablando.

—¿Yo? ¡Mejor que nunca!

—A mí la artemisa también me va muy bien, pero a Tyra... —Hazel señaló con la cabeza a su amiga—, a Tyra no le sirve de nada. Cada una es diferente.

Entonces Rose comprendió de qué le hablaba.

—Te estoy de veras muy agradecida. Los dolores eran horribles, pero ya me encuentro muy bien —mintió sin sonrojarse.

—Si te vuelve a doler, ven a verme, tengo más.

—Te lo agradezco —murmuró Rose.

—Me vuelvo para allá antes de que los hombres empiecen a formarse ideas raras —dijo la prostituta en tono conspirativo—. Cada vez que pasan junto a Tyra y a mí, silban, se relamen con placer o nos hacen comentarios indecorosos. Tú eres una muchacha decente, a ti no tienen por qué tratarte así.

—¿Por qué lo haces, entonces? —quiso saber Rose.

—Nunca aprendí a hacer ninguna otra cosa. —Hazel se encogió de hombros con indiferencia—. Mi madre y mi abuela también fueron putas, yo nací en el burdel y no conozco nada más. No tuve elección.

—¿Son todos los hombres así?

—Casi —respondió Hazel, y miró en dirección a la borda—. Los únicos que no nos miran con esos ojos voraces son ese tal Walter Map y el joven Alan. Me parecen simpáticos. ¡Creo que al muchacho le gustas!

—¡Somos amigos, nada más!

—¡Ay, chiquilla, no te rindas tan pronto, seguro que lo consigues! —exclamó Hazel, que creyó percibir una nota de decepción en la voz de Rose, y le dio unos golpecitos de ánimo en el hombro.

El cuarto día de travesía, poco después del alba, Ellen estaba con Walter junto a la borda. Le gustaban su refinado sentido del humor y sus maneras reservadas.

—¿Has reparado en cómo te mira Rose? —Walter asió a Ellen de los hombros y acercó mucho su rostro al de ella.

—¿Qué quieres decir? —Ellen no comprendía cuál era su insinuación.

—Va tras de ti como el diablo tras las almas simples, mi querido Alan. Vigila con celo cada uno de tus movimientos —le susurró al oído—. Ya la tienes ahí detrás, contemplándote.

Ellen se echó a reír. Rose era su única amiga, la mitad de la noche se la habían pasado cuchicheando.

—¡Oh, Map, tienes una fantasía desbordante!

Walter enarcó las cejas.

—Si te interesa mi bienintencionado consejo, en caso de que no quieras nada con esa muchacha, guárdate de ella. ¡Del amor no correspondido surge el odio más peligroso! Créeme, y no olvides mis palabras.

—No es lo que tú crees. En serio. Lo único que nos une es la amistad —repuso Ellen, segura de su postura.

—Lo que tú digas.

Walter contemplaba el mar. Parecía algo ofendido, pero de pronto miró a lo lejos con entusiasmo.

—¡Allá! Allá está la costa de Normandía, ¿ves la desembocadura del río? Allí el Sena se vacía en el mar. Lo remontaremos hasta llegar a Tancarville —explicó.

Ellen se llevó las manos a la frente para protegerse del sol y miró hacia el este. A pesar de que el viento era favorable, el trayecto hasta la desembocadura del Sena duró más de lo que esperaba. La chiquilla oteaba con nerviosismo hacia la costa, de la que ya estaban muy cerca. Un viejo marinero normando se acercó entonces corriendo desde el otro lado de la cubierta y se asomó por la borda.

—¿Acaso también él se ha mareado? —Ellen enarcó las cejas con incredulidad y miró a Walter en actitud interrogante.

El hombre era el único inglés que hablaba también francés, por lo que siempre estaba al tanto de cuanto sucedía a bordo.

Map movió la cabeza y se echó a reír.

Justo en ese momento, el marinero de curtido rostro sin afeitar se volvió, se llevó las manos a la boca para hacer bocina y le gritó al timonel algo que no comprendieron. Después regresó corriendo al otro lado del barco y también allí se inclinó sobre la borda.

—En el nombre de Dios, ¿qué está haciendo?

—Los marinos dicen que en el Sena hay más bajíos que ostras en Honfleur. —Walter sonrió—. Si deja de prestar atención un solo instante, nuestro viaje habrá llegado a su fin antes de alcanzar Tancarville. —Por la expresión de Ellen, Map vio que con esa respuesta no bastaba—. Se asoma tanto por encima de la borda para poder ver mejor. Un hombre como él debe de tener muchos años de experiencia y sabrá cómo hacer para que el navío no embarranque. ¿Ves a ese joven marinero de ahí detrás?

—Claro, tengo ojos en la cara —dijo Ellen, y se preguntó por qué había sonado tan molesta.

—Seguramente el viejo empezó igual que él, y debió de aprender mucho observando por encima del hombro de un marino más experimentado. En las tabernuchas de los puertos no solo se bebe, la gente de mar también intercambia experiencias. Así, gracias a otros marineros y a viajes anteriores, ha recopilado conocimientos sobre los bajíos. Los reconoce por el paisaje y por la forma en que sobresalen las rocas del Sena. El color de las aguas también le dice dónde puede haber bancos, por eso lo mira todo con tanta atención.

—Dime, ¿cómo es que sabes todo eso? —preguntó Ellen, impresionada.

Map sonrió con picardía.

—No todo el mundo es tan callado como tú. Debes de ser el único que no me ha hablado de lo que le gusta hacer.

Ellen no dijo más y contempló pensativamente el país extranjero que se extendía a izquierda y derecha del Sena. La tierra era húmeda y de un marrón oscuro, y en la reluciente hierba verde y jugosa de los pastos había una infinidad de flores primaverales de muchísimos colores. Esa imagen despertó en Ellen el imperioso deseo de volver a poner pie en tierra firme de una vez.

—¡Dios santo, cómo detesto este vaivén! —rezongó.

Walter la miró con asombro.

—No me digas que vas a ponerte malo tan cerca del final. ¡Si casi no hay marejada...!

—Tonterías, estoy muy bien. Es solo que tengo ganas de andar otra vez por fin en línea recta —replicó ella con aspereza.

En la orilla había vacas marrones y blancas, bien alimentadas, que miraban con grandes ojos al barco que pasaba.

—¡Allá atrás, mira, hay ovejas! ¡Y corderos! —exclamó Ellen, sorprendida, señalando hacia otro pasto.

—Sopla, Alan, empiezo a preocuparme seriamente por tu salud mental. La mitad de Inglaterra está invadida por las ovejas; por el amor de Dios, ¿por qué enloqueces ante la visión de esos cuadrúpedos balantes?

—Es que, como habían cargado ovejas a bordo —dijo ella, medio gruñendo—, pensaba que en Normandía no habría.

—Ah, claro. —Walter asintió y le sonrió.

Ellen estaba molesta por saber tan poco acerca de Normandía.

—Las ovejas inglesas dan mejor lana y en mayor cantidad, más que otros animales, por eso los normandos piden nuestros especímenes para introducirlos en sus tierras. Pero por algún extraño motivo, las mejores siguen siendo las ovejas de Inglaterra. Yo creo que es por lo que comen en nuestros pastos. —Map se perdió unos instantes en sus pensamientos—. O por el clima inglés...

No había terminado aún ninguna de sus reflexiones cuando el tejedor, que ya se había unido a ellos hacía un rato, dijo la suya:

—Es por el esquileo, un arte que los ganaderos ingleses dominan mejor. Además, rezan a menudo a sus santos patrones. ¡Y con eso quiero decir que la ayuda del Señor no es nada desdeñable! —aclaró Webster con fanfarronería.

Walter asintió, pensativo, y Ellen se alegró de que dejara de mirarla con burla. Alzó la vista un instante al cielo gris del mediodía y contempló después la tierra llana y extensa que tenía ante sí. Amplios bosques caducifolios y de coníferas se alternaban con pastos y campos, y entre ellos había miles y miles de preciosos manzanos. El viento de la primavera los despojaba de sus hojas marchitas de color rosa palo y las hacía volar como si fueran ráfagas de copos de nieve. «Aquí debe de vivirse bien», pensó Ellen con optimismo.

—¡Mirad, allí delante! ¡Tancarville! —exclamó alguien.

Ellen se estiró con curiosidad.

A lo lejos, un castillo magnífico se alzaba sobre un abrupto triángulo de roca que se adentraba un buen trecho en el Sena. El agua bañaba por dos de sus lados la base del montículo que presidía la fortificación, de manera que la protegía de los atacantes. Las piedras claras y bien talladas de la torre del homenaje relucían con tonos plateados en el sol de la tarde. Una infinidad de cabañas inclinadas por el viento se apiñaban alrededor del promontorio, como si quisieran tomarlo por asalto y, aun así, aquella imagen transmitía una sensación de paz. Dos grandes navíos de comerciantes y varias barcas de pescadores cabeceaban en una pequeña bahía que había bajo el castillo. En ese punto, las dos orillas del Sena estaban ocupadas por espesos bosques. Seguro que estos estarían repletos de caza y serían zona predilecta para las cacerías del señor de Tancarville y sus hombres.

Todos los viajeros, entretanto, se habían reunido en cubierta, curiosos por contemplar su nuevo hogar. Cada uno de ellos llevaba consigo sus propios miedos y esperanzas. Allí y en aquel instante, sin embargo, solo vieron la belleza de Tancarville y quedaron cautivados por ella.

Al oeste, el sol poniente inundó el horizonte de una tenue luz. Nubes de color rosado recorrían como ovejas pintadas un cielo azul grisáceo. El sol no tardaría en hundirse en el horizonte entre un mar de colores. Solo al norte se veía el cielo de un gris negruzco y amenazador, como si se estuviera preparando una tormenta.

Tancarville, junio de 1162

Mientras Donovan se ocupaba de la construcción de la forja, Ellen vagabundeaba todo lo que podía por el recinto inferior del castillo y por el pueblo. Disfrutaba de la alegría del verano y de su libertad, cosas ambas que terminarían en cuanto la herrería estuviera lista. Cada vez que el sacerdote del pueblo se presentaba allí para, por orden de FitzHamlin, enseñar a los artesanos ingleses nociones de lengua francesa, Ellen ponía pies en polvorosa. Detestaba tener que mentir y hacerse pasar por muchacho delante del cura. No en vano era un representante de Dios, y a Dios no podía engañársele. Comoquiera que fuese, también el flaco clérigo de opacos ojos castaños parecía tomarse la clase como una pesada obligación. No mantenía precisamente en secreto que, para él, era una atrocidad lo que perpetraban los extranjeros con su bella lengua al intentar en vano repetir mascullando lo que él acababa de recitarles con tan elegante deje nasal.

Pese a que Donovan la reprendía cada vez, Ellen prefería aprovechar el tiempo contemplando a los artesanos normandos mientras trabajaban. De esa forma, además, se le quedaban muchas más palabras de las que hubiese podido aprender con el sacerdote. A veces haraganeaba por el pozo, escuchaba a las muchachas e intentaba comprender su bobo parloteo.

Su lugar preferido, no obstante, era un gran almiar desde el cual podía pasear la mirada por todo el patio de armas donde pajes y escuderos recibían su formación. Era capaz de pasarse horas allí sentada, con una brizna de paja en la comisura de los labios y las piernas colgando. Cuando los grupillos de jóvenes discutían sobre ejercicios de espada cerca de ella, Ellen aguzaba el oído y se concentraba mucho en el idioma extranjero. Así, en poco tiempo aprendió más francés que todos los demás recién llegados juntos. También alcanzó a dominar la pronunciación mucho mejor que sus compatriotas, de los cuales Art, con su lengua gordezuela, era el que más dificultades tenía para articular de manera comprensible las delicadas palabras extranjeras.

Rose, por el contrario, que trabajaba en la tahona y no había recibido ninguna lección, se hacía entender sin demasiadas palabras, con las manos y los pies, si hacía falta, y se las arreglaba bastante bien. A mediodía solía ir a ver a Ellen, y las dos se sentaban en un rincón del recinto del castillo a disfrutar de la calidez del sol del verano. Charlaban, reían y comían. En la tahona se burlaban de Rose con gestos más que evidentes, pues creían que el joven herrero le hacía la corte. La muchacha ya se había dado cuenta de que los mancebos normandos apartaban la vista con desilusión cada vez que llegaba Ellen. Sin duda pensarían que, como inglés, tendría más posibilidades con ella. Rose se divertía muchísimo con todo eso. Con una alegría furtiva, avivaba los rumores según los cuales Ellen y ella a veces se lanzaban un beso con la mano al despedirse. Rose tardó tan poco como Ellen en sentirse en casa en Tancarville, lo cual probablemente se debía a que ambas eran aún jóvenes y miraban hacia delante en lugar de hacia atrás.

Sin embargo, también Glenna, que al principio tanto miedo había tenido de vivir en el extranjero, floreció a ojos vista. El señor de Tancarville les había mandado construir una bonita casa y había puesto a su disposición artesanos y material suficiente para equiparla. En el espacioso cuarto de estar, que contaba con una gran chimenea, había una larga mesa de roble con dos bancos y, no muy lejos, en un rincón, una pesada estantería de madera en la que se amontonaban cacerolas, soperas, jarras y vasos de barro. Sin embargo, el mayor orgullo de Glenna en su nuevo hogar eran dos ostentosos sillones de respaldo alto y brazos tallados, que solo eran corrientes en las casas señoriales. Bajo el techo había dos pequeñas alcobas a las que se llegaba por una empinada escalera de madera. En una dormían el forjador y su mujer; la otra era para la servidumbre.

Donovan estaba muy ocupado en la supervisión de la construcción de la forja. Con sus dos grandes chimeneas —cada una de ellas más del doble de grandes que la fragua con la que había trabajado en Inglaterra—, tres yunques y dos enormes tinas de piedra para endurecer largas hojas, el nuevo taller tendría suficiente espacio para el maestro, dos o tres oficiales y entre tres y cuatro ayudantes. El señor de Tancarville había insistido en que la forja de Donovan fuese lo bastante espaciosa para capacitar allí a más hombres. Aunque a Donovan le costaba horrores imaginarse instruyendo a herreros con habilidades comunes, había tenido que conformarse y no había tardado en escoger a dos jóvenes.

Arnaud, el mayor de los dos, había sido aprendiz de un sencillo herrero de grueso del pueblo durante tres años y, por ello, al menos poseía conocimientos básicos sobre los que Donovan podía trabajar. Tendría que aprender cosas por completo nuevas de todos modos, pero como mínimo parecía comprender el gran privilegio que suponía poder trabajar para Donovan y se esforzaba a ojos vista para satisfacer al maestro. El hecho de que Donovan no hubiese podido someterlo a la prueba de los pedazos de hierro colado tenía muy descontenta a Ellen. Además, Arnaud era un chaval apuesto, con ojos color avellana y cejas arqueadas. De sobra conocía el efecto que causaba en el género femenino y le gustaba demasiado pavonearse de ello, cosa que Ellen no apreciaba en absoluto.

Vincent era un poco más joven que Arnaud y aprendería el oficio de ayudante de herrero para aligerar el trabajo de Art. Era fuerte como un buey, tenía los ojos hundidos en las cuencas y una nariz demasiado ancha. Lleno de admiración y con una entrega casi infantil, corría tras Arnaud como un cachorrillo.

Este, en realidad, lo despreciaba, pero se apiadaba de él y le permitía que lo adorase.

Ellen rehuía a Arnaud fuera de la forja, pues no se fiaba de él.

Por otro lado, la presencia de los dos aprendices traía consigo la ventaja de que Donovan se tomaba más tiempo con Ellen.

Cuanto más conocía al maestro y su trabajo, más lo apreciaba. Hacía ya mucho que le había perdonado su brusquedad inicial. Ellen estaba impresionada por la forma en que modelaba el hierro. Mientras que la mayoría de los herreros golpeaban la pieza con grandes movimientos imperiosos, parecía que Donovan le diera unos toquecitos suaves, casi cariñosos, como hacen las madres con sus hijos, llenas de amor, para hacerlos reír. Ellen nunca se cansaba de contemplar cómo trabajaba y estaba convencida de que solo se podían conseguir modelados tan perfectos del hierro como hacía él con ese profundo y extraordinario conocimiento que tenía del material.

Si bien atesoraba cada momento que pasaba en la forja, Ellen también disfrutaba muchísimo de los domingos, cuando iban todos juntos a la iglesia y, después de la santa misa, charlaban un rato con los demás artesanos anglosajones. Siempre que hacía buen tiempo solían sentarse en la hierba a comer todos juntos. Ellen se sentaba en esas ocasiones con Rose, y juntas chismorreaban y reían. En esos momentos debía tener especial cuidado para que nadie descubriera que era una muchacha.

Desde que saliera de Orford, los pequeños botones de su pecho se habían convertido en dos montículos rollizos. A pesar de que dejaba caer los hombros hacia delante, cada vez más a menudo tenía la sensación de que todo el mundo la miraba. Un domingo, estando ella sola sentada en la alcoba, tiró del jubón hacia atrás para que sus pechos se marcaran y sobresalieran.

—Tengo que hacerlos desaparecer como sea —masculló, poniendo ceño.

De pronto oyó alboroto en la escalera y Art irrumpió en la habitación. Ellen se volvió a toda prisa e hizo como si estuviera componiendo su yacija. Respiró con alivio cuando Art, que no se había percatado de nada, se desmoronó sobre su jergón, y un instante después ya se había quedado dormido. Como siempre que bebía demasiada sidra, se puso a roncar con fuerza. Ellen se echó entonces también, pero le costó muchísimo conciliar el sueño; no dejaba de dar vueltas hacia uno y otro lado.

A media noche despertó sobresaltada. Había soñado con unos pechos gigantescos que exhibía ante sí como si fueran dos trofeos. Miró en derredor. Aún estaba oscuro, solo la tenue luz de la luna entraba por las rendijas que había entre los tablones de los pequeños postigos. Ellen se aseguró de que Art seguía dormido y se levantó. Se quitó la camisa por la cabeza y se palpó los pechos. Naturalmente, no eran tan grandes como en el sueño. Echó los hombros hacia atrás, casi orgullosa de verlos sobre su torso. Después volvió a dejarlos caer; no podría ocultar sus formas femeninas durante mucho más tiempo. ¿Qué haría? Hacía poco que había adquirido un gran paño de lino a buen precio. Con él había pensado preparar compresas para los días impuros, pero aún no se había puesto a ello. ¿Acaso no podía utilizar el trozo de tela como una venda para comprimir sus pechos? Ellen sacó el pedazo de tela de debajo de su jergón de paja y lo enrolló. Con su cuchillo hizo un corte a unos buenos cuatro palmos del borde y rasgó todo el largo de la tela a esa medida. El ruido del desgarro hizo que Art diera un fuerte ronquido. Ellen se sobresaltó y se reprendió por ser tan boba, pues no había vuelto a cubrirse con la camisa. Tiritando de frío, cogió el largo de lino que había cortado y se lo enrolló todo lo tirante que pudo alrededor del torso. Entonces levantó el brazo derecho como si tomara impulso para pegar un puñetazo, pero enseguida lo dejó caer y movió la cabeza, descontenta; así no habría forma de trabajar. Aflojó un poco la tela, lo justo para tener aire para respirar y poder alzar el brazo. Así tendría que ser.

A la mañana siguiente volvió a envolverse los pechos. Al principio se movía con cierta rigidez, pero a lo largo del día pareció ir acostumbrándose a las apreturas. Por la tarde, no obstante, notó que el paño de lino se le había resbalado hacia abajo y que lo tenía en las caderas. Masculló una disculpa y se apresuró a salir del taller.

Durante los días siguientes no hizo más que probar diferentes formas de enrollarse el paño alrededor del torso de manera que no se le cayera. En una de esas lo consiguió, y ya no volvió a soñar con aquellos pechos gigantescos.

Arnaud sonreía con malicia y ponía verde a Alan diciendo que era peor que una damisela con sus constantes carreras a la letrina.

Ellen empezó a temer que hubiera adivinado algo, por lo que se puso a soltar más tacos y a escupir más a menudo. En los días en que sangraba, aprovechaba ese gesto tan típicamente masculino de recolocarse la entrepierna para comprobar si seguía llevando la compresa bien puesta en los calzones.

Sin embargo, no lograba quitarse de encima el miedo a que su secreto fuera descubierto.

Con noviembre llegó también la época de las nieblas densas. Algunos días, esa nada húmeda y pesada pendía sobre Tancarville, melancólica e impenetrable, desde el alba hasta la noche. A veces parecía que se dispersaba; despertaba entonces la esperanza de gozar de un día claro y alegre, pero pronto volvía a levantarse desde el Sena un nuevo vapor que, con sus dedos fríos y húmedos, apresaba el corazón de las gentes. Otros días, por el contrario, los vapores eran pesados y apáticos como el plomo por la mañana, pero pronto se levantaban y antes del mediodía se perdían en la inmensidad del cielo como paños de seda que un viento suave se llevara lentamente a las alturas. Uno de esos días Ellen regresó al castillo, después de semanas sin aparecer por allí.

Justo detrás de la gran puerta había un joven de pie sobre un árbol talado. El tocón no era lo bastante ancho para que le cupieran los dos pies. El joven era alto y fuerte, uno o quizá dos años mayor que ella. Estaba allí plantado, sin moverse, con la mirada fija al frente. De sus manos, entrelazadas a la espalda, colgaba un saquito de arena lleno a rebosar. Ellen no le dedicó más miradas; seguramente llevaba allí de pie desde medianoche, pronto lo conseguiría. Por las conversaciones de los donceles sabía que esa no era más que una de las numerosas pruebas que tenían que pasar todos los pajes antes de llegar a escuderos. Se despertaba al joven en cuestión en plena noche, sin previo aviso, y se le ordenaba que se subiera al tocón del árbol. Muertos de cansancio, atormentados por el frío y la humedad, con el peso del saco de arena a la espalda, la mayoría solo conseguía aguantar con gran esfuerzo y penuria hasta las campanas de mediodía, tal como les era ordenado. Algunos se rendían antes y eran recibidos con escarnio e infamia. A los demás, a los que resistían hasta el mediodía, no solo les temblaban los brazos del esfuerzo, también sus piernas entumecidas amenazaban con hacerles fracasar en el empeño. Lo peor de todo, empero, era seguramente la dolorosa presión de la vejiga, llena a reventar. Algunos se orinaban encima y luego se congelaban tanto que tenían que bajar. Otros lloraban antes de saltar al suelo y, ante las malévolas carcajadas de los curiosos, corrían a aliviarse al cobertizo más cercano.

Sin embargo, cuando Ellen pasó de nuevo por allí a mediodía, el muchacho seguía erguido sobre el tocón del árbol. Ellen se volvió para mirarlo. Un mechón rebelde de cabello castaño le caía sobre la frente y hasta los ojos, que eran tan azules como si en ellos se reflejara el mismísimo cielo. Entonces reparó en lo orgulloso que parecía. Su mirada era clara y sus brazos, que aún soportaban el peso del saco de arena a la espalda, no temblaban ni una pizca. Se alzaba allí tranquilo, mirando a lo lejos, sin inmutarse siquiera.

Pajes y escuderos se habían reunido a su alrededor para ver cuándo se rendiría por fin.

—Guillaume es un cabezota rematado, se le ha metido en la sesera aguantar hasta que se ponga el sol —dijo, no sin profundo respeto, un escudero rollizo, de anchos hombros y con el cabello negro—. Aun así, yo he apostado a que no lo conseguirá. A fin de cuentas, ya estamos en noviembre y la noche ha sido fría. Pero al verlo ahí de pie de esa manera… —Frotó el índice contra el pulgar—. Seguramente de esta no me haré rico. —Y suspiró con una sonrisa.

—¡Bah, de todas formas no es más que un fanfarrón! —aseguró otro con desdén.

—Tú calla la boca, que solo le tienes envidia. ¡Me acuerdo muy bien de que no llegaste ni a las campanadas de mediodía! —le recordó el primero con arrogancia.

—¡Sopla! Debe de tener una vejiga tan grande como las ubres de una vaca —dijo con gran admiración un joven paje de mejillas coloradas al que acaso no le quedara demasiado para tener que enfrentarse a su prueba.

Los demás asintieron y rieron con despreocupación, pues ya no tendrían que estar ahí de pie.

Ellen empezó a pensar de qué podría valer semejante prueba y qué sacaría el joven paje con resistir tanto tiempo. Ya hacía rato que la había superado, y nadie podría decirle nada si decidiera bajar. ¿Qué lo impelía a seguir allí arriba?

—Si Guillaume se ha propuesto algo, lo hace, pase lo que pase. Si ha dicho que se quedará ahí de pie hasta la puesta del sol, pues eso hará —les aseguró uno de los jóvenes pajes a los demás.

Parecía haber convertido a Guillaume, algunos años mayor que él, en su héroe personal.

Ellen movió la cabeza. «Qué desperdicio de tiempo y de energía, esas heroicidades», pensó sin comprenderlo, y siguió camino para llegar a su cita.

Rose aguardaba ya con impaciencia en el lugar convenido.

—¡Por fin llegas! ¿Qué son esas sombras que traes bajo los ojos?, ¿has vuelto a tener malos sueños? —preguntó mientras cerraba la puerta tras entrar en la casa.

—Sí que he tenido sueños, pero ¿malos? No.

Rose enarcó las cejas y la miró con curiosidad.

—¡Entonces, es que has soñado con un amante! No me extraña que tengas esa pinta de no haber pegado ojo —repuso con picardía.

—Amantes, qué bobada. ¡He trabajado en sueños! —replicó Ellen con aspereza.

—¡Ah, perdona!

Rose apartó la mirada para que Ellen no se diera cuenta de su gesto de exasperación.

—Hace días que sueño siempre lo mismo —empezó a explicar Ellen—. A veces ni siquiera deseo despertar de lo feliz que soy. ¡En el sueño soy un afamado forjador! Incluso Donovan está orgulloso de mí, pues vienen caballeros desde muy lejos para comprar mis espadas. Y entonces, de pronto, ¡suenan fanfarrias! ¡Es el rey, que ha venido para que yo le forje una espada! Y justo entonces, cuando estoy en lo mejor, despierto. Por un momento sigo convencida de que todo es tal como lo he soñado, pero entonces voy comprendiendo de nuevo quién soy yo, me levanto y me envuelvo los pechos en secreto.

Rose no sabía cómo consolar a su amiga.

—No podrás fingir eternamente que eres un hombre. En algún momento tendrás que poner fin a la farsa. —Le acarició a Ellen la mejilla con un gesto casi maternal—. ¡Ya lo tengo! ¡Se me ha ocurrido una idea! —exclamó, y se le iluminó el semblante—. Como mujer no puedes tener una forja a tu cargo, ¿verdad?

—Ni pensarlo.

—Bueno, entonces solo tienes que casarte con un forjador. ¡Como su esposa, podrás trabajar con él! —Rose la miró con esperanza, pero Ellen sacudió la cabeza.

—¿Crees que yo misma no lo había pensado ya? Pero esa no es la solución. Quiero forjar en mi propio taller y decidir yo sola, no ser una simple ayudante, mujer de herrero. Para eso no me haría ninguna falta matarme a trabajar con Donovan. Lo que tiene que saber un ayudante hace tiempo que lo domino. ¿O acaso crees que un hombre permitiría que su esposa fuera mejor que él?

Rose sacudió la cabeza:

—No lo creo.

—¿Lo ves? ¡Precisamente eso deseo yo! Quiero ser mejor que los demás. Sé que un día llegaré a ser una gran forjadora. ¡Lo presiento! —Ellen sonaba resuelta y algo obstinada.

—Yo no me lo pondré tan difícil como tú. Un día me casaré con un molinero, y con su harina hornearé los mejores pasteles y las mejores tartaletas del lugar. —Rose se echó a reír, meneó la cabeza como una boba y se llevó a Ellen consigo—. Ea, vayamos al patio de armas, ya verás cómo enseguida se te alegra el ánimo.

—¿Desde cuándo te interesan a ti los ejercicios de armas? —Ellen se quedó mirándola con estupor.

—Lo que me interesa no son los ejercicios, ¡sino los escuderos! —exclamó Rose con una risa, y se sonrojó un poco.

—Pronto oscurecerá, y entonces lo dejan porque ya no ven nada. ¡Y tú tampoco! —se burló Ellen, que había recuperado el buen humor.

De camino a la plaza de armas pasaron por la puerta del castillo.

—Sigue ahí de pie —murmuró Ellen, esta vez con admiración al ver la orgullosa postura que seguía manteniendo Guillaume, erguido sobre el tocón.

—No me gusta, es demasiado tosco. A mí me gustan los jóvenes distinguidos. Como ese de allí. —Rose, algo azorada, señaló a un muchacho bien parecido que era más o menos de su edad.

—Creo que se llama Thibault —le susurró Ellen en tono confidencial.

—Me acordaré del nombre —dijo Rose con una sonrisa.

Tancarville, verano de 1163

Hacía demasiado frío para esa época del año, el cielo estaba gris desde hacía varios días y no dejaba de lloviznar. Ese junio nublado, que se empeñaba en no traer ni un solo día de sol, hizo que el ánimo de Ellen se resintiera... y tampoco Rose disponía de tiempo para ella: tenía que trabajar porque se esperaban huéspedes en el castillo. Ellen se aburría, así que se acercó con desgana a la plaza de armas, pero como era domingo, los escuderos no habían salido a hacer sus ejercicios. Cuando ya se disponía a dar media vuelta y regresar a la forja, oyó una conversación entre dos donceles que se cruzaron con ella. Uno de los maestros de espada buscaba a un joven campesino para que le hiciera de adversario con un largo garrote, según comentó uno de ellos. Los jóvenes rieron burlones y soltaron bravatas sobre cómo les gustaría calentar a uno de esos viles labriegos, pero Ellen ya no oyó más, porque había salido corriendo. Hacía un año que trabajaba para Donovan y desde hacía tiempo sabía que no era ningún monstruo. ¡Tenía que permitirle intentarlo! Cierto que nunca había luchado con garrote, pero lo importante no era ni la lucha con garrote ni el penique que le pagarían por ello. Lo único que quería Ellen era lograr entrar en el patio de armas para poder ver de cerca las técnicas de lucha con espada. Esperaba en secreto que, si lograba manejarse con destreza, le permitieran también aprender a luchar con los escuderos. Así, después podría construir mejores armas.

Ellen asaltó a Donovan y le aseguró que no era en absoluto peligroso enfrentarse a los escuderos, pues los jóvenes únicamente practicaban con espadas de madera. El forjador no parecía muy entusiasmado con sus intenciones, pero le dio permiso a regañadientes. Ya al día siguiente, Ellen se dirigió a la plaza de armas.

Al instructor de los escuderos de sir Ansgar lo llamaban Ours, «oso». Ellen se preguntó si sus padres le habrían dado ese nombre porque sabían ya lo fuerte que se haría, o si Ours se había hecho así de fuerte para estar a la altura de su nombre. No se le ocurrió pensar que no era más que un apodo. Ours era grande y fortachón, como todos los maestros de espada, pero daba la sensación de ser algo torpe. Quizá por eso era fácil subestimarlo. Ours era astuto, brutal y, contra todo pronóstico, podía ser sorprendentemente rápido. Le divertía mucho intimidar a los jóvenes escuderos hasta dejarlos al límite de sus fuerzas y se vanagloriaba del pavor que sentían ante él. Era un soldado de sangre fría y calculador, además de un asombroso estratega. Puesto que los jóvenes lo temían como al demonio, lo escuchaban con muchísima atención y hacían todo lo posible para tenerlo contento. De esa forma progresaban a grandes pasos. También Ellen sintió miedo de Ours, pues a fin de cuentas era la primera vez que luchaba con los pajes y no tenía ningún tipo de experiencia con el garrote.

—Tienes que atizar a diestro y siniestro, como si quisieras partir piernas. Y no le quites ojo a nada —la apremió Ours; luego arremetió contra ella desde el flanco.

Su espada no era de madera. Con pocos golpes convirtió el garrote de Ellen en pequeñas astillas.

Los jóvenes se divertían muchísimo, pues ya no eran ellos el objeto de sus ataques.

—¡Esto no es una tertulia de damiselas, aquí no hemos venido a bordar precisamente! —tronó Ours.

Ellen se estremeció. ¿Se había delatado? Por un momento sucumbió al pánico.

Ours le arrebató de las manos lo que quedaba del bastón con tal fuerza que la dejó temblando.

—O te esfuerzas un poco y dejas de andar como sonámbulo, o te vas. Por un penique puedo encontrar a un muchacho más hábil.

Ellen intentó mirarlo todo lo furiosa que pudo.

—Sí, sire, me esforzaré más —repuso con determinación.

Ours hizo que los jóvenes se enfrentaran a Ellen uno tras otro y, así, fue exigiendo cada vez más de ella. La ira y el dolor hacían que se le saltaran las lágrimas cada vez que caía al suelo. El último adversario fue el único que le tendió una mano con compañerismo y la ayudó a levantarse. Era Thibault, el joven que tanto le gustaba a Rose. Tenía el pelo color arena y lo llevaba cortado a la moda normanda, por encima de las orejas. Sus ojos castaños con motas doradas la miraron con simpatía. Debía de haber visto el delator brillo de las lágrimas en los ojos de Ellen, pues le susurró:

—Ours nos ha llevado a todos hasta la desesperación, levanta la cabeza. ¡No le des el placer de verte llorar!

Ellen lo miró con gratitud y asintió. A pesar de que intentó controlarse, tuvo que parpadear y una lágrima le cayó mejilla abajo. Rápidamente se la limpió con la manga para que nadie la viera.

Cuando se hubo puesto en pie, Thibault le soltó la mano y la miró con desagrado. Después dio media vuelta y se alejó.

Al día siguiente, mientras Ellen volvía a recibir una buena tunda, no dejaba de oír los gritos de injuria de Thibault.

—¿Por qué te burlas de mí con más inquina que los demás? Podríamos ser amigos —le susurró cuando le llegó su turno de luchar contra él.

—¿Amigos? —Thibault escupió la palabra como si fuera una cereza podrida—. No podemos ser amigos. Tú no perteneces a este sitio, mejor será que desaparezcas.

Y empezó a blandir su espada de madera contra Ellen como un poseso antes aun de que hubieran puesto suficiente distancia entre ambos.

Naturalmente, eso no estaba permitido por las reglas y Ours debería haber llamado al orden a su pupilo, pero no lo hizo. Thibault golpeaba con tal furia que la muchacha tuvo que retroceder y perdió el equilibrio. El escudero se lanzó sobre ella. Sus rostros estaban muy cerca uno del otro. El chico tenía los ojos muy abiertos, parecían casi negros. Se puso en pie de un salto y la dejó tirada en el polvo sin prestarle ya más atención. Ellen se levantó, fulminó a Ours con la mirada por no haber amonestado a Thibault y abandonó la plaza sin decir una sola palabra.

También Thibault se alejó con pasos pesados y a grandes zancadas hacia la puerta, para cruzar hasta el henar colindante. El cielo estaba cubierto por unos densos nubarrones grises, el aire, cálido y cargado. Se acercaba una tormenta, no cabía duda. Thibault había aminorado visiblemente la marcha, pues su única prisa era por salir de allí, y acabó por sentarse en el tronco de un árbol caído que había en la linde del bosque. El corazón seguía latiéndole con fuerza y desenfreno en el pecho, debatiéndose entre la ira y el miedo. Ese Alan tenía algo inquietante. Era tan… ¡tan terroríficamente atractivo! Thibault no podía conseguir creerlo. ¡La sangre le había hervido en las venas al encontrarse encima de él e inhalar su aliento dulce, con aroma a miel!

—¡Qué tontería, no estoy enamorado! —gritó, y se sobresaltó al oír el áspero sonido de su voz.

«Alan es un mancebo, igual que yo —se dijo para intentar serenarse—. Los hombres, sin embargo, desean a las mujeres, así lo dicta la naturaleza.» Thibault sentía que le caía sudor por las sienes. Desde luego que había oído hablar alguna que otra vez de esas aberraciones, pero… ¿Por qué no había podido quedarse aquel imbécil en Inglaterra?

En el polvo que tenía a sus pies, Thibault descubrió dos escarabajos negros con rayas amarillas. Estaban unidos por la parte trasera, apareándose, y corrían juntos en círculo. El joven contempló sus denuedos durante un rato antes de pisarlos y aplastarlos sin compasión.

—¡Contranatura, válgame Dios, es contranatura! —renegó a media voz, y con ello no se refería a los escarabajos.

«Disparates, nada más que disparates», pensó, atribulado. Además, él sabía muy bien qué hacer con las muchachas. ¡Pero si ya había satisfecho a dos doncellas! Habían reído con risitas bobas y azoradas cuando él les había sonreído, lo habían seguido con la mirada cuando pasaba por delante de ellas. Una era un poco mayor que él, y le había resultado fácil tomarla. Con la otra había tenido que esforzarse algo más, pero tanto más había disfrutado de la celestial sensación de poder arrebatarle la virginidad. Naturalmente, para él había significado menos que para ella. ¡No en vano era un hombre! y, como tal, en esos asuntos llevaba las riendas.

¿A qué, pues, ese latir trepidante de su corazón? Thibault reflexionó si alguna muchacha había despertado en él alguna vez sentimientos como aquellos. Sin embargo, más allá del goce físico, hasta la fecha no había sentido demasiado por ninguna moza.

Indignado pero más que resuelto a ponerse a prueba, fue pensando en cada uno de los pajes y los escuderos del castillo para ver si el recuerdo de alguno de ellos despertaba en él sentimientos contra natura. Con alivio comprobó que nada sucedía. Entonces volvió a pensar en Alan, en cómo había yacido en el suelo bajo él, en esos ojos verdes, tan verdes, brillando de lágrimas. Y de nuevo empezó a latirle desbocado el corazón. Se le secó la boca y sintió el estómago a punto de reventar a causa de los aleteos que notaba en la tripa.

—Pero ¡si es un llorica! —siseó con desagrado—. Esta me la pagarás, Alan —juró con el puño apretado—. ¡Combatiré contra ti, te humillaré y te haré la vida imposible hasta que tengas que marcharte!

A partir de ese día, Thibault salía casi cada noche a hurtadillas de la gran cámara en la que dormía junto con los demás escuderos para expiar con varas de mimbre recién cortadas esos pensamientos antinaturales. A veces lo acompañaba por el camino la inocente sonrisa de Alan, y entonces se azotaba con más saña y en sesiones aún más largas. Al pensar en él se le endurecía el miembro y, con cada azote de las varas en sus hombros, se le estremecía de una forma muy placentera. Solo se rendía al agotamiento y al dolor cuando su vejada espalda empezaba a sangrar, y entonces se echaba a dormir. La mala conciencia por sus pensamientos lascivos, empero, seguía atormentándolo sin cesar. La espalda, que le dolía en todo momento, se convirtió en una amonestación continua, espantosa y excitante a partes iguales. A veces Thibault temía volverse loco de deseo por Alan, y por ello lo odiaba más aún.

Puesto que ya era tarde y Alan no se había presentado a la cena, Donovan salió a buscarlo. Lo encontró en el patio, practicando obstinadamente con el garrote. El forjador se le acercó:

—¿Qué sucede? ¿Por qué estás tan furioso, Alan?

Ellen golpeó el suelo con el bastón.

—Uno de los escuderos es harto desagradable conmigo. Al principio se mostró simpático, pero de un día para otro se ha convertido en mi mayor enemigo. Pone a los demás en mi contra y lucha de una forma muy injusta. —Tuvo que controlarse para no echarse a llorar.

—El garrote es el arma de la gente sencilla. Los escuderos se miden contigo para poder vencer más adelante a tus semejantes, cuando sean caballeros. Piensa bien si de verdad es eso lo que quieres. Cuanto mejor luches tú contra ellos, más aprenderán. Son futuros barones y caballeros, tú eres forjador. Nunca lo olvides.

Ellen sintió un escalofrío de felicidad. Donovan la consideraba un forjador; no aprendiz de forjador ni hijo de forjador. Sabía que valoraba su trabajo, pero hasta ese momento había esperado en vano recibir una palabra de reconocimiento por su parte. Esa única palabra, pronunciada probablemente sin pensar, valía no obstante para ella muchísimo más que cualquier otro halago.

—Ellos nunca te considerarán digno, por mucho que necesiten nuestro trabajo para poder alzarse con sus victorias. Si nosotros no les fabricamos las mejores espadas, otros lo harán. Todos los hombres son sustituibles, todos. También el escudero que la tiene tomada contigo. Olvídalo y apártate de su camino. —Donovan le cogió el garrote y lo dejó a un lado—. Y ahora ven a comer, necesitas fuerzas para mañana; tenemos mucho que hacer.

Ellen obedeció. Reflexionó sobre lo que le había dicho su maestro y lo siguió adentro para cenar.

—Tenéis razón, maestro, no pienso dejar que me humillen más y no volveré a ser un instrumento para ellos. Ha sido una necedad pensar que así podría aprender el arte de la espada.

Ellen no lo sintió por Thibault y sus amigos. El único al que sí admiraba de veras, aunque no había intercambiado con él ni una sola palabra, era Guillaume. El año anterior había aguantado encima del tocón hasta la puesta del sol, lo cual no le había hecho granjearse muchas amistades entre los demás escuderos. Además, la mayoría lo envidiaba porque era un luchador excepcional con la espada, perseverante, concentrado y siempre justo.

Cuando Ellen se presentó en la plaza de armas para comunicarle a sir Ansgar que no pensaba seguir luchando, Guillaume estaba aplastando a Thibault porque este se había comportado de forma mezquina con otro joven. Ours le había dejado plena libertad, y, como era mayor que él, Thibault no tuvo más remedio que someterse, aunque a regañadientes.

«Le está bien empleado», pensó Ellen con malicia, y se acercó a Ours.

—¡Oh, no! ¿Habéis oído? ¡El forjador nos tiene miedo y no quiere luchar más! —se burló Thibault poco después, con un centelleo en la mirada.

Los escuderos que estaban con él dieron voces de contento.

Ellen no se dignó mirarlos y salió de la plaza con la cabeza muy alta. ¿Se había confundido o le había dirigido Guillaume un leve gesto con la cabeza?

Solo un día después de aquello, Thibault se topó con la bella Rose. En verano, su larga melena negra relucía como el plumaje del cuervo. El escudero la había visto ya un par de veces en compañía de Alan, pero ese día estaba sola. Seguro que libraba, pues era domingo, el día del Señor. ¡Qué afortunado giro del destino! Estaba visto que Alan le había echado el ojo hacía tiempo. ¡A lo mejor esos dos cortejaban, incluso! Al pensarlo, Thibault sintió una punzada de celos. ¿No sería una gran venganza robarle a la muchacha? Su instinto depredador se había despertado. Saludó a la inglesa con cortesía y le sonrió, muy simpático. Ella se puso colorada, hizo una tímida reverencia y le sonrió a su vez. Thibault se sintió triunfante; por cómo lo miraba, la chica le resultaría presa fácil.

—Pensaba ir un rato a pasear al bosque, ¿quieres acompañarme?

Le ofreció un brazo, galante, como si fuera una joven damisela de buena casa.

Rose se sonrojó más aún y asintió. Posó la mano en el antebrazo de él y paseó con orgullo a su lado. Ilusionada, miraba con curiosidad el rostro del muchacho.

Thibault tenía unos rasgos proporcionados, una nariz fina y recta, e iba muy bien rasurado.

Le gustaba la admiración de Rose y comprobó, satisfecho, que enseguida apartaba la vista turbada cada vez que él la miraba. El camino que bajaba desde el castillo era muy empinado y pedregoso. A Rose le costaba mantener el equilibrio con sus zuecos y no hacía más que tropezar. Thibault la agarró del talle con un brazo y la asió con fuerza.

—¡Así no resbalarás! —se justificó, y la estrechó resueltamente contra sí.

Se sentaron en la hierba agostada de una pradera. Thibault la contempló durante un rato de soslayo mientras Rose recogía las últimas florecillas silvestres del verano. Sus grandes ojos de corza no hacían más que mirar hacia él con un interrogante.

«Tiene buen gusto, ese inglesito miserable», pensó Thibault con amargura, pero en el fondo de su corazón agradeció que Rose no fuera una muchacha fea. Vengarse de Alan sería mucho más glorioso con una criatura tan fascinante como ella.

—Eres muy hermosa, ¿sabes? —Cogió una brizna de hierba y acarició con ella el cuello de Rose, que soltó una risita y se tumbó en el suelo—. ¡Pero si no sé ni cómo te llamas!

—Rose —susurró ella con voz temblorosa.

—¡Rose! Te queda muy bien ese nombre.

Thibault la miró intensamente a los ojos antes de inclinarse hacia ella y depositar un suave beso en el cuello, justo en el lugar en que se veía latir el pulso. Rose cerró los ojos y se estremeció; le temblaron los párpados. Thibault le acarició la frente con el dedo índice y siguió su encantadora nariz respingona hasta la boca, donde su dedo jugó con los labios de ella hasta que los entreabrió. El muchacho hizo resbalar la punta de un dedo en el interior de su boca y después siguió camino por la barbilla y bajando por el cuello con mucha cautela, hasta llegar a su pecho. Rose respiraba con fuerza, y Thibault estaba más excitado que nunca. Todo su deseo se concentraba en aquella muchacha. Acarició con suavidad sus pechos turgentes, que se marcaban con claridad bajo el vestido de lino. Aventuró entonces la mano hacia abajo, hasta su regazo. Rose gimió con suavidad cuando la tocó ahí. Puesto que no ofrecía ninguna resistencia, Thibault bajó la mano hasta sus tobillos y después la hizo subir bajo la falda, rozando sus piernas con suavidad. Le acarició largamente la cara interior de los muslos, hasta que estuvo seguro de que ansiaría que no se detuviera. La fue besando con ternura y apremio por igual, e introdujo una lengua ávida en su boca. Su mano se desplazó entonces hasta su sexo. Estaba húmedo, maravillosamente húmedo. Thibault sentía crecer un ardoroso deseo. ¿Acaso no era eso prueba suficiente de que sus pensamientos contra natura no eran más que una confusión? Cuando se tumbó sobre Rose, no deseaba a nadie más. La penetró con impetuosidad, algo desesperado, casi con brutalidad.

Cuando quedaron uno junto al otro, agotados, Rose lo miró con seriedad:

—Te deseo, Thibault. Quiero yacer más veces contigo.

Su franqueza lo sorprendió, pero también se sintió halagado. Thibault estaba satisfecho consigo mismo; acababa de demostrar de qué estaba hecho. Rose era el mejor remedio contra sus impúdicos sentimientos por Alan.

—Volveremos a vernos más veces, pequeña Rose, te lo prometo —dijo con cariño.

Después de separarse, el escudero fue andando con seguridad y los hombros muy erguidos a ver a sus compañeros para jactarse de su hazaña. A partir de ese momento se vio asiduamente con la guapa inglesa. La necesitaba como antídoto para sacar a Alan de su mente. El cuerpo de Rose, que despertaba en él semejante deseo, le transmitía la tranquilizadora sensación de que todo iba bien. Solo cuando por casualidad se encontraba con Alan y sus ojos parecían mirarlo hasta lo más hondo de su ser, volvía a flaquear. Cuando estaba con Rose, se sentía invencible. A veces llegaba a creer, por ello, que la amaba. Comoquiera que fuese, la deseaba, aunque no llegara a conmover su alma. Eso solo lo conseguía Alan. Thibault detestaba ese sentimiento indigno de estar en manos en otro, y odiaba a Alan por ello. Cualquier medio le parecía bueno para poner a prueba su fuerza. El deseo de venganza por las cuitas que lo atormentaban dominaba cada día más su pensamiento. Por las noches solían asaltarlo pesadillas en las que Rose y Alan se unían. Él se abalanzaba sobre ellos y casi moría de celos. Ver a Rose con otro resultaba excitante hasta cierto punto; a fin de cuentas, él podía tenerla siempre que quería. Pero ver a Alan en unos brazos que no fueran los suyos era un infierno.

Marzo de 1164

El año anterior, apenas unos días después de que Ellen dejara el garrote, Donovan se había acercado a ella de improviso y le había confiado una espada. No podían venderla porque la hoja se había estropeado durante el temple, pero el forjador la había terminado de todos modos. Solo le había impedido venderla el recuerdo de su maestro, quien le había advertido siempre que debía ser humilde. Y había sido una suerte para él, pues esa venta podría haberle costado la fama, y acaso incluso el cuello. Desde entonces, Donovan guardaba la espada como recordatorio contra una vanidad exagerada.

—Te la dejo. Observa a los escuderos y guarda en la memoria cada uno de sus pasos. Después puedes ir al bosque a practicar en secreto. Aunque la espada no valga para un duelo de verdad, pues la hoja podría saltar al soportar mucha tensión, sigue estando bien equilibrada y tiene el peso adecuado —dijo, animando a Ellen—. Ojalá yo hubiera tenido una oportunidad así.

Un pequeño claro escondido entre la espesura del bosque se convirtió en su patio de armas particular. Los árboles se alzaban allí muy cerca unos de otros, de manera que nadie la veía desde lejos y el peligro de ser descubierta era muy remoto. Antes de la llegada del invierno practicaba allí con asiduidad, pero con las primeras nieves, que habrían dejado ver sus huellas, se volvió demasiado arriesgado.

En esos últimos meses, los escuderos habían aprendido una nueva táctica de ataque que Ellen no podía sacarse de la cabeza.

Bizqueó mirando al sol de marzo y se decidió a retomar de una vez los ejercicios. Para que la espada no se oxidara, la había pulido con regularidad y la había frotado con aceite. La sacó entonces del arcón en el que Donovan la guardaba y corrió al bosque.

Se colocó tal como lo hacían los escuderos, se inclinó ante dos adversarios inexistentes y adoptó la posición de ataque. Estaba completamente absorta en la lucha cuando oyó un crujido en la maleza. Sobresaltada, miró en derredor.

Despacio, Guillaume salió de entre las sombras de los árboles.

Ellen había roto normas y leyes suficientes para atraer hacia sí la ira de un noble, y temió lo peor. Paralizada por el miedo, no logró emitir ningún sonido.

—Alan. —Guillaume le dirigió una breve cabezada a modo de saludo, se colocó tras ella y le cogió el brazo que empuñaba la espada—. No tuerzas tanto la muñeca. Alza el brazo un poco más, pero los hombros tienen que quedar abajo. Ahora, repite el ataque. —Dio un paso atrás y esperó.

A Ellen se le encogió el estómago. ¿Acaso quería divertirse un poco antes de arrastrarla al castillo para hacer que la castigaran? Luchó contra la rabia que la hacía bullir por dentro y obedeció al muchacho.

Sin malgastar saliva preguntando por la espada ni por las reglas que había infringido, Guillaume comprobó la corrección de su postura y el curso de sus movimientos. Cada vez que se pegaba a ella para rectificar su postura, Ellen sentía un hormigueo en el estómago.

—No estuviste mucho tiempo luchando en el patio de armas —comentó Guillaume.

—Ya no me apetecía, ni tenía tiempo.

—No es de extrañar, con hombres como Thibault no resulta precisamente divertido.

—Me odia, y ni siquiera sé por qué. Al principio fue muy amable, pero luego… —Ellen se mordió la lengua.

Guillaume no era amigo suyo, debía andarse con más ojo y no hacerle confidencias a cualquiera.

—Todavía tiene mucho que aprender para llegar a ser algún

día un hombre de honor, como su padre —dijo Guillaume con desdén.

—¿Conoces a su padre? —preguntó Ellen con curiosidad.

—Conozco su fama, y es mucho mejor de la que se ha ganado Thibault.

—Que él no quiera tener a su hijo consigo puedo entenderlo, pues es insufrible, pero ¿tú? ¿Por qué no aprendes tú junto a tu padre? ¿Qué habéis hecho todos vosotros para que vuestras familias os manden lejos, a aprender en una tierra extraña?

Guillaume casi se ahoga de risa.

—¿Que qué hemos hecho? Es lo más gracioso que he oído jamás. ¿Te haces el tonto o de verdad no tienes la menor idea?

Ellen miró a Guillaume con rabia.

—¿Qué hay de tonto en ello? —bramó—. Los campesinos enseñan a sus hijos a trabajar los campos y cuidar del ganado. Un zapatero, un sastre, un herrero o cualquier otro artesano enseña también a sus hijos cuanto sabe, para que más tarde puedan hacerse cargo de su taller. ¿No es lógico que también un caballero transmita a su hijo lo que son la valentía y el honor?

Guillaume ya no reía, se había quedado mirando a Ellen con seriedad.

—En el fondo tienes razón. Si te soy sincero, nunca lo había pensado. Con los pajes y los escuderos sucede de forma diferente. Mis hermanos mayores se fueron de casa mucho antes que yo, y luego me llegó el turno a mí. —Guillaume se interrumpió.

También Ellen se quedó callada, y removió con el pie la tierra húmeda del bosque.

—Yo también soy de Inglaterra, como tú. ¿Lo sabías? —preguntó Guillaume, hablando de pronto en inglés.

Ellen sacudió la cabeza sin saber qué decir.

—Crecí en Marlborough Castle. Mi padre perdió el castillo y, más o menos un año después, me enviaron aquí. Lo vi tan pocas veces que casi no me acuerdo de él. Solo los rostros de mi madre y mi ama de cría siguen grabados en mi memoria. ¿Has estado alguna vez en Oxford? No queda muy lejos de Marlborough.

No, de Oxford ni siquiera había oído hablar, aunque sonara muy parecido a Orford.

—¿Tú de dónde eres? —preguntó el mancebo con simpatía.

—De Anglia Oriental —repuso ella, esforzándose por controlar el temblor de su voz.

Guillaume asintió con conocimiento de causa.

—Tienes suerte de estar aquí con tu padre.

—¿Te refieres a Donovan, el maestro forjador? No, no es mi padre.

Guillaume la miró perplejo.

—Pero ¿no acabas de decirme que vosotros aprendéis el oficio de vuestros padres?

—Conmigo no es el caso —repuso ella, escueta.

—¡Seguro que has hecho algo! —Guillaume sonrió y la señaló, en broma, con un dedo amenazador.

Ellen no se extendió más.

Guillaume se sentó en una gran piedra.

—Mis antepasados fueron normandos, ¿sabes?, pero yo soy inglés y siempre lo seré. ¿También tú sueñas a veces con volver? —preguntó.

—No, si algún día quiero volver, lo haré y ya está. De momento me gusta estar aquí. —«Debería llamarlo William, y no Guillaume», se dijo Ellen. Estaba algo más relajada porque el muchacho no había mencionado la espada ni una sola vez—. Tengo que volver a casa —dijo al darse cuenta de que el sol estaba ya sobre el horizonte occidental.

En ese momento olvidó impostar la voz. Por fortuna, Guillaume no pareció darse cuenta de nada.

—Si quieres, el domingo que viene podríamos volver a practicar aquí. Si no tengo que irme con los soldados —propuso el chico.

Tal como lo dijo, sonó como si fuera de lo más natural que un escudero se encontrara con un joven forjador para practicar con la espada.

Ellen se limitó a asentir por miedo a que un nuevo temblor en su voz no pudiera ya tomarse por un gallo adolescente.

—Yo iré por otro camino, es mejor que no nos vean juntos —dijo Guillaume.

Ellen alzó la mano para despedirse y se marchó. «No vuelvas la cabeza, o enseguida sabrá que eres una muchacha», pensó. No se volvió ni una sola vez en todo el camino hasta llegar a la forja.

Al día siguiente le relató a Rose el encuentro con Guillaume.

—¡Nunca había sentido tanto miedo! Con solo pensar qué habría pasado si me hubiera descubierto…

Ellen lo había explicado todo tan deprisa que Rose no comprendió hasta entonces lo mucho que había significado para su amiga.

—No todos tienen tan elevada opinión de él como tú. El Glotón, lo llaman. Y dicen que, cuando no está zampando, está durmiendo.

—¡Envidias y celos! Si lo hubieras visto luchar… —Ellen se deshizo al recordarlo.

—Pues me habría dado más o menos lo mismo, porque yo no sé ver cuándo se lucha bien y cuándo mal. Tendrías que darte prisa en inventar nuevos improperios y chanzas tontas. Si no, la próxima vez a más tardar se dará cuenta de que eres una muchacha… ¡y que te has enamorado de él!

—¡Rose! —Ellen la miró, horrorizada—. ¿De qué hablas?

—De lo que veo. Si las mejillas se te ponen tan sonrosadas cuando está contigo como las tienes ahora, al hablar de él… —Rose chasqueó la lengua.

—¡Oh, pero qué bruja! —Ellen se abalanzó sobre ella con furia fingida y le tiró del pelo sin hacerle daño.

—No pasa nada, chiquilla, no pasa nada —la contuvo Rose con cierto aire de superioridad.

Ellen se enfadó. No le había pasado por alto lo mucho que había cambiado su amiga desde hacía un tiempo. Ya hacía semanas que sospechaba que Rose se encontraba con un hombre, y le dolía que no le hubiera explicado nada.

Durante toda la semana a la espera de que llegara el domingo, Ellen trabajó sin poder concentrarse y cometió errores que, en otras circunstancias, ya nunca cometía.

Donovan estaba fuera de sí.

—¡Si la forja ya no te dice nada, empieza a buscarte otra cosa! —vociferó el sábado, cuando Ellen volvió a sufrir un percance.

—Todo tiene que ser siempre como vos decís —replicó ella con obstinación—. Nunca dejáis que pruebe nada nuevo, siempre tengo que hacerlo todo como lo hacéis vos.

Ellen sabía muy bien lo insensato que era echarle en cara su cerrazón precisamente en ese momento. El percance nada había tenido que ver con ello. La crítica había sido necia e impertinente, y afectó a Donovan mucho más de lo que ella imaginaba.

—¡Fuera de aquí, fuera de mi taller! —rugió.

Ellen dejó el martillo sobre el yunque sin ningún cuidado, salió a toda prisa de la forja y cerró de un portazo. Irrumpió en la casa, subió los escalones de dos en dos y se echó a dormir. La alcoba era tan pequeña que su jergón no estaba a más de dos pies del de Art. Que este roncara nunca la había molestado, pero sus placeres nocturnos le repugnaban cada vez más. Al principio no acababa de comprender qué era lo que hacía casi cada noche con tanto jadeo. Después, sin embargo, había observado que se frotaba el miembro hasta que conseguía una polución. Limpiaba el semen con un paño mugriento que casi nunca lavaba, lo cual provocaba especialmente el asco de Ellen. No obstante, aquel día Art seguía con Donovan en la forja y ella estaba por fin sola en la alcoba. Se arropó con la manta de lana y se quedó dormida con un último pensamiento para Guillaume.

A la mañana siguiente, cuando despertó, ya era de día. Art, como algo excepcional, se había levantado antes que ella, y ni Glenna ni Donovan estaban en la casa. Ellen cogió un pedazo de pan y bebió un par de tragos de sidra. Esa bebida de manzana, dulce y algo espumosa, se disfrutaba en todos los rincones de Normandía y en cualquier época del año. Cerveza, había poca. A veces, en los días festivos, Glenna preparaba *ale*, y entonces acudían los artesanos ingleses y bebían con ellos hasta que se hartaban. Ellen se alegró de no tener que someterse a la mirada de su maestro esa mañana y se dirigió a la iglesia.

Se quedó entre los feligreses del fondo y durante todo el servicio no pudo pensar en nada que no fuera Guillaume. ¿Acudiría al claro del bosque? ¿Por qué no la había delatado? Al pensar en él, notaba un hormigueo por todo el cuerpo, como si por sus venas corriera sidra en lugar de sangre. De pronto se sintió observada.

Glenna estaba a la izquierda, un poco más adelante, y la miraba sin compasión. Sus ojos parecían transmitir al mismo tiempo reprobación y un interrogante. Donovan debía de haberle explicado lo de su impertinencia.

Estaba claro que la culpa había sido suya; ella había cometido el error. Sin embargo, no conseguía bajar la mirada. Si bien había sido mal momento para protestar, creía estar en todo su derecho. Ellen irguió los hombros. Al ver entonces la triste expresión de los ojos de Glenna, miró para otro lado. «Si de verdad fuera un hombre...» No llegó a terminar de formular el pensamiento. Volvió a mirar a Glenna, pero la encontró absorta en la oración. Ellen intuyó lo decepcionada que debía de estar, y de repente se sintió pequeña y vulnerable. Donovan podía ponerla de patitas en la calle, igual que Guillaume podía denunciarla en cualquier momento. Thibault la odiaba, y a Ours le habría gustado echarla de comer a los perros. Últimamente incluso Rose parecía no valorar tanto su compañía como antes. Ellen se preguntó por qué había aguardado el domingo con tanta impaciencia. ¿Por qué la forja, que para ella era lo más importante del mundo, se había convertido los últimos días en algo secundario? Puede que lo mejor fuera no ir siquiera al bosque. Pero si Guillaume se presentaba allí a esperarla, parecería una cobarde. «Acudiré», decidió, aunque estaba segura de que él no iría. Nada más salir de la iglesia se apresuró a coger la espada de la forja, cuidando de no encontrarse con Donovan ni con Glenna, y luego echó a correr hacia el bosque.

Cuando llegó al claro, vio que Guillaume ya la estaba esperando. El corazón le latió con fuerza y volvió a sentir aquel hormigueo en el estómago.

—Ten, he traído dos espadas de madera. En el guadarnés hay muchísimas, y nadie se dará cuenta de que faltan. Además, luego las devolveré. Así al menos podremos luchar uno contra otro.

Ellen miró a Guillaume con unos ojos enormes y asintió. «No hay quien entienda a los hombres», pensó.

—¿Puedo sopesar tu espada un momento? —preguntó Guillaume con cortesía.

Ellen se la tendió y él la desenvolvió del trapo en que iba guardada.

—No resistió el temple. La hoja es demasiado quebradiza para un duelo de verdad —explicó Ellen.

Guillaume la contempló con el ceño fruncido.

—Pues parece normal y corriente.

—Para endurecerla, se calienta la hoja y luego se enfría deprisa en agua. Es la parte más difícil del trabajo. A veces las cuchillas quedan frágiles y, por tanto, inútiles. Sin embargo, sin templar, la hoja no sirve de nada. Hasta al mejor forjador le pasa de vez en cuando. Por eso puedo usar esta espada solo para practicar; con ella nunca podría luchar contra nadie, sería demasiado peligroso, ¿entiendes?

—Mmm. Creo que sí.

Practicaron entusiasmados hasta la tarde, luchando uno contra otro con las espadas de madera. El miedo que le tenía Ellen a Guillaume se fue convirtiendo en una sincera admiración por su habilidad y por cómo le enseñaba de la forma más sencilla lo más importante.

—¿Por qué haces esto? Nunca podrás ceñirte una espada —dijo el escudero, sin aliento, cuando hicieron una pausa.

—¿Crees que un zapatero que fuera siempre descalzo podría confeccionar buenos zapatos?

La respuesta de Ellen sorprendió a Guillaume, que se echó a reír.

—En eso llevas razón. Y, a juzgar por cómo te manejas ya con la espada, seguro que algún día llegarás a ser un forjador endemoniadamente bueno. —Le dio unas palmadas amistosas en el hombro.

—De eso puedes estar seguro. Es lo que tengo pensado. ¡Algún día forjaré una espada para el rey!

Ellen se maravilló de la naturalidad con que aquellas palabras habían salido de sus labios, pero después de haberlas pronunciado supo que aquel, y ningún otro, era su objetivo. ¡Seguramente por eso siempre soñaba lo mismo!

—Estoy impresionado. —Guillaume hizo una reverencia con burla—. Pero mis objetivos apuntan tan alto como los tuyos, pues deseo llegar a ser caballero de la casa del rey. De hecho, no soy más que el cuarto hijo del mariscal y, por tanto, no tengo derecho a una alta posición, ni a tierras, ni a dinero, ni siquiera a un buen partido, pero estoy seguro de que el Señor me mostrará el camino correcto y que un día conseguiré todo lo que sueño: fama, honor… ¡y el favor de mi rey! —A Guillaume le brillaban los ojos. De pronto sonrió con picardía—. Pero por el momento, comamos algo o moriré de hambre, y eso sería una lástima, pues mi plan no serviría ya de nada.

Ambos se sentaron junto a un manantial que habían descubierto en el bosque y se abalanzaron sobre las viandas que había llevado Guillaume.

Ellen había olvidado por completo su descaro con Donovan y regresaba a casa con alegría, pero lo recordó en cuanto se cruzó en el patio con Glenna, que la miró con reproche. Bajó la mirada, abochornada. Era inexcusable no haber ido a disculparse ante Donovan a la salida de la iglesia.

Ellen sintió que alguien la estaba mirando. Se volvió.

—¿Qué pasa? —le bufó a Arnaud.

—Parece que tienes problemas con el viejo. —Una sonrisa triunfal curvó sus labios—. ¡Hoy, para variar, no quisiera estar en tu pellejo!

Durante su primer año en la forja, Arnaud había intentado, primero con disimulo y luego sin esconderse, aventajar a Ellen ante los ojos de Donovan, pero acabó llevándose una buena reprimenda del maestro, que lo había amenazado con echarlo de allí, y empezó a andarse con más cautela. No obstante, de nuevo parecía haber vuelto a las andadas.

—Ah, sí, antes de que se me olvide, el maestro quiere verte en el taller, ¡y enseguida! —espetó con franco escarnio, y señaló con un pulgar por encima del hombro.

Ellen pasó casi rozando al chico y, como este no se apartaba, lo empujó. Su orgullo se iba desvaneciendo con cada paso que la acercaba a la forja y entró en el taller con los hombros erguidos pero la cabeza gacha.

—¿Queríais hablar conmigo? —preguntó a media voz.

Donovan le daba la espalda y no se volvió.

—Jamás debería haberte aceptado como aprendiz —dijo con acritud—. Desde el principio he sabido que no saldría bien. Ya el primer día me demostraste que no pensabas disciplinarte; no tienes respeto. Glenna no quiso hacerme caso y dijo que tenía que aceptarte sin dudarlo. Ahora también ella ha aprendido algo y ha comprendido su error.

Ellen tragó saliva. Si también había perdido el afecto de Glenna, las cosas no pintaban nada bien. Dirigió su mirada al suelo sin decir palabra y dejó que Donovan siguiera hablando.

Entonces el maestro se volvió hacia ella, frotando con rabia un paño contra una cuchilla que hacía ya rato que relucía.

—Siempre quieres salirte con la tuya, tozudo, y pruebas cosas que no pueden dar resultado.

—Pero…

Ellen quería contradecirlo, pero la mirada de enfado y amargura de su maestro la detuvo.

—No estás dispuesto a respetar la experiencia de tus mayores, cuando esa es la condición más importante en un aprendiz.

—¡Os equivocáis! —se rebeló Ellen.

A nadie valoraba más que a Donovan. Lo respetaba por sus conocimientos y su destreza, aunque no fuera capaz de expresar su admiración con palabras.

—¡Ya me estás contradiciendo otra vez! —bramó el hombre.

—¡Perdonadme, por favor! No ha sido esa mi intención —se disculpó ella, compungida.

—Tendría que echarte de aquí de una vez por todas, pues nunca te di mi palabra. Tú mismo sabes que solo lograste trabajar conmigo gracias a un malentendido.

Ellen lo miró con desilusión. ¡No en vano había superado la prueba! Donovan dio la vuelta al yunque y la miró a los ojos.

Su mirada fue tan gélida que la dejó helada.

—No eres ni especialmente fuerte ni más perseverante que la mayoría. Lo único que tienes es un don —la increpó—. Entiendes el hierro como ningún otro herrero que conozca. A tu edad, yo no poseía ni la mitad de tus conocimientos, ni una cuarta parte de la habilidad de las yemas de tus dedos. Eres especial, Alan, y esa es la única razón por la que no te echo de aquí a patadas. —Donovan tomó aire haciendo ruido, pues la ira no le dejaba respirar—. Si te esfuerzas, algún día llegarás a ser el mejor. Y entonces, cuando te pregunten quién fue tu maestro, tendrás que decir que fue Donovan de Ipswich. Ese día no podré por menos que sentirme orgulloso de ti. —Donovan la miró fijamente, se acercó un paso a ella y la agarró de la camisa—. Es tu última oportunidad, ¿comprendes? No la eches a perder.

Ellen asintió con alivio.

—No sé por qué has estado tan distraído toda esta semana... Glenna dice que es por esa chiquilla inglesa con la que te ves. También yo fui joven una vez y sé lo que puede hacernos el amor a los hombres. Por eso te perdonaré este, pero no puede haber un segundo error.

Tancarville, 1166

Habían pasado dos años desde su gran discusión y no había vuelto a producirse ningún otro incidente. Ellen se esforzaba más que nunca en el trabajo y Donovan también exigía más de ella, pero de aquella pelea había surgido algo así como una nueva familiaridad.

Glenna decía que era casi como si Donovan volviera a tener un hijo. Veía que su marido estaba satisfecho, y eso la hacía feliz también a ella.

Donovan siempre hacía partícipe a Ellen de lo que proyectaba cuando tenía que preparar una nueva espada. Comentaba con ella la ejecución y los materiales que usarían, los costes y la duración del encargo, y cada vez delegaba en ella trabajos más minuciosos. Esa confianza hizo que Ellen dejara de sentir que tenía que demostrarle algo y le transmitió más seguridad en sus propias habilidades.

A pesar de que el forjador la hacía trabajar muchas veces durante más tiempo que a Arnaud y le encargaba las tareas más complicadas, cuya realización supervisaba con cien ojos, Ellen se sorprendió cuando un día le pidió que confeccionara ella sola una espada y que se pusiera enseguida manos a la obra.

Donovan señaló un montón de trozos de hierro colado y dijo estar dispuesto a permanecer a su lado por si, contra lo esperado, necesitaba su ayuda. Al decirlo, parecía algo más malhumorado que de costumbre, aunque la miraba con buena cara. Había preparado a Ellen muy bien para esa gran tarea.

Ella sabía que podía conseguirlo, pero de todas formas sentía un peso en el estómago a causa de la emoción.

—¿Por qué Alan y no yo? —preguntó Arnaud, indignado.

Era mayor que ella y tenía dos años más de experiencia trabajando en herrerías, pero Donovan consideraba que aún le faltaba aprendizaje y quería hacerlo esperar algo más. Todavía cometía demasiados errores para poder confeccionar una espada sin ayuda. Cierto que era más ambicioso que la mayoría, y bastante habilidoso, pero carecía del talento de Ellen.

—Normando cabezota y testarudo —mascullό Donovan en inglés al ver el gesto ofendido del chico.

Ellen y Art sonrieron mientras que Arnaud y Vincent se los quedaban mirando con cara de bobos. Desde el principio, aunque Donovan les había transmitido lo importante que era para él, se habían negado a aprender ni una palabra de inglés.

—¿Tú de qué te sonríes? —increpó Arnaud a Art.

—¡Sí, eso! —se apresuró a secundarlo Vincent, como siempre.

Ellen se tragó un comentario. Arnaud era astuto y estaba más que dispuesto a perjudicarla en cuanto tuviera ocasión. Ya tenía suficientes celos de ella como para andar, encima, echando más leña al fuego.

Terminar una espada sin recurrir a la ayuda de Donovan era un gran desafío, y Ellen estaba contentísima de aceptarlo. Entretanto, había llegado a dominar una buena cantidad de ejercicios de espada y sabía perfectamente de qué dependía que un arma fuera buena. Una espada tenía que poder cogerse con comodidad, tenía que ser al mismo tiempo afilada y flexible, equilibrada y fácil de manejar. Se pasó todo el día pensando en el arma que tenía que confeccionar y aquella misma tarde le preguntó a Donovan para quién estaba destinada. No carecía precisamente de importancia que fuera para un hombre joven o para un caballero experimentado, o si este luchaba con la mano derecha o con la izquierda. Ellen se manejaba igual de bien con ambas manos. Cuando la diestra se le cansaba de forjar, cambiaba de mano y golpeaba un rato con la siniestra. De este modo, muchas veces había podido trabajar una pieza durante más tiempo de lo que le permitía la fuerza de un brazo. Por descontado, también había probado la izquierda durante los ejercicios con Guillaume y había comprobado que existían diferencias en la forma de manejar el arma, en especial si el adversario luchaba con la derecha, pues entonces ambas espadas se encontraban en el mismo lado.

—Una espada, no tienes más que forjar una espada, nada más —repuso Donovan con aspereza.

Ellen se retiró, decepcionada. Fabricar una espada buena de verdad para un desconocido era mucho más difícil que cuando se conocía al luchador. Algunos caballeros preferían una forma determinada para la empuñadura, a otros les era indiferente. Además, lo ideal era que el largo de la hoja se correspondiera con la estatura de su propietario. Ellen barajó mentalmente los más diversos esbozos, hasta que ya no supo qué era lo que quería hacer. Sus ideas hubieran bastado para un centenar de espadas, por lo que le resultaba harto difícil decidirse por la realización de una sola de esas ideas. Se fue a reflexionar al bosque, al lugar donde entrenaba con Guillaume. Rose continuaba siendo la única persona que conocía el secreto de Ellen y sabía lo mal que lo pasaba. Guillaume ni siquiera sospechaba nada; para él no era más que el joven forjador Alan, un amigo. Todavía se veían los domingos, siempre que Guillaume estaba en Tancarville, para practicar. Sin embargo, desde que era escudero, Guillaume a menudo tenía que acompañar a su señor durante semanas. También esta vez se encontraba fuera, y Ellen estaba impaciente por volver a verlo. ¡Le habría encantado explicarle lo de la espada y pedirle consejo! Guillaume era muy diferente de los hijos de labriegos y artesanos. Sin duda se debía en parte a que había sido educado para ser caballero, pero no era solo eso: era la persona más obstinada que conocía. Nadie podía obligarle a hacer nada, tampoco impedirle realizar sus planes. Su señor había estado a punto de enviarlo de vuelta con su padre, pues se había negado en redondo a aprender a leer y escribir. Y es que Guillaume era de la opinión de que la pluma debilitaría la mano con que empuñaba la espada. A veces

Ellen no podía evitar sonreír ante su terquedad; por otro lado, eso era lo que lo hacía tan digno de confianza.

Rose apenas tenía tiempo para ella, y los solitarios domingos sin Guillaume y sus historias sobre la vida caballeresca, como la llamaba Ellen, eran horriblemente monótonos. El escudero siempre tenía algo que narrar. Su extraordinaria memoria para los detalles hacía que sus relatos fuesen tan vívidos que Ellen solía llevarse la impresión de haber estado incluso allí. Siempre quedaba hechizada oyendo cuanto salía de sus labios y, con el paso del tiempo, había llegado a entender un poco más las tradiciones y los valores que tan esenciales eran para pajes, escuderos y caballeros. Le parecían menos carentes de sentido y menos crueles que antes. Sin embargo, cuanto más conocía la vida que llevaba Guillaume, más claro veía que había que nacer en cuna noble para pensar y sentir como un caballero. Ellen se sentó en la orilla de un riachuelo al que solían ir a descansar e imaginó a su amigo sentado a su lado. Empezó a explicarle, a detallarle en qué consistían sus inseguridades y por qué no lograba decidirse por este modelo o por el de más allá. Dibujó espadas en la arena y habló y habló sin parar, olvidando por completo que estaba sola.

«¡Te preocupas demasiado, limítate a fabricar una espada como la que te gustaría poseer a ti!», habría dicho Guillaume seguramente en algún momento.

—¡Eso es! —exclamó Ellen, y se puso en pie de un salto.

¡Cómo no! Lo único que tenía que hacer era meditar qué era para ella lo más importante en una espada. ¡El arma tenía que estar equilibrada! Para ello, el tamaño y el peso del pomo en relación con la longitud de la hoja eran decisivos, pues eso determinaba el punto de equilibrio de la espada terminada. Si encontraba el punto correcto, el arma le resultaría cómoda en la mano y sería fácil de manejar. Además, la espada tenía que ser cortante, muy cortante, y para ello era fundamental la dureza. El hierro no podía tener impureza alguna, y el temple no podía volverlo quebradizo. Puesto que no conocía al destinatario de la espada, lo más natural, ciertamente, era confeccionarla según su propio tamaño. Y, puesto que Ellen era bastante alta para ser mujer, no faltarían caballeros que más adelante pudieran ser sus compradores. De camino a casa fue pensando en todos los demás detalles y fue creando la nueva espada en su imaginación.

Para la calidad de la hoja, también el pulido era fundamental. Donovan solo llevaba sus piezas a un espadero en contadas ocasiones. A pesar de que la mayoría de ellos eran artesanos extraordinarios y con sobrada experiencia, según él estaban en disposición de restaurar con mucho tino viejas espadas, pero solo el forjador que había fabricado la hoja podía pulirla a la perfección. A esa peculiaridad debía Ellen el hecho de haber llegado a dominar también el pulido. Y lo adoraba, pues con ello podía realzar sobremanera la belleza y la afiladura de una hoja. Era la culminación final de una espada bien forjada. La forma y el tamaño de la cruz, por el contrario, tenían un papel secundario y eran más cuestión de gusto y estética. Ellen decidió que los gavilanes serían cortos y anchos. Naturalmente, una espada debía contar también con una vaina en la que la hoja se ajustara a la perfección. Ese trabajo lo realizaba un vainero, que no podía empezar hasta que el arma estaba terminada. El puño, con el revestimiento de madera que lo cubría y que iba rematado por un torzal de alambre, cuero o cordel, lo terminaba un talabartero. Para los ornamentos de la hoja, y quizá también del pomo del modelo que había imaginado, tendría que hablar con un orfebre o un platero. Ellen sabía que era aconsejable discutir antes con todos los artesanos que iban a participar en la confección del arma cuándo necesitaría que estuviera hecho su trabajo, para, así, no verse en un aprieto con el tiempo. Donovan le había dado un plazo de cuatro meses, pero ella no podía pasarse el día entero trabajando solo en su espada, también tenía que ayudar en la forja.

Ellen fue confeccionando la espada paso a paso tal como le había enseñado su maestro. Cuando tuvo que realizar los filos, se planteó pedirle consejo a Donovan, pero decidió no hacerlo.

Preguntarle a Art por su opinión habría sido una completa pérdida de tiempo. Sí que trabajaba con gran empeño, pero no estaba en situación de desarrollar ideas propias ni de aconsejar nada para la mejora de una fase del trabajo.

Así pues, Ellen concluyó que confiaría en su propia aptitud

y que lo conseguiría sola. Después de discutir con Donovan el coste que resultaría de ello, mandó dorar el pomo. En la hoja terminada, el orfebre realizó una ataujía con hilo de plata en la que se leían las palabras IN NOMINE DOMINI —en el nombre del Señor— con una pequeña cruz delante y otra detrás. Ellen no sabía leer ni escribir, aunque, al contrario que Guillaume, no habría tenido nada en contra de aprender a hacerlo. Puesto que nunca había tenido ocasión, no obstante, tuvo que contentarse con dejar la elección de la sentencia al albedrío del orfebre. Tampoco este sabía leer, en realidad, pero poseía una tabla de muestra con diversas sentencias que le había preparado un hombre de letras y se había aprendido de memoria el significado de cada una para, así, ofrecérselas a sus clientes. También sabía muy bien qué máximas eran las más solicitadas por los caballeros. Cuando estuvieron terminados tanto el puño como el torzal y el cinto, después de cuatro meses casi exactos, Ellen tuvo al fin en sus manos la espada concluida.

La muchacha temblaba de orgullo por dentro, pues le había quedado muy bien. Más de una vez había comprobado su flexibilidad, su afiladura y su estabilidad. Pese a todo, estaba tremendamente emocionada.

—El peor enemigo del forjador no es precisamente una mala regulación del calor, un hierro de mala calidad o una mala soldadura, sino su propia vanidad —había intentado inculcarle siempre Donovan.

Así pues, Ellen aguardó todo el día con humildad y paciencia hasta encontrar el momento adecuado en que pedirle a Donovan que examinara su espada. Por eso mismo se le hizo tan interminable aquella jornada, pues no veía la hora de recibir el fallo de su maestro. Cuando llegó el atardecer y Donovan envió a Vincent y Arnaud a casa, ella permaneció en la forja.

—¡Maestro! —Se inclinó ante Donovan con respeto y, con el corazón palpitante, le tendió su tesoro.

El forjador cogió la espada con ambas manos y comprobó su peso. Después la agarró por la empuñadura y la sopesó con una mano.

En la expresión de su cara, Ellen no lograba ver ni beneplácito ni descontento. De los nervios, se mordió el labio inferior.

Donovan sacó despacio la espada de la vaina.

Ellen, emocionada, contuvo la respiración.

El maestro se acercó la empuñadura a los ojos mientras la punta de la espada señalaba a su pie derecho. Comprobó con meticulosidad si la hoja estaba recta. Después sacudió el pomo y el puño para ver si estaban aferrados con firmeza. Si bailaban, la espada no servía de nada. Fue repasando el remache del pomo con el pulgar y asintió apenas visiblemente. Ellen había trabajado a conciencia; sin embargo, apenas se atrevía a respirar. Donovan cogió un trapo para que sus manos manchadas de grasa no ensuciaran la hoja y la dobló hasta formar un semicírculo. Ellen sabía que resistiría la curvatura sin sufrir daño alguno, pero se alegró al ver que la espada volvía a recuperar la línea recta. Por último, el maestro buscó un pedazo de lino, lo posó sobre la cuchilla y lo deslizó por todo el filo. Un corte limpio atravesó la tela sin deshilachar ni una hebra. Donovan repitió la prueba por el otro lado de la hoja, de nuevo con el mismo resultado impecable.

Ellen espiró sin emitir ningún sonido. Había pasado mucho tiempo afilando los bordes hasta dejarlos cortantes, pues no había nada más espantoso que una espada a medio afilar. Pese a todo, volvió a ensombrecerse, pues cada gesto del rostro de Donovan parecía denotar descontento. Al instante interpretaba el más leve carraspeo como desaprobación. ¿Cómo había podido pensar que Donovan estaría satisfecho con su trabajo? Que en los últimos meses hubiese sido más afable y le hubiera reconocido su talento no quería decir que también fuera a juzgar buena su espada. Sin duda pensaría que la empuñadura era demasiado llamativa y que la ataujía de plata no quedaba bien. Ellen, de pronto, dudó de que la espada fuese vendible. Ya había olvidado los comentarios del vainero y del orfebre, que se habían mostrado más que elogiosos con su trabajo. Sus opiniones eran insignificantes en comparación con el juicio de Donovan. Sintió que el sudor afloraba a su frente, aunque en el taller no hacía especial calor.

Cuando Donovan deslizó de nuevo la espada en el interior de

la vaina, Ellen observó su semblante impasible. Lo contempló, desesperanzada, mientras este daba media vuelta, dejaba la espada a un lado y se dirigía sin un solo comentario al gran arcón en el que guardaban herramientas y algunos materiales que rara vez utilizaban. Sobre ese arcón había un baúl sencillo y alargado que el forjador cogió entonces con ambas manos.

—Lo has hecho bien —dijo, y alzó la caja. Después se volvió y caminó hacia ella. Cuando estuvo frente a Ellen, la miró a los ojos—. La espada está afilada y resulta cómoda en la mano, la hoja es flexible y su forma equilibrada. Tu trabajo es bueno y estoy orgulloso de ti, pero… —Donovan se detuvo un momento.

«¿Y ahora qué? —pensó Ellen, incómoda—. ¿Es que no puede elogiarme ni una vez sin reservas?»

—… Pero tampoco había esperado menos de ti —terminó de decir, y una sonrisa asomó a su rostro—. A partir de hoy puedes considerarte oficial de taller de forja. Esta espada ha sido tu prueba. —Y le pasó el baúl.

Pesaba tanto que Ellen tuvo que apoyarlo para poder abrirlo.

—¡Maestro! —susurró, sin salir de su asombro, al ver lo que contenía.

Con gran respeto, Ellen sacó un mandil de cuero nuevo y lo sostuvo delante de su vientre. Era del tamaño perfecto. El cuero era del mejor curtidor de Tancarville, según vio por el repujado de los bordes. En el baúl había también una gorra, dos tenazas y un macho de fragua. Era la primera herramienta que poseía, exceptuando el martillo de Llewyn. La propia Ellen había forjado las tenazas y el macho, pero no había sabido que algún día serían para ella.

—Aún hay algo más dentro —dijo Donovan con su acostumbrado malhumor.

Fue entonces cuando Ellen vio algo en lo más profundo del baúl. Era un pequeño fardo de tejido de lana, pesado y largo. Parecía una herramienta, solo que muy estrecha. Ellen se quedó con la boca abierta de estupefacción al descubrir lo que ocultaba la tela.

—¡Una lima! ¡Maestro, habéis perdido el juicio! —espetó sin poder evitarlo.

Donovan, sin embargo, no contestó su exclamación de sorpresa con una reprimenda, sino que le sonrió.

Una lima era un regalo carísimo para un oficial. Donovan debía de haber invertido una buena dosis de sobreesfuerzo para reunir todo ese dinero. Tanto más parecía alegrarse el maestro cuanto que Ellen había sabido valorar aquel regalo. La muchacha luchó valientemente por contener las lágrimas, y aunque Donovan, pese a todo, se percatara del brillo de sus ojos, no dijo nada. A fin de cuentas, un oficial de forjador no llora, ni siquiera de emoción.

—Eres un buen muchacho, Alan, me alegraría mucho que siguieras aquí conmigo.

—Os lo agradezco, maestro, de buen grado me quedaré —repuso Ellen con voz firme.

—Pondremos la espada a la venta. Creo que te ofrecerán un buen precio por ella. Después de reembolsarme los costes del material, puedes quedarte con el resto.

Donovan debía de estar de muy buen humor, verdaderamente, si le había propuesto algo tan generoso, pensó Ellen con sorpresa. Cómo le habría gustado poder ir corriendo a ver a Guillaume para explicarle lo de la espada... pero todavía no había regresado. De todos modos, sabía por Rose que al señor de Tancarville y sus caballeros se los esperaba pronto.

El domingo siguiente, de hecho, Guillaume se presentó en su lugar de encuentro del bosque. El sol otoñal inundaba con una luz cálida y alegre el claro donde solían practicar.

Ellen debiera haber notado un cambio en él, pero la alegría de volver a verlo y sus ansias por enseñarle la espada y explicárselo todo la cegaron ante cualquier otra cosa. El escudero la escuchó con paciencia.

—¡Acabar una espada yo solo! Pensaba que no lo conseguiría. Había muchas cosas que decidir, ¿entiendes? —Sin esperar respuesta, Ellen siguió hablando—: El momento más espantoso fue cuando sumergí la hoja en agua para templarla. No puedes ni imaginar lo que se siente. En ese instante se decide si todo el trabajo de las últimas semanas ha valido de algo o si ha sido en balde. ¡Pensé que me desmayaba de miedo! Me dolían los oídos, ay, qué digo, ¡todo el cuerpo me dolía de lo mucho que me esforzaba por oír si se producía aunque fuera el más leve crepitar o crujir! Pero no se oyó nada más que el siseo del agua. Madre mía, qué alivio. La hoja está afilada y es flexible, tal como debe ser —informó con entusiasmo.

—¡Por todos los diablos, Alan, hablas como un descosido! —interrumpió Guillaume sin compasión.

Ellen se sobresaltó y lo miró, turbada. Aparte de Donovan, Guillaume era el único con quien podía conversar sobre espadas, y por eso había esperado tantísimo su regreso.

—No pasa nada, Alan. No era mi intención ofenderte. ¿Puedo ir a la forja y verla?

Guillaume no se había percatado de que en la hierba, junto a Ellen, había un fardo.

—La he traído conmigo —masculló ella en voz baja; luego se le iluminó el rostro y la destapó.

—¿Estás loco? —Guillaume miró en derredor.

—¡Es que quería enseñártela!

Ellen se encogió de hombros. A fin de cuentas, aunque estuviera prohibido, también había llevado consigo a todas partes la otra espada.

—¿Y si te descubren con ella? ¡Seguro que está muy afilada!

—¡Ya lo creo! —repuso Ellen con orgullo.

El brillo de los ojos de Guillaume al ver el arma compensó el extraño comportamiento que había tenido y todo el tiempo de espera. Contempló la espada maravillado y silbó entre dientes con elogio.

—Si tuviera dinero suficiente, la compraba ahora mismo.

Ellen se encogió de hombros con pesar y volvió a guardarla.

—Cuando llegues a ser un afamado caballero, te forjaré una espada maravillosa. Incluso el rey te la envidiará —dijo para consolarlo.

—¡Bueno, bueno, no exageres otra vez, mocoso descarado! —Guillaume, riendo, la inmovilizó con un brazo alrededor del cuello y la despeinó con la mano izquierda.

Como Ellen aún tenía la espada en la mano, no podía defenderse sin arriesgarse a herir a Guillaume. Intentó no hacer caso del maravilloso aleteo que sintió en su interior. En ese momento soñó con estar entre sus brazos y ser toda una mujer.

Cuando la soltó, estuvo a punto de confesarle su secreto, pero en el último momento lo pensó mejor.

—En cuanto a esa espada para un afamado caballero, ya puedes ponerte a ello. ¡Me han armado! —anunció Guillaume con orgullo, y dejó pasar un tiempo para que sus palabras calaran en ella.

—¿Cómo? Quiero decir que hasta el año que viene no tenías que... ¿No habías dicho que primero iba tu hermano mayor?

—Los caminos del Señor... —Guillaume alzó los brazos al cielo sin dejar de reír.

—¡Tienes que explicármelo todo! —De pronto Ellen comprendió lo que significaba el nombramiento de Guillaume para ella, y se puso seria—. Disculpad, tenéis que explicármelo con más detalle, sire.

—No pasa nada; mientras estemos solos, con Guillaume basta, igual que antes. —Sonrió y lanzó una piedra al riachuelo.

«No parece un caballero», pensó Ellen con melancolía.

—¡Ea, pues explica! —lo animó.

Guillaume asintió y cambió de postura unas cuantas veces sobre el tronco en el que estaban sentados para ponerse cómodo.

—Espero que tengas un poco de tiempo.

«Toda la vida», estuvo a punto de responder Ellen, pero se limitó a asentir.

—Todo empezó porque Guillaume Talvas, conde de Ponthieu, se había molestado con el rey Enrique. Por lo visto, el rey no le concedió unas tierras a las que Talvas consideraba que tenía derecho, de modo que se alió con los condes de Flandes y Boulogne. Atacaron y ocuparon Eu. Un mensajero informó de ello a mi señor, que sin dilación armó a sus tropas y al día siguiente marchamos ya hacia Neufchâtel para reforzar la guarnición que esperaba allí. No debíamos dejar pasar a las tropas enemigas y, si era posible, estas no tenían que llegar a Ruán...

—¿Y eso qué tiene que ver con que te hayan armado caballero? ¿No decías siempre que era el momento más importante en la vida de un caballero, y que después se celebraba una fiesta? ¿Por qué no me explicas todo eso? —inquirió Ellen con acritud.

—¡Oh, Alan, no seas tan terco!

—No soy terco, solo creo que podrías haberme explicado que Tancarville pensaba armarte caballero.

—¡Pero es que no tenía tal intención! Y, si no dejas que acabe de relatártelo todo de una vez, nunca sabrás cómo ha sucedido. Creo que eres la única persona más cabezota que yo en todo el mundo —masculló.

—¡Lo siento mucho! —Ellen hizo una mueca de impotencia.

Guillaume cogió un palo del suelo y dibujó algo en la tierra húmeda. Los puntos representaban Neufchâtel, Eu, Ruán y Tancarville, y la línea serpenteante era el Sena. Según explicó, Ruán era la capital de Normandía y se decía que estaba magníficamente fortificada, pero no por ello era inexpugnable. Los condes de Eu, Mandeville y Tancarville se habían unido para impedir como fuera un avance enemigo. Los batidores habían traído información muy detallada sobre los adversarios, que en su mayoría iban armados hasta los dientes. Guillaume, que estaba muy cerca de su señor, como los demás escuderos, comprendió la gravedad de la situación. Se arrodilló ante Tancarville y le pidió con insistencia que lo dejara cabalgar junto a él. Tancarville miró a su escudero con orgullo, pero declinó su petición. Repuso que era labor de caballeros dejar la vida por el rey en la contienda, no de escuderos. Pero pese a que su voz sonó oscura y severa, Guillaume vio en sus ojos una sonrisa, de modo que permaneció arrodillado con obstinación. Como obedeciendo a una señal secreta, también los escuderos de Mandeville y Eu cayeron entonces de rodillas ante sus señores. Guillaume cogió aire, hizo acopio de todo su valor y le pidió a su señor con voz firme que lo armara caballero para poder, así, luchar por él y por el rey. Emocionados por ese conmovedor momento, también los otros donceles pidieron a sus señores ser nombrados caballeros. Mandeville, Eu y Tancarville se miraron unos instantes sin saber qué hacer. El propio Mandeville no era más que unos años mayor que los escuderos y acaso fuera quien mejor entendía cómo se sentían.

Sin embargo, antes siquiera de que alguno de los barones dijera algo, un mensajero llegó atropelladamente y sin aliento, e informó de que Eu y Aumâle habían caído y que el enemigo ya no estaba muy lejos de allí.

Tancarville fue el primero en desenvainar la espada. La sostuvo en vertical ante el rostro, luego la hizo descender hacia el hombro de Guillaume y lo rozó un breve instante. Los demás barones siguieron su ejemplo y armaron a sus escuderos antes de que el enemigo llegara a Neufchâtel. Tancarville mandó enseguida por una espada de la armería, se la ciñó a Guillaume y le dio un abrazo. «Hazme solo un favor, ¡no mueras hoy!», le susurró al oído, conmovido.

Al mancebo esas palabras le llegaron al corazón, pero antes de que pudiera contestar nada, llegó un segundo mensajero. El enemigo había avanzado más deprisa de lo esperado; no había nada preparado, no se había acordado táctica alguna, ¡ni siquiera iban todos los hombres debidamente armados! Eu cayó al suelo destrozado y sin saber qué hacer al oír que su condado ardía en llamas. Unos cuantos barones discutieron exaltados entre sí. Aturdidos, decidieron enviar a algunos hombres cabalgando hacia el enemigo para impedir que cruzara las puertas de la ciudad, y partieron como el rayo, sin consultarlo con los demás. Con ello debilitaron a la guarnición y pusieron a Neufchâtel en peligro. Mandeville reunió a toda prisa a unos cuantos hombres para asegurar el puente de la puerta occidental de la ciudad. Solo Tancarville mantenía la cabeza fría. Agrupó a su gente y enseguida organizó una tropa presentable. Tras mucho reflexionar, ordenó a sus caballeros cabalgar hasta el puente para ofrecer apoyo a Mandeville y a sus hombres. Guillaume estaba extasiado. ¡Tenía ante sí su primera batalla como caballero! Sediento de combate, se obligó a montar a su cabalgadura y enfiló de camino al puente aun antes que su señor. Sin embargo, Tancarville lo llamó y le ordenó que aguardara. Aunque apenas podía esperar, dejó que otros caballeros mayores lo adelantaran, como era orden de su señor. Después se abalanzó hacia el tumulto de la contienda.

Los soldados flamencos ya habían asaltado las poblaciones que había alrededor de las murallas de la ciudad. Luchaban con fiereza y sin compasión. La lanza de Guillaume se rompió al cabo de poco, y únicamente le quedó su espada. Los hombres de Tancarville consiguieron entonces hacer retroceder un poco a las tropas, pero los atacantes enseguida volvieron a presionarlos y el conde Matthieu ordenó a los suyos conquistar la ciudad. Había llegado el momento de proteger Neufchâtel por todos los medios. Hasta los habitantes de la villa acudieron en su ayuda y lucharon con la valentía de los desesperados para impedir que los soldados flamencos vencieran y les arrebataran todas sus posesiones. Así, aunando fuerzas, lograron rechazar de nuevo al enemigo.

Unos cuantos soldados flamencos de a pie se colgaron de los talones de Guillaume. Este intentó atrincherarse tras un aprisco de ovejas, pero entonces vio que le habían cortado el paso hasta sus compañeros de batalla. Guillaume se había quedado solo, pero mientras perseverara en su montura, sería superior a sus adversarios pese a que estos lo superasen en número. De repente, no obstante, uno de ellos se hizo con un garfio de hierro como los que se utilizaban para hacer caer la paja del tejado en un incendio e impedir así que el fuego prendiera de una casa a la otra. El flamenco atrapó a Guillaume por el hombro con esa arma espantosa e intentó hacerlo caer del caballo.

A fin de demostrar la veracidad de su historia, Guillaume se levantó la camisa y le enseñó a Ellen la herida recién cicatrizada.

A ella se le demudó el rostro y tomó aire audiblemente.

—Tiene que haber dolido mucho. ¿Aún te hace daño?

Guillaume sacudió la cabeza y se esforzó por parecer valeroso. No había dejado que lo tirasen de su montura, e incluso había logrado librarse del gancho. Para derrotarlo, los cobardes soldados habían acuchillado a su caballo y, si los flamencos no les hubieran ordenado de pronto que regresaran, seguramente aquel día habría encontrado la muerte. Sin embargo, aunque no la vida, sí acabó perdiendo el corcel, lo cual de todos modos era una pérdida irreemplazable si se tenía en cuenta lo que costaba un caballo de batalla. Guillaume, empero, no comprendió hasta más adelante qué significaba eso para él.

Por la tarde, los vencedores celebraron su triunfo. El muchacho fue alabado por su valentía y por haber cosechado limpiamente sus primeros éxitos en la contienda. Guillaume se recreó en sus logros y se mostró de lo más satisfecho consigo mismo hasta que Mandeville empezó a mofarse de él.

Exigía un obsequio de Guillaume y entre carcajadas dijo que sin duda tendría una collera o un ataharre que entregarle.

Ese caballo de batalla había sido la única posesión de Guillaume; la silla y los arreos ni siquiera le habían pertenecido a él, sino a su señor. Sin entender muy bien la chanza, así se lo explicó a Mandeville. Este, sin embargo, simuló incredulidad mientras los demás caballeros se desternillaban de risa. El barón se burlaba de Guillaume porque este había creído luchar nada más que por honor. No sabía que debía haberse quedado con los caballos, las armas y las armaduras de los enemigos vencidos, y que esa era su recompensa. ¡Cuán necio debía de ser un caballero que salía de la contienda con las manos vacías y más pobre de lo que había entrado, por mucho que se contara entre los vencedores y hubiese sido el más aclamado de los jóvenes guerreros!

De hecho, tal como era costumbre después de ser armado caballero, a su regreso su señor le había regalado un par de espuelas y un hermoso manto de montar, pero Guillaume ya no poseía un caballo.

—Habrías dado la vida por él y por el rey, ¿y en agradecimiento ni siquiera te compensa con otro caballo? —Ellen lo miró completamente estupefacta.

—No me sucederá una segunda vez, créeme. En la siguiente ocasión me serviré a gusto… y en abundancia, además. ¡En el futuro tengo intención de estar siempre con los vencedores!

El relato de Guillaume había sido tan emocionante y fascinador que a Ellen se le habían quitado las ganas de luchar contra él. Además, seguro que la herida aún le dolía mucho.

—Dejemos los ejercicios para otro día —propuso, y se tumbó en la hierba.

Guillaume se estiró junto a ella sin decir nada y también se dedicó a contemplar la vasta extensión azul del cielo de finales de verano.

Había dado lo mejor de sí, había puesto su vida en juego en una batalla de la que nada había esperado sacar más que el reconocimiento de su señor, y había salido de ello amargamente decepcionado. Ellen pensó que a veces la vida era muy injusta.

De nuevo consideró por un momento desvelarle su identidad. A lo mejor así Guillaume podría entenderla mejor. Hacía un año ya había estado casi a punto de compartir con él su secreto. Había meditado largo y tendido cómo quería decírselo, pero luego no había encontrado el valor. Y ahora le volvía a pasar lo mismo.

Hacía ya un buen rato que estaban mirando el cielo en silencio cuando Guillaume se incorporó de súbito.

—Te he visto otra vez con esa pastelera inglesa, ¿cómo se llamaba?

Describió unas explícitas curvas con sus manos sobre el pecho y enarcó las cejas.

—¿Te refieres a Rose? —repuso Ellen de mala gana.

Muchos, también algunos escuderos, miraban a Rose con buenos ojos. Según el mismo Guillaume contaba, él no se moría precisamente de tedio, por eso sus alusiones a las formas de Rose hicieron que Ellen sintiera unos celos atroces, aunque no podía dejar que él lo notara, por supuesto.

—Sí, esa. Una chiquilla muy guapa, ¿tienes algo con ella?

Ellen detestaba que Guillaume alardeara de sus conquistas, pero que intentara sacarle detalles picarones de su inexistente vida amorosa le resultaba, como poco, espeluznante.

—Hace tiempo que ya no —mintió, e hizo un gesto de desprecio para zanjar el tema.

—Entonces no serás tú el padre.

Guillaume parecía satisfecho con esa declaración, pero Ellen casi se atraganta del sobresalto.

—¿Cómo dices?

—Está encinta. Nuestro querido amigo Thibault se vanagloria de ser él quien... Y yo había pensado que a lo mejor tú... Si de verdad ha sido él, la pobrecilla me da mucha lástima. —Guillaume movió la cabeza con pesar.

Ellen no sabía qué decir. ¿Cómo no le había explicado Rose

nada a ella? Además, precisamente Thibault… ¿Cómo había podido?

—¿Hace mucho que se ven? —preguntó, incomodada.

—Eso parece, claro que no lo sé con exactitud, no les he estado llevando la cesta —repuso él, y se rió con ganas de su propia chanza.

—Se está haciendo tarde —masculló Ellen, aunque el sol aún estaba alto—. Tengo que irme.

—Te ha sentado mal lo de Rose. De haber sabido que aún significaba tanto para ti… —Guillaume parecía compadecerla de verdad.

—De ninguna manera. Es de Ipswich, igual que mi familia. Eso es lo único que nos une —repuso Ellen con sequedad—. Pero como bien sabes, no puedo soportar a Thibault. Rose no merecía ser castigada con el bastardo de ese puerco. Me pregunto por qué se habrá enredado con él, para empezar.

Guillaume se encogió de hombros.

—¡Bah, no hay quien entienda a las mujeres! Piensan de forma diferente a nosotros, si es que alguna vez piensan. No vale la pena. —Hizo un gesto de fingida desesperación con los ojos.

—Comoquiera que sea, tengo que irme ya.

Ellen se levantó, cogió el fardo de la espada, se despidió de Guillaume sin mirarlo a los ojos y se apresuró hacia el camino.

Mientras recorría el bosque, no dejaba de imaginar a Rose con Thibault. Por eso, por estar absorta en sus pensamientos, oyó demasiado tarde la trápala de los caballos que se acercaban y no tuvo tiempo de esconderse para no ser vista. Decidió seguir andando por el camino y esforzarse por pasar lo más inadvertida posible, intentando llevar el fardo de la espada de la forma más natural que podía. Cuando los jinetes se acercaron, uno de ellos se dirigió a ella, la detuvo y le gritó con antipatía:

—¡Eh, joven! ¿Lleva este camino a Tancarville? ¡Responde!

El joven escudero que había hablado la miró con soberbia desde lo alto de su montura.

Un caballero imponente y con unos deslumbrantes ojos verdes, que a todas luces era su señor, lo detuvo y lo reprendió:

—No tienes motivo para ser tan descortés. ¡Reúnete con los demás! —ordenó al mozo, que obedeció con la cabeza gacha.

Ellen miró al caballero con curiosidad y, al cruzarse sus miradas, le pareció que ya lo conocía. Sin embargo, no lograba recordar haberse encontrado antes con él.

—¿Cómo te llamas, muchacho?

—Alan, sire.

—Ese es un nombre anglosajón, me parece.

—Sí, sire.

—¿Conoces el camino al castillo de Tancarville?

—Sí, sire. Debéis continuar por esta pista, a caballo no queda muy lejos. Después de la siguiente gran curva saldréis del bosque y entonces divisaréis el castillo.

—Te lo agradezco.

El caballero contempló a Ellen de pies a cabeza. Su magnífico caballo de silla daba escarceos nerviosos.

—¿Qué llevas ahí contigo? —preguntó, y señaló el fardo alargado.

—La pieza de mi prueba de oficial, sire. —Ellen no hizo ademán alguno de desenvolver la espada.

—¿Cuál es el oficio que ejerces?

Ellen maldijo la curiosidad del afable caballero y respondió con humildad:

—Soy herrero, señor. —Y esperó que se contentara con esa respuesta.

—¿Puedo verlo?

Ellen dudó unos instantes, pero enseguida negó con la cabeza.

—¡Aquí no, por favor! Es mejor que vengáis a la forja. Preguntad por Donovan, el forjador de espadas. ¡Por favor! —pidió con fervor.

Sorprendentemente, el caballero asintió con simpatía.

—Sí, eso haré, Alan. Hasta pronto.

Hizo un gesto a sus acompañantes para que lo siguieran, y todos pasaron junto a Ellen.

La muchacha respiró con alivio. Sin embargo, uno de los hombres se volvió repetidas veces hacia ella e intercambió unas palabras animadas con su señor. A pesar de que el afable caballero le había resultado simpático en un primer momento, algo en él la dejó inquieta.

No tuvo que esperar mucho, pues al día siguiente volvió a ver al desconocido, que se presentó en la forja sin compañía.

—Buenos días tengáis, maese Donovan. —El caballero sonrió con cortesía.

—¡Bérenger, válgame! ¡Disculpad, sire, sir Bérenger!

El caballero se echó a reír.

—Qué alegría volver a veros, Donovan. Por doquier se habla de vuestras espadas. ¡Tancarville está más que orgulloso de vos!

—¡Os lo agradezco, sir Bérenger! No erais más que un escudero la última vez que nos vimos. ¿Cuánto hace ya de eso? —preguntó Donovan, y estrechó la mano que le tendía el caballero.

—¡Una eternidad! Pronto hará veinte años. Aún me acuerdo bien de Ipswich, fue la mejor época de mi vida. Entonces era un hombre libre, ya sabéis qué quiero decir. —Le guiñó un ojo al forjador, que se echó a reír. Bérenger se dirigió entonces a Ellen—: Buenos días, Alan, he venido a ver la pieza de tu prueba de oficial.

Donovan, con asombro, miró primero a Ellen y luego al caballero repetidas veces.

—¿Conoces a sir Bérenger? Ea, pues, Alan, ve por la espada. Le irá de fábula al caballero.

Cuando Bérenger de Tournai hubo examinado la espada en detalle, asintió con gran admiración.

—Una pieza muy hermosa. Quizá le vendría bien a mi hijo. No se armará caballero hasta dentro de dos años, quizá tres, pero de todas formas sería un aliciente. Acaso lo conozcáis, se llama Thibault.

—Bueno, yo no tengo trato alguno con los escuderos, pero Alan sí que conoce a la mayoría de ellos.

Donovan miró a Ellen en actitud interrogante.

A la mención del nombre de Thibault, las comisuras de sus labios habían tirado hacia abajo y su rostro había perdido color. Su espada no acabaría en manos de Thibault, de ninguna manera, ya se encargaría ella de eso. Ellen pensó febrilmente qué podía hacer para impedir la venta pero, antes de que se le ocurriera nada, Donovan le propuso al caballero que su hijo pasara a verla.

—Lleváis razón, maestro. Durante los próximos días vendré con Thibault, así podrá probarla.

—Una sabia decisión, sir Bérenger. —Donovan atisbó entonces el carro del comerciante de hierros—. Si hacéis el favor de disculparme, una entrega importante…

Se inclinó, y sir Bérenger asintió.

Ellen se quedó en la forja a solas con el caballero. ¿Cómo podía ser aquel hombre tan afable el padre del demonio de Thibault?

—¿También eres de Ipswich? —quiso saber el hombre.

Ellen, ensimismada, asintió aunque no fuese cierto, pero luego se corrigió:

—Mi madre.

Bérenger de Tournai asintió como si no hubiera hecho más que confirmarle algo que ya supiera. Se pasó una mano por el mentón bien rasurado.

—Creo que la conozco. Se llama Leofrun, ¿no es cierto?

Ellen sintió que una llama prendía fuego a su estómago y luego se extendía rápidamente hasta llegarle a la cabeza.

—¿Cómo sabéis eso? —preguntó sin salir de su asombro.

Allí nadie conocía el nombre de su madre, ni siquiera Rose.

—Tenía un cabello maravilloso, largo y rubio como los campos de trigo de Normandía, y sus ojos eran tan azules como el mar —recitó el caballero, emocionado, sin responder a su pregunta.

A Ellen esa descripción de Leofrun le pareció más bien amanerada, pero no dijo nada al respecto.

—Era la muchacha más bella que había visto jamás. Nos enamoramos y empezamos a encontrarnos a escondidas, pero un día dejó de venir y jamás volví a verla. Más tarde me enteré de que se había casado.

Ellen era incapaz de comprender sus palabras, no lograba moverse ni decir nada.

—Al verte en el bosque no estaba seguro, pero Paul, mi más viejo amigo, también se ha fijado en lo mucho que te pareces a ella.

—¿A mi madre? —La voz de Ellen se tornó sarcástica.

—¡No, Alan, a la mía!

A Ellen le costaba respirar; de súbito parecía que el suelo se moviera en círculos bajo sus pies. Apenas logró hacer un gesto con la cabeza y luego escapó de la forja corriendo sin saber adónde. Cuando Aelfgiva le explicó que era bastarda de un caballero normando, le había dolido, pero había sido como escuchar la historia de otra persona. Jamás había imaginado que algún día llegaría a conocer a ese disoluto extranjero. ¿Hasta dónde podían llegar las coincidencias? ¿Qué azar había hecho que se encontraran allí? ¿Por qué tenía que haberle resultado tan simpático que casi deseaba ser hija suya? ¿Y por qué tenía que ser precisamente el padre de Thibault? Ellen se sentó en el tronco de un árbol a llorar. ¿Qué sucedería si llegaba a saber toda la verdad? Casi creyó que se asfixiaba. «Lo mejor será que no vuelva a la forja jamás», se le ocurrió de pronto. Sin embargo, al madurar esa idea, enfureció. La forja, Donovan y Glenna eran todo cuanto poseía. ¿Qué derecho tenía a quitárselos ese tal Bérenger de Tournai? No quería huir otra vez. «A fin de cuentas, no es culpa mía», pensó con obstinación. Volvería a la forja, pero jamás permitiría que Thibault se quedara con su espada. Regresó con pasos resueltos y volvió a toparse con sir Bérenger.

—En caso de que creáis que soy hijo vuestro, os equivocáis, os lo puedo asegurar —afirmó Ellen con total convicción.

La seguridad con que se enfrentó al caballero hizo que este llegara a dudarlo.

—¿Cómo puedes estar tan seguro, Alan? —La miró con tristeza, casi decepcionado.

Ellen permaneció unos momentos sin responder nada, mirándose los pies.

—En Anglia Oriental abundan las muchachas rubias, y Leofrun es un nombre corriente. Os equivocáis, sir, creedme. Mi madre es una mujer decente —masculló al fin.

Desde que conocía a Guillaume, comprendía mejor lo que podía hacer el amor con uno. Bérenger era todavía un hombre apuesto; seguro que se había mostrado muy galante y había hecho que Leofrun perdiera la cabeza por completo. Por una vez, comprendió a su madre. ¿Acaso, como hombre, no había sabido en qué difícil situación podía ponerla, o es que había sido tan necio como su hijo? Ellen seguía terriblemente enfadada.

—Vendré de nuevo dentro de unos días —dijo Bérenger con serenidad, y le sonrió.

—Si venís como comprador, os ofreceré un cálido recibimiento —le dio a entender Ellen con frialdad, y se despidió con un gesto de la cabeza.

Unos días más tarde, cuando Bérenger de Tournai entró de nuevo en la forja con su hijo, la ira de Ellen se había aplacado. Seguro que el caballero no era mala persona. Lo intuía. En cierta forma, le había hecho bien saber quién era su padre.

Tournai la saludó con afabilidad mientras Thibault la ninguneaba.

Su padre, por tanto, no le había contado nada. Ellen se sintió más tranquila.

—Quiero una espada del maestro Donovan, no la pieza del oficial Alan, que no valdrá para nada —refunfuñó Thibault.

Ellen respiró con alivio. Estaba muy claro que el escudero haría lo que fuera por conseguir que su padre cambiara de opinión.

—Con gusto puedo enseñaros otras dos espadas que maese Donovan ha terminado hace poco, si os agrada alguna de ellas... —propuso con entusiasmo.

Thibault examinó las espadas sin dignarse mirar a Ellen ni una sola vez.

—Me gusta esta —decidió enseguida.

Ellen se preguntó cuál habría sido su elección. La espada en cuestión había sido un encargo para un joven barón altivo. Poco antes de que pudiera ir a recogerla, había muerto a causa de una herida leve que le había envenenado la sangre. A Ellen la espada le parecía demasiado maciza y llamativa, pero a Thibault le iba como anillo al dedo.

—¿No quieres probar siquiera esta otra? —Bérenger intentaba convencerlo para que se fijara en la espada de Ellen.

—No —contestó Thibault con frialdad, y su padre comprendió que no tenía sentido intentar hacerle cambiar de opinión.

—Bueno, pues yo sí me la quedaré; a mí me agrada sobremanera —dijo Bérenger de Tournai, y miró a Ellen fijamente a los ojos.

La muchacha vio en ellos lo orgulloso que se sentía de ella, y de repente se avergonzó. Bajó la mirada con timidez.

—¿Y yo, padre? —Thibault parecía irritado.

—Sí, sí, tú te quedas con la otra, está bien, hijo mío.

Ellen se alegró de que no tuvieran una relación muy estrecha, por lo que se veía.

—En cuanto al precio, acordadlo mejor con maese Donovan. Ahora voy a buscarlo —dijo, y desapareció sin despedirse.

—Alan no me cae en gracia, no tiene modales —le dijo Thibault a su padre, y en voz tan alta que hasta Ellen lo oyó.

Cuando padre e hijo se hubieron marchado, Donovan sonrió a Ellen con satisfacción.

—¡A mí nunca me había comprado nada, y a ti nada menos que dos espadas!

Ellen sabía que no lo decía con mala intención, sino que más bien era una especie de elogio, y a fin de cuentas sucedía raras veces que Donovan estuviese de tan buen humor.

—¿Ha pagado un buen precio?

Sentía curiosidad por cuánto habría ganado con su espada.

—Sir Bérenger estaba entusiasmado con tu pieza de oficial, y también me ha hecho hablarle una infinidad de ti: de dónde te había sacado, cuánto hace que estás conmigo y todas esas cosas. Le he pedido un precio alto por la espada, y él ha pagado sin chistar. Con la espada de su hijo me ha regateado algo. De todas formas era un horror, por lo que puedo darme por satisfecho. Un chaval antipático, por cierto, ese Thibault.

—¡En eso sí que lleváis razón, maestro!

—Qué curioso, con lo agradable que es sir Bérenger, una persona harto diferente... El joven debe de haber salido a su madre. —Donovan enarcó las cejas y frunció el ceño.

A Ellen le pareció extraño ese comportamiento de su maestro, que nunca era tan chismoso. Debía de estar de veras más que satisfecho con el precio que había conseguido por su espada.

—¿Y ha quedado algo para mí?

—Quitando los costes, te quedan diez sólidos.

Ellen no pudo cerrar la boca de la sorpresa. ¡Era más dinero del que había podido ahorrar en todos aquellos años!

Dos días después, Bérenger de Tournai volvió a presentarse en la forja.

—Maese Donovan, me gustaría mucho tomar prestado a vuestro oficial, ¿podríais prescindir de él durante un rato?

El forjador miró a Ellen con curiosidad, pero ella se limitó a encogerse de hombros con indiferencia.

—Como deseéis, sir Bérenger. Alan, acompaña a sire de Tournai a donde él quiera.

Ellen no sabía qué pensar de todo aquello, pero la curiosidad de llegar a conocer mejor a su padre ganó la batalla por el momento. Mientras no se le hubiera metido en la mollera explicarle nada a Thibault, a ella le parecía bien. Lo siguió sin mediar palabra.

—¿Le va bien a tu madre? —preguntó el hombre cuando estuvieron solos, y de repente Ellen perdió toda su serenidad.

—¿Cómo podría no irle bien? Su compromiso con el mercader de sedas fue anulado gracias a vos, porque quedó preñada. Convertirse en la mujer de un simple herrero era justamente lo que siempre había soñado. ¿Qué mujer preferiría llevar una vida ociosa al lado de un rico mercader o de un caballero? Mi madre no, desde luego. Vos mismo la habéis conocido y debéis de saber lo mucho que adora la vida modesta. —Ellen no estaba dispuesta a perdonarlo tan fácilmente.

—Comprendo que ha debido de odiarme, después de todo... —repuso sir Bérenger con tristeza.

—¿Odiaros, a vos? —Entonces Ellen sí que cogió impulso—: Es a mí a quien ha odiado, no a vos. Yo no tuve nada que ver con vuestros escarceos y, sin embargo, fue a mí a quien se lo hizo pagar. Aunque no se le fueron las ganas de anhelar siempre a alguien superior, pues volvió a arrastrarse hasta la cama de un caballero como una gata en celo.

—¿Cómo puedes hablar con tan poco respeto de tu madre? —la interrumpió sir Bérenger, indignado.

—Los vi juntos, por eso su amante amenazó con matarme y yo tuve que huir de casa. La odio, ¡y os odio a vos! —Ellen se derrumbó, arrasada en lágrimas.

Bérenger la abrazó un momento, pero luego la agarró de los hombros.

—El hijo de Bérenger de Tournai no llora, contrólate.

—¡No soy vuestro hijo! —Ellen lo miró con obstinación.

—Sí, sí que lo eres. Lo veo y lo siento.

—No podéis ver nada, y el sentimiento en nada os ayuda tampoco —repuso Ellen con acritud.

¿Ni siquiera su propio padre reparaba en que era una muchacha? ¿Es que estaban todos ciegos? ¿Es que lo único que querían ver era lo que ella les hacía creer? Lo miró a los ojos con desdén.

—Te reconoceré y podrás realizar una formación de caballero igual que tu hermano Thibault.

—¡Thibault! —Ellen sonó tan desdeñosa que su padre la miró con sorpresa—. ¡Es fanfarrón, falso y carece de sentido del honor!

Cada una de sus palabras fue como una puñalada para Bérenger, pues parecía que con ellas lo designara también a él.

—Sé que no es un chico fácil, pero... su madre... —intentó explicar.

—Naturalmente, ahora de pronto es hijo de su madre. Pues no, sir Bérenger, ¡se parece a vos! ¿Dónde quedó, si no, vuestro sentido del honor cuando dejasteis preñada a mi madre?

Bérenger parecía turbado y Ellen casi llegó a sentir cierta compasión por él. Sin embargo, continuó con sus acusaciones:

—¡Es digno hijo vuestro, no en vano ha dejado embarazada a una muchacha anglosajona!

Bérenger se puso en pie de un salto.

—¡Ya basta! No quiero volver a oír eso. —Y se alejó a grandes zancadas sin volverse siquiera una vez.

—¡Preguntadle a él, se llama Rose! —exclamó Ellen tras él, aunque no sabía si aún podía oírla.

Hasta que no hubo visto a Rose, al cabo de dos semanas después, no supo que sir Bérenger la había oído perfectamente.

—Thibault, el muy estúpido, debió de ir por ahí alardeando de que me había dejado preñada, y a su padre le ha llegado noticia. «Ocúpate de arreglar las cosas», le ha dicho.

Rose no pensó siquiera que nunca le había explicado a Ellen nada de su relación con el joven escudero; Ellen tampoco malgastó una palabra al respecto.

—¿Qué quiso decir con eso?

Rose se encogió de hombros.

—No sé, pero Thibault dice que tengo que hacer que me lo saquen de dentro. Hay una mujer que sabe de estas cosas. Además, es verdad, ¿qué clase de vida tendría con un bastardo pegado a las faldas?

—¿No podría llevarte con él al castillo de su padre y ocuparse allí de ti?

Ellen sabía que su réplica era infantil, pero le indignaba la facilidad con que Thibault y su padre se desentendían de esos asuntos.

Rose movió la cabeza.

—Sabes que eso es un disparate.

—¿Y si te casas?

—¿Con un jornalero cualquiera? ¿Con un viudo cargado de hijos que solo me quiera para poder darme palizas y me obligue a deslomarme trabajando para él? —Rose suspiró—. No, no quiero. Antes prefiero ir a ver a la curandera. ¿No puedes venir conmigo? ¡Por favor, Ellen!

Rose, siempre tan segura de sí misma, la miró suplicante.

—Claro, si eso es lo que quieres.

Rose asintió con gratitud.

—Sola no tendré valor.

—¿Por qué no me habías explicado que vosotros dos…? —La voz de Ellen sonó débil, y en modo alguno a reproche.

—¿No lo imaginas? —Rose sonrió apenas—. Eres mi única amiga, y Thibault y tú os odiáis. Seguro que habrías intentado convencerme de que lo dejara. ¡Pero yo lo amo!

—Me alegro de que ya no haya secretos entre nosotras. Por

descontado que te ayudaré y te acompañaré a ver a la curandera. Lo mejor será que vayamos mañana a primera hora.

Rose y Ellen se encontraron en las puertas de la ciudad poco después de salir el sol. Los prados estaban cubiertos aún por una niebla húmeda e impenetrable. Las dos avanzaron como ciegas, a tientas, hasta que la niebla se dispersó, y entonces no tardaron mucho en llegar a la cabaña de la anciana.

Rose había estado inquieta durante todo el camino, tirándose de la capa con nerviosismo y apretándosela alrededor de los hombros.

Ellen la rodeó con un brazo y la estrechó contra sí.

—Todo saldrá bien, lo conseguirás —dijo para animarla.

Cuando llegaron a la cabaña, fue ella quien llamó dando golpes a la puerta. La curandera escuchó la petición de Rose, miró a Ellen sin compasión y preguntó:

—¿Por qué no te casas con ella?

—Yo no... no soy el padre —tartamudeó Ellen, y se sonrojó.

—Alan solo ha venido a acompañarme. El padre del niño es un escudero de Tancarville. —Rose se obligó a sonreír.

La anciana las miró a ambas con desdén.

—Eso a mí no me importa, no es cosa mía —masculló—. Lo haremos con perejil, y tendrás que quedarte aquí un par de días.

Rose miró a Ellen con ojos de indefensión.

—Todo irá bien, Rose, iré a decir que estás enferma. Aprecian tu trabajo y se alegrarán de que te recuperes.

—Tendré que hacerme cargo de ella durante unos cinco días, no será barato.

Rose ofreció unas monedas. La anciana cogió el dinero.

—¡Con esto no basta! —le espetó a la muchacha, y dijo cuál era su precio.

Rose se quedó espantada.

—El padre del niño pagará, lo ha prometido —murmuró.

—Os aseguro que recibiréis el dinero. Por favor, buena señora, ocupaos de ella y haced que todo salga bien —suplicó Ellen con insistencia.

—No puedo prometer nada, pero haré cuanto esté en mi

mano, joven. ¡No olvides, empero, traer mi dinero mañana mismo!

Durante el camino de vuelta a Tancarville, Ellen fue pensando en cómo conseguir que Thibault les diera esa cantidad. Podía enviar a una muchacha, pero las muchachas eran curiosas y hablaban demasiado. Pese a que había muchas mujeres que se deshacían de niños nonatos, la Iglesia lo prohibía categóricamente y lo castigaba con dureza. De modo que decidió, con renuencia, que tendría que ser ella misma quien fuese a ver a Thibault.

—¿Tú? —bufó este con desdén cuando la tuvo ante sí.

—Rose me envía.

Thibault miró a Ellen con superioridad, sin decir nada.

—Va a perderlo, tal como tú querías. Tengo que llevarle el dinero a la curandera.

Se esforzó por mantener la calma, aunque hervía de rabia. Cuando Thibault oyó a cuánto ascendía la cantidad, rió con burla.

—¿Y de verdad crees que voy a confiarte todo ese dinero precisamente a ti?

—También puedes ir tú mismo a ver a la curandera y llevárselo. A la postre, ya has explicado por doquier que el niño es tuyo —le increpó Ellen, pero se arrepintió de ello incluso antes de haber terminado la frase.

Thibault se puso rojo de ira.

—¡A saber con quién más habrá yacido! Tú mismo siempre vas pegado a ella por todas partes. ¡A lo mejor tú eres el padre! ¡No pienso pagarle ni un penique a esa mujerzuela!

A Ellen le faltaba el aire.

—¡Rose te ama! —espetó—. El cielo sabrá por qué… ¡Y yo no la he tocado jamás!

—¿Conque sí? ¡Pues yo he oído decir algo muy diferente! —Thibault dio un paso hacia ella—. A ver cómo la sacas de este apuro. Pero no a mi costa. ¡Cásate con ella! —Thibault enarcó muchísimo las cejas.

—Ese hijo no es mío, sino tuyo. Aunque no me extraña que no quieras asumir la responsabilidad y que intentes endosársela a otro. Los hombres de tu familia son maestros en ese arte. Tu padre hizo exactamente lo mismo. ¡Pregúntale!

Ellen se volvió y se alejó a grandes pasos. No le hizo falta girarse ni una sola vez para saber que Thibault seguía allí plantado, intentando comprender qué había querido decir. Cuando estuvo lo bastante lejos como para que no la viera, se vino abajo. ¿Cómo había podido decir algo tan estúpido? Le habría gustado darse un bofetón por las bravatas que habían salido de su boca, pues, aunque sir Bérenger ya había partido, era solo cuestión de tiempo que Thibault volviera a ver a su padre. Dejó a un lado el recuerdo de Bérenger. Rose ya le había entregado a la curandera todos sus ahorros y aún faltaban quince chelines. Ellen no lo pensó dos veces: decidió poner el resto de su propio bolsillo, aunque en realidad todo aquello no tuviera nada que ver con ella. No había olvidado que Rose había descubierto su secreto en el barco y que hasta la fecha lo había guardado sin esperar nada a cambio.

Después del trabajo fue a ver a Donovan y le pidió que le diera parte de las ganancias de la espada, que guardaba él. Al hombre le sorprendió muchísimo la petición, pero le entregó el dinero sin preguntarle para qué lo necesitaba. Ellen corrió de inmediato a ver a la curandera. No se dio cuenta de que Arnaud, dejando entre ambos una distancia prudencial, la seguía.

La anciana esperaba ya con impaciencia ante su choza.

—¡Aquí llegas al fin! ¿Tienes el dinero?

—El joven noble se ha negado a pagar. Acusa a la pobre Rose de haber estado con otros. Pero ella le quiere, la muy boba. —Ellen susurraba para que su amiga no pudiera oírla—. No le digáis que he pagado yo en lugar de él.

La anciana sacudió la cabeza.

—¿Estás seguro de que no eres el padre?

—No, claro que no. Nunca la he... —Ellen bajó la mirada.

La mujer pareció creerla y sonrió.

—Está bien, en tal caso te arreglaré un poco el precio. Ya veo que no eres más que un sencillo artesano. No importa quién sea el padre; nos ocuparemos de ese embarazo.

Ellen pagó la cantidad exigida, estuvo un momento con Rose y volvió a marcharse. Por el camino se detuvo en el bosque y se arrodilló para orar. De pronto oyó un crujido entre la maleza, unas hierbas se movieron y Arnaud apareció sonriente ante sus ojos.

—Jamás habría dicho que fueras tan simplón.

—¿Cómo dices? —Ellen lo miraba perpleja.

—Que quisieras pasártelo bien con la inglesita no te lo puedo criticar. Yo mismo, si hubiera podido tomarla, no le habría hecho ascos. ¡Pero no la habría preñado!

—¿Ah, no? —Ellen no veía razón para sacar a Arnaud de su error en lo tocante a la paternidad.

—Por supuesto que no, sé muy bien cómo llevarme mis alegrías sin dejar encinta a la muchacha.

—Eso te honra —repuso Ellen, escueta.

—Veo que ardes en deseos de escuchar mi consejo, de modo que no voy a hacerme de rogar. —Se inclinó con displicencia ante Ellen—. Las tomo… ¡por detrás! —Arnaud sonrió.

Ellen lo miró sin poder creer lo que acababa de oír.

—¡Pero eso va contra natura! —espetó.

—Bobadas, los papas solo lo prohíben porque ellos no pueden disfrutarlo.

Estaba claro que Arnaud se sentía orgulloso de sí mismo y de sus precauciones.

—Qué me importa lo que hagas tú. A mí ni me va ni me viene y, para que lo sepas, Rose no espera un hijo mío. Está enferma, nada más. —Se puso en pie e hizo ademán de marcharse.

—¡Desde luego, desde luego!

Ellen sabía muy bien que Arnaud se estaba riendo de ella.

—¡Piensa lo que quieras! —exclamó, disgustada.

—Tú no te preocupes, Alan, tu secreto está a buen recaudo conmigo. De mis labios el maestro no sabrá ni una palabra. ¡Ahora que ya eres oficial, espero que por fin Donovan me dedique más tiempo! También tú podrías dejar caer un par de buenas opiniones sobre mí. —Arnaud la miró con una ingenuidad exagerada—. Solo si no te importa, desde luego.

Ellen no se dignó mirarlo y echó a andar. Arnaud pensaba que podía acorralarla y, maldición, ¡tenía toda la razón en creerlo! Debería andarse con más ojo la próxima vez que fuera a la cabaña a visitar a Rose.

Su amiga pasó unos días con la curandera, como habían acordado, y, puesto que no se produjeron complicaciones, enseguida pudo regresar a casa.

Thibault intentó rehuirla e incluso llegó a fingir que no estaba en sus aposentos. Rose cayó en la desesperación y lloró en el hombro de Ellen.

—A lo mejor hoy no ha podido, pero seguro que pronto vendrá a verte —dijo Ellen intentando consolarla, aunque sabía que eso nunca sucedería.

Apenas un mes después, Rose se presentó en la forja sin aliento en busca de su amiga.

—Tengo que decirte una cosa ahora mismo, por favor, ¡es terriblemente importante! —exclamó entre jadeos.

Aparte de Arnaud, no había nadie más en el taller. Donovan, Glenna, Art y Vincent estaban en el pueblo, invitados a una boda. Ellen no había querido acompañarlos porque no estaba de ánimo para celebraciones, y Arnaud estaba peleado con el padre de la novia porque había seducido a la joven antes de los esponsales, pero, como no la había dejado embarazada, habían llegado al pacto de guardar silencio. En el futuro, Arnaud tendría que evitar acercarse a ella dando grandes rodeos y, naturalmente, tampoco había ido a su boda.

—Calma, tortolitos. Os dejaré a solas; de todas formas quería ir al pueblo a beberme una jarra de sidra —dijo, y sonrió.

A Ellen no le gustó cómo se aprovechaba de la situación. Donovan le había prohibido ir al pueblo para que no interrumpiera las celebraciones, y era Ellen quien tenía que cuidar de que cumpliera esas órdenes. Pensó un momento qué debía hacer. Si no le decía nada y, después de haber saciado su sed, montaba alboroto en el pueblo, Donovan se enfadaría muchísimo con ella. Rose, nerviosa, no lograba estarse quieta.

—¡Sabes muy bien lo que ha dicho el maestro! Si vas al pueblo, le diré que te has escabullido en secreto.

—Oh, estoy convencido de que el maestro entenderá perfectamente que me hayas dejado marchar para pasar una horita bucólica con Rose —repuso Arnaud con toda tranquilidad.

¡Ya intentaba chantajearla otra vez!

—¡Por favor, Ellen, es importante! —suplicó Rose, que no entendía nada de lo que sucedía entre Arnaud y su amiga.

—Vete y haz lo que consideres oportuno —espetó esta—, ¡pero déjanos tranquilos!

—Estás tan impaciente que no puedes esperar, ¿eh? —se mofó Arnaud mientras se marchaba, aunque aún se volvió una vez más—. ¡Apuesto a que no has querido hacerme caso y has vuelto a poner a la pequeña en un aprieto! —Rió a carcajadas y se largó.

—¡Bah, menudo asqueroso! ¿Cómo pueden dejarse embaucar las chicas por alguien como él? Bueno, Rose, primero siéntate, respira hondo y tranquilízate.

Ellen llevó a su amiga hasta un arcón y acercó un pequeño taburete para sentarse a su lado.

A Rose le temblaba todo el cuerpo.

—¡Yo no quería! Tienes que creerme. Nunca haría nada que pudiera perjudicarte, ¡pero ha hecho que me enfadara tanto...! Me sentía indefensa, y entonces se me ha escapado. Si hubiera sabido lo que iba a pasar después... jamás le habría dicho ni una sola palabra. —Rose sollozaba tanto que apenas podía hablar.

Ellen frunció el ceño.

—Espera, vayamos por pasos, que no he entendido ni una palabra. ¿Qué le has dicho a quién, y cómo puede perjudicarme eso a mí?

—¡A Thibault! —gimoteó Rose.

De pronto el miedo invadió a Ellen.

—Ha venido a verme. Me ha dicho que él no me había dejado embarazada, sino tú. Yo me he echado a reír y le he asegurado que nunca he sido de nadie más que suya. —Soltó un alarido—. Ha sido tan cruel que incluso ha sostenido que no fue él quien pagó a la curandera. «¿Y quién fue, si no?», le he preguntado yo. «¿Te crees que yo tengo tanto dinero?» Entonces no puedes ni imaginarte con qué ojos me ha mirado. Nunca lo había visto así. «¡Fue

Alan!», ha bramado. «Alan, el padre de tu criatura, fue él, porque no quería casarse contigo.» —A Rose le moqueaba la nariz de tanto llorar—. Yo le he repetido una y otra vez que tú no eras el padre, pero él no quería creerme. Me ha llamado zorra y me ha insultado porque le había engañado precisamente contigo. Y entonces se me ha escapado.

—¿El qué? —inquirió Ellen.

Rose miró al suelo.

—Le he dicho que no podías haberme dejado embarazada porque eres una muchacha. ¡Para mí él siempre ha sido el único, Ellen!

—¡Rose, no! —Ellen puso los ojos como platos de espanto—. ¿Sabes lo que has hecho?

Rose asintió, pero Ellen sospechó que no era consciente de la trascendencia de su traición. Se llevó las manos a la cara. Ante ella parecía abrirse un abismo que amenazaba con tragársela. Todo lo que había conseguido hasta aquel momento se perdía de repente en la distancia. Thibault no se guardaría aquel descubrimiento para sí por mucho tiempo, le haría la vida imposible en Tancarville. Aún peor, la castigarían, a lo mejor le impondrían el suplicio de la rueda o la abrirían en canal. Sintió escalofríos.

—¡Lo siento mucho, Ellen, de verdad! No sé qué esperaba; a lo mejor solo que él se sintiera aliviado. Que su ridícula ira contra ti terminara de una vez por todas. Solo quería recuperarlo. —Rose se secó los ojos con la manga—. «¿Una muchacha?», ha repetido muy despacio. Su voz era fría como el hielo y se le ha demudado el rostro. Entonces he empezado a sentir miedo y he venido corriendo hasta aquí. Ellen, ¿qué haremos ahora?

—¡Oh, tú ya has hecho bastante! —La propia Ellen se sorprendió de la dureza de su tono.

—¡Por favor, no quería perjudicarte, de veras que no! —suplicó Rose, y vaciló antes de preguntar a media voz—: ¿Es cierto que fuiste tú quien pagó a la curandera?

—¿Cómo dices? Ahora eso da absolutamente lo mismo, tengo que desaparecer enseguida de aquí. —Después masculló—: Ni siquiera podré despedirme de Donovan y Glenna.

—¡Por favor, no te vayas! —Rose le clavó los dedos en el brazo.

—¡Pero es que me has puesto el cuchillo al cuello! Aquella vez, en el barco, me apoyaste y me socorriste. Siempre te he estado agradecida, y por ello pagué a la curandera, pero ahora ya no te debo nada más. Éramos amigas. ¡Creía que podía confiar en ti! —Paseó la mirada atribulada por el taller, pensando ya qué llevarse consigo.

—Pero ¿por qué no puedes quedarte? —Rose se negaba a comprender las graves consecuencias que tendría su traición.

—¿De verdad eres tan necia? —espetó Ellen con aspereza—. No tengo más opción que desaparecer de aquí lo más rápido que pueda. Tú misma sabes cuánto me odia Thibault. ¡El cielo sabrá por qué! Ahora, gracias a tu boba palabrería, ya tiene por fin algo contra mí y, sin duda, hará uso de ello. Cuando se sepa quién soy, me llevarán al calabozo por mi fraude, o al patíbulo, y la fama de Donovan también quedará destrozada. Glenna y él no sobrevivirían a algo así.

Mientras hablaba, Ellen iba recogiendo sus herramientas, su gorro y su mandil. Después se precipitó hacia la casa para coger también su dinero y las pocas pertenencias que poseía.

Rose la seguía como un cachorro.

—¡Por favor, Ellen, dime que me perdonas! —suplicó.

—¡Me has destrozado la vida y ¿quieres que te perdone?! —gritó esta—. ¿No crees que es mucho pedir? —Evitó mirar a su amiga, pero la oía sollozar—. Déjate ya de lamentaciones, solo piensas en ti y en lavar tu conciencia. Te importa un comino lo que vaya a ser de mí. No quiero abandonar todo lo que tengo aquí, soy feliz; pero ahora tendré que marcharme porque tú no eres capaz de pensar un poco antes de abrir la boca.

Ellen cerró la puerta de la casa y corrió una vez más hacia el taller. Allí se encontró con Arnaud. Ya no había vuelto a pensar en él, ¿cómo es que no estaba en el pueblo desde hacía un buen rato? El muchacho sonrió como si supiera más de la cuenta. ¿No las habría estado escuchando? ¿Cuánto de su conversación habría llegado a oír?

—Me voy de Tancarville. Ahora Donovan tendrá mucho tiempo para ti, ¡aprovéchalo! —gritó con acritud.

—¡Muchísimas gracias, eso haré! —Su sonrisa enfureció aún más a Ellen—. Si me pregunta, diré que no tengo ni idea de qué ha sido de ti. Quién sabe qué habrás hecho. Prefiero no tener nada que ver en ello, seguro que solo me perjudicaría, lo comprendes, ¿verdad? —Arnaud hizo que su voz de depredador sonara suave como la seda.

—¡Por supuesto, alma de Dios!

Ellen cerró tras de sí la puerta del taller y cerró también los ojos un instante. Después se dispuso a marchar.

—Lo siento, por favor, créeme —bramó Rose, e irguió la cabeza.

Ellen se detuvo.

—Deja de seguirme.

—¿Es que no hay nada que pueda hacer? —Rose la miraba con súplica.

—Ve mañana a ver a Donovan y dile que he tenido que irme sin dilación. —Reflexionó un instante—. Dile que he recibido una noticia importante de casa o invéntate alguna otra cosa. Tiene que saber que he tenido que marcharme por un motivo urgente, para que no haga que me busquen. Y, después, reza por que Thibault se dé por satisfecho con que yo haya desaparecido.

—Como quieras —le aseguró Rose, y se frotó los ojos.

Todo su rostro estaba lleno de lágrimas.

Ellen la dejó allí de pie y le volvió la espalda a la forja sin mirarla una sola vez más. Enfiló aturdida hacia el camino principal, el mismo por el que había ido a encontrarse con Guillaume los domingos. Hacía meses que este se había marchado de Tancarville. Su señor no había llegado nunca a restituirle el caballo perdido y, así, le había dado a entender que ya no lo quería más en su séquito. Únicamente lo había convocado para un último torneo, y Guillaume había encarado la perspectiva de encontrarse solo de cualquier forma menos con optimismo.

—Ya verás. Mi grito de guerra pronto será conocido por doquier —le había dicho a Ellen al despedirse, pese a todo, alzando el mentón con ánimo pendenciero.

Ellen suspiró. Al menos él nunca se enteraría de que le había estado mintiendo durante años. Seguro que Thibault se hubiese alegrado de poder ir enseguida a restregarle la noticia por la cara. Al pensar en Guillaume, sintió aún más pesar en el corazón. ¿Volvería a verlo algún día?

Los árboles empezaban ya a perder su follaje de variado colorido. Ellen apretó el paso. El suelo era una alfombra de hojas marchitas que crujían bajo sus pies. Los dorados rayos de sol que caían a través de la enralecida cubierta de ramas ya no tenían la misma intensidad que en verano, y calentaban menos aún. «¿Cómo puede un día tan maravilloso terminar con semejante desgracia?», se preguntó, desconcertada. Lanzó una mirada al cielo, despejado y de un azul radiante. Puede que consiguiera cruzar el bosque antes de que se hiciera oscuro. «Ni siquiera sé adónde ir», pensó con desánimo. ¿Debía regresar a Inglaterra? Oyó a un caballero tras de sí y, siguiendo su vieja costumbre, salió del camino y se escondió entre la maleza, pero ya era demasiado tarde, pues el jinete la había avistado desde lejos y había espoleado su caballo. Cuando Ellen vio quién era el que la seguía, supo que la huida era inútil. El jinete ganó terreno y la siguió hasta la espesura. Los cascos de su caballo destrozaron los hongos y el musgo del suelo húmedo. Cuando la hubo alcanzado, desmontó de un salto y se irguió ante ella.

—¡Eres la novia de Satán, admítelo! —la increpó.

Por un momento, su rostro se acercó mucho al de ella.

—Thibault, ¿qué dices? —Ellen retrocedió.

—¡Nos has embaucado a mí y a los demás! ¡Todos estos años nos has hecho creer que eras un hombre! Qué pena que Guillaume ya no esté. ¡Me hubiera gustado ver su cara de imbécil!

Había dejado caer las riendas de su caballo, y el semental mordisqueaba tranquilamente las hojas de los árboles.

Ellen vio que Thibault tenía todo el cuerpo tenso al acercarse a ella. Quería evitar una confrontación con él y retrocedió cuanto pudo, hasta que se dio de espaldas contra el tronco de un roble inmenso.

—Me he fustigado por las noches hasta hacer correr la sangre por mi espalda porque, como un majadero, creía que me consumían deseos contra natura por Alan, el joven forjador. Cada vez que me mirabas con esos ojos verdes, cada vez que te tocaba, la sangre hervía en mis venas. Me he dedicado a hacer penitencia cada vez que te deseaba, y han sido muchas, demasiadas veces. Pero resulta que no eres un muchacho, ¡de modo que he estado cumpliendo penitencia por algo que no era pecado! Hoy pagarás por ello.

Los ojos de Thibault se habían vuelto pequeños y negros.

Ellen reprimió una terrible carcajada. Pese a que poseía una fuerza extraordinaria para ser mujer, en ese momento sintió miedo. Aun antes de comprender lo que sucedía, Thibault le asestó un puñetazo en la cara.

—Voy a sacarte el hombre de dentro, hija del demonio —siseó con ojos de loco.

Ellen sintió que el labio superior se le hinchaba tras el impacto y que le resbalaba sangre por la barbilla. El segundo golpe cayó de inmediato e igual de inesperadamente. Le había abierto la ceja; la sangre que empezó a manar le enturbió la visión. Después encajó un puñetazo en el estómago y sintió arcadas. Estaba demasiado sorprendida por el desenfrenado arrebato de cólera de Thibault para defenderse. Contra un escudero entrenado, de todas formas, no tenía ninguna posibilidad. «Si dejo que me dé una paliza, seguramente pronto se dará por satisfecho», pensó, y se desplomó en el suelo. Recordó entonces los azotes que le propinaba su madre con la correa. Al principio le habían hecho un daño espantoso, pero con el tiempo había aprendido a disociar el cuerpo del pensamiento. A veces le había parecido corno si flotara en el techo y pudiera verse a sí misma tirada en el suelo.

Thibault se arrodilló sobre ella y la zarandeó.

Ellen no opuso resistencia. Era como si ya no estuviera allí. Al principio no comprendió qué sucedía cuando el escudero le subió la camisa y descubrió el paño que le aprisionaba los pechos.

Thibault soltó una risa ronca. Un solo tajo de su cuchillo de monte bastó para romper el vendaje de lino. Deslizó entonces la hoja con deleite por sus pequeños pechos y por su estómago, hasta el ombligo. Tiró el cuchillo sin ningún cuidado y le arrancó los calzones.

—¡Te he deseado desde el primer día, bruja, ahora por fin serás mía! —Thibault gemía de lujuriosa ira—. La mujer debe someterse al hombre —le susurró al oído, y le separó las rodillas.

Fue entonces cuando Ellen comprendió lo que pretendía; horrorizada, gritó:

—¡No puedes hacerme eso!

«Si supiera que es mi hermano, jamás osaría —pensó, aturdida—. ¡Debo decírselo!»

—Eso ya lo veremos, no eres mi primera virgen —repuso él con una risa maliciosa.

De todas formas no la creería, seguramente no la escucharía siquiera.

—¡Por favor, Thibault, no! —suplicó, por tanto, nada más.

Este esbozó una sonrisa malévola.

—Ahora implorarás como la perra que eres. Está bien, tú sigue, pero no te servirá de nada.

Ellen se resistió con todas sus fuerzas, pero Thibault, en su locura, era invencible. Le apretó la garganta con el brazo izquierdo y con la mano derecha le buscó la entrepierna. Sus dedos se hundieron con brutalidad en su sexo. En el interior de su cabeza, Ellen empezó a oír un murmullo que se hacía más fuerte cuanto mayor era la presión que sentía en el pescuezo. Resolló, y Thibault aflojó un tanto para que pudiera respirar.

—No quiero que estés inconsciente. ¡Tienes que sentirlo todo! —Sonrió, y entonces la penetró con un gemido.

Ellen sintió arcadas al tiempo que un dolor agudo confirmaba la pérdida de su virginidad.

Thibault, por el contrario, estaba exultante. Se movía dentro de ella, jadeando, cada vez más deprisa.

El dolor y la humillación hicieron que Ellen buscara una salida desesperada. Buscó a tientas por el suelo del bosque, a su alrededor, y echó mano del cuchillo del escudero. Al límite de sus fuerzas, arremetió contra él.

Thibault percibió el ataque de reojo y reaccionó lo bastante deprisa para no dejarse clavar el cuchillo en la espalda. Lo alcanzó en el brazo. La herida empezó a sangrar copiosamente y el dolor lo enfureció más aún. Fuera de sí, caía una y otra vez sobre Ellen. Después se levantó y le dio una patada.

«Moriré», pensó ella con una indiferencia sorprendente antes de perder el conocimiento.

Cuando volvió en sí era noche cerrada. «¿Estoy muerta?», se preguntó, e intentó moverse. Parecía que un macho de fragua golpeara contra un yunque en su cabeza. Ellen se buscó los ojos con las manos, pues no veía nada. Sintió que tenía el rostro muy hinchado, le dolía. Al mirar hacia arriba, descubrió unos puntos luminosos en el cielo. Era de noche y solo relucían un par de estrellas, por eso no veía nada. Se palpó todo el cuerpo. Todavía tenía la camisa subida hasta el pecho, y el bajo vientre le ardía como si fuera una herida todo él. A cuatro gatas por el suelo húmedo buscó los calzones, que volvió a ponerse con enorme esfuerzo. Tiró de la camisa hacia abajo y se ciñó el cinturón por encima. Encontró incluso su escarcela con todo su contenido intacto, no muy lejos de allí. Alrededor del ombligo le dolía todo. «Ese maldito puerco me ha pisoteado la barriga», pensó; se tambaleó un par de pasos en la oscuridad y volvió a perder el sentido.

Cuando recobró la conciencia, ya de mañana, vio de súbito el rostro de una mujer inclinado sobre ella. Tras el sobresalto inicial, Ellen intentó moverse, pero enseguida aulló de dolor.

—Calma, ya no te pasará nada malo. ¿Crees que podrás ponerte en pie si te ayudo?

Ellen asintió con temor y apretó los dientes mientras se incorporaba.

—Tu cara no tiene muy buen aspecto. ¿Qué clase de animal te ha hecho esto?

La mujer sacudió la cabeza con reprobación, pero no parecía esperar respuesta alguna.

Cogió un brazo de Ellen y se lo echó por el hombro. La agarró por la axila para ponerla en pie, y entonces le tocó un pecho. La miró con asombro:

—Pero si eres una mujer... —dijo, sorprendida—. Te había

tomado por un muchacho. En eso seguramente también has tenido suerte.

Ellen comprendió que no imaginaba lo que le había hecho Thibault. Dando gracias porque la desconocida no le inspeccionara las partes pudendas, se esforzó por caminar pese a los fuertes dolores.

—¡Jacques, chiquillo, ven a ayudarme! —exclamó la mujer, y un niño de unos doce años se les acercó con timidez—. La montaremos en el poni. Tú puedes caminar y, cuando te canses, te cambiaré el sitio.

Jacques miró a su madre con ciertas dudas.

—No te quedes mirándome así. Ve por su fardo, que está ahí mismo, ¿lo ves? —La mujer señaló el lugar en el que había encontrado a Ellen.

El niño asintió y corrió hacia allí. Al sostener el fardo en alto puso mala cara.

—¿Qué tienes ahora? —preguntó la mujer—. ¡Ea, vamos!

—El fardo pesa mucho, ¿qué lleva aquí dentro? ¿Piedras?

Se ganó una mirada de enfado por parte de su madre.

—Por cierto, me llamo Claire, y ese es mi hijo, Jacques. ¿Nos dices cómo te llamas?

—Ellenweore —repuso ella con voz ronca.

—¡Sopla! Como la reina, ¿has oído, Jacques? —comentó Claire con alegría.

Ellen se esforzó por esbozar una sonrisa.

—Bueno, ya hemos intercambiado suficientes cortesías. —Claire alcanzó su odre de agua y lo sostuvo en la boca de Ellen—. Seguro que tienes sed.

Fue entonces cuando la muchacha se dio cuenta de lo mucho que le ardía el cuello, y asintió con gratitud. Dio un par de tragos y empezó a toser.

—De alguna forma tenemos que subirte al poni. ¿Sabes montar?

Ellen negó con la cabeza:

—No, que yo sepa.

—No importa, tal como parece que estás, de todas formas no podremos avanzar muy deprisa. Lo principal es que te sujetes fuerte al jamelgo y no te caigas. —Claire sonrió para infundirle valor.

Jacques, como tantos otros niños de su edad, no era muy hablador y no resultaba de gran ayuda.

—¿Adónde os dirigís? —preguntó Ellen cuando ya llevaban un rato de camino y comprobó, con alivio, que no seguían el camino de vuelta a Tancarville.

—Somos de Béthune, en Flandes.

—¿Queda muy lejos? —preguntó Ellen con temor.

—A una semana y pico, quizá dos —contestó Claire.

—¿Puedo viajar unos días con vos?

—Desde luego, si crees que puedes aguantar, puedes acompañarnos incluso hasta Béthune.

—Me gustaría mucho.

Ellen asintió con gratitud y se alegró de marchar tan lejos.

LIBRO SEGUNDO

ANDANZAS

Monasterio de Santa Ágata, noviembre de 1166

La primera noche la habían pasado apretados junto a un fuego en el bosque, pero el frío apenas los dejó dormir. Por eso, al caer la tarde del día siguiente probaron suerte en un pequeño monasterio de monjas que estaba en mitad de la espesura, apartado de todo. Una carbonera con la que se habían encontrado ese día les había aconsejado que pidieran refugio allí para pasar la noche. El sol ya casi se había puesto y el aire volvía a tornarse tan desagradablemente húmedo y frío que su respiración alzaba el vuelo en forma de vapores blancos.

—¡Desmonta, Ellenweore! —ordenó Claire descabalgando a su vez, y llamó a la puerta de madera maciza.

La portera abrió una mirilla enrejada y exigió saber qué se les ofrecía.

—Nos estamos congelando y pedimos, por favor, un lugar donde pasar la noche, buena hermana. Me llamo Claire, soy artesana y voy acompañada de mi hijo Jacques. Por el camino de vuelta a casa, a Béthune, nos hemos encontrado con esta muchacha, digna de lástima. La habían atacado y maltratado, convenceos vos misma. —Claire empujó a Ellen hacia delante.

—A mí no me parece una muchacha —dijo la portera con bastante aspereza.

—La vestimenta engaña, sus cosas estaban totalmente destrozadas y yo solo tenía un par de prendas viejas de mi marido que poder prestarle. He intentado venderlas en el mercado, pero no las ha querido nadie —explicó, y Ellen se preguntó por qué mentía Claire por ella.

A Ellen empezó a darle vueltas la cabeza y de pronto se desmoronó. Claire llegó justo a tiempo de sostenerla.

—Sor Agnes es nuestra enfermera, la llamaré. Aguardad aquí —gruñó la portera; luego cerró la mirilla y se perdió en el interior arrastrando los pies.

Pasó un buen rato antes de que en la parte izquierda del muro de piedra del monasterio se abriera una puerta baja y chirriante que hasta ese momento les había pasado inadvertida. Una monja grácil se agachó para poder pasar por ella y se les acercó después con paso decidido.

—Soy sor Agnes. Nuestra hermana portera cree que a lo mejor necesitáis mi ayuda.

Entretanto, el bosque que rodeaba el monasterio se había convertido en una pared de negrura. Solo un par de árboles solitarios se distinguían aún en la penumbra.

Sor Agnes le hizo un gesto a Claire, luego se volvió con preocupación hacia Ellen y alzó el farol que llevaba para poder verla mejor.

—Vuestro rostro parece muy maltratado, ¿os duele también el cuerpo?

—Me duele todo —gimoteó Ellen, que apenas podía sostenerse ya en pie.

La monja la palpó con destreza por encima de la camisa.

—Puede que tengáis rotas dos costillas, pero no estoy segura —murmuró después de haberlas examinado una a una.

Ellen tuvo que controlarse para no echarse a reír, pues le hacía cosquillas.

La monja tocó sus pechos como por casualidad; al parecer, tenía la labor de comprobar si Ellen era de veras una muchacha.

—Quizá debiéramos entrar, ¿no os parece? —Sor Agnes miró primero a Ellen y luego a Claire; después se dirigió a Jacques—: Parece que aún estás en edad de crecer. Seguro que tienes hambre, ¿a que sí?

Jacques asintió con brío.

—Bueno, pues mandaré decir a la hermana cocinera que te sirvan una ración como Dios manda.

El niño sonrió, loco de alegría.

—Da las gracias, hijo —murmuró su madre.

Aunque el niño era igual de alto que sor Agnes, esta le puso una mano en la cabeza para llevarlo como si fuera aún pequeño.

—¡Abrid la puerta, sor Clementine, esta noche tenemos huéspedes! —exclamó.

La portera empujó hacia un lado el pesado cerrojo de hierro y abrió con prudencia.

Ellen se fijó en que era más alta y más fuerte que sor Agnes. Seguramente por eso le habían encomendado la labor de vigilar la entrada. Pese a su talla, no obstante, parecía ser bastante más miedosa que su frágil hermana.

—Una muchacha vestida con ropas de hombre... —masculló la portera sacudiendo la cabeza—. ¡Habrase visto!

Ellen y Claire intercambiaron una breve mirada y después siguieron a las monjas por un estrecho pasillo. Las titilantes luces de sus faroles proyectaban sombras inquietantes en las paredes.

—Informaremos de vuestra llegada a la madre superiora. Seguro que más tarde os recibirá. Antes, propongo que vos vengáis conmigo —le dijo sor Agnes a Ellen cuando se acercaban a una escalera—. Y vos acompañad a sor Clementine, que os dará algo de comer y os mostrará dónde podéis dormir —le dijo a Claire, y a Jacques—. Sor Clementine, ¿seríais tan amable de pedirle a la hermana cocinera una ración especialmente abundante para nuestro joven huésped? Se lo he prometido. —Le guiñó un ojo al niño.

—Como vos digáis, buena hermana. —La portera bajó la mirada con sumisión—. ¿Estáis segura de que podéis arreglároslas sola?

Sor Agnes asintió para tranquilizarla y abrió la puerta de la enfermería del monasterio. En la pared había dos teas que proporcionaban luz suficiente para iluminar la estancia. La cámara estaba limpia y olía a hierbas. La mirada de Ellen se posó en una mesa con dos sillas en la que había una jofaina y una jarra de agua. Contra la pared se sostenía una estantería de hierro con botes de barro de diferentes tamaños, pequeños cestos y dos grandes cajones de mimbre. Ellen tenía el ojo derecho muy hinchado y lo sentía latir, pero paseó la mirada por la sala. Justo a su izquierda, pegadas a la pared, había dos camas bajas de madera separadas por un cortinaje. En la más alejada había alguien. Sor Agnes se acercó con Ellen.

—Sor Berthe, no os espantéis —susurró—. Esta noche tenemos visita.

La mujer tardó un momento en volverse, gimiendo. Ellen no había visto nunca una cara tan llena de arrugas. La anciana parecía débil y apenas podía hablar, pero sus ojos irradiaban bondad y experiencia. Asintió con cansancio y tendió una mano temblorosa hacia Ellen.

La muchacha estrechó con vacilación sus dedos nudosos y los acarició. Después volvió a dejar la mano de la anciana con cuidado sobre la sábana con la que estaba tapada.

Incluso en esas circunstancias llevaba la cabeza cubierta por la toca y ni uno solo de sus cabellos, presumiblemente canos, asomaba bajo él.

—Sor Berthe es la más anciana de nuestro monasterio. No vivirá mucho más. Le hemos cambiado la celda por la cama de la enfermería para que no esté tanto tiempo sola. Yo paso la mayor parte del día aquí y, mientras trabajo, le voy explicando cosas acerca de los sermones y las oraciones de nuestra madre superiora, de las novicias y de las travesuras de las pocas alumnas a quienes damos clase. También le hablo de las bondades de las hierbas curativas y comparto con ella conclusiones de mis estudios y todo lo nuevo que se descubre. Aquí rara vez tenemos visita. —La hermana Agnes acarició con cariño la mejilla de la hermana Berthe, pero esta ya había vuelto a quedarse dormida y roncaba débilmente—. Ahora ocupémonos de ti, ¿qué te ha sucedido?

—Me han atacado —explicó Ellen. Las palabras, salidas de sus labios hinchados, apenas si se entendieron.

Para subrayar el deseo de no hablar demasiado, demudó el rostro un poco más de lo que habría sido necesario.

Sor Agnes se limitó a asentir y a examinar mejor las heridas de su cara.

—Puede que tengas la nariz rota —murmuró, pero ordenó a

Ellen que primero se quitara la camisa con cuidado para poder palparle de nuevo las costillas.

Al tumbarse, la muchacha descansó un poco más, pero sentía cosquillas mientras los fríos dedos de la monja resbalaban entre sus huesos. Tenía la barriga hinchada y el ombligo de un azul muy oscuro.

—Te han dado un par de buenos puntapiés —concluyó sor Agnes con compasión—. El Señor habrá sido testigo y exigirá expiación en el Juicio Final —añadió meneando la cabeza, y se santiguó.

Al pensar que el Señor lo había visto todo, Ellen, avergonzada, volvió la cabeza a un lado.

—¿Has sangrado desde que te dieron la paliza? —preguntó con preocupación sor Agnes.

Ellen dijo que no con la cabeza.

—Los puntapiés tienen graves consecuencias. A veces no parece nada serio y dos días después el herido muere de sopetón. —La monja suspiró, pero luego añadió enseguida—: Perdona, no quería asustarte, acaso haría mejor cerrando la boca.

Se levantó y se acercó a la estantería de hierro.

Ellen se preguntó cómo sabía cuán peligroso podía ser un puntapié, pero no logró formular la idea por completo, pues la cabeza le retumbaba demasiado.

El orden de sor Agnes era ejemplar. Sin tener que buscar mucho, alcanzó un cesto y sacó de él un puñado de hojas secas.

—Uña de caballo —explicó—. Una infusión de esta hierba ayuda a respirar mejor a nuestra buena hermana Berthe; la bebe todos los días. A ti también te prepararé una, pero no la beberás. Te lavaremos con ella las heridas y después te pondré cataplasmas de aceite de hierba de San Juan. —Sor Agnes señaló un frasquito de barro con manchas oleaginosas—. La uña de caballo hay que guardarla en seco y consumirla enseguida, pues enmohece rápido. Siempre tenemos un poco en nuestro jardín. No hace mucho que volví a secar unas hojas porque a sor Berthe le costaba mucho respirar.

Sin dejar de charlar, cogió un cazo de tres patas y lo puso en la pequeña chimenea. Lanzó unas cuantas hierbas y un poco de madera seca a las ascuas para, con ellas, conseguir enseguida un fuego que no solo ardía, sino que además olía de maravilla.

Ellen no pudo mantener los ojos abiertos por más tiempo y se quedó dormida. Al despertar, la infusión ya estaba colada y había empezado a enfriarse.

La hermana fue aplicándole la infusión en las heridas con un paño de lino. Con cuidado pero sin remilgos, fue limpiando la sangre reseca.

Escocía, pero la muchacha apretó los dientes.

—Volveré a mirarte mejor esa nariz. Cuidado, ahora seguro que te dolerá un poco —le advirtió. Le presionó el caballete y luego movió de un lado a otro la cabeza—. Buenas noticias, no parece rota.

Dicho lo cual, la monja dio por concluido su examen médico y empezó a untarle aceite de hierba de San Juan por la cara, las costillas y la barriga.

Aunque tenía las manos más delicadas que pudiera uno imaginar, cada roce castigaba a Ellen con un gran dolor.

—Durante los próximos días deberías protegerte el rostro del sol. Si no, te saldrán unas manchas muy feas a causa de la hierba de San Juan. Pero ya verás, es lo mejor para las heridas y va muy bien para los moratones.

Ellen consiguió asentir con gran esfuerzo antes de volver a quedarse dormida. Esta vez no despertó hasta la mañana siguiente. Cuando hubo desayunado un pedazo tierno de pan blando, que normalmente solo horneaban para la desdentada hermana Berthe, sor Agnes volvió a examinarle las heridas.

—Al menos la hinchazón ha remitido un poco. Sobre todo el ojo; ha mejorado mucho.

Claire entró justo cuando volvía a aplicarle el aceite de hierba de San Juan con suaves movimientos.

—¿Qué tal estás, Ellenweore? —Le cogió la mano y apretó con cariño.

—*Mefor* —dijo Ellen, y sonrió de medio lado, pues todavía no podía hablar con claridad.

—La mandíbula tiene graves contusiones, pero no está rota. Ha tenido muchísima suerte —explicó la hermana Agnes.

—¿Suerte?

El corazón de Ellen se aceleró de pronto. Por «suerte», ella entendía otra cosa.

—La madre superiora, tras escuchar el informe de sor Agnes, nos ha ofrecido que nos quedemos unos cuantos días, hasta que estés un poco mejor. De manera que no partiremos todavía.

—¿*Ef* que no *tenéif* que volver a *cafa*? —Apenas si podía mover los labios.

—Claro que sí, pero ¿qué son unos días en toda una vida? —Claire se encogió de hombros y sonrió con buen ánimo. Parecía encontrar de lo más natural esperar a que Ellen pudiera viajar con ellos—. Cuando reemprendamos camino, le pediremos a sor Agnes que nos dé algunas medicinas para ti, ¿qué te parece?

Ellen miró a la hermana en actitud interrogante.

—Dentro de unos días las heridas más graves habrán sanado ya. Entonces solo necesitará un ungüento que os prepararé, y pronto estará tan bien como antes —explicó la monja con una sonrisa.

—¿No *mefor*? —Ellen fingió estar decepcionada.

—Bueno, no puedo prometerlo —repuso la hermana Agnes, riendo—, pero veo que no has perdido la alegría, y eso es saludable.

—Entonces nos quedaremos un poco más, ¿verdad? —quiso asegurarse Claire, y sor Agnes asintió.

Ellen miró a una y otra mujer repetidas veces.

—¡Gracias! —dijo en voz baja.

Disfrutó mucho de la paz del monasterio, de los cuidados de sor Agnes y de la comida reconfortante que le servían. Pasaba casi todo el día durmiendo y, por las tardes, Claire se sentaba en su cama a explicarle los trabajos que había realizado para las monjas y lo a gusto que se sentía Jacques allí, pues aunque era cierto que le hacían ir a buscar agua y un poco de madera, recibía por ello ración doble de comida.

Ellen se recuperaba más cada día, y no había pasado una semana siquiera cuando se sintió con suficiente fuerza para ponerse de nuevo en camino. Todavía tenía el rostro y la barriga de color lila, pero la piel reventada de la ceja y los labios había tenido tiempo de cicatrizar.

Poco antes de la salida del sol del sexto día llegó el momento. Tras un sabroso desayuno, los tres se despidieron de sor Agnes y las demás monjas y partieron en dirección a Béthune. Los árboles estaban teñidos de blanco por la abundante escarcha. Ramas, hojas e incluso briznas de hierba aparecían recubiertas por una capa de hielo cristalino. Cuando el sol salió por el horizonte, coloreó la escarcha de un suave rosa, y antes del mediodía ya la había derretido toda.

—Si no nos demoramos mucho, podríamos estar en casa dentro de poco más de una semana —dijo Claire para animar a su hijo.

Era más que evidente que el chiquillo no tenía ningunas ganas de ir a pie con aquel frío solo porque hubieran recogido a Ellen. Masculló algo, malhumorado.

Ellen, sin embargo, no era capaz de sentir lástima por el chiquillo. Ella nunca había montado en poni; a fin de cuentas, las personas tenían piernas para caminar. Le molestaban sus remilgos y, además, ella a su edad había aguantado, siendo muchacha, mucho más que él. Como Jacques no cesaba de rezongar porque no podía ir montado, Ellen se detuvo de súbito, se dejó caer del caballo apretando los dientes y le tendió las riendas.

—Veo que te molesta que tu madre me haya cedido el caballo. Así que caminaré. —Se esforzó por sonar contenida y serena.

Jacques se quedó blanco.

«O se echa a llorar en cualquier momento o le da un berrinche», pensó Ellen con asombro.

Sin embargo, el niño sacudió la cabeza con insistencia y aceleró el paso, como si el diablo en persona fuese tras él.

Según parecía, estaba dispuesto a seguir a pie. Ellen decidió montar de nuevo. Por fortuna, el poni era bastante impasible y permaneció pacientemente parado mientras ella volvía a subirse a su lomo con gran esfuerzo.

Jacques no hizo más mohínes. Se esforzó por ser amable con Ellen, e incluso con su madre se portó algo mejor que antes.

—Creo que le gustas —le dijo Claire al día siguiente, no sin asombro—. No es como los demás chicos.

Ellen estaba muy de acuerdo con ella; lo consideraba infantil y maleducado. «Seguro que lo malcría demasiado», pensó con desagrado.

—Es un poco, bueno, ¿cómo lo diría? Simple. —Claire sonrió, avergonzada.

Ellen la miró con desconcierto. Jacques nunca le había parecido retrasado, aunque eso es lo que parecían decir las palabras de Claire.

—Solo necesita más disciplina —murmuró Ellen con cierto bochorno.

—Puede ser, a lo mejor no soy bastante severa. Su padre, Dios lo tenga en su gloria, murió hace dos años. —Claire se santiguó—. No siempre es fácil estar sola con el niño. —Se encogió de hombros, cohibida—. Desde la muerte de mi marido, llevo su taller, aunque en el pueblo todos esperaban que buscara un nuevo maestro. Si fuera tejedora de sedas o costurera, no habría sido extraño que una mujer se encargara de todo, pero siendo vainera es algo desacostumbrado —explicó.

Ellen se quedó sin aire de alegría al saber el oficio que ejercía Claire.

—Por favor, dejad que os ayude, así pagaré la deuda que tengo con vos. Aprendo rápido y tengo manos hábiles. ¡Seguro que estaréis contenta conmigo! —suplicó.

—¡Conforme!

Claire sonrió y se pasó el resto del camino explicándole con alegría una historia tras otra. Tenía algo que contar de casi todos los habitantes del pueblo en el que vivía, y, cuando al fin llegaron a Béthune, Ellen tenía la sensación de no ser del todo una extraña.

El pueblo consistía en unas tres docenas de robustas cabañas de madera y barro con los tejados cubiertos de caña, todas apiñadas alrededor de la plaza del pueblo y el camino. Cada una tenía un pequeño huerto y un pedazo de tierra fértil. En mitad de la aldea, junto al pozo, había dos viejos tilos y, detrás, una iglesia de piedra construida hacía poco.

Claire fue recibida con muchísimo cariño por los vecinos, que contemplaron a Ellen con curiosidad. Al día siguiente, cuando la vainera empezó a trabajar, insistió en que Ellen siguiera descansando.

El primer día durmió mucho aún, pero al día siguiente sintió tanto tedio que empezó a rezongarle a Claire hasta que esta le permitió por fin acompañarla al taller.

La vainera trabajaba en una mesa larga en la que se amontonaban pedazos de madera, telas, cueros y trozos de pieles. En la chimenea crepitaba un fuego agradable, pues las vainas no podían terminarse con dedos entumecidos y, además, la cola de conejo debía mantenerse tibia. Ellen se sentó a contemplarla. Ya en Tancarville había aprendido más o menos cómo se confeccionaban las vainas. Había que hacerlas de una en una para que se ajustaran perfectamente a la forma de la hoja de la espada. La parte interior consistía en dos delgadas valvas de madera que se forraban después con piel de vaca, cabra o corzo, para lo cual la dirección del pelo debía ir hacia la punta de la hoja. Si la vaina estaba bien ajustada, la piel impedía que el arma resbalara hacia fuera. Una vez ambas valvas de madera estaban forradas de piel, Claire las unía entre sí y las ataba mediante unas bandas de lino empapadas en cola, que más adelante recubría con una tela noble o con cuero. Para proteger la punta de la vaina, se añadía también un revestimiento metálico que se llamaba contera. La mayoría de las conteras eran de latón y las realizaba el propio forjador de la hoja; solo algunas espadas especiales disponían de conteras de metales nobles, como la plata o el oro. Con finas tiras de cuero y una técnica especial de bobinado, la vaina se unía después al cinto para que pudiera uno ceñirse la espada.

Al día siguiente, Ellen se sentó ya con toda naturalidad a la mesa a ayudar a Claire, sin tener que preguntar demasiado. Al principio apenas hablaba. Trabajaba, comía tres veces al día con Claire y Jacques, y por la noche dormía en el taller.

—Hoy hay mercado, tenemos que comprar tela para confeccionarte algo decente de una vez —dijo Claire un día, dando una vuelta alrededor de Ellen y contemplándola de arriba abajo—. ¡Así, vestida de hombre, no puedes ir a la iglesia! Y este domingo tendrás que venir conmigo, no hay forma de evitarlo. Hace tres semanas que estás aquí; si no vienes, al final acabarán creyendo que tienes algo que esconder. —La miró de reojo, con curiosidad.

Ellen evitó corresponder a su mirada. Las heridas le habían cicatrizado muy bien, solo en la cara se le veían aún algunas manchas de un amarillo verdoso, que antes habían sido moratones de un lila casi negro. Ya no tenía dolores, pero sí la aquejaban unas terribles náuseas. Cuando peor se sentía era por la mañana y por la noche. Al principio había recordado las palabras de la hermana Agnes y se había convencido de que podría morir a consecuencia de los puntapiés de Thibault, pero la muerte había quedado ya descartada. Las náuseas, no obstante, persistían. Para ocultárselas a Claire, Ellen se levantaba antes que nadie e iba al jardín en cuanto sentía esas horribles ganas de vomitar.

—Voy por mi escarcela y enseguida nos vamos —le dijo a Claire, y sonrió con cansancio aunque volvía a tener arcadas.

Un anciano vendedor les ofreció un corte de lana azul adecuado a sus propósitos y no demasiado caro. Ellen había llevado durante años las mismas prendas; primero había acabado de llenarlas al crecer, y luego había seguido creciendo hasta que le habían quedado pequeñas. Donovan le había regalado un mandil usado, y Glenna le había cosido una camisa nueva. Hacía ya tiempo que las manchas de sangre del ataque habían desaparecido con los lavados, y Claire había remendado el pequeño siete de la camisa. A Ellen le parecía que a sus prendas aún se les podía dar buen uso, y le entraban sudores solo con pensar que tendría que cambiarlas por otras nuevas. Esa vestimenta había determinado su vida; durante los últimos años le había proporcionado apoyo y protección. No se veía capaz de deshacerse de ella sin más, por lo que retrasó cuanto pudo el cambio de vestuario.

—Es que ahora estoy muy sudada —puso como pretexto—. Además, seguro que mancho el vestido nuevo con cola; dejad que antes adquiera más seguridad en el trabajo —añadió en un intento de convencer a Claire, y propuso esperar un poco más para la tela.

De modo que llegó el domingo y ella seguía sin tener un vestido para ir a la iglesia. Igual que cada mañana, Ellen se levantó antes que los demás, pues las náuseas la sacaban de la yacija. Salió tambaleándose al jardín, cuya tierra había humedecido la lluvia de los últimos días, y casi resbaló en el lodo antes de devolver por fin tras un arbusto. «Dios me castiga por mis pecados, todos se darán cuenta», se alarmó, y buscó con desesperanza una forma de no tener que ir a la iglesia. Seguro que a Claire el vestido ya no le valdría como excusa, pero Ellen no tenía más tiempo para inventar un pretexto mejor, pues su anfitriona la había visto en el jardín y se acercaba a ella.

—Te he buscado por todas partes, ¿qué haces detrás de esa mata? —Claire movió la cabeza con incomprensión—. Ven, debemos apresurarnos, la misa estará a punto de empezar. ¡Madre del amor hermoso! ¡Pero si todavía vas con el viejo jubón! La semana que viene sin falta tenemos que hacerte el vestido. Toma, por hoy ponte este manto al menos —dispuso, sin fijarse en lo pálida que estaba.

Ellen se envolvió con el manto sin oponer resistencia. «Cuando el sacerdote me señale con el dedo y les explique mis pecados a todos, caeré muerta. El suelo se abrirá y me tragará el infierno», pensó con ánimo sombrío mientras caminaba en silencio junto a Claire en dirección al templo.

Casi todos los habitantes del pueblo se habían reunido ya en el interior de la construcción de piedra de la casa de Dios. Ellen miró a los fieles; conocía más o menos a la mitad. Estaban charlando entre sí y no le prestaron atención. Al fondo, en el altar, había un hombre con ricas vestiduras enzarzado en una conversación con el sacerdote.

—¿Quién es ese caballero de allí? —le susurró a Claire, y señaló con un dedo temeroso en aquella dirección.

—El abogado de Béthune. Fue él quien construyó esta iglesia cuando nació su primer hijo. Y aquella de allí detrás es Adelise de Saint Pol, su esposa —explicó Claire a media voz.

Ellen asintió. Le habría gustado contemplar mejor a la dama de Béthune, pero no era de buena educación quedarse mirando a alguien fijamente, de modo que paseó la mirada por la iglesia repleta:

ancianos, mujeres absortas en sus oraciones, niños impacientes que hacían rechinar los pies inquietos en el suelo, hombres y mujeres que conversaban y muchachas que parecían buscar a su enamorado con mirada furtiva se habían reunido en la casa del Señor. El murmullo de la concurrencia disminuyó cuando el sacerdote comenzó el oficio. A Ellen le costaba sobremanera concentrarse en sus palabras. No hacía más que esperar que, como castigo a sus infracciones, la iglesia fuese alcanzada por un rayo, o que sucediera algo aún más terrorífico. En el último padrenuestro que rezaron todos juntos, pensó en Guillaume y en lo mucho que lo añoraba. Ellen se sobresaltó cuando el murmullo enmudeció de pronto. El oficio divino había llegado a su fin y no había sobrevenido ninguna desgracia. Cuando salió de la iglesia con Claire, una niña pequeña cruzó corriendo justo ante ellas.

La dama de lujosa vestimenta se apresuró entre risas tras ella y la atrapó antes de que perdiera el equilibrio.

—¿Querías volver a escaparte, angelito? —reprendió a la pequeña, moviendo la cabeza.

Su voz era suave y melodiosa. Cogió a la niña en brazos y les sonrió con afabilidad a Claire y a Ellen.

—Es un encanto, madame —dijo Claire, y le cogió una manita.

—¿Cómo estás, Claire? —preguntó Adelise de Béthune, y después miró a Ellen con un interrogante.

—Oh, estoy muy bien, gracias, madame. Permitidme que os presente a mi nueva criada, se llama Ellenweore y me ayuda en el taller.

Ellen hizo una reverencia, tal como Claire había ensayado con ella, y se disculpó por las contusiones que aún se le veían en la cara, que justificó como resultado de un ataque por parte de proscritos. La dama la miró con piedad y a punto estaba de acariciarle la mejilla cuando una joven gritó:

—¡Mirad, ahí abajo! —Gesticulaba impotente con los brazos—. ¡Un niño se ha caído al río, que alguien lo ayude!

Adelise de Béthune se volvió como si buscara a alguien.

—¿Dónde está Baudouin? ¿Alguien lo ha visto? —exclamó de pronto, presa del pánico.

La niñera sacudió la cabeza con culpabilidad.

Con gran presencia de ánimo, Ellen echó a correr hacia allí. Las lluvias habían hecho que el río bajara con más caudal que de costumbre. La corriente de agua estaba llena de lodo y había arrastrado ramas. Ellen no veía al niño. Buscó con inquietud por toda la superficie del agua hasta que descubrió algo y entonces se lanzó al río. No había vuelto a nadar desde que saliera de Orford y, en un primer instante, el frío glacial la dejó sin respiración, pero enseguida se puso a mover brazos y piernas en el agua con todas sus fuerzas para llegar cuanto antes hasta el chiquillo. En el lugar en el que había distinguido por última vez el pequeño cuerpecillo ya no se veía nada. Se sumergió en las profundidades. El agua estaba turbia y le escocía en los ojos. Desorientada, palpó a su alrededor y movió los brazos en círculos con la esperanza de encontrar al niño. Apenas le quedaba aire y ya iba a emerger de nuevo cuando de repente algo tiró de ella hacia el fondo. Pataleó y se debatió, presa del pánico, y de pronto descubrió que tenía el brazo del niño en la mano. Lo agarró con decisión, se impulsó con los pies en el fondo y lo arrastró consigo hacia arriba. El chiquillo colgaba inerte de su brazo. Con sus últimas fuerzas y el valor de la desesperación, Ellen luchó contra la corriente que amenazaba con llevársela. Unos hombres del pueblo habían reunido palos y se los tendían desde la orilla. Ellen alcanzó uno y se puso a salvo, a ella y al niño. Unas manos los sacaron a ambos del terraplén. El chiquillo estaba pálido e inerte. Ninguno de los presentes dijo ni hizo nada.

—¡Despierta! —gritó Ellen horrorizada, frotando su pequeño torso con las manos y zarandeándolo—. Por favor, Dios, haz que viva —suplicó con una voz que apenas si se oía, mientras le presionaba el pecho.

De súbito, el niño empezó a toser y escupió agua.

Los habitantes del pueblo estallaron en gritos de júbilo, silbaron y vitorearon.

El robusto niño, de unos cinco o seis años, miró en derredor con desconcierto. Ellen lo estaba contemplando henchida de alegría.

—¿Eres un ángel? —preguntó con timidez el chiquillo, empapado y pálido.

Ellen dijo que no con la cabeza, pero el niño no parecía creerla.

—¡Baudouin! —exclamó Adelise de Béthune, que entretanto se había acercado corriendo. Estrechó al niño y se volvió hacia Ellen con alivio—: ¡Alabado sea Dios! ¡Le has salvado la vida a mi hijo! —dijo con gratitud, y volvió a apretar al pequeño contra su pecho.

El niño se acurrucó contra su madre y se echó a llorar.

No fue hasta entonces cuando Ellen se dio cuenta de la belleza excepcional de la dama. Su rostro, fino y proporcionado, estaba enmarcado por un cabello abundante y de color castaño, y toda ella irradiaba un resplandor de alegría.

—Te estaré agradecida toda la vida. Tengo una gran deuda contigo... Si alguna vez puedo hacer algo por ti, ven a verme. ¡Cuando gustes!

Ellen asintió, aunque no creía en esas promesas. Los nobles solían olvidar enseguida con quién habían contraído deudas. Eso solía decir Aelfgiva.

—¡Tenemos que irnos, madame! Hace frío, el niño está congelado y también vos estáis empapada —intervino entonces un caballero.

—Gauthier, dale a... ¿Cómo te llamas, niña?

—Ellenweore, madame.

—Dale a Ellenweore una manta para que no se la lleve la muerte, y arropa también a Baudouin —ordenó la mujer, y se dispuso a marchar—. Rezaré por ti, para que no sane solo tu cuerpo, sino también tu alma —dijo aún, y se alejó.

Ellen se quedó de piedra, allí de pie, temblando, y se apretó más la manta que el caballero le había puesto alrededor de los hombros. ¿Acaso era clarividente aquella dama?

—Cuando los labriegos están preocupados, van a verla y le piden ayuda —dijo Claire, que de pronto estaba a su lado—. Siempre tiene un consejo que dar. Aquí todos la quieren; cualquiera de nosotros daría la vida por ella. ¡Hoy le has hecho un gran honor al pueblo!

Era evidente lo orgullosa que se sentía Claire de la hazaña de Ellen.

—¡Tengo frío! —Le castañeteaban los dientes.

—¡Madre mía, pero qué boba soy! A casa contigo, y luego te metes en mi cama con una piedra caliente. ¡Si no, aún te resfriarás!

Claire condujo a Ellen entre la muchedumbre de aldeanos que le daban palmadas de reconocimiento en la espalda o le deseaban todo lo mejor con un apretón de manos.

El resto del día lo pasó en cama.

Claire tendió un cordel en el taller, encendió el fuego y colgó la ropa de Ellen para que se secara.

Gracias a que pasó la tarde en una cama caliente, la muchacha no pilló ningún catarro. Solo aquellas náuseas empeoraban cada día y, en cierto momento, Ellen comprendió lo que sucedía: debía de estar encinta.

—Maldito seas por toda la eternidad, así se pudra la fecundidad de tus entrañas. ¡Que jamás vuelvas a dejar preñada a una mujer, jamás! —maldecía Ellen en susurros una y otra vez, y en secreto tomó una decisión.

Había que cambiar cada dos días los tallos de perejil introducidos en el bajo vientre; era lo único que sabía. Al cortar la hierba, un mal presentimiento se apoderó de ella. ¡Lo que iba a hacer era pecado! Estaba prohibido y era una mala acción, pero ¡no podía tener el niño! Thibault la había forzado. Además, era su hermano, y dos hermanos no podían tener hijos; también eso era pecado. Solo Dios sería el juez de ambos. Ellen, con gran pesar, decidió hacer la única cosa que le parecía correcta. Una de las noches siguientes despertó a causa de los dolores del vientre. Ni siquiera los puntapiés de Thibault le habían dolido tanto. Para no despertar a Claire y al niño, y para mantener en secreto la atrocidad que había cometido, Ellen fue a buscar su fardo, se escabulló del taller y se arrastró con gran esfuerzo por el robledal que había junto al pueblo. La tenue luz de la luna le indicaba el camino a través de la noche fría y oscura. En algún momento se dejó caer al suelo gimiendo de dolor. Solo el miedo a ser descubierta le impedía gritar, pues cada vez sentía unas contracciones más espantosas. «Ay, Rose, qué valiente fuiste», pensó. Pensar en su antigua amiga y su destino compartido la ayudó a mantener la calma. Sacó de su fardo un par de paños de lino viejos pero limpios y se los puso entre las piernas. Jadeaba de dolor mientras su cuerpo expulsaba unos coágulos sanguinolentos; apenas se atrevía a mirar qué quedaba en los paños. Llorando y murmurando oraciones para sí, enterró la tela con su atroz contenido. Le corría sangre por los muslos temblorosos.

—¡Ellenweore, por favor, despierta! Por el amor de Dios, ¿qué ha sucedido?

Claire la zarandeó por los hombros; en su voz se oía claramente el miedo.

Ellen quiso mover la cabeza, pero no lo consiguió. El estruendo que había invadido su cabeza era insoportable. Intentó abrir los ojos.

—¿De dónde ha salido toda la sangre de tu camisa? ¡Virgen María bendita, ayúdala, por favor! —suplicó Claire, espantada.

Su voz sonaba lejana, apenas la oía.

«¿Intercederá María por mí?», pensó Ellen, y, en lugar de miedo, notó que la invadía una cálida sensación de paz. Se sintió leve como una pluma meciéndose en el tibio aire de la primavera. Era como si se dirigiera a aquella maravillosa luz resplandeciente del horizonte. «Eso solo puede ser el paraíso —pensó con alegría—. ¡El Señor me ha perdonado y no me envía al infierno!» Se echó a llorar de gratitud y sintió que unas cálidas lágrimas le caían por las frías mejillas.

—¡Ellen, por favor, Ellen, no me abandones! —oyó claramente que exclamaba Claire.

Entonces notó que le frotaban las manos y los brazos, que tenía entumecidos a causa del frío.

—Estoy en el cielo —susurró Ellen sin abrir los ojos.

—No, estás en el bosque, medio muerta, y si no te llevo a casa ahora mismo sí que encontrarás pronto el fin. ¡Así que haz un esfuerzo!

Ellen percibió la severidad de la voz de Claire y sonrió casi sin energía.

—No me duele, ya no —masculló.

—Tienes fiebre —constató Claire al tocarle la frente ardiente—. Tienes que volver a casa enseguida. ¿Podrás andar si yo te ayudo?

Ellen seguía aturdida, pero intentó recuperar el control de sus pesadas extremidades y se enderezó con dificultad.

Claire le pasó un brazo por las caderas y le cogió la mano para echársela sobre el hombro. A cada momento tenían que detenerse.

—Ya no puedo seguir, dejadme aquí tumbada para que pueda morir en paz —murmuró Ellen poco antes de salir del bosque.

—Aquí no; conseguiremos caminar lo que queda. Te llevaré a casa y te cuidaré hasta que sanes; después me lo explicarás todo: por qué te atacaron, por qué sigues llevando ropa de hombre y quién era el padre del niño. He confiado en ti sin saber nada de tu persona. Ahora me explicarás la verdad, no lo olvides.

—La verdad no os va a gustar —dijo Ellen en un débil suspiro.

—Eso deja que sea yo quien lo decida. Pero antes tenemos que hacerte bajar esa fiebre y conseguir que te recuperes.

Los primeros días, Ellen se sintió como envuelta por una niebla. Estaba demasiado débil para comer, pero daba sorbos a regañadientes cuando Claire le hacía beber algo, y volvía a caer después en un sueño intranquilo en el que se veía atormentada por horribles pesadillas. Su rostro cambió de color, de un blanco cetrino pasó a un rosado reluciente, la fiebre subía y le hacía sufrir espasmos. Al cuarto día despertó de súbito sentada en la cama: ¡la perseguía la horrible mueca de Thibault!

Ellen aún estaba débil, pero ya no tan aturdida como antes. Claire estaba echada en el suelo, junto a ella, y dormía profundamente. Debía de ser de noche, porque todo estaba a oscuras y en silencio. Una pabilosa vela de sebo titilaba sobre la mesa y hacía danzar las sombras por las paredes. Thibault había sido un espejismo salido de un sueño terrible. Ellen se tumbó más tranquila sobre el blando colchón de plumón en el que solía dormir Claire. Tenía el pelo húmedo y el sudor se lo había pegado a la cabeza. Al taparse con la sábana hasta la barbilla, notó que iba prácticamente desnuda. Solo entre las piernas sintió un trozo de tela bien doblado. Se esforzó por recordar qué había sucedido. Ante sus ojos cruzaron raudas imágenes de espanto. Cuando empezó a comprenderlas, creyó que la tierra se la tragaba de vergüenza. Claire debía de haberle puesto aquel paño para que la sangre no manchara las sábanas. Ellen volvió a quedarse dormida, sin fuerzas. Esta vez fue un sueño sin ensoñaciones, pues la fiebre remitía.

A la mañana siguiente despertó con un delicado aroma de avena hervida en leche que le subía por la nariz. Quiso desperezarse, pero al más leve movimiento volvía a estremecerse y gemir de dolor.

—¿Cómo te encuentras? —saludó Claire con una afable sonrisa.

—¿Me habéis sometido al suplicio de la rueda? ¿Por qué me duele todo tanto? —Ellen sonrió débilmente.

—La fiebre te ha provocado espasmos. Ha habido momentos en que creíamos que no lo conseguirías. No me extraña que te duela todo.

—¿Creíamos? ¿Es que Jacques sabe lo que ha pasado?

—No, no te preocupes, desde el primer día está en el castillo. No sabía qué otra cosa hacer, así que le pedí a la señora de Béthune que viniera a recogerlo. Se lo llevó con ella. Jacques cree que está allí para enseñar a uno de sus hijos a tallar madera. Hace maravillas, ¿sabes? Todo lo que necesita es un buen cuchillo, una piedra de afilar y un trozo de madera bien seca. Le enseñó su padre. —Claire se frotó la nariz.

—¿Qué le habéis explicado a la señora, por el amor de Dios?

—Nada, no ha sido necesario. Tampoco ella ha preguntado, solo nos ha ayudado. Jamás pregunta. Si hay algo que tú quieras explicarle, te escuchará, pero si fuera algo al margen de la ley, ella no te protegería. Yo creo que por eso nunca pregunta y prefiere no saber si ha sido la voluntad de Dios o la tuya propia. Por lo que a mí respecta, empero, quiero que me lo expliques todo sin encubrir los hechos y sin olvidarte de nada. Y desde el principio, si puedo pedírtelo. —Lo cierto es que Claire lo dijo con una sonrisa pero con suficiente firmeza para dejarle claro a Ellen que hablaba muy en serio. Llenó una escudilla con las gachas de avena calientes y añadió una buena porción de miel—. Esto lo ha traído ella para ti, para que recobres fuerzas.

Claire sopló en la escudilla y se la tendió a Ellen.

Poco a poco y con fruición, fue comiendo cucharadas de papilla.

—¡Nunca había probado nada tan rico! —dijo.

Claire sonrió, satisfecha.

—¡Ten, bebe! Ha dicho que tienes que tomar cinco tazas al día de su infusión de hierbas. No ha sido fácil dártela mientras estabas inconsciente.

Tras el primer sorbo, Ellen sintió una fuerte presión en la vejiga y buscó en derredor con la mirada. Al ver el orinal, se desplazó con cuidado bajo las sábanas, se quitó el paño que tenía entre las piernas y se puso una camisa que estaba preparada a tal efecto a los pies de la cama. A juzgar por su hechura, debía de haber pertenecido en su día al marido de Claire. Ellen se tambaleó hasta el orinal. La presión de la vejiga era tal que sintió dolor al aliviarla. Cuando hubo terminado, cerró el orinal con la tapa, lo dejó a un lado y se arrastró de nuevo a la cama. «¿Me habrá sostenido también Claire el orinal mientras estaba inconsciente?» Ellen no recordaba nada. Volvió a cerrar los ojos.

—Creo que ya ha pasado lo peor. No sangras y te ha bajado la fiebre, pero todavía tienes que descansar.

Ellen oyó la voz de Claire como desde lejos y enseguida se quedó dormida. Al despertar, por la tarde, se sentía muchísimo mejor.

—Todo irá bien, han sido unos días duros. La fiebre te ha hecho delirar y he temido por tu salud mental y tu vida. Te sacudían tales espasmos que parecía que tuvieras al demonio dentro del cuerpo —explicó Claire.

—El demonio dentro del cuerpo —repitió Ellen pensativamente—. Sí, lo tenía en el cuerpo; el demonio se llama Thibault y es mi hermanastro.

—¡Pero Ellen! —exclamó Claire, horrorizada—. ¿Qué quieres decir?

—Que el hombre que me atacó y me forzó es mi hermanastro. Imaginaos. ¡Y él ni siquiera lo sabe!

Claire se sentó en la cama y dejó hablar a la muchacha.

Cuando Ellen terminó de explicar su relato, ya se había hecho de noche. Claire se tumbó junto a ella y le acarició la frente con cariño hasta que se quedó dormida.

Al día siguiente, Ellen despertó a mediodía.

—Un mensajero de tu benefactora ha traído por la mañana una gallina y me ha mandado que hiciera con ella una sopa. ¡Bueno, y eso es lo que he hecho enseguida! —explicó Claire con una alegre sonrisa.

—¡Mmm, huele de maravilla!

Como prueba de la sinceridad de sus palabras, a Ellen le rugió el estómago.

—¡Sí, sí, enseguida te daremos de comer! —Claire puso dos escudillas en la mesa. Sirvió con cuidado un poco del caldo humeante, partió un muslo de gallina para cada una, añadió nabo y cebolla y cortó dos gruesas rebanadas de un pan enorme—. La carne se cae del hueso de lo tierna que está. —Se lamió los labios—. ¿Crees que podrás levantarte?

—Creo que sí. Ya me encuentro mucho mejor.

—Pues ven, siéntate conmigo a la mesa y come para recuperar fuerzas sin más demora.

Ambas comieron la sopa caliente a ansiosas cucharadas y empaparon también en ella pedazos del pan de dura corteza.

—Os ha quedado delicioso —elogió Ellen.

—Te he lavado tus cosas; están allí, sobre la silla.

Ellen miró al rincón y vio su ropa. Le pareció extraña, como de una vida anterior.

—¿No podríais, mejor, hacerme el vestido? —preguntó con timidez.

Claire asintió, loca de contento.

—¡Cómo no! Si me prometes no volver a hablarme de vos, sino de tú, ahora mismo voy por la tela y nos ponemos a ello nada más haber comido. —Se levantó de un salto del taburete y salió a toda prisa.

—¿Las dos? ¡Pero si yo no sé coser! —exclamó Ellen, apocada, tras ella.

—Ya lo sé, hermosa, pero de todas formas tengo que tomarte las medidas, y entretanto también tendrás que ir probándote el vestido, que si no, te colgará como un saco. —Claire le acarició la mejilla para animarla.

Al oír esas palabras, Ellen recordó a la mujer del curtidor. Simon y su vida en Orford quedaban ya tan lejos… Sintió una leve añoranza y suspiró.

Después de comer, Claire sacó el largo de tela y midió con ella el cuerpo de Ellen hasta los tobillos. Dobló el tejido en dos, cortó el sobrante, comprobó cuánta tela había quedado y asintió, satisfecha. Después hizo una abertura en mitad del largo.

—Mira a ver si te cabe bien la cabeza.

Ellen se echó la tela encima sin cuidado y Claire se la enderezó.

—¡Tienes unos hombros anchísimos! Menos mal que lo he comprobado otra vez, que, si no, me habría equivocado por un buen trecho y luego se te habrían saltado todas las costuras.

La despreocupada risa de Claire las liberó a ambas e hizo que el sol volviera a entrar en la casa. Dejó la tela sobre la mesa e hizo un corte en forma de cuña a derecha e izquierda.

—Aquí vendrá el hombro, todavía tengo que hacer la sisa para la manga —le explicó—. Y añadiremos unas formas de cuña a cada lado para que la falda se luzca bien y tenga una caída más bonita.

Señaló uno de los largos y cogió entonces los restos de la tela desechados. Claire trabajaba deprisa y con esmero mientras Ellen la contemplaba con calma. Antes de unir definitivamente las costuras laterales, le hizo probarse una vez más el vestido.

—¡De aquí sacaremos las mangas! —explicó, señalando el resto de la tela que había cortado al principio.

Ellen se alegró de que el vestido tomara forma tan deprisa.

Cuando las costuras laterales estuvieron bien unidas, Claire sacó un ribete de colores de un cesto.

—Me lo regaló mi marido —dijo, y se alegró al ver lo bien que combinaban los colores con el azul del vestido—. Te lo coseré aquí arriba, en el escote —dijo, ensimismada.

—Pero si te lo regaló a ti… —Ellen miró a Claire atónita—. ¿Por qué no te haces tú un vestido y le coses el ribete?

—En mi cuello nunca podría verlo, ¡pero en el tuyo lo veré cada día! Estoy segura de que te quedará estupendamente. Es tu primer vestido como Dios manda. Déjame que me lleve esa alegría, por favor.

Claire juntó las cejas con concentración y empezó a coser la cinta.

—Eres muy buena conmigo, ¿cómo podré compensarte tu amistad?

—Ya lo has hecho, Ellen, con tu confianza.

Claire sonrió levemente; estaba hermosísima.

Al caer la tarde, Adelise de Béthune llegó de visita.

El vestido estaba terminado y Ellen, tras la última prueba, ya no se lo había quitado.

Claire estaba acuclillada ante ella, terminando el dobladillo.

—¡Madre de Dios, menuda transformación! Tus mejillas ya han recuperado del todo su color, chiquilla —dijo la señora con una alegría sincera.

—¡Vuestra sopa de gallina y el vestido nuevo han obrado maravillas! —repuso Claire, riendo.

—Gracias por todo, madame, sin vuestra ayuda y la de Claire habría estado perdida. —Ellen miró al suelo—. ¿Se encuentra bien vuestro hijo? —preguntó con timidez.

—Sí, niña, sí. Se encuentra muy bien, y no pasa un día sin que pregunte por ti. Dice que eres su ángel y me ha pedido que te ruegue que vayas pronto a visitarlo. Pero antes tienes que recuperar fuerzas, lo último que quisiéramos es ser responsables de una recaída.

La señora de Béthune sonrió con complicidad y le guiñó un ojo a Ellen casi imperceptiblemente.

Después de haber abusado de Ellen, Thibault solo se sintió mejor durante una breve temporada. La satisfacción primera que había sentido tras su venganza dejó paso enseguida a un regusto desabrido. Ellen no había sentido ningún placer en la cópula, y eso le amargaba la victoria. Jamás lo desearía como él la deseaba a ella. El escudero estuvo insoportable durante días y pagó su malhumor con sus compañeros más jóvenes hasta que el azar quiso que se encontrara con Rose. Su ira ciega por los celos que sentía de ella había desaparecido hacía tiempo, pues sabía que Rose nunca se había interpuesto entre Ellen y él. La echaba de menos, añoraba el cariño con que la muchacha saboreaba su cuerpo hambriento, la entrega con que yacía a sus pies y la pasión con que disfrutaba del juego amoroso. Thibault se apartó el pelo de la frente y le sonrió.

Rose se sonrojó.

¡Seguía encariñada con él!

La muchacha apartó el rostro enseguida y desapareció en los aposentos de la servidumbre.

Thibault enderezó los hombros. Tenía que volver a ganarse el favor de Rose, así se sentiría mejor. No es que estuviera preocupado, sin duda le resultaría fácil volver a cautivarla. A lo mejor la obsequiaba con un jamón bien condimentado, unos dulces de miel o un bonito anillo de bronce. ¡Sabía perfectamente lo que les gustaba a las muchachas! ¿Por qué no había intentado ganarse así a Ellen, en lugar de violarla? Thibault, iracundo, golpeó con la palma de la mano en la puerta, que se abrió emitiendo un fuerte chirrido.

—¿Qué bicho te ha picado esta vez? —preguntó, suspirando, Adam d'Yquebœuf—. ¿Tribulaciones con las damas?

—Cierra el pico, ¿qué sabes tú de eso? ¡De ti salen huyendo, mientras que conmigo nunca tienen suficiente! —espetó Thibault.

—¡Bueno, bueno! —gruñó Adam, y volvió a echarse en su jergón—. Cuando estés de mejor humor, avísame.

Thibault se dejó caer también en el suyo. Se daría aún unos días de tiempo antes de volver a visitar a Rose. ¡Seguro que estaría esperándolo en ascuas! Tendría que andarse con ojo para no decir nada inconveniente cuando hablaran de Ellen. Rose estaría preocupada, pues su amiga había tenido que marcharse por culpa de él. Al pensar en Ellen y en sus ojos desorbitados por el miedo, sintió crecer la excitación.

Thibault consiguió volver a seducir a Rose sin ningún problema. Le hizo creer que estaba compungido y justificó todo lo sucedido con sus celos. Rose escuchaba con ternura cada palabra que salía de su boca mientras él le exponía de forma creíble que había temido perderla a manos del oficial forjador. El escudero consiguió incluso convencerla de que ya no tenía ningún motivo para guardarle rencor a Ellen, y fingió lamentar su marcha. En realidad, se debatía fieramente entre la liberación de saber que Ellen estaba lejos y el suplicio de ansiar estar con ella. Ni siquiera las caricias de Rose le ayudaban ya a olvidar su deseo por ella. Casi cada noche soñaba con la mezcolanza de miedo y odio que había visto en su mirada cuando, tras abandonarse en apariencia a su suerte, había acabado asestándole una puñalada con su propio cuchillo. Aunque sabía que seguramente nunca volvería a verla, no podía dejar de pensar en ella. A veces jugueteaba con otras muchachas para incordiar a Rose, pero los celos de la tahonera ya no lograban apaciguar su ansia de verla sufrir.

Béthune, 1169

Más de dos años llevaba ya Ellen en Beuvry, la pequeña aldea perteneciente a Béthune, y cada vez pensaba más a menudo en partir de nuevo. Lo único que le impedía decidirse era la idea de dejar a Claire en la estacada.

La Pascua había pasado y el sol de la primavera conjuraba los oscuros recuerdos del frío y cruel invierno cuando Guiot de Béthune regresó. Su padre lo había hecho marchar junto a un extraño siendo aún un chiquillo, hacía casi quince años. No solo los viejos que todavía lo recordaban cuchicheaban sobre su historia, también los jóvenes, que no lo conocían, se preguntaban qué lo traería de vuelta al pueblo.

Cuando Claire y Ellen llegaron al pozo, allí no se hablaba de ninguna otra cosa.

—¿Lo habéis visto ya? —preguntó Adele, y miró a las demás con gran expectación.

No tenía ni veinte años y se había quedado viuda. Su año de luto había terminado hacía un mes y ya podía empezar a pensar en una nueva unión. Cualquier hombre nuevo en el pueblo era muy bien recibido.

Las gemelas Gwenn y Alma movieron la cabeza. Lo hicieron las dos a la vez, igual que lo hacían todo siempre.

Morgane, por el contrario, se sonrojó.

—¡Es muy apuesto! —admitió con rubor.

—¡Cuenta, cuenta! —exclamaron todas a una.

—Es muy alto y fuerte. Lo vi ayer, se está construyendo un taller junto a la cabaña de su padre —explicó Morgane, algo más segura de sí misma.

—¿Cómo sabes tú eso? A lo mejor no era más que un cobertizo, ¿o acaso te ha explicado algo en persona? Habla, ¿has conversado con él?

Adele puso los ojos en blanco y le salieron unas ronchas rojizas en el cuello, como siempre que se exaltaba.

—¡Ea, cuenta de una vez! —la apremiaron Gwenn y Alma.

Sin embargo, antes de que Morgane pudiera decir más, Claire intervino:

—¡No os traerá ninguna alegría!

Las jóvenes la miraron con asombro.

—Guiot siempre ha sido un zángano, seguro que en eso no ha cambiado —añadió Claire con cierto desdén.

Nada dijo del día, hacía muchos años ya, en que la había acorralado contra una pared de detrás del granero del pueblo y le había posado los labios en los suyos con una promesa de amor eterno. Para ella, que no tenía entonces más que once años, no había significado nada. ¿Por eso debían pensar las demás que competía con ellas en el mercado del matrimonio? Guiot no le interesaba en lo más mínimo, y aquel beso, a fin de cuentas, se lo había robado.

—¿Lo conoces? —Morgane miró a Claire con embeleso.

—Lo conocía, pero no tengo ningún interés en continuar esos conocimientos. ¡Es todo vuestro, hermosas!

Iba a marcharse ya cuando Morgane la agarró de la manga.

—Mi padre no puede pagar una dote, ¿crees que me aceptaría de todas formas? Bueno, en caso de que le guste…

—Ay, Morgane, no quieras lanzarte a su cuello, hay muchísimos hombres que… —Claire no pudo terminar la frase porque Adele la interrumpió:

—Por si no te habías dado cuenta, queridísima Claire, en nuestro pueblo hay, por cada hombre aún soltero, incluidos los viudos, al menos dos mujeres jóvenes en edad casadera. Y, si de ahí excluyes a los muertos de hambre que jamás serán capaces de alimentar a una familia, y también a los viejos que es como si ya estuvieran muertos, no hay mucho donde elegir.

Adele habló con rabia, con la voz casi crispada. Los ronchones no solo le cubrían el cuello, sino también las mejillas y la frente. Quizá se extendiesen incluso bajo su cabello, muy rubio y algo ralo. Quién sabía si, con la suficiente exaltación, llegarían a alcanzarle también manos y pies.

—La que no encuentre un marido entre nosotros puede pedirle a la señora que interceda por ella. No en balde pertenecen también a Béthune muchas otras aldeas, y no en todas partes escasean tanto los hombres como en Beuvry. Seguro que hay uno decente para cada una de vosotras —dijo Claire, intentando calmar los ánimos soliviantados.

Toda compasión, acarició la melena de Morgane, negra como la pez. No tenía más que dieciséis años y ya la reconcomía el miedo a morir siendo una vieja solterona.

—¡Pues a mí me ha parecido simpático! —exclamó esta.

Claire se encogió de hombros, rindiéndose. En su día, ella no había podido escoger al padre de Jacques. Su matrimonio había sido acordado por su padre y la antigua señora de Béthune, suegra de la actual. Su intención había sido que el vainero se estableciera en el pueblo, pues en los alrededores no había ninguno de estos artesanos y los forjadores, no obstante, necesitaban de su trabajo. Esa fue la razón por la que le ofrecieron una joven novia y, por dote, una casita en Beuvry. Para el padre de Claire había sido un buen negocio, pues había podido casar a su hija menor con un artesano honrado y sin coste alguno. En el primer encuentro con su futuro esposo, Claire no había podido sonsacarle mucho. Pese a todo, al final había demostrado ser un buen marido; tranquilo, incluso algo reservado, pero nunca le había pegado y le había enseñado todo cuanto sabía. De esos enlaces matrimoniales suscitados por un supuesto e incierto sentimiento amoroso, Claire nada sabía. Un hombre tenía que tratar bien a su esposa y a sus hijos, y poder sustentarlos; eso era lo único que contaba.

Morgane no había saciado todavía su curiosidad y sacó a Claire de sus cavilaciones:

—Dicen que su padre lo vendió hace años. ¿Será cierto? —preguntó, y la sola idea hizo que sintiera escalofríos.

Claire se encogió de hombros, impasible.

—Nadie lo sabe. Un extraño llegó por entonces al pueblo. El viejo Jean, el padre de Guiot, lo trajo consigo. Aquel mismo día se marchó llevándose con él al muchacho. Jean nunca dijo una palabra respecto de adónde lo había enviado; por eso en el pueblo todos creyeron que había vendido a Guiot. Se lo tomaron a mal y desde aquel día rehuyeron al viejo, pues, aunque Jean no era más que un sencillo jornalero, tampoco era tan pobre como para tener que convertir en dinero a su único hijo —explicó Claire.

—Tan mal no puede haberle ido a Guiot. ¡Si no, no habría vuelto con su padre!

Estaba visto que Morgane había decidido ponerse del lado de padre e hijo.

—Puede ser, pero la verdad, a mí lo mismo me da dónde haya estado. Lo primordial es que no nos traiga problemas aquí. Lo que es por mí, ya puede dar media vuelta e irse de nuevo por donde ha venido —dijo Claire con aspereza.

El regreso de Guiot no le agradaba. Al pensar en él se desataba en su interior un tremor amenazante, y eso no le gustaba en absoluto.

Para fastidio de Claire, efectivamente, después de reparar el tejado de paja de la cabaña de su padre, Guiot había construido un taller y anunció entonces por doquier que se había hecho vainero. Se desplazó por los alrededores y se presentó ante los forjadores para ofrecer su trabajo.

—Y ha tenido la desfachatez de no aparecer por aquí siquiera para decirme en persona que quiere establecerse como vainero, aunque ya haya un taller. Sería lo mínimo que debería haber hecho —exclamó Claire acalorada, sin darse cuenta de que tenía a Guiot detrás, en la puerta.

No se había percatado de las miradas de advertencia de Ellen.

El joven esbozó una sonrisa resplandeciente, se descubrió la cabeza e hizo una reverencia.

—Tenéis toda la razón, buena señora. Debería haber venido antes. Al saber que vuestro marido murió hace cierto tiempo, pensé que ya no habría ningún vainero en Béthune. Creí que había sido una señal del cielo, que quería al fin enviarme de nuevo a casa —explicó con afabilidad.

Claire dio media vuelta sin salir de su asombro; sentía palpitar la sangre en su cabeza.

—Sin duda imaginaréis lo espantosamente mal que me siento, pues aquí nadie me necesita —dijo Guiot con mirada de perro triste.

Claire asintió con satisfacción. Le estaba bien merecido.

—Todos los forjadores a quienes he visitado nos han mirado a mí y a mi trabajo con recelo. Ni siquiera han querido examinar las muestras de mi artesanía y enseguida me han dicho que no necesitaban de mí. No entiendo por qué reaccionan de una forma tan negativa; mi trabajo es bueno, de eso estoy convencido.

Claire espetó un respondón:

—¡Bah!

Pero Guiot no se dejó desalentar. Sus ojos oscuros refulgían como antaño bajo su cabello revuelto y rizado. Claro que había envejecido, a fin de cuentas no era más que un chiquillo en aquel entonces, pero la picardía y el brillo de sus ojos seguían allí.

—El quinto o el sexto se ha compadecido de mí y me ha explicado que mi trabajo no es mejor que el vuestro. A mí no me conocen y no ven motivo para poner en juego una relación comercial que siempre les ha funcionado bien. ¡Por mi honor os juro que no sabía que habíais continuado ejerciendo el oficio de vuestro difunto esposo! —La miró con ojos suplicantes, pero sus encantos dejaron a Claire impasible.

«¡Por su honor! —pensó con desprecio—. ¿Cuánto puede valer eso?»

—Pues ahora ya lo sabéis, así que recoged vuestras cosas y seguid camino. Aquí no hay sitio para vos —repuso ella con rebeldía.

—Mi padre es mayor, debo ocuparme de él. Hace tiempo que su trabajo no le da para vivir...

—Sois fuerte. ¡Ofreceos como mozo de labranza o jornalero! —lo atajó Claire con frialdad.

—Pero es que amo mi oficio —repuso Guiot con pesar.

Sus ojitos tristes seguían sin surtir efecto alguno.

—Bueno, me alegro mucho por vos, pero ¿qué tiene eso que ver conmigo?

Aunque el amor por la artesanía lo honraba, Claire no tenía ningunas ganas de seguir con esa conversación. La presencia de aquel hombre le causaba un gran malestar.

—Acaso pudierais darme trabajo —dijo Guiot en voz baja, y su rostro se iluminó por un momento, como si acabara de ocurrírsele la idea.

Ellen, que había seguido el diálogo entre ambos con curiosidad, se sonrió al percatarse de su picardía. Seguramente había ido a verla ya con la intención de pedirle trabajo.

—Nos las apañamos muy bien sin vos —repuso Claire, gélida.

Se había molestado porque Guiot hablaba con ella como si fuera una extraña. «Si de verdad no me recuerda, se merece doblemente no saber qué hacer ahora», pensó, airada.

—Si me lo permitís, volveré a pasar por aquí algún otro día. —Hizo una reverencia.

—Pasad, si no tenéis más remedio, pero será mejor que no os hagáis ilusiones —repuso Claire, y se concentró de nuevo en el trabajo.

El resto del día estuvo de especial mal humor, y Ellen decidió dejarla hasta que se hubiera serenado. En aquellos años había llegado a conocer lo suficiente a Claire como para sospechar por qué se mostraba tan reservada. ¡Tenía miedo! La cuestión era: ¿de qué?

—No parece que sea un mal hombre, ese Guiot —comentó Ellen en la cena, como de pasada.

—De niño lo adoraban todas las chiquillas; sus grandes ojos castaños las enamoraban. Apenas ha regresado y ya vuelven todas otra vez a las andadas. Hombres como ese son venenosos. Les hará perder la cabeza una detrás de otra, y a todas las hará infelices. Adele, Morgane y todas las demás.

«Vaya, vaya, conque sus ojos castaños», pensó Ellen con regocijo, pero se guardó mucho de dejar que se le notara.

Claire masticaba su pan sin ganas.

—Lo peor es que quiere quitarme los encargos.

—Pero si te ha dicho que no sabía...

—Disparates —interrumpió Claire con malos modos—. Eso no son más que cuentos. Estoy segura de que lo sabía muy bien, pero se habrá dicho que una mujer no podía ser un adversario muy difícil de vencer. Los hombres como él creen que pueden permitírselo todo.

—Pero si quiere trabajar para ti... ¿qué tienes en contra?

—Oh, hay muchísimos motivos —respondió Claire excesivamente deprisa.

Ellen la miró esperando una explicación, pero ella siguió comiendo en silencio.

—¿Y qué motivos son esos? —insistió Ellen al cabo.

Claire tragó un bocado.

—Bueno, está el jornal, por ejemplo. Los forjadores me han hecho rebajar el precio porque soy mujer. A él tendrían que pagarle más, esa es la única razón por la que yo les intereso más que él. ¿Lo entiendes ahora? Si yo tuviera que pagarle a él, no podría mantener ese precio rebajado. —Alzó la barbilla—. Además, no quiero tenerlo por aquí y ya está. ¡Es peligroso! —Casi gritó esa última palabra.

«A mí me parece más peligroso para tu corazón que para tu negocio», estuvo a punto de contestar Ellen, pero lo dejó correr.

—Hace mucho que sé a lo que está jugando, no soy boba. Como no ha conseguido nada con los forjadores, ha pensado que podría trabajar una temporada para mí. Y cuando todos lo conozcan, al final preferirán el trabajo de un hombre. Seguro que ese cálculo también le sale bien.

Ellen asintió pensativamente. Los argumentos de Claire, a fin de cuentas, tenían mucho sentido. Además, también conocía a Guiot mejor que ella.

—Entonces deberías cuidar de que no se convierta en tu enemigo.

—De ninguna manera pienso amilanarme ante él. Lo mejor es que se marche y pruebe suerte en algún otro lugar.

Ellen tenía pocas esperanzas de que Guiot fuese a hacerle ese favor. Seguramente Claire pensaba lo mismo y por eso estaba tan enfadada. Guiot había invertido sus ahorros en el taller, y Béthune era su hogar. Visto así, tampoco Ellen se habría dejado disuadir a la primera.

—Si de todas formas no está dispuesto a marcharse del pueblo, también existe otra solución para tu problema: cásate con él —dijo, medio en chanza.

Claire palideció.

—¡Jamás! —exclamó, y miró a Ellen indignada.

Guiot volvió al taller apenas una semana después.

—Morgane me ha estado preguntando por el pasado. No sé cómo no caí antes, en cuanto oí tu nombre. Eras una niña muy guapa, pero que te hayas convertido en una mujer tan fuerte y hermosa… —Sacudió la cabeza con incredulidad.

Ellen reparó en el tono íntimo que se permitía darle a sus palabras y se preguntó cómo reaccionaría Claire. Sin embargo, la vainera no dijo nada. Ni siquiera levantó la vista de su trabajo, como si Guiot no estuviera allí.

—Aunque por aquel entonces ya eras una cabezota, la verdad —continuó diciendo él, y sonrió—. Y una atrevida. ¡Cuando pienso en cómo me arrastraste tras el granero…!

Fue al oír eso cuando Claire perdió la compostura… y precisamente eso había pretendido él, con toda seguridad.

—¿Que yo te arrastré tras el granero? ¡Fuiste tú el que, sin preguntarme nada, me dio un beso baboso y repugnante y me juró amor eterno, como si yo te lo hubiera pedido!

—Y al regresar ni siquiera te he reconocido. ¡Sé que ha sido inadmisible! —concedió, compungido—. ¡Y eso que nunca te he olvidado! Te has convertido en una mujer muy bella. —Guiot suspiró y volvió a sonreír.

Claire seguía fuera de sí:

—Me es absolutamente indiferente que me hayas reconocido o no, igual que tus infantiles promesas de amor, que no significan nada. Ve a engatusar a Morgane con tus susurros, aún es lo bastante joven para picar con algo así. —Claire le volvió la espalda con ira.

—Morgane —dijo él largamente—. Muy guapa, pero aburrida. Las mujeres con experiencia me resultan más interesantes.

Guiot le guiñó un ojo a Ellen, que estaba sentada a la mesa con una sonrisa en el rostro.

Claire se dio cuenta y fulminó a la muchacha con una mirada severa antes de volverse de nuevo hacia él.

—¡Fuera de aquí, descarado! —vociferó.

Guiot bajó la cabeza, se despidió de Ellen con un gesto y se marchó.

Ella no le veía nada de insidioso, pero la furia de Claire arreció más aún.

—¿Por qué no desaparece de una vez ese zángano? —refunfuñó cuando ya se había marchado del taller.

Guiot las visitaba cada vez más a menudo para pedir trabajo o repartir halagos, y en cada ocasión Claire perdía los nervios.

Un día que él fue, la vainera había salido.

—¿Puedo ayudaros en algo? —preguntó Ellen con cortesía.

—Bueno, podríais interceder por mí con buenas palabras. —E inclinó la cabeza como un cachorro suplicante.

Ellen se echó a reír.

—Eso no serviría de mucho. Además, no sé por qué habría de hacerlo.

—¡Convenceos con mi trabajo!

Le mostró a Ellen las dos vainas que llevaba consigo. Estaban trabajadas con esmero, lucían bellas decoraciones y eran técnicamente impecables. «Claire valoraría mucho su trabajo si él le gustara un poco menos», pensó la muchacha.

De pronto Claire apareció en la puerta.

—¿Está intentando conquistarte? Ya te había dicho que les pone ojitos a todas. —Lo fulminó con la mirada.

—Válgame Dios, ¿no está preciosa cuando se enfada? —preguntó Guiot mirando a Ellen.

—Esto son trabajos suyos. Quería enseñártelos para convencerte, pero no estabas, así que los he examinado yo. —Ellen mantuvo un tono deliberadamente calmado al pasarle las dos vainas a Claire.

Para sorpresa de todos, esta examinó las piezas, tal vez porque era la mejor opción para no tener que mirar a Guiot a los ojos.

—¡Un trabajo esmerado! No tengo nada que decir en su contra pero ¡ya te he explicado que no necesito tu ayuda! —La mirada de Guiot se posó en el montón de trozos de madera cortados ya a medida. Parecía una buena cantidad de trabajo. Claire siguió su mirada y se sonrojó, pues acababa de quedar como una embustera—. No puedo pagarte un buen jornal, aunque tenga muchos encargos —explicó con bochorno.

Guiot asintió con comprensión.

—¿Qué te parecería, entonces, si nos casáramos? Así podríamos trabajar juntos. Esa sería la solución a nuestro problema, ¿no crees? —Su voz era objetiva, pero en sus ojos resplandecía la pasión.

Claire se quedó mirándolo, desconcertada.

—¿A nuestro problema, la solución a nuestro problema? Yo no tenía ningún problema hasta que apareciste. Siempre he cuidado bien de nosotros y he salido adelante. ¿Por qué tendría que someterme de pronto a un hombre como tú?

—¿Porque me amas? —Guiot sonrió con ingenuidad.

—¡Fuera de mi taller, y que no vuelva a verte por aquí, ¿me oyes?! ¡Antes preferiría desposarme con un viejo apestoso que contigo! —espetó Claire.

Guiot bajó la mirada. «Parece un hombre muy enamorado», pensó Ellen, sintiendo lástima por él.

Sin añadir más, salió del taller.

Las mujeres de la aldea que se habían hecho ilusiones de convertirlo en su marido se preguntaban qué podía haber sucedido para que el alegre Guiot hubiese cambiado tan de repente. Ya nunca iba a charlar al pozo, y por las tardes tampoco se sentaba con su padre delante de la cabaña. Cuando lo veían en cualquier lugar, parecía triste y abatido.

Dos semanas después, Morgane lo vio marchar. Su padre lloraba apoyado en la valla mientras Guiot lo abandonaba. Todo el pueblo cuchicheaba sobre por qué no se habría quedado.

Desde la proposición de matrimonio no había vuelto a pasar por el taller. Al principio parecía que a Claire le importaba poco, pero al cabo de un tiempo a Ellen le dio la impresión de que miraba a la puerta más a menudo que antes.

—¿Ves? Desde el principio he dicho que hombres como ese no valen de nada. De repente vuelve, después de todos estos años, me propone matrimonio a todo correr y desaparece de nuevo. ¿Te imaginas lo boba que parecería ahora si le hubiese dicho que sí? —comentó un día, acalorada.

—Ay, Claire, ¿es que sigues sin darte cuenta de que, si se ha marchado, es por ti? Además, es verdad que lo amas; ¿por qué no has querido casarte con él?

Era evidente que había sido un lance de la fortuna, pero Claire se había negado a aceptarlo.

—¿Qué crees que habría cambiado eso? ¿Acaso no has visto cómo lo miraban las demás mujeres del pueblo? ¡Jovencitas guapas como Morgane!

—Pero él te ama a ti.

—Yo lo veo de otro modo. Los hombres no son capaces de sentir amor de verdad. Desean, sobre todo, lo que no pueden tener. Me quería a mí porque lo rechazaba, pero en cuanto nos hubiéramos casado, habría deseado tener a otras en lugar de a mí. Un matrimonio contraído por amor nunca dura, así es la naturaleza de las cosas. ¡Solo te hace infeliz!

Entonces Ellen comprendió: ¡Claire tenía miedo del amor!

—Se ha marchado y eso es lo mejor. ¡Créeme! —zanjó la vainera, y Ellen se preguntó a quién quería convencer con eso.

Desde la marcha de Guiot, Claire trabajaba como una posesa. Si bien se esforzaba mucho por parecer contenta, lo conseguía solo a medias. Ya nunca sonreía, y comía poco y sin gana.

Aquello no podía continuar así. ¡Claire era más tozuda que una mula! No sería fácil lograr que cambiara de opinión respecto al amor, y aunque parecía que ya era demasiado tarde, Ellen estaba decidida a ayudar a aquellos dos. Debía encontrar un camino para la felicidad de ambos. Guiot volvería a hacer feliz a Claire, y Ellen podría entonces proseguir su camino sin cargo de conciencia.

—Disculpad si os molesto, ¿tenéis un momento que dedicarme? —preguntó con cortesía al abrir la puerta de la cabaña del viejo Jean.

—Adelante, niña, adelante —repuso el hombre con afabilidad.

La sala estaba sorprendentemente limpia y arreglada. En el suelo de barro hollado había esteras de paja, y la cama de madera del rincón tenía sábanas limpias. En una pared había varios ganchos para colgar ropa. Tres de ellos estaban desocupados: sin duda ahí habían colgado las cosas de Guiot.

—Siéntate.

El anciano señaló hacia dos sillas que había junto a una mesa, cerca de la chimenea. Se lamió los labios agrietados y sacó dos tazas y una jarra de cerveza desabrida. Sirvió la bebida y le acercó a Ellen una taza. Después dio un gran trago de la otra y se sentó.

—Vengo por Guiot —dijo Ellen, y al instante lamentó haber comenzado con esa frase. El viejo no debía pensar que era ella quien estaba interesada en su hijo. Así que añadió enseguida—: Y por Claire.

El anciano se quedó mirando al vacío.

—Lo crié yo solo, su madre murió muy joven. El chico era todo cuanto tenía, pero aun así lo envié lejos para que aprendiera un oficio y algún día le fuera mejor. Tuve que ahorrar mucho y trabajar más aún para poder pagar su aprendizaje, pero valió la pena.

El anciano, azorado, intentaba enjugarse las lágrimas que arrasaban sus ojos.

Ellen cogió su mano arrugada y áspera y la apretó con cariño.

—Cuando murió el marido de Claire, viajé hasta Eu y le pedí a Guiot que volviera, pero él no quiso. «¿Sabes cuántos se lanzarán ahora sobre su viuda?», me preguntó. «Aquí me va bien», dijo, pero al cabo de un tiempo se presentó a mi puerta. No sabes la alegría que me llevé.

Ellen recordó a Osmond. Cuánto le gustaría volver a verlo...

El anciano se echó un par de buenos tragos. Su nuez bailó arriba y abajo; después prosiguió:

—De niños, Claire fue su gran amor, pero al regresar no la reconoció. Tendrías que haberla visto de niña. Claire era como un palo de escoba, no especialmente guapa, pero sí vivaracha y bastante descarada. No fue hasta convertirse en muchacha cuando afloró su belleza. El matrimonio y el niño le sentaron bien, la hicieron más sensata. Guiot se enamoró de ella el primer día tras su regreso y, cuando supo quién era, tomó una firme decisión. «Me casaré con ella», me dijo, y se lo veía muy feliz. Me habría alegrado por él, pero cada vez que iba a visitarla volvía a casa abatido. Había esperado que Claire cambiase de opinión, pero ella siempre lo rechazaba. Está enfermo de amor. Dice que solo podrá olvidarla si no la ve más. —La voz del anciano era amarga—. No es peor que su primer marido. Aunque solo fuera por su trabajo, habría sido adecuado para ella.

—Y es el adecuado para ella —dijo Ellen con mucho énfasis—. Claire también lo sabe, pero tiene miedo.

El viejo la miró sin entender qué quería decir.

—¿Qué clase de tontería es esa? ¡Guiot no le haría daño a una mosca!

—¡No, no, no tiene miedo de que le pegue! —lo tranquilizó Ellen—. Teme perder su amor cuando estén juntos.

—¿Lo envía lejos porque tiene miedo de perderlo? —El viejo no lo entendía.

—Claire cree que los hombres son infieles y piensa que, ahora que ha conseguido que Guiot se marche, sufrirá menos que si algún día llegara a engañarla. —Ellen respiró hondo.

—Que las mujeres siempre tengan que hacerlo todo más complicado de lo que es... —reflexionó el anciano, y sacudió la cabeza con desaprobación.

—En eso puede que llevéis razón, pero precisamente por ello estoy aquí. Alguien tiene que conducirlos hacia su felicidad. Yo estoy en deuda con Claire y quiero ayudarla. No quiere admitirlo, pero es muy desgraciada porque Guiot se ha marchado.

—Le está bien merecido —masculló el viejo.

—Ama a Guiot, y con una pequeña artimaña conseguiremos que acceda a casarse con él.

Ellen sonrió de un modo significativo.

—Ya es demasiado tarde —dijo el viejo Jean sin hacerse ilusiones.

—Yo creo que no. A menos que no sepáis adónde ha ido vuestro hijo.

—Quería regresar a Eu.

—Entonces, esperemos que siga allí, ¡porque tengo una idea para que consigamos llevar todo esto a buen puerto! —Ellen sonrió al anciano y se levantó—. No perdáis la esperanza. ¡Con un poco de suerte, vuestro hijo volverá pronto! Pero... —Ellen se llevó el dedo índice a los labios y adoptó una expresión grave—. Ni una palabra a nadie o, si no, mi plan no dará resultado. No lo olvidéis.

El anciano asintió con seriedad, aunque incrédulo, y acompañó a Ellen a la puerta.

«Tengo que conseguirlo», pensó ella, y se frotó las manos. Sabía exactamente cómo unir de nuevo a los dos enamorados, de manera que se apresuró hacia el castillo con mucho brío.

—¿Qué quieres? —preguntó el guardián de la puerta, interponiéndose en su camino—. Nunca te había visto por aquí.

—Soy de Beuvry y quiero hablar con la esposa del abogado.

—¿De qué se trata? —preguntó el guardián sin ninguna intención de dejarla pasar.

—Eso a vos no os concierne. La señora me conoce, le salvé la vida a su hijo. Si no me creéis, id a preguntarle. Me llamo Ellenweore.

Ellen se irguió ante él como antes, cuando fingía ser oficial herrero. Su imponente actuación hizo que el joven guardián vacilara.

—Por mí, adelante. Preséntate en la torre —dijo, y mientras la dejaba pasar, se tomó la molestia de hacerle ver que no estaba impresionado.

El segundo centinela fue más amable. Señaló hacia un extenso prado que había tras la torre.

—La señora está allí con sus hijos, puedes ir a su encuentro.

Ellen la vio desde lejos y no pudo por menos que quedar maravillada ante su belleza. Estaba sentada en la hierba con su benjamín, bromeaba con él y lo acariciaba. Dos ayas jugaban al corro con los más mayores, reían y bailaban con gran alborozo. Adelise de Saint Pol se había casado muy joven con el abogado de Béthune y le había dado numerosos hijos e hijas, a quienes criaba con mucho amor. El mayor de todos ya se había ido del castillo de sus padres.

—¿Cómo estás, Ellen? ¡Tienes muy buen aspecto! ¿Y Jacques y Claire, están bien?

La señora la recibió con su pequeño en brazos, permitiendo con placidez que este le tirara del pelo.

—Estoy preocupada por Claire, madame, y quisiera pediros ayuda, aunque hace tiempo que saldasteis ya nuestra deuda con vuestra generosidad.

—¿Qué le sucede a Claire? ¿Está enferma?

Adelise de Béthune parecía inquieta.

—Temo que pronto lo esté si no encontramos una solución.

—Ven, siéntate un momento.

Sin embargo, aun antes de que Ellen se sentara en la hierba, el pequeño Baudouin vio quién era y corrió hacia ella.

—¡Mi ángel, mi ángel! —exclamó riendo, y Ellen no pudo evitar ir al encuentro del pequeño pillastre.

Cuando se inclinó sobre él, el niño se acurrucó contra ella y le echó los brazos al cuello.

—¡Cómo has crecido! —constató Ellen.

—¡Cuando sea mayor, quiero ser caballero! —repuso el niño con orgullo, y la miró seriamente—. ¡Entonces podrás pedirme lo que quieras!

—Ten cuidado con lo que prometes, a ver si se me ocurre pedirte que te cases conmigo cuando sea una vieja solterona... —Ellen le sonrió.

—¡Tú no harías eso! —exclamó el niño, indignado—. ¿Verdad?

—preguntó después con inseguridad, y se ganó con ello las carcajadas de su madre y de las ayas.

—Ve a la cocina con Hawise, Baudouin. Ocupaos de que haya pastel para todos y traed también zumo de manzana; lo tomaremos aquí, en el jardín —ordenó la señora a su hijo, e hizo señas a una de las ayas.

—¡Sí, sí! —gritó el niño, y salió corriendo.

—Bien, ahora podremos conversar un rato sin que nos molesten. Dime, ¿qué sucede con Claire?

Ellen le explicó de principio a fin lo que había pasado y le habló de sus intenciones. La señora de Béthune parecía preocupada pero, con cada palabra que oía, su rostro se iluminaba cada vez más.

—Es una idea maravillosa, Ellen, muy artera, pero espléndida. Naturalmente que te ayudaré.

Baudouin le llevó zumo y pastel a Ellen, que acabó con una mancha pegajosa en el vestido, pues el pequeño se había arrimado a ella con la boca sucia para despedirse. Aunque no sabía mucho de niños, era imposible no fijarse en lo encantador que era el pequeño Baudouin. Le dio un beso en el pelo castaño rojizo y pensó un momento en el hijo que no había tenido.

—Claire no estará precisamente contenta de que haya desaparecido tanto rato, pero tendré que vivir con ello, pues es por una buena causa —le dijo a Adelise de Béthune, y sonrió.

Se despidió con una reverencia cortesana bastante conseguida y emprendió el camino a casa.

Como era de esperar, Claire estaba de mal humor por su larga ausencia.

—He ido a ver a Baudouin. No pretendía quedarme tanto, pero su madre y él han insistido en que les hiciera un poco de compañía, ¿qué iba a hacer? —explicó Ellen, disculpándose.

—¡Mira cómo te has puesto! ¡Tu bonito vestido! —la riñó Claire, que nunca solía molestarse por esas nimiedades.

—¡Baudouin, zumo de manzana y pastel! —exclamó Ellen encogiéndose de hombros.

—Ponte ahora mismo a trabajar; aún queda tiempo hasta que

se haga de noche y las vainas para maese Georges todavía no están listas. Las quiere para finales de semana.

—¡Seré tan rápida como el viento! —exclamó Ellen con entusiasmo.

Claire, que antes siempre se alegraba ante los arrebatos de buen humor de Ellen, la miró con recelo.

—¿Qué son esos remilgos? ¡Ponte ya a trabajar!

Ellen no dijo nada más e hizo lo que Claire le había mandado. Se ganó un par de miradas coléricas, pues no dejaba de canturrear contenta para sí, pero ya no le importaba.

Pasaron dos semanas sin que sucediera nada. Claire trabajaba mucho y hablaba poco, y Ellen se esforzaba por hacerlo todo bien, a pesar de que últimamente era casi imposible.

Por entonces, a primera hora de una mañana de septiembre, cuando en el aire flotaba ya un frescor otoñal, unos caballeros llegaron al pueblo y se detuvieron ante el taller.

Claire y Ellen salieron enseguida.

Era Adelise de Béthune, acompañada de unos cuantos hombres. Un joven caballero desmontó presuroso para ayudar a su señora a descabalgar. Ella esperó con paciencia a que la bajara.

—¡Señora, qué honor! ¿Qué os trae a mi casa? —preguntó Claire, saludando a la dama con cortesía y una reverencia.

Adelise de Béthune hizo una señal a uno de la comitiva para que se adelantara. Un hombre de edad avanzada, con la boca torcida y una nariz llena de verrugas, bajó con ceremonia de su corcel y se acercó. Exhalaba un espantoso hedor a sudor y pelo rancio.

—Mi querida Claire, este es Basile. Es vainero, igual que tu difunto esposo. Sé que hace tiempo que debiera haberme ocupado de que te volvieras a casar. El peso del taller es demasiado para tus delicados hombros, y aún eres joven para quedarte sola.

Claire tomó aire como si fuera a interrumpir a la señora, pero no emitió ni un solo sonido. Adelise de Béthune siguió parloteando con alegría:

—¡Mi marido desea que Basile se asiente en Beuvry y se case

contigo! —Miró con una inocencia radiante a Claire, que se había quedado muda.

Ellen sospechaba cómo debía de sentirse. Claro está que podía negarse a desposarse con aquel hombre, pero entonces cabía la posibilidad de que el abogado lo casara con alguna de las otras jóvenes y que ambos se trasladaran a su casa y a su taller.

Claire lo miraba con repugnancia.

Adelise de Béthune sonrió.

—Le he explicado a Basile cuánto hace que llevas el taller tú sola, y se alegra mucho de que trabajes tan bien.

—Mientras no tengamos niños, podrás ayudarme —dijo Basile con displicencia—. Pero después, ¡a la casa! —Su sonrisa desveló unos cuantos dientes podridos.

Claire bajó la mirada.

Basile se apoyó en las jambas del taller y contempló el lugar de trabajo de Claire con una campechanería tal como si ya estuviera en su casa.

—Como deseéis, madame —dijo Claire, sumisa, y mantuvo la mirada gacha para que nadie viera las lágrimas de sus ojos.

—Muy bien, Claire, entonces os casaréis. El domingo, dentro de ocho días. Ya sabes lo mucho que os quiero, por eso he decidido regalaros a Ellen y a ti un vestido nuevo para tus esponsales. Venid a verme mañana, así os tomaremos medidas. También a Jacques lo compondremos.

Adelise de Béthune sonrió con simpatía y ordenó que la ayudaran a subir a su montura.

—Venid, Basile, dejadlo ya. ¡Dentro de nada el taller será vuestro! —exclamó, y espoleó su caballo.

—¡Es horrible! —gritó Ellen en cuanto se hubieron marchado—. ¿Cómo ha podido hacerte eso?

Claire se esforzaba por permanecer impasible.

—Solo quiere ser buena conmigo, ¿crees que mi primer marido era mucho mejor? Seguro que ese Basile también tiene su lado bueno. —Le temblaba la voz.

—Pero es viejo, y tiene unos ojos tan... Ay, no sé; penetrantes —insistió Ellen, aunque sabía que con eso torturaba a su amiga.

Sin embargo, así debía ser. Si quería que su plan diera resultado, no había alternativa.

—El abogado está en todo su derecho de buscarme marido. La casa es tan poco mía como el taller. O me caso con Basile, o tendré que marcharme de Beuvry. Jacques y yo tenemos aquí nuestro hogar, de modo que me uniré a ese hombre, aunque me ponga mala solo con pensar en criar a sus chiquillos y compartir con él el lecho hasta el fin de mis días. ¡A lo mejor Dios se apiada de mí y muero dando a luz! —espetó la vainera.

Ellen ya estaba a punto de desvelarlo todo cuando Claire recobró el dominio de sí misma.

—Qué más da. Mi primer marido tampoco fue ninguna belleza, y, aun así, encontré el modo de arreglármelas —dijo con decisión.

Pero Claire tenía peor aspecto cada día que pasaba, y la víspera de la boda al fin se echó a llorar desconsoladamente.

Ellen la abrazó para tranquilizarla.

—Lo he hecho todo mal —se lamentaba Claire con tristeza—. ¡Qué tonta he sido! Seguro que no merezco otra cosa, pero no sé si seré capaz de casarme con ese individuo.

Ellen se esforzó por parecer espantada para que Claire no la descubriera. Le dolía en el alma ver a su amiga sufrir de esa manera. Un poco más y habría impedido que la pobrecilla siguiera padeciendo, pero tenía que aguantar hasta el final, aunque no le resultara fácil. Los ojos de Claire estaban rojos de tanto llorar.

—A lo mejor no llegaron a entenderse con Guiot. Si él hubiera querido, el señor de Béthune podría haber acordado una boda con él. A lo mejor, si Guiot no hubiera desaparecido tan deprisa... —Claire se ahogó en sollozos.

—¡Pero cielo, si tú misma dijiste que un matrimonio convenido es lo mejor que le puede pasar a una mujer!

Ellen se sentía avergonzada de ser tan cruel.

—Sí, ya sé que dije esa tontería. Y ahora tengo que pagar por ello. —Claire se irguió y se enjugó las lágrimas con decisión—.

Mañana me desposaré con ese tal Basile, orgullosa e íntegra. Pero que no se haga muchas ilusiones con eso de que cocine para él y le dé muchos hijos —gruñó.

Ellen se obligó a asentir. A lo mejor se había equivocado con Claire y verdaderamente era tan dura como aparentaba. ¿Acabaría haciéndose a la idea de que esa boda debía celebrarse?

El día de su enlace, Claire se levantó tan temprano como cualquier jornada de trabajo. Ellen vio que iba al taller y miraba en derredor con melancolía. Todo estaba ordenado, los encargos comenzados ya estaban listos. No había ni una hebra tirada por ahí, ni una herramienta que no estuviera guardada en su sitio. Aunque ya llevaba puesto el traje de novia, Claire barrió una vez más. Parecía que en aquel taller hacía mucho que no trabajaba nadie; se enderezó y salió fuera. Ellen la seguía con la mirada. Tendría que aunar todas sus fuerzas para conseguir llegar hasta la iglesia. Con el rostro pétreo se encaminó poco después a afrontar su destino. No parecía una novia, sino una condenada de camino a su ejecución. Adelise de Béthune y su séquito aguardaban ya ante la iglesia. Con aparente indiferencia, Claire avanzaba hacia ellos con la cabeza bien alta pero, al encontrarse con la mirada repugnante de su futuro marido, perdió la compostura.

—No puedo —susurró con voz trémula.

Ellen fingió no haber oído nada; Adelise de Béthune ya se acercaba a ellas sonriendo. Cogió a la novia de ambas manos y la saludó con cariño.

—Pronto volverás a tener esposo, niña.

Claire sacudió la cabeza y arrastró a su señora a un aparte:

—Por favor, madame, tenéis que liberarme de mi obligación. Amo a otro hombre. Con Basile no puedo…

—Pero, niña, ¿qué bobadas son esas que oigo? ¿Que amas a otro? Eso no es motivo para no casarte con Basile. Un matrimonio por amor es un disparate, créeme, sé lo que me digo.

—Eso creía yo misma hasta que regresó Guiot. Quería casarse conmigo y yo, necia de mí, le dije que no.

Claire estaba al límite de sus fuerzas.

—Bueno, entonces no habrá ningún problema y podremos celebrar tu boda —dijo Adelise de Béthune mirando a Claire con una extraña severidad—. ¡Vamos!

Claire se dio por vencida y la siguió. Con la mirada fija en sus propios pies para impedirse salir corriendo de allí, no se dio cuenta de que, entretanto, Guiot había ocupado el lugar de Basile. Tenía los ojos anegados en lágrimas.

El sacerdote comenzó su sermón sobre el matrimonio, sus obligaciones y la voluntad de Dios.

Claire apenas parecía oírlo.

—Y tú, Claire, viuda del vainero Jacques y madre de su hijo Jacques, ¿quieres por esposo a Guiot, aquí presente, a su vez vainero de oficio, para amarlo y respetarlo…?

Claire alzó la mirada como una corza espantada. ¿Había dicho Guiot? Miró a su lado, donde creía que encontraría a Basile, sin poder creerlo.

Guiot le sonrió con timidez.

—¿… y serle fiel hasta que la muerte os separe, darle hijos y educarlos para que sean personas temerosas de Dios, como corresponde a la Santa Madre Iglesia, y todo ello por libre voluntad? Si quieres, responde con un sí.

El sacerdote miró a Claire con expectación.

—¡No ha sido idea mía! —le susurró Guiot, disculpándose, mientras el sacerdote seguía esperando una respuesta.

Este repitió la pregunta con mucha paciencia.

Claire se apresuró esta vez a contestar alto y claro con un sí, pese a que le temblaba la voz.

Después de que también Guiot hubiese dado el sí y de que el sacerdote los bendijera, todos los temores de Claire desaparecieron.

—¿Quién de vosotros está detrás de todo esto? —preguntó Claire a los presentes, y fulminó a Guiot y a las dos mujeres con la mirada.

Guiot se limitó a alzar las manos y miró a la señora de Béthune.

—¡Ah, no, idea mía no fue! Yo no he sido más que un instrumento —dijo, riendo, y señaló a Ellen—. ¡Solo ella estaba en posición de tramar algo así!

—¡Ellen! —Claire estaba demasiado feliz para indignarse.

—Es que no podía quedarme de brazos cruzados mientras veía cómo mandabas al demonio tu felicidad. Es mi manera de agradecerte cuanto has hecho por mí. Hace ya una buena temporada que pienso en seguir camino y no quería dejarte sola con todo el trabajo. Y como eres una cabezota y no querías emplearlo, pensé que la mejor solución sería que te casaras con Guiot. Te parece bien, ¿verdad?

—Gracias —dijo Claire con voz ahogada.

Ellen sacó de pronto una corona de florecillas blancas que llevaba a la espalda y deshizo el tenso moño de la nuca de Claire para que su hermosa melena, de un rubio oscuro, cayera en suaves ondas sobre sus hombros. Después le puso la corona de flores.

—¡Eres una novia guapísima, Claire, y Guiot es un hombre con suerte!

—¡Bueno, bueno, Claire también tiene suerte, pronto se dará cuenta! —exclamó Guiot en chanza, y tiró de su novia hacia sí para darle al fin, tras tanta espera, un segundo beso.

—¿Mejor que el primero? —le susurró.

Claire se puso colorada y asintió.

Todo el pueblo se había reunido en la iglesia y rompió entonces a aplaudir. Un par de hombres soltaron fuertes silbidos con los pulgares y los índices en la boca, y el molinero sacó su pequeña flauta para tocar una alegre melodía. Las mujeres se arrancaron a cantar entonces una canción burlesca para la pareja... tal como había sido costumbre en el pueblo desde siempre. Incluso Morgane, Adele y las demás solteras parecían desearle felicidad a Claire. Tal vez creyeran que, si a una de ellas podía sucederle inesperadamente algo tan maravilloso, todas las demás tenían también derecho a esperar una sorpresa de la fortuna.

Con piernas temblorosas, el viejo Jean salió de entre el gentío, abrazó a su hijo pródigo y, sin voz, se echó a llorar de alegría.

Primeros de marzo de 1170

No nos queda mucha cola —comentó Claire como de pasada.

Ellen arrugó un poco la frente, pero la vainera no pareció darse cuenta. Desde la boda, a veces tenía la cabeza en otro sitio. ¿De veras había olvidado que al día siguiente Ellen partiría para siempre?

—Tampoco hay demasiada tela. —La voz de Ellen sonó como si fuera de arcilla.

Claire asintió sin mirarla.

—Mañana traeré un poco más —repuso, y de pronto salió corriendo del taller mascullando una disculpa y casi llevándose a Jacques por delante.

—Mamá llora todo el rato, y tú tienes la culpa. —El niño miró a Ellen con reproche.

—¿Yo? —preguntó ella, indignada.

—Está triste porque quieres marcharte… y yo también —dijo, y la abrazó con torpeza.

Con los años, su simpleza se había hecho cada vez más evidente.

—También yo estoy triste, Jacques, pero ha llegado el momento de que me vaya.

Ellen se enjugó una lágrima furtiva del rabillo del ojo.

—¡Te he visto, estás llorando! —exclamó el chico, triunfante.

Ellen se echó a reír, y esta vez la lágrima sí que le cayó por la mejilla.

—No llores, te puedes quedar aquí —dijo Jacques con cariño, y volvió a apretarse contra ella.

—No, tengo que marchar, créeme. —Le temblaba la voz.

—Pero volverás pronto, ¿verdad? ¡Y entonces me casaré contigo! —dijo él con el rostro resplandeciente.

Ellen no pudo evitar pensar en el pequeño Baudouin y se echó a reír.

—¡No digas disparates, Jacques! Te casarás con una joven muy guapa, no con una vieja como yo.

—¡Tú no eres vieja! —exclamó indignado, y la miró con enojo—. Entonces esperaré a ser viejo yo también —añadió, y se alejó.

Pasar el último día como si fuera una jornada laboral corriente les resultó muy difícil a todos. Cuando llegó la tarde, Claire habló finalmente con Ellen:

—Estoy segura de que fue Dios quien te mandó a nuestro lado. ¡Has hecho tanto por mí!… —Le apretó la mano.

—¡Oh, no, Claire, eres tú quien me ha ayudado! Sin ti jamás habría encontrado el camino. Gracias a ti he aprendido a creer en mí, a creerme capaz de algo aunque lleve vestido en lugar de calzones y camisa. ¡Siempre estaré en deuda contigo!

Ellen superó su timidez y le dio a Claire un abrazo por primera vez.

—En absoluto, no me debes nada. —Claire la agarró de los hombros y la miró a los ojos fijamente—. ¡A ti te debo toda mi felicidad!

—¡En eso estoy de acuerdo! —terció Guiot, que solo había oído la última parte de la conversación. Sonriente, alargó hacia ellas un brazo con una jarra—. ¡Vino! —dijo con orgullo—. ¡Lo he traído para que guardes un buen recuerdo de nosotros! —Y esbozó una sonrisa de oreja a oreja.

Ellen se relajó un poco.

—Vaya, vaya, y ¿crees que si mañana me despierto con la cabeza espesa recordaré esta noche con alegría? —preguntó con mofa y cariño.

—Sentaos las dos, hermosas, y comed y bebed conmigo.

Guiot se echó a reír y sirvió vino tinto en las tazas de barro que había en la mesa. También Jacques pudo echar un trago para celebrar la ocasión.

—¡A tu salud, Ellenweore! —dijo con seriedad.

—¡Por vuestro futuro juntos y por vuestros hijos! —exclamó Ellen, y le hizo un gesto a Claire.

Esta se sonrojó y Guiot la abrazó con orgullo.

—¡Por tus ambiciosos planes, Ellen! Que todo en la vida te salga bien, ¡y que también tú encuentres el amor! —entonó Guiot, y brindó con ella.

Claire soltó un pequeño sollozo, dejó la taza en la mesa con tanta precipitación que el vino se derramó un poco y salió corriendo de la estancia.

—Déjala. —Guiot retuvo a Ellen cuando esta quiso ir tras su amiga, y le hizo una seña para que se sentara de nuevo—. Enseguida estará bien. Si ahora vas con ella, acabaréis llorando las dos y aún se os hará más difícil.

Ellen asintió. Guiot tenía razón; Claire solo tardó un rato en regresar. Aún tenía los ojos rojos, pero se sentó a la mesa con ellos y se esforzó por sonreír.

Para celebrar la ocasión, comieron un pollo asado con salsifí negro y un pan sustancioso, todo acompañado de abundante vino. Pasaron el resto de la noche entre recuerdos. Cuando por fin se fueron a la cama, riendo sin parar, en el odre de vino no quedaba ni una gota.

A la mañana siguiente, Ellen se levantó tan temprano como de costumbre. Le dolía la cabeza, y la luz y los ruidos fuertes la atormentaban sobremanera, al igual que los movimientos bruscos; pero el que bebía mucho, debía sufrir el dolor de cabeza hasta que se pasaba. Ellen se lavó y se vistió, como siempre, pero cada movimiento le costaba; sus brazos parecían de plomo. Pese al dolor atroz de la cabeza, logró preparar el fardo con sus pertenencias. Dobló con sumo cuidado el precioso vestido verde que le había regalado la señora de Béthune y que hacía relucir más aún el verde hierba de sus ojos. Como siempre, se llevó consigo una pila de paños de lino, una pequeña tea, pedernal, eslabón y yesca, y también algunos víveres. Cogió el paño de Aelfgiva, que guardaba como un tesoro, lo acarició con la mejilla y recordó con melancolía a la vieja curandera. También guardó en el fardo todos los objetos que le traían recuerdos: el peine que le había regalado Claire, la figurilla de san Cristóbal que le había tallado Jacques, las cintas para el pelo que, pese a la insistencia de Claire, nunca se ponía, y la piedra brillante de Tancarville. Rose la había encontrado nada más arribar a puerto y se la había regalado a Ellen como símbolo de su amistad. A pesar de que Rose la había delatado, Ellen aún la llevaba consigo a todas partes. Le cayó una lágrima por la mejilla, pero enseguida se la secó con la manga y se ciñó el cinto del que colgaba el cuchillo de Osmond, el odre del agua y una escarcela. La mayor parte de su dinero la guardaba bajo la ropa. En la escarcela del cinto tintineaban tan solo las monedas justas para pasar unos días. En caso de ser atacada, con suerte los ladrones creerían que llevaba todo su dinero ahí.

En Tancarville siempre se había cortado su reluciente cabello pelirrojo a la altura de la oreja, pero desde entonces le había crecido y le alcanzaba ya hasta los hombros. Era espeso y ondulado, casi rizado, y casi tan rebelde como ella. Cuando trabajaba le caía por la cara, así que se lo recogía en una coleta corta con una simple cuerda. Una corona de rizos decoraba su alta frente. Las pocas pecas que había tenido de niña sobre la nariz se habían convertido en verdaderas islas de efélides que hacían parecer más atrevida su pálida tez y más delicado su rostro. Bajo las espesas cejas pelirrojas, sus ojos verdes fulguraban como esmeraldas engastadas en cobre.

Suspiró. Si bien hacía ya meses que no pensaba más que en marchar de allí, la partida le resultaba difícil.

—¡Siempre puedes cambiar de opinión! —dijo Claire al despedirse.

Ellen sacudió la cabeza con valentía.

—Ahora tengo que seguir mi propio camino.

Había vivido casi tres años en Béthune. Después de la boda, Claire y Guiot la habían convencido para que se quedara con ellos a pasar el invierno. Por fin había llegado el día en que debía separarse de sus amigos.

—Claro. —Claire asintió.

Ellen abrazó a Guiot.

—Cuida bien de ella, ¿me oyes?

—Puedes dejarla en mis manos, que la cuidaré bien —repuso él con seriedad.

Ellen tragó saliva.

—Válgame Dios, parece que fuera mi madre en lugar de mi amiga... —apuntó Claire con un suspiro.

—¡Mira, Guiot, ahí viene tu padre! —exclamó Ellen con alegría al distinguir al viejo Jean a lo lejos.

Quería mucho al anciano, pues le recordaba a Osmond.

—Me habría sentido orgulloso de tener una hija como tú —le susurró él al oído, poco después, mientras la abrazaba.

Ellen perdió entonces la serenidad y rompió a llorar. Jean le dio unas palmaditas en el hombro para consolarla.

—¡Mirad, ahí llegan caballos! ¡Creo que es Adelise de Béthune! —exclamó Claire, alzando la voz más de lo necesario, e hizo señas.

Ellen se enjugó una lágrima y vio que su amiga tenía razón.

La señora de Béthune desmontó, la abrazó y la miró fijamente a los ojos.

—Lleva mucho cuidado, Ellen. ¡Gauthier, el poni! —ordenó a un hombre de su séquito.

El caballero Gauthier le entregó a Ellen las riendas de un animal pequeño y hermoso.

—Viajar a caballo es más cómodo, más rápido y, sobre todo, más seguro. Atiende al nombre de Nestor, es manso como un cordero y muy adecuado para una amazona poco experimentada —explicó el hombre con una sonrisa.

—¡Es tuyo! —corroboró Adelise de Béthune, y le guiñó un ojo en actitud conspirativa. «Las mujeres debemos ayudarnos entre nosotras», parecían decir sus ojos astutos.

—Gracias, madame. ¡Os lo agradezco muchísimo!

—Ah, sí, casi se me olvida. Esto me lo ha dado mi hijo. Me ha pedido que te diga que nunca te olvidará y, para que tú no lo olvides a él, ¡quiere que lleves esto contigo! —Sacó un pañuelo de seda y lo desdobló.

En la tela había un mechón de pelo castaño oscuro con algún reflejo rojizo. Estaba atado con una pequeña cinta.

Ellen, conmovida, sonrió al ver el pelo del niño.

—¡Buen viaje, Ellen! —Adelise de Béthune montó, se despidió de ella con una grácil cabezada y se alejó a galope.

Claire abrazó a Ellen una última vez. No quería soltarla.

—Vuelve a visitarnos siempre que quieras. ¡Te recibiremos con los brazos abiertos! —dijo, emocionada, mientras Guiot asentía con aquiescencia.

—Gracias… por todo —susurró Ellen con gran pesar en el corazón.

—¡Bueno, vamos a ver cómo conseguimos subirte ahí arriba! —exclamó Guiot mientras la ayudaba a montar.

Ellen se dejó hacer, aunque también sola lo habría conseguido. Nestor permaneció inmóvil y tranquilo hasta que le chasqueó la lengua y le hincó los talones en los flancos, y entonces echó a andar con un trote tranquilo. Seguramente no avanzaría mucho más deprisa sobre su lomo que yendo a pie, pero la abrigaría y le haría compañía. De súbito se sintió feliz de no estar sola en el camino. ¿Acaso no era la soledad un terrible tormento, como la enfermedad o el hambre?

Jacques corrió todavía un rato junto a ella, hasta dejar atrás el pueblo.

Entonces Ellen aflojó un poco las riendas. Siempre hacia delante, allí, en algún lugar, la aguardaba su futuro.

Abril de 1170

En cada pueblo por el que pasaba, Ellen solicitaba trabajo, pero los aldeanos siempre sacudían la cabeza y mandaban seguir camino a aquella desconocida, una mujer que afirmaba que sabía forjar. Ya llevaba un mes viajando y sus ahorros estaban casi agotados. Marzo había sido más frío de lo habitual, incluso había llegado a nevar, y abril tampoco había empezado con muy buen pie. Ellen, infatigable, no dejaba de pedir trabajo, pero cada vez más personas le aconsejaban que probara suerte en Beauvais. Puesto que tampoco tenía ningún otro destino fijado, decidió seguir ese consejo y tardó dos días en llegar a la ciudad.

Las murallas, al estilo de una fortificación, transmitían ya desde lejos el tamaño y la importancia de Beauvais. Sus numerosas calles y callejas, con casas pequeñas y grandes, se entrecruzaban alrededor del imponente palacio episcopal. Ellen miró en derredor con curiosidad y comprendió enseguida que los habitantes de la urbe debían su riqueza al comercio textil. Por todas partes trabajaban hilanderas, tejedores y tintoreros con lana de los más variados tipos para confeccionar nobles paños. Incluso se hacían traer delicada lana de oveja de Inglaterra a tal propósito. Toda la ciudad exudaba prosperidad y olfato para los negocios.

Lo primero que quería hacer Ellen era preguntar por algún herrero en el palacio episcopal. ¡Quién sabía si allí, por fin, tendría suerte! Sin embargo, los centinelas de la puerta le negaron el paso con malos modos y, por si fuera poco, se rieron de ella cuando les explicó cuál era su intención. Con hambre, cansada y completamente aterida, Ellen preguntó a una hilandera cómo llegar a la herrería de la ciudad.

A los labios de la mujer no asomó sonrisa alguna. Miró a la muchacha con la boca apretada y le indicó el camino con una escueta explicación. Aunque los habitantes de la villa parecían disfrutar de prosperidad, no daban la impresión de ser especialmente felices.

Con la esperanza cada vez más menguada llegó al primer taller, llamó a la puerta y entró. Era una herrería pequeña y desordenada, pero Ellen no estaba en condiciones de ser exigente. En las últimas semanas la habían rechazado demasiadas veces. ¡Tenía que encontrar al fin un trabajo y un lugar donde dormir! Sin mucho ánimo farfulló su pequeño discurso:

—Buenos días tengáis, maestro, os ruego unos segundos de atención. Busco trabajo como ayudante de herrero o como... —Hasta ahí llegó.

—¡El cielo te envía! —exclamó el herrero; luego agarró del brazo a la desconcertada Ellen y la arrastró consigo al interior de la casa—. ¡Mira, Marie, tus súplicas han sido escuchadas!

El herrero hizo entrar a Ellen en la cámara principal.

Saltaba a los ojos que la mujer, oronda como un tonel, estaba a punto de tener un niño. Marie se limpió una mano en el mandil mugriento y se la tendió a Ellen. En el suelo jugaba un pequeño de unos dos años, más o menos, con una niña que debía de tener tres o cuatro.

—Puedes dormir en la herrería y comerás lo mismo que todos nosotros. No puedo pagarte mucho, pero si además quieres buscarte alguna otra cosa, a mí no me parece mal. De todas formas podrías seguir durmiendo y comiendo aquí —propuso el herrero apresuradamente.

Aunque las condiciones no eran de lo más tentadoras, Ellen decidió quedarse allí por el momento. Siempre podía buscar algo mejor más adelante.

—Conforme. —Y, sin darse cuenta de que miraba a los niños y a la enorme barriga de la mujer, añadió—: Pero no quiero trabajar en la casa, sólo en la herrería. Sé forjar cualquier cosa y soy buena con el martillo.

El herrero la miró con sorpresa y lo sopesó un momento.

—¡Pues entonces tenemos un trato! —repuso, y le tendió una mano.

Debía de estar en graves apuros para contratarla sin más interrogatorio.

—Por cierto, me llamo Michel.

—Ellenweore.

Le dio un apretón de manos y con eso selló el acuerdo.

—¡Siéntate a la mesa con nosotros y come algo! —ofreció Marie con simpatía, y repartió la sopa, calculada para las raciones de la familia, en una escudilla de madera más.

La ración era escasa y la sopa algo clara, pero estaba buena. ¡Ojalá Marie cocinara más en el futuro! Cuando Ellen volviera a trabajar en la forja, su hambre volvería a crecer también. Pensó con melancolía en el tiempo pasado junto a Donovan y a Glenna, que le habían proporcionado abundante comida y un lugar que considerar su hogar. ¿Cómo les iría? Esa noche concilió el sueño no del todo saciada, aterida de frío y bastante lejos de sentirse feliz. Había esperado de Beauvais mucho más que acabar de peón en una herrería de tercera.

La primera noche soñó con Osmond. Todavía percibía el aroma de la leche de cabra caliente en la nariz cuando el alba la despertó en aquel taller que aún le era extraño. Se dispuso a trabajar con pesar en el corazón. No había estado en ninguna herrería desde su huida de Tancarville, pero no había olvidado el oficio. Por la tarde de esa primera jornada ya tenía la sensación de que nunca había dejado de forjar. Cierto era que carecía de la fuerza y la resistencia de antes, pero el agotador trabajo le hacía sentir una gran satisfacción. A pesar de todo, durante los días siguientes tuvo que pagar los años de descanso con unas terribles agujetas. También sus manos se habían desacostumbrado al trabajo duro, y de nuevo tuvo que soportar una dolorosa temporada de ampollas y callos.

—No salgo de mi asombro —dijo Marie una noche, mirando las maltratadas manos de Ellen—. Precisamente por estas horribles ampollas, siempre he detestado trabajar con Michel en la herrería.

—Sí, sí, por eso ahora no hace más que parir a un hijo detrás de otro, y dice que el martillo resulta demasiado pesado para una mujer en su estado —terció Michel, dejándola en mal lugar.

—Desde luego, ahí se ve otra vez que no tienes la menor idea. El Señor ha dispuesto que la procreación sea una labor suficientemente pesada para las mujeres. Vivir con la barriga hinchada es de todo menos fácil, por no hablar del parto. Estaría encantadísima de poder dejarte todo eso a ti y, a cambio, aguantar yo los callos en las manos —contestó Marie con enfado.

Parecía de veras furiosa con su marido, pero un momento después ya se estaban besando como un par de enamorados y todo había vuelto a la normalidad.

Michel se había hecho herrero porque también su padre lo era, igual que su padre antes que él. Trabajaba sin pasión ni ambición, pero era lo bastante bueno para tener unos cuantos clientes fijos que estaban más que satisfechos con él. Habría podido ganar más sustento para su familia y emplear a un batidor y a un oficial si no pasara todos sus momentos de asueto jugando a los dados en la taberna y no se dejara allí la mayor parte de su dinero.

Marie se contentaba con su destino porque no conocía una vida mejor. Michel no le pegaba, siempre que tuviera la boca cerrada, y con eso tenía suficiente.

Julio de 1170

Ellen se secó la frente con la mano. ¡Qué sofocante estaba siendo el verano ese año! Bajo el techo de la herrería, el aire caliente se estancaba y costaba respirar. Hacía ya unos buenos tres meses que trabajaba para Michel, quien cada vez más a menudo desaparecía después del mediodía para dedicarse a los dados en la taberna. Los oficiales de los demás herreros se reían de él porque dejaba su taller en manos de una mujer. Desconfiaban de Ellen y cuidaban con celo de que no se acercara demasiado a sus maestros.

Esta no sabía si permanecer en Beauvais mucho más tiempo. El mes de julio era bueno para emprender viaje; quizá debiera coger su fardo y cambiar el yunque por el cayado. Justamente estaba reflexionando sobre su futuro cuando un hombre alto y delgado, de unos treinta años, entró en el taller. Ella no lo conocía. Sus ojos eran de un castaño cálido, igual que su pelo espeso y ondulado.

—¿No está Michel? —preguntó con la frente algo arrugada.

—Lo siento. En este momento tendréis que contentaros con que os atienda yo. ¿Qué puedo hacer por vos?

A juzgar por la arruga que se profundizó aún más en su frente, no le gustaba nada tener que tratar con una mujer totalmente desconocida en lugar de con el maestro. Pese a su falta de resolución, a Ellen le resultó simpático.

—Por favor, decidme qué os trae por aquí. Podéis dar por seguro que os atenderé igual de bien que el maestro en persona. De no ser así, no me dejaría tantas veces trabajando sola en su taller. —Ellen se acercó a él.

—Necesito un par de herramientas. Soy Jocelyn, *faber aurifex*.

¡Un orfebre! Ellen asintió con entusiasmo y examinó con atención el utensilio roto que le alargaba el hombre.

—El buril de grabado no se puede arreglar. Tendré que haceros uno nuevo. ¿Qué más necesitáis?

—Un pequeño martillo —respondió el hombre, sorprendido de los conocimientos de Ellen.

—¿De qué peso? ¿Y el peto, de qué tamaño lo necesitáis? ¿Redondeado o plano? —preguntó la muchacha, con conocimiento de causa.

El orfebre le dio sus instrucciones y ella asintió.

—Dentro de cinco días tendré listas las dos cosas; antes no podrá ser, lo siento mucho.

—Bien —repuso él sin hacer ademán alguno de marcharse.

Ellen le sonrió; Jocelyn carraspeó.

De repente se abrió la puerta del taller y Michel irrumpió dentro. Olía a cerveza y parecía malhumorado. Seguramente había vuelto a perder todo su dinero.

—¿Qué hacéis aquí, Jocelyn? ¿Acaso queréis disputarme a mi Ellen? —espetó el herrero.

Jocelyn miró a Michel como si no estuviera muy en sus cabales.

—He encargado unas herramientas —dijo con frialdad.

El semblante de Michel se iluminó.

—¡Ah! Cómo no, si de eso se trata, maese Jocelyn... Ellen os las confeccionará. ¡Le encanta el trabajo! —Soltó una risa ronca.

—Bueno, estaba a punto de preguntarle a maese Jocelyn si habría alguna posibilidad de que me aceptara como ayudante dos días a la semana. Bien sabéis, Michel, que desde el principio lo habíamos acordado así.

El orfebre miró a Ellen con sorpresa y frunció el ceño.

Michel soltó un chillido y rió como un demente.

—Sí, Jocelyn, solo tenéis que ver las manos de la chica. Son de lo más adecuado para un oficio tan delicado como el que vos ejercéis.

Alzó la sucia mano derecha de la muchacha en alto y se la puso al orfebre ante las narices.

Este quedó visiblemente molesto por la desagradable conducta de Michel, que estaba ebrio. Cogió con benevolencia la mano de Ellen y la contempló. Las palmas de sus manos ya no tenían aquellas ampollas sanguinolentas, y era cierto que parecían un poco más delicadas que las acostumbradas en un herrero.

—Cierto, tiene algunas callosidades, pero… —Miró a Ellen con tal insistencia que esta se quedó sin respiración—. En cuanto tengas las herramientas, tráemelas. Si estoy contento con el trabajo, te aceptaré. A prueba. —Jocelyn le soltó la mano con cuidado.

Aunque hacía ya un rato que la había soltado, a Ellen le parecía notar todavía sus dedos cálidos y suaves.

—Hasta dentro de cinco días, pues —dijo en voz baja.

Jocelyn asintió con satisfacción.

—¡Cinco días! —Realizó un frío gesto de despedida en dirección a Michel y se fue.

—No olvides que antes tienes que acabar el encargo del tahonero —gruñó su maestro.

—Lo sé. Lo tendré todo listo, no os preocupéis.

Ellen se puso enseguida a terminar el trabajo del tahonero para poder empezar lo antes posible con las herramientas del orfebre. Quería hacer un trabajo excepcionalmente bueno para él. El buril tenía que ser puntiagudo, afilado y, sobre todo, duro. ¡Por fin una oportunidad de poner en práctica más conocimientos que con las herramientas simples! Ellen disfrutó mucho del encargo del *faber aurifex* y, un par de días después, ya estaba templando el buril y el martillo. Llenó una pequeña artesa que había encontrado en el taller con agua hasta la mitad y añadió después un poco de orina de su bacín. En el fondo colocó una piedra que le había dado Donovan. El forjador de espadas le había jurado que obraba maravillas, igual que el ancestral hechizo que le había enseñado y que ella mascullaba concentrada cada vez que templaba una pieza.

Michel examinó la mezcla con desconfianza, se acercó a olerla y, de paso, agarró a Ellen del trasero, pero esta le siseó al oído:

—Yo prefiero templar con sangre de enanos, que es famosa por su frialdad, pero solo la utilizo para espadas extraordinarias, puesto que es harto difícil conseguirla.

A Michel se le erizó el vello de la nuca y Ellen se regodeó al ver el miedo que le había inspirado. Con un poco de suerte, nunca más intentaría ponerle las manos encima.

Cuando el martillo y el buril del orfebre estuvieron listos y Ellen se los quiso llevar, le preguntó a Michel cómo llegar hasta su taller. El hombre se lo indicó sin chistar. Aquello de la sangre de enano debía de haberle dado mucho que pensar.

Jocelyn pareció sorprendido al ver a Ellen entrar.

—¿Necesitas más? —Su pregunta, algo descortés, pareció casi una afirmación.

—¿Más qué? —Ellen no lo entendía.

—Más tiempo para acabar las herramientas, claro está.

Jocelyn unió las cejas, poco complacido. Era la tarde del quinto día y creía que la muchacha había ido a pedirle un aplazamiento. Michel nunca terminaba el trabajo en el tiempo convenido, así que el orfebre no esperaba otra cosa de Ellen.

—Dije cinco días —repuso ella con seguridad.

—Entonces aún tienes tiempo hasta esta noche; ¿qué haces ya aquí? —espetó Jocelyn a disgusto.

No tenía ningunas ganas de volver a hacer concesiones.

Ellen sonrió, pues al fin comprendía de qué se trataba.

—¿De qué te ríes? —preguntó el hombre, todavía algo molesto, pero entonces vio que la chica desenvolvía las dos herramientas y se las mostraba.

Las examinó con todo detalle.

—Por favor, aceptadme a modo de prueba. ¡Aprendo rápido y soy muy hábil! —suplicó Ellen mientras el orfebre probaba su nuevo buril.

—Buen trabajo, ciertamente. Debo decir que es la mejor pieza que he visto desde hace mucho —murmuró, impresionado, y esta vez la miró con mucha más simpatía—. Michel no es mal herrero, pero si de verdad has hecho tú sola estas herramientas, sabes más que él.

—¡Por favor, aceptadme, quiero aprender y trabajar para vos, solo como ayudante! —insistió Ellen.

—Lo intentaremos. Siéntate a la mesa y te enseñaré cómo se usa el buril de grabado. Si resultas hábil con ello, seguiremos adelante.

En esos últimos días, Ellen había reflexionado mucho sobre qué esperaba exactamente del trabajo con Jocelyn. ¿Dinero para poder perseguir sus metas futuras? Apenas si podía esperar del orfebre que, además de enseñar a una muchacha sin experiencia como ella, le pagara por su trabajo. No, no era cuestión de dinero: quería ampliar conocimientos para decorar algún día ella misma sus propias espadas. Desde que aprendiera a confeccionar vainas, soñaba con poder completar espadas ella sola en su totalidad y no tener que cedérselas a otros artesanos para que realizaran la decoración, el puño y la vaina. El trabajo del orfebre era el más valioso, de modo que también lograría una ganancia mayor si estaba en situación de realizarlo ella misma. Michel bien podía pensar que quería convertirse en ayudante de Jocelyn para ganar dinero; solo al orfebre tendría que decirle la verdad cuando preguntara.

Ellen trabajó tranquila y concentrada hasta que se hizo de noche. Jocelyn no dejaba de examinar sus primeras pruebas y de dar indicaciones a la muchacha, que demostraba una destreza sorprendente. Parecía asimilarlo todo mucho más deprisa que otros aprendices.

—Si quieres aprender algo conmigo, tendrás que venir todas las tardes. No te pediré nada por las clases, pero tampoco te pagaré nada. ¿Estás conforme con las condiciones?

—¿Todas las tardes? —Ellen miró al orfebre con cierta duda—. No sé si podrá ser. Tengo que hablar con Michel, pues vivo y como en su casa.

—Si conozco bien a Michel, seguro que no te paga mucho.

Ellen dijo que no con la cabeza.

—Entonces tendrá que conformarse, por las buenas o por las malas, si se lo pides con insistencia. Para él eres irreemplazable, créeme.

Ellen no parecía del todo convencida.

—Michel me habría prometido las herramientas dentro de diez

días y me las habría entregado, como poco, al cabo de dos semanas. —Sonrió y le guiñó un ojo—. Verás cómo accede.

El orfebre tenía toda la razón. Michel sabía perfectamente la suerte que tenía con Ellen. Para no verse obligado a renunciar del todo a ella, tuvo que declararse dispuesto, aunque a regañadientes, a que por las mañanas trabajara para él y después del mediodía fuese al taller de Jocelyn. De modo que Ellen se quedó en Beauvais; a mediodía engullía la comida que había preparado Marie y luego corría a toda prisa hacia la orfebrería. Sin quejarse ni una sola vez, seguía levantándose antes del alba y trabajaba como una condenada hasta la puesta del sol.

Solo los domingos disponía de algo de tiempo para ir a visitar a Nestor, al que había encontrado un buen hospedaje en un monasterio recién fundado. Mientras Ellen no necesitara el poni, las monjas podían utilizarlo y, a cambio, lo alimentaban y cuidaban de él.

Ya había pasado un año desde su primer encuentro en la herrería de Michel. Ellen seguía trabajando todas las tardes con Jocelyn y, desde Pascua, incluso recibía de vez en cuando un denario por ello. Rauda como siempre se dirigió a la orfebrería; el esplendoroso cielo azul y la agradable calidez del sol de julio le pasaban inadvertidos de lo entusiasmada que estaba. Jocelyn trabajaba desde hacía un tiempo en un cáliz para el monasterio en el que se ocupaban de Nestor. Puesto que las monjas no disponían de grandes riquezas, había confeccionado la copa en plata y simplemente la doraría.

Jocelyn se llevó un sobresalto cuando Ellen, con el rostro resplandeciente, irrumpió en la orfebrería.

—¡Ya estoy aquí, podemos empezar con el dorado! —exclamó, ilusionada y sin saludarlo.

—¡Despacio! ¡No quieras ir tan aprisa! —repuso Jocelyn, riéndose.

No sabía si era su pasión por el oficio, su habilidad o quizá su belleza, nada corriente, algo ruda, lo que tanto lo atraía de ella. Ellen no se daba cuenta, pero a veces se la quedaba mirando mientras trabajaba y estudiaba con detalle su rostro, que parecía especialmente concentrado al realizar las tareas más delicadas.

—¿Es que no vamos a empezar hoy? —preguntó la muchacha, decepcionada.

Pero ¡qué hermosa era! Después de la primera semana ya bebía los vientos por ella, aunque no había dejado que ella se diera cuenta.

—Si fuera tan fácil, cualquiera podría hacerlo, pero el dorado se cuenta entre los procedimientos más arduos y complicados de la orfebrería, por lo que requiere una serie de preparativos. Primero tenemos que disponer de unos cuantos elementos. —Jocelyn suspiró y pensó un momento—. Mira en el cajón pequeño del armario; debería haber todo un fardo de cerdas. Las ataremos con alambre de hierro para hacer cuatro cepillos de un dedo de grosor. Necesitaremos dos para amalgamar y otros dos para dorar.

—¿Qué significa amalgamar? —preguntó Ellen con interés mientras ataba las cerdas con destreza.

—Tenemos que preparar la plata para que el oro se mantenga pegado a ella. A tal efecto, primero le aplicamos un líquido que los orfebres llamamos agua de mercurio.

—¿Y de dónde lo sacamos?

—Tenemos que prepararlo nosotros mismos, pero antes hay que hacer la mezcla del dorado, para lo cual tenemos que depurar el oro que vamos a utilizar.

Ellen resopló de impaciencia al oír que había tantos pasos necesarios para la preparación.

Sin embargo, Jocelyn no dio su brazo a torcer y permaneció tranquilo:

—Lo más importante del dorado es la pureza del oro, eso no debes olvidarlo. Si no, no sirve de nada. Para separar el cobre, la plata y otros componentes del oro, tenemos que cementarlo. En el fondo, eso no es más que una forma bastante cara de calentar el oro junto a otro material que recibe el nombre de cemento y que también debemos preparar.

Si bien Ellen no lo había entendido todo aún, asintió.

—Enseguida lo verás —añadió Jocelyn.

Le resultaba encantador cómo la muchacha arrugaba la frente cuando reflexionaba.

—Ya he fundido en una tira el oro que vamos a utilizar, y luego la he dividido en trozos de igual longitud. ¿Ves?

Ellen examinó las piezas y midió a ojo el grosor, la longitud y el ancho, así como los intervalos que separaban los agujeros que había perforado en ellas.

Jocelyn sonrió al ver la escrupulosidad que tanto valoraba en ella.

—Acércame los cuencos esmaltados que hay en la mesa, y también ese cuenquito con polvo rojo. Ah, sí, y tráeme la sal.

Jocelyn entró en su dormitorio y regresó con un frasquito de barro vidriado.

—¿Y ahora? —preguntó Ellen con emoción.

—El polvo rojo es arcilla cocida pulverizada. Emplearemos todo lo que hay y lo mezclaremos con una parte de sal.

Ellen cogió el polvo y lo pesó. Al principio no le había resultado fácil pesar. Requería mucho tacto y, sobre todo, aritmética. Como estaba convencida de su necesidad, no obstante, había practicado en todo momento libre que tenía.

—¿Y ahora?

Le pasó los cuencos a Jocelyn con impaciencia.

El orfebre cogió el frasquito de barro y vertió sobre el polvo algunas gotas de un líquido amarillento, hasta que estuvo húmedo.

—¿Orín? —preguntó Ellen sonriendo.

Jocelyn asintió.

—No demasiado, el polvo no tiene que estar pegajoso. También las tiras de oro se humedecen con orín, y después las cubriremos con esta mezcla en un recipiente sin que toquen unas con otras. —Colocó el segundo cuenco sobre el primero, a modo de tapa, y cerró la grieta que quedaba entre ambos con arcilla—. Bueno, ahora tiene que secarse y después irá al horno de cementación.

Colocó los cuencos sobre cuatro piedras de igual tamaño que había dispuesto en forma de semicírculo en el interior del horno y atizó el fuego de madera de debajo. Por las aberturas de la parte superior del horno de piedra y arcilla empezó a salir humo.

—El fuego debe arder durante todo un día y toda una noche. Para que el oro no se funda, los cuencos deben calentarse a una temperatura constante —explicó Jocelyn cuando hubo terminado.

—¿Y qué hacemos ahora? —El ansia de Ellen seguía sin aplacarse.

—¡Ay! Pues tenemos mucho que hacer antes de que el oro esté listo mañana. Primero prepararemos los rascadores de latón con los que más tarde puliremos el dorado. —Empezó a rebuscar en el armario, pero justo entonces se dio cuenta de que ya había empezado a oscurecer—. Se ha hecho tarde.

Ellen estaba muy cerca de Jocelyn.

—¡Mañana seguiremos! —Inhaló el aroma de ella—. Me… —empezó a decir.

—¿Sí?

—¡Me gusta mucho trabajar contigo, Ellen!

—¡Y a mí con vos, maestro!

A Jocelyn su voz le sonaba suave, casi cariñosa.

—Por favor, llámame Jocelyn. —No pudo distinguir si la muchacha asentía—. ¿Conforme?

—Como queráis.

—¡Buenas noches, Ellen, hasta mañana! —Le había temblado la voz.

—¡Buenas noches, Jocelyn!

Cuando Ellen llegó al taller de orfebrería al día siguiente, Jocelyn ya estaba avivando el fuego del horno de cementación.

—Parecéis cansado.

—He tenido que vigilar el fuego. —Jocelyn sonrió sin alegría.

Ellen reparó, no por primera vez, en que al verlo sonreír experimentaba en el pecho una sensación muy agradable. Se sonrojó.

—Explicadme cómo se hace un rascador de latón y yo me ocuparé de ello, además de vigilar el fuego, mientras vos descansáis un poco, ¿conforme?

Jocelyn asintió e instruyó a Ellen respecto de lo que tenía que hacer.

—Ya sabes dónde está el plomo.

—Claro, Jocelyn. Echaos un rato, os despertaré cuando las tiras de oro estén listas.

—Bien, me tumbaré a descansar un rato en el rincón. Si tienes alguna pregunta, despiértame sin dudarlo.

Ellen lo miró con reproche.

—¿Por qué no vais a vuestra alcoba? —preguntó, inclinando la cabeza.

Tenía que saber que ella sola podría con todo.

Jocelyn sonrió. A sonrisas pícaras no lo ganaba nadie.

—Porque quiero estar contigo —respondió, y se acomodó en el arcón del rincón, allí cerca.

Su respuesta desató una oleada de calidez en el estómago de Ellen. El orfebre se quedó dormido de inmediato, y ella no podía dejar de mirarlo una y otra vez. Incluso dormido sonreía un poco. Después de terminar los atados de latón y de haberlo recogido todo, salió fuera. Todavía estaba claro, pero no tardaría en empezar a anochecer. Sería mejor que lo despertara. Se acercó en silencio y lo contempló más de cerca. Dormía tranquilo como un niño. Le rozó la mejilla con cuidado y la acarició con ternura.

Jocelyn emitió un gruñido de placer, pero no abrió los ojos. Ellen se inclinó hacia él.

—¡Despertad! —susurró.

Sus labios le rozaron la oreja. Percibió entonces el aroma de su cuello, lo inspiró y cerró los ojos un instante.

Jocelyn volvió la cabeza en dirección a ella y sus rostros se tocaron.

Ellen sintió de pronto que las rodillas se le aflojaban y temblaban.

—Qué no daría yo por que me despertaran así todos los días —musitó el orfebre.

Ellen se puso colorada y nerviosa.

—Ya está todo preparado, y creo que el oro está listo —dijo ella en voz demasiado alta, y se enderezó.

Todos los músculos de su cuerpo estaban tensos, pero temía no poder dar ni un solo paso.

Jocelyn se sentó y estiró los músculos. Sus ojos refulgían como estrellas.

El orfebre se mostró satisfecho con el oro depurado y puso un cuenco esmaltado al fuego para preparar la amalgama del dorado. Partió el oro en pequeños pedazos, lo echó al cuenco ardiente junto con ocho partes de mercurio y lo sostuvo todo lo alejado de sí que pudo.

—El mercurio enferma —explicó—. Sus vapores son perjudiciales para el estómago. Mi maestro, de hecho, decía que el vino y el ajo, o la pimienta, son buenos remedios, pero a él no le sirvieron de mucho: primero palideció y adelgazó sobremanera, después perdió el juicio. —Jocelyn describió pequeños círculos con el índice en su sien—. Poco antes de morir no era más que un bulto miserable al que le caía baba por la boca, aunque no era especialmente viejo. Estoy seguro de que fue culpa del mercurio. —Jocelyn miraba a Ellen mientras movía el cuenco de un lado a otro.

Cuando el oro y el mercurio estuvieron todo lo mezclados que podían estar, vertió la mezcla en un cuenco con agua y aclaró el mercurio que sobraba de la amalgama resultante. Mezclaría agua con esos restos para hacer el agua de mercurio. Jocelyn secó la pasta de oro extraída en un paño limpio y, puesto que no iba a aplicarla de inmediato, la dividió en varias partes iguales y la metió en otros tantos cañones de plumas de ganso.

Las mejillas de Ellen relucían de entusiasmo, lo cual a él casi le hacía perder el sentido.

Se limpió a fondo el mercurio que se le había pegado en las manos con cenizas y agua.

—¿Y ahora qué hacemos? —preguntó Ellen suspirante, y lo miró con sus grandes ojos.

Él sonrió.

—¡El agua de mercurio! —exclamaron ambos a un tiempo, y se echaron a reír.

Estaban muy cerca uno del otro.

Ellen sentía la calidez de él; Jocelyn olía a humo y romero fresco. El hormigueo de su estómago se extendió de pronto a su pubis. Lo miró a los ojos hasta que creyó hundirse en ellos. Se quedaron así, inmóviles, un buen rato. «¿Por qué no me besa?», fue el pensamiento que se le cruzó a Ellen por la cabeza, pero la magia del momento había pasado ya.

—¡También necesitamos esto de aquí! —exclamó Jocelyn con fingida profesionalidad, y cogió tártaro para molerlo—. Al polvo de tártaro se le añade sal en un cuenco esmaltado... y luego el agua que antes hemos usado para aclarar la amalgama. Un poco más de mercurio y lo calentaremos todo. —Mezcló el agua de mercurio y la sostuvo sobre el fuego—. Ve por los atados que preparaste ayer y trae un trapo de lino.

Ellen le dio todo lo que había pedido.

Jocelyn calentó un poco el cáliz, hundió uno de los atados de cerdas en la mezcla tibia y empezó a esparcirla por todos los rincones, hasta en los recovecos más profundos, que quedaron blanqueados por el agua de mercurio. Cuando toda la copa estuvo amalgamada, Jocelyn sacó un cuchillo puntiagudo de una funda de cuero, extrajo con él la pasta de oro de los cañones de pluma y la fue aplicando de poca cantidad en poca cantidad con una espátula de cobre, repartiendo el oro regularmente con un atado de cerdas humedecido. A cada poco volvía a calentar el recipiente para que la amalgama del dorado se calentase y poder seguir repartiéndola con el atado. Tardó un buen rato en dejar el oro aplicado de manera homogénea por todo el cáliz. Tres veces repitió Jocelyn el procedimiento, y Ellen seguía con atención cada uno de los gestos de sus manos. Calentó y repasó el recipiente hasta que el revestimiento de oro quedó de color amarillo.

—El calor hace que el mercurio se evapore y quede solo el oro, que entonces se adhiere a la plata —explicó por último—. Y ahora dejaremos que la copa se enfríe. ¿Me traes los cepillos?

Mientras Ellen iba por los cepillos de latón, volvió a repasar mentalmente y por orden cada uno de los pasos.

—¿Para qué necesitáis ahora los cepillos?

—Mira bien el dorado, ¿no hay algo que te llame la atención?

Ellen contempló el cáliz: era amarillo, como si fuera de oro, y mate.

—No brilla.

Jocelyn le sonrió.

—¡Por eso ahora hay que bruñirlo! Empezaremos por el pie. Coge los cepillos de latón y sumerge el pie en el agua; después ve puliéndolo hasta que brille.

—Pero ¿no lo rayaré? —protestó Ellen.

Jocelyn la miró fijamente a los ojos.

—¿Acaso no confías en mí?

La muchacha respondió bajando la mirada, avergonzada. Desde luego que confiaba en él, ¡le tenía una confianza ciega! Así pues, empezó a pulir.

Ya había oscurecido y Jocelyn encendió dos velas.

Las velas de cera eran caras, pero su llama ardía con más calma que las de sebo. Además, el humo del sebo escocía en los ojos y los hacía llorar, de modo que dificultaba más el trabajo. La luz de las velas proyectaba largas sombras en el rostro de Jocelyn y hacía resaltar sus altos pómulos.

Ellen intentó concentrarse en el pie de la copa.

—¡Mirad cómo brilla! —exclamó con alegría cuando hubo pulido todos los rincones.

Jocelyn se limitó a asentir.

—Ahora tienes que calentarlo otra vez hasta que se ponga de un amarillo rojizo. Después lo sacas y lo enfrías en agua.

Ellen hizo lo que le había ordenado, hasta que el pie del cáliz hubo adoptado la tonalidad deseada.

—¡Pero ahora ya no brilla! —exclamó, decepcionada, y miró a Jocelyn con reproche.

—Hay que dejarlo enfriar y pulirlo otra vez —repuso él con sequedad.

Parecía regodearse en su desilusión.

Ellen volvió a pulirlo, y lo cierto es que el pie brilló entonces más aún. Contempló con orgullo el dorado obtenido.

—Bueno, ahora colorearemos el oro para darle un brillo más intenso y más bonito. Mañana podrás seguir tú sola.

—¿Qué queréis decir con colorear? ¿Cómo se hace eso? —preguntó Ellen de mala gana.

—Para ello necesitamos atramento —explicó el orfebre sin responder a su pregunta—. Al calentarse, primero se derrite y luego se solidifica. —Cuando el atramento estuvo sólido, lo sacó del cuenco y lo puso directamente bajo el carbón—. Y aquí se abrasa. Tenemos que sacarlo en cuanto esté rojo. —Una vez lo sacó del fuego para que se enfriara, miró a Ellen a los ojos con tal intensidad que el corazón empezó a latirle con fuerza. Apartó la mirada, cogió un cuenco de madera y molió el atramento en él con un pequeño martillo de hierro—. Una tercera parte de sal y un poco más de nuestro dorado.

Jocelyn sonrió, cogió el frasquito de barro de la orina, mezcló los ingredientes formando una pasta viscosa y, con una pluma, recubrió por completo el pie del cáliz.

—No había imaginado que se tardase tanto en dorar —masculló Ellen.

Jocelyn asintió y puso el pie embadurnado al fuego, hasta que el recubrimiento se secó y produjo un humo tenue. Después lo lavó con agua y lo limpió cuidadosamente con otro atado de cerdas.

—Bueno, ahora hay que calentarlo una última vez y luego dejarlo enfriar sobre un paño de lino. Mañana verás lo bonito que ha quedado el dorado. No lo podrás creer.

Cuando hubieron terminado todas las tareas y ordenado el taller, ya casi había oscurecido por completo. Ellen iba a marcharse de la orfebrería cuando Jocelyn se acercó a ella y le apartó unos mechones de la frente con cariño.

—Parece que estás cansada —murmuró con dulzura, y le acarició la mejilla con el dorso de la mano.

Después le levantó la barbilla y le dio un tierno beso en la boca.

Ellen cerró los ojos y abrió un poco los labios, pero el beso había terminado ya.

Jocelyn la miraba a los ojos.

—Hasta mañana —dijo con voz cálida.

Ellen se marchó a casa en silencio. Estaba profundamente conmovida y su corazón galopaba como un corcel de batalla.

Al día siguiente estaba impaciente por que llegara el mediodía y terminara su trabajo con Michel. Ni siquiera tocó la comida, pues la excitación le había quitado el hambre. En lugar de eso, corrió a casa de Jocelyn.

—Enseñadme el dorado —dijo aún sin aliento.

Pero el dorado no era el verdadero motivo de su gran impaciencia.

Jocelyn la saludó, simpático como siempre, pero sin mostrar ni un ápice de ternura.

Ellen casi no pudo soportar pasar toda la tarde a su lado sin que la mirara larga e intensamente. Empezó a preocuparse muy en serio; tal vez no había actuado con corrección la noche anterior al no haber correspondido su beso con un bofetón. A lo mejor Jocelyn creía que era una fresca. ¿La despreciaría por ello?

—Disculpadme un momento —dijo con voz ahogada, y salió corriendo a la letrina que había en el jardín, se apoyó contra la pared de tablones y no fue capaz de contener las lágrimas por más tiempo.

Tardó un rato en serenarse, pero después se enjugó las lágrimas y tomó la resolución de ser sensata. ¿Qué se había creído? ¡Un orfebre! ¿Cómo había podido creer, aunque fuera por un instante...? Seguramente Jocelyn solo se había reído de ella. ¡Seguro que no había sentido nada al besarla! Cuando regresó al taller, él ya había empezado un nuevo trabajo y le habló sin levantar la mirada:

—Sigue como habíamos acordado, Ellen. Cuando tengas algún problema, pregúntame.

Ellen se sentó. Aún tenía que pulir y colorear el resto del cáliz. Intentó recordar cada paso con exactitud antes de llevarlo a cabo y se guardó mucho de hacerle ninguna pregunta.

—Hace ya cinco años que murió mi maestro. Esta era su casa —dijo Jocelyn de súbito, y paseó la mirada por la estancia—. Es su taller, no el mío. —Se detuvo un instante. Parecía resultarle difícil hablar de ello—. La mujer del maestro ya andaba tras de mí mientras él aún vivía. ¡La rechacé, claro está! No solo porque era muy mayor. Bien pudiera haber sido joven y hermosa, pero era la esposa de mi maestro, y yo jamás en la vida… —Jocelyn se interrumpió y se levantó para ir a buscar una herramienta—. Cuando el maestro falleció, tuve que tomar una seria decisión. O seguía siendo oficial el resto de mi vida, o aceptaba la proposición de su viuda y me casaba con ella para acabar siendo maestro de mi propio taller. Me desposé con ella.

Jocelyn volvió a sentarse.

Ellen permanecía en silencio; no entendía por qué le explicaba todo aquello. ¿Acaso no sabía lo que sentía por él? ¿Es que no sospechaba el dolor que le infligía hablándole de otra mujer? ¿O es que pretendía precisamente hacerle daño para darle a entender que no la deseaba, pues no le comportaría ninguna riqueza?

—Hace ya casi dos años que también ella murió. El año de luto acabó hace tiempo y, por tanto, ahora ya podría volver a contraer matrimonio.

Ellen sintió una fuerte opresión en el pecho. Sin duda estaba a punto de hablarle sobre la hija de algún orfebre con la que quería casarse, y le diría que el beso del día anterior había sido solamente un desliz.

Sin embargo, Jocelyn no dijo más.

Ellen pulió y coloreó el cáliz sin pedirle ayuda.

Él pareció tomarlo como lo más normal del mundo; de sus labios no salió ni la menor alabanza.

Por la noche, cuando llegó la hora de marcharse, Jocelyn sostenía una pieza sobre el fuego.

—Espera un momento —pidió él, pero ella salió rauda por la puerta.

Thibault masajeó una última vez los pequeños pechos turgentes de la jovencísima criada hasta hacerla gemir, y entonces, aburrido, se separó de ella. Se levantó sin molestarse en cubrir su henchida hombría y se sirvió un vaso de vino especiado.

—¡Vete ya! —le espetó a la chiquilla, y se recreó en su mirada asustada.

Seguro que se había creído todos los cumplidos y las promesas de amor que habían servido única y exclusivamente para seducirla. Pero ¡qué fáciles eran las mujeres!

—¡Rose! —Thibault se cubrió las caderas con un paño—. ¡Ven aquí!

Rose había estado agazapada toda la noche en un rincón de la alcoba. Se levantó poco a poco y se quedó allí de pie, en silencio.

Thibault se acercó a ella, le besó el cuello con ternura y la estrechó contra sí. Sus manos se pasearon por todo su cuerpo, le pellizcó suavemente los pezones hasta dejarlos erectos bajo la camisa y se lanzó sobre ella con ansia.

Rose ni se movió.

—Estás enfadada conmigo —le susurró—. Ya sé que he sido malo... —Thibault empezó a respirar con pesadez y metió una mano bajo la camisa de ella—. ¿Recuerdas nuestra primera vez, en aquel prado de Tancarville? Tú, solo tú eres mi compañera, las demás no cuentan. Pero no puedo evitarlo. —Se la quedó mirando.

Una lágrima resbaló por su hermoso rostro.

—No llores, pequeña Rose, ¡todo se arreglará! —susurró, y le enjugó la lágrima con un beso—. Son esos sueños horribles los que me obligan a ello —masculló a modo de disculpa, y hundió la cabeza en el cuello de ella—. ¡No es culpa mía!

Con ternura y pasión, tumbó a Rose en la yacija que un momento antes había compartido con la criada, cuyo nombre ni siquiera conocía.

Rose cerró los ojos, lloró y rezó a Dios para que Thibault fuese solo de ella. Le rodeó el cuello con los brazos, abrió los muslos y lo dejó entrar con una entrega total.

Se quedaron tumbados uno junto al otro aún un rato, agotados, hasta que alguien llamó a la puerta.

—¡El rey desea veros! —se oyó una voz amortiguada por la madera—. ¡Enseguida!

—¡Ya voy!

Thibault se puso en pie de un salto, se vistió raudo como el viento y salió a todo correr.

Enrique era el primogénito del viejo rey, y el año anterior, con tan solo quince años, había sido coronado por su padre. Desde entonces reinaban los dos, aunque no compartían ni poder ni ingresos, de modo que el joven Enrique siempre tenía que pedirle a su padre dinero para su esparcimiento y el de sus caballeros.

En esos momentos recorría con impaciencia el aposento de su compañero de armas Robert de Crèvecœur, Cuando Thibault entró, Enrique se acercó a él sin perder un segundo.

—Debéis partir hacia Beauvais de inmediato y encontraros allí con un emisario de mi padre. ¡Guillaume os dará instrucciones más precisas!

El joven rey parecía muy alterado, de modo que Thibault se abstuvo de hacer ninguna pregunta. Lo único que le desagradaba era que tuviera que ser precisamente Guillaume quien le diera las órdenes. Infló las narices resoplando con desagrado.

—¡Como ordenéis, mi rey!

—¡Espero vuestro pronto regreso! —El joven Enrique hizo un gesto con la cabeza.

Guillaume indicó entonces a Thibault que lo siguiera.

A éste seguía resultándole tan difícil como siempre acercarse a Guillaume con tranquilidad. Desde los días de Tancarville, no podía soportarlo. A Guillaume ya lo llamaban «el Mariscal», pese a que su padre, que ostentaba ese título, todavía no había muerto. Para no ser primogénito, había llegado sorprendentemente lejos; y para remate, desde hacía un año era también preceptor del joven rey y tenía, por tanto, una enorme influencia sobre el muchacho.

Habían pasado ya dos años desde el ataque de los poitevinos a la reina Leonor. En aquel entonces, su protector, el conde de Salisbury, fue asesinado, y Guillaume se había lanzado en solitario como un loco contra todos aquellos hombres para cobrarse venganza por la muerte de su querido tío. Aquel día resultó herido y fue hecho prisionero. Tras unas semanas del más espantoso encarcelamiento, como a él le gustaba relatar, había sido nada más y nada menos que la reina en persona quien compró su libertad y lo incorporó a su séquito. Pocos meses después ya lo había nombrado preceptor de su hijo.

Thibault tenía que concentrarse para no perderse en sus elucubraciones y seguir las explicaciones de Guillaume. «Llegará el día en que todos los que alguna vez me humillaron me las pagarán, y tú, sin duda, estarás entre ellos», pensó con rabia cuando el Mariscal se marchó sin despedirse.

Estaba al acecho en una calleja no muy lejos de la casa del orfebre. Hacía dos días que espiaba a Ellen. La había visto por azar en la calle poco después de su llegada a Beauvais, y desde aquel instante no había podido concentrarse en su tarea. Cada uno de sus pensamientos desembocaba en ella.

Puesto que el día anterior le había parecido tan enamorada y esa visión le había convertido el estómago en una fría piedra, Thibault se sentía especialmente nervioso. La uña del pulgar se le clavaba una y otra vez en la carne del índice y dejaba allí una marca dolorosa. Ese dolor le transmitía confianza y tranquilidad.

Cuando Ellen salió de la casa aquella tarde, Thibault enseguida percibió el cambio en su expresión. ¿No destellaban lágrimas en sus ojos, incluso? ¡Cierto, parecía atribulada! Le estaba bien merecido, ¿qué le importaba a él? Igual que la víspera, la siguió a una distancia prudencial para no ser descubierto. Ellen recorría las callejuelas con decisión, pero con la cabeza gacha. Seguro que iba camino de la herrería. Thibault se había informado y sabía que vivía y trabajaba con Michel, el herrero. Se deslizó tras ella con pericia. Cuando la muchacha desapareció en el taller, él se quedó un rato aguardando desde donde pudiera ver bien. De nuevo empezó a clavarse la uña del pulgar en el índice.

—¡Eres mía! —masculló.

El día siguiente era domingo. Ellen decidió aprovecharlo para quitarse a Jocelyn de la cabeza, pero camino de la iglesia al monasterio, pues quería ir a buscar a Nestor para dar un paseo, se tropezó con él.

—Esperaba encontrarte aquí. —Jocelyn carraspeó.

¡Qué bien la conocía! Por supuesto, Ellen le había hablado de Nestor, pero que le hubiera prestado atención… Se quedó parada y mirándose los pies.

Jocelyn la agarró de los hombros.

—¡Mírame, por favor!

Ellen vio sus ojos color avellana y la mirada de él le iluminó el rostro.

Jocelyn la acercó hacia sí, le rodeó el cuello con las manos y la besó. Ellen cerró los ojos. La lengua de él se abrió camino a tientas entre sus labios.

Ellen se sintió indefensa y entregada de una forma maravillosa. El beso pareció durar toda una eternidad. La lengua de Jocelyn exploró con cariño el interior de su boca. Después le cubrió el rostro y el cuello de pequeños besos cargados de ternura, hasta dejarle el vello de la nuca completamente erizado.

El orfebre respiraba con apremio e hizo resbalar la punta de la lengua por el cuello palpitante de Ellen. De repente se detuvo.

—¡Eres la encarnación de todos mis sueños! ¿Quieres casarte conmigo?

—¡Pero si no sabes nada de mí! —A Ellen le temblaba la voz.

—Sé lo que necesito saber. Que eres ambiciosa y que tienes una destreza extraordinaria. Que eres sencillamente maravillosa, hermosa y testaruda. Que haré cuanto esté en mi mano para hacerte feliz. Podrás forjar hierro, oro o plata, te daré toda la libertad que quieras. Si todavía deseas forjar espadas, de veras que no me interpondré en tu camino. También podríamos confeccionar juntos la más hermosa de las espadas para nuestro rey. ¿Qué te parece?

Ellen lo miraba sin dar crédito.

—El Señor ha tenido la generosidad de cruzar nuestros caminos. Una bendición así no se da dos veces en una misma vida. ¡Por favor, dime que sí! —la exhortó.

Ellen no cabía en sí de alegría y asintió con ímpetu.

—¡Sí, Jocelyn, sí quiero casarme contigo!

El orfebre la alzó en alto, entusiasmado.

—¡Te quiero, Ellen!

Las vacas de la pradera levantaron la cabeza y mugieron, inquietas.

Ellen y Jocelyn se sentaron en la hierba, forjaron planes de futuro e intercambiaron tiernas caricias. La muchacha sintió una extraña inquietud y se volvió un par de veces buscando con la mirada, pero no logró ver nada.

—No quiero separarme nunca de ti —dijo Jocelyn entonces, y la besó de nuevo mientras regresaban a la ciudad cogidos de la mano.

—¡Michel se va a entristecer! —repuso Ellen con alegría.

—¡Pues que se entristezca! —Jocelyn rió y se encogió de hombros.

Un oficial de herrero los vio y sonrió con descaro.

Ellen se puso colorada, y Jocelyn le dio un beso de enamorado en la punta de la nariz.

—¡Nos casaremos en cuanto podamos! —Le acarició las mejillas—. ¡Estás ruborizada!

—¡Estoy contenta!

—¡Nos veremos mañana! —dijo él cuando llegaron a la herrería, y le lanzó un beso con la mano para despedirse.

Ellen esperó aún un momento, hasta verlo desaparecer entre el gentío de las callejuelas, y después entró en la casa de su maestro.

—¡Sopla!, ¿qué sucede contigo? —rezongó Michel al ver el rubor de sus mejillas—. ¿No habrás caído enferma?

—¡No digas disparates, Michel, está enamorada! Hace días que se le nota —rió Marie—. La cerveza te nubla los sentidos; ya no sabes lo que es el amor, ¿verdad?

Pero a Michel de poco le sirvió su reproche.

—Bobadas de mujeres —masculló—. Mejor me voy a la taberna.

Cuando hubo salido tambaleándose, Marie intentó sonsacarle a Ellen los detalles, pero ella no soltaba prenda.

—Lo sabrás a su debido tiempo —repuso con alegría—. Ahora estoy cansada y me voy a dormir. ¡Buenas noches!

Ellen se fue al taller y se tumbó en el jergón. Tardó mucho en quedarse tranquila, pues numerosos pensamientos bullían en su cabeza.

Entretanto, Thibault aguardaba en una oscura calleja a solo unos pasos de la herrería, temblando de furia. Había seguido a Ellen desde la mañana. Estaba preciosa camino de la iglesia, con su delicado vestido de lino y la melena alborotada al viento. Ya casi se había decidido a acercarse a ella y darse a conocer cuando el orfebre había aparecido como salido de la nada. Verlos a ambos juntos y tan acaramelados le había resultado completamente insoportable. La felicidad de Ellen, aun pasadas unas horas, le ardía en el estómago como si hubiese engullido una comida pesada. Thibault cerró los ojos y se imaginó estrangulando a su rival con sus propias manos.

—Es mía, solo mía —siseó.

«Nos veremos mañana», había dicho Jocelyn, pero ¡jamás volvería a verla!

Thibault se separó del muro donde estaba y corrió al taller del orfebre. Contempló la casa un rato y luego decidió ir a la taberna a beber.

El Jabalí Sonriente estaba lleno a reventar, y a Thibault le resultó complicado encontrar un sitio libre en una de las largas mesas. El Jabalí era famoso por su sabrosa cerveza y su comida sustanciosa. De especial popularidad gozaban, no obstante, las mozas de la taberna, todas ellas muchachas robustas con vestidos de amplio escote que hacían resaltar seductoramente sus generosos pechos. Reían y bromeaban con los hombres, les daban de beber y no les tomaban a mal que uno u otro las rondara con lujuria.

Las teas y las velas de sebo producían tanto hollín y humo que el aire se asemejaba al de una neblinosa noche de noviembre, solo que aún más asfixiante. Olía a cerdo, cerveza y orines, pues había hombres que se aliviaban bajo las mesas en lugar de salir al exterior. Sobre una de las mugrientas mesas de madera bailaba descalza una muchacha de larga melena aterciopelada que golpeteaba una pequeña pandereta. Los hombres la jaleaban y silbaban cuando lograban ver algo bajo su falda, pues no llevaba nada más que su propia piel.

Una morena con los incisivos podridos y un vestido sucio le sirvió a Thibault una cerveza. El muchacho no la miró, sino que siguió paseando la vista por el antro. En un rincón había unos hombres jugando a los dados. Thibault estaba a punto de desviar su atención hacia otra escena cuando reconoció entre ellos a Michel. El herrero estaba exultante y alzaba un puño victorioso. Debía de estar en racha, puesto que, uno tras otro, sus compañeros de juego iban abandonando el corro. El rostro de Thibault se torció en una sonrisa malévola. Sacó su bolsa y rescató de ella los dados marcados que hacía un tiempo le había comprado a un estafador. Se sentó entonces, como por casualidad, cerca del herrero.

—¿Una partidita, milord? —preguntó Michel, que ya estaba como una cuba, e hizo resonar las monedas que acababa de ganarse—. Hoy la suerte me es favorable. ¡Lo presiento!

«Un borracho jugador capaz de perder su alma en una apuesta», pensó Thibault con desdén. Sin embargo, fue todo simpatía al decir:

—¡Bueno, pues desafiemos a vuestra suerte una vez más! —Y cogió los dados que le pasó el herrero.

Escupió en ellos tres veces antes de lanzarlos contra la pared y fingió lamentarse al ver que perdía. Michel ganó. El herrero festejaba cada victoria como si hubiera hecho un pacto con la fortuna, y Thibault tuvo que contenerse para no enseñarle cuatro cosas allí mismo a ese fanfarrón. Al cabo de un rato y de unas cuantas monedas perdidas a manos del herrero, Thibault cambió los dados disimuladamente por los suyos, que estaban trucados, y puso fin a la buena racha de Michel. Poco después de la medianoche, el herrero había contraído tantas deudas con Thibault que saldarlas iba a costarle la casa, la herrería y el futuro.

—¡Tengo que ir a orinar! —exclamó Michel; salió tambaleándose a causa de la cerveza y se alivió a un par de pasos de la pared.

Thibault lo siguió fuera de la taberna y esperó oculto a la sombra de una casa. Contempló, asqueado, cómo el herrero vomitaba con terribles arcadas tras la bofetada de aire fresco.

Sin volver a pensar en las deudas contraídas, Michel creyó que podía alejarse de allí sin más.

Thibault fue tras él y lo arrastró a la primera calleja oscura que encontró.

—Las deudas de juego son deudas de honor —le susurró al oído—. Si quisiera, podría cortarte el pescuezo aquí y ahora, en plena calle, por no haberme pagado. Tengo numerosos testigos.

Thibault había sacado el cuchillo de monte y apretaba la hoja contra el cuello de Michel.

El hedor a vómito lo asaltó cuando el herrero abrió la boca.

—Por favor, señor, no tengo ese dinero. ¡Concededme un aplazamiento, por bondad! —suplicó entre llantos.

—¿Para que puedas contraer más deudas aún? —Thibault rió con burla.

—Si me quitáis la herrería, ¿qué será entonces de mis pobres hijos?

Parecía que Michel empezaba a comprender que estaba con el agua al cuello.

—¡Me conmueve tu apuro! —afirmó Thibault—. De manera que lo perdonaré todo si haces una cosa por mí. —Y sonrió en la negra noche.

—¡Lo que me pidáis! —imploró Michel, que no había reparado en el sarcasmo de la voz de Thibault.

—¡Matarás a ese orfebre con el que va siempre Ellen!

—¿A-a-a quién? ¿Por qué? —El ebrio entendimiento de Michel tardaba en aclararse.

—¡Jamás será suya! —graznó Thibault—. Lo matas a golpes o, mejor aún, le sacas los ojos y luego te llevas su oro y todas las cosas de valor que posea. ¡Los ladrones suelen hacer esas barbaridades! —Rió en voz baja.

—Pero es que no puedo... Jocelyn es un buen...

—¡Silencio, y haz lo que te digo esta misma noche, o mañana por la mañana tu mujer será una viuda desamparada y tus niños tendrán que pedir limosna en la calle para comer!

—¿Y si tan solo le doy una paliza y le robo? —propuso Michel, temblando.

—¡Con eso no basta! ¡O muere él o mueres tú! Piénsatelo, pero no mucho. ¡Tiene que ser esta noche!

Michel asintió con desesperada sumisión. De súbito parecía haberse vuelto tímido.

—¿Y adónde queréis que os lleve el oro?

—Mañana por la noche iré a tu casa. Si intentas embaucarme... —Thibault apretó de nuevo el cuchillo contra el cuello de Michel— ¡acabarás mal!

—¡Nunca, señor, creedme! —gimió el herrero.

Thibault lo lanzó lejos de sí.

—Ve, pues; ¡ya sabes lo que tienes que hacer!

Despertó sobresaltada y temblando en mitad de la noche. Algo le había dado un susto tremendo; un ruido, o quizá una pesadilla. Volvió a conciliar el sueño intranquila, y a la mañana siguiente estaba cansada y nerviosa. No logró concentrarse en el trabajo y apenas si pudo esperar a que llegara la hora para ir a ver a Jocelyn. Aunque tenía hambre, corrió a su casa en cuanto acabó de trabajar. Entró en el taller de orfebrería a toda prisa y sin llamar.

—¡Jocelyn, soy yo! —exclamó con alegría.

La asaltó un olor desagradable y dulzón. Arrugó la nariz y entonces vio a Jocelyn. Estaba tirado junto a su mesa de trabajo, en un charco de sangre. El corazón se le detuvo unos instantes y luego cayó de rodillas, incrédula, junto a su cuerpo inerme. El corazón le palpitaba con fuerza.

—¡Por favor, no, Jocelyn! —Le dio unas suaves sacudidas—. Señor, ¿por qué me castigas así?

Sollozó, fuera de sí, y le acarició con cautela las mejillas hundidas. El buril que ella le había forjado sobresalía acusadoramente de su pecho. Sin dejar de llorar, Ellen agarró el mango y tiró de él hasta que la carne liberó la herramienta.

De pronto aparecieron en la puerta dos distinguidas esposas de comerciante.

Ellen levantó la vista con sobresalto. Sostenía el arma ensangrentada en su mano alzada, casi como si quisiera asestar una puñalada.

—¡Socorro! ¡Auxilio, ha matado al orfebre! —exclamaron las dos damas, y se alejaron corriendo.

Ellen miró el buril que tenía en la mano sin poder creerlo. La sangre de Jocelyn chorreaba de la herramienta a su manga. Tiró el utensilio lejos, con repugnancia, se limpió la sangre con un trapo que había por allí y, hecha un manojo de nervios, salió dando tumbos por la puerta de atrás del taller. Sabía que detrás del jardín había una pequeña calleja por la que podría huir.

Seguro que aquellas dos mujeres jurarían por todo cuanto les era sagrado haber visto a Ellen acuchillar a Jocelyn. ¿Quién creería, entonces, que era ella quien decía la verdad?

Vagó sin rumbo por las estrechas calles, sin saber adónde ir. Nunca se había internado tanto en el barrio de los pobres. Las casas apiñadas se elevaban hasta varios pisos de altura. Por el suelo correteaban las ratas, y apestaba a excrementos de cerdo y orines. Los niños de aquel arrabal estaban escuálidos y demacrados, rostros cubiertos de mugre y cuerpos infestados de picaduras de chinches. Pasearse por allí era peligroso, y no solo tras la caída de la noche, pero a Ellen le traía sin cuidado. Por su cabeza no pasaba un solo pensamiento claro, únicamente imágenes de Jocelyn y una tristeza inagotable. Se dejó caer y lloró en los escalones de una pequeña iglesia de madera destartalada.

—Jocelyn, ¿qué voy a hacer ahora? —susurró, desesperada de nuevo.

Nadie respondió.

«Debo regresar a casa de Michel y recoger mis cosas», comprendió entonces. Se frotó la cara tiznada y borró, así, las líneas blancas que habían dibujado las lágrimas en sus mejillas. Cuanto más se acercara a la herrería, más posibilidades tenía de caer en manos de los soldados. En caso de que alguna de aquellas dos mujeres la hubiera reconocido, seguro que pulularían por allí numerosos hombres de la guardia de la ciudad. Ellen se escondió cerca de la herrería de Michel y vigiló. Nada se movía. Esperó a que oscureciera y se coló en el taller. Michel debía de estar cenando con su familia o en la taberna, pero aun así, abrió la puerta con sumo cuidado. La herrería estaba a oscuras; dentro hacía calor. Sólo un resto de ascuas ardía lentamente en la chimenea. Ellen se aseguró de que allí no hubiera nadie y entró. Conocía cada uno de los rincones y no necesitaba luz para encontrar lo que buscaba. Con pocos movimientos reunió sus pertenencias: sus herramientas, el mandil, el fardo y las pocas monedas que poseía. De vuelta a la puerta se tropezó con un trozo de hierro que había en el suelo y maldijo en voz baja. Oyó entonces unas voces. Cogió un saco vacío, se agazapó tras uno de los grandes cestos de mimbre y escondió su cuerpo como pudo con la tela raída.

En aquel preciso instante se abrió la puerta del taller y alguien entró en la herrería.

—¡Lo he hecho todo tal como me habíais pedido, señor! —exclamó la voz servil de Michel, como si tuviera mala conciencia.

—¡Dame lo que has sacado! —oyó Ellen que decía una voz rechinante.

¡Thibault! Sintió unas ganas casi incontenibles de vomitar y hubo de reprimirlas con gran esfuerzo.

—Sospechan de Ellen —dijo de repente Michel.

¿Cómo es que Michel hablaba de ella con Thibault? Además, ¿desde cuándo se conocían?

—¿Es esa su yacija? —preguntó este, y dio una patada a la saca de paja que había en el suelo.

Se había acercado peligrosamente a su escondite.

Ellen empezó a sudar. Seguía paralizada bajo la tela mugrienta.

Sin esperar respuesta, Thibault le arrebató el botín al herrero.

—¿Y qué hago si viene y se presenta? A lo mejor sabe que he sido yo quien… —Michel no terminó la frase.

—No será tan estúpida para venir aquí. —Thibault se rascó el mentón—. Pobrecilla, la verdad es que da mucha lástima. Primero le matan al futuro esposo y luego la persiguen por ser su asesina. —Sus sonoras carcajadas hicieron que a Ellen se le pusiera la piel de gallina—. Tú compórtate igual que siempre, así no tendrás nada que temer. Seguro que Ellen ya se habrá esfumado —aconsejó Thibault al herrero, y sus pasos se alejaron entonces del escondite de la muchacha—. ¡Habría sido una auténtica calamidad que perdieras el taller y la casa! —Thibault soltó de nuevo unas carcajadas atronadoras, y la puerta se cerró de golpe tras los dos hombres.

Ellen seguía petrificada en su escondite. ¡Michel había matado a Jocelyn! ¿Cómo había sido capaz de algo semejante? ¡Debía de haberse visto obligado para saldar una deuda! Reflexionó con desesperación qué podía hacer. ¿Qué pruebas tenía? Si se entregaba a la guardia de la ciudad para aclarar las cosas, ni siquiera se tomarían la molestia de escucharla, sino que la arrestarían y la condenarían sin perder un segundo. No había justicia en el mundo, pero Dios castigaría a Michel el día del Juicio Final, de eso estaba convencida. De nuevo como un ladrón tuvo que escabullirse de la ciudad y fue a buscar a Nestor al monasterio. ¿Por qué tenía que volver a salir huyendo sin haber hecho nada malo?

Septiembre de 1171

Ellen pasó los primeros días sumida en la desesperanza y una sensación de total impotencia, pero pronto se le agotaron las lágrimas y empezó a sentirse roma como cuchillo viejo.

Ya llevaba una semana de camino. Lo suficiente para no tener que seguir temiendo que la persiguieran. Sin saber adónde ir, seguía avanzando sin rumbo. En una encrucijada se topó con el extremo de una extensa caravana de personas. Artesanos y mercaderes, charlatanes y prostitutas, todos iban en una misma dirección, y la mayoría de ellos, a pie. Los había que iban montados sobre bestias de carga y otros conducían carros de bueyes. De repente, Ellen oyó un enorme griterío procedente del carromato destartalado que tenía delante.

—¡Ya está bien, mala pécora! Se me ha agotado la paciencia contigo. ¡Desaparece y búscate un hombre para ti sola!

El toldo se abrió y una mujer oronda, con el rostro enrojecido de ira, hizo bajar del carro a una muchacha joven.

La manceba cayó ante las pezuñas del poni de Ellen y al instante se echó a llorar y a invocar a voz en grito a alguien llamado Jean. Sonaba desconsolada como una niña pequeña, aunque sin duda debía de haber cumplido ya dieciséis o diecisiete años.

—¡Jeaaan! —llamó una vez más con un grito largo y penetrante.

En efecto, poco tardó en llegar corriendo un muchacho.

Para sorpresa de Ellen, era más joven que la chica que parecía considerarlo su protector. Asimismo, era más bajo que Ellen y todavía no tenía ni rastro de barba. Calculó que tendría trece o catorce años.

El chiquillo se inclinó hacia la muchacha.

—Pero Madeleine, ¿qué ha sido esta vez? —La ayudó a levantarse con una mano—. Ea, venga, dime qué ha sucedido. ¿Otra vez te has peleado con Agnes?

Madeleine se encogió de hombros y esbozó una sonrisa inocente.

—¡Su hombre me ha agarrado así! —Se asió los pechos con brusquedad—. Lo hace muchas veces, pero normalmente lleva más cuidado y no deja que ella lo sorprenda. Esta vez Agnes lo ha visto y ahora está rabiosa conmigo.

La muchacha se lo quedó mirando con los ojos muy abiertos. El joven suspiró.

—Ay, disculpa —murmuró al darse cuenta de que estaban obstruyendo el paso a Ellen, y tiró de la muchacha hacia la linde del camino.

Esta cojeaba y se le demudó el rostro de dolor.

—¿Se encuentra bien? —preguntó Ellen, y bajó del poni.

—¡El pie! ¡Me duele mucho! —protestó ella.

—Siéntate ahí, en la hierba, y veré qué te ha pasado.

Ellen olvidó por un momento sus propias cuitas y su habitual desconfianza ante los desconocidos. Alzó el pie sucio de la muchacha y lo palpó a conciencia.

La desdichada se estuvo quieta y sin apenas lamentarse.

—Según parece, no se ha roto nada. ¿Tenéis mucho camino por delante?

—Vamos al próximo torneo. Igual que todos. —El joven señaló a la caravana, que cada vez se alejaba más—. Llevamos un buen trecho viajando con los mercaderes, pero con ella siempre tenemos problemas —explicó, y señaló a la muchacha.

Ellen alzó las cejas a modo de interrogación.

—Es una larga historia. Cuido de ella lo mejor que sé, pero no puedo estar todo el rato a su lado, y cuando me alejo casi siempre hay discusiones. Ahora seguramente tendremos que seguir solos otra vez.

—¡Pero si no puedo caminar! —lloriqueó la chica, y derramó un par de lágrimas para dejarlo más claro.

—Entonces, ¿vais a un torneo?

Aquello había despertado la curiosidad de Ellen.

—De eso vivimos. Madeleine baila o se ofrece como criada; es guapa y siempre encuentra trabajo. Y yo ya he hecho todo lo que se puede hacer: he limpiado botas, he llevado mensajes, he cuidado animales y he limpiado su mierda, he servido cerveza y he acarreado agua. En los torneos siempre se necesitan manos dispuestas a trabajar.

—¿Hay también herreros?

—Claro que sí, y de todos los tipos, salvo orfebres y plateros. Siempre hay varios herradores, pues los caballos no hacen más que perder herraduras; trefiladores y fabricantes de clavos, pero también caldereros que venden sus pucheros y herreros de grueso que hacen estacas para las tiendas, tenazas, ganchos y útiles diversos. También están los armeros, que siempre tienen mucho que hacer.

A Ellen se le iluminó la cara.

—¡Bueno, en tal caso, me uniré a vosotros! ¡Vamos, sigamos camino! —impelió con alegría.

—¡Pero es que yo no puedo caminar! —volvió a lamentarse Madeleine.

—Ayúdala a subir al poni, nosotros dos iremos a pie —propuso Ellen mientras ayudaba a la muchacha a levantarse.

—¿Y quién eres tú? —preguntó el joven con desconfianza.

—Ay, disculpad. Me llamo Ellenweore, soy forjadora de espadas. ¡Y muy buena, por cierto! —exclamó ella con mucha seguridad, y le tendió la mano.

—Una mujer que sabe forjar —masculló el chico sacudiendo incrédulamente la cabeza—. ¡Y que forja espadas, además! ¡De todo tiene que haber! Bueno, pues yo soy Jean. —Se limpió la mano en la camisa y le dio un apretón a Ellen.

—Ya lo sé, la he oído gritar tu nombre, y ella se llama Madeleine, ¿a que sí?

Jean asintió.

—Una vez conocí a un Jean, pero era mucho mayor que tú.

—Meditó un instante—. ¿Qué te parecería que te llamara Jeannot? ¿Tienes algo en contra?

—No, no, ya me han puesto apodos peores. Inútil, Mocoso o Rata me resultaban muchísimo más desagradables. —Jean le sonrió con picardía.

—Bueno, pues no se diga más, Jeannot. ¡Venga, a lo alto del jamelgo contigo, Madeleine! Perdona, Nestor, no pretendía insultarte.

Le dio unos golpes cariñosos al poni en el cuello y cogió las riendas para tirar de ellas mientras Madeleine montaba muy erguida sobre él y se balanceaba al ritmo de sus pasos como si nunca hubiera hecho otra cosa. Ellen la miró con admiración, pues ella todavía se sentía como un saco de harina cuando iba sobre Nestor y andaba mucho más segura con los pies en el suelo.

—Da la impresión de que hubiera crecido a lomos de un caballo.

—Los dos sabemos montar bien, aunque ninguno haya tenido nunca un caballo propio.

El joven apretó los labios; estaba claro que no quería hablar más de ese tema.

Al caer la noche buscaron en el bosque un lugar donde descansar. Habían alcanzado a los demás viajeros, pero acamparon algo alejados para no provocar más discusiones con la mujer del mercader. Ellen amarró a Nestor a un árbol bajo en el que crecía suficiente follaje y musgo húmedo para que pudiera pacer hasta la saciedad.

Sin que nadie se lo pidiera, Madeleine se fue a buscar algo de leña y regresó al cabo de poco con toda una brazada de ramas secas. Parecía haber olvidado por completo el dolor del pie.

Ellen sacó pedernal, eslabón y un poco de hongo yesquero seco y se disponía a prender un manojo de hierba amarillenta cuando Jean apareció de pronto ante ella con una liebre muerta en la mano. Miró al joven con asombro.

—La he cazado con la honda.

Ató la liebre a una rama y le sacó un ojo para dejar que se desangrara. Después despellejó al animal desde los cuartos traseros hacia arriba, lo destripó y enterró los despojos para que no atrajeran a ningún lobo. Por último ensartó el cuerpo de la liebre con una vara larga y lo colocó sobre dos horcaduras que había clavado en el suelo, a lado y lado de la hoguera. La carne no tardó en empezar a desprender sus aromas.

Ellen no llevaba consigo ni una triste cebolla, pero puesto que había dejado que Madeleine montara a caballo, sus nuevos compañeros compartieron con ella el pan y el asado. Cuando terminaron de cenar, la muchacha se hizo un ovillo allí mismo y se quedó dormida como una niña.

Ellen y Jean miraban las llamas que chisporroteaban.

—Yo aún no había cumplido diez años cuando aconteció. Estaba en el bosque, cogiendo setas —empezó a explicar el joven en voz baja, sin que nadie le hubiera preguntado. Miraba al fuego como si despertara sus recuerdos—. Madeleine debía de tener unos doce. —Tragó saliva—. Ni siquiera me acuerdo del nombre de nuestro pueblo o del condado, y ella tampoco. Yo estaba desde el alba en el bosque y, de repente, vi en el cielo unas densas nubes de humo negro y fui corriendo a casa. Toda la aldea ardía en llamas. El olor era repugnante, a chamusquina, agridulce. —Tragó saliva de nuevo y prosiguió—: Era la carne quemada de la gente lo que apestaba así. En el pozo yacían muchos hombres de nuestro pueblo, unos encima de los otros. Debían de haber intentado proteger a sus familias y habían acabado sacrificados como ganado. Empezó a llover y pensé: «Dios llora porque está muy triste». Su sangre se mezcló con el agua de la lluvia y formó regueros rojizos. Tuve miedo y corrí a nuestra casa. No ardía, parecía que estaba en calma, pero de todos modos temí lo peor. Aunque me temblaban las rodillas, me acerqué más. —Se pasó una mano sucia por la cara—. Mi madre estaba en un rincón, tenía la cabeza aplastada y casi no se la reconocía. Bajo ella estaba mi hermano pequeño; los dos muertos. Me eché a llorar, aunque mi padre me había prohibido los sollozos.

»Y entonces lo vi también a él, y fue como si se me parara el corazón. ¡Había sido un hombre muy alto y fuerte! Estaba colgado de dos ganchos de hierro en el corral de las cabras. Tenía los ojos muy abiertos; me miraban. Lo habían abierto en canal y las vísceras le colgaban por fuera... Salí corriendo, tropezando, y vomité hasta que ya no me quedó nada dentro. En algún momento fui corriendo a las otras cabañas que no habían sido destruidas del todo. Llamé a gritos y lloré, pero allí no había nadie. Todos estaban muertos. —Jean se quedó callado.

Ellen lo había escuchado estupefacta. Era perfectamente capaz de imaginar su dolor, pues no pasaba un solo día en que no pensara en el momento en que había encontrado muerto a Jocelyn. Jamás podría olvidar aquella espantosa imagen.

—Y entonces vi a Madeleine —prosiguió Jean de repente, a media voz—. De pronto estaba delante de mí, en mitad del camino, con un ramo de flores que había cogido del campo... Parecía un hada. Había comprendido lo sucedido mucho más deprisa que yo. Las gallinas y las cabras ya no estaban, incluso el perro del carpintero y los gatos yacían muertos en el barro. No podíamos soportar más la visión y el hedor de la muerte, así que huimos al bosque.

Jean atizó el fuego, casi extinto, y echó otra rama para que siguiera ardiendo.

La noche era estrellada. Ellen estaba aterida y agradeció la hoguera. Sacó su manto y lo extendió en el suelo para que pudieran sentarse encima.

—Nos escondimos en el bosque, pero los bandidos acabaron dando con nosotros. Por las cosas que llevaban consigo supimos que eran los mismos que habían arrasado nuestro pueblo. Uno de ellos quiso matarnos sin perder tiempo. Ya le había puesto el cuchillo al cuello a Madeleine cuando otro lo detuvo. «Deja que antes nos divirtamos un poco con la niña.» Yo era aún muy pequeño para saber a qué se refería, pero vi el miedo en los ojos de Madeleine y pensé en mi padre con la barriga abierta en canal. La ira hizo que me olvidara de mi propio miedo y le di una patada en la espinilla a aquel hombre con todas mis fuerzas.

—¡Ay, válgame Dios! —se le escapó a Ellen.

—Tienes razón, fue una auténtica estupidez, era demasiado pequeño para medirme con semejante individuo. Me propinó un buen bofetón, me arrastró del pelo y me dio una patada. Seguramente habría acabado conmigo allí mismo, pero entonces llegó

Marcondé, el cabecilla de la banda, y los ladrones se hicieron a un lado. En un primer momento tuve la esperanza de que nos dejara marchar, pero entonces vi la sangre seca de su camisa sucia. ¡A lo mejor era la sangre de mi madre, o de mi padre! —Jean se interrumpió y tragó saliva—. Me convirtió en su mozo y en el desgraciado con quien ensañarse cada vez que le venía en gana. Sin embargo, mi destino fue soportable en comparación con lo que tuvo que aguantar Madeleine. La montaban como machos cabríos, un día tras otro, desde la mañana hasta la noche, muchísimas veces. —Jean se tapó la cara con las manos—. Antes era una niña muy sensata, ¿sabes? No estaba... loca. No, no lo estaba. Esos tipos tuvieron la culpa, la torturaron hasta que perdió el juicio. La convirtieron en un animal, le lanzaban la comida como a un perro y la jaleaban cuando se arrastraba a cuatro patas para cogerla. Calentaban cuchillos al fuego para quemarle la piel, hasta que también eso logró soportarlo sin gritar. Volvieron loca a la única persona que me quedaba.

—Por el amor de Dios, ¿cómo lograsteis escapar de ellos? —preguntó Ellen, horrorizada.

Miró entonces con lástima a Madeleine, que dormía plácidamente junto a ellos con la frente algo arrugada y los puños cerrados.

—Yo habría podido huir muchas veces, ¡pero no podía dejarla allí! Habría matado a Marcondé si hubiese servido de algo, pero eran muchos. —Miró a Ellen y de pronto sonrió—. Aprendimos a montar con los bandidos. A veces pasábamos días enteros a lomos de un caballo y solo desmontábamos para orinar y dormir; incluso comíamos sobre la cabalgadura. Esos días eran mis preferidos, porque los hombres acababan demasiado cansados para lanzarse sobre Madeleine. Durante meses nos arrastraron consigo en sus correrías, y un día se presentó la oportunidad de escapar que tanto llevábamos esperando. Marcondé y sus hombres asaltaron un pequeño caserío, acuchillaron a los hombres y atacaron a las mujeres y las niñas. Después se dieron a la celebración y se emborracharon, así que no vieron que les robábamos dos caballos y nos esfumábamos de allí. Puesto que eran muy buenos siguiendo rastros, vendimos los animales por el camino. Así conseguimos librarnos de aquellos salvajes. Aun ahora, apenas puedo creer la suerte que tuvimos aquel día. Sin embargo, todavía se me ponen los pelos de punta del miedo que siento cuando oigo una tropa de jinetes. Solo en los torneos me siento seguro, porque los bandidos dan grandes rodeos para evitarlos.

Era ya entrada la noche y, aunque la experiencia le había enseñado a Jean que la cercanía de otras personas no traía consigo mucha seguridad, Ellen, tras haber escuchado su espantosa historia, se alegró de saberse no muy lejos de los mercaderes con quienes habían discutido sus nuevos compañeros.

—Madeleine tiene mucha suerte de tenerte a su lado —dijo con ternura, y sacó una segunda manta del lomo de Nestor.

Se acurrucó muy cerca de Jean y Madeleine y los arropó a los tres lo mejor que pudo. No lograba quitarse de la cabeza las vivencias de aquellos muchachos. Cada vez que oía un crujido o un ruido, se enderezaba y aguzaba el oído. Desde su huida de Orford no había vuelto a temer los sonidos nocturnos del bosque. También esa noche tardó mucho en conciliar un sueño profundo.

El sol de la mañana se abrió camino entre sus párpados cerrados y la despertó. Ellen se desperezó. Buscó a Jean y a Madeleine y se sobresaltó mucho. ¡Habían desaparecido! No parecía que los hubieran raptado a la fuerza; claro que también habría sido de necios suponer que los ladrones dejarían a Ellen dormir en paz mientras se llevaban a Madeleine y a Jean. Miró hacia el árbol en el que había amarrado a Nestor. ¡Tampoco estaba! Se puso en pie, furiosa. ¿Acaso había errado tanto en su juicio como para dejarse estafar por dos charlatanes? Con impotencia y desesperación estuvo pensando qué hacer, pero entonces oyó un crujido en el sotobosque.

—¡Eo! —oyó que llamaba una clara voz de mujer, y se volvió.

—¡Madeleine! ¡Jean! —exclamó con alivio.

—Hemos llevado a Nestor a abrevar al río y hemos llenado los odres de agua —explicó el muchacho.

—¡Los demás parten ya! —exclamó Madeleine, señalando hacia

el claro en el que habían pasado la noche los mercaderes, y se puso a brincar sin moverse de sitio, como si tuviera que hacer allí mismo sus necesidades.

—Madeleine tiene razón, será mejor que nos pongamos en marcha. Viajaremos más seguros si no nos alejamos de los demás —comentó Jean.

Ellen asintió.

—Por mí, podemos irnos cuando queráis. Voy solo un momento al arroyo. —Ellen echó tierra sobre las cenizas para apagar las brasas que aguantaban aún y salió corriendo—. ¡Enseguida vuelvo!

Poco después avanzaban tras los demás, conversando sobre cuál sería la mejor estrategia para que Ellen consiguiera trabajar con uno de los armeros del torneo.

—No será fácil. ¡No eres un hombre! —dijo Jean sin muchas esperanzas.

—¡Ya lo sé, no creas! Pero soy buena, y a una mujer se le paga menos. Eso podría ser un acicate. Solo con que alguien me diera la oportunidad de demostrar mi habilidad, los convencería a todos.

—Pero tal como yo lo veo, eso será precisamente lo más difícil.

Jean frunció el ceño. Conocía bien el mundo de los torneos y casi siempre se encontraban con los mismos artesanos. Los armeros tenían un alto concepto de sí mismos. El propio Jean había intentado una vez que uno de ellos le diera trabajo, pero el forjador lo había llamado enano y se había mofado de él.

—Para ser mujer eres muy alta, ¡pero eso no es nada en comparación con cualquiera de los herreros! Tampoco tienes espaldas de buey. ¿Cómo vas a tener la misma resistencia que esos forzudos? —Estaba claro que Jean tenía sus dudas.

Ellen sonrió.

—¡Técnica, Jean, todo reside en la técnica! Mi maestro era pequeño y más bien delgaducho para ser forjador. El macho puede manejarse de muchas formas: con golpes de gran impulso, en los que cae con mucho ímpetu, o con pequeños golpes cortos que se siguen unos a otros con rapidez. También el ritmo es importante y, desde luego, como batidor hay que saber cuál es la forma correcta de sostener el macho. Un hombre no experimentado en la herrería jamás podría ganarme, aunque tuviera la fuerza de un oso.

—*Oh là là!* ¡Me estás dando miedo! —exclamó Jean en chanza, pero cedió enseguida al ver la mirada de enfado de Ellen—. Está bien, como tú digas. ¡Será mejor que se me ocurra algo para ver cómo convencemos a los herreros de que te hagan una prueba! —masculló mientras reflexionaba.

—Mirad allí, ¿qué es eso? —Ellen señalaba los matorrales de la linde del camino.

Unas ramas se movían. Ellen se acercó y oyó unos gemidos que parecían el llanto de un niño pequeño. Se inclinó y descubrió un cachorro de perro con el pelaje desgreñado y sangre en una de las patas delanteras.

—Tranquilo, no voy a hacerte nada —musitó con voz dulce.

El cachorro retrocedió ante ella y gruñó un poco.

—No os acerquéis mucho, nunca se sabe... ¡Está herido! —avisó a Jean y Madeleine.

Alzó una mano para darles a entender que se quedaran quietos.

—¡Si tiene la rabia, primero parece manso, pero luego muerde! —advirtió Jean—. El hermano de mi padre murió de una de esas mordeduras. Fue horrible; sufrió muchos días... Primero se volvió loco, luego empezó a sacar espuma por la boca y, a la postre, cayó muerto.

—Eso no parece una mordedura —dijo Ellen, mirando la pata del animal—. Más bien parece un desgarro.

—Si fuera un buen perro, su amo no lo habría abandonado —masculló el chico, que no tenía ningunas ganas de preocuparse también de un animal.

Sin hacer caso de Jean, Ellen le habló al perro con palabras tranquilizadoras.

—Te curaré la pata, te pondré una cataplasma de hierbas con una pequeña venda y ya verás lo pronto que te pones bueno.

Entonces buscó a Madeleine con la mirada, pero la muchacha ya había salido corriendo a hacerse con todo lo necesario.

Jean tuvo que rendirse y encogerse de hombros.

—Contra una mujer no hay nada que hacer, contra dos... —Suspiró y esperó.

Casi era otoño y oscurecía pronto, por lo que los mercaderes buscaban ya después del mediodía un buen lugar donde pasar la noche.

—Iré a explorar un poco a ver si encuentro un lugar tranquilo cerca de los demás. Lo mejor será que vengáis en cuanto hayáis terminado —masculló el chico al cabo, tiró de las riendas de Nestor y siguió camino.

Ellen no apartó la mirada del perro. Su maltratado pelaje gris era suave e incipiente.

—Aún eres pequeñito, ¿eh?

Se sentó junto a él y lo miró a los ojos mientras el animal posaba la cabeza sobre sus rodillas.

—A lo mejor se ha escapado —dijo Madeleine con lástima, y lo acarició cariñosamente—. Ten, las hierbas que necesitas.

El perrito no dejaba de lamerle a Ellen la mano mientras esta le curaba con cuidado las heridas.

—Tiene la pata completamente destrozada. No parece que vaya a sanar enseguida. —Ellen le acarició la oreja—. Tienes hambre, ¿a que sí?

Como si la hubiera entendido, el perro alzó la cabeza y levantó las orejas... todo lo que pudo, pues tenía unos orejones hirsutos y colgantes.

Ellen sonrió.

—En las alforjas queda un pedazo de pan.

Madeleine se puso en pie de un salto.

—¡Ay, qué tonta! ¡Jean se ha llevado el poni!

Contrariada, volvió a sentarse en el suelo y siguió acariciando al perro.

—¡Nos lo llevamos! —decidió Ellen, y deslizó una mano bajo su enjuto cuerpecillo para cogerlo en brazos—. Es más grande de lo que creía —constató—. Algún día será un animal hermoso. Cuando crezca, podrá cuidar de nuestras cosas.

—¡Jean echará pestes! —advirtió Madeleine, pero solo se ganó una mirada reprobatoria.

—A mí Jean no puede decirme nada; yo hago lo que me parece.

Ellen sabía muy bien lo difícil que sería quedarse con el perro. A fin de cuentas, había que darle de comer, y el animal no podía trabajar para ganarse el sustento. Sin duda Jean apelaría a muy buenos motivos por los que no deberían quedarse con él. Y seguramente incluso llevaría razón, pero Ellen no podía resistirse a la fiel mirada del cachorro.

Se extrañó al ver que Jean protestaba mucho menos de lo que había esperado. A lo mejor lo había ablandado el andar desgarbado del perro, que parecía un potranco desgreñado con unas patas demasiado largas e inestables, o simplemente se compadeció de él porque se lo veía igual de pobre y abandonado que a Madeleine y él.

—Hasta la fecha hemos dormido siempre con los mercaderes, pero ahora te tenemos a ti. Necesitamos una tienda, al menos una pequeña. Si no, no conseguiremos un buen sitio en el torneo. Tampoco podemos seguir durmiendo muchos días al raso; las noches cada vez son más frías y húmedas. ¿Cuánto dinero tenemos? —preguntó Jean.

Madeleine y él tenían algunas monedas de plata, y Ellen sacó de la escarcela que llevaba al cinto la misma cantidad. Del dinero que llevaba bajo el vestido no dijo una palabra. Sólo echaría mano de él cuando fuera imprescindible.

Jean encerró las monedas con fuerza en su mano sucia.

—Veré qué puedo conseguir por esto. ¡Esperadme aquí!

Corrió por el claro hacia la zona donde habían establecido el campamento los mercaderes, que, como cada tarde, habían dispuesto sus carromatos y tiendas en círculo para protegerse de los animales salvajes y de cualquier posible atacante.

Ellen lo vio hacer negocios con un hombre. Ambos estaban demasiado lejos como para entender de qué hablaban. Al cabo, el hombre sacudió la cabeza y Jean se dirigió al siguiente carro. Desapareció tras el toldo con uno de los hombres, y Ellen esperó con impaciencia hasta verlo aparecer de nuevo. Tardó un buen rato en regresar.

—He conseguido una tienda, pero no puedo acarrearla yo solo, lo mejor será que me lleve a Nestor —dijo, y se fue con el poni.

Ellen estaba intranquila. Esta vez la espera se le hizo una eternidad. Ya casi estaba oscuro y Jean todavía no había vuelto. La muchacha volvió a temer haber sido víctima de un engaño. Cuando ya se había puesto en pie de un salto unas diez veces esperando verlo, Jean regresó. Nestor trotaba valerosamente tras él, cargado hasta los topes. Madeleine había pasado toda la tarde sentada en un tronco, la mar de tranquila, canturreando en voz baja y acariciando al perro. Seguramente no había dudado ni un momento de que Jean volvería a por ella. Al oír su voz guardó silencio, levantó la mirada y sonrió.

—¡Una tienda, un puchero y dos mantas viejas! —El joven relucía de contento—. La tienda tiene un largo roto, pero puedo coserlo. Ya he conseguido hilo y aguja. Las mantas me las ha vendido Agnes. Siente mucho lo de tu pie —le dijo a Madeleine, y luego se volvió hacia Ellen—: Agnes no es mala persona, ¿sabes? Solo tiene miedo de que su marido la abandone.

Ellen no salía de su asombro al ver todo lo que había conseguido el muchacho por aquel dinero.

—Caray, si algún día tengo que comprar alguna otra cosa, te llevaré como mediador, ¡así conseguiré mucho más por mis monedas! —exclamó, y rió con admiración.

Después de la cena, que consistió en una trucha y una lamprea que Ellen había pescado en un riachuelo cercano antes de que cayera la noche, se quedaron sentados un buen rato junto al fuego.

—El pescado estaba buenísimo.

Jean, satisfecho, se limpió la boca con la manga, chupó el hilo y lo hizo pasar por el ojo de la aguja para coser con pericia el gran roto. También reforzó los nudos corredizos que sostendrían la tienda en el suelo.

—Aunque las estacas ya no sirven de mucho.

Ellen miró entonces los ganchos de hierro, que estaban bastante oxidados y, efectivamente, no durarían mucho tiempo.

—Aún se puede aprovechar parte del hierro, pero la mayoría está inservible. En cuanto tenga trabajo y pueda usar una fragua y un yunque, compraré algo más de hierro y forjaré unos nuevos.

—Todavía no tiene nombre —interrumpió Madeleine.

Señaló al cachorro, que estaba hecho un ovillo junto a Ellen. Se había comido las vísceras de los pescados y estaba a todas luces contento con su destino.

—¿Qué me decís de Vagabundo? La verdad es que lo parece —propuso Jean.

Ellen torció la boca.

—No me gusta, tendría que ser algo más simpático. A fin de cuentas, tampoco nosotros somos vagabundos solo porque viajemos por estos pagos. Seguro que se nos ocurrirá algún otro nombre. ¿Verdad, barba gris? —Ellen le tiró de los velludos belfos.

—¡Eso es! —Madeleine resplandecía de contento.

Ellen la miró con incertidumbre.

—¿El qué?

—¡Barbagrís! ¡Así acabas de llamarlo!

—¿Eso he hecho? —Ellen seguía sin salir de su asombro—. Bueno, ¿por qué no?

—¡Barbagrís, el nombre te va que ni pintado! —La voz de Jean sonó de súbito muy dulce, y acarició al perro por primera vez.

Llegaron al palenque poco antes del mediodía. Ellen se quedó boquiabierta al ver las apreturas del público que buscaba el mejor lugar para acampar.

Jean, no obstante, miró en derredor con total tranquilidad y después señaló hacia una franja estrecha que encontró entre dos bonitas tiendas.

—Allí hay suficiente espacio para nosotros; de todas formas los demás no caben. ¡Y el emplazamiento es bueno!

Los dueños de las dos grandes tiendas no estarían precisamente contentos de tener aquel pañuelo sucio y remendado entre sus bellos alojamientos de colores, pero nada podían hacer; todo el mundo tenía derecho a acampar donde encontrara sitio, así lo estipulaban las reglas de los torneos.

Ellen y Madeleine montaron la tienda mientras Jean hacía una ronda de reconocimiento. Cuando regresó, ya por la tarde, las dos mujeres habían hecho todo el trabajo. La tienda estaba montada y ordenada, y sobre el fuego hervía un manjar de guisantes y cereales que olía deliciosamente.

—¿De dónde habéis sacado eso? —preguntó Jean con incredulidad.

Madeleine le lanzó una mirada a Ellen que parecía decir: «¿Ves? Te había dicho que se lo tomaría a mal».

Ellen no se preocupó.

—¿No me habías dicho que había que comprar deprisa algo que comer, antes de que los campesinos se den cuenta de lo mucho que pueden ganar vendiendo provisiones a los visitantes del torneo? Pues he pensado hacer eso mismo. A fin de cuentas, tú no llevabas suficiente dinero contigo.

—Es cierto —rezongó Jean, algo más afable; al menos había seguido su consejo.

—Mira, tenemos un saco entero de guisantes, dos libras de trigo y un saquito de cebollas, un buen trozo de tocino y... —El rostro de Madeleine estaba resplandeciente.

—Y una docena de huevos, para que las provisiones nos duren toda una semana y no tengamos que recurrir a las cocinas de campaña —acabó de explicar Ellen.

Pese a que casi reventaba de orgullo, se esforzó por sonar todo lo humilde que pudo.

—Seguro que el verdulero te habrá intentado sonsacar cómo es que tenías ese dinero...

—Me quedaba aún medio chelín, ¡y he trabajado para conseguir el resto!

—¿En medio día has ganado tanto dinero como para comprar todo esto? Debes de haber llegado a un trato muy bueno. ¡Yo mismo no lo habría hecho mejor! —Jean estaba de veras estupefacto—. ¿Qué clase de trabajo has hecho que valga tanto?

—He herrado un par de caballos. Era un fundo grande, no una simple granja. Tenían una pequeña herrería allí mismo, pero el herrador estaba enfermo y su mujer, que suele ayudarlo, tenía que cuidar de él. Un par de jamelgos necesitaban con apremio herraduras nuevas. He tenido suerte, nada más. Ni siquiera sabía si sabría hacerlo, pero uno de los mozos de cuadras más mayores me ha ayudado.

—Bueno, si el guiso sabe igual de bien que huele, a mí me parece perfecto. Podría comer lo mismo toda una semana —dijo Jean con ánimo conciliador, y se echó a reír cuando a Madeleine le gruñó el estómago.

—¡Por cierto, me he topado con Henry! —le dijo a Madeleine después de cenar.

Esta sonrió extasiada y se puso a cantar y bailar.

—¡Vuelve a sentarte! —exclamó Jean con cariño, y tiró de ella hacia abajo—. Lo llaman Henry le Norrois y es mensajero —le explicó a Ellen—. El heraldo más simpático que conozco. Sabe como ningún otro componer panegíricos para los contendientes y elevar así a mayor gloria sus premios. Le he hablado de ti. Es un hombre listo, conoce a las personas y sus vanidades, y me ha dado una idea estupenda.

—¿Y qué idea es esa? —preguntó Ellen con escepticismo.

—¡Ya lo verás! —Jean sonrió con astucia y se acurrucó en su rincón—. Ahora será mejor que durmamos, pues mañana el día será largo. Tenemos que encontraros trabajo a las dos.

Jean se volvió de espaldas.

—¿Y tú? ¿No vas a buscar trabajo? —preguntó Ellen con enojo.

Le daba rabia que no quisiera desvelar ni una pizca de su plan.

—Pues claro que no. —Bostezó—. Ya he encontrado algo. Uno de los tahoneros necesita ayudante y ofrece un penique por cada día de trabajo, además de una hogaza de pan recién hecho.

—¿Y nos lo dices ahora y de pasada? —Ellen se sentó—. ¡Pero si es maravilloso!

Jean sonrió con satisfacción. Poco después ya estaba plácidamente dormido.

Ellen estuvo meditando un rato cómo convencería a los herreros al día siguiente, pero de todas formas acabó por conciliar el sueño. Soñó que hacía una prueba en una herrería con un martillo que no lograba levantar con una sola mano. Por mucho que intentara alzarlo, no lo conseguía. Cuando despertó por la mañana, tenía el brazo derecho entumecido. Debía de haber pasado toda la noche tumbada sobre él.

Se puso en camino con Jean para visitar a los herreros. Casi todos los puestecillos estaban ya montados y algunos artesanos habían empezado incluso a trabajar. La tierra estaba humedecida por las lluvias de los días anteriores y se pegaba con un frío penetrante en las finas suelas de cuero de Ellen. «Tendría que comprarme un par de zuecos», pensó. Los zapatos de madera que se ponía uno sobre el calzado eran bastante incómodos, pero protegían las suelas de la humedad.

—¡Henry! —exclamó Jean, y gesticuló con entusiasmo antes de echar a correr en dirección al hombre.

Ellen no tuvo más remedio que seguirlo.

—Henry, ésta es Ellenweore; ayer te hablé de ella —dijo el muchacho para presentarlos.

La vestimenta de Henry estaba raída y debía de haber conocido días más gloriosos. Su cabello ondulado, de un rubio oscuro, le llegaba casi hasta los hombros. Se inclinó con galantería y le ofreció a Ellen una irresistible sonrisa mostrando sus bonitos dientes alineados.

—¡No me habías dicho que la dama que forja el hierro y las voluntades de los hombres a placer era tan bella! —exclamó sin mirar a Jean.

Era imposible resistirse a su sonrisa.

—¡Debéis de valer vuestro peso en oro para los caballeros! —repuso Ellen con simpatía, y con ese elogio se ganó al instante la gracia de Henry.

—¿Habíais estado antes en un torneo? —preguntó, y puso el brazo de Ellen sobre el suyo para guiarla con toda confianza.

La muchacha sacudió la cabeza.

—Bueno, entonces lo mejor para que os llevéis una primera impresión serán las justas, o *joutes plaisantes*, ¿habéis oído hablar de ellas?

—Jean no habla de otra cosa, pero no tengo la menor idea de lo que son.

Ellen se sintió muy a gusto en compañía de Henry. Su aspecto prácticamente misérrimo, su simpatía y su alegría casi hacían que olvidara su ascendencia caballeresca. «No debe de ser el primogénito, igual que Guillaume», pensó Ellen.

—¡Ojo! —exclamó Jean, y tiró de Ellen hacia atrás.

Los cascos de un caballo al galope casi se la llevaron por delante.

—En el futuro, deberías mirar menos a los ojos de Henry y algo más a lo que tienes ante los pies. ¡Ya han anunciado el primer paso de armas! —Jean señaló en la misma dirección que había llevado el jinete.

Ellen se enderezó, pero no lograba ver más que una gran muchedumbre.

—Nos adelantaremos algo más, y esta vez iré con más cuidado —prometió Henry, y se llevó a Ellen consigo.

Llegados a la primera fila vieron una gran plaza en la que se habían erigido barreras con troncos de árboles. Jóvenes caballeros, siempre en parejas, arremetían unos contra otros con la lanza apuntando al contrincante. Los cascos de los caballos hacían temblar la tierra, y los crujidos de las lanzas al partirse eran ensordecedores.

—¡Es impresionante! ¿Cómo se puede sobrevivir a algo así? —le preguntó Ellen a Henry entre aquel bullicio.

Él sacudió la cabeza y se rió de ella.

—¿Eso os parece impresionante? ¡Pero si no son más que amistosas escaramuzas de calentamiento!

Aunque estaba pegado a ella, casi tuvo que gritar para hacerse oír con aquel estruendo.

—¿Qué queréis decir? —preguntó Ellen con sorpresa, y se alegró de que el ruido cesara unos momentos.

—El auténtico torneo no empezará hasta más tarde —explicó Henry—. Ahora les toca el turno a los más jóvenes, que quieren demostrar de lo que son capaces. Dentro de un rato acudirán también los caballeros mayores; entonces los contendientes formarán grupos. Se reúnen por procedencia, o luchan para un determinado señor. A menudo, varios caballeros se encuentran y forman una alianza únicamente para un torneo. Cabalgan en apretadas formaciones hasta que el fragor de la contienda deshace su estricto orden. Cuando la refriega se pone interesante, se les unen también los caballeros afamados, los luchadores más experimentados y los combatientes más valerosos. Cada uno de ellos espera conseguir un botín, ninguno quiere dejar escapar la victoria. Luchan hasta el anochecer. Muchos de ellos son tomados prisioneros y tienen que comprar su libertad; el que no tiene dinero negocia con sus amistades para que le presten la cantidad exigida.

Ellen escuchaba a Henry con gran atención mientras intentaba distinguir los nombres de los caballeros a quienes estaban anunciando en aquel instante.

—Los siguientes en enfrentarse serán sir Ralph de Cornhill contra...

El segundo nombre no lo entendió, pues el gentío empezó a jalear y ovacionar.

—Sir Ralph se mantiene invicto desde hace numerosos torneos. Nadie consigue hacerlo caer del caballo; parece que esté pegado a la silla de montar, dicen, pero yo creo que solo es porque está entrado en carnes. —Henry le guiñó un ojo a Ellen.

Los dos contrincantes cabalgaron hacia su encuentro. El joven desafiador alcanzó a sir Ralph en pleno pecho y lo tiró de la silla.

El público enloqueció.

Henry sacudió la cabeza con entusiasmo.

—Si ese joven sigue así, llegará a ser alguien.

Un lance de honor seguía al otro, y todos eran excitantes.

—¡No imaginaba que los torneos fueran tan emocionantes! —exclamó Ellen, mirando a Jean y a Henry con las mejillas coloradas.

Henry sacudió la cabeza, riendo.

—¡Pero Ellen, si acabo de deciros que esto no es nada! Cuando empiece el torneo principal será cuando de verdad valga la pena. Por desgracia, de todo eso no podréis ver demasiado. El torneo se celebra allá atrás, en el bosque, y a tal efecto se ha desalojado incluso a los habitantes de un pequeño caserío, para que los edificios y los apriscos sirvan de escondrijos donde los caballeros puedan tomar aliento, o como lugar de emboscadas. Sería demasiado peligroso que se quedaran en sus casas. ¿Veis a los campesinos, allá apartados? Estarán temblando hasta que el torneo toque a su fin, esperando que sus hogares no hayan quedado completamente destrozados en el fragor de la batalla. De vez en cuando sucede que alguna cabaña arde. Los huertos de los labriegos siempre acaban pisoteados por los caballos, de eso sí que no cabe duda. Lo más seguro es mantenerse a una distancia prudencial de cualquier caballo, aunque, comoquiera que sea, los torneos no se celebran para los espectadores, sino para los propios caballeros.

—Pero aquí hay una cantidad increíble de personas…

Ellen señaló al gentío que los rodeaba, personas que comentaban con júbilo los golpes y las derrotas de los jóvenes caballeros que se enfrentaban en ese momento.

—Sí, casi nadie quiere perderse las justas; aquí es donde se ve por primera vez a los jóvenes más impetuosos. También los caballeros mayores y de mayor excelencia asisten como público en busca de diestros luchadores a quienes o bien contratan a su servicio, o bien contemplan con recelo, dado que pronto pueden convertirse en sus adversarios.

Cuando las justas hubieron terminado, grupos de una docena de hombres o más empezaron a reunirse poco a poco junto a las barreras.

—¿Veis a esos caballeros de allí atrás, bajo aquel estandarte con los leones tumbados en oro? Son los caballeros de nuestro joven rey. ¡Y allí está también el joven impetuoso que ha vencido antes a sir Ralph! A la derecha están los angevinos, un poco más allá, los bretones, y justo al lado, los poitevinos. Todos los bandos luchan entre sí. Vence el que más enemigos doblega y el que más rehenes aprehende, y obtiene una gran cantidad de dinero, pues los rehenes tienen que comprar su libertad. Y como los caballeros victoriosos también son muy desprendidos, los mercaderes hacen muchísimo negocio, igual que los prestidigitadores y los músicos que actúan en las festividades finales, las putas que calientan las camas de los señores y los cocineros de campaña que cuidan del bienestar de su cuerpo. Los perdedores son tratados con suma magnanimidad, pues el que ha vencido esta vez puede verse en el lugar del perdedor la siguiente. Al que tiene éxito en un torneo y se cuenta entre los mejores, le aguardan grandes ganancias en la siguiente ocasión.

Algunos barones ofrecen incluso a los contendientes más audaces un matrimonio y un pequeño feudo aliado si se lanzan al palenque en su nombre. Para muchos que no han nacido primogénitos es la única posibilidad de conseguir esposa y unos ingresos respetables... Ah, ya no tardarán mucho en salir. Mirad allí atrás; se reunirán al oeste de la colina y entonces comenzará el torneo de verdad.

Ellen sintió que alguien le tiraba de la manga.

—Tendríamos que empezar a preocuparnos por encontrarte trabajo; ya es mediodía —dijo Jean.

—Pasaré más tarde a ver si lo habéis logrado sin mí. —Henry les guiñó un ojo como despedida.

El corazón de Thibault palpitaba a toda velocidad cuando detuvo su caballo tras la tienda y descabalgó. ¡Había tirado de la silla al gordo de sir Ralph como si fuera una pluma! Se quitó el yelmo de la cabeza. Le habría encantado enjugarse con la manga el sudor que le caía de la frente a los ojos, pero antes tenía que desprenderse de la cota de malla. Gilbert, su escudero, lo ayudó.

—¡Habéis estado fantástico, señor! La muchedumbre ha enloquecido, y he visto con toda claridad que el Mariscal asentía con agrado.

Los ojos de Gilbert relucían de orgullo, pero Thibault apenas lo escuchaba.

¡El Mariscal! ¡Si supiera...! Thibault no podía pensar en otra cosa.

—¡Está bien, Gilbert, ahora déjame solo! —le ordenó con rudeza.

No le quedaba mucho tiempo para relajarse; enseguida tendría que volver a vestirse pues empezaría el torneo principal. Thibault se sentó en un taburete y se cogió la cabeza con las manos. ¿Cómo era posible que ella estuviera allí? Se había cruzado en el camino de su caballo. ¡Sus cascos casi la habían arrollado! ¿Es que no tenía ojos en la cara? Thibault pensó en ese verde resplandeciente que tanto adoraba; no había necesitado verle los ojos para recordarlos. Respiró hondo. La cercanía de Ellen seguía excitándolo. Le había hecho hervir la sangre de tal manera que se había sentido invencible. ¡Acaso el destino la hubiera elegido para él! Se puso en pie de un salto y, al hacerlo, tiró el taburete al suelo.

—¡Gilbert! —bramó—. ¡Gilbert, ayúdame a vestirme otra vez, que hoy me llevaré un buen botín!

Después de que el escudero le hubiera ayudado a ataviarse de nuevo con la cota de malla y la guerrera, Thibault salió fuera. ¡Ya se sentía vencedor! Mientras las criadas lo señalaban con el dedo y reían tapándose la boca con las manos, miró en derredor con satisfacción.

—Puedo tener a la que yo quiera —murmuró, pagado de sí mismo, y montó en su caballo.

Cuando se unió a los caballeros del joven Enrique, estos lo saludaron con cabezadas y el puño alzado de la victoria. ¡Se habían enterado de su triunfo en la justa! Perfecto. Ahora solo faltaba imponerse también en el torneo principal. Thibault miró a Guillaume, que le había alzado un pulgar enguantado y había dispuesto que cabalgara junto a él.

—Haceos con todos los que podáis, estimado compañero, ¡pero al cabecilla de los franceses ni lo toquéis, es mío! —ordenó Guillaume.

—Cuidad solo de que no acaben apresándoos a vos —masculló Thibault, pero en voz tan baja que el Mariscal no llegó a oírlo.

Los franceses aguardaban no muy lejos de allí, vilipendiando a los ingleses por las grandes derrotas que habían sufrido en los torneos anteriores. Entre estruendosas carcajadas se repartían ya de antemano el botín que pretendían arrebatarles a sus contrincantes. Y entonces, al fin, comenzó el torneo. Al principio los caballeros galoparon unos hacia otros en filas ordenadas, pero cuanto más se acercaban, más batalladores se volvían los ánimos; la formación no tardó en romperse y convertirse en un caos turbulento.

Thibault decidió mantenerse alejado de Guillaume, que era el objetivo escogido por los mejores franceses, y prefirió lanzarse contra los angevinos junto con unos cuantos caballeros más de la mesnada del rey. Justamente el hermano del duque de Anjou lo buscó como adversario. El joven caballero era un extraordinario luchador de torneos y puso a Thibault en apuros más deprisa de lo que a este le habría gustado. Le asestó un mandoble de espada y no tardó en acorralarlo y convertirlo en su prisionero, tras lo cual le entregó a su escudero las riendas del caballo de Thibault. Este se quedó sentado en su corcel, loco de ira, y contempló, condenado a la inactividad, cómo el torneo seguía su transcurso. Guillaume se lanzó con bravura, pero también él acabó sufriendo en carne propia la superioridad de los franceses y fue apresado. Thibault se frotó el mentón con satisfacción. «¡Que el cabecilla de los franceses era suyo! El muy fanfarrón ya está fuera de combate», se dijo con alegría. Sin embargo, el escudero del joven rey avanzó entonces hacia los franceses y compró la libertad de Guillaume, de modo que pudo seguir luchando. Thibault le gritó a Gilbert, que aguardaba a su señor a una distancia razonable:

—¡Ve a por mi dinero y compra mi libertad cuanto antes! —ordenó.

Al contrario que aquel advenedizo de Guillaume, él, Thibault de Tournai, era el primogénito de su padre y recibía para su sustento una suma considerable con la que podía permitirse comprar su libertad para seguir luchando. Si bien le hubiera encantado contar con el favor del joven Enrique, ¡no dependía de él!

Aquel día, tanto Guillaume como él fueron apresados otras dos veces. Thibault acabó el torneo una saca de oro más pobre, y con ello se quedó casi sin recursos, pero no le debía nada a nadie. Guillaume, por el contrario, había obtenido la libertad tres veces, ¡y otro tanto estaba en deuda con el joven Enrique!

Ellen seguía entusiasmada con las justas cuando el sonido maravillosamente rítmico del macho sobre el hierro del yunque llegó a sus oídos desde lo lejos y la hizo callar. Desde Beauvais soñaba con poder confeccionar una espada ella sola. Hacía ya mucho tiempo que la tenía en la cabeza y únicamente esperaba poder forjarla. Tenía que encontrar trabajo con un armero como fuera. Por Jean sabía que no tenían puestos como los mercaderes, montados con toldos de cuero, sino que trabajaban en graneros o establos de piedra que se habilitaban para el torneo. Todos los herreros aportaban su propia fragua, un tocón de árbol sobre el que se colocaba el yunque, herramientas, un fuelle y una artesa de agua, además de una mesa para exponer sus obras. Cuando Ellen entró en el establo y vio los artículos de los herreros, sintió una calidez en su interior. Allí se podían comprar espadas, cuchillos, partes de empuñadura y guarnición, yelmos, eslabones, lanzas de diferentes largos, picas e incluso manguales como los que empuñaran los primeros cruzados contra los sarracenos, además de escudos, conteras y ornamentos de diferentes tipos. Jean se encaminó hacia un hombre de tez morena. A juzgar por su exposición, era un buen armero.

—¡Pierre! —lo saludó Jean, como si fuera un viejo conocido—. Vengo a proponeros una apuesta. —Entonces el joven alzó la voz y gritó—: Oíd, herreros, reto a Pierre o a cualquiera a una apuesta: un puesto de ayudante para esta mujer contra una semana de su trabajo sin paga.

Los herreros miraron a Jean con comedida expectación; el trabajo de una desconocida no les interesaba, por mucho que les saliera de balde. Pierre no reaccionó en modo alguno.

Jean, por tanto, tuvo que apresurarse:

—¿De verdad queréis dejar pasar esta oportunidad, maese Pierre?

El herrero respondió algo incomprensible e hizo un gesto de que lo dejaran en paz. Ellen veía esfumarse todas sus esperanzas: ni siquiera le darían ocasión de demostrar lo que sabía hacer.

—Como bien te había dicho, joven amigo, no le tienen ni la mitad de miedo al diablo que a una mujer. Más aún cuando es tan guapa como tu acompañante y, por añadidura, domina su oficio. ¿Qué cara se les quedaría si una mujer demostrara poder forjar igual de bien que la mayoría de los hombres? ¡Es su honor lo que está en juego!

Un murmullo de indignación recorrió la multitud; se oyeron abucheos.

¡Ellen no había visto a Henry le Norrois hasta que este había alzado su voz!

Entonces sí que acudieron más herreros a contemplarla. Indiferente, pues estaba segura de su habilidad, lo único que temía era poner en peligro a Jean, o ponerse en peligro a sí misma. Por Henry no temía. Seguro que era suficientemente sagaz para sacar incluso provecho de su derrota.

—¿Qué queréis decir con eso? —preguntó Pierre, el herrero con quien había hablado Jean.

—Esta mujer afirma poder medirse con un hombre en el arte de la forja, ¿qué tenéis que decir a eso? —preguntó Henry, sonriendo con descaro—. ¿No os apetece? ¿O es que quizá no os atrevéis?

—Que pruebe suerte fuera, con los herradores. Aquí para nada queremos a principiantes —gruñó Pierre.

—No soy ninguna principiante —repuso Ellen con seguridad, aunque sentía latir el corazón en la garganta—. Forjar un cuchillo o una espada como esa —señaló a su aparador— es todo un arte, y lo domináis, maestro, ¡pero yo lo hago igual de bien y me gustaría trabajar para vos!

—¡Sooo! ¿Habéis oído las valientes palabras de esta manceba? —exclamó Pierre, esta vez con jovialidad—. ¿No estáis un poco esmirriada para un oficio tan duro? Hilar, bordar, acaso también parir hijos, ¡eso sí que me parecen tareas adecuadas para vos!

Pierre tenía al público de su parte.

—Bueno, entonces podréis ganar la apuesta sin sudores —propuso Ellen con serenidad.

—Ninguno de los forjadores de aquí se rebajaría a competir con una mujer —espetó Pierre con desdén, y miró al corro de herreros, que asintieron con aprobación.

—Pues muy bien. Me tomáis por una principiante, ¿por qué no buscáis, pues, a otro principiante aguerrido? Un hombre como el fortachón que corta troncos allí fuera, en la plaza, ¿qué os parece? Antes me he quedado maravillada al ver sus brazos. Son más gruesos que mis muslos. —Rió con ánimo provocador.

Jean miró a Ellen horrorizado.

—¿Es que has perdido el juicio? ¡Pero si es muchísimo más fuerte que tú! —siseó con espanto.

—¡Preguntadle! —le insistió Ellen al forjador sin hacer caso de los ruegos de Jean—. Si está conforme, estaré encantada de competir con él. ¡Quien bata mejor, gana!

Pierre no se lo pensó mucho.

—¡Muy bien, vayamos a preguntarle!

Salió a toda prisa, y los demás forjadores lo siguieron entre gritos.

Le contaron lo de la apuesta al forzudo, que se divirtió de lo lindo al oír tantos disparates y miró a Ellen con lástima.

—Si pierde, trabajará una semana para ti sin pedir nada a cambio —explicó Pierre.

—¿Y qué saco yo de ti si gano? —le preguntó Ellen al forzudo.

—¡La mitad de lo que gane en una semana! —propuso el hombre con una gran sonrisa.

—No, la mitad no. Todo lo que ganes en una semana —insistió ella—. Si no, no es justo. ¿O es que no estás seguro de poder ganarme y temes aceptar mis condiciones? —Puso su sonrisa más inocente y miró al fortachón con simpatía—. ¿Y vos me dejaréis trabajar, si gano? —quiso que le asegurara Pierre una vez más.

—¡Desde luego que sí! ¡Pero me parece que antes se congelará el infierno! —rió este.

Cuando Pierre intentó darle unos consejos al forzudo sobre cómo coger el martillo, el hombre lo hizo callar con gestos arrogantes y le dio unos golpecitos en el hombro.

—¡Estad más que tranquilo, maestro, conozco vuestros machos y sé lo que pesan! ¿Habéis intentado vos alguna vez alzar mis troncos? Apuesto a que no los levantaríais ni un palmo del suelo. ¡Dejadme hacer a mí, que ya estoy celebrando esa semana de trabajo gratis!

A Pierre le molestó la forma despectiva con que se había expresado el forzudo sobre su oficio. ¡Un macho de fragua no podía manejarse de cualquier manera!

De entre los oficiales salieron dos voluntarios que pusieron el hierro al fuego y después lo sacaron con tenazas para sostenerlo sobre el yunque. Ellen asió el macho con la mano derecha y tuvo cuidado de no agarrar el mango demasiado abajo. Con la izquierda manejaría el mango que le quedaba bajo la axila, como hacían todos los herreros. Empezó a batir con un ritmo constante. El forzudo agarró el martillo con ambas manos ante su panza y ya al primer golpe se clavó el mango en el estómago con todas sus fuerzas. Gimió y se encogió un instante sobre sí mismo, pero no se rindió, sino que intentó imitar lo mejor que pudo la técnica de Ellen, para lo cual, no obstante, le molestaban sus hinchados músculos. Golpeaba cogiendo gran impulso y sin un ritmo reconocible; perdía fuerza a ojos vistas.

Su pieza se dobló hacia un lado, como si fuera un gancho, mientras que el hierro de Ellen se alargaba correctamente y no perdía la línea recta. Solo con ver el primer golpe, los forjadores habían comprendido que no era una principiante, pero seguramente esperaban que el hombretón pudiera ganarla solo con fuerza bruta. Este, no obstante, sudaba ya tanto que le caían cascadas por todo el cuerpo y su cabeza de pelo color grancé parecía a punto de estallar. Aunque los golpes que se oían junto a Ellen habían cesado ya, ella seguía trabajando sin atreverse a mirar a un lado para no perder el ritmo. Alguien le dio unos golpes en el hombro.

—¡Vale ya, has ganado! —rezongó Pierre a media voz—. Mañana empiezas a trabajar conmigo, si es que aún puedes moverte.

A las claras se veía que le costaba un gran esfuerzo mantener la serenidad.

—Allí estaré —repuso Ellen, y dejó el macho en el cubo de agua que había junto al yunque.

Jean daba gritos de júbilo y se le echó al cuello.

—¡Ha sido asombroso!

—¡Ilustre señora, tenéis todo mi respeto! —Henry le ofreció el brazo con una sonrisa.

Ellen temblaba un poco de la emoción y rechazó su ayuda dándole las gracias. Lo último que quería era transmitir la impresión de que necesitaba el sostén de alguien. Aunque había ganado, sus sentimientos respecto al día siguiente eran contradictorios. Esperaba que Pierre tuviera buen perder… ¡a partir de entonces trabajaría para él! Se despidió de Henry y del armero y se encaminó con Jean hacia la tienda. Recordó a Jocelyn con melancolía. Añoraba muchísimo su sonrisa, su amor y la confianza que tenía en su capacidad. Después de cenar, Jean le relató a Madeleine la victoria de Ellen.

—Será mejor que no me vaya a dormir muy tarde. Tendré que

ponerme en marcha en plena noche; el tahonero empieza a hornear antes de que salga el sol. Enviará a su hijo a buscarme, o sea que no os asustéis si mañana por la mañana no estoy. —Miró a Madeleine—. ¿Cómo te ha ido el día? ¿Has encontrado trabajo?

Madeleine asintió.

—Agnes ha dicho que puedo volver a buscar agua e hilar para ella; siempre que su marido no ande cerca —añadió, algo avergonzada.

—¡Eso es maravilloso! —Jean le acarició la mejilla.

A Ellen le conmovía ver los cuidados que le prodigaba a la pobre Madeleine. Mientras Jean se ocupara de ella, todo le iría bien.

Aunque Pierre estaba muy bien visto entre los herreros, estos se pasaron el día entero mofándose del resultado de la apuesta y le tomaron el pelo diciéndole que ahora tendría que ocuparse de alimentar a una segunda mujer. Sonrieron cuando Ellen llegó a la herrería a la mañana siguiente, pero a lo largo del día se fueron sosegando y, poco después, dejaron de observarla.

Al final de la semana, el forzudo se presentó ante la tienda de Ellen y le entregó sus ganancias por propia voluntad.

—¿Piensas seguir con los torneos? —preguntó.

—Creo que sí.

—Si alguna vez te quedas sin trabajo, puedes venir a verme. Haríamos que los caballeros apostaran y yo perdería. Sin duda perjudicaría mi fama, y en algún momento acabaría odiándome por ello, pero podríamos sacarnos un buen dinero durante una temporada —propuso.

—Si puedo conseguirlo, prefiero ganarme el sustento con la forja. —Ellen se esforzó por no parecer presuntuosa.

—Como quieras. —El hombretón alzó una mano para despedirse—. En caso de que cambies de opinión…

—¡Ya sé dónde encontrarte!

Ellen asintió y respiró con alivio cuando por fin se hubo marchado. Aunque lo hubiera vencido batiendo hierro, era mejor no tener como enemigo a alguien como él.

Châteauneuf-en-Braye, mayo de 1172

Desde el otoño del año anterior, Ellen iba de torneo en torneo con Jean y Madeleine. Al principio había temblado al no saber si Pierre volvería a emplearla, pero después había acabado siendo algo natural. El herrero no se había convertido en su amigo, empero, aunque sí, por el contrario, el alegre Henry le Norrois. Ellen solía oír su risa gutural ya desde lejos. También fue así esta vez. Se le acercó a hurtadillas para gastarle una broma: le daría unos toquecitos en el hombro desde atrás, se escondería enseguida y, así, Henry daría media vuelta en vano. Sin embargo, en el último momento reconoció al hombre que estaba junto a él. Se lo quedó mirando, y justo cuando iba a alejarse con el corazón palpitante, Jean los vio:

—¡Ellenweore! ¡Henry! —exclamó, y se abrió paso entre el gentío.

Henry se volvió.

—¡Jean! —Le dio unas palmadas al joven en el hombro cuando llegó junto a él—. ¿Acabas de llamar a Ellenweore? ¿Dónde está? —Henry miró en derredor y entonces la vio.

Estaba allí de pie, petrificada.

—Ellen, ¿cómo os encontráis? —la saludó.

En ese preciso momento se volvió también su acompañante.

Ellen sintió que le subían los colores a la cara cuando sus miradas se encontraron. Los ojos de Guillaume escudriñaban su rostro con curiosidad.

—¿Os conozco? —La mirada del joven no se apartaba de la de ella.

«Han pasado cinco años desde la última vez que me vio, y en aquel entonces me tenía por un muchacho», se dijo Ellen, intentando tranquilizarse, y sacudió la cabeza.

—Disculpad, debo regresar. ¡El trabajo! —Realizó una cortés reverencia y salió corriendo.

—¡Válgame, Guillaume! ¡Menuda impresión causas en las mujeres! —Henry rió—. Ni siquiera he tenido tiempo de presentaros y ya ha salido huyendo de ti.

Guillaume la siguió con la mirada, asombrado.

Ellen se apresuró a llegar a la herrería de Pierre, pero en todo el día no pensó en nada más que en el encuentro con Guillaume. Si bien esperaba volver a verlo pronto, temía que la reconociera. Su mirada le había acelerado el corazón y le había transmitido un cálido sentimiento de confianza. Aquel día no estaba muy por la labor, y Pierre la reprendió con crudeza. Ellen recordó la pelea con Donovan e intentó controlarse para que el maestro no se arrepintiera de haberla empleado. Por la tarde, cuando regresó a la tienda, Jean ya estaba preparando la cena. Madeleine no había llegado aún.

—¿Qué bicho te ha picado esta mañana?

—¿Cómo, a qué te refieres? —Ellen se hizo la inocente.

—Te has puesto roja al ver a aquel caballero. ¿Lo conoces?

Ellen iba a negarlo, pero entonces pensó que sería mejor tener a Jean como aliado, de manera que afirmó con la cabeza.

—*Oh là là!* —Jean sonrió de oreja a oreja—. ¡Estás enamorada de él! —Balanceó la mano de un lado a otro—. *L'amour, l'amour, toujours l'amour!* ¿Qué puede hacer uno contra el amor?

Ellen lo fulminó con una mirada iracunda.

—Me conoce como Alan, joven herrero. Ese es el problema.

—¿Cómo? No entiendo nada. —Jean la miró con irritación.

—En Tancarville, donde él era escudero, yo vivía disfrazada de muchacho. Fuimos amigos durante años; él me enseñó a luchar con la espada. Jamás ha de enterarse de que Alan y yo somos la misma persona. ¡Nunca me perdonaría semejante engaño!

—¿Tienes la menor idea de quién es?

—Claro. Se llama Guillaume... ¿y qué?

—Pues que es el preceptor del joven rey, ¿no lo sabías?

—¡No! —exclamó Ellen con sorpresa. Después, sin embargo, una sonrisa asomó a sus labios—. Lo cierto es que no me extraña: siempre decía que algún día llegaría a ser caballero del rey. De todas formas, jamás habría pensado que tardara tan poco en conseguirlo. Cuando el viejo rey muera un día y su hijo ocupe el trono de todo el reino, William habrá conseguido cuanto soñaba.

—¿William?

—Así le llamamos en Inglaterra. ¡Es inglés, como yo, por eso tenía por costumbre llamarlo así! —Ellen sonreía, soñando despierta.

—Pues será mejor que te desacostumbres enseguida. ¡Si no, pronto sabrá quién eres! —se apresuró a aconsejarle Jean.

Ellen asintió, pero no parecía haberlo escuchado.

—Mis sueños quedan aún tan lejos... —Suspiró con tristeza.

Madeleine entró a gatas en la tienda y se acurrucó en un rincón, cantando y sin saludar a nadie. Sacó una moneda del bolsillo y se la quedó mirando ensimismada y feliz.

—¿De dónde has sacado tanto dinero? —inquirió Jean con desconfianza, y contempló la moneda más de cerca.

—Me la ha dado un caballero, un caballero apuesto. Quería saber quién es. —Madeleine señaló a Ellen.

—¿Y tú qué le has dicho? —Ellen la agarró de los hombros y la zarandeó un poco.

—Que te llamas Ellenweore y que eres mi amiga, eso le he dicho. Nada más.

—¿Y por eso te ha dado todo ese dinero?

—¡Sí! —Madeleine no cabía en sí de alegría.

Jean y Ellen se miraron.

—¡Solo puede haber sido Guillaume!

—No te preocupes. Madeleine no sabe nada del pasado —le susurró el muchacho a Ellen, para tranquilizarla.

¡Había vivido en paz durante casi nueve meses y de pronto volvía a rondarle por la cabeza! Thibault se apresuró a llegar a su tienda. Tenía el corazón en llamas y solo Rose podría mitigar su tortura. Se frotó los ojos, como si así pudiera conjurar las imágenes que lo perseguían desde aquella tarde. Apenas había reconocido a Guillaume, Ellen se había sonrojado y se había puesto más guapa aún que antes. Thibault resolló. Esa mujerzuela insignificante y simplona que afirmaba ser su amiga no le había dicho nada que no supiera ya desde hacía tiempo por la moneda de plata que le había dado. Él, empero, la había tratado con mucha simpatía, pues a fin de cuentas siempre podía serle útil tener una espía en la tienda de Ellen. Thibault sonrió con frialdad.

—¿Rose? —Buscó con impaciencia por toda la tienda. Estaba ordenada y limpia, pero vacía—. ¡Rose! —bramó, pero no obtuvo respuesta.

Cuando por fin llegó, Thibault estaba sentado en su silla y de muy mal humor.

—¿Dónde estabas? —espetó.

—¡Me he comprado unas bonitas cintas y un trozo de tela preciosa! —Rose se le acercó dando saltitos de alegría, se sentó a sus pies y lo ayudó a quitarse las botas—. ¡Quiero estar guapa para ti! —Bajó la mirada con coquetería para ablandarlo.

—¡No volverás a salir de la tienda a menos que yo te lo permita!

—Pero… —quiso protestar Rose.

—¿Esta vez quieres tener ese niño, o prefieres que volvamos a deshacernos de él? —preguntó Thibault con ánimo amenazador.

Rose sacudió la cabeza gacha.

—Si eso es lo que tú quieres, por supuesto que me quedaré aquí.

—¡Así me gustas mucho más! —Thibault la miró con concupiscencia, se levantó y la arrastró a su yacija—. ¡Ven, pequeña Rose, yace conmigo!

Desde que Rose estaba embarazada, él la deseaba en contadas ocasiones y no se sentía satisfecho tras el acto.

—¡Ve a buscarme a Margaret! —ordenó. Las lágrimas de los ojos de Rose no lo conmovieron—. Deja de lloriquear, deberías alegrarte de que no os envíe al infierno a tu bastardo y a ti —la increpó, y se estiró sobre la manta de pieles.

Rose sabía muy bien lo que haría con Margaret, desde luego, y precisamente eso era lo divertido. ¿Por qué tenía que ser siempre él el único que sufriera en todo el mundo? ¿Podía el dolor de Rose al verlo a él con otra ser peor que el suyo propio cuando veía a Ellen con otro hombre? Al pensar en Ellen su miembro se empalmó, y justo entonces entró Margaret en la tienda. Rose debió de pensar que la erección era debida a la joven criada, que se le aproximó lentamente. Era delgada, casi enjuta, tenía el rostro macilento, ojos pequeños y muy juntos, labios delgados. No había nada en ella que recordara a la vigorosa Ellen, excepto tal vez el color de su melena. Thibault la agarró de los rizos. Eran más largos y más ralos que los de ella, pero si entrecerraba los ojos hasta el punto de convertirlos en meras ranuras, a veces lograba imaginar que la tenía entre sus brazos.

—¡Espera fuera! —gritó, jadeante.

Y Rose salió lo más rápido que pudo.

—Oh, Ellen —susurró Thibault al oído de la flaca criada.

—Me llamo Margaret —protestó ella en voz baja.

—¡Calla la boca y siéntate sobre mí! —ordenó él con aspereza, y le apretó las escuálidas nalgas hasta dejarlas enrojecidas.

Ellen estaba en la herrería, muy concentrada en su trabajo, y no se dio cuenta de que la observaban. Si bien se esforzaba por no pensar mucho en Guillaume, le resultaba harto difícil. El torneo, entretanto, había empezado ya y, por todo lo que le había explicado Jean, seguramente Guillaume se contaría entre los primeros en lanzarse a la contienda.

Cuando Henry le Norrois se presentó en la herrería por la tarde, Ellen esperó que no mencionara su insólita conducta del día anterior.

—Seguro que tenéis unas cizallas por ahí —dijo Henry, sonriendo, a modo de saludo.

Llevaba del brazo a un caballero desamparado cuya cabeza quedaba oculta por un yelmo completamente abollado y retorcido. El valiente guerrero había perdido todo sentido de la orientación y estaba a merced del heraldo.

—Los primeros golpes encajados por el metal no le han hecho mal alguno, ¡pero el yelmo se le ha atascado! Apenas si le llega el aire, al pobre desgraciado. ¿Podríais sacarlo de ahí, por favor?

Ellen soltó una risita. Menudos niños grandes eran los caballeros, que se atizaban hasta en tiempos de paz.

—¡No será lo más agradable del mundo! —advirtió, y cogió unas tenazas y unas cizallas.

—No es la primera vez, sabe lo que le espera. De todos modos, deberíais ser cuidadosa. Se trata de un guerrero harto prometedor, por mucho que en sus condiciones actuales no lo parezca. —Henry le guiñó un ojo.

El hombre de debajo del yelmo masculló malhumorado y escupió metálicas maldiciones contra el heraldo.

Ellen sacudió la cabeza, sonriendo, y se dispuso a liberar al caballero de su abollada prisión. Le puso a Henry unas tenazas en la mano y le pidió que la ayudara para no herir la cabeza del caballero.

—Aunque el yelmo quedará inservible; solo valdrá lo que pese el hierro —advirtió, y se puso manos a la obra.

Henry le Norrois no cogía las tenazas con suficiente fuerza y no hacían más que escapársele.

—Qué incordio que Pierre no esté. No me sois de especial ayuda. ¡Sujetad ahí bien fuerte! —ordenó ella, protestando, y tiró del yelmo de un lado a otro hasta que logró liberar la cabeza del caballero.

Ellen dejó a un lado el rebujo de metal y se interesó por el bienestar del recién liberado.

—¿Os encontráis…? —El resto de la frase se le quedó pegado a la garganta al ver quién había bajo el yelmo.

—Todavía me retumba la cabeza —respondió Guillaume sin mirarla.

Cuando al fin alzó la cabeza y la vio, se quedó con la boca abierta.

—¿Tú? —preguntó con incredulidad.

—¡Milord! —Ellen se inclinó y se miró los pies.

Sin duda sería mejor no dejar que Guillaume le contemplara el rostro mucho rato.

Él se frotó la cabeza.

—Debo seguir trabajando —se apresuró a decir Ellen, y le dio la espalda.

—¿Qué te debo?

—Nada, no ha sido gran cosa. Además, sois amigo de Henry. Pero si queréis, podéis dejar aquí el yelmo. —Ellen seguía dándole la espalda, aunque era descortés no mirarlo a la cara.

—Te lo agradezco. —Dejó una moneda de plata en la mesa, pero no hizo ademán de marcharse.

Henry comprendió enseguida los deseos de Guillaume, que le hizo un gesto, y se alejó de allí.

Ellen intentó que la presencia de su antiguo amigo no la distrajera, pero la mirada de él le quemaba en los hombros como el sol de mediodía en el mes de julio.

—¡Ya lo tengo! —exclamó él de repente, con gran alegría.

Ellen se estremeció; sentía un sudor frío en la nuca.

—Todo este tiempo me he estado devanando los sesos para averiguar a quién me recuerdas.

Ellen sintió arcadas. Para que nadie lo notara, cogió la moneda y se la guardó con dedos temblorosos en la escarcela que llevaba al cinto.

—¡Sí! ¡Creo que conozco a tu hermano!

—¿A mi hermano? —Ellen lo miró con sorpresa.

—Sí, Alan, un joven herrero de Anglia Oriental. ¡Lo conocí en Tancarville! Henry me ha dicho que también tú eres de Inglaterra, como yo.

Ellen no reaccionó al instante; estuvo pensando febrilmente qué contestar a eso.

Guillaume insistió:

—Es tu hermano, ¿verdad? Os parecéis como si fuerais gemelas. Alan fue un buen amigo mío cuando yo aún era escudero. ¿Nunca te ha hablado de mí? ¡Me llamo Guillaume! —Miró a Ellen con un interrogante en los ojos.

Él mismo había ofrecido la mejor explicación posible. Ellen no fue capaz de sacarlo de su error.

—¡Cómo no, sí, sí! Sois vos, entonces —tartamudeó, y le sonrió con timidez.

—¿Cómo le va, también está aquí?

—No —respondió ella.

¿Qué iba a decirle? ¿Debía inventarse alguna historia? ¿Y si Guillaume se daba cuenta de algo?

—Murió —repuso, e intentó parecer abatida.

Por lo visto lo consiguió a la perfección, pues Guillaume la miró con ojos desorbitados.

—¡No lo sabía! ¿Qué sucedió?

—Se le hinchó el cuello hasta que se asfixió. Durante el invierno se contagió muchísima gente.

Ellen estaba sorprendida consigo misma. ¿Cómo se le había ocurrido algo así?

—Mala cosa —dijo Guillaume, y asintió reflexivamente—. ¿Tú también forjas?

—Es cosa de familia.

Ellen notaba que le temblaba la voz. «Se va a dar cuenta de todo, será mi fin.»

—Alan siempre quiso forjar una espada para el rey. —Guillaume parecía nostálgico.

—¡También ese es mi deseo!

Lo miró un instante a los ojos y se le encogió el estómago como aquella vez en el bosque, cuando había sentido su cálido aliento en la nuca.

—Algún día, cuando el joven rey consiga dinero, lo que seguramente no sucederá hasta después de la muerte de su padre, le hablaré de ti. ¡Seguro que eres tan diestra como Alan! —Guillaume sonrió.

Ellen bajó la mirada, sonrojada.

De repente, Guillaume se tambaleó y palideció.

—¿Qué os sucede?

Ellen dio un salto hacia él y lo sostuvo de un brazo con firmeza.

—Me da vueltas la cabeza, y el cráneo… —Guillaume no dijo más.

—¡Los golpes en el yelmo! —concluyó Ellen, y lo sacó al exterior—. Debéis tomar aire fresco. Si me decís adónde ir, yo os acompañaré hasta vuestra tienda.

—Gracias.

Guillaume respiró hondo, pero seguía sin moverse, pues todo giraba a su alrededor.

Pierre volvería en cualquier momento, así que Ellen pidió a otro herrero que vigilara sus cosas hasta que este regresara y se marchó a acompañar a Guillaume.

—Nuestras tiendas están bastante lejos de aquí, en una parte completamente diferente del campamento, en un pequeño valle —explicó Guillaume—. ¿Podríamos sentarnos antes un momento? —pidió a Ellen al cabo de un rato, y siguió de pie.

Ella sabía muy bien que Pierre se enfurecería si se ausentaba durante tanto tiempo, pero no fue capaz de dejar a Guillaume allí, en la estacada. Su atractivo permanecía intacto; incluso parecía haberse intensificado desde Tancarville. Le gustó sostener su fuerte brazo y caminar tan pegada a él. Olía a caballo y a cuero, igual que siempre.

—Bueno —dijo la muchacha, y miró en derredor. En la linde del bosque, no muy lejos de donde se encontraban, había un árbol derribado por una tormenta—. En aquel tronco podréis descansar.

Guillaume no le soltó el brazo mientras tomaba asiento, de manera que Ellen no tuvo más remedio que sentarse arrimada a él. Ya habían dejado atrás más o menos la mitad del camino y, desde allí, podían divisar hasta la plaza del mercado. En el otro lado de la extensa pradera que tenían ante sí se alzaban ya las tiendas de los caballeros. Justo entonces Ellen cayó en la cuenta de que estaban solos. De pronto sintió la boca y la garganta espantosamente secas. Se pasó la punta de la lengua por los labios y tragó saliva.

Guillaume la miró largo rato.

—En la vida había visto unos ojos tan verdes —empezó a decir, y le apartó un mechón de la frente—. ¿Te he dicho antes que Alan y tú os parecéis como si fuerais gemelos? Pues es un disparate.

Si él hubiese tenido unos ojos tan verdes como los tuyos, me habría dado cuenta.

Ellen sonrió. Qué ciegas llegaban a ser a veces las personas... y estaba visto que los hombres en especial.

—¡Además, tú tienes muchas más de esas pequitas atrevidas! —comentó con burla.

En eso sí que llevaba razón. Al principio del embarazo le habían salido de repente muchísimas más. Ellen recordó a Thibault y el día en que casi se desangró en el bosque, y de súbito su expresión se tornó furiosa.

—¿No estarás molesta por las pecas? —preguntó Guillaume, desconcertado.

Ellen negó con la cabeza.

—Me han traído a la memoria malos recuerdos.

Guillaume, por lo visto, creyó que había recordado la muerte de su hermano, pues le acarició la cabeza con cariño y dijo:

—No pasa nada.

Ellen se puso en pie con ímpetu, a punto de decirle toda la verdad, pero antes de poder empezar, él se alzó ante ella, la estrechó con fuerza y la besó.

Su beso fue muy diferente al beso tierno y delicado de Jocelyn. El de Guillaume fue como él mismo: imperioso, exaltado, grato, absolutamente peligroso e irresistible. Ellen apenas podía respirar de lo emocionada que estaba. La sangre le afluyó a la cabeza y le nubló el poco juicio que le quedaba. Guillaume la abrazaba con fuerza, como si nunca más quisiera soltarla. Sus dedos se le clavaban en la espalda. «¡Tengo que parar esto y salir corriendo, ahora mismo, antes de que sea demasiado tarde! Es un caballero normando, no es hombre para mí», oía una y otra vez en su cabeza mientras lo besaba con toda la pasión que había despertado en ella. Sentía el calor de todo su cuerpo y su deseo por ella a través de la ropa. Él la apretaba contra sí y empezó a acariciarla... no amorosamente, como un admirador, sino impetuosamente, como un amante. Ellen tendría que haberse apartado de él. Aún habría sido posible dar media vuelta, pero sus rodillas cedieron y se entregó por completo a Guillaume, que de repente parecía haber recuperado la salud.

Sus manos bajaron de los hombros a los pechos e intentaron acariciarlos a través del vestido. Ellen jadeaba con entrega, desconcertada por el arrobamiento. Guillaume la arrastró hasta el bosque, la apoyó contra una gran haya, le levantó el vestido y metió una mano bajo él. Desde las corvas, su mano fue ascendiendo, suave pero con determinación, hasta hacer alto entre sus piernas.

—¡Eres preciosa! —musitó con voz ronca, y sus suaves labios la besaron, primero en el cuello, y luego resbalaron hacia abajo, hacia sus pechos.

Ellen jadeó de placer.

Guillaume deslizó la mano que tenía en su sexo hacia delante y hacia atrás, con habilidad, hasta que ella casi se sintió morir de deseo por él. De algún modo logró desatarse las medias y al fin liberó su sexo. Ellen no lo miró, no lo tocó. Cerró los ojos y se dejó hacer. Zarandeada entre la concupiscencia y el miedo se movía bajo cada uno de sus roces, dándole plena libertad para que entrara en ella. Thibault había quedado olvidado. La recorrían escalofríos de placer, y una calidez llenó de pronto su vientre. Guillaume se apartó de ella casi por completo, pero solo para volver a arremeter con más fuerza. Ellen se oyó gemir. Todo su cuerpo ansiaba a Guillaume, toda ella encarnaba el deseo de que ese instante no terminara jamás. De repente también él gimió, se encabritó y se vació dentro de ella. Una ola de calor hizo presa del cuerpo de Ellen mientras un sordo latir le invadía la entrepierna. Cuando él hubo salido, se sintió aún más agotada que tras un largo día de trabajo. Guillaume le acariciaba las mejillas con delicadeza y le sonreía. Ellen tenía la garganta cerrada por un nudo. Una lágrima le resbaló por el rostro. Guillaume la sostuvo de la barbilla, se la alzó y le secó la lágrima con el pulgar.

—No sé muy bien por qué... —balbuceó Ellen.

—¡Chis! —Guillaume le puso el índice sobre los labios y volvió a besarla.

Después de haberse vuelto a componer las vestiduras, los dos salieron del bosque. Ellen se sentía como una niña que acabara de cometer un acto prohibido, mientras que Guillaume apenas parecía conmovido por lo que acababa de suceder. Ella, culpable, intentaba no mirarlo.

—¿Podréis regresar solo a vuestra tienda desde aquí? —preguntó, aún con la mirada gacha.

—¡Desde luego! —Guillaume se detuvo y la estrechó contra sí—. Mañana es domingo, no tendrás que trabajar. Nos encontraremos aquí a mediodía, ¿te parece bien?

Ellen se limitó a sonreírle débilmente.

—Eres preciosa, y muy estimulante. —Le sonrió con seguridad y aplomo.

Ellen no sabía qué pensar de todo aquello. Jocelyn le había hablado de amor. Jocelyn… ya no era más que un tenue recuerdo. Guillaume lo había desterrado de su corazón.

En el camino de vuelta a la herrería, Ellen se sentía llena de fuerza y esperanzas. Comoquiera que fuese, tenía que ponerse a trabajar en esa espada que hacía meses que no lograba quitarse de la cabeza. Sabía perfectamente qué aspecto tendría, qué empuñadura le iría bien, su longitud y anchura y qué acabados les daría a la cruz, el puño y su revestimiento. ¡Incluso le había encontrado un nombre! Había aparecido un día de pronto, había hecho nido en su cabeza y, desde entonces, no hacía más que suplicarle cada vez con mayor apremio: ¡fórjame!

—*Athanor* —susurró.

El mediodía siguiente corrió hacia el bosque con el corazón palpitante. Recorrió el camino, lleno de charcos y algo reblandecido aún, disfrutando del día primaveral. El sol hacía relucir el cielo azul como un mar de acianos. El invierno al fin había quedado atrás. Por Pascua habían tenido unos cuantos días buenos en los que había brillado el sol, pero después había vuelto a hacer frío. De pronto parecía que ya nada detendría el buen tiempo. Por todas partes florecían zurrones de pastor, dientes de león, tormentilas y ortigas. Los arándanos lucían sus primeras flores y en la linde del camino había incontables margaritas, las flores preferidas de Ellen. Decían las malas lenguas que había mujeres que las usaban para deshacerse del fruto no deseado del amor, pero ella prefería no pensar en ello. Hizo a un lado el recuerdo de Thibault. «Eso forma parte del pasado —pensó—. Todo acabó; debo olvidarlo.» A lo lejos, sobre un cerro, había unos preciosos manzanos con resplandecientes flores blancas. Al cabo de pocos meses sus ramas estarían cargadas de deliciosa fruta y haría ya mucho que Ellen se habría marchado de allí.

Llegó al lugar acordado con Guillaume mucho más deprisa de lo que había pensado, se sentó en el tronco y esperó. A sus pies florecía la asperilla con un blanco delicado. Ellen pensó en Claire y en la bebida que preparaba con esa planta; le daba un aroma único al brebaje de vino, y casi creyó saborearlo al oler las flores.

De repente vio a Guillaume frente a ella.

—¡Estás sonriendo! —exclamó él con evidente alegría.

Ellen no lo había oído llegar y lo miró con sorpresa. Parpadeó, pues el sol, a su espalda, la cegaba.

—Hoy estás aún más hermosa —dijo, se sentó con brío junto a ella y le tendió un pequeño ramo de flores blancas.

—¡Lirios de los valles! —Estaba emocionada.

Ambos guardaron silencio un rato. Guillaume la miraba con curiosidad y Ellen empezó a ponerse nerviosa.

—Pronto comenzaré a trabajar en una espada —dijo, y miró a un lado, avergonzada.

Guillaume no siguió la conversación. Le agarró la barbilla, le volvió el rostro hacia sí y la besó con pasión. Ellen se olvidó de la forja, de la espada y del pasado, y disfrutó del beso y las caricias. Guillaume se levantó y se la llevó consigo.

Ellen no había visto la manta de lana que había traído. «Ten cuidado, se ha preparado, sabe muy bien lo que desea y no quiere nada más —le cruzó por la cabeza—. Es un hombre con experiencia. Si crees que siente por ti más que por cualquier otra, te equivocas.»

No pudo pensar más. Guillaume la llevó a la pradera, donde la hierba todavía no estaba muy crecida. Ellen negó con la cabeza.

—¡Aquí no, podrían vernos! —adujo, sonrojada.

Guillaume no se molestó en escuchar sus reparos, extendió la manta y tiró de Ellen hacia sí.

En cuanto sus labios tocaron su boca y él la estrechó en sus brazos, su renuencia quedó vencida. Se entregó a él y olvidó el lugar y la hora hasta que ambos yacieron agotados de amor.

Ellen se puso el vestido con apuro mientras Guillaume se vestía con total desenvoltura. La muchacha intentó recordar con desespero de qué habían hablado en Tancarville, cuando eran amigos. Sin embargo, casi no recordaba ningún detalle, no encontraba ni una palabra sensata que decir; Alan había muerto, verdaderamente.

Guillaume volvió a tumbarse en la hierba y contempló el cielo un rato.

—Háblame de esa espada —dijo al cabo, y se volvió boca abajo, apoyándose en los codos.

Sus ojos castaños la miraban fijamente.

—¿Habéis...?

—¡Has! —atajó él.

—¿Yo?

—¡No, que me tutees!

—Está bien.

No le resultó difícil tratarlo de tú; cuando era Alan, siempre lo había hecho así.

—Entonces, ¿has oído lo que había empezado a decir? —preguntó, y le clavó a su vez la mirada.

—Naturalmente que lo he oído, pero como eres hermana de Alan, temía que acabáramos pasando toda la tarde departiendo sobre espadas si te hubiera hecho alguna pregunta entonces. Reconozco que mi apetito por ti era demasiado grande.

Le hizo cosquillas con una margarita que había arrancado y la besó.

Ellen arrugó la frente.

—¿Tu apetito por mí? Suena muy...

—Suena a pastelito de miel o a fruta escarchada —repuso él sonriendo, y le besó el vestido, justo en el lugar donde suponía que estaban sus pezones.

—¡Eres imposible! —lo reprendió ella con cariño.

—¡Ya lo sé! —Guillaume la miró fingiendo sentirse culpable—. Pero ahora, háblame de una vez de esa espada.

Ellen no era capaz de enfadarse con él.

—Como gustes —dijo con un suspiro—. Y, cuando la haya terminado, te la enseñaré. Lo cierto es que será una espada extraordinaria, pues quiero hacerla sin la ayuda de otros artesanos. No solo confeccionaré la hoja, sino el arma completa.

Guillaume la miró con asombro.

—¿Y cómo vas a conseguir algo así?

—Sé hacer mucho más que forjar hierro —respondió ella con ánimo desafiante.

—Ah, ¿sí? Como si no me hubiera dado cuenta…

Con un beso tempestuoso la volvió a tumbar en la hierba. Sus manos se perdieron por el cuerpo de ella y se entregaron una segunda vez al juego amoroso.

Ellen resolló, exhausta, al volver a sentarse.

—¡Creo que la única espada que te interesa de verdad es esa! —Sonrió con descaro, señalando a su entrepierna.

—Mmm, en eso puede que lleves algo de razón, sobre todo cuando tú andas cerca. Ten la bondad de hacerme un favor y no te dejes ver nunca en el campo de liza, porque, en tal caso, perderé incluso la camisa. —Rió con fuerza y le besó la punta de la nariz.

No se separaron hasta la puesta de sol.

—Mañana tengo que levantarme temprano, será mejor que me vaya.

Ellen se peinó con los dedos antes de volver a hacerse una trenza.

—Mañana no tengo tiempo, y dentro de dos días tenemos que partir, así que solo nos queda pasado mañana —explicó Guillaume con total naturalidad, y la estrechó contra sí—. Ya estoy impaciente, ¿me serás fiel hasta entonces?

Ellen lo miró, estupefacta.

—¿Acaso crees que voy desapareciendo con hombres en el bosque o tumbándome con ellos por las praderas? —dijo en tono respondón, y se apartó de él de mala gana.

En lugar de contestar, Guillaume la alcanzó y volvió a besarla.

Thibault había seguido a Guillaume. La manta que llevaba consigo el Mariscal solo podía significar que pensaba pasar una tarde bucólica, y él quería estar al tanto de todo. Lo peor era que el Mariscal parecía enamorado. Iba paseando, balanceando la manta atrás y adelante, y recogiendo lirios de los valles en la linde del camino. «O es un ladino seductor o le ha calado muy hondo», reflexionó con amargura. Si bien en el fondo de su corazón sabía muy bien con quién iba a encontrarse Guillaume, no perdía la esperanza de que fuera con alguna otra. Tal vez ella no acudiera. Thibault siguió a escondidas los pasos del Mariscal, y entonces la vio sentada en el tronco, con la melena rojiza resplandeciendo al sol como si estuviera en llamas. El primer beso entre Ellen y Guillaume fue como un rayo fulminante para él. ¡Se sintió peor aún que aquella vez en Beauvais! Quizá se debiera a que detestaba horrores a Guillaume, o quizá también al brillo que irradiaba Ellen.

Cuando los dos se tumbaron en la hierba, Thibault se agazapó por allí cerca y lloró de desesperación. ¡Ver a Ellen en los brazos de Guillaume era demasiado! Golpeó el suelo con los puños y hundió el rostro y las lágrimas en la manga. Quitar de en medio a Jocelyn no había resultado complicado. Con Guillaume, no obstante, no lo tendría tan sencillo.

Sin embargo, no había otro objetivo que ese: tenía que ganarse a Ellen para sí. Y, si ella no quería entregarse a él por propia voluntad, ya encontraría un motivo convincente para hacerla cambiar de parecer. ¡Tarde o temprano sería suya y de nadie más!

Agosto de 1172

En los siguientes dos o tres torneos no podré participar. El joven Enrique tiene obligaciones —explicó Guillaume; luego arrancó una brizna de hierba y acarició con ella el cuello de Ellen. Hacía tres meses que se veían siempre que podían para amarse de torneo en torneo—. Creo que, como pronto, no volveremos hasta primeros de octubre. Hasta entonces tendrás que soñar conmigo. ¡No me olvides! —le advirtió con severidad.

—Ah, ¿y tú con quién soñarás? —se mofó Ellen.

—¿Tú qué crees? —La miró con reproche.

—Creo que tengo que irme ahora mismo. Si no, Pierre me arrancará la cabeza.

Ellen se levantó; no quería echarse a llorar, así que le dio un beso en la frente, se recolocó el pelo y el vestido y salió corriendo. Aún se volvió una vez y quiso despedirse de él con la mano, pero Guillaume estaba ocupado calzándose una bota y no la vio.

Para su sorpresa, Pierre no estaba ni mucho menos enfadado, a pesar de que, una vez más, volvía a llegar bastante tarde. Al contrario, le sonrió de oreja a oreja al verla aparecer.

—Vaya, vaya, entonces es cierto que tienes algo con el preceptor del joven rey. —Asintió con aprobación—. Ojo, que yo nunca te habría creído capaz. ¡Pero quién sabe si eso no nos valdrá algún día un encargo real!

Ellen sintió que se ponía muy colorada y no se atrevió a mirar a Pierre a la cara. «El joven rey no tiene ni una moneda», estuvo a punto de decir, pero lo pensó mejor y no dejó escapar aquella propicia oportunidad:

—Tengo que hacer una espada, y sire Guillaume verá qué puede hacer. ¿Me permitís que por las tardes, cuando haya acabado, trabaje en vuestra herrería?

Pierre la miró con sorpresa y se frotó el mentón pensativamente.

—¡Y a mí qué! —mascculló al cabo.

A buen seguro estaba algo molesto porque Guillaume se interesaba por las armas de ella y no por las que ya tenía acabadas él.

Ellen lo celebró en silencio y se puso a trabajar rebosando alegría.

—¿Puedo utilizar también hierro del vuestro? Os lo pagaré, claro está —preguntó por la tarde, cuando hubo acabado su trabajo.

En lugar de responder, Pierre murmuró algo incomprensible. Ellen lo consideró un sí y se dispuso a hurgar entre sus provisiones de metal. Del rincón más escondido sacó un gigantesco pedazo de hierro tosco y de una dureza insólita.

—¿Dónde vas con eso? —se burló Pierre.

—A hornear pan seguro que no —repuso Ellen, mordaz, y siguió buscando material.

—Ese bloque es tan quebradizo que se te caerá a trozos cuando intentes trabajarlo. ¿De verdad quieres hacer una espada con eso?

Pierre sacudía la cabeza, divertido, y respiraba haciendo pasar el aire siseante entre los dientes apretados.

—Si es un material tan malo como decís, supongo que me lo venderéis por poco dinero.

—Yo no he dicho nada de que sea malo —se apresuró a argüir el herrero—. Solo que ahí hay que invertir mucho trabajo, demasiado.

—¡Por eso mismo, seguro que me hacéis un buen precio!

Pierre resolló.

Ellen se mantuvo imperturbable. Era evidente que el herrero tenía razón. Ese hierro era de una dureza extraordinaria, pero precisamente por eso lo había escogido. Sabía que solo un material muy limpio, sin restos de escoria ni impurezas, sería adecuado para una hoja excepcional. Para conseguir tal pureza, había que batir el hierro muchas veces. Como con cada batido, no obstante, se perdía algo de dureza, el hierro tenía que ser muy bueno desde un principio. La mayoría de los herreros evitaban tener que batir y soldar un hierro tan tosco porque costaba mucho esfuerzo trabajarlo. Normalmente bastaba con tres o cuatro tandas de batido para confeccionar una espada decente, pero Ellen quería forjar una espada extraordinaria y batir el hierro siete veces para que fuera de una pureza excepcional, resistente y más afilada que cualquier otra. Sabía que Guillaume sabría valorarlo, y que *Athanor* llegaría a ser especial. De la provisión de Pierre escogió también una barra de hierro que quería utilizar para el alma de la cuchilla y un trozo corriente de hierro limpio, forjado ya varias veces, que sería idóneo para la cruz y el pomo. Pierre la había estado observando mientras escogía los materiales y se mofó de ella cuando fue a preguntarle cuánto le cobraría.

—¡Mujeres! ¡Me desternillo de risa solo con ver cómo has escogido el material! Igual que Armelle cuando va al mercado y compra lo que necesita para hacerse un vestido nuevo —se burló, y se puso a pasearse y a pavonearse por la herrería como si llevara un cesto de la compra, imitando a su mujer.

—Reíd cuanto queráis, pero no olvidéis pedirme un precio razonable por el hierro —insistió Ellen con aplomo.

—Con ese bloque te estás buscando un montón de trabajo innecesario, mejor sería que escogieras un trozo corriente para la hoja. Lo que tengas pensado para la barra me resulta incomprensible. —Pierre sacudía la cabeza contemplando la elección de Ellen.

Se rascó la nuca, sopesó los pedazos en la mano, reflexionó un momento e hizo cálculos. El precio que le dio al final resultó asombrosamente justo.

Ellen pagó al instante, pues lo prefería a que se lo descontara del jornal. Los maestros enseguida se acostumbraban a pagar menos jornal, o nada en absoluto, y una vez se empezaba la rebaja... Ellen sacó la escarcela y le puso el dinero en la mano.

—Pagaré por cada tarde que utilice el yunque y vuestras herramientas. Claro está que trabajaré solo cuando no necesitéis la herrería. ¿Cuánto me pedís?

Pierre no lo dudó un instante y le exigió la mitad de su jornal. A cambio, no obstante, Ellen podía utilizar también su carbón. La muchacha se lo pensó un momento, pero ya que no tenía otra opción, apretó la mano que le tendía el herrero.

—Me pagaréis el jornal como siempre, y yo os pagaré a vos al final de cada semana.

Ellen sabía muy bien que tendría que estar ligada a Pierre aún un tiempo más. Le quedaría de su jornal lo justo para subsistir, pero no tenía otra forma de hacerlo. Una vez hubiera comprado todos los materiales que necesitaba para la espada, tampoco quedaría mucho de sus ahorros. Sin embargo, la espada lo valía. Tenía que demostrarle a Guillaume como fuera lo que era capaz de hacer. Él reconocería enseguida una buena espada, y quizá, eso esperaba Ellen, vería entonces en ella algo más que una muchacha que se había dejado seducir por él cuando apenas se conocían. Guillaume nunca le había hablado de amor, únicamente de deseo. Ellen siempre lo pensaba cuando regresaba a la herrería tras haber estado con él. ¿Y qué sentía ella? ¿Amaba a Guillaume o solo lo deseaba? Con Jocelyn había estado segura de sus sentimientos, pero ¿con Guillaume? El Mariscal despertaba en ella otra clase de emociones. Era seductor y peligroso, como el mar, que resultaba refrescante y fascinador hasta que una corriente lo arrastraba a uno sin previo aviso a las oscuras profundidades y sus dedos fríos no volvían a soltarlo jamás. Sin embargo, añoraba a Guillaume. Soñaba con sus besos y sus caricias, se despertaba excitada en mitad de la noche y se preguntaba qué era peor: su miedo a no volver a verlo o el temor a necesitarlo aún más.

Al final del torneo, artesanos, mercaderes y charlatanes reemprendieron camino. Tardarían solo ocho o nueve días en llegar a la siguiente sede de las celebraciones. El que se ponía en marcha sin perder tiempo aún tenía una buena semana tras su llegada antes de que comenzara el siguiente torneo y, por tanto, también la oportunidad de reparar herramientas, carros, tiendas o utensilios domésticos.

Aunque Ellen tenía muchísimo quehacer en la herrería y por las noches apenas si podía moverse, decidió empezar a forjar la espada dos días después. En el último mes había pasado todo momento libre que tenía en brazos de Guillaume. Durante su ausencia dispondría de tiempo suficiente para *Athanor*. El domingo encendió la fragua y forjó una punta cuadrada con la barra de hierro. Contempló el resultado con satisfacción. Para el siguiente paso del trabajo le hacía falta un ayudante. Mientras pensaba a quién podría pedirle ayuda, Pierre se presentó furibundo en la herrería.

—Pero ¿es que has perdido todo tu buen juicio? —espetó.

Ellen no comprendía por qué podía haberse enfurecido de tal modo y se lo quedó mirando, perpleja.

—¡No me mires como una vaca cuando truena! ¡En el sagrado día del Señor no se puede forjar nada! ¿Acaso crees que voy a meterme en un apuro por ti? —La fulminó con una mirada iracunda—. ¡Si te pones a forjar un domingo, se te oye a millas de aquí!

A Ellen el griterío de Pierre le pareció exagerado, pero prefirió no decir nada.

—Si un domingo quieres ponerte a bordar o a hacer cualquier otra cosa que no haga estruendo, a mí lo mismo me da, pero en la herrería no volverás a poner el pie el séptimo día, ¿queda claro?

Ellen asintió con brío.

—Sí, maese Pierre, lo siento —contestó a media voz.

A Pierre le gustaba que lo tratara de maese, por eso se relajó un poco.

—Aparta a un lado el carbón que aún esté aprovechable y luego sal de aquí —ordenó, ya no tan airado.

—Entonces solo trabajaré por las tardes, y durante no mucho rato, ¿no?

—Eso digo yo —masculló el hombre, y salió de la herrería.

Cuando Ellen regresó a su tienda, poco después, de repente tuvo una idea. Ya sabía a quién pedirle ayuda: durante la cena se lo preguntó a Jean.

El joven acababa de meterse en la boca un pedazo de pan demasiado grande y de pronto se atragantó. Empezó a toser hasta que se le puso toda la cara roja y le cayeron lágrimas de los ojos.

Ellen le dio unos golpes en la espalda.

—Me... —Jean volvió a toser— he... —Se puso rojo y ya no pudo contener la tos.

—... atragantado. Ya lo sé, cierra el pico hasta que se te pase —terminó de decir Ellen, y torció la mirada con reprobación. ¡Que alguien que a todas luces se estaba atragantando no tuviera nada mejor que hacer que explicarlo, aun corriendo el peligro de asfixiarse del todo! Ellen volvió a darle unos golpes en la espalda—. Levanta los brazos, así enseguida estarás mejor.

Cuando se hubo tranquilizado, le repitió la pregunta.

—¿Tú me has visto bien? Seco como una rama. —Jean se tocó con el dedo el brazo derecho.

—Dime, ¿me equivoco o estabas tú delante el día que me medí con el forzudo? Ya te lo expliqué: para forjar no todo depende de esto. —Se señaló la musculatura de los brazos, muy bien dibujada para ser una mujer—. ¡Sino sobre todo de esto! —Se dio unos golpecitos en la frente—. Es evidente que no puedes batir, para eso no tienes ni fuerza ni la técnica adecuada. Pero sostener el hierro sí que puedes. Así es como empecé yo, de muy pequeña. Sin duda tú también podrás conseguirlo.

—Pues claro; en ese caso, allí estaré. —Jean estaba contentísimo.

—¡Bien! ¿Mañana, después de trabajar? Además, te prometo que no estaremos hasta muy tarde, ya sé que tienes que levantarte en plena noche.

—Por eso no te preocupes. Ya no trabajo para el tahonero. Me dejaba la espalda verde y azul de verdugones. Prefiero morirme de hambre a volver a mover ni tan siquiera un dedo por él.

—¡Pero Jeannot! ¿Cómo es que no habías dicho nada? —Ellen lo miró con lástima.

Jean, que siempre estaba pendiente de los males de los demás, no le había confiado los suyos.

—No es tan importante. Me las apaño bien, pero algún día tenías que saberlo. Ya he encontrado algo mejor. En el pozo conocí a un joven paje. Ha estado mucho tiempo enfermo y todavía no ha recuperado las fuerzas por completo, así que le he estado ayudando y su señor me ha preguntado si no podría seguir haciéndolo durante todo el torneo. Me paga cada día el doble que el tahonero, y el trabajo no es ni mucho menos tan duro. Está muy bien, ¿no te parece?

—Tú sí que tienes suerte, pequeño Jeannot —le dijo Ellen con simpatía a su joven amigo, y volvió a darle unos golpes en el hombro.

—¡Ay! —protestó él—. ¡No muelas a palos a tu nuevo ayudante de herrero! —Jean sonrió con orgullo—. ¡Ayudante de herrero, qué bien suena!

Al día siguiente fue al taller nada más acabar su trabajo.

—Bueno, ¿qué debo hacer? —preguntó, y miró en derredor con ánimo solícito—. ¿Me darás a mí también uno de esos mandiles?

—Allí, en el gancho, cuelgan los de los ayudantes. Puedes ponerte uno. Las mangas harás mejor en bajártelas hasta los puños. Enseguida estaré lista, antes tengo que acabar esta pieza del taller para Pierre. Si no, se enfadará. ¡Puedes mirar todo lo que quieras!

Una vez terminada la pieza de Pierre, Ellen cogió el tosco lingote, le puso a Jean unas tenazas pesadas en las manos y señaló el impresionante trozo de hierro.

—Hay que meterlo en la fragua.

Jean la miró abriendo mucho los ojos y se tocó el pecho.

—¿Cómo? ¿Tengo que hacerlo yo?

—¡Claro, has dicho que ibas a ayudarme! Además, seguro que aprenderás algo, ¿no? —Ellen sonreía.

Jean asintió con inseguridad, agarró las grandes tenazas y alzó el lingote con ellas.

—¡Jesús, María y José! Pesa una barbaridad.

El hierro se le escurrió y cayó al suelo.

—El trabajo en la herrería puede ser muy peligroso si no lleva uno cuidado. ¡Si eso te pasa con el hierro caliente, te arreo una buena! —Ellen alzó la mano como si fuera a plantarle un bofetón.

Al ver que Jean se espantaba, se echó a reír.

—¡Lo digo en serio, tienes que sujetarlo con fuerza! —Cogió un montón de arena con la mano y frotó el lingote con ella—. ¡Vamos, al fuego con ello!

Jean dejó el hierro sobre el carbón sin saber muy bien qué hacía.

—Sí, ahí está bien, en el centro —lo animó Ellen—. Debe estar en el corazón de las brasas, y luego tienes que echarle mucho aire con el fuelle.

Jean no se atrevía a soltar las tenazas.

—Ya puedes dejarlas con toda tranquilidad para coger el fuelle. Solo tienes que volver el hierro de vez en cuando para que se caliente igual por todas partes.

Cuando Jean tiró de la cadena del gran fuelle de madera revestido de cuero de cerdo, el artefacto sopló aire al interior de la chimenea y el carbón se iluminó como si aquello fuera el infierno.

—Dale la vuelta. —Ellen señaló el hierro.

Jean volvió a coger las tenazas. Grandes perlas de sudor afloraron en su frente. Ellen, que lo vigilaba, siguió explicando:

—Cuando el ascua del hierro adopta una tonalidad blanca, hay que sacarlo del fuego. Y rápido, porque, si no, se quema.

—¿Se quema? —Jean la miró con incredulidad.

—Sí, sí, también el hierro se quema, y entonces ya no vale para nada. ¡No te olvides del aire, Jean! —Ellen rió y señaló el fuelle—. El lingote es muy grueso, tardará en alcanzar la temperatura adecuada.

Jean se limitó a asentir, tiró de la cadena del fuelle y evitó hacer más preguntas tontas, lo cual Ellen agradeció sobremanera.

Pensó en Donovan, a quien le sucedía exactamente lo mismo, y suspiró, pues lo echaba en falta.

—Fíjate mucho en el color del hierro candente; pronto estará listo y entonces tendrás que sacarlo y dejarlo sobre el yunque.

Jean miró el fuego hasta que le ardieron los ojos. Cuando Ellen por fin señaló el pedazo de hierro, el muchacho empuñó las tenazas con resolución y lo sacó de la fragua.

Ellen ya sostenía el macho con ambas manos y esperaba para poder martillar.

—Tienes que sujetarlo muy bien. ¡Si no lo sujetas bien, nos saltará hasta las orejas!

Jean asintió con sobresalto y apretó mucho los dedos alrededor de las tenazas.

Ellen empezó a golpear el bloque de hierro con cuidadosos toques regulares. En la superficie aparecieron pequeñas grietas y saltaron un par de esquirlas.

—No te hagas de rogar, vas a ser una espada muy bonita —rezongó entre dientes, y siguió martillando con más cuidado aún que antes para que el hierro no siguiera resquebrajándose.

—Ahora le haré una muesca para que lo podamos tajar —explicó Ellen después de haber calentado el hierro en la fragua otras dos veces.

Jean la miró con el ceño fruncido.

—¿Tajar? ¿Qué significa eso?

Ellen no respondió hasta que el hierro estuvo de nuevo en la fragua.

—Esto de aquí es un cincel tajador; con él partiremos el hierro en dos pedazos. Para ello, la próxima vez tienes que coger las tenazas con una sola mano, de todas formas tendrás que acostumbrarte a hacerlo así.

Cuando Jean dejó el bloque sobre el yunque, Ellen cogió el cincel y un martillo de mano y abrió una muesca con varios golpes diestros.

—Bueno, ahora aguanta tú mismo el cincel y yo seguiré golpeando.

Jean cerró los ojos, pues tenía miedo de que Ellen pudiera errar el golpe y aplastarle la mano.

—¡Abre los ojos! —ordenó Ellen—. ¡Yo llevo cuidado, pero de todos modos tú tienes que ver lo que haces! —Iba indicándole que moviera un poco el cincel cada vez para poder ahondar la muesca—. Tienes que inclinar un poco el bloque, así, ¿ves? —La muchacha le inclinó un poco el codo, de manera que Jean pudiera alzar más el hierro—. Ahora, otra vez a la fragua, y después podremos acabar de partirlo.

Cuando ya lo hubieron hecho, al más grande de los dos trozos alargados le hizo una muesca por la mitad y lo retiró a un lado.

—Más tarde lo batiremos —explicó.

Jean pensó que aquella era una curiosa forma de hablar. Batir: sonaba muy fácil, como con unos huevos para hacer tortilla...

pero seguro que no se refería a eso. Miró las llamas, meditabundo.

—Lo has hecho muy bien, Jean —lo felicitó Ellen—. Ahora, mientras yo trabajo el trozo pequeño, tú puedes descansar un poco.

Entonces Jean se dio cuenta de lo agotado que estaba a pesar de haber hecho mucho menos que Ellen, quien no parecía haber tenido que esforzarse especialmente.

La muchacha sacó el pedazo más pequeño del fuego y forjó con él una barra larga que luego aplanó. Después cogió el bloque de hierro alargado, el que había dejado en el borde de la fragua, lo dobló en ángulo recto por la muesca y colocó el extremo de la barra plana justo en el ángulo. Con intensos golpes de martillo dobló sobre sí mismo el bloque alargado de tal modo que la barra quedó encajada en su interior, sobresaliendo un poco por el extremo abierto. Por último, repartió una pequeña pala de polvo de arenisca por encima y lo metió todo al fuego.

—La arena impide que el hierro se queme —explicó mientras ardía en el fuego, chisporroteando levemente—. Es simple arenisca molida. ¿No te habías dado cuenta de que de vez en cuando recojo piedras?

Jean asintió.

—Bueno, ahora te vuelve a tocar a ti.

Ellen señaló la barra.

—¿Qué? ¿Cómo? Quiero decir, ¿qué se supone que tengo que hacer ahora?

—Solo darle la vuelta de vez en cuando para que se caliente por todas partes igual. Cuando el ascua esté blanca, la sacas, la dejas bien equilibrada en el yunque, la sostienes y la retiras otra vez cuando yo te lo diga, igual que antes, eso es todo.

Se veía que a Jean le emocionaba hacerse responsable del hierro.

Ellen recogió el taller y limpió el moco del yunque.

Jean se quedó mirando las llamas hasta que los ojos se le llenaron de lágrimas.

—Es mejor que no mires las ascuas todo el rato. Si no, esta noche te dolerán tanto los ojos que no podrás dormir.

Jean obedeció.

—¡Vamos, sácalo! —exclamó Ellen al cabo de un rato.

Jean se levantó enseguida.

—¡Pero si el hierro debe de estar ya calentísimo! —recordó entonces.

—Todavía no. ¡Vamos, muévete, si no, se nos quemará!

Jean cogió el bloque por la barra y lo dejó sobre el yunque. Ellen tenía razón, en realidad la pieza estaba a la temperatura adecuada.

—Ten cuidado, ahora salpicará —avisó, y golpeó con el pesado macho.

Al primer golpe salió volando del bloque escoria líquida, que llovió en forma de innumerables chispas, pequeñas y grandes, sobre el antebrazo de Jean. Este dio un salto atrás y soltó las tenazas, sobresaltado.

Ellen ya había cogido impulso para el segundo golpe; el martillo descendió hacia el hierro, impactó contra la pieza en mal sitio, pues ya no estaba bien colocada sobre el yunque, y la hizo salir volando en un alto arco. La muchacha golpeó entonces el yunque mientras el hierro candente caía al suelo, justo ante los pies de Jean.

—¡Válgame Dios! ¡Te he dicho que sujetaras con fuerza!

—¡Pero es que las chispas me han quemado!

—No me vengas ahora con esas. ¡Tendrías que haberte bajado las mangas de la camisa! —lo increpó Ellen—. Las chispas son el pan nuestro de cada día para el forjador. Hay que expulsar la escoria soldando con el martillo. Además, tampoco es tan terrible. Esas ampollas no duran mucho, enseguida sanan. —Ellen, descontenta, frunció el ceño.

—Me he asustado —se disculpó Jean, y volvió a alzar la barra de hierro.

Ellen se reprendió a sí misma, Jean tenía razón. Debería haber cuidado de que el muchacho se protegiera la piel de los brazos con la tela, debería haberle explicado exactamente lo que iba a hacer.

—¿Puedo seguir trabajando contigo de todas formas? —preguntó Jean, afligido, al ver que la vara se había doblado.

—Desde luego. Dame, tengo que enderezarla.

Tras un par de golpes, la barra volvía a estar recta.

—¿No te habrás hecho mucho daño? —se interesó Ellen con preocupación.

Jean dijo que no y se frotó la nariz, abochornado.

—Bueno, pues entonces hemos vuelto a tener suerte. —Ellen le dio unas palmadas de ánimo en el hombro.

—¿La próxima vez volverá a salpicar tanto? —preguntó Jean con cautela.

—Sí que lo hará, pero no puedes soltar, ¿de acuerdo? —insistió ella.

—Te lo juro, esta vez sostendré con fuerza. —Jean asintió con brío y se bajó las mangas hasta bien abajo.

Contempló los colores de las ascuas sin mirar fijamente a las llamas, dio la vuelta a la pieza alargada hacia uno y otro lado y volvió a sacarla cuando la vio blanca.

Con golpes imperiosos y certeros, Ellen soldó el hierro de fuera con la barra de dentro. También esta vez salpicó escoria líquida con cada golpe y salieron volando chispas. Bien podrían haber prendido fuego a cualquier cosa, por eso cerca del yunque no debía haber ni paja ni ningún otro material que ardiera con facilidad.

Jean sostuvo la pieza con valentía y ni siquiera se movió cuando las chispas ardieron en sus manos y las dejaron llenas de pequeñas ampollas.

—¡Bien hecho! —lo felicitó Ellen cuando hubo terminado—. Con el asidero que tenemos ahora, trabajaremos mucho mejor que con las tenazas. —Limpió el moco del yunque y lo metió todo en un saco que Pierre tenía preparado a tal propósito—. Las pequeñas escamas de hierro que los herreros llamamos moco o escoria se pueden preparar para utilizarse de nuevo —explicó—. Y ahora, cuidado, tienes que estar muy atento a mis órdenes. Cuando diga «adelante», empujas la barra un poco hacia delante; cuando diga «vuelta», la vuelves hacia el otro lado y al mismo tiempo tiras de ella hacia atrás. El yunque está frío, así que el hierro no conserva mucho tiempo su calor; debemos ser rápidos para aprovechar la temperatura cada vez. ¡Lo has hecho muy bien! —lo alabó de nuevo para animarlo—. Y ahora, vamos a por el hierro.

Ellen cogió el pesado macho y de nuevo se puso a martillar el metal. Cuando la pieza hubo doblado su longitud aproximadamente, cogió el martillo de mano y el cincel para volver a hacerle una muesca en el medio, doblarla y batirla.

Jean metió el hierro de nuevo en la fragua, lo sacó cuando alcanzó la temperatura necesaria y lo sostuvo por la barra con fuerza mientras Ellen soldaba ambas mitades con poderosos golpes de macho. Volvieron a calentar el hierro una última vez y terminaron el primer batido.

—¿Crees que aguantarás otro batido? Así, mañana y pasado solo tendríamos que hacer dos y tres más, y ya habríamos terminado —explicó Ellen.

—Pero ¿para qué lo hacemos? —preguntó Jean.

—Es una especie de lavado del hierro —dijo Ellen, sonriendo, y se apartó un rizo de la cara—. El metal siempre tiene suciedad e impurezas. Los batidos lo limpian e impiden que haya imperfecciones en la hoja. Cuantos más se realicen, mejor será la espada, pero el hierro también se torna más blando, por eso no puede batirse ilimitadamente.

Jean se esforzó por que pareciera que la estaba entendiendo.

—Muchas de estas cosas no se comprenden hasta que se tienen años de experiencia —lo tranquilizó Ellen.

Entre los herreros se decía que el hierro daba forma al herrero durante los primeros diez años y, solo después, el herrero daba forma al hierro. Ellen, sin embargo, lo sentía de una forma muy diferente en su fuero interno; el hierro y ella habían sido como dos buenos amigos desde el principio.

Ya era oscuro cuando terminaron con los dos primeros batidos. El cielo estaba negro y sin nubes, pero la luz de la luna iluminaba lo suficiente para que Ellen y Jean pudieran seguir el camino hasta la tienda.

Al llegar, Madeleine dormía profundamente. Estaba hecha un ovillo en su rincón y se había arrimado mucho a Barbagrís. El perro alzó un momento la cabeza, cansado, meneó un poco la cola y volvió a cerrar los ojos. Había crecido muchísimo más y más rápido de lo que Ellen se había atrevido a soñar, y ya ocupaba tanto espacio como una persona.

—¡Sopla, qué hambre tengo! —protestó Jean.

—Lo siento, se nos ha hecho muy tarde.

De pronto, Ellen tuvo mala conciencia.

—No tienes que sentir nada, he aprendido muchísimo. ¿Sabes? Si pudiera, me haría herrero, carpintero o algo así. Pero nadie aceptaría de aprendiz a alguien como yo. No puedo pagar y, además, tengo que preocuparme de Madeleine.

—¡No digas eso, Jeannot! Seguro que algún día te llegará la oportunidad. No dejes de tener esperanzas. —Le pellizcó la mejilla y sonrió.

Jean la miró con descontento. No le gustaba que lo tratara como a un niño.

—Mientras trabajábamos me llamabas Jean, no Jeannot. ¿No podrías seguir haciéndolo? —preguntó sin mirarla.

—Por supuesto —respondió ella mientras masticaba.

Las dos tardes siguientes, Ellen estuvo observando al muchacho mientras trabajaba. Era hacendoso, tenía ganas de aprender y demostró ser hábil. Seguro que se abriría camino. Recordó con melancolía el día en que se había presentado ante Llewyn. ¡Cuánto tiempo había pasado desde entonces! Era un poco más pequeña que Jean. Si el chico acudía a la herrería más a menudo y ella le enseñaba unas cuantas cosas, ¿por qué no iba a tener suerte algún día él también?

Después de batir el hierro una última vez, Ellen lo dividió en dos mitades sin tajarlo.

—¿Es que aún quieres doblarlo una vez más? —preguntó Jean con asombro.

—Espera y observa. Ahora verás lo que voy a hacer.

Grabó una ranura a lo largo, primero en una mitad y luego en la otra.

Jean no se atrevía a preguntar más, solo miraba en silencio.

La muchacha cogió la punta cuadrada que había forjado el primer día, la colocó en la incisión, comprobó la profundidad y la ahondó apenas una pizca más. Después hizo la misma comprobación con la otra mitad. Una vez satisfecha, dobló la pieza igual que con los batidos, pero sin llegar a cerrarla sobre sí.

—Coge unas tenazas y agarra la pieza con fuerza. Con la otra mano sostén el cincel tajador.

—¿Por qué tengo que volver a usar las tenazas?

—Porque ahora cortaré el final de la barra.

—Pero ¿no la encajamos ahí nada más empezar?

Jean la miraba con desconcierto.

—Solo la necesitábamos para los batidos, ahora hay que quitarla.

—Pero si es muchísimo trabajo... ¿No podríamos haberlo hecho todo con las tenazas?

La frente de Jean estaba surcada por una arruga.

—Cuanto más me ayudes, antes comprenderás por qué hay algunos pasos que al principio cuestan tiempo, pero que, a la postre, lo ahorran —repuso Ellen de mal humor.

Una vez partido el asidero, encajó la punta cuadrada en la muesca a medida y cerró la otra mitad por encima. La punta desapareció entre las dos muescas.

—La barra cuadrada es de hierro dulce. Por eso lo he elegido para el alma de la espada. —Ellen señaló las dos mitades—. El lingote era de un hierro mucho más duro, y por eso era idóneo para las tejas de la hoja, que la recubren. Ahora tenemos que volver a soldarlo todo con el martillo. Ya no te da miedo, ¿verdad?

Jean sacudió la cabeza, sonriendo.

—Me he acostumbrado.

—La barra cuadrada asoma bastante por arriba, de modo que ahora la podremos utilizar como asidero, ¿lo ves?

Jean asintió, metió todo el conjunto en la fragua y le dio la vuelta al hierro varias veces. Sin embargo, cuando todo él brilló blanco, no reaccionó. En lugar de eso, miraba hechizado las llamas de lenguas danzantes.

—El hierro se quema, ¿es que no lo ves? —gritó Ellen, y corrió hacia él.

De la pieza saltaban ya chispas blancas. Jean la cogió con las tenazas y la sacó enseguida del fuego.

—¡Con hierro quemado no se puede hacer una espada! —explicó Ellen con apremio.

Había pagado mucho dinero por el material; Jean tenía que comprender lo importante que era no dejar que el hierro se quemara. En cuanto estuvo en el yunque, Ellen empezó a soldar la pieza pulgada a pulgada con golpes contundentes y regulares. Otras tres veces tuvo que meterlo el chico en la fragua. Ellen martilló y comprobó el hierro hasta que estuvo satisfecha con la soldadura.

—¡Bueno, ya está! —Respiró con descanso—. Ya hemos terminado. En la pieza no puede haber ni una sola grieta. Todo tiene que encajar a la perfección. Si quedan impurezas o aire, la espada no servirá de nada. Mañana empezaré a darle forma a la hoja. Si quieres, puedes venir a mirar cómo lo hago y ayudarme un poco más; después seguiré yo sola.

Al día siguiente, por la tarde, Jean llegó antes de lo que solía a la herrería.

—Tenía miedo de que empezaras sin mí —explicó.

—¡Jamás! —Ellen fingió indignación antes de sonreírle—. Comenzaremos en cuanto acabe con esto.

Jean esperó y Ellen se dio cuenta de que estaba tan emocionado como ella misma. De buena gana le explicó lo que haría a continuación.

—Primero tengo que estirar el hierro, igual que con los batidos de antes, solo que ahora interesa que sea mucho más largo, y para eso habrá que calentarlo varias veces. Por eso te necesito.

—¿Ellen?

—¡Que me llames Ellenweore! —espetó, con más crudeza de la necesaria.

Puesto que Guillaume podía presentarse en la herrería en cualquier momento, era mejor que nadie la llamara Ellen. El caballero no podía llegar a sospechar que Alan y ella eran la misma persona.

Jean prometió enmendarse y se dispuso a plantear de nuevo su pregunta:

—¿Por qué dices siempre que vas a calentar el hierro? A mí me parece que, más que caliente, el hierro está ardiendo.

Ellen se encogió de hombros.

—¡Jerigonza de herreros! Cada oficio tiene su forma de hablar, y en esas cosas se ve enseguida quién tiene experiencia. ¿Podemos seguir ya?

Jean estaba ansioso por ver de una vez cómo se formaba la hoja y asintió con brío. Le parecía una maravilla que Ellen, golpe a golpe, pudiera transformar ese bloque de hierro en una hoja de espada.

—Este trozo de barra se convertirá en parte de la espiga, que es donde va sujeta la empuñadura. Es más práctico que no sea muy dura para que luego el pomo se pueda remachar mejor.

Tanta era la fascinación que sentía trabajando en *Athanor* que tenía las mejillas sonrosadas de emoción. De reojo vio que Pierre entraba en el taller. Actuaba como si estuviera muy ocupado, rebuscando por todas partes como si no encontrara alguna cosa, pero Ellen sabía muy bien que era la curiosidad lo que lo había llevado hasta allí. Sin duda quería ver cómo le estaba yendo con aquel material tan difícil que había escogido. Todos los herreros tenían sus secretos y a ninguno le gustaba que otro se presentara sin invitación a verlo trabajar. Pierre, sin embargo, era el maestro, y en una herrería ambulante, además, guardar el secreto profesional era prácticamente imposible. Por suerte, los demás herreros no se interesaron por su pieza; seguían convencidos, igual que el primer día, de que solo un hombre podía confeccionar una buena espada. También Pierre desapareció sin echarle un vistazo de cerca a la pieza que estaba trabajando.

La cuchilla enseguida empezó a tomar una forma tosca. Ellen no dejaba de comprobar la longitud y el grosor, calentaba ciertas partes hasta que el ascua estaba amarillenta y después las trabajaba con el martillo de mano. El ritmo regular de sus golpes retumbaba en el silencio. En cuanto el hierro empezaba a brillar en un tono rojo, volvía a meterlo en la fragua.

—Ya es tarde, Ellenweore —osó decir Jean tras un largo rato de silencio.

Había contemplado con fascinación cada movimiento de sus manos.

Ellen, sobresaltada, alzó la vista.

—¿Qué has dicho?

—Que se hace tarde. Si no lo dejas pronto, te quedarás aquí sola. —Alzó mucho las cejas.

Las mejillas de Ellen tenían un rubor febril. Miró en derredor sin salir de su asombro.

—¡Ya es de noche!

—¡Hace rato!

—Ah.

—Deberías dejarlo para mañana.

Ellen asintió, ausente, examinó la pieza a medio hacer y la sostuvo de súbito ante sus ojos.

—Uf, creía haber visto una grieta, pero no es más que una marca del martillo. —Sopló el moco de la hoja y la frotó con cuero. Respiró con alivio—. Tienes razón, ya es hora de ir a dormir. No me había dado cuenta de lo cansada que estoy. Los ojos me arden como si estuvieran en llamas. ¡Dejémoslo por hoy!

Esa noche, Ellen volvió a soñar con Guillaume. Iba a su encuentro en el bosque, ansiosa por mostrarle a *Athanor*, pero él no le dejó decir palabra, la asedió con sus irresistibles caricias y la sedujo con descaro. Ellen se sintió desvanecida, como flotando entre nubes y furiosa a un mismo tiempo. Quería hablarle de la espada, pero en cuanto abría la boca, él le cerraba los labios con un largo beso. Cuando empuñó a *Athanor* para enseñársela con expectante temor, apenas pudo sostenerla de lo pesada que era. Parecía haber sido forjada para un gigante, era irrealmente grande, descomunal. En lugar de brillar, estaba cubierta de manchas de herrumbre. Ellen se avergonzó de lo horrorosa que era la espada, habría querido que se la tragara la tierra en aquel mismo instante. Sin embargo, Guillaume se la quitaba de las manos, la sostenía con el brazo muy estirado y la contemplaba con repugnancia. En su mano, *Athanor* parecía pequeña y ligera, como una espada de juguete. Ellen cerró los ojos con fuerza, no podía creerlo.

—Parece hecha para un enano —dijo Guillaume, divertido, y dejó a *Athanor* en el suelo.

Allí, en la hierba, parecía fofa como una piel de serpiente.

Ellen se movía inquieta de un lado a otro en su yacija. Despertó bañada en sudor. Aterrada, buscó a tientas a *Athanor* y comprendió entonces que todo había sido una pesadilla. Más tranquila, acarició la tela en que estaba envuelta la hoja. La opinión de Guillaume era importante, pero ¿de veras trabajaba solo por eso? Respiró hondo. En el fondo daba lo mismo si Guillaume sabía valorar la espada o no.

—*Athanor* será algo especial —murmuró, y volvió a conciliar el sueño.

—Se la ve un poco delgada para una hoja de espada, ¿no crees? —comentó Jean al día siguiente, mientras Ellen contemplaba su obra con satisfacción.

—Todavía hay que hacer los filos. Entonces se ensanchará un poco más.

—¿Por qué se ensanchará al hacer los filos? —Jean la miraba sin comprenderlo.

—Porque estiraremos el hierro en sentido transversal.

Al muchacho se le iluminó el rostro.

—¡Ah! Y entonces los bordes también serán más finos, ¿no?

—Exacto. —Ellen sonrió, el joven seguía bien el razonamiento.

—Aun así, no entiendo que haya que hacer ya los filos. No sé por qué, pensaba que no habría que afilarla hasta mucho después.

—Bueno, en eso no te equivocas del todo. No la afilaremos aún, pero al estirar el hierro en ambas direcciones se forman los dos filos de la hoja. Al principio todavía son romos, luego hay que trabajarlos con un desbastador y una lima, y no alcanzan toda su agudeza hasta después del temple, mediante el pulido. —Ellen miró la vara con satisfacción, comprobó una vez más la cuchilla y la enderezó un poco—. Un buen trabajo —se felicitó—. Basta por hoy. Mañana empezaré con los filos. Por cierto, a partir de ahora puedo trabajar sola.

—¿Puedo venir a mirar de todas formas? —preguntó Jean con cautela.

—¡Siempre que quieras! —repuso ella con alegría—. Lo siguiente que haré será alisar la superficie y trazar los vaceos. Y, después, no será solo interesante, ¡también peligroso! —Ellen hizo una pausa para añadir emoción y miró a Jean fijamente—: El temple, el momento de la verdad.

De camino a casa le explicó con entusiasmo por qué era tan importante el temple, y tan difícil también.

—¡Hay que tener talento! —Ellen se llevó una mano al corazón con gran teatralidad—. Sale de aquí. Es una mezcla de... Sí, eso, ¿de qué exactamente? —Lo pensó un momento—. Es una mezcla de experiencia e intuición.

—¿Intuición?

—Sí, algo así como una especie de presentimiento. Para ser un buen forjador de espadas hay que tenerlo y ya está.

—¿Y cómo se sabe si tiene uno intuición?

—Ah, eso se descubre en los primeros años de aprendiz.

Ellen le pellizcó la mejilla y se ganó por ello una mirada rabiosa.

—¡Ay! ¿Y si tras un par de años comprueba uno que no la tiene? ¿Todo lo aprendido habrá sido en balde?

—Bueno, sin esa intuición es mejor no atreverse con las espadas. Son la cúspide del arte de la forja, ¿comprendes?

—Bueno, oye, a mí todo eso me suena muy erudito.

Ellen lo miró con asombro.

—¿Eso crees? Yo no le veo nada malo en que uno conozca sus habilidades y se dedique a lo que mejor sabe hacer. En mi caso son las espadas. Que uno se convierta en un mal cantero, carpintero o herrero, lo mismo da, o en uno bueno o extraordinario, solo depende del talento que haya querido darle Dios. Es así de sencillo. Y luego, igual que no a todos los sacerdotes les es concedido llegar a ser obispos, no todos los herreros pueden llegar a ser forjadores de espadas.

—Pues yo he oído decir que lo que se necesita para ostentar un alto cargo eclesiástico no es precisamente un talento especial, sino ante todo buenas relaciones —la contradijo Jean.

Ellen se encogió de hombros con hastío.

—Ahora podrías ayudarme a limar asperezas. ¿Quieres? —dijo, zanjando el tema.

—¿Limar asperezas? ¿Con quién te llevas mal? —Jean se esforzó por parecer especialmente ingenuo.

—¡Demonio! Me refería a alisar la hoja —aclaró Ellen—. ¿Quieres ayudarme o no?

—¡Claro que sí! —El chico asintió con brío.

Cuando apareció en la herrería al día siguiente, Ellen ya lo tenía todo preparado y sobre el yunque había una herramienta que Jean no había visto nunca.

—¿Con eso quieres alisar la hoja? —preguntó el muchacho con escepticismo.

Ellen le puso la pieza en la mano.

—El cotillo del martillo ha dejado abolladuras y señales en el hierro. Ten, mira lo tosca y desigual que está la superficie. Con la aplanadora de forja... —Ellen sostuvo en alto la herramienta del yunque—. Con esto, ahora se trabaja la hoja. ¿Ves lo ancho que es el peto?

Jean asintió. El martillo acababa en un cuadrado casi tan grande como la palma de la mano.

—Para que no se produzcan nuevas abolladuras, no se golpea directamente con la aplanadora, sino que se dan golpes con el macho en la cabeza de la herramienta.

—Mmmm, eso no lo acabo de entender —dijo Jean con inseguridad.

—Sostén la pieza con la mano izquierda y la aplanadora con la otra. El martillo tiene que estar en ángulo adecuado sobre la hoja. Te lo enseñaré. Así, ¿ves?

Después de haber manejado una vez la aplanadora, comprendió lo bien que se alisaría la hoja con esa técnica.

Con una herramienta que se parecía mucho a los desbastadores que usaban los carpinteros, Ellen abrió una acanaladura en ambas superficies de la hoja y afiló los lomos. El temple no lo realizaría hasta una noche sin luna, como hacían siempre todos los forjadores de espadas. En una noche verdaderamente negra, de oscuridad total, se distinguían mucho mejor las tonalidades del hierro candente. Puesto que la temperatura del ascua era fundamental para que el temple resultara bien, y casi todo el mundo conocía la gran influencia que tenía la luna en personas y animales, era mucho más seguro esperar los pocos días que faltaban para la luna nueva. Entretanto, tendría tiempo suficiente para preocuparse del agua.

Ellen forjó entonces pequeños discos para probar el temple de un trozo sobrante del material de la hoja.

Tras su traslado a Tancarville, Donovan había renegado muchísimo por tener que utilizar un agua diferente. En Ipswich la había ido a buscar siempre a un manantial en concreto, igual que su maestro antes que él. Tras el primer desacierto templando en Tancarville, había mandado a Ellen forjar un buen montón de esos discos de hierro y había hecho con ellos numerosas pruebas hasta lograr un temple perfecto.

Ellen fue a por agua a un riachuelo cercano, añadió un poco de orín y rectificó la mezcla hasta que estuvo contenta con el resultado. Dos días antes de la luna nueva ya estaba lista, pero de todas formas empezó a ponerse nerviosa. Le palpitaba el corazón y le sudaban las manos solo de pensar que el siguiente paso del trabajo podía echar a perder todos los denuedos de las últimas semanas. A fin de preparar la hoja para el temple, le había comprado arcilla a un alfarero y había empezado a frotar con ella la espada.

Jean observaba en silencio todas y cada una de sus acciones.

—La primera capa la hago muy fina y la reparto bien por toda la hoja. Cuando la arcilla se seque, veré si la he aguado bien. Si no, se producen grietas —explicó—, y no sirve para nada.

—¿Y eso qué significa, «aguado»?

—Cuando el barro queda compacto y duro, se dice que está espeso. Bueno, pues cuando está blando y suelto, se dice que está aguado. Sí, y luego está el tono del ascua. La arcilla brilla más que el hierro. Con un recubrimiento grueso de arcilla sería muy difícil reconocer la tonalidad del hierro candente. Así que hay que aguar la arcilla con agua, carbonilla y arenisca molida. Si una capa fina de arcilla se seca regularmente es que está bien aguada y se puede continuar.

—¿Para qué hay que poner barro? ¿No se templaría también sin él?

—¡Claro, si no es una espada lo que se quiere hacer! Pero nosotros no solo queremos templar, queremos obtener una hoja elástica y con filos cortantes, esa es la diferencia. Por eso el centro de la hoja debe templarse menos que los filos. No en balde hemos utilizado un material más blando para fabricar el alma de la espada.

—¡Pero también has puesto barro en los filos!

—Apenas una capa fina que los protege del calor demasiado intenso y al mismo tiempo hace que el enfriamiento no sea tan brusco. Así no hay tanto peligro de que los filos se vuelvan quebradizos.

—Y se puedan romper.

—Eso es, Jean. Cuando la primera capa de barro está seca, aplico más por encima, pero solo en el centro.

Cuando Ellen despertó con dolor de barriga la mañana del día de luna nueva, temió que sus días impuros pudieran dar al traste con su intención de templar la espada. La sangriza era un inconveniente plausible para una labor de tal dificultad. Las mujeres no podían entonces ayudar siquiera en cosas tan cotidianas como hacer cerveza u hornear pan. Por suerte, la tripa debía de dolerle únicamente a causa de la emoción, pues no tuvo ningún otro síntoma.

Después de trabajar, Ellen volvió a atizar el fuego, metió la hoja cubierta de barro entre las brasas y preparó la tina en la que la enfriaría. En el fondo del recipiente alargado colocó una piedra y murmuró una fórmula misteriosa de la que Jean no entendió ni una palabra.

El chico se había retirado a un rincón, como le había ordenado Ellen.

—Si quieres ser testigo del proceso del temple, tienes que hacerte invisible. No puedes hablar, ni hacerme preguntas, ni distraerme —le había advertido.

Jean tenía las dos manos juntas, encogidas con nerviosismo.

Los filos de la hoja brillaban con un rojo amarillento cuando Ellen sacó la espada del fuego, la hundió en la tina y la movió de aquí para allá a fin de que toda la pieza se enfriara por igual.

El agua siseó y rompió a hervir al entrar en contacto con la hoja ardiente.

Ellen susurró una rima que había aprendido de Donovan y que le servía para calcular el tiempo. A la de siete tenía que sacar la hoja del agua para que conservara suficiente calor residual. Aguzó el oído para escuchar los siseos y los borbotones del agua. No se oyó ni un crujido que indicara malogramiento. Emocionada, sacó la espada de la tina. La capa de barro podía quitarse ya con facilidad. No se veía ninguna tara.

Ellen respiró aliviada. El afilado y el pulido aún serían decisivos para la calidad de la espada. Se secó las perlas de sudor que cubrían su frente y miró a Jean, que seguía acurrucado en su rincón.

—Ya puedes salir. Todo ha ido sin contratiempos. ¿Lo has visto bien?

—Apenas si me atrevía a tomar aire de lo emocionante que ha sido.

—¡Igual que yo!

Ellen le sonrió con alegría y se apartó un mechón que se le había quedado pegado a la sien.

—Ahora por fin podré dormir tranquila. Ven, ya hemos acabado. Estoy agotada.

—Yo también. No puedo con mi alma, aunque no he movido ni un dedo. Toma, he traído una tea. Hoy la necesitaremos, si no, aún acabaremos echándonos a dormir en la tienda de otra gente.

A la mañana siguiente, Ellen se dio cuenta de que Madeleine volvía a tener una moneda de plata en la mano. La chiquilla la hacía resbalar con destreza entre los dedos.

—¿Te la ha dado el mismo caballero de la última vez? —preguntó.

Sintió que la calidez de una alegre expectativa crecía en su interior, pero Madeleine no le respondió.

—¡Creo que lo tienes enamorado! Ha puesto unos ojos muy grandes al preguntar por ti —explicó.

—¡Guillaume! —susurró Ellen con alborozo—. ¿Dónde está? —le preguntó a Madeleine.

Esta, no obstante, solo se la quedó mirando con una amplia sonrisa.

—¡Es muy guapo! —dijo, y volvió a prestarle atención a su moneda.

Ellen se dirigió a la herrería llena de expectación. Si Guillaume había regresado, seguro que iría a buscarla allí. Durante todo el día sintió un agradable hormigueo en el estómago, pero Guillaume no apareció. Fue tal la desilusión que sintió, que ni siquiera quiso trabajar en *Athanor.* Tampoco se presentó al día siguiente, de modo que Ellen fue a preguntar por el joven rey, pero nadie lo había visto. Ni a él ni a su séquito.

A saber de dónde habría sacado Madeleine su moneda de plata... Ellen hizo a un lado todas las ideas que la inquietaban y se concentró de nuevo en *Athanor.* Midió la longitud de la hoja y calculó las mejores proporciones para la cruz. Después cogió el pedazo de hierro ya forjado, lo batió una vez más con ayuda de Jean y luego lo partió en dos trozos. Uno de ellos sería para la cruz; el otro, para el pomo. Forjó una vara del grosor de un dedo, más o menos, y de un palmo de largo. La cruz encajaría después en la hoja deslizándose por la espiga, por lo que había que abrirle una ranura en el centro. Al hacerlo, Ellen debía cuidar de que el agujero no fuera demasiado amplio para que la cruz no bailara después. Para poder abrir un agujero lo más ajustado posible, Ellen forjó un punzón de hierro con las medidas de la espiga.

—¡Ah, aquí estás! —saludó a Jean con una sonrisa. El chico había llegado más tarde que de costumbre, y parecía triste—. ¿Qué sucede?

Ellen le puso una mano en el hombro, pero él meneó la cabeza con desánimo. De nada serviría seguir preguntando si no quería explicar nada. Jean le contaría qué lo tenía afligido cuando se sintiera preparado.

—¿Puedo ayudarte? —El muchacho se esforzó por mostrar una expresión afable.

—No podría seguir adelante sin ti —afirmó Ellen, y lo miró con simpatía—. ¿Sostienes esto?

Jean asintió y se puso un mandil.

—Hoy no habrá chispas —prometió la muchacha, con la esperanza de animarlo un poco—. Toma, cuando acabe, sostén la cruz con el gato.

Para poder atravesar el hierro con el punzón por el punto correcto, Ellen midió dónde estaba el centro y lo marcó con un certero golpe de cincel.

—Pues la verdad es que no se parece en nada a un gato —comentó Jean, volviendo la herramienta a uno y otro lado—. Qué nombre tan curioso…

—Lo principal es que recuerdes cómo se llama. Coge la cruz y ponla en las brasas.

Ellen se había decidido por una forma sencilla y sin ornamentos para la cruz, que era algo más ancha por el centro y se estrechaba algo en los extremos. Jean la sacó del fuego y comprobó, no sin asombro, lo bien que se veía el punto marcado en el hierro candente. El punzón pareció atravesar la muesca sin ningún tipo de dificultad. Ellen lo hizo pasar con pocos golpes.

—La cruz no hay que templarla. Déjala al borde de la fragua, sin más. Hoy empezaré con el esmerilado basto de la hoja, en eso no puedes ayudarme. Ve a la tienda y cuida de Madeleine, creo que últimamente la tenemos algo abandonada.

Jean asintió y se puso en camino. Ellen hizo girar la gran muela de Pierre con el pedal para aguzar los filos. Rociaba la hoja con agua sin parar y comprobaba el resultado una y otra vez. Cuando estuvo contenta con el afilado, envolvió la hoja en un trozo de tela y regresó también a la tienda.

Jean y Madeleine todavía estaban despiertos.

—Te hemos guardado un poco.

Jean señaló una pechuga de pichón y unas gachas de cereales con cebolla y almendras que había preparado Madeleine como acompañamiento.

—Mmm, de maravilla. ¡Tengo un hambre de aúpa! —Ellen devoró con ansia la carne tierna de ave y las especiadas gachas—. ¡Madeleine, está delicioso! —La miró a ella y luego a Jean—. ¿Qué haría yo sin vosotros? —Y los estrechó a ambos entre sus brazos.

—Seguramente morirías de hambre. —Jean intentó reír, pero todavía estaba abatido.

—¡Trabajas demasiado! —Madeleine le acarició la melena, como en sueños, y luego volvió a retirarse a su rincón, donde Barbagrís roía un hueso con deleite.

—Debo de pareceros insoportable. Solo trabajo, y la mayor parte de cuanto gano lo destino otra vez a *Athanor.* Jean se desloma la mitad de las noches para ayudarme. ¿Y yo? ¿Qué hago yo por vosotros? —Los miró a uno y a otro con abatimiento.

—Ya tendrás ocasión de ayudar. A veces las deudas se pagan de formas insospechadas. —Aquellas palabras sonaron irreales en los labios de Madeleine.

Pocas veces tenía la mente tan clara, pero igual de deprisa que se había iluminado, esa chispa volvió a extinguirse y la muchacha se quedó allí sentada como una niña inocente, acariciando ensimismada su moneda de plata. Ellen fue por la bolsa de cuero en la que guardaba las piedras de pulir que necesitaría para seguir trabajando en la hoja. La bolsa estaba extrañamente húmeda.

—¡Barbagrís! —exclamó con enfado. Los cordeles de cuero estaban completamente roídos—. ¡Chucho maleducado! ¡Demonio, me has estropeado todas las piedras!

Ellen había tenido que pagar una pequeña fortuna por esas piedras de pulir. Algunas eran tan delgadas que se rompían con facilidad. Abrió la bolsa con sumo cuidado y la vació sobre su mano. Todas menos una estaban intactas. Solo la más fina estaba desconchada por un lado. Volvió a meter con cuidado las piedras y el polvo en la bolsa.

—¡Que Dios se apiade de ti si te vuelvo a pillar! —riñó al cachorro.

El malhechor bajó las orejas, compungido. Era la viva imagen de la mala conciencia.

—Yo que tú me llevaría esa bolsa a donde fuera. Si la encuentra tan apetitosa como esto, volverá a intentarlo. —Jean torció la boca y señaló su zapato izquierdo.

Tenía la punta completamente mordida, y por un lado asomaba un agujero deshilachado.

—¡Como vuelvas a atreverte...! —amenazó la muchacha al perro, y levantó un puño.

—Todavía es muy joven, solo busca algo con que entretenerse. No podemos tomárnoslo a mal —intentó argüir Jean en su defensa.

—¡Pero podría cuidar de nuestras cosas, en lugar de estropearlas!

Ellen parecía algo más aplacada, pero de todas formas esa noche soñó que tenía una forja propia, con ayudantes y aprendices, y que el vándalo de Barbagrís causaba estragos en ella.

La noche antes de que partieran, Ellen oyó por casualidad que Pierre hablaba de ella con Armelle.

—Ya sé que para ti es como una espina clavada, ¡pero seguro que esto te pondrá algo más contenta! —le susurró a su mujer mientras iba poniéndole sus ganancias en la mano y se regodeaba al ver cómo se le abrían los ojos.

—¡Pero si es muchísimo más de lo que solías ganar! —exclamó Armelle con alborozo.

—La chica —se inclinó un poco más hacia delante y bajó la voz— nos hace ganar cuatro veces más de lo que cobra. En este momento incluso me paga por utilizar la herrería por las tardes para sus propios fines. Ha sido el mejor negocio de mi vida. Por este camino cada vez nos acercamos más a nuestro objetivo... —Pierre susurró entonces algo más, pero Ellen no pudo entenderlo.

Si de verdad le hacía ganar tanto, tenía que conseguir que le subiera el jornal. Ellen pensó cuál sería la mejor forma de plantearlo.

A mediodía, cuando partieron, Pierre se acercó al lugar donde había estado la tienda de ella. Jean la había desmontado a primera hora, la había doblado y la había amarrado bien sobre el lomo de Nestor.

—¡Nos vemos en el torneo de Compiègne, entonces! —exclamó, despidiéndose de Ellen como de costumbre.

¡Aquella era su oportunidad!

—¡Aguardad, maese Pierre! He estado pensando en quedarme en Compiègne para trabajar allí con un herrero al que conozco desde hace años —dijo Ellen, mirándolo con total inocencia.

Al hombre se le demudó el rostro.

—Pero no puedes... ¿Me dejas en la estacada? —preguntó sin salir de su asombro.

—No sabía que valorarais tanto mi trabajo. —Se esforzó por parecer sorprendida.

—¡Pues claro que sí! —repuso Pierre, rechinando los dientes.

—Bueno, quizá si me pagarais algo más, podría pensar en quedarme.

—¿Es solo cuestión de dinero? —preguntó él con recelo.

—La espada resulta costosa —explicó Ellen, encogiéndose de hombros.

Pierre dio un fuerte suspiro.

—Está bien, te pagaré la mitad más —propuso con generosidad.

Ellen sacudió la cabeza.

—El doble —dijo con decisión, y logró que su voz sonase de lo más calmada.

Con eso le estaba pidiendo casi tanto como lo que ganaba un oficial varón. Pierre la miró atónito. Ellen supuso que estaría calculando si valía la pena. Sintió miedo. ¿Y si decía que no?

—Así tendrá que ser —masculló el herrero al cabo, poco complacido—. ¡Si no, no me dejarás en paz! Eso le pasa a uno por ser bondadoso.

Dicho eso, dio media vuelta malhumorado y se alejó de allí a grandes zancadas.

Ellen saltó de alegría en cuanto se hubo ido. Aunque era domingo, por la mañana había ayudado a cargar en el carro de Pierre todas las herramientas, el yunque, la muela y el enorme fuelle sin recibir por ello ni un solo penique. Ella, sin embargo, había pagado todos los días que había usado la herrería para trabajar en *Athanor*. En modo alguno debía tener mala conciencia.

De camino a Compiègne atravesaron un amplio valle verde con imponentes frutales, y luego un gigantesco bosque de abetos oscuros. Dos días después llegaron por fin a un gran pueblo.

En la pared de una de las casas había una escuadra de hierro de la que colgaba un cepillo de carpintero. Allí tenía su taller el artesano.

—Necesito un par de cosas para *Athanor* —dijo Ellen con alegría antes de acercarse a la carpintería y abrir la puerta—. ¡Os saludo, maestro!

Ellen hizo una breve reverencia y se esforzó por mostrar una sonrisa resplandeciente. Jean, que la había seguido, prefirió mostrarse más bien huraño por si su amiga quería comprar algo y él tenía que negociar el precio.

El carpintero estaba sentado a una gran mesa de trabajo. Ante él había herramientas de corte y trozos de madera apilados, de tal manera que solo se le veía la cabeza. El hombre entornó la mirada con recelo para contemplar a los dos desconocidos.

—¿Qué queréis?

—Necesito dos láminas de madera fina para hacer una vaina de espada, a poder ser de madera de peral bien seca, y también un buen trozo seco para el puño.

El carpintero miró a Ellen con curiosidad.

—Yo a ti te conozco —masculló mirándola fijamente.

Ellen lo miró entonces a él con mayor detalle.

—¡Poulet! —exclamó con alegría.

—¡Ellenweore!

El carpintero se levantó de su silla y cojeó con dificultad para rodear la mesa, acercarse a ella y abrazarla con cariño.

Cuando Jean lo vio de pie, comprendió por qué le habían puesto el mote de Poulet, es decir, «pollo». Caminaba inclinado, como si el peso de su orondo centro de gravedad lo hiciera caer hacia delante. La bata de trabajo le llegaba justo hasta las posaderas, y por debajo asomaban dos delgadas piernecillas que eran regordetas y redondeadas hasta las rodillas, pero que luego se estrechaban hasta convertirse en unas flacas pantorrillas. Como patas de pollo en un cuerpo de pollo. Las secas canillas apenas parecían poder cargar con todo su peso.

Jean se preguntó cómo podía sobrevivir un carpintero que casi no podía moverse. Sin embargo, no parecía irle mal. Sobre la mesa había varios encargos empezados, y el oficial y los dos aprendices del taller a todas luces tenían mucho que hacer.

—¿Cómo te va, pequeña? —Poulet le dio unas palmaditas en el hombro—. ¡Se te ve estupendamente!

—Gracias, Poulet, me va muy bien. ¿Y Claire? ¿Tienes noticias de ella?

Poulet era el tío de Claire. Había visitado una vez a su sobrina cuando Ellen trabajaba aún con ella. Era la única pariente que le quedaba con vida y, aunque el viaje resultaba largo y extraordinariamente fatigoso para el hombre, la visitaba de vez en cuando.

—El hijo del molinero estuvo aquí hace poco. Claire ya se encuentra mucho mejor, pero el chico… —Sacudió su gran cabeza con pesar.

—¿Qué le sucedía? ¿Ha estado enferma? ¿Y a Jacques, qué le ha pasado? ¿Ha hecho algún disparate?

—Ha fallecido. Le subió la fiebre y empezó a toser; no logró recuperarse. Su primer hijo con Guiot llegó muerto al mundo… y luego lo de Jacques. Claire ha estado al borde de la desesperación, ¡pero ahora vuelve a estar encinta, según me han dicho! —Poulet suspiró—. Bueno, así son las cosas. Nacimiento y muerte, muerte y nacimiento. Es el curso de la vida.

—¡Mi pobre Jacques! —exclamó Ellen, consternada—. Pero si vuelve a esperar un hijo, lo sobrellevará mejor. Esta vez seguro que todo va bien. ¡Rezaré por ella! —La muchacha se esforzó por sonreír con aplomo.

Poulet miró entonces también a Madeleine, que estaba al lado de Jean y, fascinada como una chiquilla, contemplaba una mariposa de fina madera que colgaba de un hilo casi invisible desde una de las vigas del techo y se movía a causa de la corriente de aire. No había niño que entrara a su taller y pudiera apartar la vista de ella un segundo, pero la muchacha que la acompañaba ya no era tan pequeña. Poulet sostuvo a Ellen de ambos hombros y la miró a los ojos.

—Déjame que te vea bien. Te has vuelto más hermosa, más delicada. ¡Estás enamorada! —Sonrió con picardía y le pellizcó la nariz. Después la soltó y volvió su corpulento cuerpo hacia sus maderas—. ¡Vaya, vaya, conque vuelves a hacer vainas! —Le sonrió—. ¿Y también quieres fabricar un puño?

—Lo que no podía imaginar, desde luego, era que conseguiría la madera mejor secada de toda la comarca. —Ellen le ofreció al hombre una coqueta caída de ojos.

—Bueno, si me pones esos ojitos, miraré en mi arca del tesoro a ver qué puedo encontrarte. —El carpintero agachó con gran esfuerzo la mole de su cuerpo para asomarse a un cajón que había en un rincón del taller—. Si te llevas madera de peral para la vaina, querrás también la misma para el puño, o quizá mejor de cerezo... ¿Fresno, tal vez?

—Tú conoces tu madera mejor que nadie, búscame un buen trozo que pueda pagar. ¡El tipo de madera la dejo a tu elección!

Poulet asintió y rebuscó en el cajón hasta encontrar lo que buscaba.

—¡Aquí está! ¡Una maravilla! Sequísima, no se astillará. ¿Qué te parece? ¿Te va bien el tamaño y el grosor?

Se acercó a Ellen cojeando y le tendió un trozo de madera. Mientras ella lo examinaba, el anciano buscó dos finas láminas de madera como las que solían llevarse los vaineros. La calidad de su madera era bien conocida por aquellos pagos. Todos los artesanos de la región se la compraban a él, por eso siempre tenía en el almacén una buena provisión de láminas.

—Tienes razón, este trozo es perfecto... Cerezo —le dijo a Jean, y le puso la madera delante de las narices—. ¿Me lo podrás serrar? —le preguntó a Poulet.

El hombre fijó la madera, cogió una sierra, la colocó en el centro del trozo y miró a Ellen:

—¿Así?

Ella dio su conformidad con un gesto de la cabeza y Poulet serró el pedazo a lo largo.

—¿Necesitas alguna otra cosa, pequeña?

Le brillaban los ojos. Jean creyó ver en ellos que debía de ser al menos tan buen comerciante como carpintero.

—Creo que no —respondió Ellen, pero dudó un momento.

Poulet le tendió ambas mitades y las láminas para la vaina, y le dio un precio.

Jean miró indignado a Ellen.

—De acuerdo, conoces a este hombre, pero por mucho que abasteciera al rey, sus precios seguirían siendo caros. Parece que quisieras comprarle, no madera, sino oro. Y el bosque está lleno de ella. ¡Solo hay que salir a buscarla! —exclamó, acalorado.

Poulet sonrió.

—¡Qué joven tan simpático!

Jean lo miró con desagrado.

—No sabe nada de precios, y de madera menos aún —lo disculpó Ellen suspirando, seguramente consciente de que Poulet le había hecho un muy buen precio de amigo.

A Jean, no obstante, le había parecido demasiado caro porque no sospechaba lo importante que era utilizar madera bien secada, ni imaginaba lo costosa que era la fabricación de las láminas para las vainas.

—Algún día llegará lejos, y tú también, si le sigues haciendo caso. —Poulet bajó el precio un poco más—. ¿Estás satisfecho ahora, jovencito?

Jean se puso colorado. Asintió y creyó morir de vergüenza cuando Poulet y Ellen se echaron a reír a carcajadas.

—Toma, con este trozo de madera de fresno puedes tallarte algo bonito. —Poulet le dio a Jean un trozo de madera alargado y nudoso.

—Gracias —masculló el muchacho con terquedad, sin mirarlo a los ojos.

—Cuando vuelvas a ver a Claire, dale un abrazo de mi parte y dile que rezo por Jacques y por el niño que espera. Saluda también a Guiot, ¿querrás?

—Por supuesto, pequeña, claro que lo haré. ¡Cuidaos mucho!

El hombre abrazó a Ellen una vez más para despedirse.

Jean la siguió en silencio hasta que salieron del pueblo.

—¡Te has divertido y te has reído a mi costa! ¡A mí no me ha hecho ninguna gracia! Por lo menos tu extraño amigo ha rebajado el precio. Ahí se ve quién tenía razón. ¡Era muy caro! —rezongó.

—Yo lo veo de otra forma. ¡A mí me parece que es mejor amigo de lo que yo había creído! No seas niño, Jean. Poulet es un excelente carpintero. De no ser así, siendo lisiado no tendría tantos clientes como para poder vivir bien de su trabajo. Además, te ha regalado un bonito trozo de madera.

—Bah, un resto nudoso que se encuentra en el suelo de cualquier bosque —dijo, Jean, restándole importancia.

—Es un trozo muy bueno para tallar porque está bien seco. Lo que se encuentra en el bosque no sirve mientras siga conteniendo humedad. La madera verde, la joven, no se puede trabajar bien, se parte y se astilla al secarse. Poulet escoge siempre personalmente la madera del bosque. Su oficial y sus aprendices cortan solo los árboles que él indica. Después llevan la madera a un cobertizo. Allí tiene que almacenarse de uno a dos años, hasta que está bien seca. Y no es hasta entonces cuando fabrica con ella láminas como las que he comprado. ¡Créeme, es buena madera!

—Mmm —refunfuñó Jean. Le resultaba desagradable tener que reconocer que a lo mejor se había equivocado en cuanto a Poulet; por ello, se limitó a preguntar—: ¿Qué es lo que tiene? Me refiero a sus piernas.

Ellen se encogió de hombros.

—No lo sé. Por lo visto era un niño muy guapo, aunque ahora, al verlo así, cueste de imaginar.

Jean recordó la cabeza del carpintero, demasiado grande y justo encima de los hombros, sin rastro de cuello. Imaginó toda su figura de nuevo ante sí y sacudió la cabeza. ¿De verdad había sido guapo algún día? ¡Del todo imposible!

Siguieron camino de pueblo en pueblo, disfrutando del maravilloso otoño, con un sol aún cálido y un follaje de preciosas tonalidades. Solo cuando cayó la noche llegaron el frío y la humedad, y entonces buscaron un lugar seguro donde acampar y encendieron una hoguera. Madeleine se puso a cantar una nana. Con su voz dulce y clara transformaba la melodía en un canto de duendes; Ellen trabajaba en los dos trozos de cerezo con lágrimas en los ojos. Puso una de las dos mitades sobre la espiga y marcó el contorno exacto del metal en la madera con el cuchillo que Osmond le había regalado de pequeña. Cuando Madeleine calló, Ellen se enjugó las lágrimas con la manga y luego se cercioró de que ambos trozos coincidieran y marcó también en la otra mitad el contorno de la espiga. Después empezó a vaciar la madera con cuidado. Utilizaba su cuchillo a diario, para cortar pan, tocino o cebollas, para partir cordeles, para limpiarse las uñas, para afilar ramas con las que ensartar la carne o, como ese día, para tallar. Al hacerlo, a veces le sobrevenía una ola de melancolía. Entonces pensaba en Osmond y en sus hermanos, en Simon y en Aelfgiva. ¿Viviría aún la buena anciana?

Ellen calculó cuántos años habrían pasado desde que abandonara Orford.

—Debe de hacer ya diez u once años —murmuró.

—¿Quién? —preguntó Jean con curiosidad, y decidió ponerse a tallar también.

Cogió el cuchillo que Ellen le había forjado unos meses antes con un resto de hierro y se puso a la labor con inseguridad.

—Quién no, qué.

—¿Cómo?

—Pensaba en cuánto hace que me marché de mi casa. Creo que ya han debido de pasar diez u once años —respondió Ellen, un tanto molesta.

—¡Sopla! —exclamó Jean con poco interés, y volvió a concentrarse en su trozo de madera.

Siempre que recordaba a su familia, Ellen sentía un desagradable ardor en el estómago, de modo que intentaba no pensar mucho en ellos.

—Tienes que sostener el cuchillo más plano —le indicó a Jean con cierta rudeza, y él levantó la vista, asombrado—. Así, ¿ves? —Ellen le enseñó cómo tenía que sostener el cuchillo con la mano—. Y siempre alejándote del cuerpo. Si no, podrías hacerte una buena herida. —Entonces reparó en el extraño brillo vidrioso de sus ojos.

«¿Qué te pasa?», iba a preguntarle, pero Jean habló de pronto casi sin voz:

—Mi padre solía tallar por las noches. —Se limpió la nariz con la manga—. Debería saber cómo se sostiene el cuchillo. Él me enseñó, pero ya no me acuerdo. Se me ha borrado todo.

Ellen lo miró con compasión.

—¡Es que hace muchísimo tiempo! —dijo, y le acarició el pelo.

—¡Sus rostros, se me han borrado!

—¿Los rostros de quiénes, Jean?

—Los de mis padres y de mi hermano pequeño. Si pienso en ellos e intento verlos, solo veo sangre, las tripas salidas de mi padre y las extremidades retorcidas de mi madre. Ya ni siquiera recuerdo de qué color tenían los ojos, o el pelo. —Jean lloró en voz baja.

Ellen solo podía hacerse una idea de lo abatido que debía de sentirse. De pronto su melancolía le pareció ridícula en comparación con la soledad que debían de soportar Jean y Madeleine. Ambos lo habían perdido todo y ya no tenían un hogar al que poder volver. Ni siquiera sabían dónde buscar su aldea. A menos que algún día regresaran por casualidad por allí, cosa que Jean se había pasado todo el año esperando que sucediera, jamás la encontrarían de nuevo. Acaso nadie la hubiera reconstruido, si todos los habitantes habían muerto. Ellen se levantó, se sentó detrás de Jean y Madeleine, los abrazó a ambos y los acunó como a niños pequeños para consolarlos.

—Me alegro de que te hayamos encontrado. Siempre he intentado ocuparme de ella —dijo Jean en voz baja.

Madeleine disfrutó en silencio del abrazo de Ellen.

—Pero yo… yo nunca tenía a nadie. Alguien que me cuidara, quiero decir, alguien que se ocupara de mí, ¿entiendes?

Miraba a la llameante luz de la hoguera evitando encontrarse con la mirada de Ellen.

De reojo, ella vio que en sus ojos refulgían las lágrimas.

Madeleine había cerrado los párpados y estaba quieta, como si durmiera.

—Estaremos siempre juntos, os lo prometo. —Ellen, conmovida, estrechó a los dos niños aún más contra sí.

Jean sacudió la cabeza con tristeza.

—Algún día llegará un hombre. No me refiero a ese sire Guillaume… —dijo con cierto desdén.

—¡Jean! —exclamó Ellen desconcertada, y se sonrojó—. ¿A qué te refieres?

—¡Ya sé que estás enamorada de él!

—¿Cómo se te ha ocurrido eso? —Ellen se sintió descubierta.

—Bah, pues porque no estoy ciego. ¡Cómo te lo comes con los ojos! A lo mejor tú a él también le gustas, pero es el preceptor de nuestro joven rey y tú no eres más que una muchacha que quiere ser forjadora. No tenéis nada en común.

A Ellen se le encogió el estómago. Jean no había dicho nada que ella misma no supiera desde hacía tiempo, pero de todas formas le dolía oírlo. Era evidente que Guillaume y ella nunca tendrían un futuro. Respiró hondo y oyó hablar a Jean como desde lejos:

—Algún día se casará con una dama de su posición, y tú con un artesano, con suerte honrado. Bueno, si es que encuentras a alguno que esté dispuesto a aceptar a una mujer tan testaruda como tú —añadió después con una tímida sonrisa.

—¡Ya vuelves a ser un descarado!

Ellen alzó la mano en la que todavía sostenía el cuchillo y lo amenazó, riendo, aunque su corazón aún sentía la punzada de antes.

Pensó en Jocelyn, en su horrible muerte y en lo injusto que llegaba a ser el mundo.

—Cuando llegue el momento y te cases, solo seremos una carga para ti —dijo Jean a media voz, y bajó la mirada para que Ellen no viera que volvía a luchar contra las lágrimas.

—No digas disparates; estaremos siempre juntos —repuso ella con brío—. Y, ahora, chitón. No quiero volver a oír hablar de eso.

Aquella noche soñó con Inglaterra y despertó descansada y de un buen humor que le duró todo el día. Por la tarde, después de comer, hicieron alto en una granja donde compraron un vellón de cabra, pues Ellen necesitaba un trozo para la vaina. Jean volvió a demostrar su habilidad para las transacciones y al final pudieron permitirse incluso un pedazo de carne del animal.

—Todavía necesito cola para la vaina —dijo Ellen mientras masticaba con dificultad la carne, fuerte y algo correosa.

—¿No habrías podido comprársela a tu amigo el carpintero? —Jean la miró de reojo.

—Habría podido, pero no quise. La madera de Poulet es de una calidad extraordinaria, pero su cola no estaba muy fresca.

—¿Cómo sabes eso? —preguntó Jean, a todas luces desconcertado.

—Lo olí. Sé bastante de cola. Incluso podría fabricar un poco yo misma, pero es muy costoso. Cuando la cola de huesos lleva más de tres o cuatro días sin removerse, empieza a oler. Y el bote de cola de Poulet olía bastante fuerte. A lo mejor su oficial es demasiado vago para preparar cola con regularidad. Podría haberle comprado cola graneada, pero prefiero la que está recién preparada, y lo mejor será que la compre justo cuando la necesite. Es verdad que es bastante cara, pero al menos así sabré que pega bien, y eso es lo más importante, ¿verdad?

Jean sonrió.

—¡Eso dicen! Una vez trabajé para un fabricante de escudos, porque su hijo había tenido un grave accidente y no podía ayudarlo. Ellos utilizan mucha cola y él la preparaba cada pocos días. En el próximo torneo podrías ir a verlo, por si quieres comprársela a él. Si era buena o no, eso no sé decírtelo.

—¡Pronto lo descubriremos! —Ellen asintió.

Había recorrido mucho camino desde que saliera de Tancarville. Conocía casi toda Normandía, parte de Flandes y Champaña. También había pasado por París, pero a Compiègne, que estaba algo más al norte que esa ciudad, era la primera vez que acudía. Los bosques de la zona en la que iba a celebrarse el torneo eran el cazadero predilecto del rey de Francia, y la propia ciudad era destino de numerosos peregrinos que esperaban llegar a vislumbrar el Santo Sudario o alguna de las muchas otras reliquias de la abadía. Innumerables iglesias y la elevadísima torre del castillo real caracterizaban la estampa de la impresionante ciudad.

Los tres paseaban por las callejuelas con placer, viendo las exposiciones de los mercaderes y los artesanos, y también los puestos del mercado. Ellen le compró a una tejedora tela suficiente para revestir la vaina de la espada, y en el puesto de un mercader de sedas encontró un largo cordel de un rojo oscuro para el puño.

—También necesitaré cuero para la vaina y el cinto... —Ellen buscó con la mirada. No tardó mucho en encontrar un pedazo de fina piel color vino para la vaina y un cinto de buen cuero vacuno a un precio justo—. Creo que esta noche nos quedaremos aquí y seguiremos camino mañana, ¿qué os parece? —les propuso a Jean y a Madeleine con alegría después de comprar también una hebilla de latón.

—¿Quieres que nos hospedemos en una posada? —preguntó Jean con incredulidad.

—Por el amor de Dios, no, claro que no. ¿Acaso somos duques o ricos comerciantes? Preguntaremos en una iglesia si nos dejan pasar allí la noche. Con tantos peregrinos, deben de estar preparadas para hospedar a gente.

—Ah, claro, tienes razón. —Jean parecía más tranquilo.

Miró a Madeleine, a la que tenía que arrastrar tras de sí para que no se quedara mirando embobada cada puesto y sus coloridos productos.

Sin embargo, la búsqueda de un lugar donde dormir demostró ser más difícil de lo que Ellen había pensado. No encontraron una plaza libre para pasar la noche hasta el último intento, en la iglesia más grande de la ciudad. En las letrinas, en las posadas y en los puestos de comida, por todas partes había peregrinos haciendo largas colas. Los habitantes de Compiègne sabían cómo sacar partido del tropel de creyentes que acudía al lugar y les vendían todos los artículos de primera necesidad, si bien de pésima calidad, a unos precios exagerados. Ellen adquirió por bastante dinero una gran empanada, que devoraron con hambre, y una jarra de cerveza.

Decepcionados porque la empanada estaba rancia y la cerveza insípida, los tres se tumbaron en el frío y duro suelo de losas.

Muy pegados a un grupo de peregrinos por un lado y a unos extranjeros de extraño aspecto y cuya lengua no entendían por el otro, intentaron disponerse una yacija lo más cómoda posible.

A pesar de que habían extendido por debajo la tienda doblada y de que cada uno de ellos estaba envuelto en una manta y bien acurrucado a los demás, Ellen sentía un frío tan penetrante que le resultó muy difícil conciliar el sueño. Ni siquiera le servía de mucho Barbagrís, cuyo morro siempre daba calor. En mitad de la noche despertó con las mejillas encendidas. Le castañeteaban los dientes, le temblaba el cuerpo y la cabeza le dolía horrores. Sin embargo, el cansancio hizo que se durmiera de nuevo. Por la mañana estaba demasiado débil para levantarse ella sola.

El sacerdote dijo que estar en la iglesia y cerca de Dios le haría bien y le ayudaría a vencer la enfermedad, prometió rezar por ella y ya no se preocupó más.

Por el contrario, una joven comerciante que había acudido al oficio de la mañana le recomendó a Jean con insistencia ir a ver a una herbolaria que vivía no muy lejos de la iglesia. A Ellen, la idea de darle dinero a una curandera le parecía un completo derroche y no quería seguir el consejo. Con todo, esa vez no podría impedir que Jean impusiera su voluntad.

—Pero la curandera no querrá entrar en la iglesia, tendréis que sacar a vuestra amiga a los escalones del portal. Hace sol, así entrará en calor. Aquí dentro hace frío y hay corriente de aire —les aconsejó la joven, e incluso se ofreció a mostrarle a Jean el camino.

Cuando regresaron con la herbolaria, Ellen deliraba a causa de la fiebre.

—¡Aelfgiva! ¡Vives aún! —suspiró, embargada de alegría, y besó con fervor las manos de la extraña.

—Aquí no puede quedarse. ¡Traedla a mi casa! —ordenó la mujer, a todas luces preocupada por el estado de Ellen—. Si pasa una noche más en medio de las corrientes de aire de la iglesia, ¡morirá!

Jean y Madeleine ayudaron a Ellen a levantarse, pero la joven no hacía más que desmoronarse todo el rato, así que Jean pidió ayuda a dos hombres corpulentos que estaban reparando una de las puertas de la iglesia. Entre los dos estuvieron más que dispuestos a cogerla en volandas y llevarla a casa de la conocedora de las hierbas. Era una casa grande y acogedora, estaba muy limpia y olía muy bien, a menta y carne cocida.

—Deberá descansar como poco dos semanas si quiere recuperarse del todo. ¡No tiene buen aspecto! —dijo la mujer mientras examinaba a Ellen.

—Pero eso no puede ser, tiene que trabajar. Es herrera en los torneos. ¡Hoy teníamos que seguir viaje!

De súbito, Jean parecía indefenso como un niño pequeño.

—Pues tendréis que dejarla aquí. ¿Ves cómo le tiemblan los párpados? Tiene delirios y me ha confundido con otra persona; los dos acabáis de verlo. Aunque sea una joven muy fuerte, con las fiebres altas no se juega. Si tiene suerte, sólo habrá cogido frío y pronto habrá pasado. Si no la tiene, será algo peor. En cualquier caso, una cosa es segura: necesita reposo.

Jean miró a Madeleine con impotencia y luego se volvió de nuevo hacia la curandera.

—No podemos pagaros mucho, pero Madeleine podría quedarse aquí y buscar trabajo. En caso de que conozcáis a alguien que necesite una criada...

La curandera miró a la muchacha y asintió.

—¡Espero que sepa meterse en faena!

—Claro que sí, creedme. ¡Está muy acostumbrada al trabajo duro!

—Entonces puede quedarse conmigo —decidió la mujer.

Jean se sintió más tranquilo al haberle encontrado acomodo a Madeleine. Él se iría con Barbagrís, Nestor y la tienda hasta la linde del bosque, al torneo. A fin de cuentas, alguien tenía que explicarle a Pierre la ausencia de Ellen para que no la tomara con ella hasta el fin de los tiempos. A lo mejor podría incluso ofrecerse al herrero hasta que este encontrase a otro ayudante.

—Aquí estarás en buenas manos, créeme —le dijo a su febril amiga, aunque no estaba seguro de que ella lo entendiera—. Pronto volveré, no te preocupes; yo me encargaré de todo.

Le acarició el brazo con cariño, se despidió de Madeleine con un par de buenos consejos y se puso en camino.

Thibault recorría con airadas zancadas la plaza en la que los mercaderes habían montado sus puestos. Por lo visto, Guillaume no podía dejar de andar siempre provocándolo: esa mañana había anunciado a voz en grito que se sentía fuerte como un buey y que estaba dispuesto a demostrárselo a los franceses. ¡De nuevo actuaba como si solo él fuera decisivo para el resultado del torneo! ¡Y cómo lo habían jaleado los demás! ¡Qué grotesco! Entre las tiendas corrían niños jugando. Caballos, bestias de carga y carros eran descargados mientras las mujeres se peleaban a gritos por los mejores sitios y entre el alboroto los perros se enzarzaban unos con otros fuera de sí. Dos veces tropezó Thibault, la primera por no haber visto un gancho de hierro que había en el suelo; la segunda porque se le enredó el pie en una cuerda que había por allí. Escupió al suelo con ira. ¿Por qué no aparecía aquella herrera por ningún parte? Le dio un fuerte puntapié a un gato escuálido en la rabadilla; si estaba tan flaco es que no era buen cazador, de modo que no se merecía otra cosa mejor. Sin embargo, era evidente que su malhumor no tenía nada que ver con aquel saco de huesos. Volvía a pensar en Ellen: eso era lo único que lo tenía realmente furioso. Guillaume y Ellen convertían su vida en un infierno, cada cual a su manera.

Casi había llegado a la herrería. Se había encaminado hacia allí sin quererlo, y de pronto, al darse cuenta, se le encendió de nuevo la sangre. Justo cuando iba a dar media vuelta, oyó una voz agitada:

—Primero me obliga a subirle el jornal, que casi me hace llorar y todo, ¡y ahora esa mujerzuela holgazana e irresponsable ni siquiera se presenta a trabajar! —El herrero se tiraba del pelo con rabia.

Thibault, envidioso, reparó en que era un pelo muy negro y que solo estaba surcado por unas pocas hebras plateadas. Casi ningún hombre de su edad conservaba una mata tan espesa e hirsuta.

Los piojos y las enfermedades de la piel hacían que a la mayoría se les cayera pronto, o que pareciera comido por los ratones. Thibault se pasó la mano por la cabeza; su pelo empezaba a ralear. El del herrero, por el contrario, tenía un aire majestuoso que, a su parecer, no le correspondía en absoluto.

El hombre estaba tan exaltado que tenía el cuello hinchado como si fuera a reventar.

—No es holgazana ni irresponsable, siempre está dispuesta a trabajar, Pierre. ¡Bien lo sabéis! —oyó Thibault que decía alguien.

Entornó la mirada e intentó recordar. A ese joven ya lo había visto alguna otra vez. ¡Exacto! En uno de los torneos de otoño había salvado a Ellen de los cascos de su caballo de batalla.

—La conocéis lo suficiente para saber que tiene que sentirse de mil demonios para no haber venido a la herrería. Tiene fiebres muy altas. La curandera ha dicho que podría morir si no guarda cama unos días —explicó el muchacho.

A las claras se veía que estaba preocupado por ella.

Thibault resolló. ¡Ellen estaba enferma! «Le está bien empleado», pensó satisfecho, y siguió escuchando.

—Pero qué dices, esas curanderas siempre se ponen en lo peor. Lo hacen para que la gente, por puro miedo, pague más. Os costará una fortuna. ¡Os habéis dejado tomar el pelo!

Pierre lanzó al joven una mirada de desdén que le dio a entender que lo había creído más espabilado, y Thibault asintió con aquiescencia.

—A Ellenweore le castañeteaban los dientes de frío, aunque estaba ardiendo. Tiene mucha fiebre. Tanto si lo creéis como si no, yo he visto lo grave que está. En cuanto se encuentre un poco mejor, se alegrará de volver a trabajar con vos.

Jean todavía no había acabado de hablar, pero el herrero ya le había dado la espalda.

—¡Eso será si aún quiero!

Con esas palabras dejó allí plantado al perplejo joven.

—¿Y la espada de Ellen? —exclamó tras el herrero—. ¿Qué será de la espada en la que está trabajando?

Pero no obtuvo respuesta.

Thibault se frotó el mentón.

—Vaya, vaya, conque está haciendo una espada… —murmuró.

Al día siguiente, Thibault siguió a su rival, Guillaume. Lo espiaba en cuanto tenía ocasión, siempre con la esperanza de descubrir algo que pudiera utilizar en su contra. Cuando el Mariscal llegó al taller del maestro Pierre, una mujer se apresuró para preguntarle qué deseaba. Thibault permaneció allí cerca sin ser visto.

—Estoy buscando a Ellenweore, todavía no la he visto por ninguna parte. ¿Acaso ya no trabaja para vuestro esposo?

—No —respondió Armelle con sequedad, y miró al Mariscal de arriba abajo—. ¿Ha hecho algo? —En sus ojos refulgía la curiosidad.

Guillaume no respondió.

—¿Os importaría decirme dónde encontrarla? —preguntó, en cambio, con cierto disgusto.

—No, sire —repuso la mujer, mordaz—. Nos ha plantado. ¡A saber con quién estará y haciendo qué!

No era difícil ver que a la mujer del herrero no le caía en gracia Ellen.

—¿Qué queréis decir? —La miró con insistencia.

—Bueno, una muchacha de su edad, y sin casar… —Enarcó las cejas con elocuencia—. Ya no es ninguna jovencita, supongo que tendrá que aprovechar la primera ocasión favorable que se le presente. —Armelle lo miró con fanfarronería.

Sin malgastar una palabra más, Guillaume dio media vuelta y se fue.

—Al menos podía habernos dado las gracias, la muy grosera —gritó la mujer con enojo, y lo siguió con la mirada, sacudiendo la cabeza.

Thibault se separó del muro en el que se había apoyado y se acercó a la señora.

—Qué presuntuoso —mascculló, e hizo un gesto en la dirección por la que se había marchado Guillaume—. Se tiene por alguien mejor que los demás. —Y le ofreció una sonrisa resplandeciente a la mujer del herrero.

Esta se sonrojó con timidez y se remetió un mechón de pelo grasiento y brillante bajo la cofia.

—¿Puedo hacer algo por vos, milord?

—Bueno, algo sí sería posible —respondió Thibault con fingida simpatía—. Esa mujer, me refiero a Ellenweore… he oído decir que trabajaba en una espada.

El semblante de la mujer se oscureció en cuanto el caballero mencionó el nombre de Ellen.

—Pero ¿qué pasa con ella, que los hombres no hacen más que perseguirla? —masculló.

—La espada, solo me interesa la espada. Dicen que le ha insuflado una magia para perjudicar a nuestro rey. ¡Alguien debe impedirlo! Por eso es de gran importancia que me informéis, ¡solo a mí!, en cuanto la haya terminado.

—Eso si es que alguna vez vuelve por aquí…

—¡Exacto! —Thibault hizo un esfuerzo para no agarrar a la mujer del pescuezo y zarandearla—. También estaré en el próximo torneo; cuando tengáis noticias para mí, decídselo a Abel, el joyero. ¿Conocéis su puesto? —le preguntó con especial amabilidad.

Armelle asintió, impresionada. ¡El joyero tenía el puesto más bonito que había visto jamás!

Thibault le dejó en la mano una moneda de plata.

—¡Si tengo noticias vuestras, recibiréis tres monedas más!

Armelle dibujó una gran sonrisa.

—¡Dejadlo en mis manos, sire! Pero sire, ¿para quién tengo que decirle que es la información?

—No tendréis que decir más que «La espada ya está terminada».

—La espada ya está terminada, sí —tartamudeó Armelle con cierta confusión.

Cuando iba a preguntar algo más, vio que Thibault ya había desaparecido.

Ellen se encontraba sentada en un taburete en la parte de atrás de la casa, disfrutando del sol del mediodía mientras Madeleine estaba acuclillada en el huerto, quitando malas hierbas y cantando. La colada, que colgaba de un cordel por encima de ella para secarse, parecía querer liberarse para alzar el vuelo hacia el cielo azul con el siguiente golpe de aire. Ellen sonreía, contenta. No recordaba haber visto nunca a Madeleine tan feliz. La muchacha se puso en pie de improviso y corrió hacia la verja. Ellen se levantó despacio y avanzó también, rodeando la casa. Pocos pasos bastaban para que su corazón latiera con tanta fuerza que la obligaba a detenerse y tomar aire.

—¡Jean! —exclamó con alegría al ver quién había llegado.

—¡Ellen, estás mejor! —constató este con alivio.

—¡Todavía no está sana! Aún tiene que hacer reposo —se interpuso la curandera, que había salido de la casa para recibir a Jean—. De ninguna de las maneras te la puedes llevar a trabajar todavía.

—Tampoco sería capaz —explicó Ellen, y sufrió un espantoso ataque de tos.

—La verdad es que eso tiene mala pinta. —Jean la miró con preocupación—. ¡Hasta el ladrido de Barbagrís suena mejor!

Ellen lo hizo callar con un gesto, volvió a soltar una tos de ecos metálicos y le dio a entender que la siguiera.

—No hablemos más de mí. ¿Qué tal te va? ¿Has encontrado trabajo?

—Pronto podré fabricarte la mejor cola que hayas tenido jamás —se vanaglorió Jean.

—¿Tú? Bueno, ya veremos qué pasa... ¡Esperemos que encole! —Ellen volvió a sufrir otro ataque de tos—. ¿Cómo has llegado a preparar cola? —preguntó cuando pudo tomar aire.

—Trabajo para el fabricante de escudos. Ya te expliqué que se prepara la cola él mismo, y me ha dicho que va a enseñarme a hacerlo.

—¿Su hijo vuelve a estar enfermo?

—No, Sylvain también trabaja, y además es un chico muy simpático. Me saca una cabeza y es un poco mayor que yo, pero no se lo tiene creído.

Ellen sonrió.

—Me alegro de que hayas encontrado tan buen trabajo. Aquí,

Madeleine también tiene mucho quehacer. ¡Solo yo estoy condenada a la inactividad!

—Madeleine parece muy feliz; seguramente me he estado preocupando demasiado por ella —reconoció Jean, y se volvió un momento hacia la muchacha.

—¡Ruth es muy buena con nosotras! No se ha apartado de mi lado mientras tenía fiebre. —Ellen jadeó, inspiró aire con fuerza un par de veces y prosiguió—: Me dolían todos los huesos, como si hubiera estado forjando durante varios días seguidos. Y eso que no he hecho más que estar tumbada en cama. —Se detuvo un momento y tosió—. Ayer quise terminar el puño, pero no pude. —Enseguida se arrebujó más con la toquilla de lana que llevaba sobre los hombros—. Me siento como si tuviera cien años.

—¿Cien años? —Jean rió—. ¡Nadie llega a tan viejo!

—¡Mírame! —Ellen sonrió con cansancio.

—Pronto empezará a refrescar, será mejor que pases a la casa y entres en calor junto al fuego —dijo Ruth mientras la llevaba adentro.

Jean se colocó todo lo cerca del fuego que pudo y se frotó las manos.

—También yo tendría que empezar a irme para que no me sorprenda la oscuridad; es más seguro.

Se despidió de Ellen con un beso en la mejilla. Como ella lo miró con asombro, pues era algo que nunca había hecho, se puso colorado y se alejó corriendo.

—¡Te acompañaré a la puerta! —ofreció Ruth.

—Todavía está débil. Me alegro de que os estéis ocupando de ella. Madeleine también parece encontrarse muy a gusto con vos. ¡Gracias por todo, madame! —Jean hizo una galante reverencia.

—¡Fuera de aquí, cascaciruelas! —espetó Ruth, ruborizada, y lo empujó por la puerta.

—¡No pretendía importunarlas, de verdad! —se apresuró a asegurarle Jean.

—Pues muy bien —mascculló Ruth, y se enderezó el moño que llevaba en la nuca—. Un joven simpático —murmuró, sonriendo, y volvió a entrar en la casa.

Cuando Jean regresó, una semana después, Ellen ya se encontraba muchísimo mejor. Todavía se cansaba y aún estaba algo pálida, pero había recuperado la confianza en sí misma.

Madeleine fue la primera en darse cuenta de que Jean estaba en el patio y corrió a sus brazos.

—Te echaba de menos —le susurró al oído—. He preparado algo para comer. ¡Seguro que tienes hambre!

Jean miró desconcertado a Ellen, que entretanto había salido de la casa.

—¡Madeleine ha cambiado! —exclamó en voz baja después de saludarla.

—Esta casa es un maravilloso remanso de paz que solo puede sentarnos bien.

Lo hizo pasar a la sala, donde Madeleine le había servido ya un gran plato de lentejas. Jean, con apetito, fue comiendo a grandes cucharadas las tiernas legumbres, que estaban deliciosas.

—¡Buenísimas, Madeleine! —la felicitó, y profirió un ruidito de deleite.

Ellen estaba impaciente por saber dónde tendría lugar el siguiente torneo. Puso los antebrazos sobre la mesa, se inclinó hacia delante y contempló con impaciencia cada bocado que Jean se llevaba a la boca.

—¡Vamos, cuéntame!

—Deberíamos partir dentro de cinco días a más tardar. El torneo de Chartres es el penúltimo antes de la Natividad y habrá mucho en danza. Anselm, el cocinero de crepes de Renania, y unos cuantos más que todavía están aquí se pondrán pronto en camino. Si no queremos viajar solos, es nuestra mejor oportunidad.

—Bueno, pues eso haremos. El aire fresco y la caminata me harán recuperar fuerzas... Y ahora, dime, ¿qué tal está Guillaume? ¿Lo has visto? ¿Ha preguntado por mí?

Jean suspiró, haciéndose oír. Por un breve momento había tenido la esperanza de que Ellen no le preguntara por él. Aunque podía mentirle si quería, sabía muy bien que en tales asuntos la verdad tarde o temprano salía siempre a la luz, de manera que decidió hablarle sin más dilación de los triunfos de Guillaume en sus batallas.

—Algún día será el caballero más afamado, ciertamente; los tendrá a todos comiendo de su mano, créeme. El combate es su vida, todo lo demás no es importante para él. ¿Lo has visto luchar? —Al hablar de Guillaume se le encendieron las mejillas.

—No, yo tenía que trabajar —refunfuñó Jean de mala gana, e intentó cambiar de tema—. Aunque el fabricante de escudos no me ha dicho nada, espero poder trabajar con él también en el siguiente torneo. Así podrías comprarle a él la cola; seguro que te ajusta el precio si lo hablo con él.

Ellen le sonrió.

—Bueno, eso haremos. Por cierto, ayer logré acabar el puño como bien pude. —De pronto se puso seria—. Estos dos últimos días he vuelto a pensar en *Athanor*. —Movió la cabeza, incrédula—. En cuanto pueda volver a forjar, haré el pomo. Ya ardo en deseos de volver al taller. ¡De verdad que me encuentro muchísimo mejor!

—¡Ay, Ellen, te había traído algo para que te pongas fuerte! ¡Espera, voy por ello!

Jean salió corriendo al patio, donde estaba Nestor, y sacó una pequeña olla de barro que sostuvo entre las manos. Ellen lo había seguido mientras Madeleine estaba ocupada en la cocina.

—¡Toma, para ti! —Y le dio la olla.

Un fino cordel sostenía la tapa.

—¿Qué hay dentro? —La inclinó con curiosidad hacia uno y otro lado.

—¡Ábrela y mira! —El rostro de Jean irradiaba alegría—. ¡Pero con cuidado!

Ellen deshizo el nudo y quitó la tapadera. La olla contenía una masa líquida, espesa, marrón.

—Jean, ¿qué es esto? —Lo olió con cuidado—. Mmm, qué bien, un poco amargo y dulce al mismo tiempo.

—Es de manzana y pera. Lo prepara el renano con el que seguiremos camino, lo vende con sus crepes. ¡Es casi tan dulce como la miel! ¡Pruébalo!

Ellen hundió un poco el dedo en aquel sirope y lo lamió con los ojos medio cerrados.

—Mmm, tienes razón. ¡Está delicioso!

—Jean, deberías cepillar al caballo. No es bueno dejarlo así, todo sudado. Amárralo atrás, en el corral de las cabras. Allí encontrarás también paja y un cubo con agua para el animal —le aconsejó Ruth, que había salido de la casa para ponerle a Ellen la toquilla de lana sobre los hombros—. Tienes que cuidarte más. ¡Hace demasiado frío para ti! —la riñó con cariño.

Jean reparó por primera vez en lo pequeñita que era la mujer. Le llegaba a Ellen justo al hombro.

—Tenéis razón, será mejor que antes me ocupe de Nestor. —Jean se puso a descargar el animal—. ¿Podrían quedarse Ellen y Madeleine un par de días más con vos? Después partiremos hacia Chartres —le preguntó a Ruth con toda la naturalidad que pudo, sin mirarla.

—¿Y tú? —Ruth arrancó un par de dientes de león del bancal—. Muy sabrosos. —Le hizo un gesto a Madeleine y se los dio.

—Ya encontraré algo. También tengo la tienda.

—¿Podrías cortar madera y reparar el tejado del corral? —preguntó Ruth con calma.

Su mirada se deslizó con preocupación hacia arriba. El tejado de paja estaba desvencijado y lleno de agujeros.

Jean asintió, aun sin verlo muy claro. Aunque no parecía enfadada ni mucho menos, la mujercilla lo acobardaba. Jean ni siquiera se había atrevido a preguntar qué le debían por los cuidados de Ellen.

—Entonces puedes quedarte aquí. Mi querido marido, Dios lo tenga en su gloria, me dejó esta casa y otra que hay algo más abajo, en esta misma calle. La renta de esa casa me da para vivir. No necesito mucho. Si eres tan resuelto como Madeleine y Ellenweore, y demuestras ser igual de útil, me parece bien que también tú te quedes.

Jean asintió con brío.

—¡Gracias, madame!

Esa noche, cuando estaban sentados a la mesa cenando, miró en derredor con aire furtivo. Ruth se había retirado antes aún de cenar, así que estaban los tres solos. En una pequeña repisa que había junto a la chimenea lucía un candelabro de cinco brazos. Jean intentó recordar dónde había visto otro como ese.

—Es judía —explicó Ellen, leyéndole el pensamiento.

Jean se puso rojo de repente, como si lo hubiera pescado haciendo algo malo, y apartó la mirada con timidez.

Madeleine recogió la mesa y le dio unas cuantas sobras a Barbagrís, que ya danzaba exaltado a sus pies.

—Jean, ¿mañana temprano podrás ir antes que nada al pozo por un par de cubos de agua? —Madeleine vertió el contenido del último cubo en la cazuela y la colgó sobre el fuego.

—Mmm —gruñó él—. De haber sabido que era una infiel...

—¡Pero Jean! —Ellen lo miró sin poder creerlo—. ¡Su marido era médico, y famoso, además!

—¿Y eso qué tiene que ver? Los judíos son peligrosos.

Jean lo afirmó con total convicción, a pesar de que en el fondo no sabía muy bien qué significaba ser judío.

—Las mujeres no pueden forjar buenas espadas y los judíos son peligrosos. ¡Válgame Dios, cómo detesto esos disparates! —Ellen lo miró con enfado—. Ruth es amable y generosa, no hay una pizca de peligro en ella. ¡Y me parece que hace tiempo que está demostrado que las mujeres pueden hacer mucho más de lo que los hombres piensan!

—¡Sí, sí, está bien! —Jean alzó las manos con ánimo conciliador—. ¿Dónde dormiré?

—Allí, en el rincón, aún hay sitio —respondió Ellen con rudeza.

Le molestaba que precisamente Jean tuviera que decir semejantes tonterías. Había tenido tiempo suficiente para conocer bien a Ruth y sabía que era una persona buena de verdad, además de ser tan temerosa de Dios como una cristiana, por mucho que sus costumbres parecieran diferentes.

Barbagrís no le quitaba ojo de encima a Madeleine. Meneó la cola con alegría hasta que la muchacha se apiadó al fin de su suplicante mirada y le dio una corteza seca de queso. El animal se relamió con fruición los belfos peludos y grises.

—¡Si por ti fuera, te pasarías todo el día devorando, holgazán! —dijo Ellen suave y cariñosamente a Barbagrís.

El perro se acercó a ella enseguida y le olisqueó la mano antes de dar toda una vuelta sobre sí mismo y sentarse luego a sus pies.

—Pero duermes con Madeleine, ¿está claro? —dijo, simulando severidad.

Barbagrís alzó la mirada y entornó los ojos. Al cabo de un instante miró en dirección a Madeleine y luego posó el morro sobre el pie derecho de Ellen, suspirando.

Al principio, Madeleine había tenido miedo de dormir sin Jean, pero Barbagrís había demostrado ser un espléndido sustituto. Algo después, cuando se dispusieron a preparar las yacijas, el animal trotó con toda naturalidad hacia el rincón en el que dormía Madeleine y esperó a que esta colocara bien la manta para tumbarse en el centro.

—¡Eh, déjame un poco de sitio! —protestó ella, riendo, y se acurrucó contra él—. ¡Buf, qué mal hueles! —murmuró con cansancio, pero sin apartarlo.

—Ya no parece tan... loca —susurró Jean, y se dio unos golpecitos con el índice en la frente.

—Hace mucho que no ve a ningún hombre. Aparte de ti, quiero decir. Creo que le ha hecho bien. —Ellen la miró, sonriendo. Era bonito verla tan feliz—. Algún día tendremos suficiente dinero, y entonces nos asentaremos y tendremos nuestra propia casa. Seguro que no será tan grande y cómoda como esta, pero allí viviremos con tranquilidad —prometió Ellen, en voz baja pero con gravedad.

Más bien parco en palabras, Jean reparó el tejado del cobertizo, cortó madera y ayudó en todo lo que lo requerían hasta el día de la partida.

—He hecho todo lo que me habéis ordenado. ¿Hay alguna otra cosa que pueda hacer antes de que nos marchemos de Compiègne? —Jean no miraba a Ruth al hablarle.

—¿Aún hay algo que te aflige?

—Habéis sido muy amable con nosotros. Aquí Madeleine ha

florecido y vuestros cuidados han sanado por completo a Ellen. Pero todavía no me habéis dicho qué exigís a cambio de vuestra ayuda. —Jean enmudeció; seguía sin atreverse a mirarle a la cara.

—¿Te refieres a cuánto me debéis?

Jean asintió, abatido.

—Bueno, déjame que lo piense. Madeleine y tú habéis trabajado a cambio de vuestra yacija y vuestra comida, de modo que esa cuenta está saldada. Solo queda Ellenweore… —Ruth se frotó la barbilla como si estuviese meditando—. Me ha regalado su confianza sin mostrar jamás ni una pizca de recelo por ser yo judía; me ha regalado su amistad y su gratitud; gracias a ella he conocido a Madeleine con una oscura nube en el ánimo y he podido presenciar lo bello que es verla reír con libertad. Lo cierto es que no sé cómo podría pedir dinero por la felicidad, las canciones, las risas y ese perro encantador y torpe que habéis traído a mi casa. Los tres… perdón, con Barbagrís sois cuatro, habéis enriquecido mi vida. No me debéis nada, salvo quizá la promesa de venir a visitarme si alguna vez regresáis por estos pagos.

Jean había estado tan convencido de que, como judía, iba a pedirles un dineral, que se quedó pálido de azoramiento.

—Os lo agradezco de todo corazón, Ruth, y os pido perdón por haber pensado cosas que no os gustarían nada y de las que me avergüenzo profundamente —dijo con arrepentimiento.

—Eres un buen muchacho, Jean. No siempre lo has tenido fácil con Madeleine, ¿verdad? ¡Y seguro que tampoco es sencillo habérselas con Ellenweore! —exclamó, sonriendo, y lo abrazó—. Buenas personas como vosotros siempre son bien recibidas en mi casa. Así lo hacía mi marido, y así lo sigo haciendo yo. —Se produjo un breve e incómodo silencio entre ambos. Entonces Ruth le dio unas palmaditas en el brazo—. Ve a buscar a Ellen y a Madeleine; tenéis que iros ya.

La despedida estuvo bañada en lágrimas. Solo el perro se mantuvo sereno, lo cual seguramente se debía a que no comprendía qué significaba decirse adiós. Ruth los abrazó uno a uno y los estrechó contra sí. A cada cual le susurró al oído algo que ninguno de los demás pudo oír, y para cada uno pareció encontrar las palabras adecuadas, pues todos asintieron con ánimo, se enjugaron las lágrimas de la cara y se esforzaron mucho por no aparentar tanta tristeza.

Jean cogió las riendas de Nestor y quiso ayudar a Ellen a montar.

—Primero quisiera caminar un poco. Seguro que no tengo fuerza suficiente para llegar muy lejos, pero debo ir acostumbrándome poco a poco.

—Cuando notes que está cansada, insiste en que monte, ¿me oyes? —increpó Ruth a Jean, aunque mirando fijamente a Ellen—. No te exijas demasiado todavía, ¿de acuerdo?

—¡Prometido! —La muchacha le estrechó la mano—. ¡Me encantaría que mi madre hubiese sido como tú!

—Ahora tenéis que partir. ¡Si no os vais ya, no saldréis hasta mañana! —exclamó Ruth, y se enjugó las lágrimas con el dorso de la mano.

Nueve días tardaron, a pie, y cada día Ellen caminaba un par de millas más. Al final del viaje ya se sentía tan fuerte como antes. Era entrada la tarde cuando llegaron a los alrededores de Chartres. Muchos mercaderes y artesanos estaban ya montando sus puestos y sus tiendas en la plaza. A Pierre todavía no lo habían encontrado. Ellen y Jean se apresuraron a buscar un buen lugar para su tienda y la montaron en un abrir y cerrar de ojos.

Mientras Madeleine ordenaba las cosas y preparaba la cena, ellos dos dieron un paseo por la plaza.

—¡Allí está el puesto del fabricante de escudos! —exclamó Jean, y se acercó corriendo.

Ellen lo siguió poco a poco y rodeó el puesto con calma mientras Jean conversaba con el maestro.

—Le he dicho que vuestra cola es la mejor.

—Vaya, conque me traes nueva clientela, ¡qué buen mozo! He preparado la cola esta misma mañana —dijo el artesano, aunque sin mirar a Ellen.

—¡Pues vamos a verla! —repuso ella en voz bien alta, y le ofreció una sonrisa resplandeciente.

Sabía que a los hombres les gustaba su sonrisa, y siempre era bueno ganarse la simpatía de aquel a quien se le quería comprar algo.

—¿De modo que eres herrera?

—Eso es —respondió Ellen con afabilidad.

—¿Y para qué necesita cola una herrera? ¿No consigues soldar el hierro? —El hombre se dio un palmetazo en el muslo; apenas si podía respirar de la risa que lo sacudía.

Ellen no dejó que notara su enojo.

—¿Me permitís?

Se acercó a la olla y removió la masa que contenía. La cola era de buena calidad, se notaba enseguida, transparente y sólida al secarse, como se veía en los bordes del recipiente. Ellen la olió, hundió la punta de un dedo, acostumbrada al calor, y la lamió apenas un instante. Entonces le hizo una señal a Jean, y este le negoció un buen precio.

—Eres un joven muy capaz —dijo el artesano—. ¿Quieres volver a trabajar conmigo? A Sylvain, mi hijo, le cae simpático —le explicó a Ellen como de pasada, y luego llegaron a un acuerdo—. Toma, la pata del conejo te la regalo. ¡Trae suerte! —le dijo a Jean y, dirigiéndose a Ellen, añadió—: No te tomes a mal lo que he dicho antes, no ha sido con mala intención. Es que no es muy corriente que una joven guapa como tú prefiera forjar armas a casarse y criar niños.

Ellen asintió apenas.

Mientras regresaban a la tienda, Jean acariciaba la suave piel de la pata del conejo.

—Me gusta trabajar con él; siempre está de buen humor y gasta muchas chanzas, aunque esta vez haya estado fuera de lugar. ¡Seguro que no lo ha dicho con ánimo de ofenderte! —dijo Jean, intentando convencerla mientras iba dando saltos junto a ella.

Poco antes de llegar a la tienda vieron a Pierre y a Armelle con su carro cargado hasta los topes.

—No te lo había dicho para que no te preocuparas. Ruth dijo que no podías alterarte mientras estuvieras enferma.

—¿Qué es lo que no me habías dicho?

—Que Pierre se enfadó muchísimo cuando vio que no ibas a trabajar. Dijo que no sabía si volvería a emplearte.

Jean no se atrevía a mirar a Ellen. Durante los últimos días se había debatido consigo mismo, pero no había hecho acopio de valor para explicárselo.

—¡Pero qué hombre! Seguro que habrá recapacitado hace ya días. —Ellen hizo un gesto de despreocupación.

—¡Pero es que estaba furioso de verdad!

—Ahora lo veremos.

Ellen se sentía lo bastante fuerte para resistir una confrontación, de modo que se acercó a Pierre con la cabeza bien alta. Armelle había desaparecido detrás del carro.

—¡Pierre! —Saludó con un escueto gesto de la cabeza—. Ya he vuelto.

En un primer momento, Pierre pareció quedarse sin habla.

—¡No parece que estés precisamente en tu lecho de muerte! —refunfuñó.

—Vuelvo a estar mejor, gracias —repuso ella sin perder la calma. Conocía a Pierre lo suficiente para saber que su enfado hacía tiempo que se había extinguido—. ¿Todo bien, por lo demás?

—Hemos tenido mucho quehacer —contestó el hombre con reproche.

—Entonces será mejor que os ayude a montar la herrería para que podamos adelantar un poco de trabajo, ¿no creéis, maestro? —Y se dispuso a descargar el carro.

—Claro, no es mala idea.

Pierre parecía alegrarse de que Ellen no mencionara una palabra de su discusión con Jean.

—¿Cómo va esa espada? —preguntó en señal de paz.

Era la primera vez que el herrero mostraba abiertamente interés por *Athanor*.

—Me gustaría empezar pronto con el pomo. La vaina y la guarnición están prácticamente terminadas, pero aún me queda algo de trabajo.

—¿Me la enseñarás cuando la hayas terminado?

—Desde luego, maestro.

Ya estaba oscuro como boca de lobo cuando Ellen y Pierre por fin hubieron descargado todo y tuvieron la herrería montada. Jean, que no tenía que empezar a trabajar con el fabricante de escudos hasta el día siguiente, también había echado una mano. Pierre le había pagado un par de monedas por ello.

—Eres un jovenzuelo espabilado —dijo con tono de elogio, y le dio unas palmaditas en el hombro.

Entonces Ellen cayó en la cuenta de que Jean debía de haber crecido, pues ya le llegaba al herrero hasta la barbilla.

Al día siguiente terminó dos pequeñas piezas metálicas que, además de la cola de huesos con la que quería pegar las dos mitades de madera acabadas, sostendrían el puño como una abrazadera y lo protegerían de posibles quebraduras en su delicada posición. Después de haber aplicado la cola, mantuvo las maderas presionadas una contra otra con mucha paciencia hasta que se hubo secado un poco, y entonces las envolvió con un cordel bien prieto que sostendría el puño hasta que la cola se hubiera secado del todo. Al día siguiente ya podría lijar los bordes y frotar el puño con aceite de lino para que no se vieran restos de cola.

Ellen lo contempló con satisfacción. La cruz estaba firme y la espiga aún sobresalía lo suficiente del puño para sostener el pomo y poder remachado. El corazón le palpitaba de orgullo. Remataría el puño envolviéndolo con el cordel de seda rojo oscuro y, cuando el pomo estuviera bien sujeto, sostendría en equilibrio la espada sobre el índice estirado de la mano izquierda y buscaría así el punto de equilibrio del arma, pues ese era el lugar indicado para la ataujía de filamento de oro.

Había pensado largo y tendido qué símbolo sería el adecuado y al final se había decidido por un pequeño corazón. El corazón representaba el valor y el coraje del caballero, así como su vida. Que en ciertos lugares la gente también consideraba el corazón como símbolo de amor, Ellen no lo había sabido hasta hacía muy poco. Guillaume jamás lo relacionaría con eso.

Sin embargo, antes debía terminar el pomo y tener cuidado de utilizar un tamaño adecuado para que hiciera de justo contrapeso a la hoja. Con el resto de hierro que le quedaba forjó un disco ligeramente ovalado, de unos dos dedos de grosor, y, con un punzón como el que había utilizado también para la cruz, horadó la ranura para la espiga en el disco del pomo, que a causa de la fuerza de los golpes ya era casi redondo. Para conseguir un disco verdaderamente redondo, Ellen siguió forjándolo un poco más, luego cogió una lima y se ayudó, por último, de la muela, hasta que el círculo fue perfecto. Bruñó y pulió el pomo para hacerlo brillar tanto como la cruz y al fin lo deslizó sobre la espiga. Con unos pocos golpes certeros lo remachó aprovechando el último tramo de espiga que sobresalía, de modo que quedó bien sujeto.

A la mañana siguiente, al llegar al taller, Ellen tuvo la sensación de que alguien la observaba. ¿Estaría Guillaume por allí cerca? Su cabeza no hacía más que recordarlo a cada rato, y no conseguía que nada le saliera bien. Primero no había logrado encender bien el fuego y después dejó quemar el hierro hasta que saltaron chispas.

—¡Válgame Dios, serénate de una vez! —la reprendió Pierre—. ¿Qué es lo que te pasa?

—Tampoco yo lo sé, lo siento, de verdad. Tengo la sensación de que hoy va a pasar algo malo.

—Tonterías de mujeres —refunfuñó él con impaciencia—. ¡Haz tu trabajo, y hazlo bien!

Hasta después de mediodía Ellen no consiguió concentrarse. Todavía tenía que terminar una punta de lanza en la que por fin se había puesto a trabajar. Mientras estaba inclinada sobre el yunque, alguien se acercó al puesto. No podía ser Guillaume; habría reconocido sus pasos al instante. Aquellos tenían algo de autoritario, algo que inspiraba respeto. El hombre que acababa de presentarse ante la herrería debía de ser un lameculos, un personaje insidioso, o eso pensó ella, que apenas se volvió, pues con el rabillo del ojo había visto que Pierre ya se dirigía hacia el cliente.

Solo con oír la primera frase del hombre se le erizó el vello de la nuca. ¡Jamás olvidaría esa voz! Thibault estaba a pocos pasos de ella.

Ellen rezó por que Pierre no le pidiera ayuda. ¡La reconocería al instante! Si bien habían transcurrido ya seis años, de pronto tuvo la sensación de que aquel horror había sucedido el día antes. Nerviosa, pasó un paño por el hierro que en ese momento tenía en la mano. Los dos hombres hablaban de la reparación de un arma que Thibault había llevado; a ella no le hacían ningún caso.

Ellen no se atrevió a volverse hasta que Thibault hubo desaparecido de allí. Por el amor de Dios, ¿qué iba a hacer? No podía pasarse la vida llevando cuidado y escondiéndose de él. Justo cuando volvía a inclinarse sobre el yunque, perdida en sus pensamientos, alguien se le acercó desde atrás y le susurró al oído:

—¡Estás aún más hermosa que entonces!

Se volvió con sobresalto. ¡Pero si se había ido!

—¿Qué quieres? —le espetó con crudeza.

No dejó que se diera cuenta del miedo que seguía sintiendo solo con verlo.

—¡Una noche en tus brazos, mi pequeño ruiseñor!

—¿Has perdido la razón?

Ellen estaba tan indignada que tenía que esforzarse para respirar.

—No te hagas la pudibunda. No me ha pasado por alto todo lo que te atreves a hacer con Guillaume. ¡Fue muy excitante observaros!

La vergüenza y la rabia luchaban por imponerse en su pensamiento. No pudo evitar ruborizarse.

—Quiero tenerte, en mi yacija, en el bosque, en una pradera, donde sea, me da lo mismo.

—¡Estás loco! ¡Thibault, sería pecado! ¡Somos hermanos! —exclamó, presa del pánico.

¡Ya lo había dicho! Thibault se limitó a resollar.

—Antes de casarse con tu madre, tu padre dejó preñada a la mía, igual que tú con Rose.

Thibault soltó una carcajada.

—¿Tú, bastarda de Tournai? ¡Qué más quisieras! Veo que te has enterado de la muerte de mi padre. Ahora ya no puedo preguntarle, así que tendría que creer lo que me digas, ¿no es así? Pues no pienso hacerlo, y me da lo mismo todo lo que llegues a fabular. Quiero tenerte, todavía quiero que seas mía, ¡y te conseguiré!

Ellen no dejó que viera cuán asustada estaba.

—¡Será mejor que te vayas! —Alzó la mano derecha con el martillo para amenazarlo.

—Nuestro amigo Guillaume, por cierto, también está aquí. Imagino que no le hará mucha ilusión enterarse de que Ellen y Alan son la misma persona, pero no te preocupes, si vienes a mí por propia voluntad, mis labios permanecerán sellados. —Se llevó un dedo brevemente a la boca—. Además, también puedo ser muy cariñoso.

Ellen sintió náuseas; la sonrisa de Thibault le devolvió el recuerdo del día en que la había violado.

—Te daré tres días para que lo pienses. Si no vienes, se lo diré. No le gustará nada que le hayas mentido. ¡El muy santurrón no soporta a los embusteros! —Thibault sonrió sardónicamente—. Te lo advierto, piensa bien lo que haces. ¡Serás mía de una forma u otra!

Se volvió y salió de la herrería dando grandes pasos.

Jean estuvo a punto de chocar con él y le lanzó una mirada de asombro.

—¿Quién era ese? —le preguntó, y se volvió otra vez para mirar a Thibault. Entonces reparó en el desconcierto de la expresión de Ellen—. Dios mío, ¿qué te ha hecho? Tienes muy mala cara.

Ellen estaba allí de pie, temblando, y solo pudo sacudir la cabeza.

—Tengo que irme de aquí, enseguida. ¡Pierre! —exclamó—. Tengo que irme, mañana vuelvo —se disculpó al tropezarse con él.

—¿Y ahora qué es lo que pasa? —gruñó el herrero. Al darse cuenta de lo conmocionada que estaba Ellen, comprendió que algo había sucedido—. ¡Te restaré la mitad de tu jornal del día! —masculló, e hizo un gesto negativo con la mano, con ánimo conciliador.

—¡Vayámonos! —Ellen tiró a Jean de la manga.

Avanzaron entre la muchedumbre de la plaza. Cuando estuvieron solos, Ellen empezó a explicar:

—El caballero al que has visto es mi hermano.

—¿Cómo dices?

—Su padre, que estuvo en Inglaterra, y mi madre… Ella era

una idiota simplona y él, bueno... Conocí a Thibault en Tancarville, igual que a Guillaume.

Ellen le relató lo mejor que pudo las circunstancias de su huida de Tancarville.

—Menuda amiga, que acaba delatándote —comentó Jean.

—Eso pensé yo también al principio, pero Rose no podía imaginar la mala pasada que me jugaba al decírselo.

Ellen le habló de la paliza de Thibault, e incluso de la violación. Después de todo lo que él le había contado sobre Madeleine, seguro que el muchacho la comprendería sin juzgarla. Mientras le hablaba de Thibault, Ellen apretaba los puños y vio que Jean también lo hacía.

—¡Acabaré con ese individuo! —dijo entre resuellos, y dio unos puñetazos al aire.

—¡Eres mi héroe!

Ellen lo miró con gratitud. ¿No habría podido estar Guillaume también a su lado? Lo habría preferido como defensor de su honor, solo que seguramente él la habría juzgado y aun habría intentado ponerse del lado de Thibault. Sintió que la tristeza y la amargura le hacían un nudo en la garganta.

—Si se lo cuenta a Guillaume, jamás volveré a verlo.

—Comoquiera que sea, no tenéis futuro. Deberías adelantarte a Thibault y explicárselo todo tú misma a Guillaume. Así tendrá ocasión de decidir si te guarda rencor por tus embustes o si se alegra de que le hayas dicho la verdad. Si no permanece a tu lado por sentirse ultrajado, pues peor para él.

—Ay, Jean, no puedo hacer eso. —Soltó un suspiro lastimero.

—¿De qué tienes más miedo, de Thibault y la avidez que de ti siente, o de decepcionar a Guillaume?

Ellen se encogió de hombros.

—¡De veras que no lo sé!

Habían pasado casi tres meses desde la última vez que había yacido con Guillaume en la hierba y había disfrutado de las delicias del amor físico, y Ellen no había vuelto a menstruar. Una vez había creído que ya llegaba, pero la hemorragia solo había durado medio día. Hasta el momento había intentado evitar pensar en ello, pero de súbito tenía la firme sospecha de que estaba embarazada.

Durante dos días todo permaneció en calma. Ni Thibault ni Guillaume se dejaron ver por el taller, y Ellen tampoco había reparado en un personaje que desde el primer día de su estancia allí merodeaba alrededor de su tienda. De modo que, para pensar en otra cosa, volvió a ocuparse de la decoración de *Athanor*. No tardó mucho en grabar el pequeño corazón en la hoja. Embutió con cuidado el filamento de oro en la muesca y comprobó con el pulgar que la ataujía estuviera bien lisa. Por último frotó la hoja con un trozo de paño para que no le saliera herrumbre a causa de la humedad de sus dedos. Contempló la espada con gran satisfacción. El pequeño corazón de oro era distinguido y sencillo, y se encontraba en el punto de equilibrio exacto. Ellen había comprado también un trozo de filamento de cobre con el que incrustó en el otro lado de la espada una E abombada dentro de un círculo, como símbolo de autoría. Al formar la inicial, pensó en la primera vez que realizara un grabado, junto a Jocelyn.

Éste había tenido que grabar muchas veces sentencias enteras en objetos sacros, de modo que Ellen enseguida adquirió práctica. Durante mucho tiempo, aquellas rúbricas no habían sido para ella más que volutas sin ningún sentido. Eran bonitas, pero por completo carentes de contenido. Con el tiempo había acabado por aprender a escribir las letras de un par de palabras que les encargaban a menudo. Cuando terminó con la E, la contempló con ojo crítico. Tenía una bonita curva, como una C con una rayita vertical en cada extremo. En la mitad de la oronda barriga se veía una raya horizontal, también con un palito vertical al final. Toda la inicial estaba encerrada en un círculo que Ellen había trazado con gran esmero. Se sintió henchida de orgullo al ver el resultado. Cuando Jean llegó al taller, le enseñó a *Athanor*.

—¿Y yo te he ayudado a hacer esta espada? ¿De veras son los mismos lingotes de hierro que escogiste al principio? —preguntó sin salir de su asombro.

Ellen estaba exultante.

—No puedo imaginarme nada más bonito que forjar. *Athanor* tiene equilibrio, es elegante y también está afilada, recondenadamente afilada.

—Ellenweore, reconozco que estoy impresionado.

—Espero que no seas el único a quien le guste *Athanor*. ¿De veras habrá llegado ya Guillaume?

—Henry dice que el joven rey está aquí desde hace tres días.

—Bien.

Ellen, contenta, deslizó a Athanor en el interior de la vaina y la dejó apoyada en un rincón.

—¿Puedo llevarla yo? —Jean alzó la espada.

—¡Desde luego! —Parecía estar tramando algo—. ¿Sabes? Voy a hacer lo que me aconsejaste y le confesaré a Guillaume mis mentiras. Pero antes de que sepa nada, quiero que vea bien a *Athanor*. —Miró al vacío con ojos melancólicos antes de añadir—: ¡Mira esto! ¡Mira la contera!

—¿Es oro?

—Válgame Dios, no. ¿Acaso crees que de pronto nado en la abundancia? Es latón, claro está. Pero es bonita, ¿no crees?

Jean asintió con entusiasmo.

—Queda muy bien con el revestimiento rojo oscuro de la vaina. Tu espada se ha convertido en una auténtica obra maestra. No deberías venderla jamás, es una prueba de lo buena que eres. ¡Solo con enseñarla encontrarás trabajo en cualquier espadería, sin duda!

—No estoy yo tan segura. A buen seguro nadie creerá que la he confeccionado yo. Y las lenguas envidiosas podrían afirmar incluso que la he robado —vaticinó Ellen con tristeza—. ¡Para mí, lo más importante es que sea del agrado de Guillaume!

Estaba deslumbrante.

—Guillaume. Otra vez Guillaume —rezongó Jean.

—¡Desde luego! ¡Dijo que si era buena me recomendaría al joven rey!

—Bah, de todas formas ese sigue sin una moneda. Me lo ha dicho Henry, que está al tanto de todo cuanto acontece en la corte del joven rey.

—Puede ser que el joven rey no tenga mucho dinero en estos momentos —concedió Ellen, un poco a regañadientes—, pero cuando su padre muera, tendrá todo el poder y monedas en abundancia. Ya verás, Jean, algún día haré una espada para el rey. ¡Estoy convencida!

Ya casi habían llegado a la tienda cuando un muchacho empujó a Jean y lo tiró al suelo. Agarró la espada envuelta e intentó poner pies en polvorosa.

A Ellen le dio un vuelco el corazón. Saltó por encima de Jean, que estaba tirado en el suelo, y se abalanzó sobre el ladrón. ¡No había trabajado tanto para que, de súbito, un mequetrefe lo enviase todo al garete!

Recordó entonces al cortabolsas de Ipswich. ¡Esta vez no dejaría escapar al ladrón! A empellones lo persiguió entre el gentío y, de hecho, consiguió ganar terreno y acortar distancias. Ellen alargó la mano y pescó al tipo por el cuello. Tiró de él hacia atrás, lo hizo caer y se sentó a horcajadas sobre su barriga. Unas cuantas personas se echaron a reír, pero nadie se entrometió.

—¡Te has llevado una cosa que es mía! —Le plantó al joven un puñetazo en el mentón que lo dejó fuera de combate.

Le arrebató a *Athanor* de las manos y se apartó de él.

Al principio, el muchacho quiso ponerse en pie de un salto para hacerse de nuevo con la espada, pero entonces vio que un hombre se acercaba a ella y decidió escabullirse.

Ellen se preguntó por ese cambio de opinión, pero entonces reparó en que Thibault estaba tras ella.

—¡En lugar de atacar a pobres hombres inocentes, deberías venir a verme a mí! —le susurró.

Ellen lo miró fijamente a los ojos, donde sus motas doradas empezaron a brillar y a danzar.

—Solo podrás poseerme a la fuerza; jamás yaceré en tu cama por propia voluntad —rugió ella.

—Qué lástima. Una pena, pobre Guillaume. No se alegrará precisamente cuando sepa la verdad sobre ti. —Sacudió la cabeza como si lo lamentara.

—Yo misma se lo contaré.

—Podría adelantarme.

—¿Y qué puede cambiar eso? De una forma o de otra, me odiará.

Ellen se encogió de hombros, giró sobre sus talones y dejó a Thibault allí plantado.

Jean, que entretanto la había seguido, se quedó allí de pie, sonriendo.

—Vete con cuidado, mancebo —amenazó Thibault, y alzó un puño con ira.

Jean corrió tras Ellen como el rayo.

—¡Sí que le has dicho cuatro verdades! —exclamó, entusiasmado.

Al llegar Ellen a la herrería a la mañana siguiente, vio a dos hombres que aguardaban no muy lejos de allí. Redujo el paso y entonces reconoció las anchas espaldas que casi ocultaban a Pierre. El corazón empezó a palpitarle con fuerza. El herrero la vio y saludó cordialmente con la cabeza.

—¡Ahí llega, sire Guillaume!

—¡Ellenweore!

Guillaume la miró con una gran sonrisa. Su mirada ardía de pasión.

Ellen le hizo una seña a su maestro.

—¿Nos disculpáis un momento? —pidió con cortesía, y Pierre se apartó unos pasos.

—Te busqué en el torneo de Compiègne, ¿dónde estabas?

Ellen no pudo evitar sonreír con satisfacción. ¡Si sus oídos no la engañaban, Guillaume parecía celoso!

—Estuve enferma —se limitó a decir.

—Ah. —Parecía no saber muy bien si creerla.

—Ya he terminado la espada, ¿quieres echarle un vistazo? —Y sostuvo el fardo en alto.

—¡Nada me gustaría más!

Se le acercó mucho. Ellen tenía el corazón desbocado.

—Entonces ven. Pierre tampoco la ha visto todavía.

Desenvolvió la espada bajo la crítica mirada de ambos hombres.

La vaina revestida de rojo oscuro irradiaba elegancia y distinción.

Guillaume levantó las cejas en reconocimiento cuando Ellen le tendió a *Athanor*. Sostuvo el hierro con ambas manos, puso la derecha en el puño y la sacó de la vaina... despacio, con emoción y respeto.

—Se ajusta de maravilla a la mano —dijo, lleno de admiración, y cortó el aire con ella—. ¿Está muy afilada?

—He cortado un pelo con ella —explicó Ellen con serenidad.

Guillaume asintió, impresionado, y contempló a *Athanor* aún unos momentos más. Los dos filos de la hoja, reluciente como un espejo, eran perfectos. Entonces alzó la mirada y la alargó hacia el herrero.

—Mirad, es sencillamente maravillosa. ¡Tiene un brillo majestuoso! ¿Qué consideráis?

—Dejad que la vea con más detalle, sire.

Pierre apenas lograba ocultar su curiosidad. Guillaume volvió a envainarla para dársela al herrero. Este examinó el arma con ojo crítico y por fin se encogió de hombros con indiferencia.

—Un buen brillo, pero le faltan ornamentos. No tiene más que dos pequeñas ataujías, ¡y una de ellas solo es de cobre! —comentó con desaprobación.

Ellen no pudo evitar sentir que Pierre estaba celoso.

—¡Ornamentos, menuda trivialidad! ¡No podéis valorar un arma como ésta por algo semejante! Blandidla en el aire y comprenderéis lo superfluos que son los ornamentos. La espada está extraordinariamente equilibrada, es algo especial, pues tiene... ¡Tiene carisma! —exclamó Guillaume con elogio, y volvió a desenvainarla.

Ellen cogió un trozo de madera grueso como un brazo y lo sostuvo ante el caballero. Con un solo mandoble este consiguió partirlo sin hacérselo caer de las manos con el golpe.

—¡Demontre! ¡Qué afilada! —exclamó, entusiasmado.

Pierre se encogió de hombros.

—Un buen trabajo, Ellenweore —dijo, a todas luces decidido a sonar lo más indiferente posible.

Después se volvió y se centró de nuevo en sus tareas.

—Le ha parecido un trabajo mejor que bueno, pero no quiere admitirlo —le susurró Guillaume, y le dio un beso en la punta de la nariz sin preocuparse por si alguien los veía.

Ellen miró avergonzada en derredor.

—¿Podemos vernos después? Tengo que hablar contigo. Es importante, pero no puede oírlo nadie más —pidió.

Guillaume asintió.

—Vendré a buscarte.

—Pero *Athanor* se queda aquí —dijo ella con una sonrisa, y le quitó la espada de las manos.

—¡De todas formas, tarde o temprano será mía! —exclamó él antes de desaparecer.

—Pues asegúrate de juntar suficiente dinero para poder permitírtela —rezongó ella, pero Guillaume ya se había marchado.

Poco antes de la puesta de sol, Madeleine fue a verla.

—¡Mira! —Le mostró a Ellen otra pieza de plata—. Me ha dicho que te dé un recado. Yo no lo he entendido, pero ha dicho que te lo diga y ya está. Que tú lo comprenderías. —Madeleine la miró con inocencia.

—¿Qué? ¡Dímelo!

—Ha dicho que él es un pajarero y que tiene el cebo adecuado para cazar al ruiseñor más bello del mundo. Y después me ha preguntado si Jean es mi hermano. —Madeleine soltó una risita—. ¿Tú lo entiendes?

De súbito Ellen comprendió que el caballero misterioso que le había estado dando monedas de plata a Madeleine no era Guillaume, sino Thibault.

—¿Dónde está? —inquirió.

—¿Quién?

—¡Jean!

Ellen sucumbió al pánico al ver que Madeleine no contestaba enseguida.

—No sé, no lo he visto.

—Ve a ver al fabricante de escudos y pregúntale si está allí. Si no, búscalo en la tienda y luego vuelve aquí. Enseguida termino, pero date prisa, Madeleine, es muy importante. ¡Temo que Jean esté en peligro!

Madeleine había estado sonriendo todo el rato, pero de pronto abrió los ojos con pavor.

—¡Voy! —Y echó a correr.

Ellen terminó de trabajar a toda prisa y recogió el taller. No hacía más que buscar con la mirada a su alrededor, rezando por estar equivocada y con la esperanza de ver aparecer a Jean y Madeleine en la herrería en cualquier momento. Sin embargo, si Thibault lo tenía en su poder...

—¿Lista?

La cálida voz de Guillaume cortó el hilo de sus angustiosos pensamientos. Cómo le habría gustado lanzarse a sus brazos.

—Mmm, ya voy.

Tenía que tranquilizarse. Seguramente Guillaume se enfadaría con ella por siempre jamás en cuanto supiera lo que tenía que decirle. Se quitó el mandil, lo dobló y lo guardó con sus herramientas. Después cogió a *Athanor* y se volvió para marchar. Justo cuando salía de la herrería para reunirse con Guillaume, Madeleine llegó corriendo.

—¡Ellenweore! ¡No está! ¡No lo encuentro por ninguna parte!

—¿De quién habla?

—¡De Jean, ya te he hablado de él!

Guillaume asintió.

—Sí, es cierto.

—Deja primero que lleve las herramientas y la espada a la tienda, después daremos un paseo. Tengo apremio por explicarte una cosa.

—¡Haces que parezca muy emocionante! —Guillaume le guiñó un ojo con ánimo juguetón.

—Espérame un momento, vuelvo enseguida —pidió cuando llegaron a la tienda, y dejó a Guillaume no muy lejos de allí.

Cuando quiso volver a reunirse con él sin las herramientas, oyó que alguien la llamaba en voz baja. No podía ser Jean. Descubrió entonces tras la tienda a una mujer flaca que estaba oculta en la penumbra.

—¿Quién sois y qué...? —El resto no salió de su garganta—. ¿Rose? ¿Eres tú?

La mujer asintió, cayó de rodillas ante ella y se echó a llorar.

Ellen la ayudó a ponerse de pie. Rose tenía el cuerpo consumido, y las sombras que tenía bajo los ojos hacían sospechar cuán desgraciada debía de ser.

—¿Qué haces aquí?

Rose se secó una lágrima de la comisura de un ojo.

—Thibault es un bellaco. Nunca he querido admitirlo, siempre lo he hecho todo por él. ¡Ay, Ellen, qué tonta he sido! —Empezó a sollozar.

—¿Sigues estando con él? —preguntó Ellen con sorpresa. Rose, turbada, miró al suelo y asintió—. ¿Por qué permites que te haga daño?

—Estaba convencida de que algún día llegaría a quererme, aunque fuera a su manera. —Miró a Ellen con unos enormes ojos infantiles—. A veces, cuando comparto lecho con él, es cariñoso y tierno. Por eso siempre había esperado que algún día cambiase. Pero no cambiará, jamás. Hace meses que ronda a esa muchacha. —Rose miró en dirección a Madeleine—. Lo he seguido y me he muerto de celos al pensar que andaba tras ella. Pero solo quería acercarse a ella por ti.

Ellen cerró los puños.

—Espero que no le haya puesto sus asquerosos dedos encima.

—Está obsesionado contigo, Ellen, y eso lo convierte en un hombre peligroso. No hace más que recorrer la tienda pronunciando tu nombre como en desvaríos. Siento unos remordimientos horribles por haberte delatado en aquel entonces. Estaba cegada de amor. ¡Yo no quería nada de esto, créeme, por favor!

Ellen abrazó a Rose y la estrechó para consolarla.

—Deja ya todo eso. Ha pasado mucho tiempo.

—¡Pero ahora Thibault ha secuestrado a tu amigo!

—¿Te refieres a Jean?

Rose asintió.

—Amenaza con matarlo si no acudes a él. ¿Imaginas que llegara a hacer algo así?

—Sí, Rose, puedo imaginarlo perfectamente.

Rose respiró hondo.

—Acércate a su tienda por detrás —susurró—. Yo te dejaré pasar. Tengo que irme. Si me ausento mucho tiempo, se pone como loco. —Dio media vuelta y desapareció.

—¿Qué sucede, Ellenweore? —exclamó Guillaume.

Impaciente, había ido a buscarla a la tienda, pero no la había encontrado allí.

—¡Thibault! —gritó ella.

—No. Otra vez él, no —se lamentó Guillaume.

Ellen hizo acopio de valor:

—Yo soy Alan, no su hermana, y Thibault lo sabe. Me ha amenazado con decírtelo todo si no me entrego a él. Lo he mandado al diablo y le he dicho que yo misma te explicaría quién soy, así que ha buscado otra forma de obligarme y se ha llevado a Jean.

Ellen lo había soltado todo sin una sola pausa. De pronto, guardó silencio.

—¿Y ahora qué? —preguntó Guillaume con mucha calma.

Ellen lo miró, desconcertada.

—¿Cómo que y ahora qué?

—¿Qué hacemos ahora? Me refiero a Jean.

—Pero… ¿has entendido bien lo que acabo de decirte? ¡Soy Alan!

—Claro que lo he entendido, Ellen. ¿De veras crees que no me había dado cuenta hace tiempo? ¡Solo con oler tu piel…! Lo que aún hoy sigo sin comprender es cómo pudiste engañar durante tanto tiempo a todos los demás. ¡Incluso a Thibault! El primer domingo en el bosque de Tancarville, en aquel entonces, ya tuve mis sospechas, y en nuestro tercer encuentro estuve seguro.

Ellen se quedó sin habla. No podía apartar la vista de él.

—¿Tú… lo has sabido todo este tiempo?

Ellen se irguió mucho frente a él. Por un momento olvidó el aprieto en que se encontraba y apenas pudo controlar su ira.

Guillaume se encogió de hombros y sonrió.

—¿Y qué importa eso?

Ellen estaba fuera de sí. Todas las historias de mujeres que le había explicado y con las que la había torturado, sus sospechas en cuanto a Rose, todo había sido un engaño. Le costaba respirar.

—Es que no puedo creer que te hayas estado mofando de mí todo este tiempo.

—¿Habrías preferido que te hubiese dejado escapar? —preguntó él, nervioso.

Ellen no supo cómo responder a eso. Naturalmente que le debía gratitud por su discreción, pero cuán maravilloso habría podido ser que el secreto hubiese pertenecido a ambos...

—¿Vamos a seguir departiendo sobre los tiempos pasados o prefieres que liberemos a tu joven amigo antes de que Thibault pierda los estribos con él? —preguntó Guillaume con impaciencia; la expectativa de malograr los planes de Thibault lo entusiasmaba.

Ellen no profirió más que un gruñido y volvió a la tienda por *Athanor*.

—Tú quédate aquí y espera a que regresemos —ordenó a Madeleine con severidad—. No te muevas por nada del mundo, ¿me oyes?

Guillaume se dispuso a marchar, presto para la lucha.

—No tienes por qué acompañarme.

—Sé que te manejas bien con la espada, Ellen, pero en estos años Thibault ha acumulado mucha más experiencia que tú. Además, es un insidioso. Nunca he podido soportarlo, y Jean no tiene nada que ver en este asunto. Es mi honor de caballero el que está en duda.

—¡Bah, el honor! —espetó Ellen.

Guillaume hizo oídos sordos.

—Lo mejor será que haga como si quisiera visitar a Thibault con ánimo amistoso. Y tú...

—Yo me acercaré por la parte de atrás, intentaré liberar a Jean y huir sin que nos vean. ¡Ya veo que eres un afamado estratega!

—atajó Ellen, y enseguida se molestó, pues había sonado como una chismosa vocinglera. ¿Qué podía reprocharle? A fin de cuentas, no le había mentido más que ella a él—. Ya sé que se trata de la solución más sensata para que Thibault no sospeche nada de buenas a primeras. Si podemos evitar el enfrentamiento, mejor —añadió, por tanto, con ánimo conciliador.

Se separaron al acercarse a la tienda de Thibault. Ellen se escabulló por detrás, como habían acordado. Guillaume le había indicado con exactitud cuál era la tienda. Entretanto ya había caído la noche y por todo el lugar ardían las teas. Delante de las tiendas había unos guardias agrupados alrededor de grandes hogueras que se preparaban algo de comer, bebían y lo pasaban bien. Ellen miró a Guillaume desde lejos.

Caminaba resuelto hacia su objetivo, una tienda roja y verde. El centinela de la entrada lo saludó con simpatía y lo dejó pasar sin preguntas. Guillaume parecía ser recibido como un amigo en casa de Thibault.

Ellen se preguntó por un momento si no le estaría tendiendo una trampa.

—¡Jean, tienes que pensar en Jean! —murmuró, y se acercó a la tienda por detrás, sigilosa.

Todo estaba en silencio. Los caballos, que estaban amarrados no muy lejos de allí, pastaban en calma y sin prestar atención a la muchacha. Ellen aguzaba el oído para escuchar a Guillaume y a Thibault cuando alguien le tiró del vestido. Se volvió, espantada y dispuesta a pelear. Rose tenía un dedo sobre los labios y le hacía señas. Ellen la siguió sin hacer ruido. Había una enorme abertura en un lado de la tienda.

Rose fue la primera en colarse por ella. Sin sospechar lo que se le venía encima, Ellen la siguió y después miró en derredor. Se encontraba en una pequeña tienda adyacente, equipada con todas las comodidades. El regio lecho con almohadones, mantas y pieles debía de pertenecer a Thibault.

Jean estaba sentado en el duro suelo. Había apoyado la cabeza en las rodillas y estaba completamente inmóvil. Ellen lo movió y se sobresaltó al verlo levantar la cabeza: le habían dado tal paliza que tenía toda la cara hinchada. Sus ojos se habían convertido en diminutas ranuras. Puesto que apenas podía ver nada, se encogió por miedo a que volvieran a darle una tunda.

—Soy yo, Ellen, voy a sacarte de aquí —le susurró la muchacha.

Jean asintió con alivio y alzó un poco las manos, que llevaba atadas a la espalda. Ellen sacó su cuchillo y cortó las cuerdas. Después le desató los pies.

Guillaume y Thibault parecían estar manteniendo una conversación animada, pero de improviso se pusieron a gritar.

Se oyó entonces una voz de mujer. Ellen se puso en pie y escuchó.

—¡Ay, válgame Dios, no, Madeleine! —susurró.

Sonaron las carcajadas atronadoras de Thibault.

—¡Jean! ¡Quiere a su Jean! —gritaba con voz crispada—. ¡Pues yo quiero a Ellen! —la increpó.

Ellen desenvainó a *Athanor*.

—Saca a Jean de aquí, nos encontraremos en la tienda —le siseó a Rose, e hizo a un lado las colgaduras.

Cuando Thibault la vio empuñando a *Athanor*, desenvainó también su espada.

—Pero ¿qué es esto, Thibault? ¿No irás a batirte contra una mujer? —intentó disuadirlo Guillaume.

—No finjas, sé muy bien que tú y ella… —Thibault se echó a reír—. ¡Pero antes fue mía!

Guillaume, por lo visto, no comprendió en un primer instante qué había querido decir con eso, pues se limitó a mover la cabeza.

De reojo, Ellen vio que un escudero se abalanzaba sobre Madeleine. Saltó hacia ellos sin pensarlo dos veces. Luchaba mejor que el joven, y lo hizo retroceder hasta que también Guillaume pudo ponerlo en jaque. Entonces se colocó junto a Madeleine y la protegió con su cuerpo mientras intentaba alcanzar la salida. Para impedir su huida, Thibault se interpuso en su camino.

—¡Déjala salir! —exclamó Guillaume con voz, de súbito, conciliadora.

Thibault, sin embargo, se limitó a dirigirle una mirada de desdén.

Ellen aprovechó ese momento de descuido y arremetió contra el brazo con que Thibault sostenía la espada. Era la segunda vez que lo hería en ese mismo lugar. Se le demudó el rostro de dolor y se agarró el brazo. La sangre empezó a manar y le tiñó de rojo la mano y la clara camisa. No tenía la menor intención de dejar marchar a Ellen y a Madeleine, pero no tuvo más remedio que soltar la espada.

—¡Marchaos! Yo me ocuparé de él —ordenó Guillaume, y le hizo un gesto a Ellen.

Madeleine estaba tras ella, pálida como un cadáver y rodeando su vientre con un brazo, como si así se sostuviera en pie. Ellen la arrastró fuera. Los guardias seguían de celebración y no se dieron cuenta de nada. Solo el hombre que había dejado entrar a Guillaume las miró con asombro.

—¡No las dejes escapar! —graznó Thibault justo entonces.

El joven, que parecía asustado, intentó interponerse en su camino, empuñó su espada corta y las amenazó con ella. Era evidente que no había visto que Ellen también blandía un hierro. Se la quedó mirando con ojos desorbitados al ver que, de improviso, se abalanzaba con *Athanor* sobre él y le abría un hombro. El guardia se vino abajo con una expresión de incredulidad en el rostro. Madeleine gimoteó al ver salir la sangre, y Ellen se la llevó corriendo de allí.

—¡Nos habría matado! —se justificó débilmente.

Se sentía una miserable. Era la primera vez que atacaba a alguien. Desde luego, las espadas existían para vencer en la contienda, pero durante sus horas de entrenamiento con Guillaume jamás había pensado que tendría que llegar a utilizar una ella misma.

A pesar de que Madeleine volvía a sollozar, corrieron todo lo deprisa que pudieron hacia la tienda, donde Jean y Rose ya las estaban esperando.

Rose, siguiendo instrucciones de Jean, había ido a buscar a Nestor y lo había cargado con sus posesiones más indispensables.

Ellen tiró la tienda al suelo como el rayo y recogió todas las estacas. Madeleine tenía la cara y el vestido manchados de sangre. La pobrecilla seguía blanca y trémula, incapaz de hacer nada. Ellen silbó para llamar a Barbagrís, que enseguida llegó corriendo, entusiasmado por la partida. Justo detrás del palenque había un espeso bosque. No es que no fuera peligroso internarse en él durante las horas de oscuridad, pero no tenían otra opción. Sin duda Thibault saldría en su persecución con algunos hombres. Ellen tiró violentamente de las riendas de Nestor.

—Rose, coge de la mano a Jean y a Madeleine; tampoco tú puedes quedarte aquí más tiempo. Thibault te mataría sin pensarlo dos veces.

La muchacha asintió con pesar y siguió las instrucciones de Ellen.

Jean iba tambaleándose junto a ella y tropezaba en todos los hoyos y todas las raíces, pues sus ojos hinchados apenas le dejaban ver.

Madeleine caminaba despacio junto a Rose, casi con prudencia, como si tuviera que concentrarse para poner un pie delante del otro.

Por suerte, la luna estaba casi llena. Las hayas y los robles hacía tiempo que habían perdido su follaje y, por entre sus ramas, que parecían delgados brazos estirándose hacia el cielo, se colaba suficiente luz plateada para distinguir el camino. Solo donde había abetos el bosque era impenetrable y negro como la pez. Ellen se detuvo un momento para aguzar el oído por si los seguía alguien. Silencio sepulcral. Solo una lechuza emitió su llamada en algún lugar remoto de la noche.

—Nos alejaremos cuanto podamos, después descansaremos un poco y al rayar el alba partiremos otra vez. Si Thibault nos encuentra...

No terminó la frase. Cada uno de ellos podía imaginar lo que sucedería.

—No debemos encender ningún fuego, pues enseguida llamaría la atención —advirtió Ellen cuando por fin se detuvieron a descansar.

Se arroparon todo el cuerpo con sus mantos y se envolvieron

en las mantas que llevaban consigo. Barbagrís se acurrucó contra Madeleine, gimiendo en voz baja.

—Todo va bien, no pasa nada —lo consoló Ellen.

El animal, con todo, no se tranquilizó.

Al amanecer, Rose despertó sobresaltada. Barbagrís enseñaba los dientes en dirección al pequeño claro al borde del cual habían dormido. Un lobo escuálido se había acercado hasta ellos y el perro no le quitaba ojo de encima, gruñendo con furia. Rose le movió el brazo a Ellen, que despertó al instante. Al ver al lobo, se puso en pie de un salto, desenvainó la espada y se acercó despacio al animal, que parecía muerto de hambre. Seguramente su manada lo había abandonado, y estaría dispuesto a hacer cualquier cosa por poder llevarse al fin algo a la boca. El animal parecía haber escogido a Madeleine. La muchacha estaba inmóvil y con los ojos muy abiertos, y, ante ella, Barbagrís gruñía dispuesto a dar su último aliento defendiéndola. El perro era algo más grande que el lobo, pero eso no lograba amilanar a la bestia.

—¡Sus! ¡Fuera! —exclamó Ellen, intentando ahuyentar al animal, que retrocedió por un instante, pero no se dejó disuadir.

De pronto se acercó enseñando los dientes hacia Barbagrís y Madeleine.

El fiel perro quiso lanzarse enseguida sobre él, pero Ellen se interpuso y le abrió la cabeza al lobo de un solo mandoble.

—¡Ya ha pasado todo, Madeleine! —exclamó, y le frotó los hombros.

Cortó una gran rama de abeto y con ella tapó al animal muerto.

—¡Ellenweore!

Al oír el grito ahogado de Rose, se volvió con sobresalto.

—¡Está… está muerta! —balbuceó Rose.

Se arrodilló ante Madeleine y le sostuvo la mano. El vestido de la muchacha no solo estaba manchado en el cuello a causa de la sangre que había manado del joven soldado, también estaba empapado a la altura del vientre.

—Pero ¿cómo ha podido ocultárnoslo? —farfulló Ellen—. No había visto que estaba… —Se desmoronó en el suelo y se echó a llorar—. ¿Por qué no nos lo ha dicho?

—No habría cambiado nada. —Jean parecía muy sereno—. Puede que fuera una simple, sin duda, pero ha convivido mucho tiempo con el peligro de muerte. Con una herida tan grave, no habríamos podido ayudarla. Yo creo que sabía que solo conseguiría retrasarnos y que, con ello, nos ponía en peligro.

Jean seguía teniendo todo el rostro inflamado. La carne enrojecida bajo sus ojos estaba húmeda a causa de las lágrimas.

—Y yo soy la única culpable de todo —musitó Ellen, víctima de la desesperación.

—¡No! Si yo no te hubiera delatado hace años, nada de esto habría sucedido —exclamó Rose.

—Dejadlo ya. Tenemos que enterrarla. Al menos merece una sepultura decente, ya que no ha tenido una vida digna —pidió Jean.

Cavaron con gran esfuerzo una fosa somera, dejaron en ella a Madeleine y la cubrieron con tierra y un cerco de piedras que recogieron por allí.

—Por favor, Señor, acéptala en tu seno —rezó Jean, que no sabía cómo pedir la inmortalidad de su alma.

—Debemos seguir. Si no, toda su valentía habrá sido inútil.

Ellen los apremió con reticencia, pero estaba segura de que Thibault ya había emprendido su persecución.

LIBRO TERCERO

REGRESO AL HOGAR

Canal de la Mancha, Pascua de 1173

Una suave brisa soplaba sobre el mar e impulsaba pequeños jirones de nubes como hacen los pastores con sus ovejas. Incontables barcos habían largado las velas en los últimos días para aprovechar la bonanza del tiempo, y avanzaban sobre el agua como cáscaras de nuez. El mar estaba tranquilo y prometía una travesía agradable. Ellen estaba sentada en cubierta, pensativa. Tras la muerte de Madeleine habían pasado algunos días huyendo de Thibault, hasta que al final habían encontrado en el castillo de L'Aigle un refugio seguro para el invierno. Sabían que no podrían volver a trabajar en los torneos, pues habrían corrido el peligro de caer en manos de Thibault.

Cuanto más pensaba Ellen en el futuro, con más intensidad añoraba su hogar. Miró a Rose, que estaba sentada no muy lejos de ella. Se le veía la mala conciencia. Había huido sin una sola moneda y en los meses pasados no había podido ahorrar nada, de modo que no había tenido dinero para la travesía. De no haber muerto el poni de un cólico poco después de salir de L'Aigle, Ellen habría podido ponerlo a la venta y pagar con ello el viaje. Sin embargo, con gran pesar en su corazón, al final había tenido que tomar la decisión de dejar a *Athanor* en manos de alguien que no fuera Guillaume y se la había vendido a un mercader. Le sonrió a Rose cuando esta la miró. Estaba contenta de que ella y Jean la acompañaran a Inglaterra. Al pensar en su hogar, una sonrisa asomó a su rostro. En su recuerdo, las praderas de Orford eran de un verde indescriptible, llenas de flores, y se le hizo la boca agua al recordar el fuerte queso de cabra de Aelfgiva. Ellen se enderezó e intentó encontrar una postura más cómoda. En los últimos cinco meses había engordado muchísimo. Ya estaba en el noveno mes de embarazo, tenía una barriga esférica y las piernas se le habían hinchado tanto que no se le veían los tobillos. Notó un dolor tirante en la espalda y rezó al Señor rogando que hiciera que llegaran a tiempo a tierra inglesa, antes de que naciera el niño.

La segunda noche que pasaron a bordo sintió unos fuertes calambres en el bajo vientre y por la mañana ya no podía soportar el dolor. Miró por todas partes en busca de ayuda, para ver si encontraba a Jean. Su manta estaba revuelta junto a ella. Ellen agarró a su amiga del brazo y la zarandeó para despertarla.

—¡Rose, el niño!

—¿Cómo? —Rose se dejó llevar por el pánico—. Ay, Dios mío, ¿y qué hago yo ahora?

—¡Ve por Jean!

Ellen sabía que Rose no sabría cómo ayudarla. Thibault la había obligado a deshacerse de otros dos niños. No había podido convencerlo de que la dejase tenerlo hasta su último embarazo, pero en esa ocasión le había nacido muerto.

Jean sabría lo que había que hacer, Ellen estaba convencida.

Cuando llegó, el muchacho le acarició la frente con cariño.

—¡Bueno, allá vamos! —dijo con alegría—. Rose, pregunta por ahí si hay alguien que sepa de partos.

—¿También a los hombres o solo a las mujeres?

Ellen gimió.

—Solo a las mujeres, Rose, y sin armar alboroto; todo irá muy bien. —Jean le dio unas palmaditas en el brazo.

«Es muy maduro para la edad que tiene», pensó Ellen, algo aturdida pero con gratitud, pues se estaba ocupando de todo.

Poco después, Rose regresó con una mujer de aspecto afable. Vestía ropas sencillas, pero más limpias que las de los demás viajeros. Jean habló un momento con ella; después le pidió ayuda a Rose y llevó a Ellen a un rincón más tranquilo.

—Ellenweore, esta es Catherine y va a asistirte —dijo Jean, presentándole al fin a la mujer.

—No te preocupes por nada. ¡Vas a hacerlo muy bien! —exclamó Catherine para infundirle ánimo—. Yo tengo cinco hijos. —Sonrió—. Los dos mayores están a bordo también, después te los presentaré.

Ellen se esforzó por corresponderle con otra sonrisa, pero los dolores de las contracciones le hicieron forzar una mueca.

Catherine la acarició con comprensión.

—Si te duele mucho, grita y ya está. No resulta de gran ayuda, cierto, ¡pero hace que una se sienta un poco más aliviada! Vosotros dos —se dirigió a Rose y a Jean— poneos delante de ella para que los demás no anden curioseando cuando dé a luz.

—¡Morirse no puede ser peor que esto! —afirmó Ellen en una pequeña pausa entre contracciones, y tomó aire.

—¡Pronto habrás olvidado el dolor! —le aseguró Catherine como consuelo.

—¿Por qué tuvo que comer Eva de esa manzana? —se lamentó Ellen con un largo quejido.

Nunca le había gustado la historia del pecado original, ni que Eva tuviera la culpa del sufrimiento de las mujeres.

—Traedme unas mantas para que podamos ponerla más cómoda. Sobre todo tiene que tener la espalda bien apoyada —ordenó Catherine—. Además, necesita agua para beber. El parto da sed. Y, luego, algo bueno que comer.

Al pensar en algo comestible, Ellen volvió a gemir.

—¿Es el primero? —preguntó Catherine, y Ellen asintió—. Pues, para ser el primero, parece que va muy rápido. ¡Yo tardé dos días!

—¡Ay, Dios bendito!

Solo con imaginar que pudiera durar tantísimo, Ellen perdió todo el coraje.

—No, no, no tengas miedo, no creas que tú vayas a tardar tanto. Mi hermana también tuvo al primero muy deprisa. Intenta respirar profundamente y con regularidad, ¡va muy bien! —aconsejó Catherine, y le pidió a Rose que tuviera listos un barreño con agua, un poco de hilo y un cuchillo o unas tijeras.

—¿Para qué necesitáis el hilo? —preguntó Jean con curiosidad.

—Hay que atar bien el cordón antes de poder cortarlo —explicó Catherine, encantada.

El niño vino al mundo por la tarde y de nalgas.

—¡Es un niño! ¡Ellen, acertaste con tu presentimiento! —exclamó Rose, exultante.

Catherine sostuvo al niño en alto y le dio un cachete en el trasero. La piel del bebé estaba azulada. Al principio tosió, después gritó lastimeramente y se fue poniendo algo más rosado con cada inspiración de aire. Deprisa pero con cuidado, Catherine frotó al pequeño con aceite y un poco de sal. Después lo lavó con el agua tibia que les había hecho llegar el capitán y lo arropó bien en los paños limpios de lino que Ellen llevaba siempre consigo.

—¿Cómo vas a llamarlo? —preguntó Rose, encandilada.

—William. —Ellen cerró los ojos, exhausta.

—Por supuesto... —Rose sonrió con complicidad.

Ellen acarició con sumo cuidado a su hijo, pasándole el índice por las diminutas mejillas. El pequeño seguramente jamás llegaría a conocer a su padre, así que al menos llevaría su nombre.

Empezó a mover entonces la mandíbula, como si estuviera chupando.

—Tienes que ponértelo al pecho, tiene hambre —explicó Catherine, visiblemente emocionada.

Ellen sintió que crecía cierto enojo en su interior y no se movió ni un ápice.

—¡Ellenweore! —exclamó Catherine, y Ellen se sobresaltó como si despertara de un mal sueño.

Desde luego que amamantaría a su hijo y haría todo lo posible por ser una buena madre, aunque ni ella misma, a causa de su mala experiencia, supiera muy bien qué significaba eso. Con inseguridad se destapó el pecho.

—Ven, te explicaré cómo se hace.

Catherine cogió al bebé sosteniéndole la nuca con una mano y apretó con la otra el pecho de Ellen, de modo que el pezón salió hacia delante.

Igual que un depredador el pequeño William se agarró al pecho en cuanto lo tocó con la boca. Chupaba con fuerza y con tenacidad, pero a Ellen le daba la sensación de que su pecho estaba seco como un pozo agotado.

—La leche tardará un poco en salir —explicó Catherine, como si le leyera el pensamiento—. Deja que mame todo lo quiera, pronto manará sin problema.

—¡Yo también tengo hambre! —dijo Ellen a media voz.

Tenía el cuerpo como si le hubieran dado una paliza, aunque estaba completamente despierta.

—¡Toma! —Rose le dio un pedazo de pan con manteca y sal.

—¡Gracias! —Ellen lo engulló en pocos mordiscos—. Ahora no sabremos muy bien si eres inglés o normando —le susurró al niño.

Cuando William se durmió, el capitán del barco realizó el bautismo de urgencia, pues nadie sabía si el pequeño sobreviviría a los días siguientes.

—Duerme un poco, Ellen, yo cuidaré de William —ofreció Rose—. Tú tienes que descansar. Cuando lleguemos a Londres aún tenemos un largo camino por delante. Si tiene hambre, te despertaré.

Ellen se tumbó y pronto concilió un sueño reposado gracias al vaivén del barco.

Catherine le enseñó a ponerle los pañales a William. Al hacerlo se dio cuenta de que el pie izquierdo del pequeño era diferente del derecho: estaba curvado, torcido hacia dentro.

—Seguro que no es nada malo. Cuando crezca se le enderezará —la tranquilizó Catherine—. Justo después del parto las piernecitas de los bebés están todavía torcidas, pero después se les ponen rectas. ¡Tú arrópalo siempre como es debido, bien tirante! ¡Mira qué tiernos son esos piececillos! —comentó embelesada, y se lo tendió a Ellen.

Esta le dio un besito en el pie con inseguridad.

—No le hagas eso muy a menudo. ¡Si no, tardará mucho en andar! —advirtió Catherine con una sonrisa y un dedo amenazador.

—Entonces no lo haré más, ¡palabra de honor! —balbuceó Ellen sintiéndose culpable, y volvió a tapar al niño con el paño bien tirante.

Por primera vez desde su huida de Orford tenía a alguien que le pertenecía completamente, alguien de quien tenía que cuidar. Intentaría hacerlo todo bien y enseñarle a William todo lo que era importante en la vida. Lo único que todavía no sabía era cómo explicaría a Osmond y a Leofrun que tenía un hijo pero no un marido. Habían transcurrido tantos años desde que saliera de allí, que al menos ya no tendría nada que temer de Leofrun y sir Miles.

Cuando William estuvo bien envuelto en sus mantas, Rose lo cogió y se lo llevó a dar un paseo. Jean no se apartaba de su lado; habríase dicho que los dos eran los padres de la criatura.

Ellen pensó con tristeza en el difunto Jocelyn y después, invadida de nostalgia, en su adorado Guillaume, al que seguramente jamás volvería a ver. ¿Acaso sería su destino no ser nunca feliz?

Cuando atracaron a mediodía en el puerto de Londres, vieron que la mayoría de los que no eran marinos tenían cierta tonalidad verdosa en el rostro. El viento había empezado a soplar con más fuerza por la mañana y había hecho que el barco se encabritara y diera bandazos mientras entraban al Támesis.

Al enterarse Catherine de que los tres, con el bebé, querían seguir camino aquel mismo día, les propuso que se quedaran en Londres como huéspedes suyos.

—¡Edward, Nigel, venid! —llamó a sus dos hijos mayores.

Los chicos llegaron dando saltos y demostraron ser obedientes con su madre, que les acarició la cabeza con cariño. Edward, el mayor, era la viva imagen de ella y tenía el mismo pelo abundante y de un marrón castaño. Nigel debía de haber salido a su padre, pues tenía un pelo más fino, más liso y negro como las plumas de un cuervo.

—Vuestro padre vendrá a recogernos. ¡No olvidéis saludarlo como Dios manda! —instruyó a los chicos.

Los viajeros no pudieron desembarcar hasta que la nave estuvo bien amarrada y dispusieron la rampa de madera. Era una sensación asombrosa la de sentir de nuevo tierra firme bajo sus pies.

Ellen reconoció a primera vista al padre de Nigel entre el gentío. Era un hombre alto, apuesto y vestido con elegancia.

—¡Padre! ¡Padre! —exclamaron los dos niños haciendo señas.

Rose se quedó boquiabierta de impresión ante el imponente hombre.

El marido de Catherine miró primero con desconfianza a los acompañantes de su esposa, pero después de que esta le susurrara algo al oído, los invitó con una afable sonrisa y amistosas palabras a pasar los siguientes días hospedados en su hogar.

Nada más entrar en la casa, que se encontraba en la calle de los vinateros, Jean le dio un codazo a Rose.

—¿Habías visto alguna vez una casa tan bonita? —susurró.

Su mirada se paseaba con admiración por los coloridos tapices de las paredes y los muebles de roble macizo.

—¡En cualquier caso, nunca desde dentro! —repuso ella, impresionada también.

Al esposo de Catherine debían de irle de maravilla los negocios, pues varios mozos, criadas y un cocinero se ocupaban del bienestar de la familia.

—¡Madre! —gritó con alegría una pequeña de rizos negros y grandes ojos mientras corría a los brazos de Catherine.

Los más pequeños se habían quedado en casa mientras su madre y sus dos hermanos mayores visitaban a la familia en Normandía. También los otros dos niños abrazaron a su madre con alegría. Después llegó el ama y se los llevó con ella a la cocina.

—¿Qué os parecería daros un baño? —les propuso Catherine a sus huéspedes.

Ellen asintió enseguida con brío.

—¡Ay, sí, un baño! ¡Cuánto hace…!

Rose y Jean se mostraron un poco más reacios, pero al final aceptaron también. No querían dar una mala impresión en una casa tan refinada.

—Entonces daré orden de que calienten agua en la cocina.

—Pero cariño, ¿de verdad crees que Alfreda ha hecho otra cosa desde esta mañana que no fuera calentar suficiente agua para que nuestros hijos mayores y tú podáis daros un baño abundante?

El vinatero sonrió al oír la satisfecha risa de su mujer.

—Tienes razón, amor mío. Alfreda siempre piensa en todo. —Se volvió hacia Ellen y explicó—: Cuando nos casamos, mi suegro nos la cedió. Crió a mi amado esposo, y al principio no me resultó fácil que ella siempre supiera hacerlo todo mejor. Hoy no podría prescindir de ella.

—Creo que Edward y Nigel serán corteses con nuestros invitados y se bañarán más tarde. —El vinatero miró a sus dos hijos con expectación.

Puesto que estaban muy bien educados, ambos asintieron como era de esperar, aunque se los veía algo decepcionados.

—Desde luego, padre —dijeron a un tiempo, y lo acompañaron al interior de la casa.

—Os dejaré solos apenas un momento. Id a sentaros cerca del fuego —pidió Catherine con un gesto hospitalario, y siguió al resto de su familia.

En cuanto hubo salido de la habitación, Rose empezó a comentar con entusiasmo:

—En el barco ya me llamó la atención porque es muy guapa. Sus hijos son unos niños muy cariñosos, e incluso con esas prendas tan sencillas irradia elegancia. ¡Seguro que después se pone algo más fino!

—Bueno, no sé, aquí todo es demasiado bonito para mí, demasiado alegre y disciplinado. Estas cosas siempre me hacen sospechar. —Jean se sentía visiblemente incómodo en aquella casa tan distinguida.

Cuando Catherine regresó, al cabo de poco rato, parecía algo tensa, pero se esforzó por que nadie lo notara.

El baño en casa del vinatero fue una experiencia maravillosa para Ellen. En un tablón dispuesto sobre la tina de madera, las criadas le sirvieron una copiosa cena a base de pollo, carnes frías, pan y un trozo de queso. También había un gran vaso de vino especiado con clavo de olor. Mientras Ellen masticaba con deleite, el agua tibia le acarició la piel hasta dejarla arrugada. Alfreda había añadido al baño unas ramitas de romero que desprendían una fragancia deliciosa. La vieja criada le frotó la espalda con un paño de lino y le limpió bien el cuello y las orejas. Después le lavó el pelo con un pedazo de algo que producía espuma y que dijo que era jabón de oliva. Por los aspavientos que hizo Alfreda respecto a su uso, debía de ser una mercancía especialmente costosa. Una vez terminado el baño, Ellen vio con bochorno lo sucia que había quedado el agua.

Rose se metió en la siguiente tina con el pequeño William.

Primero lavó al bebé y se lo dio entonces a la niñera, que lo secó y le puso pañales limpios.

—¡Me siento como una persona nueva, estoy de maravilla! —le dijo Ellen a Catherine con gratitud cuando volvió a estar vestida.

Se había puesto el vestido verde que la señora de Béthune le había regalado para la boda de Claire. Estaba un poco arrugado por el viaje, pero más o menos limpio. Su larga melena estaba aún mojada y se ensortijaba, aunque ya no goteaba, pues la doncella se la había secado a conciencia con un paño de lino.

—¿Podría tal vez Alfreda lavarme los vestidos? —pidió Ellen con timidez a su anfitriona—. Todavía tienen manchas de sangre del parto.

—¡No faltaba más! A Rose y a Jean también les daremos algo para que se cambien, así podremos lavar toda vuestra ropa antes de que partáis. —Catherine sonrió, pero ya no parecía tan contenta como durante los últimos días—. Debéis de estar muy cansados. Será mejor que nos vayamos a dormir. Elias os indicará vuestros lechos —dijo, algo nerviosa, y sonrió con tristeza.

Ellen se la quedó mirando con extrañeza. El sol todavía no se había puesto y, cuando se tenían huéspedes, era costumbre pasar un rato departiendo con ellos.

—Por favor, transmitidle a vuestro marido nuestra más sincera gratitud, y que durmáis bien —dijo Ellen de todas formas, con simpatía.

Cogió la mano de Catherine y la besó.

También Rose y Jean repararon en la inesperada nostalgia que se había apoderado de su anfitriona.

—Seguro que su marido no es el hombre afable y benevolente que nos ha hecho creer. Ya os he dicho que aquí hay algo que no marcha bien —comentó Jean acalorado cuando se quedaron solos en la pequeña cámara adyacente al despacho.

—Quién sabe lo que habrá pasado; no te des tanta prisa en juzgarlo. Ya viste con Ruth que no siempre llevas razón.

Ellen estaba molesta. En lugar de preocuparse del repentino cambio de ánimo de su benefactora, Jean ya estaba sospechando otra vez de alguien a quien no conocía bien.

—Parece como si sintiera melancolía —terció Rose, que hasta entonces no había dicho mucho.

—Bah, pero qué dices, si ya está en su casa —rezongó Jean.

A la mañana siguiente, Catherine mandó a Alfreda para que la disculpara ante sus huéspedes y les comunicara que tenía mucho que hacer.

La criada les propuso dar una vuelta por la ciudad. Para que Ellen pudiera llevar al pequeño William pegado a la barriga, le dio una larga tela y le enseñó cómo había que atarla. Barbagrís lo olisqueó con curiosidad y le lamió los pañales.

Aunque a ninguno le apetecía demasiado, se pusieron en camino. El cielo estaba encapotado, cubierto de unas gruesas nubes grises, y sobre las casas de la ciudad pendía una neblina de olor desagradable. Por las calles menos acomodadas corrían gran cantidad de cerdos y ratas que rebuscaban algo que comer entre el barro. Ellen y los demás dieron una pequeña vuelta y regresaron enseguida.

En casa del vinatero reinaba un silencio insólito. No se oían ni las risas de los niños ni un solo ruido, aunque todos debían de estar allí.

Al caer la tarde, Catherine se hizo disculpar otra vez ante sus huéspedes.

El vinatero intentó entretenerlos y pidió a uno de sus chicos que tocara algo con la flauta, pero no consiguió alegrar el ambiente.

Ellen no se sentía muy bien y pronto pidió permiso para retirarse.

Rose y Jean la acompañaron.

—Si no quiere compartir mesa con gente sencilla como nosotros, podría habernos enviado a la cocina desde el principio. ¡O, mejor aún, no habernos invitado! —exclamó Ellen, dando rienda suelta a su malhumor.

—A lo mejor no es culpa de ella —especuló Jean—. Quién sabe si su marido no estará detrás de todo esto. ¡Acaso sea él quien no quiere que coma con nosotros, y la ha encerrado!

Ellen miró primero a Jean con enfado, pero después dio su brazo a torcer.

—Puede que tengas razón, y por eso se entristeció tanto en cuanto arribamos a tierra. Tenemos que descubrir qué es lo que sucede.

A Ellen, la conducta de Catherine le parecía más que insólita.

—Tendríamos que marcharnos, aquí no me siento cómodo —comentó Jean—. ¿A ti qué te parece, Rose?

—Deberíamos partir mañana a primera hora hacia Ipswich. ¿No estás de acuerdo, Ellen?

—Está bien, pero no sin antes asegurarnos de que a Catherine no le sucede nada malo. Si ese hombre la tiene encerrada, tenemos que hacer algo. Seguro que él todavía está aquí abajo, así que subiré con sigilo e intentaré encontrar su alcoba —decidió con valentía.

—¡Ten cuidado, por el amor de Dios! —exclamó Rose con temor.

Ellen se llevó un dedo a los labios y abrió la puerta en silencio. El vestíbulo estaba a oscuras. Lo cruzó con cuidado y subió la escalera. Estaba a punto de abrir una puerta cuando de pronto Alfreda apareció ante ella con una tea y la escrutó con la mirada.

—Quería despedirme de Catherine. Tenemos pensado marchar mañana temprano —explicó Ellen tartamudeando.

Alfreda abrió la puerta sin necesidad de llave alguna.

Catherine yacía en una enorme cama en mitad de la estancia. Las cortinas no estaban del todo corridas.

—No creo que esté dormida —dijo Alfreda, animándola a que entrara.

—Catherine, quería despedirme de vos. ¡Mañana nos vamos!

Ellen habló en voz baja para no despertar a la señora de la casa si es que estaba dormida.

—¿Ellenweore?

—Sí.

—No estoy bien. Por favor, no os toméis a mal que no haya pasado la velada con vosotros.

—No hemos hecho tal cosa, solo estábamos preocupados. ¿Permitís que me siente un rato con vos?

Catherine asintió en silencio. Su rostro pálido e inexpresivo en nada se parecía al de la joven fuerte y alegre que habían conocido pocos días antes, en el barco.

—¿Qué os sucede?

—Ay, Ellen, detesto esta casa, Londres, el clima de aquí. ¡Todo!

—¿Os tiene encerrada? ¿Os trata mal? —Ellen se inclinó hacia ella con preocupación.

—¿Mi esposo? —Catherine se incorporó un poco y miró a Ellen con asombro—. ¡No! Haría cualquier cosa por mí, pero es que aquí, en Inglaterra, no soy feliz. Viajo a Normandía siempre que puedo; mis padres tienen allí una gran propiedad. ¡Solo allí me siento verdaderamente bien!

A Ellen le costaba ocultar su falta de comprensión. ¿Cómo era posible que una mujer tan mimada por la suerte y con un marido bueno y benevolente y unos hijos maravillosos fuese tan infeliz?

—¡Os debo tanto, Catherine!

Sonó a disculpa. Ellen estrechó con cariño la mano de la mujer.

—¡Soy una mala persona! —Catherine volvió la cabeza a un lado para no tener que mirarla.

—¡Cómo habéis llegado a pensar semejante disparate! —la reprendió Ellen—. ¡Sois la bondad personificada!

—¿No ves la abundancia en la que vivo? Los niños, mi marido, la casa, los vestidos… Nada podía serme más querido, nada podría ser mejor, más bonito, pero de todas formas soy infeliz. Si no puedo respirar el aire fresco de Normandía, siento el pecho oprimido y creo que voy a asfixiarme. No soporto el hedor de Londres ni la miseria de sus calles. Aunque no salga de la casa, la ciudad me acosa. Tampoco se me escapa el reproche de las miradas de mi marido y mis hijos; todos creen que soy una desagradecida, una mala esposa y una mala madre. Y tienen razón.

Catherine dio media vuelta y sollozó.

—¿Por qué no os levantáis y cambiáis eso? Bajad a ver a vuestro esposo y hacedle compañía. Reíd con vuestros hijos y alegraos. ¡Tenéis todos los motivos para ser feliz!

Ellen se dio cuenta de que parecía echarle algo en cara, pero es que no lograba entender por qué Catherine era tan desgraciada. Había muchísimas personas que padecían males mucho mayores, personas a quienes la enfermedad, el hambre o los achaques habían convertido su vida en un desafío constante, que todos los días tenían que empezar desde cero.

Catherine no respondió.

—Rezaré por vos —dijo Ellen en voz baja, y le acarició la cabeza.

Quién sabía por qué la castigaría Dios con esas dudas torturadoras.

Catherine seguía mirando la pared. Ellen se levantó y salió de la alcoba sin hacer ruido.

Cuando regresó a la cámara que había junto al despacho, Jean y Rose insistieron en que les explicara todo con detalles.

Jean pareció algo decepcionado al saber que el vinatero no era ningún bellaco, sino que más bien había que compadecerlo porque su mujer caía víctima del abatimiento en cuanto pisaba su casa. Rose quedó tan conmocionada que incluso lloró un poco.

A la mañana siguiente, antes de partir, se despidieron de su anfitrión.

—Ayer estuve hablando con Catherine. Ahora sé por qué es tan desgraciada, aunque no lo comprenda —le explicó Ellen al vinatero.

—Pronto la acompañaré de vuelta a Normandía, con los niños. La quiero mucho, y cuando estamos allí está tan… —Parecía no encontrar las palabras.

—¿Llena de vida? —Ellen inclinó la cabeza.

—Llena de vida, sí —suspiró él.

—¡Os ha dado unos hijos maravillosos! —dijo Ellen para consolarlo.

—Sí que lo ha hecho —asintió.

Como despedida, le dio unas palmadas a Jean en el hombro y le estrechó la mano a Rose. Ellen lo abrazó.

—En Normandía volverá a ser la misma de siempre —le susurró al oído.

Los ojos del hombre empezaron a humedecerse al asentir en silencio.

Salieron de Londres por la puerta de Aldgate, al este, y siguieron camino en dirección al noreste.

Se detenían de vez en cuando para que Ellen pudiera dar de mamar al pequeño William, y así fueron avanzando muy despacio. Cuanto más se acercaban a Ipswich, más inquieta estaba Rose.

—¿No quieres visitar a tu madre? —preguntó Jean al llegar a la ciudad.

Rose respiró hondo.

—Solo quiero pasar un momento por la calle y ver si todavía vive allí.

—¿Quieres que te acompañemos? —preguntó Ellen.

—No, estad tranquilos, iré sola. Nos encontraremos más tarde, en el mercado.

—¿Y qué haremos nosotros tanto rato? —Jean miró a Ellen en busca de una respuesta.

—Iremos a ver si Donovan y Glenna vuelven a vivir aquí. Creo que les debo una explicación.

—¿Donovan? ¿No es el forjador de espadas del que me habías hablado?

—¡Exacto, mi maestro! El mejor, pero también el más estricto.

Avanzaron, cada cual perdido en sus pensamientos, hacia las afueras de la ciudad. Cuando la forja apareció ante sus ojos, Ellen empezó a ponerse nerviosa.

—Tengo miedo de los reproches que tendrán para conmigo y de la decepción de su mirada.

—¿De la mirada de quién? —Jean la miró con desconcierto.

—¡De Donovan! Allí está su forja. —Ellen señaló el taller.

—Ah, claro.

Ellen echó a andar con resolución. ¿Habría regresado Donovan a Inglaterra? Tal vez había decidido quedarse en Tancarville. ¿Habría muerto hacía mucho? Ellen oyó que alguien martillaba en el taller. Abrió la puerta temerosamente. La forja estaba oscura y llena de humo, como siempre. Entró y vio a dos hombres trabajando juntos en una pieza; uno de ellos tenía el pelo desgreñado y encanecido.

—¡Llewyn! —exclamó Ellen con alegría.

El herrero la miró con un interrogante en los ojos.

—¿Qué puedo hacer por vos?

Ellen miró un momento al segundo herrero.

—¿Dónde está Donovan?

—¿Lo conocíais? —Llewyn no dejaba de mirarla—. Murió poco antes de la Natividad.

Ellen se quedó sin aliento. Aunque tenía que haber contado con ello, la noticia le causó una honda impresión.

—¿Y Glenna? —añadió en voz baja.

Llewyn entornó la mirada, como si de repente le resultase familiar.

—Está allí, en la casa. Ha envejecido mucho desde que Donovan murió. Pero por favor, buena señora, decidme quién sois. ¿De qué nos conocemos?

—De Framlingham —respondió Ellen, y dejó un momento a Llewyn para recordar.

—¿De veras?

—Trabajé contigo, como el joven ayudante Alan. Pero mi verdadero nombre es Ellenweore. —Bajó la cabeza para no tener que mirarlo a los ojos—. En aquel entonces era la única oportunidad que tenía de convertirme en forjadora —admitió.

Llewyn no decía nada; Ellen lo miró a los ojos.

—De modo que me mentiste —dijo en voz baja.

—¡Por favor, no tenía alternativa!

—¡Podrías haber confiado en mí!

—¿Y arriesgarme a que me echaras de tu taller? No, Llewyn, no podía hacerlo.

—¿También mentiste a Donovan?

Ellen asintió.

—Por eso estoy aquí, quería explicárselo.

—¡Ya es tarde para eso! —Llewyn parecía sentir amargura—. También yo llegué demasiado tarde para poner fin a nuestras riñas. Cuando Glenna envió al batidor a verme, Donovan ya se encontraba muy enfermo. No estaba en sus cabales cuando llegué.

—¡Llewyn! —Ellen le puso la mano en un brazo—. Te quería como a un hijo.

El herrero soltó un suspiro audible.

—Poco antes de morir, parece que recuperó la cordura. Me miró y creí que me había perdonado, pero entonces se volvió sin decir palabra.

—¡Llewyn, sé lo mucho que significabas para él, créeme!

El pequeño William gimió en sueños, como un gatito. Ellen recolocó un poco la tela en su hombro, pues empezaba a tirarle.

—¿Tienes un hijo?

—Se llama William. —Ellen asintió y sonrió, cohibida.

—Ve a ver a Glenna a la casa. Creo que se alegrará de verte. Siempre quiso tener hijos.

—¿Me acompañas?

—No, aún tengo que terminar una pieza. Ve tú sola, tranquila.

Ellen sintió un pesar en el corazón al salir de nuevo de la forja. Jean se había tumbado en la hierba que había frente al taller y peleaba con Barbagrís.

—Donovan ha muerto; voy un momento a ver a Glenna —explicó Ellen.

—Te espero aquí. —Jean, como siempre, encontró el tono adecuado—. ¿Quieres que te cuide al pequeñín?

—No es preciso, lo llevaré conmigo.

Cuando Ellen llamó a la puerta de Glenna, el corazón le latía desbocado.

—¡Ellen! —exclamó la anciana con asombro al abrir. No parecía enfadada en absoluto. En un primer momento, Ellen se sorprendió de que Glenna la hubiese reconocido al instante—. ¡Entra, mi niña! —Le tiró de la manga para hacerla pasar—. ¡Me alegro mucho de verte tan bien! —Tomó el rostro de Ellen con ambas manos y la miró fijamente a los ojos—. Donovan te esperó hasta exhalar su último aliento. «La chica vendrá, Glenna, seguro», decía siempre.

Ellen comprendió entonces que Glenna ya lo sabía.

—Pero ¿cómo?… Quiero decir que no soy un… —Miró al suelo, avergonzada.

—Un escudero fue a ver a Donovan a la forja. Se mofó de él porque se había dejado embaucar por una mujerzuela mugrienta, así es como te llamó. Donovan montó en cólera. Al principio no hacía más que maldecirte por haberlo engañado; sin embargo, con el tiempo volvió a elogiar tu destreza, y en cierto momento me explicó que, con tu don, no habías tenido alternativa. Reconoció que jamás te habría aceptado de saber que eras una muchacha. Cuanto más tiempo pasaba, más te echaba de menos. Arnaud se esforzó mucho por ocupar tu lugar y ha llegado a ser un herrero nada desdeñable, pero no pudo sustituirte. Estoy segura de que el alma de Don descansará al fin en paz ahora que has regresado. Quería que supieras que te había perdonado. —Glenna le acarició la mejilla—. ¿Cómo pudimos no darnos cuenta de que eras una muchacha? —Movió la cabeza sin dar crédito, y entonces su mirada recayó en el diminuto fardo que llevaba al pecho—. Válgame Dios, ¿y éste quién es?

—Glenna, quiero presentarte a mi hijo. Este es William.

—¡No! Pero ¡qué pequeñito! —exclamó Glenna con arrobo.

—Nació la semana pasada, en el Canal.

A Glenna le brillaban los ojos.

—¿Y tu marido?

Ellen sacudió la cabeza en silencio.

—Entonces, ¿por qué no te quedas aquí? ¡Ellen, por favor!

Llewyn ha heredado la forja. La lleva bien, pero sigue estando solo. Podríais casaros y tener aún más hijos. Yo cuidaría de todos.

—Tengo que ir a ver a mi padre, Glenna. No he vuelto a verlo desde que me fui de Orford. ¡Hace muchísimo tiempo!

Glenna asintió con tristeza.

—¡Quédate al menos a comer!

—No estoy sola, un amigo ha venido conmigo. Y Rose, ¿te acuerdas de Rose?

—¡Claro que sí! En aquel entonces pensaba que estabas enamorado de ella. —Glenna sonrió con timidez—. Estáis todos invitados a comer, y también a pasar la noche, si queréis.

Ellen y Jean fueron a buscar a Rose al lugar convenido y regresaron con ella a la forja, donde pasaron una alegre velada y se deleitaron con los recuerdos del pasado.

Llewyn les habló de sus últimos encargos, Glenna y Rose conversaron sobre Tancarville; solo Jean permanecía en silencio. Cuando la velada estaba ya muy avanzada, Ellen cayó en la cuenta de que habían estado hablando todo el tiempo en inglés. Jean, sin embargo, no entendía otra cosa que no fuera el francés normando.

—¡Diantre, Jean! ¡No había pensado que vas a tener que aprender inglés! —espetó Ellen en francés, y lo miró con compasión.

—Por suerte, Rose me ha enseñado unas cuantas palabras. No lo he entendido todo, ni mucho menos, pero sí un poco. A hablar es a lo que no me atrevo todavía. Este inglés vuestro suena como si tuviera uno una castaña caliente en la boca.

Jean sonrió con descaro, y todos los de la mesa se echaron a reír... incluso Llewyn, que no había entendido nada de lo que había dicho el joven.

El resto de la noche mezclaron el inglés con el francés.

Glenna se atascaba en todas las palabras normandas que salían de sus labios.

—Nunca lo dominé bien del todo, y lo poco que aprendí lo olvidé pronto. ¡Pensaba que nunca volvería a necesitarlo! —exclamó con alegría.

—¡Vuelve pronto a visitarnos! —A la mañana siguiente, Glenna estrechó a Ellen largo rato entre sus brazos.

Llewyn, que hasta entonces se había mostrado comedido, asintió con brío y los fue abrazando uno a uno. A Jean lo estrechó con especial cariño.

—¡Aquí siempre seréis bienvenidos!

Rose estaba más tranquila que la tarde anterior.

—¿Quieres volver a visitar a tu madre? —preguntó Jean con preocupación.

La muchacha les había dicho que su madre la había echado a gritos y que le había dirigido graves injurias.

—No, de nada serviría. De todas formas hace tiempo que me encontró sustituto.

—¿Qué quieres decir? —Ellen la miró con sorpresa.

—Volvió a casarse poco después de que me marchara. Ahora tengo una hermana y un hermano. La muchacha vende pastelitos de pescado, igual que hacía yo. Ya lo veis, mi madre no me necesita. —Rose miró a sus pies. Su vestido era sencillo y ya estaba un poco raído—. Si fuera rica, seguro que me habría recibido con los brazos abiertos.

Orford, mayo de 1173

Ellen se detuvo en la ruta de Orford y se quedó plantada en mitad del camino. Se llevó una mano a la frente con enfado para poder ver hasta bien lejos a pesar de que la luz la deslumbraba, y después miró con atención en derredor.

—¿Qué sucede? —preguntó Jean, que no veía nada fuera de lo común.

—¡El castillo! —Ellen señaló a lo lejos—. ¡Debemos de haber cogido un camino equivocado!

—No, no puede ser. —Jean la miró con enojo—. El monje ha dicho que no dejásemos esta senda. ¡De hecho, debemos de estar muy cerca ya!

—¡Pero es que en Orford nunca ha habido un castillo de piedra!

—A lo mejor es que no lo recuerdas.

—¡Qué disparate! —Ellen estaba inquieta.

—Acaso lo hayan levantado mientras tú has estado fuera —terció Rose.

Ellen masculló algunas palabras incomprensibles y echó a andar de nuevo.

Cuanto más se acercaban al castillo, más evidente resultaba que lo habían acabado de construir hacía poco. Las vastas murallas de piedra y el adarve, de oscura madera de roble, parecían aún por estrenar. El puente de roca que salvaba el foso de agua todavía no estaba acabado. Se acercaron a la construcción con curiosidad y miraron por la puerta abierta. La torre principal tenía una forma desacostumbrada: parecía que hubiesen levantado tres torres cuadradas y una antecámara alrededor de una gran torre redonda.

—¿Alguna vez habías visto una torre así? —preguntó Jean.

Ellen negó moviendo la cabeza y la miró con detenimiento. Le habría gustado mucho acercarse más, pero el centinela de la puerta la miró con desdén. Se volvió hacia Jean.

—¡Qué genialidad! Las esquinas de una torre cuadrada corriente pueden socavarse con facilidad; de esa forma se puede derrumbar toda una torre del homenaje. Sería mucho más difícil hacer caer esta —explicó Ellen con entusiasmo.

—¿Cómo sabes tú eso? —preguntó Jean, boquiabierto.

—¡Por Guillaume!

Ellen suspiró y Jean asintió con elocuencia.

—¿Tienes idea de quién puede haber construido el castillo?

La muchacha sacudió la cabeza.

—No, pero seguro que Osmond podrá explicarnos muchas cosas al respecto. Venid, vamos de una vez a la herrería. Estoy impaciente por volver a verlos a todos.

Ellen todavía recordaba con detalle el camino hasta su casa. En un punto en que la senda se bifurcaba dudó un momento. Hacia la derecha se iba a la cabaña de los curtidores. ¿Qué habría sido de Simon? Con paso decidido tomó por fin el camino que llevaba hacia la izquierda, en dirección a la herrería de su padre. El taller y la casa seguían en pie, no habían cambiado un ápice. Ellen tuvo la sensación de haberse ido de allí el día anterior.

Se estremeció al ver que la puerta del taller se abría y del interior salía un muchacho. Era más o menos de la misma edad que ella en aquel entonces, cuando había huido de Orford. Era la viva imagen de Osmond. Ellen suspiró con alivio. ¡Al menos Leofrun no le había endilgado un bastardo de sir Miles! El chico cruzó corriendo hacia la casa. Poco después salió de allí una mujer. Al principio, Ellen temió que fuera su madre, pero después aquella mujer echó a correr hacia ella.

—¿Mildred? ¡Mildred! —exclamó mientras corría también hacia su hermana.

Jean y Rose, que llevaba al pequeño William, se acercaron también despacio.

Las dos hermanas se abrazaron dando gritos de alegría.

—¡Ellenweore!

Mildred le acarició las mejillas con cariño, como si fuera la mayor.

La puerta de la casa se abrió y el chico salió de nuevo. Mildred le hizo una seña para que se acercara.

—Este es nuestro hermano Leofric —dijo, y cogió a Ellen de la mano—, Leofric, esta es Ellenweore, ya te había hablado de ella, ¿te acuerdas?

Este asintió con timidez y le ofreció su mano.

Ellen la estrechó breve e imperiosamente.

—¿Y cómo está Osmond? —Ellen volvió a mirar a Mildred—. ¿Y madre?

—Madre murió poco después de que naciera Leofric, y padre se ha quedado casi ciego. Ya no puede trabajar. Tiene un oficial, pero... —Mildred sacudió la cabeza con desaprobación—. No sirve para mucho. En cuanto me ausento, se crece como si él fuera el maestro. Y yo no puedo estar siempre ahí dentro. ¡A la postre, tengo que cuidar de mi propia familia! —Acercó a Ellen algo más hacia sí—: ¡Pero cuéntame! ¿Qué ha sido de ti? ¿Por qué desapareciste de aquella manera?

—Te lo explicaré todo más tarde, Mildred. Primero quiero presentarte a mis amigos Rose y Jean. Y ese gusanito de ahí es mi hijo.

—¿Te has desposado? Ay, qué maravilla. ¡Cuenta! ¿Quién es él? ¿Dónde está?

Ellen sintió las punzantes miradas de Rose y Jean mientras le relataba a Mildred una historia.

—Jocelyn era orfebre; unos ladrones lo atacaron y acabaron con su vida —explicó, sucinta.

Ninguna de sus palabras decía que se hubiera casado con Jocelyn, ni siquiera que este fuera el padre de su hijo.

—¡Pobrecilla! ¡Y ahora el niño tendrá que crecer sin padre! —Mildred movió la cabeza con compasión—. Vamos enseguida a la herrería. Ni te imaginas lo contento que se pondrá padre al saber que has vuelto. ¡Y con su primer nieto varón, además! Yo solo tengo una hija.

Mildred agarró a Ellen del brazo y gesticuló hacia los demás para que las siguieran.

El viejo Osmond lloró sin mesura. Estrechó a Ellen con fuerza y no la soltó en un buen rato.

—¡Cada día he rezado por que volvieras! —le susurró al oído—. ¡Por fin Dios ha oído mis súplicas!

—¡Ellen te ha traído un nieto, padre! —exclamó Mildred.

—¡No tan alto, niña! ¡Estoy casi ciego, pero no sordo! —Volvió la cabeza en la dirección en que había oído su voz, después se dirigió a Ellen otra vez—: ¿Es eso verdad? ¿Tienes un hijo?

—¡Sí, padre!

Cara a cara, Ellen no lograba llamarlo Osmond, a pesar de que hacía ya mucho que sabía que no era su verdadero padre. Le hizo una seña a Rose para que se acercara y cogió al pequeño William.

—Toma, tenlo en brazos. Todavía es muy pequeño; no tiene ni diez días.

Osmond lloró en silencio de felicidad mientras acunaba al bebé. Agachó la cara hasta tocar la cabecita del niño con la nariz.

—¡Mmm, qué bien huele! Como tú cuando eras pequeña —le dijo con alegría, y balanceó levemente al niño de un lado a otro.

Ellen contempló el taller y frunció el ceño. Por todas partes había tenazas, tajaderas y martillos; ni siquiera las caras limas colgaban en su sitio. Todo el suelo estaba lleno de escoria y polvo: se veía que hacía tiempo que nadie pasaba la escoba.

El oficial de Osmond miró a los inesperados huéspedes con desconfianza.

—Vamos a la casa, aquí Adam se las apaña bien solo —propuso Osmond—. Lleva tú al niño, Ellen. Tengo miedo de caerme. Durante toda la vida he mirado demasiado al fuego y he perdido la vista —explicó.

Osmond le contó a Ellen que, tras la muerte de Leofrun, había empleado a un ama de cría para el pequeño, y que poco después se había casado con ella. Anna era una mujer muy buena con él Y había sido como una madre para Leofric. Sin embargo, el invierno anterior se había ido a buscar agua al riachuelo casi helado, se había caído dentro y había tenido la desgracia de ahogarse. La vista de Osmond ya había empezado a fallar por entonces, pero Anna se había encargado de todo. No fue hasta después de su muerte cuando Adam empezó a comportarse como si fuera el señor de la casa.

—Padre, si estás conforme, me gustaría mucho quedarme aquí —dijo Ellen.

Jean y Rose la miraron sin salir de su asombro.

—Yo misma podría encargarme de formar a Leofric como herrero e instruir también a Jean, si quiere quedarse con nosotros. Ya no necesitarías más a Adam. Y Rose es una estupenda cocinera, ¡a lo mejor podríamos convencerla para que cuidase de nosotros! No puedo imaginar mejor sustituto de padre para William que tú. ¿Qué te parece?

Ellen miró un instante al corro y le guiñó un ojo a su hermano pequeño con complicidad, como si se conocieran desde siempre.

Osmond asintió con alegría. Sus ojos empañados se llenaron de lágrimas.

—¡Gracias, Señor! —susurró.

—¿Estáis también vosotros de acuerdo? —preguntó Ellen a sus amigos.

Rose y Jean cruzaron una mirada y sonrieron.

—¡De acuerdo! —dijeron los dos a una.

—Bueno, ¡pues bienvenidos a casa! —exclamó Osmond con la voz ronca de dicha.

Al día siguiente, Mildred partió hacia St. Edmundsbury para regresar con su familia.

—Me alegro mucho de que te quedes con Osmond —dijo, a todas luces más tranquila.

—Yo me ocuparé de todo, no te inquietes.

—¡Lo sé, Ellen!

Mildred miró a su hermana con la misma adoración que cuando era niña.

—¡Vuelve pronto a visitarnos!

—Lo intentaré, pero no podrá ser enseguida.

Mildred dejó que Jean la ayudara a montar en la silla y se alejó cabalgando.

Ellen la despidió con la mano y luego entró en la herrería.

Adam estaba sentado en un taburete, hurgándose los dientes, aburrido. No hizo caso de su saludo.

—Mi padre está demasiado mayor para trabajar —dijo Ellen con serenidad—. Por eso voy a hacerme cargo de la herrería.

—¡Primero un viejo decrépito y ahora una mujer de maestra! —Adam sacudió la cabeza con desdén—. ¿Dónde se ha visto algo así? ¡Nadie querrá compraros nada! —se mofó—. A no ser que no se lo digamos a nadie…

—¿Que no se lo digamos? —Ellen estiró las palabras más de lo normal—. Por el momento no podré permitirme pagar a ningún oficial. —Y se encogió de hombros fingiendo que lo lamentaba.

—¿Me estás echando? ¡No te lo aconsejo! Si les explico a todos quién encenderá la fragua a partir de ahora, no vendrá nadie más. ¡Conozco a los clientes y tengo muy buenas relaciones con el castillo! —exclamó Adam con superioridad.

—Te pagaré tu jornal hasta el final de la semana, pero puedes irte hoy mismo.

Ellen se esforzó por hablar con profesionalidad a pesar de que estaba furiosa con aquel individuo. Por como estaba el taller, no se merecía tres días de paga sin trabajar, pero era evidente que no creía haber hecho nada malo, así que no tuvo más opción.

—¡Te arrepentirás de esto! —insistió Adam—. ¡Te arrepentirás amargamente! —Reunió todas sus cosas en un periquete y desapareció de allí sin decir más.

Ellen se alegró de que Osmond no hubiese tenido que presenciar aquella discusión. Las opiniones de Adam le habrían hecho mucho daño. Contenta de haberse encargado ya de esa desagradable conversación, se frotó las manos.

—¡Bueno, pues vamos a empezar! —murmuró, y se puso a recoger el taller.

—Adam ha dejado que las herramientas se echaran a perder. Las tenazas están herrumbrosas y las limas desafiladas. Además, me parece que te ha robado algunas. ¿Cuántas limas tenías antes, padre? —preguntó Ellen al ver entrar a Osmond en la herrería.

—¡Cinco! Limas muy buenas, se las fui comprando todas en Woodbrigde a Iven, el mejor limero que conozco —respondió Osmond con orgullo.

—¡Cinco! —siseó Ellen—. Entonces ese estafador se ha llevado dos.

Jean la miró con los ojos muy abiertos.

—No es tan grave, ¿verdad?

—¿Que no es grave? ¡Una lima cuesta más de lo que gana un oficial en cuatro meses!

Jean y Ellen pasaron dos días adecentando la herrería, organizando las herramientas, limpiándoles el óxido y, por último, engrasándolas.

—Mañana empezaremos el trabajo de verdad. Necesitamos un par de herramientas que forjaremos nada más empezar. ¡Después nos preocuparemos de buscar nuevos encargos! —exclamó Ellen, satisfecha.

Despertó a media noche, sobresaltada porque Rose la sacudía con fuerza.

—¡Ellen! ¡Deprisa, despierta!

—¿Qué sucede?

—¡Hay un incendio en el taller! ¡Jean ya está allí!

Se levantó de un salto y corrió fuera solo con la camisa puesta.

El tejado de la herrería ardía en llamas. Aunque se enfrentaron al incendio todos juntos y se fueron pasando cubos de agua para sofocarlo, poco pudieron hacer. Era una lucha desesperada e infructuosa.

Cuando el fuego por fin se hubo extinguido, se quedaron exhaustos frente a la inmensa pérdida, desconcertados. Toda la armadura del tejado estaba carbonizada. Por fortuna, los muros de piedra de la herrería seguían en pie, negros de hollín, pero habría que mandar construir un tejado nuevo, lo cual costaría un dineral.

—No ha sido ningún accidente, estoy convencida. ¡Ha sido Adam! —dijo Ellen, resollando después de haber pasado todo el día recogiendo escombros con los demás.

Negra como una carbonera, se sentó a la mesa y bebió con ansia el vaso de leche de cabra que le sirvió Rose.

—¡Ellen! —la reprendió Osmond—. No deberías decir eso. Adam siempre ha sido honrado.

—¡Honrado! ¡No me hagas reír, padre! Te ha estafado. Por lo que he podido ver, ha arramblado con todas las provisiones de hierro y también con dos limas, varias tenazas... ¿O es que nunca has tenido un gato?

—Pues claro que sí; varios. —Osmond frunció el ceño.

—¡No queda ni uno solo! Y tus piedras de afilar, para los cuchillos, ¿dónde las guardabas?

—¡En el arcón de roble del despacho! —Osmond parecía espantado.

Ellen asintió.

—Eso me temía. Ahí dentro solo he encontrado restos de polvo. Primero ha saqueado todo el taller y luego, como agradecimiento, le ha prendido fuego.

—¿Cómo sabes tú todo eso? —preguntó Osmond a regañadientes.

—Estoy convencida de que esperaba convertirse algún día en el maestro, y hemos llegado nosotros y nos hemos interpuesto en su camino. —Ellen soltó un bufido—. Ahora sí que necesitamos encargos. Hasta que el tejado esté reconstruido tendremos que trabajar al aire libre, siempre que el tiempo lo permita. Mañana mismo iré al castillo y después buscaré un carpintero de obra que repare el tejado. Para empezar, bastarán mis ahorros.

Ellen tuvo suerte y regresó del castillo, en efecto, con un encargo. El joven Enrique le había declarado la guerra a su padre junto con su hermano, y había que reforzar la guarnición de Orford, pues se temían ataques desde el mar.

—He conseguido un primer encargo de cinco lanzas, dos espadas cortas y tres espadas de soldado de factura sencilla. Si la transacción resulta satisfactoria, para lo cual no debería haber ningún problema, ¡nos encargarán más!

—¿Y Adam y esos contactos de los que había hablado? —preguntó Jean.

—No serían más que mentiras y embustes. Su trabajo era malo, por eso siempre ha tenido poco que hacer. El hombre con quien he hablado conocía la fama de Donovan. Le he explicado que aprendí el oficio con él, y por eso, y puesto que no hay por aquí cerca ningún otro forjador de armas, se ha mostrado dispuesto a cerrar un ojo y encargarme a mí el trabajo. —Sonrió a Jean y a Leofric—. Ahora depende de nosotros convencerles para que nos hagan más encargos.

Jean aprovechó aquella época para aprender en la herrería todo lo que Ellen le enseñaba. Progresaba rápidamente, igual que Leofric, que en realidad todavía era demasiado joven pero tenía las mismas ganas que él de aprender.

Osmond ya no podía trabajar, de modo que se sentaba en el taller a oír el rítmico golpeteo o pasaba el día en la casa con el pequeño William, al que mecía sobre sus rodillas. Una vez Ellen retomó la actividad en la herrería y se le fue agotando la leche de sus pechos, pasó a ser Osmond quien alimentaba al pequeño con leche tibia de cabra, tal como había hecho ya con ella.

Rose no le quitaba ojo de encima cuando lo hacía.

Osmond nunca se quejaba, pero Ellen sabía lo mucho que sufría al verse rodeado de oscuridad y no poder sentirse útil ya para nada.

En Orford, casi nadie recordaba a Ellen. Muchos de los antiguos aldeanos habían muerto, y los más jóvenes estaban muy ocupados consigo mismos. Los tiempos estaban demasiado revueltos como para acordarse de una muchacha desaparecida tanto años atrás. Cierto es que seguía corriendo el rumor de que los espíritus de las ciénagas robaban niños para devorarlos, pero ya nadie recordaba qué había pasado con la hija del herrero.

También sir Miles había caído en el olvido casi por completo. Los hombres que habían rendido pleitesía a Thomas Becket habían desaparecido de la noche a la mañana después de que su señor hubiese provocado las iras del rey. En un arrebato de cólera por la traición de Becket, Enrique II le había retirado a su antiguo amigo y hombre de confianza los derechos sobre Orford. En cuanto el territorio volvió a pertenecer a la Corona, el rey había tardado poco en construir un castillo con asombrosos recursos. Según contaban, con ello había querido erigir un símbolo de su fortaleza. Hugh Bigod, que desde Framlingham gobernaba gran parte de todo Anglia Oriental, se había convertido en un fuerte contrincante de la Corona. Pese a que el castillo había reportado una considerable cantidad de dinero, los habitantes de Orford habían esperado en vano la visita de su rey. Con todo, desde que Thomas Becket había sido asesinado en la catedral de Canterbury, hacía ya tres años, quien más y quien menos, con una mano delante de la boca, responsabilizaba de ello al rey, y muchos ingleses habían empezado a dudar de sus sentimientos hacia Enrique. Desde todo el país se peregrinaba en masa a la catedral de Canterbury para honrar a Thomas Becket. Cuantas más maravillas acontecían, más personas se acercaban a su tumba. A pesar de no haberlo visto jamás en persona, los habitantes de Orford se sentían henchidos de orgullo por su antiguo señor, pues por doquier se decía que incluso iban a canonizarlo. El rey, por el contrario, era considerado desde el asesinato de Becket un tirano impío en esa guerra de pareceres.

También Rose y Jean discutían sobre la cuestión de la culpabilidad de Enrique II. Los ánimos de las gentes de todo el país estaban divididos al respecto.

A Ellen aquello le era indiferente. Jamás había conocido a Thomas Becket, como tampoco al rey. ¿Cómo iba a saber ella cuál de los dos era un hombre más relevante, si no conocía a ninguno? El único rey al que le había visto el semblante hasta la fecha era el joven Enrique, el rey sin poder. Lo había visto alguna que otra vez en los torneos de Normandía, desde lejos. Guillaume no le había explicado mucho de él, solo que era un joven derrochador a quien le hubiera gustado ser un héroe. «Igual que todos los nobles de su edad», había pensado Ellen, aunque no se había permitido emitir juicio alguno sobre sus facultades como gobernante, pues le parecía que ella no era quién para hacer tal cosa. Cuando el padre del joven rey muriera algún día, el muchacho sabría ya cómo regir su gran reino. A fin de cuentas, no tendría que llevar él solo toda esa responsabilidad. Hombres como el Mariscal permanecerían a su lado. El joven rey crecería y maduraría, y aprendería también a ser digno de su cargo, tal como habían hecho todos los reyes antes que él.

Ellen no sabía prácticamente nada de los tiempos anteriores al rey Enrique II. En su niñez no había llegado a conocer de primera mano los terribles años del rey Esteban, y de boca de los ancianos salían historias que más parecían leyendas sobre la anarquía y una guerra interminable entre Esteban y Matilde.

Pero la meta de Ellen seguía estando clara: algún día forjaría una espada para el rey de Inglaterra. Poco importaba quién fuera este.

Agosto de 1173

Ellen estaba sentada en la orilla del Ore, contemplando los destellos del ancho río. El agua se enredaba entre las cañas de las márgenes. La joven se protegió los ojos del sol con una mano y miró al otro lado de la extensa pradera que limitaba con el río. A lo lejos vio a un hombre cuyos andares ligeros le recordaron a su amigo de la infancia.

—Simon —susurró, sonriendo.

En la última semana había pensado mucho en él, pero no había encontrado tiempo para ir a visitarlo. De pronto se preguntó si no habría sido más la falta de ganas que de tiempo lo que se lo había impedido. Se puso de pie con decisión: ese día sí lo intentaría. Se secó en la hierba las gotas de agua que le mojaban los pies y se calzó los zapatos.

El recuerdo del día de su huida la asaltó al cruzar, poco después, el henar que había cerca de la herrería. En lo alto de la colina, la hierba estaba igual de alta que aquel día, pero esta vez, como mujer adulta, tan solo le alcanzaba hasta las caderas. Sin pensar muy bien qué hacía, en lugar de ir a la curtiduría Ellen echó a andar en dirección a la vieja cabaña. Llegó a la linde del bosque mucho más deprisa que en sus recuerdos. Al ver la choza se detuvo, paralizada. Todo el cuerpo se le puso como carne de gallina, pese a que hacía bastante calor. La cabaña estaba hecha una ruina. El tejado no consistía más que en agujeros por los que sobresalían los brotes de un joven abedul. La puerta estaba reventada y el interior, invadido por maleza, ortigas y cardos.

—Últimamente vengo mucho por aquí —oyó que decía una voz profunda.

Sobresaltada, se volvió sobre sí misma. Por un momento temió encontrarse con sir Miles, y el mismo pavor de aquel entonces le apresó la garganta. El hombre cuya voz había oído era algo más alto que ella, esbelto y con brazos fuertes. Ellen dudó unos instantes.

—¿Simon? —Acabó reconociéndolo por su sonrisa; un pequeño hoyuelo se hundía en su mejilla izquierda.

—Hace días que quería ir a verte. —Se rascó detrás de la oreja, nervioso.

—Igual que yo. Ha pasado mucho tiempo —repuso ella en voz baja.

—Sigues teniéndolo de un rojizo brillante... —Simon señaló a su cabello—. Estás muy guapa.

Su pie removía el polvo del suelo con torpeza. Ellen no sabía qué responder a eso, de modo que guardó silencio.

—¿Vienes? Mi madre se alegrará mucho... —Se puso colorado—. ¡Seguro que no reconocerás a mis hermanos! Ya son hombres hechos y derechos. Incluso a Michael le está empezando a salir una pelusilla por barba, y no era más que un renacuajo cuando tú... te marchaste.

—Te marchaste —masculló Ellen—. «Te echaron» se ajusta más a la realidad —dijo en voz baja.

O Simon no la había oído o hizo como si nada. Comoquiera que fuese, no aventuró ningún comentario.

Ellen lo siguió en silencio por el mismo camino que atravesaba el bosque y que habían recorrido aquel día a la carrera. El sol se colaba entre los árboles y confería al sendero una luz tenue y serena. Soplaba una leve brisa fresca. Las abejas zumbaban, tan hacendosas como entonces, pero algo había cambiado. Ellen y Simon ya no tenían nada que temer. Habían crecido y nadie los perseguía.

—Había olvidado lo bonito que es todo esto.

Simon la miró y asintió.

—Desde que él se fue. Antes nunca se podía estar seguro de nada. Durante mucho tiempo tuve miedo de que me sucediera lo mismo que a Aelfgiva. ¿Tuviste noticias? —Se frotó la nariz con el mismo gesto de antes.

Ellen asintió.

—Osmond me ha hablado de ello, pero él no tenía detalles. ¿Tú sabes algo más?

—Después de que te fueras, dejó tu ropa manchada de sangre en el pantano. A mí me explicó lo que había sucedido en realidad, y yo le juré no decirle nada a nadie. ¡Y no lo hice, palabra de honor! —Simon se había quedado parado y miró a Ellen a los ojos con seriedad—. ¡Tienes que creerme, jamás os delaté!

—No pasa nada, Simon —murmuró ella para tranquilizarlo.

En aquella época había confiado en él, y todavía seguía haciéndolo.

—Cuando los hombres de sir Miles encontraron tu ropa, dijeron que te habían devorado los espíritus de la ciénaga. Yo me froté los ojos hasta que se me pusieron rojos y fingí llorar. Todos lo creyeron, incluso mi madre. Hasta el verano siguiente hubo paz, nadie habló más de ti, como si nunca hubieses existido. Hasta que un día Aedith vino de visita y le contó a tu madre que te había visto en Ipswich, disfrazada de muchacho. Poco después encontraron a Aelfgiva no muy lejos de su cabaña. La habían tratado con saña; tenía la mandíbula completamente destrozada y el rostro tan deformado que estaba irreconocible.

Ellen sintió que el horror le hacía un nudo en la garganta.

—Me lo explicó mi padre, que estuvo allí cuando la encontraron. Durante mucho tiempo después no me alejé ni un paso de la curtiduría. Más adelante comprendí lo absurdo que era. ¡Como si mi padre hubiese podido detener a sir Miles si este hubiese querido prenderme! Una vez llegué a encontrarme con él. Yo estaba cortando leña con mi padre. Tendrías que haber visto la mirada de sir Miles; casi me lo hice encima, y enseguida miré al suelo. Creía que había olido mi miedo, pero lo cierto es que no sé si me reconoció siquiera. Seguramente nunca supo por qué le tenía tanto miedo. ¡Dios santo, cómo odiaba a ese canalla! —Simon escupió al suelo con desprecio—. No volví a sentirme libre y seguro hasta que ese malnacido se marchó.

Ellen se había quedado blanca.

—Yo tengo la culpa de que Aelfgiva esté muerta —susurró, abatida.

—¡Qué disparate! —repuso Simon—. Los culpables son sir Miles y tu madre, no tú.

—Pero si hubiera intentado evitar a Aedith en Ipswich, en lugar de ponerle la zancadilla, a Aelfgiva no le habría pasado nada.

—¡Deja de lamentarte, Ellen! No podías saber lo que iba a pasar. A tu madre tampoco le reportó ningún bien. No habían pasado más de tres semanas después de la muerte de Aelfgiva, poco después de que naciera Leofric, cuando falleció. Muchas veces me he preguntado si no será hijo de sir Miles…

—Por fortuna se parece mucho a Osmond. De no ser así, no sé si habría soportado vivir bajo el mismo techo que él.

Ambos paseaban con lentitud. El intenso aroma de la casca se olía ya en el aire.

—Tampoco sir Miles tuvo suerte. Al cabo de un año de la muerte de Aelfgiva, más o menos, tuvo un accidente de cacería. Cayó del caballo y casi se partió el cuello. Después de eso ya no pudo caminar y, cuando el rey mandó al demonio a Thomas Becket, él fue el primero de sus hombres que desapareció de Orford. Estoy seguro de que Aelfgiva los maldijo a ambos al ver llegar su hora. —Simon puso una expresión de contento.

Tampoco Ellen tenía nada que objetar a esa clase de justicia.

El trabajo duro había hecho enflaquecer más aún a la madre de Simon, que, por lo demás, había cambiado sorprendentemente poco. Seguía oliendo igual de fuerte y, en cuanto vio a su hijo, le sonrió con amor, como siempre.

Cuando Ellen se acercó a ella, entornó la mirada.

—¡Por todo lo sagrado! —exclamó—. ¡Entonces es cierto, Ellenweore! Se te ve muy bien, y llena de vida. —Sonrió, alegre de verla.

Un solo diente se aferraba a su mandíbula superior, dos a la inferior. El resto debía de habérsele caído. La abrazó con sincera alegría y la estrechó con fuerza entre sus brazos. El fuerte olor de la curtidora casi le revolvió el estómago. Sin embargo, se esforzó por ser afable con la mujer y sonreír.

—Es que me va muy bien; vuelvo a trabajar en la herrería.

Ellen se separó un poco de la curtidora.

—El cepillero fue el primero en comentar de pasada que en la herrería había una pelirroja, pero yo no podía creer que fueras tú de verdad. —Se volvió hacia su hijo—. Simon, ¿tú lo sabías?

—Mmm —repuso él con timidez.

—¿Y todavía no habías ido a verla? —La madre de Simon rió sin dar crédito—. ¡Nunca te ha olvidado, Ellenweore, su corazón siempre ha sido tuyo!

Ellen se ruborizó.

—Creo que tengo que volver a casa; nadie sabe dónde estoy y Osmond enseguida se preocupa —balbuceó.

—¡Quién podría reprochárselo! —La madre de Simon asintió comprensiva y le acarició la mejilla con sus dedos nudosos.

Ellen sonrió de mala gana y se despidió de ella.

—¡Te acompaño un trecho! —ofreció Simon.

—No hace falta, de veras. —Ellen no lo miró a los ojos.

—Claro que sí, ¡te llevo! —insistió él—. Hasta que no me asegure de que has llegado a casa sana y salva, no podré pegar ojo.

La tierna mirada de Simon de pronto le resultaba insoportable.

Abril de 1174

Iré a arrendar un caballo a la cuadra y hoy mismo partiremos hacia Ipswich. No os podéis imaginar lo que vi ayer en Woodbridge —anunció Ellen con entusiasmo al entrar en el taller.

—¿Ya estás de vuelta?

Jean y Leofric le dirigieron una mirada inquisitiva. No la esperaban hasta el día siguiente.

—¡Un batidor de cataratas! ¿Sabéis lo que es un batidor de cataratas? —Le ardían las mejillas de entusiasmo.

—No, ni la menor idea. ¿Qué es? —fue Leofric el primero en preguntar.

—Lo he visto en el mercado de Woodbridge. ¡Ha anunciado a voz en grito que puede hacer que los ciegos recuperen la vista!

—Bah, ¿se cree acaso que es un santo? —Jean sonrió con descaro.

El joven había viajado demasiado tiempo con charlatanes para seguir creyendo en maravillas. La mayoría de los supuestos milagros no eran tales. Curaban a tullidos y devolvían al fin la vista a ciegos… que pocos días antes veían perfectamente. Los presuntos enfermos estaban empleados por quienes se hacían llamar sanadores y santos, y recibían parte de las monedas cosechadas con su éxito.

—Puede ser que no lo creas, ¡pero yo lo he visto!

—¿Sí, de verdad? —dijo Jean, tomándole el pelo.

—Aquel hombre tenía los ojos del todo blancos, igual que

Osmond, pero después de que el cirujano le insertara una larga aguja en el ojo, la capa blanca desapareció, ¡y el iris volvió a ser claro! El hombre lloró de alegría y afirmó que todos los dolores que le había valido la operación habían merecido la pena. No pudo ser un engaño, ¡le vi los ojos blancos! —Ellen perseveraba con insistencia en la autenticidad del milagro—. Quiero que ese hombre opere también a Osmond, pero es caro, y con el incendio y el largo invierno no hemos podido ahorrar suficiente dinero. De modo que cabalgaré hasta Ipswich y le pediré dinero a Kenny, o incluso a Aedith, si es preciso.

Jean y Leofric se miraron por encima del hombro.

—Como quieras.

—Me pondré en camino al rayar el alba y volveré dentro de unos días. El cirujano llegará pronto a St. Edmundsbury. Allí podríamos dormir en casa de Mildred. —Ellen les dio a ambos un beso en la mejilla—. Os las apañaréis bien sin mí, ¿verdad? Jean, si viene el sargento por las lanzas y no has acabado con ellas, dile que tiene que esperar un poco más, pues he tenido que ausentarme y estáis solos vosotros dos. Si pone el grito en el cielo, no le hagas el menor caso. Y tú, Leofric, entretanto ve limpiando las herramientas y deja el taller como una patena. ¡Que cada rincón esté limpio cuando yo vuelva!

Jean rezongó, malhumorado, mientras que Leofric prefirió contenerse. La experiencia le había enseñado que era mejor obedecer las órdenes de Ellen.

A la mañana siguiente, Ellen arrendó un caballo en los grandes establos de Orford. Por primera vez no escogió un pequeño poni, sino un gran caballo de silla para llegar antes a Ipswich.

—No tengas miedo, esta yegua es mansa como un cordero y muy indicada para jinetes poco experimentados —le aseguró el propietario mientras ensillaba y le ponía la brida a la yegua, parda y de aspecto modesto.

Cuando Simon, que estaba entregando unos cueros, se enteró de las intenciones de Ellen, se ofreció a acompañarla.

Ellen rechazó su ofrecimiento con cortesía. Quería mucho a su amigo y sabía cuánto la respetaba, pero no se sentía cómoda pensando que pasaría largos ratos a solas con él. La gente ya cuchicheaba suficiente sobre ella. Se apresuró a iniciar la marcha y consiguió llegar a Ipswich antes aun de que cayera la noche.

Fue directa a la calle de los pañeros y llamó a la puerta de Kenny. Sintió que pasaba una eternidad hasta que alguien llegó arrastrando sus pasos para abrirle.

Un mozo de aspecto rabioso apareció en la puerta.

—¿Qué se os ofrece? —preguntó de mala gana.

—Quisiera ver a mi hermano.

—¿Vuestro hermano? —preguntó, irritado.

—Sí, quiero ver a Kenny.

—Vaya, no sabía que Kenny tuviera una tercera hermana —rezongó—. Pasad si queréis, pero no os agradará ver a vuestro señor hermano. —Iluminó el angosto corredor con un pequeño farol—. El camino es largo, seguidme.

El farolillo se balanceaba hacia atrás y hacia delante en su mano.

Ellen, temerosa, se preguntó qué habría querido decir el mozo con aquel comentario, pero lo siguió hacia lo alto de una empinada escalera de madera.

La puerta del despacho de Kenny se abrió con un fuerte chirrido. Lo primero que vio Ellen fue la gigantesca montaña de rollos de documentos sobre la gran mesa de roble, después descubrió a su hermano allí detrás. Debía de tener ya unos diecisiete años, pero parecía mayor. Tenía asido con ansia un vaso de plata. Bebió de él, entrecerró los ojos y sacó la cabeza un poco hacia delante.

—¿Ellen? —Dio un trago más. Le cayó vino encarnado por el mentón—. ¡Me alegro de que Aedith no mintiera y que sea cierto que estás con vida! —masculló. Dejó el vaso, se limpió la boca con la manga y eructó—. Beberé hasta la última gota. No tengo más que deudas. Tres barcos cargados he perdido en los últimos dos años —se lamentó con autocompasión—. Y, desde que el abuelo muriera también, los pocos clientes que nos quedaban han desaparecido. —Miró a Ellen con ojos vidriosos—. Voy a perder la casa. Tengo a los acreedores sobre mí y no puedo hacer nada. Acabaré en la ruina. No valgo para nada, ni para herrero ni para mercader. —Kenny dio otro sorbo del vaso con desesperación—. ¿Y tú qué quieres? —increpó a su hermana—. ¿Quieres que te dé dinero, como todos? —Soltó una cruda carcajada y se echó al coleto lo que quedaba de vino.

Ellen no dijo palabra sobre el motivo de su visita. No era el momento oportuno para hablar sobre los males de otro. Se acercó a él, posó las manos en sus hombros y lo miró con insistencia.

—Siempre que quieras, puedes volver a casa. Osmond estará contento de recibirte, lo sabes, ¿verdad?

Kenny gimió.

—Quisiera que se me tragara la tierra.

—Eras muy joven para cargar con tanta responsabilidad. Si el abuelo hubiese podido estar más tiempo contigo para ayudarte, todo habría sido distinto. Por favor, Kenny, siempre hay una solución, ¡pero ahí no la encontrarás! —Ellen señaló el vaso de plata—. ¿Puedo quedarme aquí esta noche? Mañana quisiera ir a ver a Aedith. Tú sabes dónde vive, ¿verdad?

—Desde luego que lo sé. Todavía tengo que entregarle unas telas. Ya están pagadas, por desgracia, y yo no tengo ni un rollo decente que entregarle.

—Es tu hermana —dijo Ellen, intentando tranquilizarlo.

—¡Y, si su marido no fuese una persona tan sensata, ya me habría llevado al patíbulo sin pestañear!

—Eres muy duro, Kenny —lo reprendió Ellen.

—Soy blando y suave como una pluma en comparación con ella, pero ya lo verás. No importa por qué quieras ir a verla mañana, te tratará igual que si fueras basura. Lo hace con todo el mundo. Te acompañaré hasta su casa, pero no pienso entrar contigo. —Apartó la mirada y, sacudiendo la cabeza, masculló—: No, no pienso entrar ahí.

Aunque Kenny le había adjudicado la alcoba del abuelo, la que tenía la cama grande, muchos almohadones y una suave cubierta de cama acolchada, Ellen no durmió bien. Reflexionó mucho sobre sus intenciones. ¿Y si Aedith se negaba a ayudarla? Además, ¿qué sucedería con Kenny? Tendría que animarlo a regresar a Orford. Tal vez pudiera echarles una mano en la herrería; a fin de cuentas era hijo de Osmond y no resultaría del todo inútil... Por la mañana se lavó la cara, el cuello y las manos, sacó de su fardo un saquito lleno de hierbas y se lavó los dientes. Con un trago de agua, las hierbas dejaban buen sabor en la boca. Ellen se puso el vestido verde. Había contado con tener que ir a visitar a Aedith y lo había llevado consigo para dar mejor impresión ante su hermana. Lo cierto era que el vestido no se correspondía con la moda, pero la tela tenía un bonito brillo y, al contrario que el resto de su ropa, estaba limpio y no tenía quemaduras. Ellen se peinó los rizos con los dedos y los recogió con una cinta verde.

Kenny la acompañó hasta la casa de Aedith. Tenía un aspecto horrible; el exceso de vino y las cuitas económicas le habían dejado profundas sombras bajo los ojos hinchados.

—Te esperaré ahí detrás. No creo que tardes mucho. —Rió con amargura—. Lo mismo da qué quieras de ella: te escuchará y luego te echará a patadas —profetizó.

Ellen se acercó a la gran puerta y llamó. Al instante apareció un mozo bien vestido y preguntó con educación qué deseaba. Hizo pasar a Ellen al patio y la miró de arriba abajo. Parecía dudar que pudiera ser la hermana de su señora. Le rogó que aguardara y se apresuró a perderse en el interior de la casa. Aedith no tardó en llegar.

—¡Ellen! —dijo con una sonrisa, aunque su voz sonó gélida como una noche invernal. Se acercó un par de pasos a su hermana—. Deja que te vea... —La cogió de las manos y la miró de pies a cabeza—. ¡Bueno, de todas formas me gustas más así que vestida de muchacho! —comentó con agudeza.

—¡Se te ve muy bien, Aedith! —Ellen se esforzó por hablarle con cariño.

—Es comprensible, a fin de cuentas hago mucho por estarlo. Afortunadamente no tengo hijos. ¡Le arruinan a una la figura! —exclamó con estridencia.

«Kenny tenía razón —pensó Ellen—, sigue siendo la misma bruja de siempre.»

—He venido a pedirte ayuda. No para mí —añadió enseguida, al ver que los ojos de su hermana se encogían hasta convertirse en pequeñas ranuras molestas.

—Si te envía el sinvergüenza de Kenny, voy a tener que decepcionarte. No va a sacarme ni un penique más. Le pagué por adelantado el último pedido porque me lo suplicó, y a buen seguro que jamás llegaré a ver esa tela. —Aedith había retrocedido un paso y contemplaba a Ellen como si fuese una traidora.

—He sabido de los apuros de Kenny. Es probable que lleves razón con tus sospechas en cuanto a ese paño, pero no he venido por él, sino por Osmond.

—¿Y ese qué quiere? —Su voz sonó recelosa.

Ellen tuvo que dominarse muchísimo para no propinarle una patada en la espinilla.

—Está ciego, Aedith. Quiero llevarlo a que le batan las cataratas. ¿Has visto alguna vez cómo les devuelven la vista a los ciegos?

—Bah —espetó su hermana.

—El batidor de cataratas pide mucho dinero. Yo trabajo para Osmond y tenemos suficientes encargos, pero este año el invierno ha sido largo y crudo. Además, hace un tiempo hubo un incendio en la herrería. La he reconstruido, pero me ha costado todos mis ahorros. Por eso no hemos podido ir juntando demasiado. Nos faltan ocho chelines para poder llevar a padre a que le operen.

—Mi marido es viejo y feo; pago muy caro mi bienestar. ¡Y vosotros os atrevéis a venir aquí a pedirme limosna! ¿Acaso creéis que soy una necia? ¿Creéis que no sé que lo único que queréis es daros una buena vida con mi dinero?

Ellen se quedó perpleja por lo que su hermana pensaba de ellos.

—¡Te equivocas, Aedith! Lo único que quiero es que Osmond vuelva a ver —aclaró Ellen. Sin embargo, al contemplar la amarga expresión de su hermana, se dio por vencida—. Qué más da, Aedith, olvídate de que he venido siquiera. Olvida quiénes somos y de dónde procedes. Juntaré ese dinero y lo llevaré al batidor de cataratas el año que viene. —Ellen dio media vuelta, dejó a su hermana allí plantada y cerró la gran puerta con enfado al salir a la calle—. ¡Menuda cretina! —clamó, y regresó a la esquina en la que Kenny la estaba esperando—. Debería haberte hecho caso. Menuda…

—No merece que te alteres por ella. No me has dicho qué

querías pedirle, pero sabía que no te ayudaría. Así es siempre. Yo creo que disfruta siendo mala.

Ellen guardó silencio. Estaba demasiado furiosa para seguir pensando en Aedith. En lugar de eso, le pidió permiso a su hermano para quedarse una noche más en su casa y compró una empanada de carne, harina, huevos y una hogaza de pan, pues la alacena de Kenny estaba vacía. Poco antes de que oscureciera, alguien llamó a su puerta. Un momento después, el viejo mozo le pidió a Ellen que bajara.

En el salón, frío y sin caldear, había un hombre de edad avanzada y vestido con elegancia sentado en la butaca de Kenny. Al ver entrar a Ellen, se levantó con esfuerzo y la saludó cortésmente. Era más bajo que ella y parecía frágil. Su arrugado semblante estaba enmarcado por un pelo ralo que le caía hasta los hombros en mechones canos. Casi no tenía dientes en la boca, pero aun así, el anciano parecía venerable.

—Soy vuestro cuñado —dijo, presentándose.

Su voz imperiosa se contradecía con su delicado aspecto.

Ellen no ataba cabos.

—Aedith es mi esposa —explicó el hombre con una sonrisa de satisfacción.

La muchacha lo miró con asombro.

—Me han informado de vuestra conversación con ella este mediodía. —Estaba apoyado con ambas manos en el pomo plateado de su bastón de ébano y se inclinó un poco hacia ella—. Aedith es una belleza, pero eso es lo único que habla en su favor. No me extraña que no me haya dado ningún hijo, pues es avara hasta extremos increíbles. —Tosió un poco y sonrió con tristeza—. ¡Incluso con mi dinero!

Ellen intentó adivinar quién le habría informado de aquella conversación y sospechó del mozo que le había abierto la puerta.

—Os ha negado el dinero para el batidor de cataratas. Para su propio padre. —Movió la cabeza, como si no diera crédito—. Si se hubiera tratado de mí y ella hubiese tenido la mano en la escarcela, no habría obrado de otro modo. No tiene corazón. —Sacó un monedero de cuero y se lo dio a Ellen—. Sé que vuestro hermano no puede ayudaros; está con el agua al cuello —dijo con cariño, y se aclaró la voz—. Para sacar de quicio a Aedith, pienso comprar todos sus pagarés y quemarlos. Además, le enviaré a alguien que lo ayude a llevar el negocio durante una temporada. Lo he estado observando; es hacendoso y no le faltan aptitudes, pero ha tenido muy mala suerte.

Ellen miró al anciano con desconfianza.

—¿Por qué hacéis todo esto?

—No tengo ningún hijo. —Tosió de forma forzada—. ¿Debo dejarle a ella todo en herencia el día que muera? Por eso me gusta hacer alguna buena obra de vez en cuando. Por mi salvación eterna, ¿comprendéis? —Volvió a toser—. Aun así, a ella le quedará suficiente. No le digáis nada a vuestro hermano sobre esta conversación.

—¿Por qué no? —preguntó Ellen con recelo.

—Un niño como él es capaz de rechazar una mano auxiliadora por vanidad o un orgullo mal entendido. Pero no os preocupéis, a su debido tiempo sabrá de dónde ha llegado la ayuda. También yo fui joven una vez. No sé qué habría hecho en su lugar si mi cuñado de improviso hubiese adoptado el papel de benefactor. —Sonrió ensimismado, recordando su juventud. Soltó una tos metálica—. Aceptad el dinero y ocupaos de que vuestro padre recupere la vista. Y, si pregunta de dónde lo habéis sacado, decidle que es de Kenny.

El anciano se puso en pie con dificultad y caminó hacia la puerta con un paso asombrosamente vigoroso.

Ellen lo siguió. Su cuñado se volvió una última vez hacia ella:

—Vuestra buena fama os precede, forjadora. ¡Llegaréis muy lejos! —Le acarició la mejilla con una mano arrugada, sonrió y salió de la casa.

Ellen se quedó allí de pie, paralizada, y tardó un buen rato en recobrar el sentido. ¿De qué fama hablaba? ¿Sabía más cosas sobre ella? Abrió el monedero con manos temblorosas. ¡Doce chelines! El viejo mercader de sedas había sido más que generoso. ¿Qué tendría previsto hacer con Kenny? Ellen decidió aceptar aquel gesto generoso sin devanarse más los sesos. Le dejó a Kenny un chelín, el resto se lo escondió bajo la ropa y se dispuso a volver a casa.

—Aún tenemos tiempo para llevarte a St. Edmundsbury —le dijo a Osmond nada más llegar, y le habló del batidor de cataratas.

—Ay, niña, ¿para qué vamos a tirar todo ese dinero? —Osmond movió la cabeza de lado a lado—. Es un derroche. De todos modos ya no viviré muchos más años.

—Pero ¿qué estás diciendo? —Ellen lo sacó con decisión por la puerta del taller—. Serás el hombre más feliz del mundo cuando al fin puedas ver a tu nieto.

Osmond respiró hondo y calló. Tenía miedo de la esperanza que sentía crecer en su pecho, y más aún de la decepción en caso de que no consiguieran liberarlo de su ceguera.

Ellen arrendó dos ponis y se pusieron en camino de inmediato.

Cuando llegaron a St. Edmundsbury, tres días después, Ellen apenas podía cerrar la boca de asombro. Una abadía gigantesca, magnífica y majestuosa dominaba la ostentosa ciudad enclavada entre huertas de frutales, pastos y bosques. Rodearon la población por el sudoeste y poco después del mediodía llegaron a la herrería de Isaac, el marido de Mildred, que se encontraba en un pequeño claro.

Mildred estaba sentada frente a la casa, desplumando una gallina en el tibio aire primaveral, cuando los dos llegaron a caballo. Ella se acercó con alegría a los inesperados visitantes y los abrazó para darles la bienvenida. Después enderezó el banco para que ambos pudieran sentarse a la mesa y les sacó una jarra de agua fresca.

—¡Vuelvo a estar encinta! —le susurró a Ellen al oído.

Mildred había dado a luz un niño muerto el invierno anterior, y algo más de un año antes le había nacido uno demasiado pronto. Marie, su única hija hasta la fecha, ya tenía casi cuatro años, y no había nada que Mildred deseara más que darle al fin un varón a su marido.

Ellen le dio un beso en la mejilla y le apretó la mano.

—Esta vez todo irá bien —le musitó a su vez.

—¡Al que no ve, se le aguza el oído! —gruñó Osmond, y se

echó a reír—. ¡Yo tampoco tendría nada que oponer a otro nietecito!

Mildred se sonrojó.

—¡Perdona, padre! —Y se manoseó un mechón con nerviosismo.

—No pasa nada, hija —la tranquilizó Osmond.

Mildred se puso de pie enseguida y fue por algo para comer.

—Queremos ir a la feria sin demora. ¿Podemos quedarnos un par de días? —preguntó Ellen sin explicarle nada a Mildred sobre el motivo de su visita.

—¿Y tenéis que preguntarlo? Me enfadaría muchísimo si desaparecierais nada más llegar.

—Tendríamos que dejar aquí los caballos e ir a pie —comentó Ellen.

Osmond asintió. Recordaba St. Edmundsbury muy bien. La herrería no quedaba lejos de la puerta occidental de la muralla de la ciudad. Recorrerían sin mayor problema el camino hasta la feria.

Ellen le puso un bastón en la mano y echaron a andar. Llegados a la feria, miró en derredor.

A un lado de la abarrotada plaza había un gran estrado de madera. Allí trabajaban un sacamuelas, un cirujano barbero y el batidor de cataratas. Un poco más allá, charlatanes y juglares ofrecían sus farsas para hacer reír al público. De vez en cuando, los gritos estremecedores de los enfermos acallaban las alegres risas y el bullicio de los espectadores.

Ellen se abrió camino entre la muchedumbre guiando a Osmond tras de sí. Dejó atrás a los curiosos y llamó la atención del batidor de cataratas. Acto seguido le comunicó su deseo.

El hombre, delgado, con un cabello cano que casi le alcanzaba hasta los hombros y el rostro bien rasurado, se inclinó hacia ella desde la tarima.

—Examinaré a vuestro padre. Si considero que puedo serle de ayuda, con gusto lo operaré. ¡Subidlo aquí! —ordenó con afabilidad.

Ellen ayudó a Osmond a subir los escalones de madera, que

crujían. El batidor observó con detenimiento los ojos de Osmond.

—Creo que podemos aventurarnos. Si consigo hacer a un lado los humores corrompidos que enturbian sus ojos y logro que no los cubran de nuevo, ¡hoy mismo podrá volver a veros! —exclamó, en voz bien alta para que los curiosos de la concurrencia pudieran oírlo, y le dijo a Ellen cuál sería el precio.

Un murmullo recorrió la muchedumbre, la gente se apretó para acercarse más al estrado y no perderse nada.

—¿Podréis sujetarlo vos misma, o debo buscar a un hombre fornido que lo tenga quieto?

—Decidme tan solo lo que debo hacer. —Ellen lo miró fijamente a los ojos.

—Sentad a vuestro padre en esta silla y colocaos tras él.

El cirujano se acercó una segunda silla, la empujó un poco hacia aquí y hacia allá hasta quedar justo delante del paciente y tomó asiento.

—Sujetadle la cabeza con firmeza entre vuestras manos y empujadlo con fuerza contra vuestro pecho, de manera que no pueda moverse, pues lo intentará. Se sacudirá, a buen seguro gritará también, pero vos no debéis soltarlo, ¿me oís? —La miró con insistencia—. ¿Podréis hacerlo?

Ellen asintió, aunque notó una leve desazón en el estómago.

—¡Me agarrará bien, por algo es mi hija! —exclamó Osmond con orgullo, y le dio unas palmaditas a Ellen en la mano.

Él mismo parecía estar bastante tranquilo y no tener ni una pizca de miedo.

—Ahora os introduciré una aguja en el ojo. Os dolerá, pero no durará mucho. ¡Después, quiéralo Dios, volveréis a ver a vuestra hija! —dijo el batidor de cataratas para infundir valor a su paciente.

Colocó la mano izquierda en la frente de Osmond, con el pulgar y el índice le abrió por completo el párpado del ojo derecho y con sus dedos delgados y gráciles sujetó el globo ocular de manera que no pudiera moverse. En la mano derecha sostenía la fina aguja de catarata, cuya cabeza era ligeramente redondeada. Se la llevó a la boca, la humedeció con su saliva y la hendió de lado en el blanco del ojo.

Osmond se estremeció. Profirió un breve quejido cuando notó que la aguja se introducía, pero no emitió más sonido que ese.

El público guardaba un silencio cada vez más absoluto. Hasta la última fibra del cuerpo de Osmond parecía tensa.

El cirujano hizo penetrar la aguja hasta que vio aparecer la punta tras la pupila y entonces la movió de arriba abajo para retirar la catarata, aguantó ahí un momento para que no volviera a subir y finalmente sacó la aguja. Para terminar, cubrió el ojo de Osmond con un apósito empapado en vino fuerte.

—Bebed un trago, os hará bien. —El batidor le alcanzó a Osmond un pequeño vaso de ese mismo vino—. ¡Pero despacio! —advirtió.

Osmond se echó varios traguitos y se relajó un poco.

—Enseguida habremos acabado —lo tranquilizó el batidor.

Cogió la aguja con la mano izquierda y realizó la misma operación con la otra catarata. Cuando hubo terminado, le quitó el apósito del primer ojo y cubrió con él el segundo.

—¿Podéis ver algo ya?

Osmond parpadeó y volvió la cabeza.

—¡Ellenweore! —exclamó sin apenas voz.

Se echó a llorar de alegría y extendió los brazos.

Al ver a su padre, Mildred apenas podía creerlo.

—¿Qué te ha pasado en los ojos? —preguntó con asombro.

Osmond explicó con todo detalle cómo el cirujano le había batido las cataratas y lo había liberado de su ceguera.

—No veo tan bien como un hombre joven, ¡pero veo! —Sonrió con alegría—. Alabado sea Dios por poder volver a veros, y también a mis nietos. ¿Dónde está Marie? ¡Hace mucho que no he podido ver bien a esa chiquilla!

Mientras Osmond y Mildred aguardaban en la cocina y Marie cabalgaba en las rodillas de su abuelo, Ellen quiso hacer una visita a la herrería.

—Ve. Isaac sabe que estáis aquí. —Mildred rió y la echó de allí con gestos.

Cuando Ellen entró en el taller, Isaac se estaba peleando con una pieza para la que le habría venido muy bien un ayudante.

—¿Quieres que la sostenga? —preguntó Ellen, y se colocó a su lado. Su cuñado le sacaba casi una cabeza, tenía una espalda ancha y era apuesto—. ¡Soy Ellenweore! —añadió, sonriendo.

—Ajá, la cuñada herrera. —Isaac no parecía precisamente alegrarse de conocerla—. Bueno, si quieres, puedes sujetar —dijo desde su altura.

Ellen se molestó un tanto por ese tono: habría podido mostrarse un poco más amable. Miró en derredor y cogió uno de los mandiles de cuero que colgaban de un poste junto a la fragua. Isaac modelaba la pieza con destreza. Tenía un buen ritmo, pero trabajaba con golpes más imperiosos que Ellen. Obedeciendo a un gesto suyo, esta volvió a meter el hierro en las brasas. Su cuñado la miró con menosprecio.

—La verdad sea dicha, no tengo en mucho el trabajo de las mujeres en la fragua. En el fogón me gustan más.

—¡De nada! —exclamó Ellen, y se quitó el mandil—. ¡Entonces será mejor que sigas solo! Si prefieres torturarte…

Dio media vuelta para salir del taller.

—¡A eso mismo me refiero! Las mujeres se rinden enseguida y son demasiado pendencieras para dedicarse a oficios de hombres.

Ellen respiró hondo y regresó a la casa.

—Tu marido no me quería en la herrería. Le parece que las mujeres tienen que atender el fogón —espetó.

—Si supiera cómo cocinas, seguro que no te habría dicho eso. —Mildred sonrió, y también Osmond, que no logró reprimir una risilla.

—Oh, sois imposibles. Si supiera lo bien que forjo…

—Tampoco lo habría reconocido. En eso tienes toda la razón, cielo —afirmó Osmond con ternura—. Hay hombres que no soportan tener cerca a una mujer habilidosa.

—Nunca me casaré. No soportaría verme atada al fogón.

—Pero si ya estuviste casada una vez. ¿No era así tu marido? —preguntó Mildred con cierto asombro.

Ellen se puso colorada al recordar que les había mentido.

—Jocelyn era muy diferente. Me enseñó muchísimas cosas, y me habría dejado trabajar siempre que hubiera querido. Pero no tuvo ocasión —balbuceó, abatida.

—Perdona, no tendría que haberlo mencionado —dijo Mildred al ver que su hermana tenía lágrimas en los ojos.

En cuanto Ellen entraba en el taller, Isaac sacaba lo peor de sí. Cuando estaba en la casa, sin embargo, la trataba con simpatía, hacía chanzas y le reía con cariño.

Su rostro poseía cierta cualidad juvenil a pesar de que ya tenía casi treinta años. Al sonreír, los ojos se le cerraban de tal manera que se convertían en unas pequeñas ranuras. Sus iris castaños miraban con afabilidad y refulgían con diversión cuando rezongaba o se burlaba de algo.

Los días junto a Mildred pasaron deprisa, y Ellen y Osmond no tardaron en emprender el camino de vuelta.

Mildred los abrazó a ambos con fuerza.

—¡Me alegro mucho de que te hayas ocupado del taller de padre! ¡Está muy orgulloso de ti! —le susurró a Ellen al oído al despedirse.

Diciembre de 1174

Mildred e Isaac fueron a Orford con la pequeña Marie y su segunda hija, que apenas tenía unas semanas de vida, a festejar la Natividad.

Ellen había tenido que adquirir nuevas limas, una muela y varias piedras de pulir para poder terminar el encargo de la guarnición del castillo, pero hasta el momento no había recibido más que la mitad del estipendio acordado. Prefirió no comentarles nada a Mildred ni a Isaac, y también le pidió a Jean que no hablara del trabajo. Puesto que, de ese modo, las conversaciones de la mesa no giraron en torno a la forja, Isaac estuvo alegre, bromeó y se comportó con Ellen como correspondía a un cuñado.

Para acompañar la anguila ahumada de la comida de Natividad prepararon el gordo ganso que había traído Mildred con un pan fuerte y una sabrosa salsa.

—¡Si pudieras verlo! —le dijo Ellen con un codazo a su padre, que pocos meses después de que le hubieran batido las cataratas había vuelto a quedarse ciego del todo—. Will intenta caminar, si se suelta…

Y entonces William, efectivamente, se soltó del taburete y caminó con inseguridad hacia el pequeño pesebre de madera que había al otro lado de la sala. Desde que Jean lo había dispuesto allí, por la mañana, había sido el centro de atención del pequeño, y por fin la curiosidad había vencido al miedo.

Ya desde Pascua, todos esperaban que echara a andar, pero él no se había atrevido porque con el pie que tenía torcido hacia dentro solo pisaba por el borde exterior. Aunque se sostenía con las dos manitas, tropezaba enseguida con su propio pie y le costaba mucho mantener el equilibrio.

Osmond lloró lágrimas de alivio al oír que su nieto caminaba tambaleante pero decidido hacia el pesebre.

—¡Lo has hecho muy bien! —felicitó Ellen a su pequeño en cuanto alcanzó su objetivo.

William resplandecía de alegría; volvió a soltarse y desanduvo el camino hasta el taburete. Así fue caminando de un lado para el otro hasta que Rose anunció que ya era hora de acostarlo.

Isaac estaba como loco con el chiquillo.

—¡Un varoncito así de renacuajo necesitamos nosotros también! —le dijo con buen ánimo a Mildred, que todavía estaba algo débil por el parto de Agnes.

Al día siguiente, Isaac estuvo contemplando los incansables intentos de echar a andar del pequeño William y, de repente, tuvo una idea.

—Jean, ¿me acompañas un momento al taller?

Ellen frunció el ceño, pero por respeto a Mildred, no dijo nada cuando Isaac se levantó de la mesa a la que estaban comiendo y se dirigió a la herrería sin pedirle permiso.

Jean, con una breve mirada, constató que su maestra estaba conforme antes de levantarse y seguirlo.

—Ese pie tullido es el culpable de que no haya aprendido antes a caminar. El niño tiene coraje y una voluntad de hierro, pero el pie le resultará una carga toda la vida. Si tuviera una especie de zapato rígido que forzara la postura de los huesos de modo que no pudieran torcerse, a lo mejor caminaría con más estabilidad. Vamos, que los pies de los niños pequeños es casi como si no estuvieran terminados de hacer todavía. ¿Te has fijado en los piececillos de Agnes? Son planos y finos. Con el tiempo se harán más anchos y tomarán su forma definitiva, pero aún tardarán. Incluso los pies de Marie son todavía bastante planos.

Jean torció el gesto y reflexionó.

—¿Y cómo podría hacerse algo así?

—¿No somos herreros?

—¿Quieres hacerle al niño un zapato de hierro? —Jean se echó a reír—. Pesará demasiado, con algo así no caminará jamás.

Isaac respiró hondo.

—Seguramente tienes razón, pero estoy seguro de que, si lo pensamos un poco, encontraremos una solución, ¿no te parece?

Jean asintió con alegría. Isaac le caía simpático, si bien entendía a la perfección que Ellen detestara que la tratara con superioridad en todo lo referente a la forja.

—Un zapato de cuero sería demasiado blando, eso está claro, pues se amoldaría al pie —razonó Jean en voz alta.

—¿Y un zapato de madera?

—No servirá. —Jean negó con la cabeza, desanimado—. Jamás conseguiría hacer entrar el pie en él. Por eso Ellen deja siempre que vaya descalzo por ahí —explicó.

—En verano eso está muy bien. Marie también va casi siempre descalza. Pero se trata de arreglar ese pie tullido. De manera que, si tallamos un zapato que se le ajuste a la medida, siempre le obligaría a colocar el pie en una dirección algo más adecuada. Al cabo de un tiempo le haríamos otro nuevo. De todas formas, los pies de los niños crecen tan deprisa que siempre necesitan zuecos nuevos. Créeme, lo sé por Marie, y eso que es una niña. Seguro que los pies de los chiquillos crecen aún más aprisa.

—Nunca he hecho un zapato de madera. ¿Y tú?

—Solo de los más sencillos, nunca algo tan especial. Pero a fin de cuentas somos artesanos, seguro que nos las arreglamos, ¿no te parece? —dijo Isaac, sonriendo con ánimo—. Solo tenemos que pensar bien cómo haremos que le entre en el pie. Primero cogeremos uno de los zapatos de Marie y veremos cómo está hecho. Ea, venga, ¿tenéis madera seca por ahí?

Jean asintió.

—En el cobertizo de la parte de atrás. —Señaló a la cara oeste de la herrería.

Isaac fue a por los zuecos de madera de Marie mientras Jean llevaba al pequeño William al taller.

Ellen estaba intrigada por tanto secretismo y se preguntaba qué estarían tramando tanto rato allí dentro. De la chimenea no salía humo y tampoco se oían los martillos. Si Isaac no la hubiera tenido tan molesta con su menosprecio, se habría acercado a curiosear qué hacían.

Ya era noche cerrada cuando Jean e Isaac, con el pequeño William en brazos, regresaron a la casa; los zapatos de madera estaban terminados.

Ellen se encogió de hombros con indiferencia cuando Jean le explicó en qué habían estado ocupados.

—Algún día será herrero, para eso no necesita caminar especialmente bien —replicó, mordaz.

—Sí, sí, ya lo sé, en la antigüedad los reyes incluso les cortaban los talones a sus mejores herreros para que no pudieran escapar y ofrecer a otros sus servicios como forjadores. Ya lo sabemos —comentó Isaac con irritación.

—¿Es eso cierto? —Jean se estremeció.

—¿Nunca te he contado la fábula del herrero Wieland? —preguntó Ellen con asombro.

Jean negó con la cabeza.

—Wieland fue un gran herrero, ¡y eso que no podía caminar! —Ellen fulminó a Isaac con la mirada—. ¡Igual que Hefesto!

—Me parece que Ellenweore está loquita por esos hombres duros. ¡Qué lastima que hoy ya no exista ninguno! —se mofó su cuñado.

—¡Fuera de aquí los dos! —gritó Ellen.

Isaac agarró a Jean de los hombros y se lo llevó fuera consigo.

—Vamos a buscar un poco de leña para que las mujeres puedan cocinarnos algo bueno.

—En la vida llegará el momento en que yo cocine algo para ti —refunfuñó Ellen cuando los dos habían salido ya.

La pequeña chanza de Isaac había metido el dedo en la llaga. Rose rió.

—Sois como el perro y el gato. Qué suerte que tus padres lo casaran con Mildred y no contigo.

—¡Haría tiempo que estaría viuda, pues seguro que a la primera semana ya le habría retorcido el pescuezo! —espetó Ellen, y no pudo evitar reír al ver la expresión de espanto de su amiga.

Enero de 1176

Ellen estaba aterida ante la tumba de Osmond. Un claro día de verano, solo un año después de que le batieran las cataratas, ya no había vuelto a despertar. Ellen y Leofric lo habían llevado hasta su sepulcro con ayuda de Jean y Simon.

Simon había empezado a visitar la herrería con particular frecuencia tras la muerte de Osmond, y Ellen recordaba bien la tarde en que le había propuesto matrimonio.

—Simon es un hombre simpático. ¡Tendrías que acabar por corresponderle! —le había dicho Leofric en cuanto aquel se había ido de la casa.

—No quiero a ningún hombre simpático, y a Simon menos aún. Es mi amigo, siempre ha sido así. Pero ¿casarnos? ¡Nunca! —Ellen temblaba de indignación.

Cierto, Simon era su confidente desde la infancia, pero no los unía nada más. El mundo de él consistía en pieles de animales, orín y casca de roble, y sus sueños se limitaban a ocuparse algún día de la curtiduría y criar a sus hijos, igual que había hecho su padre. La curtiduría no había enriquecido a la familia, pero tenían un techo sobre la cabeza y nunca pasaban hambre.

Los planes de Ellen, sin embargo, eran del todo diferentes. La idea de convertirse en la esposa de Simon y acabar algún día como su madre, curtida e impregnada de ese pestilente hedor, le resultaba tan espantosa que fulminó a su hermano con la mirada.

—Si crees que te desharás tan fácilmente de mí, estás muy equivocado. Ya sé que serás tú quien herede la herrería, y no yo. La ley así lo manda, aunque yo sea la mayor. Pero comoquiera que fuere, todavía eres muy joven y te falta experiencia para llevar tú solo el taller. Para empezar, todavía dependes de que yo me quede aquí. ¡Así que será mejor que controles esa lengua y pienses muy bien con quién quieres juntarme!

—Antes de que yo pueda encargarme solo de la herrería, acabarás siendo una vieja solterona. ¿Quién te querrá entonces, eh? —espetó Leofric con rabia—. Además, no quiero deshacerme de ti. No tendrías por qué hacerte curtidora; aunque te casaras con Simon, ¡podrías trabajar aquí!

Por un momento, Ellen no dijo nada. ¡Leofric tenía miedo de que pudiera marcharse! El fulgor de su mirada se convirtió en una expresión de cariño por su hermano más pequeño.

—No puedo casarme con él, de veras.

Solo con pensar en la curtidora, Ellen se había quedado pálida.

—A mí me parece que tienes muchos remilgos, la verdad —volvió Leofric a la carga.

—No pienso casarme con ningún curtidor, ¿me has oído bien? —Ya tenía bastante—. Si me caso, será solo con un herrero que me deje forjar. Ya puedes olvidarte de todo lo demás, y esa es mi última palabra. Ahora mejor será que te vayas a dormir; mañana tenemos mucho quehacer.

Cuando Simon fue a verla una semana después para saber cuál era su respuesta, Ellen rechazó su proposición sin más explicaciones. Para gran sorpresa suya, su amigo no intentó convencerla de nada, sino que lo aceptó con sencillez, sin enfado, sin malas palabras. Con todo, ya nunca volvió a la herrería. Y también, desde aquel día, solo Jean y Leofric se acercaban a la curtiduría cuando necesitaban cuero para el trabajo.

Una ráfaga de viento helado sacó a Ellen de su ensimismamiento. Miró al cielo con preocupación: parecía que iba a volver a nevar. Se arrebujó más en su manto, rezó una última oración por su padre adoptivo y regresó a la herrería dando grandes pasos sobre la colina nevada.

Leofric había salido un buen rato antes que ella y se había llevado el trineo al bosque para cortar leña. En invierno había que dejarla secar una buena temporada antes de poder quemarla, y Leofric tenía encomendada la tarea de preocuparse de que hubiera siempre suficiente provisión. El carbón vegetal de la fragua era demasiado caro y no lo usaban para cocinar.

Cuando Ellen entró en el taller, Jean estaba solo.

—¿Todavía no ha vuelto Leofric? —preguntó, ceñuda.

—No. —Jean levantó la mirada de su trabajo—. Hace mucho que está fuera, ¿no te parece? —Se lo veía preocupado.

—A lo mejor deberíamos ir a buscarlo antes de que oscurezca —propuso Ellen.

Desde la muerte de Osmond, solo ella decidía lo que había que hacer.

—¡Vamos! —Jean se quitó el mandil y cogió el manto que colgaba en el gancho.

—¡Ven, Barbagrís! —exclamó Ellen, y se dio una palmada en el muslo.

El perro alzó la cabeza, se puso en pie despacio y se estiró con deleite.

—Hace un frío de mil demonios. El pobre Leofric tiene que tener las manos y los pies congelados de estar tanto tiempo en el bosque.

Jean se estremeció en cuanto le rozó el viento gélido.

La nieve del prado crujía bajo sus pies. Las huellas de Leofric se veían claramente y conducían al bosque. Las siguieron a buen paso.

Ellen encontró el trineo en un pequeño claro. De Leofric, ni rastro. Barbagrís empezó a inquietarse y a gemir. Jean corrió al trineo y desde allí siguió las pisadas del joven.

—¡Siguen por aquí, Ellen! —exclamó, y le hizo una seña para que se acercara.

Unos pasos más allá encontraron un charco de sangre en el blanco inmaculado de la nieve.

—¡Válgame Dios, Jean!

Varias pisadas se alejaban de la mancha.

Jean descubrió una ancha huella de arrastre que terminaba bruscamente.

—Aquí lo han atado a una vara para cargarlo —explicó, y señaló las huellas, que a partir de ahí se seguían unas a otras en línea recta.

—Pero ¿qué estás diciendo?

—¡Cazadores furtivos!

Ellen se quedó boquiabierta de espanto.

—¿Cómo lo sabes? —inquirió.

—Marcondé era un maestro de la caza furtiva. Estos no son más que principiantes. Deben de haber tenido miedo de que los descubrieran: el que caza en los bosques del rey acaba colgado.

—Eso ya lo sé —replicó Ellen con impetuosidad, y lo miró perpleja—. ¿Dónde se habrá metido Leofric?

—¡Chis, no grites tanto! —susurró Jean con severidad.

Ellen estaba como paralizada. Barbagrís había desaparecido entre la maleza.

De pronto, el perro empezó a ladrar, fuera de sí.

—Ahí detrás, vamos. —Jean echó a correr.

Un escalofrío recorrió la espalda de Ellen y le puso la carne de gallina, tanto que casi le dolía.

—¡Leofric! —exclamó al ver a dos hombres encapuchados y con bastones.

Jean se hizo con una rama caída y corrió hacia ellos dando fuertes gritos. Estos, presa del pánico, tiraron al suelo sus garrotes y huyeron de allí.

Ellen corrió hacia la víctima de los cazadores.

Leofric estaba inconsciente y tenía en la cabeza una enorme herida que no dejaba de sangrar. Su hermana aplicó el oído derecho en su pecho. Su corazón latía con debilidad.

Barbagrís lamía el rostro del niño entre gemidos.

—¡Está vivo! —le gritó a Jean, que solo había seguido a los hombres para ahuyentarlos y no dejaba de mirar con recelo en todas direcciones.

—¡Malditos puercos! —Escupió sobre la nieve con desprecio y alzó al chico por los hombros—. Cógelo de las piernas, lo llevaremos hasta el trineo. Tenemos que llevarlo a casa cuanto antes para que entre en calor y curarle las heridas.

Ellen estaba desconcertada. Por primera vez vio lo mucho que significaba Leofric para ella.

—¡Deprisa! —la apremió Jean.

—Sí, ¿qué...? Las piernas, sí.

Ellen agarró a Leofric de los pies y ayudó a Jean a cargar con él.

Barbagrís los seguía a un lado, gimoteando. El camino hasta la casa se les hizo interminable.

—¿Qué ha sucedido?

Rose, impaciente, ya los estaba esperando frente a la casa y corrió hacia ellos.

—Unos cazadores furtivos lo han atacado. ¡Ve a calentar agua, está muy malherido! —exclamó Jean.

La muchacha no preguntó más, dio media vuelta al instante y se apresuró adentro.

—Creo que las heridas de la cabeza hay que coserlas —dijo Jean después de dejar a Leofric en la yacija de paja que Rose había preparado a toda prisa.

Ellen se inclinó hacia su hermano y le acarició las pálidas mejillas. Había perdido mucha sangre por la herida de la cabeza, y el pelo se le había pegado a ella.

—Yo vi en un par de ocasiones cómo Marcondé y los demás se cosían las heridas unos a otros, pero nunca llegué a hacerlo —dijo Jean a media voz—. A lo mejor deberíamos llamar a un cirujano barbero.

—El barbero de Orford es un viejo borrachín tembloroso y sucio; no es de fiar y no pienso dejar que le ponga una mano encima a Leofric. Prefiero hacerlo yo misma, aunque no lo haya intentado nunca —replicó Ellen con decisión.

Rose, entretanto, ya había ido por aguja e hilo.

—¡Yo lo haré! —exclamó con firmeza.

—¿Tú? —preguntaron Jean y Ellen a una, y la miraron con estupor.

—A Thibault lo remendé más de una vez. El cirujano barbero del joven rey me enseñó cómo se hacía, pues en los torneos él tenía demasiado trabajo. Thibault decía que mis puntadas lo desfiguraban menos, sobre todo en la cara.

—¡Puerco vanidoso! —increpó Jean.

Ellen no se dio cuenta de que se había puesto colorado al oír a Rose hablar de Thibault.

Esta se sentó con cuidado en la yacija de Leofric, se colocó un viejo paño de lana sobre la falda para no mancharsela de sangre y apoyó en su regazo la cabeza del muchacho.

—Alguien tiene que sujetarlo. Ahora mismo está inconsciente, pero con el dolor de las puntadas volverá en sí y se sacudirá mucho. —Rose estaba de lo más serena, como si nunca hubiera hecho otra cosa.

—¡Ya lo sujeto yo! —Ellen se sentó junto a su hermano y le sostuvo los brazos y el delgado torso, para lo cual tuvo que tumbarse de medio lado sobre él.

Rose limpió hábilmente las costras de la herida con agua caliente, hasta que empezó a sangrar otra vez. Entonces cosió el tajo con más de una docena de puntadas.

—No me gusta nada que no se haya despertado —refunfuñó Jean al ver que Leofric no se movía.

—Todo lo que podemos hacer ahora es rezar y esperar. Si el golpe no ha sido demasiado fuerte, esperemos que despierte pronto. ¡Pobre Leofric! —Rose le dio un beso en la mejilla—. ¡Demontre, pero si está ardiendo! Tenemos que quitarle la ropa; tiene toda la espalda empapada. Jean, ve a por dos mantas de lana para que podamos envolverlo en ellas.

Al quitarle los zapatos, Rose vio que tenía los dedos de los pies completamente azules a causa del frío y empezó a frotarlos con sumo cuidado.

—¡Al menos no perderá los dedos! —confirmó con alegría al cabo de un rato, cuando hubieron recuperado su color.

La primera noche fue Ellen quien veló a su hermano pequeño, después se fueron turnando para que siempre hubiera alguien junto a la yacija de Leofric. La fiebre alta le duró otros tres días, luego le bajó algo. La herida de la cabeza empezó a sanar, pero Leofric seguía sin recobrar el conocimiento. Con paciencia le fueron dando cucharadas de agua y de caldo de gallina que le bajaban por la garganta, aunque no parecía tragarlas.

—¿Por qué no despiertas de una vez? —Ellen no hacía más que apretarle la mano con desesperación, pero su hermano no se movía.

Por la mañana del décimo día, abrió los ojos. Ellen se llegó hasta la yacija loca de alegría, pero Leofric no parecía verla. Daba la sensación de que estuviera casi muerto, aunque aún respiraba.

Sintió el latir de su corazón, pero a pesar de haber abierto los ojos, parecía encontrarse aún en duermevela. La desesperanza creció en el corazón de Ellen... y también el odio hacia los cazadores furtivos que habían perpetrado aquello.

En la herrería, trabajando, echaba en falta el alegre parloteo de Leofric. ¿Volvería a estar entre ellos algún día?

Los grandes encargos se habían acabado desde que la guarnición del castillo volviera a prescindir de más hombres, puesto que reinaba la paz. Apenas se pedían armas. Cada vez más a menudo Ellen y Jean tenían que forjar sencillas herramientas para poder sobrevivir, y Ellen empezó a dudar de poder cumplir un día sus sueños y sus ambiciosas metas. A veces despertaba tan abatida que ni siquiera iba al taller. Esos días se sentaba en silencio junto al lecho de Leofric y le sostenía una mano, o caminaba sin rumbo por el bosque.

—¡Haz algo! Tienes que ocuparte de la herrería, ¡te necesitamos! —la apremió Jean un día en que de nuevo no quería trabajar.

—¿De qué va a servir? —Ellen negó con la cabeza, desanimada—. ¡Leofric no saldrá de esta!

—¡Pero tú sí, Ellen! —se rebeló Jean. Había aprendido mucho con ella y no le habría resultado difícil encontrar trabajo con cualquier herrero. También Rose podría emplearse con facilidad, pero ¿qué sería de William y Ellen si ella los dejaba marchar?—. ¡Piensa en tu hijo! Osmond habría querido que la herrería fuese para él si algo le sucediera a Leofric.

Ellen expulsó el aire entre los dientes haciendo un ruido despectivo.

—¿Y yo? ¿Quién piensa en mí? Siempre he querido esta herrería, pero no me pertenece. Nunca me ha pertenecido y nunca me pertenecerá. Tras la muerte de Osmond debía mantenerla para

Leofric, y ahora ¿debo seguir manteniéndola hasta que la herede mi hijo? ¡La herrería es mía! —gritó, iracunda, y miró a Jean con una expresión desafiante.

—Pero es que eres una mujer y no puedes…

—¿Qué es lo que no puedo? ¿Ser maestra? ¿Y eso quién lo dice? —La actitud combativa de Ellen había regresado—. ¿Acaso no son los mismos que afirman que las mujeres no pueden forjar una buena espada? ¡He demostrado que eso es mentira, y lo sabes!

—Sí, tienes razón —repuso Jean con serenidad.

La puerta del taller se abrió y el pequeño William entró cojeando con timidez.

—¿Qué quieres? —preguntó Ellen, molesta.

—Los gansos —dijo el pequeño, y alzó la nariz—. ¡*M'han* mordido!

Ellen seguía furiosa y respiró hondo.

—¡Pues algo habrás hecho para ganártelo!

Jean sacudió la cabeza casi imperceptiblemente.

—Ven aquí, Will —dijo con cariño, y le indicó al pequeño que se le acercara. Se arrodilló y lo cogió en brazos—. A los gansos no les gusta que la gente se les acerque demasiado. No tienen armas, ni garras afiladas con que defenderse, pezuñas con que pisotear ni cuernos que clavarle a su atacante. Tampoco tienen espinas venenosas. Lo único que tienen para protegerse es su pico. Por eso arremeten contra todo lo que se les acerca, para que todo cuanto hay en este mundo les tema. —Jean le secó las lágrimas de las mejillas—. No es ninguna tontería, si lo piensas bien, ¿no te parece? Muévete despacio cuando te acerques a ellos y, si se ponen muy malos, demuéstrales que tú eres más fuerte y dales con un palo.

William asintió con valentía.

—Ve a ver a la tía Rose y dile que iremos un poco más tarde a comer, ¿quieres? —Jean le propinó al pequeño un simpático cachete en el trasero, y William obedeció con presteza. Cuando hubo salido del taller, Jean se volvió hacia Ellen con enojo—: ¿Por qué eres tan dura con él? ¡No lo merecía!

—¿Quieres que me salga afeminado? —rezongó Ellen.

—¡Todavía es muy pequeño!

Ellen se irguió ante Jean.

—Yo siempre he tenido que esforzarme más que los demás para conseguir, siendo muchacha, cualquier cosa que quería. A él le sucederá lo mismo. ¡Él sí que es muchacho, pero es un tullido!

—¡Ellen! —Jean frunció el ceño, enfadado.

—Puede que no te guste esa palabra, pero así es como lo ve la gente, y por eso no pienso criarlo para que sea un blando. Por todo lo que me es sagrado, te juro que le enseñaré cuanto pueda. Eso es lo único que estoy en posición de hacer por él, y ya es más de lo que mi madre hizo nunca por mí. ¡Muchísimo más!

A Jean le sorprendió ver cuán resentida estaba Ellen. Por primera vez hablaba de su madre. El odio y la decepción de su voz no podían pasarse por alto.

—La vida es dura a veces, pero ¿alguna vez me has visto pegar a William?

Jean sacudió la cabeza.

—Apenas lo ves, solo piensas en la forja. Ni siquiera te has dado cuenta de lo mucho que le han crecido los pies en el último año, ¿verdad? ¡He tenido que hacerle dos zapatos de madera nuevos! ¿Te has fijado acaso en que tiene el pie algo más derecho? ¿Sabes cuántos dientes tiene? ¡No! No conoces a tu propio hijo. Es un chiquillo muy despierto, y no solo tiene tu pelo rojizo, ¡también tu testarudez!

—¡Doy gracias a Dios por ello, pues la necesitará para salir adelante! ¿Me preguntas si sé cuántos dientes tiene William? Tienes razón, eso no lo sé. Pero sí sé que tenemos vestimenta y un techo que nos cobija. También sé que hemos ahorrado lo suficiente para poder sobrevivir a un invierno crudo. Y en cuanto a su pie, soy de una opinión diferente a la tuya. Creo que Dios le ha enviado esta prueba y que no le hago ningún favor a mi hijo queriendo arreglarlo. William se convertirá algún día en un gran forjador y eso es lo único que importa. ¡A nadie le molestará entonces su pie malo! —Ellen miró a Jean desafiante, luego se volvió—. Ninguno de nosotros sabe qué nos depara el día de mañana. El Señor es el único que decide si sobreviviremos o no. Solo tienes que ver a Leofric —murmuró con tristeza.

—Recuperará la salud —dijo Jean, intentando consolarla.

—No, Jean. El Señor lo reclamará pronto; lo sé, lo presiento. —Se frotó enseguida los ojos con la mano—. Si crío a William entre algodones, ¿qué sucedería con él si algo malo me aconteciera? ¡Debe aprender cuanto antes a salir adelante él solo!

Leofric nunca despertó. Murió a primeros de marzo, en una noche fría y sin luna.

Ellen estaba sentada a su lado y no se dio cuenta. Por la mañana, al despertar, vio que ya no respiraba. Se tumbó muy pegada a él y lloró. Los recuerdos de todos los horrores que le habían acontecido en la vida se reunieron en una cascada de lágrimas que no encontraba fin.

Barbagrís la olfateó con preocupación, posó la cabeza sobre su brazo doblado, la alargó hasta su rostro y se lo lamió con fervor hasta que se hubo serenado un poco.

Septiembre de 1176

A finales de verano, Ellen ya no lo soportó más y decidió acercarse a caballo hasta St. Edmundsbury para comunicarle a Mildred la noticia del fallecimiento de Leofric. Desde que había muerto, cada vez más tenía la impresión de que Orford solo le traía penas y dolor.

Arrendó un caballo, montó a William delante de ella y echó a cabalgar.

Mildred no cabía en sí de alegría al volver a abrazar a Ellen. Besó a su sobrino y lo contempló con ojos cariñosos.

—Ve al granero y saluda al tío Isaac. ¡Se alegrará mucho de verte! —animó al pequeño—. Y luego puedes ir al patio a jugar con Marie, pero ten cuidado de que la pequeña Agnes no haga ninguna tontería. —Cuando la puerta se hubo cerrado tras el niño, se volvió de nuevo hacia su hermana—. Estoy muy contenta de que hayas venido. ¡William ha crecido mucho!

Ellen asintió y se la quedó mirando.

—Vuelves a esperar una criatura, ¿verdad?

—¿Ya se nota? —preguntó Mildred y se miró el vientre.

—Sólo en tu sonrisa. Al ver cómo mirabas a William me ha parecido que esperas que sea niño, ¿no? —Ellen sonrió.

Mildred asintió con rubor.

—Por primera vez he tenido náuseas. Con Marie y con Agnes no vomité ni un solo día, pero esta vez… —Suspiró—. ¡A lo mejor tenemos suerte!

En el brillo de sus ojos se veía lo mucho que deseaba un niño.

—¡El bueno de Isaac está empeñado en tener un varón! —Ellen no logró ocultar del todo su reprobación.

—¡Cómo eres! —Mildred le dio un codazo amistoso a su hermana—. No es mal hombre, créeme, he tenido mucha suerte con él. Es trabajador y bueno en su oficio…

—… que no cree que ninguna mujer pueda ejercer, lo sé —terminó de decir Ellen.

—Se ocupa bien de nosotros, es un padre cariñoso con las niñas y un marido decente conmigo. —Mildred parecía algo ofendida.

—Lo siento mucho, tienes razón. No pretendía importunarte.

—¿Me ayudas a preparar la comida? —dijo Mildred para cambiar de tema.

—¡Si no hay más remedio! —rezongó Ellen.

Mildred rió.

—No cambiarás nunca. La verdad es que habrías hecho mejor siendo hombre. Como ama de casa no saldrías adelante.

—¡Tampoco como madre soy muy buena precisamente! —dijo Ellen con pesar.

—Ay, ¿qué disparates son esos, Ellen? ¡Yo dejaría a mis hijas contigo sin pensarlo!

Ellen le sonrió con gratitud.

Cuando Isaac llegó a comer, llevaba a William montado a hombros. El herrero sentó al jovencito a su lado en el banco y se ocupó de él como si fuera su propio hijo.

Ellen sabía lo mucho que el niño echaba de menos a Osmond, y se dio cuenta de que le gustaba recibir las atenciones de su tío. «Rezaré por que Mildred tenga un hijo varón», pensó al ver la adoración con que William miraba a Isaac.

—Sí que se ha enderezado un tanto. ¡Déjame ver! —exclamó Isaac con satisfacción, y frotó ensimismado el pie del pequeño.

—¡A mí no me molesta su pie tullido! —replicó Ellen.

—Pero sería bueno que se enderezara un poco más —se acaloró Isaac.

—No sé de qué le va a servir. ¿De veras crees que esos zapatos vuestros de madera van a cambiar algo? Yo, desde luego, creo que no. Tampoco estoy muy segura de que sea bueno para él que le deis esperanzas. Aunque el pie se le enderece un poco, siempre seguirá siendo un tullido.

Cuanto más discutían Isaac y Ellen, más se entristecía William, hasta que de pronto empezaron a caerle lágrimas de los ojos.

Mildred dio un golpe en la mesa y les pidió enérgicamente a los dos que se callaran de una vez, con lo que Ellen se sintió ofendida y hasta el día siguiente no intercambió una palabra más con Isaac. Una vez dejó de mencionarse el pie de William, los ánimos en la casa fueron mejorando poco a poco. Mildred charlaba sin parar y consiguió volver a hacer reír a su hermana.

—Me encantaría quedarme aquí, pero el deber me llama. —Ellen levantó los hombros, lamentándolo mucho—. No puedo dejar a Jean y a Rose solos para siempre en la herrería. Así que dentro de dos días, por las buenas o por las malas, tendremos que partir de nuevo —le explicó a su hermana mientras estaban en el huerto, recogiendo cebollas para la cena.

—¡Qué pena, me hace mucho bien tenerte aquí! —dijo Mildred, que, ciertamente, estaba más resplandeciente que nunca—. ¿Por qué no venís todos para la Natividad? El niño vendrá al mundo en febrero o marzo, no lo sé muy bien. —Mildred la miró suplicante—. ¡Por favor, Ellen!

—Está bien, de acuerdo. ¡William estará encantado! —Ellen abrazó a su hermana y la estrechó con fuerza—. Y yo también.

El tiempo pasó con placidez hasta su partida. Estaba claro que Mildred le había prohibido a Isaac volver a discutir con su cuñada, y él obedeció.

A Ellen le costó despedirse.

—¡Nos veremos por Natividad! —exclamó Mildred tras ellos, y se despidió alegremente con el brazo mientras se alejaban a lomos del caballo.

Era un día de otoño, gris y frío, el que Ellen había escogido para partir. Hacia el mediodía se levantó un viento racheado que sacudió y zarandeó los árboles, partió ramas e hizo que el frío calara hasta los huesos a madre e hijo. Llegaron a Orford exhaustos y helados.

Barbagrís aulló de entusiasmo al verlos regresar.

Rose corrió hacia ellos con alegría.

Jean encendió un buen fuego para que entraran en calor y se llevó el caballo a los establos donde lo habían arrendado.

Después de unas gachas de cereales y un buen vaso de vino caliente especiado, Ellen volvió a sentirse como en casa. Fue entonces cuando se dio cuenta de lo guapa que estaba Rose. Tenía las mejillas sonrosadas y le brillaban los ojos. «Qué bien le sienta estar tan lejos de Thibault», pensó con alegría.

En la herrería casi no había habido trabajo y Jean se alegró de saber que Ellen había regresado con nuevos ánimos y muchos planes para el futuro.

—He decidido que lo próximo será forjar una espada. Con ella visitaré después las haciendas cercanas para presentarme tanto a mí misma como mi oficio… nuestro oficio, quiero decir. Estoy harta de no hacer más que utensilios. ¡Soy forjadora de espadas! —informó a Jean, con decisión, esa misma tarde.

—¡Así es como te conozco! —celebró él—. Llena de afán y ambición. ¡Esta es mi Ellen! —exclamó, contento.

Sin embargo, aunque estaba claro que Rose y Jean se habían alegrado mucho de su regreso, Ellen tuvo la impresión de que algo había cambiado.

—¿Os pasa algo a vosotros dos? —decidió preguntarle a Jean al día siguiente, mientras trabajaban.

—Mmm… No. ¿A qué te refieres? —balbuceó él con inseguridad.

—Rose y tú, ¿habéis discutido por algo?

—¡No! —respondió Jean, algo más relajado—. ¡No, nos entendemos muy bien!

Ellen se contentó con esa respuesta. Seguramente se había imaginado aquel distanciamiento.

Al cabo de unas semanas quedó demostrado que su idea de presentarse por los alrededores con una espada forjada por ella misma había sido muy acertada. Le encargaron dos espadas y no descartaba la posibilidad de recibir más pedidos.

Diciembre de 1176

Una encapotada mañana de diciembre, pocos días antes del día de la Natividad, los cuatro partieron hacia St. Edmundsbury. Ellen, entretanto, había conseguido volver a tener caballo propio, pero las monturas de Jean y de Rose eran del establo de arriendos. Jean tenía el caballo más nervioso, un alazán joven que al principio no hacía más que encabritarse; pero con las horas se fue acostumbrando a su jinete y se tranquilizó un tanto.

Una ligera llovizna los acompañó durante todo el camino. Al principio, las gotitas de lluvia se quedaban pegadas como diminutas perlas sobre los mantos de lana, pero cuanto más llovía, más calaban en la ropa. Cuando llegaron a la herrería, estaban completamente empapados.

Mildred los saludó con alegría, pero Ellen se espantó al verla.

Su hermana parecía exhausta a causa del embarazo pese a que todavía le quedaban más de dos meses para el parto. Supo entonces que las náuseas iniciales de Mildred no habían remitido, sino que cada vez se habían hecho más fuertes y, en lugar de engordar mes a mes, habían hecho que adelgazara y se consumiera. La barriga sobresalía de su cuerpo enflaquecido como una tumoración. Rose comprendió la gravedad de la situación y enseguida se ofreció a ocuparse del cuidado de la casa. Puesto que Mildred se cansaba mucho más de lo que solía, aceptó con gratitud.

—Mildred me tiene muy preocupado —le susurró Isaac a Ellen cuando pudo llevársela a un aparte—. No hace más que adelgazar. Lo poco que come, enseguida lo arroja de nuevo. Me alegro de que hayáis venido. —Se pasó una mano por el pelo.

También él parecía agotado y, cuando Ellen le preguntó por su salud, repuso deprisa y corriendo que últimamente había tenido mucho trabajo y que aún tenía que terminar un par de encargos importantes. Aceptó de muy buen grado la ayuda de Jean; la colaboración de Ellen en la herrería, por el contrario, seguía rechazándola. Pese a que eso la enojaba, Ellen decidió, por Mildred, no volver a discutir con él, y puesto que era evidente que Isaac también hacía un esfuerzo, pasaron la Natividad en paz. A primeros de enero regresaron, con gran pesar en el corazón. Ellen le dejó dicho a Mildred que enviara a alguien por ella en caso de que necesitara ayuda, y lo cierto es que no habían pasado ni dos semanas cuando el ayudante de Isaac, Peter, se presentó en Orford.

—Me envía Mildred —dijo, con la lengua fuera a causa del galope.

Caballo y jinete humeaban en el frío.

Ellen le pidió a Peter que entrara en la casa y le ofreció un sitio a la mesa. Rose le puso delante un pedazo de pan y una escudilla con gachas de avena calientes, le sirvió un vaso de cerveza y luego se sentó también.

—¿Qué le sucede? —preguntó Ellen con impaciencia.

—¡Está enferma de preocupación por Isaac!

—¿Por Isaac? —preguntó Jean.

—La herida de la mano… —empezó a explicar Peter entre dos cucharadas de gachas.

—¿Qué pasa, es que no ha sanado todavía? —Jean arrugó la frente, extrañado.

—Un momento, ¿de qué estáis hablando? ¿No has venido por Mildred?

—Bueno, sí, en cierto modo también. —El ayudante se llevó a la boca una cucharada más de gachas.

—Isaac se hizo una quemadura bastante grave en la mano cuando estuvimos allí —explicó Jean.

—Fue culpa mía, dejé unas tenazas junto a la fragua y él aferró el hierro candente. —Peter se frotó la frente, abatido.

—Isaac dijo que esas cosas solo les pasan a los principiantes. Le daba vergüenza, sobre todo por ti. Por eso no te había explicado nada, tuve que prometérselo. —Jean se encogió de hombros—. ¡Pero hace tiempo que debería haber sanado!

—La mano se le ha hinchado y de la herida sale pus, pero Isaac no hace nada por curarla. Mildred tiene miedo de que se le gangrene. —Peter suspiró; parecía temer lo mismo.

—Por el amor de Dios, ¿acaso no hay curandera en St. Edmundsbury? ¿Qué puedo hacer yo? No tengo ningún conocimiento sobre esa clase de cosas.

—Mildred ya le ha pedido a la partera que le eche un vistazo a la mano de Isaac. La anciana sabe de males del cuerpo y ha dicho que tendría que dejar de trabajar una temporada, porque, si no, no podrá sanar, pero él no quiere ni oír hablar de ello. Tenemos encargos importantes que aún están por terminar. Dice que no puede permitirse andar holgazaneando.

—Y te ha dejado marchar... —se extrañó Ellen.

—Cree que he venido a veros por Mildred. Ella tampoco tiene muy buen aspecto, yo creo que también necesita ayuda.

Ellen miró a Jean y a Rose.

—Partiré mañana mismo. Jean, tú te quedarás con Rose y con William, ¿de acuerdo?

—Desde luego, me ocuparé de todo, no te preocupes.

—¿Y ahora no podría quedarme? —preguntó con timidez otro huésped de la mesa.

Ellen y Jean lo miraron con estupor. Con el revuelo de la llegada de Peter habían olvidado por completo al oficial ambulante.

El joven oficial de herrero había llegado a la casa por la mañana en busca de trabajo. Parecía ser un mancebo simpático, y todo lo que traía para mostrar eran trabajos estimables, pero Ellen y Jean se las arreglaban muy bien entre los dos y solo le habían podido ofrecer, como era costumbre, una comida caliente y un lugar donde pasar la noche.

Ellen se lo quedó mirando un instante. «¡El cielo debe de haberlo enviado!», pensó.

—¿Jean? —quiso cerciorarse Ellen.

—Si tuvieras que ausentarte largo tiempo, sin duda sería lo mejor —convino este.

—Tres peniques al día y manutención, dormirás en la herrería, y los domingos y las festividades, naturalmente, librarás. ¿Estás conforme?

—¡No es una fortuna, pero para empezar me irá muy bien! —El oficial ambulante se limpió la mano en la camisa con alegría y se la tendió a Ellen—. Me llamo Arthur.

Ellen se la estrechó para sellar el acuerdo. El destino había sido clemente para ambas partes: Ellen podía irse tranquila a ayudar a Mildred sin la presión del tiempo, y el oficial, pese al invierno, había encontrado trabajo.

—Arthur y yo nos las arreglaremos bien solos. No te preocupes por nada; puedes quedarte allí todo el tiempo que necesite Mildred —dijo Jean para tranquilizarla de nuevo al día siguiente, cuando ya estuvo lista para el viaje—. Para la espada, como habíamos convenido, le pediré al barón un aplazamiento. Todo lo demás lo terminaremos nosotros. ¡Puedes confiar en mí! —Jean abrazó a Ellen y le dio unas palmaditas de consuelo en la espalda.

Después le tocó a William, que se estiró mucho y le dio a su madre un tímido beso en la mejilla antes de volver a alejarse a todo correr.

Rose también la abrazó como despedida.

—¡El niño estará en buenas manos conmigo!

—Lo sé, eres mejor madre para él que yo —repuso Ellen con un suspiro.

—¡No digas disparates! Ahora ve a ocuparte de tu hermana y su marido. —Rose le sonrió para infundirle ánimo.

Ellen se puso la caperuza sobre los hombros y la cabeza y se ató bien los guantes de montar. Enero seducía por sus claros cielos azules, pero lo cierto es que hacía un frío gélido.

Ellen y Peter forzaron los caballos al máximo para no perder un minuto, así que los animales, pese a las bajas temperaturas, no tardaron en acalorarse.

Cuando llegaron a St. Edmundsbury ya hacía rato que había oscurecido. Si bien Ellen se había preparado para encontrar a su hermana en mal estado, apenas pudo creer el lastimoso aspecto que ofrecía.

Mildred estaba consumida y tenía profundas sombras bajo los ojos.

Isaac le ocultó la mano a Ellen lo mejor que pudo, pero aun así, ella vio que de la venda sucia con que se había cubierto la herida supuraba pus y sangre. Por su rostro desfigurado se veía que sufría fuertes dolores, pero puesto que seguía sin permitirle entrar a su herrería, Ellen no podía liberarle de ningún trabajo y tuvo que ver cómo seguía torturándose.

Se ocupó de su hermana y se esforzó por lograr que recuperara fuerzas. De hecho, gracias a la alegría por la visita, Mildred parecía ir sintiéndose mejor a pasos agigantados.

Isaac, por el contrario, empeoraba a ojos vistas.

Dos días después de la llegada de Ellen, Peter irrumpió en la casa casi a mediodía:

—¡Ellenweore, ven, deprisa! ¡Isaac se ha desplomado!

Mildred abrió los ojos con la mirada desorbitada por el miedo.

—¡No te preocupes por nada, yo me encargo de él!

Dejó la masa que estaba trabajando sobre la mesa y corrió con Peter al taller.

Isaac estaba en el suelo, hecho un ovillo. Le ardía la frente.

—¡Tenemos que llevarlo a la casa! —ordenó Ellen.

Peter era grande y fuerte, y no tuvo problema para cargar con Isaac. Mildred había dispuesto una yacija en la cocina para poder estar con sus hijas y con Ellen, de modo que pudieron tumbar a Isaac en la alcoba.

Ellen le quitó la venda con sumo cuidado.

—¡Válgame Dios! —se le escapó al ver la herida.

El pus y la piel negra y podrida le cubrían toda la palma de la mano. Alrededor de la herida, la carne estaba inflamada y muy roja.

La gangrena le llegaba ya hasta el antebrazo. Peter se volvió, horrorizado.

—¿Cómo puede haber seguido trabajando en estas condiciones? —murmuró con espanto.

—¡Isaac es testarudo! —gruñó Ellen—. Pero también es recondenadamente tenaz —añadió en un tono más cariñoso—. Tenemos que encontrar a un cirujano barbero donde sea.

Volvió a cubrirle la mano con el paño sucio al ver que las primeras moscas intentaban abalanzarse sobre la herida.

—¡Fuera de aquí! —exclamó, y espantó a los porfiados insectos, que se sentían atraídos por el olor de la carne putrefacta.

—¡Iré a buscarlo! —dijo Peter con decisión, y se puso en camino.

Ellen todavía estaba pensando qué tendría que hacer después, cuando Isaac, de repente, volvió en sí. Se incorporó, pero se detuvo al instante. Seguramente se había mareado. Miró en derredor, atónito.

—¿Cómo es que estoy en la alcoba? —masculló de mala gana, y miró a su cuñada con recelo.

—¡Has de descansar, tienes fiebre! —lo tranquilizó ella sin decir una palabra de su mano.

A buen seguro le habría contestado que podía seguir trabajando sin contratiempos y habría dicho que la fiebre no tenía nada que ver con su herida.

—¡Descansar! —Isaac escupió la palabra con enojo—. Hay mucho quehacer, tengo un encargo importante que terminar dentro de dos días. No puedo quedarme aquí tumbado. —Intentó levantarse, pero no lo consiguió—. ¿Es que no vas a ayudarme? —increpó a Ellen.

—Si crees que puedes trabajar, también podrás levantarte tú solo. —Dio media vuelta y salió de la cámara.

Isaac, obstinado, intentó incorporarse, pero estaba demasiado débil. Acabó por rendirse y, agotado, se quedó dormido.

Pasó medio día hasta que Peter regresó a casa con un cirujano barbero.

Era un hombre ya mayor, algo orondo y casi calvo. Sus ojos relucían de bondad y afabilidad. Examinó la mano de Isaac con detenimiento, sacudió la cabeza y resopló.

Ellen lo acompañó fuera.

Cuando ya estaban frente a la herrería, el barbero empezó a hablar:

—¿La mujer que espera un niño es su esposa? —Había visto a Mildred un momento, pero no había hablado con ella.

Ellen asintió, abatida.

—No lo va a tener fácil, ¿lo sabéis?

Ellen volvió a asentir.

—Seguramente también él lo sabe, por eso habrá intentado ocultar su herida. O acaso le diera vergüenza. Los hombres como él suelen perder un brazo o una pierna por ser tan duros de mollera.

Ellen inspiró con fuerza, sobresaltada.

—¿Podéis hacer algo?

—La herida de la mano está gangrenada, y la gangrena se extiende deprisa. Tendría que habérsela cuidado más; no tiene buen aspecto. Os diré lo que podéis hacer, pero no os doy demasiadas esperanzas. Si no hay forma de detener la gangrena, tendremos que amputar, seguramente hasta la mitad del antebrazo, quizá incluso hasta el codo. Eso todavía no puedo decirlo.

Ellen jadeó. ¡Aquello era el final de la herrería de Isaac! Aunque sobreviviera a la amputación, ¿cómo iba a trabajar después?

El cirujano barbero le dio unas hierbas y le explicó cómo preparar con ellas una cataplasma. Prometió volver al día siguiente para visitar de nuevo a Isaac y traer consigo sus utensilios.

—Si es necesario, le amputaré la mano. ¡De no ser así, podría morir! Es mejor que lo preparéis para ello, y también a su mujer.

—Pero ¿cómo voy a…? ¿Qué puedo decirles?

El barbero se encogió de hombros.

—No es una tarea fácil, lo sé.

Cuando se hubo marchado, Ellen se dio cuenta de que le caían lágrimas de preocupación por las mejillas. Aunque Isaac la había sacado de sus casillas en más de una ocasión, no merecía aquello. Mildred esperaba su tercer hijo. ¿Cómo iba a sustentar a la familia? Regresó a la casa con pesar en el corazón. Seguro que las niñas tenían hambre, y a Mildred había que obligarla a que comiera, pues, de lo contrario, olvidaba alimentarse. Ellen se arremangó y decidió ocuparse primero de todos ellos. Se enjugó las lágrimas del rostro y entró.

—¿Qué tiene Isaac? —le preguntó su hermana, que se había enterado de más de lo que le habría gustado a Ellen.

—Es una herida —dijo esta, con vaguedad, intentando no parecer muy inquieta.

—Te refieres a la de la mano, ¿verdad? Hace semanas que lleva una venda, pero me había dicho que no era muy grave.

—Le ha subido la fiebre y no puede pasar un día más sin hacer reposo —replicó Ellen de forma evasiva, y se dispuso a preparar la comida con poco entusiasmo.

—¡Algo se quema! —exclamó Mildred de súbito.

Ellen miró la olla que estaba en el fogón.

—¡Las gachas de mijo! —Corrió enseguida hacia el fuego—. ¡Y yo ni siquiera sé cocinar! —exclamó con desesperación, dando una patada en el suelo.

—Si Isaac no puede trabajar durante una temporada, ¿no podrías tú acabar sus encargos? Por favor, Ellen, una criada del pueblo podría venir a cocinar y ocuparse de las niñas... Quizá Eve, la hermana de Peter, que ya me ha ayudado en un par de ocasiones.

—¡Me descuartizaría en cuanto pusiera un pie en su taller! —repuso Ellen, aunque en realidad ya lo había pensado.

—¡Por favor! —Mildred se incorporó un poco y suplicó a su hermana con la mirada.

—De acuerdo. ¡Pero solo si luego tú te ocupas de que no me mate para agradecérmelo! —dijo Ellen, y repartió las gachas de mijo en las escudillas de madera.

Peter no reaccionó mal al encontrarse a Ellen junto al yunque cuando entró en la herrería a la mañana siguiente.

—Mildred ha dicho que tu hermana a lo mejor podría venir a echarle una mano. —Ellen se esforzó por hablar en tono afable pero infundiendo respeto.

Tenía muy claro que, de lo contrario, Peter pensaría que a partir de entonces sería él quien mandara en el taller. Sin embargo, tendría que obedecerla a ella, por las buenas o por las malas, si querían llevarse bien.

—Desde luego, se lo preguntaré —repuso él con asombro—. ¿Tú no te quedas?

—Ten la bondad de ir a preguntárselo enseguida, para ver si puede empezar hoy mismo, cuanto antes. Tendría que cocinar y ocuparse de la casa, los animales y las niñas.

Mildred tenía patos, gansos, gallinas, tres cabras y un par de cerdos que pasaban el día en el patio.

—¡Bien! —Peter seguía desconcertado, sin duda, pero hizo lo que le mandaban.

Ellen soltó un suspiro en cuanto el ayudante salió del taller. Lo más importante era dejarle claro desde el principio que ella sabía más que él y que, por tanto, en el futuro sería ella quien diera las órdenes. Examinó las piezas empezadas. Isaac, por lo visto, tenía que terminar una verja con numerosos ornamentos. Ellen la contempló con detenimiento y enseguida supo lo que faltaba por hacer.

—Eve ha venido conmigo, ya está en la casa con Mildred —dijo Peter cuando regresó al taller, poco después.

—¿Cuándo tiene que estar lista la verja? —preguntó Ellen sin interrogarlo más acerca de su hermana.

—¡Solo nos quedan dos días! —Peter parecía preocupado, y tenía motivo para ello.

A causa de la herida, Isaac no había podido trabajar tan deprisa como de costumbre y llevaba una buena demora.

—Los monjes solo seguirán adjudicándonos sus encargos si entregamos a tiempo.

Ellen ya había comprobado que, por lo menos, tenían hierro suficiente.

—¿Quieres...? —Peter parecía estupefacto—. ¡Pero si no soy maestro, ni siquiera oficial!

—¡Pero yo sí! —replicó Ellen sin ningún reparo, y se puso el mandil de cuero de Isaac—. ¡Vamos allá! —exclamó, y con su firmeza hizo que Peter la obedeciera al punto.

Ellen trabajó hasta que ya no pudo mover los brazos, y Peter se contagió de su ambición desde el primer día. Enseguida se dio cuenta de que Ellen sabía muy bien lo que se hacía. Si al día siguiente lograban seguir a aquel ritmo, ciertamente conseguirían terminar la verja a tiempo.

—Una vez oí lo que opina Isaac de las mujeres: que tienen que estar en la cocina y no en una herrería. Entonces pensé que tenía razón; ahora, con sinceridad, ya no estoy tan seguro. Lo que forjas me gusta incluso muchísimo más que lo que cocinas. —Peter sonrió con descaro.

Ellen masculló algo incomprensible. Aunque no era más que un ayudante, su elogio consiguió adularla.

El cirujano barbero llegó por la tarde para visitar a Isaac, como había prometido.

Ellen había encargado a la hermana de Peter que cambiara una vez más la venda de la mano de su cuñado, pero ni la fiebre había remitido ni la herida parecía mejorar. Seguía apestando a mil demonios y la carne estaba igual de negra y purulenta que antes. El barbero examinó brevemente la mano y salió de la casa en silencio.

—Existen dos posibilidades —dijo con total tranquilidad cuando ambos estuvieron en el patio—. O bien le corto hoy mismo la mano y un trozo del antebrazo…

—¿O bien…? —preguntó Ellen, temerosa.

—O bien rezáis y no hacéis nada. La gangrena, así lo habrá querido Dios, seguirá subiendo entonces por el brazo. Llegará al codo, después al hombro y, al cabo de pocos días, matará al herrero. Las oraciones, según todos los indicios, solo ayudarán a su alma. Su cuerpo se pudrirá, buena señora.

—¿Y estáis completamente seguro de que amputarle la mano es la única posibilidad de salvarlo?

—A menos que suceda un milagro… —El barbero se encogió de hombros. Se ganaba el pan con ello; era horrible para el afectado, desde luego, pero para la mayoría se trataba de la única salvación.

Ellen pensó un momento en Isaac, que se había movido en su yacija, pálido y lánguido, sin darse cuenta de que el cirujano lo examinaba. Desde el día anterior solo había vuelto en sí un breve instante.

—Por favor, explicádselo vos a su mujer, esa decisión no puedo tomarla yo sola.

El cirujano barbero habló entonces apremiantemente con Mildred, que lo escuchaba macilenta y con cara de espanto.

—Por favor, Ellen, yo no puedo, tienes que... —murmuró débilmente, y volvió a desmoronarse en su saca de paja.

Cerró los ojos y soltó un quejido.

—No os será de mucha ayuda, me temo —comentó el cirujano con sequedad—. Me parece que tendréis que tomar la decisión por vuestra cuenta. Considerad también que cobro cuatro chelines por la amputación y que no puedo afirmar con total seguridad que vaya a sobrevivir, aunque, por descontado, haré todo lo posible.

Ellen tenía suficiente dinero. Además, si conseguía que los monjes les hicieran más encargos, podría sustentar a la familia durante una temporada.

—¡Hacedlo! —exclamó con resolución—. Tiene que sobrevivir.

—Si vos me ayudáis y no tengo que buscarme a ningún ayudante, os haré una rebaja en la operación. Veo que sois una mujer buena y valiente.

Ellen gimió, después asintió con la cabeza y ordenó a Eve que no dejara salir a los niños de la casa.

—¡Pues vayamos a por él! —El cirujano barbero dio una palmada y se frotó las manos.

Ellen se estremeció.

Entraron en la alcoba y sacaron a Isaac al patio, donde estaba el tajo sobre el que normalmente cortaban la leña para la chimenea. Dejaron a Isaac en el suelo, junto a él.

—Iría bien que alguien más lo sujetara y le aguantara las piernas —dijo el cirujano barbero.

Ellen llamó a Peter, que salió de la herrería con paso lento.

—¡Sujétale bien las piernas! —ordenó.

Peter obedeció a regañadientes.

El barbero le puso un palo de madera en la boca a Isaac, que seguía inconsciente.

—Para que no se arranque la lengua de un mordisco —explicó—. Debéis inmovilizarle el brazo. Cuando se despierte, hará lo que sea por zafarse. La tarea requerirá de toda vuestra fuerza. ¿No sería mejor que le pidiéramos eso al joven, y que vos le aguantaseis las piernas?

Peter movió la cabeza con impetuosidad, suplicando a Ellen con la mirada que no le pidiera aquello. Sin embargo, puesto que se sentía culpable de la herida de su maestro, no se atrevió a decir nada. Si no hubiese dejado las tenazas cerca del fuego, nada de aquello habría sucedido.

—No. Yo sola podré.

Ellen hizo acopio de valor. Si Isaac llegaba a enterarse algún día de que ella había ayudado a que le segaran la mano, la odiaría para siempre.

—Bien. Joven, lo primero que harás será poner al fuego una plancha de hierro, más adelante la necesitaremos para cerrar la gran herida. Si no, se desangrará. Sácala en cuanto te lo diga y date prisa, ¿entendido? —ordenó el barbero.

Peter asintió con miedo. Fue al taller e hizo lo que le habían encomendado.

El cirujano barbero dispuso el brazo de Isaac sobre el tajo, lo comprimió con un paño y luego estudió dónde iniciar el corte. Su sierra parecía la de un carpintero.

Ellen cerró los ojos. Sostuvo el brazo de Isaac con fuerza, como si le fuera la vida en ello, y rezó. El brazo daba sacudidas mientras Ellen notaba cómo la sierra del barbero iba comiendo el hueso.

Isaac profirió un alarido monstruoso.

Ellen no lo soltó; intentó encontrar palabras de consuelo, pero no logró pronunciar un solo sonido. Tan solo emitió un sollozo.

El barbero, por el contrario, increpó a Peter para que le sostuviera mejor las piernas.

Ellen creyó que perdía el juicio. No era capaz de mirar el brazo que sostenía con todas sus fuerzas. Sus oraciones se hicieron más apremiantes y se convirtieron en un grito mudo de socorro que envió únicamente al Señor y a todos los santos. El trabajo del cirujano barbero se estaba haciendo interminable. Después del grito y de un salvaje espasmo, Isaac volvió a caer inconsciente. Resollaba y se estremecía mientras el barbero seguía trabajando en su brazo.

—¡Ve, joven, tráeme el hierro! —exclamó el barbero de súbito.

Peter lo miró, vacilante.

—¡Ea, date prisa!

El ayudante echó a correr como si lo llevara el diablo.

El hierro candente quemó la carne de Isaac y produjo un hedor mordaz que hizo que Ellen sintiera arcadas. Volvió al tiempo que recordaba la historia que explicaba Jean del saqueo de su pueblo.

Después de que el cirujano barbero cubriera el brazo de Isaac con una cataplasma de hierbas y lo vendara todo con un paño limpio, volvieron a llevarlo a la alcoba. Su rostro estaba blanquecino y céreo, como el de un difunto.

—¿Por qué le habéis vuelto a quemar la piel? —le preguntó Ellen, horrorizada, al cirujano—. Ya habéis visto que una quemadura casi insignificante ha hecho que se le pudriera la mano. ¿Cómo podéis infligirle una aún mayor y pensar que ahora todo sanará?

—La más pequeña de las heridas puede gangrenarse, poco importa que sea una quemadura o un corte. Nadie sabe por qué se descompone la carne; dicen que la culpa la tiene un exceso de humores malignos. —El cirujano barbero se encogió de hombros—. El herrero ha perdido mucha sangre, esperemos que los humores dañinos se hayan agotado. Debéis cambiarle la venda con regularidad y, si el Señor se apiada de él, sobrevivirá. Rezad por que el brazo no vuelva a sucumbir a la gangrena. Más no podéis hacer. —El barbero enarcó las cejas—. Mañana volveré y lo examinaré, y también os traeré más hierbas para la cataplasma. —Le dio un golpecito a Ellen en el hombro—. ¡Habéis tenido mucho valor!

Por la noche, Ellen despertó sobresaltada. Había oído los gritos de Isaac. Su lecho no estaba muy lejos del de él. Aguzó el oído: todo estaba en calma, seguramente lo había soñado. Cuando volvió a cerrar los ojos, oyó la sierra raspar el hueso, oyó gritar a Isaac una y otra vez y volvió a ver cómo se sacudía.

Cuando despertó a la mañana siguiente, se sintió aliviada al dejar atrás la noche con sus pesadillas. No se atrevió a ir a ver a su cuñado. Si despertaba y comprendía que le habían amputado la mano… Maldeciría a Ellen en cuanto supiera que no solo había dejado que sucediera, sino que incluso había sido ella quien lo había dispuesto todo y había asistido al cirujano. Sabía que Isaac no comprendería que había querido salvarle la vida a cualquier precio, por Mildred y por las niñas.

Ellen y Peter terminaron de forjar la verja y se la llevaron a los monjes a primera hora de la mañana, ayudados por dos amigos de Peter. A mediodía, Ellen entró en la casa, agotada, y oyó a Isaac, que estaba fuera de sí. Mildred estaba sentada y temblorosa en su lecho de la cocina, sollozando. Marie y Agnes estaban escondidas bajo los brazos de su madre y lloraban también. Ellen se arrodilló junto a su hermana y la estrechó contra sí hasta que se hubo tranquilizado un poco.

—¡No vayas a verlo aún, necesita algo de tiempo! —Mildred sostuvo a Ellen del brazo con fuerza cuando quiso levantarse—. Sabe que tú le agarrabas el brazo cuando… —Se interrumpió—. No ha dejado de lanzar maldiciones descabelladas contra tu persona.

—Pero ¿qué otra cosa habría podido hacer? —Ellen miró a su hermana con impotencia.

—Ya sé que no había otra solución, ¡pero él no lo entiende! —Mildred sollozó—. ¿Cómo vamos a salir adelante? —susurró, exhausta.

Ellen rehuyó a Isaac todo el tiempo que este pasó plañendo.

Mildred iba a verlo a menudo, a pesar de que apenas podía sostenerse sobre las piernas, y Eve o el barbero le cambiaban a diario el vendaje de la herida.

Tres días pasó Isaac jurando y vociferando; después, la casa quedó en silencio. El herrero pasaba el día tumbado con la cara vuelta hacia la pared y no se movía. Comía y bebía lo que le llevaba Eve, pero no hablaba una palabra con nadie.

Febrero de 1177

Habían pasado casi cuatro semanas desde que el cirujano barbero le amputara la mano, pero las pesadillas de Isaac aún lo despertaban con sobresalto de su sueño.

De súbito, una noche Mildred se puso a proferir fuertes gemidos. Descalza y todavía algo soñolienta, Ellen se tambaleó hasta llegar junto al lecho de su hermana.

—¿Qué le pasa a madre? —preguntó Marie, que se había acostado junto a ella y se frotaba los ojos, medio dormida.

Temerosa, se escondió tras las piernas de Ellen mientras esta atizaba el fuego.

—¡Creo que ya llega el niño! —Ellen acarició la cabeza de la pequeña con ternura.

La hermana de Peter dormía también desde hacía unos días en la casa y en ese momento se acercó bostezando.

—¡Eve, ve a buscar a la partera! —mandó Ellen con serenidad, y puso una olla de agua al fuego.

Después cogió a Marie y a Agnes de la mano y las llevó con Isaac.

—¡Despierta! —Lo zarandeó—. Tienes que quedarte con las niñas. Mildred está de parto, tengo que ir con ella.

El tono severo de Ellen no admitía discusión. Isaac levantó su manta.

—¡Venid, hace frío! —dijo a sus hijas.

Ellas se alegraron de acurrucarse en la cama de su padre, contentas de no verlo gritar más y de que por fin volviera a hablar con ellas.

Tras lo que pareció casi una eternidad, Eve regresó con la partera.

—Ya toco la cabecita —dijo la anciana en tono tranquilizador, y acarició el rostro sudoroso de Mildred después de haber palpado un momento con la mano bajo su camisa—. No falta mucho, pronto lo habrás conseguido.

Mildred estaba pálida y parecía haberse quedado sin fuerzas, pero asintió.

No mucho después nació el niño, flaquito y demasiado pequeño. Estaba completamente inerte, gris y no gritaba.

La partera sacudió la cabeza.

—Está muerto —dijo con voz apagada.

Mildred profirió un sollozo. Tenía muy poco tiempo para recuperarse antes de que llegaran las contracciones de las secundinas. Cuando todo hubo terminado, había agotado toda su energía. La partera la lavó y Eve le recompuso la yacija.

Entretanto, Ellen salió al jardín y cavó un hoyo para la criatura. Habría sido tarea de Isaac, pero él no podía hacerlo. Con una oración murmurada, Ellen enterró el cuerpo inerte y sin vida, así como las secundinas, y volvió a cubrir el agujero. Plantó sobre la tumba unas margaritas y clavó en la tierra una cruz hecha de dos trozos de madera atados.

Al regresar a la casa, Isaac estaba acuclillado junto a Mildred. Con su mano derecha, la sana, le acariciaba las mejillas y le secaba las lágrimas.

—Cuando haya muerto, tienes que casarte con Ellenweore. Ella siempre estará aquí para ayudaros. Tú necesitarás una mujer, y las niñas necesitan una madre —susurró Mildred.

—Chis... —Isaac le besó la frente.

—Por favor, Isaac, tienes que prometérmelo —suplicó Mildred, y se incorporó un poco frente a él.

—Claro que sí, corazón mío —repuso él con ternura.

—Prométeme que te casarás con ella. Piensa en las niñas y en la herrería. ¡Solo ella puede ayudarte! —Suspiró—. ¡Ellen es una buena persona! Júrame que lo harás —lo apremió.

—Te juro todo lo que tú quieras —replicó su marido con abatimiento, solo por no alterarla.

Ellen fingió no haber oído esa promesa. Isaac la vio, se levantó sin mirarla y regresó a su alcoba sin decir palabra.

Mildred estaba agotada y se quedó dormida. Despertó cuando Ellen se levantaba para ir a la herrería.

—¿Ellen? —la llamó casi sin voz.

—¿Sí?

—¿Oíste lo que me juró ayer Isaac?

Ellen asintió, a su pesar.

—Ahora te toca a ti. Júrame que te ocuparás de Marie y de Agnes... también de Isaac. ¡Debéis casaros cuando el Señor me lleve!

—Pronto te habrás recuperado y podrás ocuparte tú misma de tus hijas —dijo Ellen, intentando tranquilizar a su hermana.

—No, sé que voy a morir.

Ellen guardó silencio.

—¡Por favor, júramelo! —susurró Mildred entre resuellos.

Aunque se había quedado dormida, no parecía ni un tanto más relajada. Había palidecido más aún, y tenía las mejillas y los ojos hundidos.

Ellen abandonó toda resistencia.

—Sí, Mildred. Te lo juro. ¡Pero haré cuanto haga falta para no llegar a ese punto y que recuperes la salud!

Lo cierto es que, a mediodía, Mildred parecía algo más recuperada. Su rostro ya no estaba tan demacrado, sus mofletes parecían más repletos y rosados. Después de comer, Ellen regresó al trabajo con cierto alivio. No fue hasta volver a la casa ya bien entrada la tarde cuando se dio cuenta de que las mejillas de su hermana no se habían sonrosado a causa de su mejoría, sino de la fiebre. La partera había prometido pasar a verla, y Ellen la esperó con impaciencia.

—Creo que Mildred tiene fiebre —le dijo a la anciana en cuanto la vio aparecer.

—No he podido venir antes, la mujer del tintorero ha parido gemelos. El primero ha venido de nalgas, y eso siempre es complicado.

Ellen le sirvió a la anciana partera un vaso de cerveza floja. Esta se lavó con esmero los dedos arrugados y luego examinó a Mildred.

—¡Esto no me gusta nada! —masculló.

Preparó una decocción de unas hierbas que llevaba consigo y lavó a Mildred con ella.

—Que lo beba también, dos vasos, uno hoy y otro mañana. Volveré antes de mediodía para ver cómo está.

Por la preocupación del rostro de la partera, Ellen comprendió la gravedad del estado de Mildred.

—Mi hermana cree que va a morir. ¿Lo creéis vos también? —Respiró hondo.

—Los caminos del Señor... A veces los moribundos saben más que los vivos. Yo no puedo ayudar mucho más. Lo poco que pueda hacer, no obstante, lo haré con gusto. —Vació el vaso de cerveza, se echó la toquilla de lana sobre los hombros y se dispuso a marchar—. ¡Cuidaos mucho, Ellen, y rezad! —dijo al salir de la casa.

Ellen sintió un escalofrío. Los últimos días habían sido duros. Añoraba su plácida herrería, echaba de menos a Jean y a Rose, y por supuesto también a William. Se acuclilló agotada en un rincón, hundió el rostro en las manos y, desesperada, lloró hasta quedarse dormida.

Mildred estuvo días agonizando. La fiebre no subía, pero tampoco remitía. Las niñas se recostaban junto a su madre y lloraban al sentir que les quedaba muy poco tiempo con ella.

Incluso Isaac hizo un esfuerzo notable y salió de su alcoba para estrecharle la mano. Cuando le acariciaba la frente con amor, Mildred abría los ojos y sonreía sin fuerzas. En cuanto él estaba con ella, Ellen desaparecía en el taller.

—Lo siento mucho —mascullo Mildred una noche.

Isaac asintió en silencio y le apretó la mano. Esta vez Ellen se acercó y se acurrucó a los pies del lecho de su hermana.

Isaac no dio muestras de haberla visto. La partera llegó otra vez por la tarde. Todos sabían que llegaba el final y que ya no podía hacerse nada por Mildred. Los rezos de Ellen no habían sido escuchados.

Estaba más débil a cada hora que pasaba. Con voz temblorosa y los ojos desorbitados, les recordó a su marido y a su hermana el juramento que le habían hecho. Más avanzada la tarde llegó a encontrar incluso fuerzas para pedirle a Ellen perdón por haberle impuesto tan pesada carga.

El sol se puso y la noche resultó especialmente fría. En la casa crepitaba un agradable fuego y, colgada de una cadena de hierro sobre las llamas danzantes, la olla de sopa de tocino desprendía un delicioso aroma. Todos comieron a la mesa, en silencio, sin levantar la vista de sus escudillas.

La llama de la vida de Mildred relució aún durante un rato con debilidad y se avivó por un breve instante, pero finalmente se extinguió.

Después de haber llevado a Mildred hasta su tumba, Ellen se sintió aún más abatida que tras la muerte de Leofric.

Tenía por delante un año de duelo; después tendría que cumplir su promesa.

Isaac había sobrevivido a la amputación de la mano. El muñón se fue curando sin volver a gangrenarse, pero él parecía haberse cerrado en banda a la vida. No hacía más que pasar las horas tumbado en su lecho, reflexionando sobre su destino.

La compasión inicial de Ellen no tardó en tornarse en un gran enfado.

Eve siguió ocupándose de la casa y de las niñas, pero hacía tiempo que Isaac no necesitaba que nadie le llevara la comida. Hacía días que podía levantarse y ser útil, aunque fuera un lisiado, como le gustaba remarcar.

A Ellen le espantaba tener que pasar la vida junto a él. ¿Por qué había tenido que prometérselo a su hermana? Romper un juramento hecho a alguien en su lecho de muerte llevaba irremediablemente a la condenación eterna. Así pues, tendría que casarse con Isaac tanto si le gustaba como si no, de eso no había duda.

Un día, al comunicar a Isaac que quería cabalgar hasta Orford para ocuparse de un par de cosas importantes, este la miró con hostilidad.

—¿Nunca tuviste intención de cumplir tu juramento, verdad? —preguntó.

—¿Qué quieres decir? —Ellen estaba indignada.

—Apenas hemos enterrado a Mildred y tú desapareces y nos abandonas a las niñas y a mí a un futuro oscuro.

—Pero ¿qué estás diciendo? Eve se quedará en la casa para ocuparse de tus hijas hasta que yo vuelva. Peter estará en el taller y se encargará de lo más importante, y, además, ¡también estás tú!

Ellen no creía lo que estaba oyendo. ¡Cómo podía Isaac atreverse a tildarla de embustera! Esa lamentable autocompasión que lo consumía la exasperaba.

—Naturalmente que volveré, una promesa es una promesa. Pero también tengo que ocuparme de la herrería de mi padre y decidir qué será de ella. ¿No serás tú, acaso, quien quiere echarse atrás en lo del juramento?

Isaac se encogió de hombros.

—Yo no pienso marcharme a ningún sitio —afirmó.

—Ah, pues muy bien. Así podrás quedarte aquí y sernos de un poco de utilidad —añadió Ellen con crudeza.

Isaac no dijo más, llenó su vaso y se arrastró de vuelta a la alcoba para tumbarse en el lecho.

Ellen recogió sus cosas en un arrebato de cólera. Ya no soportaba más la impertinencia de Isaac y se alegró de salir de aquella casa durante unos días.

Orford, mayo de 1177

Era uno de esos espléndidos días de primavera de cielos azules y tenue brisa cuando Ellen llegó a Orford. Una nostalgia maravillosamente asfixiante y alegre la invadió al verse de nuevo en casa. Nada había cambiado. Las gallinas picoteaban en el suelo buscando gusanos y grano, en el huerto no crecía ni una mala hierba y el patio estaba cuidadosamente limpio. Rose parecía tenerlo todo bajo control, como siempre.

Ellen se dirigió a la herrería, y, aunque sabía que era imposible, por un momento esperó encontrar a Osmond allí dentro. Abrió la puerta, asomó la cabeza en el taller y pestañeó para poder distinguir las formas.

—¡Ha vuelto! —exclamó William loco de alegría, y corrió hacia su madre con cierta timidez.

—¿Cómo estás? —le preguntó Ellen a su hijo con una sonrisa mientras le acariciaba los carrillos. William apretó la carita contra su mano, como un gatito. Ellen suspiró. Las últimas semanas habían sido demasiado duras y la habían dejado al límite de sus fuerzas. Aun así, tenía que ser fuerte y disponer lo que hubiera que disponer antes de casarse con el detestable Isaac. Se esforzó por mantener la compostura y tensó los hombros—. ¡Jean, tengo que hablar contigo!

Le hizo un gesto para que se acercara, abrazó a William una vez más antes de dejarlo en el suelo y después saludó a Arthur brevemente con la cabeza.

Jean dejó el martillo con buen ánimo y fue hacia ella.

—¡Bienvenida a casa, Ellenweore!

Ellen le sostuvo la puerta abierta y ambos salieron. Habían pasado casi seis años desde su primer encuentro y Jean se había convertido en un hombre muy capaz. Casi le sacaba un palmo a Ellen. Su espalda y sus hombros eran anchos y fuertes.

—¿Cómo están Mildred e Isaac? ¿Qué hacen las niñas? —se interesó él, cariñoso.

La expresión de Ellen no denotaba que algo fuera mal.

—El niño vino muerto al mundo, pero eso no es lo peor. Hubo que amputarle la mano a Isaac hasta casi la mitad del antebrazo.

—¡Por todos los santos, es horrible! —Jean la miró con espanto.

—Mildred no se recuperó del parto. Murió el mes pasado. —Los ojos de Ellen se llenaron de lágrimas mientras murmuraba—: Nos hizo jurar a Isaac y a mí que nos desposaríamos.

—¿Que qué? —Jean la miró con estupor.

—Sí, sí, has oído bien. Isaac ya no puede trabajar de herrero, por su mano. Tengo que sacar el taller adelante. Mildred pensaba en las niñas.

—¿Y eso en qué lugar nos deja a nosotros?

—De eso precisamente quería hablar contigo.

—¡Ellenweore! —Rose atravesó el patio a todo correr, haciendo gestos de alegría—. William me ha dicho que has vuelto. ¡Cómo me alegro de tenerte de nuevo en casa!

—¿Todavía no has hablado con Rose?

Jean parecía sorprendido, pero ya la conocía suficiente para saber hacia dónde habría encaminado sus pasos en primer lugar: hacia la casa seguro que no.

Ellen negó con la cabeza. Vio entonces el vientre hinchado de Rose y tragó saliva.

—¿Todavía no se lo has dicho? —Al interpretar la mirada de Ellen, Rose miró a Jean con reproche.

—Estás... encinta —dijo Ellen con voz apagada.

Rose asintió. De repente se sintió avergonzada, aunque también se alegraba muchísimo de poder ser madre al fin.

—¿Quién? ¿Quién te ha hecho esto? —Ellen se encendió—. ¿No podrías haber cuidado un poco mejor de ella? —increpó a Jean, volviéndose hacia él. Pero al reparar en su mirada inocente y enamorada, empezó a comprender—. ¿Vosotros dos? ¿Os habéis…? —Le faltaba el aire; giró sobre sus talones y cruzó el patio a grandes pasos, hasta llegar al río.

—Deja, ya voy yo. —Rose agarró a Jean del brazo, pues quería ser ella quien siguiera a Ellen.

El joven, con tristeza, bajó los hombros y asintió.

—¡Deberíamos habérselo dicho antes!

—Lo sé.

Rose se remangó la falda y siguió a Ellen por el escarpado sendero que bajaba hasta el arroyo. Se tropezó con una piedra puntiaguda y resbaló un poco cuesta abajo, pero consiguió recuperar el equilibrio en el último momento, antes de caerse. Llegó a la orilla completamente sin aliento.

Ellen estaba sentada en una gran piedra. Lanzó un guijarro al agua.

Rose se sentó a su lado.

—¡Lo quiero, Ellen! —dijo al cabo de un rato, mirando al agua—. No he tenido mucha suerte en la vida. —Respiró hondo—. ¡Salvo con Jean!

—¡Tiene veinte años a lo sumo!

—Soy unos años mayor que él, ¿y qué? —Rose siguió hablando con serenidad—. Quisiera tu bendición.

—¿Mi bendición? —Ellen se echó a reír—. ¿Acaso me habéis preguntado antes de echaros uno en brazos del otro? Además, ¿por qué? No soy ni el padre ni el tutor ni el maestro de ninguno de los dos. —Sonó como si también la propia Ellen acabara de darse cuenta de eso.

—¡Pero eres mi amiga!

—Una amiga a la que nunca has tenido la menor confianza —gruñó, muy ofendida.

—¡Ellen! ¡Por favor!

—¿Por qué acudes a mí ahora? Por lo redonda que estás, ya debías de estar preñada cuando partí de viaje. ¿Cuánto hace que estáis juntos? ¿Por qué no me preguntaste qué me parecía antes de yacer con él?

Rose miró al suelo.

—Ya no soy una niña, Ellen. No tengo que pedirte permiso —repuso ella con calma.

—¡Entonces tampoco necesitas ahora mi consentimiento!

—¡Pero lo quiero! —imploró Rose, y miró a su amiga con súplica—. ¡Cielo santo, comprende que vivimos bajo un mismo techo, somos una familia! Eres como una hermana para mí y me conoces mejor que nadie, aparte de Jean, claro está.

Ellen miró a Rose con asombro.

—¿Tan bien te conoce?

Rose asintió y se ruborizó un poco.

—¡Me lee los ojos!

Ellen, maravillada, contempló la belleza aún tan juvenil de su amiga, pero al mismo tiempo se sintió ofendida por ella. ¡A buen seguro que ese rubor casto no se correspondía con su modo de vida!

—Hace ya casi cuatro meses. —Rose se acarició la tripa con ensimismamiento.

Ellen la miró, malcarada.

—Cuesta creerlo, con lo redonda que estás ya.

—¡Creo que vienen dos! La partera también lo dice. No dejan de moverse. —Rose volvió a sonrojarse.

El enfado de Ellen, no obstante, desapareció de súbito. Rose seguía siendo Rose, había que quererla tal como era.

—Quiero hablar con Jean del futuro de la herrería. —La voz de Ellen fue severa. Tras un instante de silencio, añadió—: Voy a casarme. —Se levantó y tiró a un pequeño cangrejo de río al agua de una patada.

—¡Ellenweore! ¡Eso es maravilloso!

Rose también se puso de pie para abrazar a su amiga, pero esta volvió a sentarse deprisa y se encerró en sí misma.

—No tiene nada de maravilloso. Me obliga el juramento que le hice a mi hermana en su lecho de muerte; ninguna otra cosa me impelería a casarme con Isaac. Ya sabes lo que opina sobre las mujeres en la forja. Desde el principio no ha podido soportarme y jamás me perdonará que me ocupara de que le amputaran la mano, por mucho que con ello le salvara la vida. Ahora me aborrece más aún porque yo todavía puedo forjar, mientras que él se pasa el día sentado y ocioso —espetó de repente.

Rose la miró, atónita.

—¡Oh, Ellen, lo siento mucho! —Le pasó un brazo sobre los hombros para consolarla.

Ellen guardó silencio. Se quedó inmóvil, sentada en la orilla, mirando al agua reluciente. Después se levantó para irse.

—Tienes mi bendición, aunque no la necesites. Hablaré con Jean para decidir cómo serán las cosas a partir de ahora. —Se sacudió el polvo del vestido y se dirigió a la herrería.

—¡Gracias, Ellen! —susurró Rose, que se quedó en la orilla.

—Puedes hacerte cargo de la herrería si quieres —le propuso a Jean, todavía un tanto ofendida—. Tendrás que pagarme un arriendo, pero serías tu propio amo.

—No, Ellen, soy muy joven para eso. No saldría bien y, con sinceridad, todavía hay muchas cosas que quiero aprender de ti. Preferiría seguir trabajando contigo y volver a forjar espadas. Como antes.

Ellen sonrió un momento, ensimismada. Después volvió a ponerse seria.

—Parece que haya pasado una eternidad. ¿Qué será de la herrería de Osmond si tú no te haces cargo de ella?

Pensó un instante en Leofric. Creyó oír su risa y suspiró tenuemente.

—¿Qué te parece Arthur? A lo mejor podrías arrendársela a él; se ha labrado un buen nombre entre la gente y tiene la edad adecuada. —Jean la miró con actitud interrogante.

—¿Y tú? ¿De verdad quieres venir conmigo?

Ellen comprendió entonces lo mucho que temía perderlo para siempre.

—¡Si Rose puede venir con nosotros! Ella se ocuparía de los

niños, también de las hijas de tu hermana, y de la casa, igual que aquí. Lo cierto es que tú eres la mejor forjadora que conozco, pero Rose es la mejor cocinera del mundo. —La miró con picardía—. Y tú y yo seguiríamos forjando espadas juntos, ¿qué te parece?

Ellen fingió pensárselo unos momentos. No había vuelto a Orford solo por la herrería, sino, sobre todo, para llevarse con ella a Jean y a Rose a St. Edmundsbury. La idea de Jean de arrendarle la herrería al oficial parecía de lo más sensata, de manera que asintió reflexivamente.

—En St. Edmundsbury he trabajado para los monjes. Quieren dotar a una gran tropa de soldados. Deberíamos intentar conseguir que nos encarguen las espadas; así, incluso podríamos quedarnos con Peter. —A Ellen se le iluminaron los ojos.

Jean la abrazó.

—¡Qué bien que hayas vuelto! Te hemos echado mucho de menos. —Rió, la alzó en alto y la hizo girar.

—¡Un momento, jovencito! —lo interrumpió ella—. ¡Tú y yo todavía tenemos que intercambiar unas cuantas palabras serias!

Jean se quedó de piedra, sobresaltado, y la dejó en el suelo.

—Has dejado a Rose encinta. —Ellen se esforzó por parecer estricta—. ¿Sabes lo que quiere decir eso?

Jean la miraba con los ojos muy abiertos.

—Bueno, espero que habrás pensado en convertirla en tu esposa, ¿no?

Jean rió, aliviado.

—¡Puedes apostar a que lo haré!

—Entonces deberíais casaros cuanto antes. ¡Pronto nos iremos!

—¡Gracias, Ellen! ¡Sabía que lo entenderías!

«¿Lo entiendo?», se preguntó. Apenas recordaba ya ese sentimiento que era el amor: Jocelyn y Guillaume; cuánto tiempo hacía de todo aquello…

Después de la boda, Jean y Rose dispusieron su lecho conjunto en el taller.

—Me preocupa Ellen —dijo Rose cuando estuvieron a solas.

—No tiene por qué. —Jean se apretó mucho a la espalda de ella y le besó la melena con cariño—. Es una chica mayor, igual que tú —le susurró, y le mordisqueó la oreja.

—Diría uno que no conoces a Isaac, y eso que has trabajado con él y sabes bien cómo es. Ellen y él juntos… ¡Nunca saldrá bien!

Rose se volvió de mala manera y lo fulminó con la mirada.

—Qué disparate, Isaac acabará por amansarse. Tendrá que conformarse con la idea de que su mujer forje. A fin de cuentas, será ella quien los alimente a él y a su familia. —Jean enarcó las cejas.

—Ahí se ve a las claras lo niño que eres todavía. ¿Cómo puedes creer de veras que acabarán por entenderse? Imagina que yo tuviera que alimentarte y supiera hacer tu trabajo mejor que tú. No creo que te gustara en absoluto. Ellen se merece un poco de felicidad, pero ¿con Isaac? ¡Me da mucha lástima, de veras!

—Isaac no es mala persona. De acuerdo, tiene sus opiniones sobre las mujeres y eso a Ellen no le gusta, pero no es el único, y tampoco lo convierte en un monstruo. Estoy seguro de que algún día acabará reconociendo el talento de Ellen.

—Reconocerlo es una cosa, pero otra muy distinta es valorarlo también.

Estaba claro que Rose tenía una opinión diferente a la de Jean y que estaba dispuesta a pelear por ello.

—Tienes razón, cariño. —Dio él su brazo a torcer, por tanto—. Pero esta noche no vamos a poder cambiarlo. Vamos, ven y duérmete en mis brazos. —La miró con un gesto de súplica y señaló la saca de paja.

—Aun así, me da mucha lástima. ¡Eres un rompecorazones incorregible! —exclamó Rose, riendo, y se tumbó junto a él—. Si no estuviera tan cansada… —Bostezó.

—Te quedarías dormida de pie, como los caballos, en señal de protesta, ya lo sé —le susurró Jean, y bostezó también.

Junio de 1177

Poco después, Ellen y Arthur acordaban una renta justa por la casa y la herrería. Después de cargar sus efectos personales en una pequeña carreta, los cuatro dejaron Orford atrás. Todos ellos experimentaron cierta melancolía al separarse de aquel lugar que durante una temporada había sido su hogar. Solo William estaba exultante y entusiasmado con el viaje.

En St. Edmundsbury los recibieron con ánimo oscuro: Eve los saludó con cortesía, aunque parecía nerviosa; Marie y Agnes se quedaron allí de pie, mirando a Ellen, a Rose, otra vez a Ellen; Isaac ni siquiera salió al patio.

El único que parecía alegrarse del regreso de Ellen era Peter. Sin embargo, al enterarse de que Jean trabajaría con ellos en la herrería a partir de entonces, abrió los ojos con sobresalto.

—¿Y dónde está el tío Isaac? —William no se estaba quieto; no reparó en sus dos primitas.

—Seguro que está en la alcoba, descansando —contestó Ellen, molesta.

No podía soportar por más tiempo la adoración que le había tenido su hijo a Isaac desde el primer día.

—¡No es verdad! —refunfuñó Isaac, saliendo de detrás de la casa.

Jean se quedó sin habla al ver lo desmejorado que estaba el herrero. Sencillamente no podía imaginarlo de una forma diferente a como había sido hasta entonces: incansable y vital. Al ver el muñón, comprendió lo desdichado que debía de sentirse. Isaac contempló a los recién llegados, uno tras otro.

—¿Habéis pensado instalaros todos aquí?

Antes de poder recibir una respuesta, el pequeño William echó a correr hacia él.

—Tío Isaac, ¿me llevas a hombros?

Jean agarró al niño por el jubón y lo frenó.

—¡Ya estás demasiado mayor para esas tonterías! —exclamó, para que Isaac no tuviera que decir nada.

Este ni siquiera se esforzó por sonreírle un momento al pequeño; le dirigió una mirada despectiva a Rose y a su barriga y desapareció de nuevo en la casa, arrastrando los pies.

William miró a Jean sin entender qué sucedía.

—El tío Isaac no se encuentra bien, pero se le pasará —lo consoló Jean—. ¿Qué te parece si vamos al taller con Peter?

William se encogió de hombros.

—¡Ea, vayamos! —Jean lo llevó de los hombros hacia la herrería.

Eve y Rose entraron en la casa.

—¿Qué os parece si hacemos un pastel juntas? —les propuso Rose a las niñas, y les acarició la cabeza.

Ambas asintieron de buena gana, pero se volvieron con cautela en dirección a Eve mientras Rose las arremangaba.

—¡No nos queda mucha harina! —comentó la muchacha con acritud.

—Vayamos a verlo. —Rose echó un vistazo a las sacas de harina—. ¡Pero si con eso basta al menos para una semana!

—Pero es que tiene que alcanzarnos hasta fin de mes —replicó Eve con reproche.

—Ahora somos unas cuantas bocas más que alimentar; de todas formas se agotará antes de lo que pensaba. Si la harina se acaba, tendremos que comprar más. A fin de cuentas, Ellen y los hombres trabajan duro para que siempre tengamos qué comer.

—Y, luego, en invierno, pasaremos hambre —siseó Eve—. Pero por favor, por mí no lo hagáis.

—Bien, entonces podemos empezar. Marie, ve por dos huevos, pero ten cuidado de que no se te caigan.

Marie cogió los dos huevos con orgullo y los dejó cuidadosamente en la mesa.

—¡En el cesto quedan catorce más, y mañana seguro que habrá otros siete u ocho! —dijo—. ¡Ya sé contar!

Rose sonrió a la pequeña.

—Bueno, en tal caso, ya sé lo que haremos esta noche con el resto de los huevos.

Rose cogió un cuenco para mezclar bien la masa.

—¡Un pastel! ¡Ni que fuera fiesta! —refunfuñó Eve.

Rose decidió no contestar a sus palabras. Si al cabo de unos días Eve seguía sin acostumbrarse a que ella llevara la voz cantante, tendría que hablarle muy en serio. Sin embargo, antes quería darle un tiempo.

—¡Mmm! Echaba de menos tus pasteles y tus tartaletas. Los huevos revueltos con tocino de hoy estaban deliciosos. ¡Hacía mucho tiempo que no comía tan bien! —Ellen se relamió con fruición.

Jean miró a Rose con orgullo.

—¡Mejor que no te oiga Eve! —dijo esta, sonriendo.

Durante la ausencia de Ellen, Eve y Peter habían dormido en la herrería. Ese día se habían ido a su casa después de trabajar. Ellen se había sentado a un extremo de la mesa; el lugar del otro extremo, donde habría tenido que sentarse Isaac como cabeza de familia, estaba libre. Antes de marcharse, Eve le había llevado una escudilla con la cena. Aunque hacía tiempo que estaba recuperado, se negaba a comer junto con los demás. A un lado de la mesa estaba sentada Rose con las niñas, y en el otro banco, frente a ellas, Jean y William.

«Cuando los gemelos sean mayores necesitaremos una mesa más grande», pensó Rose, y sonrió con alegría, si bien prefirió no compartir su pensamiento. Traía mala suerte mencionar mucho a los niños y hacer planes antes de que hubieran llegado al mundo. A fin de cuentas, lo que fuera a ser de ellos no estaba en manos de nadie más que del Señor. Si se hablaba mucho de ellos, el Señor podía tomárselo a mal y castigarlos haciendo que nacieran muertos, o tullidos. ¿Acaso habría castigado a Ellen torciendo hacia dentro el pie de su hijo? Y en tal caso, ¿por qué? ¿Por no haber estado casada con Guillaume? Rose contuvo el aliento, espantada ante esa idea.

—Rose, ¿no estás escuchando? —Jean le dio un golpecito—. Ellen quiere saber qué tal ha llevado Eve la casa.

—Ay, perdonad, estaba distraída. —Se ruborizó—. Lo ha conservado todo muy bien, pero me temo que no está precisamente contenta con mi llegada. Hay que comprender que durante todo este tiempo ha hecho lo que ella ha considerado correcto y ahora, de repente, llego yo y le digo lo que tiene que hacer. Pero se acostumbrará... ¡De ser por ella, hoy no habrías tenido pastel! —Rose le sonrió a Ellen—. Pero yo quería que supieras enseguida que este es tu hogar.

—Gracias, Rose. De ser otras las circunstancias, me sentiría muy a gusto aquí. —Ellen miró fijamente los cortinajes que separaban la alcoba de Isaac de la cámara principal. Si la había oído y la había comprendido, a ella no le importaba.

William reparó en la mirada furiosa que su madre dirigía a la habitación de su tío, y miró su escudilla con tristeza.

—¡Come, William! —exclamó Jean—. ¿Quieres hacerte grande y fuerte o no?

—No tendrás pastel hasta que te lo hayas terminado todo, ¡no lo olvides! —añadió Rose, y le sonrió de buen ánimo.

—¿Por qué no dejáis que el tío Isaac coma con nosotros? —preguntó William, y se metió despacio en la boca una cucharada de huevos con un trozo de tocino.

—¿Qué disparates estás diciendo? —le dijo Ellen a su hijo—. Claro que lo dejamos comer con nosotros, pero es que él no quiere.

Con la cabeza obstinadamente gacha, William masticó los huevos pasándoselos de un lado a otro hasta que el bocado empezó a hacerse más grande en lugar de más pequeño.

—No tengo más hambre —dijo con una vocecilla apenas audible.

Ellen, y no por primera vez, se dio cuenta de lo mucho que se parecía el pequeño a su padre, y tragó saliva. Últimamente había estado pensando mucho en Guillaume. Añoraba su impetuosidad, su fuerza, su confianza indestructible en sí mismo. Él jamás se habría rendido como Isaac. Ellen contuvo el aliento unos instantes sin querer. Al pensar en la boda que tenía por delante se sentía desfallecer. Lo cierto es que aún quedaba tiempo hasta que pasara el año de luto, pero el día llegaría a buen seguro antes de lo que ella hubiera deseado.

—Mañana iré a ver al abad y le preguntaré por las armas para las nuevas tropas —informó Ellen de súbito. «El trabajo es la mejor manera de conjurar los pensamientos turbios», pensó, y dio un buen sorbo de mosto de manzana. Ya estaba algo pasado y picaba en la lengua—. ¡Sabe a sidra! —murmuró con cierta nostalgia.

Al día siguiente por la tarde Ellen regresó algo inquieta de la abadía.

—No has conseguido ningún encargo, ¿verdad? —preguntó Jean, enarcando las cejas.

—¡Pues sí! —repuso Ellen con sequedad, sin mostrar por ello ninguna alegría—. Tenemos que ponernos otra vez con la confección de lanzas sencillas. Conrad, el mayordombre del gremio, es un arrogante. También él ha ido a ver al abad y ha hablado explícitamente en nuestra contra, pues, tal como lo ha expresado él, en nuestra herrería no trabaja ningún maestro. —Casi se quedó sin voz al hablar.

—Pero Isaac… ¿Es que no has…?

—Por supuesto que he mencionado a Isaac, pero Conrad ya está al tanto de su desgracia y sabe que no puede forjar. Solo dejan que siga llevando la herrería porque tiene buena fama y buenos amigos entre los del gremio. ¡Esta bobada del gremio me está sacando de quicio! Si en Orford hubiese existido algo así, solo habríamos podido arrendársela a Arthur con su consentimiento, ¿puedes imaginártelo? —Ellen no paraba de caminar de un lado para otro.

—Pero si Isaac cuenta con la aprobación del gremio, ¿cómo es que Conrad le ha dicho al abad que aquí no hay maestro? —Jean sacudía la cabeza con perplejidad.

Ellen se encogió de hombros.

—¡Siempre es lo mismo! —se lamentó ella—. Isaac no puede forjar y yo soy una mujer. Así de sencillo. Conrad conoce mi trabajo y sabe tan bien como tú y como yo que hace tiempo que deberían considerarme maestra.

—¿Cómo has conseguido, entonces, esos encargos?

—El abad se ha interesado por cómo habían ido los trabajos que habíamos hecho durante los últimos meses. Los monjes estaban muy satisfechos y han alabado nuestra competencia. El abad ha hecho salir a Conrad. «Si en vuestra herrería no trabaja ningún maestro, no podéis exigir los mismos precios que los miembros del gremio. No obstante, si pudierais trabajar para nosotros en condiciones más propicias, estaría dispuesto a confiaros al menos el encargo de unas doscientas lanzas», ha dicho el abad. «¡Pero si hacemos eso, el gremio acabará por echarnos de aquí!», he respondido yo. El abad me ha mirado con sus ojos de lince. «Dejad que sea yo quien se ocupe de eso. Tengo muchos encargos que adjudicar y debo ahorrar todo lo que pueda. ¡El gremio tendrá que conformarse!» Y dicho eso, se ha despedido de mí. Tenemos que entregar las lanzas antes de los festejos de la Natividad.

—¡Pero Ellen, son unas noticias fantásticas! —Jean le dio unas palmadas en el hombro.

—Sí, si no tenemos en cuenta que me ha rebajado el precio cuanto ha podido y que el gremio nos guardará rencor por los días de los días. —Suspiró—. Con el encargo de una sola espada habríamos tenido menos trabajo, más ganancias, y habríamos cosechado mejor fama.

El primer centenar de lanzas estuvo listo al cabo de tres semanas.

Los monjes, naturalmente, se quedaron mudos de asombro cuando los tres se presentaron ante ellos para entregar la primera mitad del encargo y recoger un segundo pago.

Por la noche se deleitaron con el estofado de habas que les preparó Rose.

—¡Habéis trabajado bien de verdad! —le dijo Ellen a Jean, que volvía a ser su mano derecha.

Al principio, a Peter no le había resultado fácil volver a ser el último de la jerarquía, pero no había tardado en conformarse con la idea y sacar el máximo provecho de ello.

—Antes de que llegue el invierno tendríamos que construir otra estancia, ¿qué os parece? —preguntó Ellen dirigiéndose a Jean y a Rose. Partió un trozo de pan y lo mojó en la salsa antes de metérselo a la boca—. ¡No podéis dormir siempre en la herrería! —dijo mientras masticaba.

A Rose se le iluminó el rostro.

—Si Peter me echara una mano, a buen seguro tardaríamos poco —comentó Jean con entusiasmo—. Aunque tenemos que conseguir madera y barro, además de recoger suficiente paja en alguna granja.

—¡Si queréis una ventana, tendrías que hacer también postigos de madera! —dijo Ellen, y se alegró al ver las caras de regocijo de ambos—. Entonces, ¿te encargarás tú de todo?

Jean asintió. Las mejillas le ardían de entusiasmo.

Ellen fue por el saquito de cuero que había recibido esa mañana de manos del abad y le puso a Jean unas cuantas monedas de plata en la mano.

—Toma. Si necesitas más, dímelo.

—¡Muchas gracias, Ellen! —Rose la cogió de la mano y se la estrechó.

Esa noche, Rose y Jean estaban acurrucados sobre su saca de paja de la herrería, imaginando el futuro.

—¿No podrías hacernos una cama de verdad? Con una base de estera tejida y colgaduras, como las de la gente fina. ¡Me encantaría tener una!

Jean asintió y dibujó algo en el hollado suelo de barro.

—Esta es la pared de la casa de Isaac, y aquí es donde construiremos. Si colocamos la cama ahí, en la alcoba, las paredes la protegerán por tres lados del embate del viento. Y, si quieres, también le pondremos colgaduras. ¿Qué te parece?

—¡Me parece maravilloso, Jean! —Rose no cabía en sí de gozo—. ¿Qué te parecería hacerles una cama también a Ellen y a Isaac para su boda, el año que viene? Son los señores de la casa. Ya que han de casarse aunque no se aman, al menos deberían dormir como reyes, ¿no crees?

Jean se echó a reír y le hizo una carantoña en la nariz.

—Llevas razón, como siempre. Es buena idea. Ya hace tiempo que pienso en cómo darle alguna alegría a Ellen. Compraré sin demora algo más de madera; así me harán mejor precio y también nos aseguraremos de que la madera para la cama de Ellen esté bien seca. Tengo otra idea… ¿Rose?

Jean miró a su mujer, que se había quedado dormida sobre el brazo de él. Su tórax se alzaba y descendía a un ritmo regular. Contempló su barriga. Él, personalmente, no creía que allí pudiera haber dos niños. ¿Cómo iban a caber en aquel cuerpecillo tan frágil? Rose le había pedido alguna que otra vez que le pusiera la mano sobre la tripa cuando el niño daba patadas. No obstante, se detenía en cuanto la tocaba. «Como un animal que se hace el muerto ante cualquier peligro», pensaba él, sonriendo. ¡De pronto la barriga se movió! Jean puso la mano con ternura y esta vez… ¡siguió moviéndose! «Voy a ser padre», pensó feliz y orgulloso; luego posó un beso en la mejilla de Rose y concilió el sueño con alegría.

Jean terminó las obras y de construir los muebles antes del final del verano, y así pudo ofrecer a su pequeña familia un techo bajo el que dormir. La cámara tenía una imponente puerta de madera de roble por la que se entraba desde el patio. Puesto que el sol estaba alto en esa estación, inundaba el interior durante el día entero por los postigos abiertos y lo bañaba todo en una luz muy hermosa. Lo más bello, sin embargo, o al menos eso le parecía a Rose, era la cama de la alcoba con sus colgaduras. En un rincón, junto a la pequeña chimenea, había una gran cuna. Jean había aprovechado las tibias noches de verano para fabricarla y la había hecho lo suficientemente ancha por si, al final, de verdad llegaban gemelos.

Puesto que Ellen y sus ayudantes habían terminado el encargo de las lanzas mucho antes de la fecha acordada, el abad les dio orden de fabricar algunas espadas sencillas de soldado. También esta vez Ellen tuvo que hacer concesiones en el precio, aunque obtuvo la promesa de que el gremio nada sabría de ello. Con las espadas se ganaba mucho más que con las lanzas. No eran comparables con *Athanor*, puesto que todas eran en su mayor parte iguales y de factura muy costosa, pero resultaron una oportunidad ideal para que Jean practicara la forja y el temple de espadas. Esas armas sencillas estaban hechas de una sola clase de hierro y no había que batirlo tantas veces. Pese a todo, fueron templadas con tanta pericia como cualquier otra arma de las que confeccionaba Ellen. Las espadas no ostentaban ninguna clase de ornamento y el puño tan solo estaba recubierto por unas bandas de lino. Tampoco les habían encargado vainas: esas espadas de soldado se entregaban todas por grueso en una sencilla caja de madera. Para que en el futuro Ellen y Jean pudieran forjar a la vez, esta decidió ampliar la herrería con una segunda fragua y dos yunques nuevos.

—¿Tres yunques? ¿No es demasiado? —preguntó Peter con perplejidad.

—No, si tú pasas a ser primer oficial—repuso Ellen con una sonrisa pícara—. Aunque a lo mejor prefieres probar suerte en alguna otra…

—¡No, no! ¡No soy imbécil! —espetó Peter, y se sonrojó—. Perdón, quiero decir que…

—¡No pasa nada! —Ellen le sonrió—. Espero que pronto recibamos más encargos de los monjes. Además, dentro de poco intentaré encontrar algo entre la nobleza de los alrededores. ¡Quién sabe si no tendremos que buscarnos incluso un aprendiz!

Isaac no se enteró de nada de todo aquello. No se ocupaba ni de la herrería ni de la casa, apenas hablaba con nadie y pasaba la mayor parte del tiempo retirado en su alcoba, absorto en sus pensamientos. Ni siquiera los niños le hacían ya el menor caso.

Primeros de octubre, 1177

Jean! —Rose zarandeó a su marido con suavidad—. ¡Jean, por favor, despierta! —dijo algo más alto.

Él, soñoliento, miró en derredor.

—¿Qué hay? ¿Ya es hora de levantarse?

—¡Ya llega! Ve por Ellenweore y luego por la partera, ¡deprisa! —Rose respiró hondo y dejó escapar el aire con un gemido.

Jean saltó de la cama, se puso las medias y salió corriendo de la casa.

—¡Ellenweore! ¡Ellenweore! ¡Rose! —gritó, y martilleó con los puños la puerta de Ellen.

Esta apareció en el umbral en un abrir y cerrar de ojos. Parecía que no hubiera estado durmiendo.

—Enseguida caliento agua. Ayer por la noche fui a buscar un cubo más. ¡Como si lo hubiese presentido! —exclamó, y atizó las brasas—. Ahora mismo pongo la caldera al fuego y voy a verla. ¡Corre, ve por la partera! ¡Todo saldrá bien!

Encendió una tea, se la puso a Jean en las manos y lo empujó hacia la puerta.

Las niñas y William habían despertado también a causa de los golpes en la puerta.

—Volved a dormiros. Tengo que ocuparme de Rose, ¡ya llega el niño! —explicó con rapidez, y llevó a Marie y a Agnes de vuelta a su yacija.

Las chiquillas se echaron a llorar.

—¿Va a morirse igual que madre? —preguntó Marie con miedo.

Ellen sacudió la cabeza.

—Rose es fuerte. Reza por ella y luego échate y duerme un poco más —la tranquilizó, con apremio, antes de salir corriendo.

Rose ya tenía fuertes contracciones, pero demostró su valentía.

—He estado embarazada muchas veces, pero nunca he tenido ningún niño… —dijo sin aliento entre dos contracciones—. Si Dios de veras me envía dos hijos y están sanos, sabré que me ha perdonado —profirió un quejido.

—¡Todo saldrá bien! —dijo Ellen con cariño para tranquilizarla, mientras el dolor demudaba el rostro de su amiga.

Con un paño húmedo le iba quitando el sudor de la frente.

Rose padeció dolores hasta llegada el alba. La partera y Ellen estuvieron junto a ella, mientras que Jean fue a tumbarse con William. No podía dormir. Por la pared se oían los mitigados gemidos de la parturienta. Jean rezó en su fuero interno hasta que por fin percibió gritos y gimoteos. Al punto, alguien abrió la puerta.

—¡Ya eres padre, Jean! —Ellen lo miró con una sonrisa resplandeciente mientras él se abalanzaba hacia ella—. ¡Ven conmigo a ver a tus hijos! —Lo agarró de la manga y tiró de él.

—¿Y Rose? ¿Cómo está Rose? —preguntó, angustiado.

—Se encuentra muy bien, no te preocupes.

Rose estaba sentada en la cama y parecía la persona más feliz del mundo: exhausta, ciertamente, pero muy despierta y exultante por la doble bendición de sus dos hijos.

La partera ya había arropado a los pequeños en prietas toquillas, y parecían dos gusanitos.

—Mirad bien a este hombre; es vuestro padre. Lo respetaréis y obedeceréis, ¿habéis oído bien? —les dijo la mujer con cierta severidad a los dos rebujos de lana.

Después tomó a un niño y lo dejó en brazos de Rose; el otro se lo pasó a Jean.

Este acunó a su pequeñísimo hijo sin apartar de él la mirada. Tenía la cabeza más pequeña que la palma de su mano.

—¡Cuánto pelo tiene! —dijo Jean, maravillado, y acarició con el índice el puño del pequeñín. Después se acercó a la cama para sentarse junto a Rose y le señaló al niño—. ¡Mira lo diminuto que es! —susurró.

Rose asintió.

—Igual que su hermano. —Le acercó al otro niño.

—¡Y son clavados, como dos gotas de agua! —Jean no salía de su asombro.

—¡Son gemelos! —explicó la partera, riendo—. Es lo habitual, y puede que siga siendo así.

—Son muy pequeños y frágiles —murmuró Rose con inquietud—. William fue mucho más fuerte. ¿No estarán demasiado débiles...? —Miró a la mujer en busca de una respuesta—. Por favor, bautizadlos hoy mismo, ¡ya perdí a un niño sin bautizar!

—Los pequeños no me preocupan, seguro que crecerán y se harán fuertes. Los gemelos son siempre más pequeños, y a mí me parece que estos dos están más que sanos —explicó la partera—. Pese a todo, los bautizaré para que queden limpios de todo pecado. ¿Ya tenéis nombre para los dos?

Rose y Jean se miraron sin saber qué responder.

—¿Cómo se llamaba tu padre? —preguntó Rose.

Jean arrugó un momento la frente.

—Raymond —pronunció el nombre a la francesa, y Rose lo repitió.

—Qué bonito, ¿no te parece, Raymond? —dijo, y le dio un besito en la nariz al niño que tenía en brazos. El pequeño abrió un poco la boquita y gimió como un gatito—. ¡Parece que le gusta! —Rose rió de emoción.

—¿Y tu padre? —A Jean le había gustado la idea de llamar a los niños por los nombres de los difuntos abuelos.

—Murió cuando yo era muy pequeña. Mi madre me habló de él una única vez, y no mencionó su nombre.

Jean se encogió de hombros con pesar y le acarició la mejilla.

—Pero ya sé qué nombre podríamos ponerle —dijo Rose.

Jean era todo oídos.

—¿Qué te parece Alan? Así es como se hacía llamar Ellen de muchacho.

Jean sonrió y miró a su hijo.

—¿Alan?

El pequeño bostezó y todos rieron.

Ellenweore, que los había estado escuchando, tragó saliva. Un nudo le cerró la garganta y sintió que las lágrimas anegaban sus ojos.

—Muy bien, pues ahora bautizaré a los niños —dijo la partera—. Lo cierto es que se los ve muy fuertes para ser gemelos, pero nunca se sabe lo que puede pasar y no podemos dejar que sus pequeñas almas sigan en peligro. —Sacó de entre sus cosas un crucifijo y un rosario, también un frasquito de agua bendita que llevaba consigo, y roció con ella al primer niño—. Criatura del Señor, yo te bautizo en el nombre del Padre, del Hijo y del Espíritu Santo con el nombre de Raymond. —Le resultó difícil pronunciar el sonido nasal del final del nombre francés—. Deberíais llamarlo Ray —propuso.

Una vez bautizado también el segundo bebé, le pidió a Jean que la semana siguiente fuera con los niños y los padrinos a la iglesia para completar el bautizo con la unción del sacerdote.

Cuando Rose hubo amamantado a los dos pequeños y estos se quedaron dormidos de agotamiento, la partera los dejó juntos en su cuna. Con palabras afables pero inflexibles sacó a Jean y a Ellen de allí y ordenó también a la joven madre que descansara un poco.

En cuanto Rose cerró los ojos, la mujer salió de la habitación y cerró la puerta tras de sí. En la casa contigua, Jean le pagó sus emolumentos, que, en vista de que la bendición había sido doble, se multiplicaron en consecuencia. La partera pronunció una bendición para la familia, dio un par de escuetos consejos y se despidió.

Cuando Eve llegó a la herrería por la mañana y se enteró de las nuevas, fue corriendo a ver a Rose.

—No te preocupes por nada, yo me encargaré de todo hasta que hayas recuperado fuerzas —prometió.

—Me alegro de que lleves la casa tan por la mano —repuso Rose con debilidad.

La tensión entre ambas, que en los últimos meses la había dejado bastante desanimada, quedó olvidada.

—No siempre he sido amable contigo, lo siento —dijo Eve en voz baja—. Tenía miedo de que me echaras de aquí cuando naciera el niño.

—Bueno, ya ves que ahora tenemos el doble de trabajo —dijo Rose—. Pero aunque hubiera parido solo a uno, tampoco te hubiera dejado marchar.

Eve sonrió con alegría.

—¿Sabe ya Isaac que ahora hay dos nuevos bebés en la casa?

Rose inspiró con fuerza.

—Seguro que se ha enterado, pero no creo que le interese lo más mínimo. Hasta la muerte de su mujer, no hubo nada que deseara más que tener un hijo varón. No se alegrará precisamente de que ahora Jean tenga dos de golpe.

—Bueno, ya veré cuando le lleve la comida. —Eve enarcó las cejas—. Puede que ahora insista en encerrarse aún más en su alcoba, pero su dolor pasará algún día.

A Rose le hubiera gustado asentir, pero no pudo evitar un bostezo repentino.

—¡Ay! Perdona, debes de estar agotada, te dejo dormir y regresaré más tarde.

—Gracias, Eve —dijo Rose, y un instante después ya dormía profundamente.

Eve llevaba razón: Isaac se recluyó aún más tras el nacimiento de los gemelos. Si antes se había sentado en la cocina alguna que otra vez por las tardes, de pronto evitó cualquier lugar en el que pudiera encontrarse con los niños. Se internaba en el bosque, se refugiaba en la alcoba o en el prado que había tras la casa.

Marzo de 1178

Un buen día, Jean descubrió al pequeño William solo entre unos matorrales. Le caían grandes lagrimones por las mejillas salpicadas de pecas.

—¡Pero bueno, Will! ¿A qué viene esto? ¡Los niños no lloran! —lo consoló el hombre con cariño, y entonces recordó por un instante a su padre; fue como si hubiera oído su voz.

—¡Ya lo sé, pero es que no puedo evitarlo! —dijo William, acongojado, y se sorbió los mocos.

—¿Qué ha sucedido?

Jean se sentó junto a él y se puso a dibujar en la tierra con un palo.

—¡Es por el tío Isaac!

Al niño le colgaban dos velas de la nariz y, con un fuerte sonido, las inspiró hacia dentro.

—¿Sí?

—Creo que ya no me quiere.

William miró a Jean con tristeza y se pasó la manga por la cara.

—Pero eso es un disparate, William. ¿Cómo se te ha ocurrido pensar algo así?

Jean miró al pequeño con compasión.

—Desde que estamos aquí no se ha reído ni una sola vez conmigo, y tampoco me ha sentado en su regazo. ¡Ya nunca me dice nada! Y, si voy a verlo, me echa.

Jean abrazó al pequeño para consolarlo.

—Ya nunca ríe porque está enfadado —explicó.

—¿Enfadado? —William lo miró con grandes ojos interrogantes.

Jean asintió:

—Sí, Will. ¡Pero no está enfadado contigo!

—¿Con quién, entonces?

—A lo mejor con Dios. —Jean enarcó las cejas.

—¡Pero uno no puede enfadarse con Dios!

—Ya lo sé, Will, e Isaac también lo sabe.

—Pero entonces, ¿por qué está tan enfadado con Dios?

—Porque otros hombres tienen hijos varones.

—¡Como tú! —William sonrió, y Jean asintió con la cabeza.

—Y porque Dios se llevó a Mildred de su lado y, además, le quitó una mano.

—¿Es que fue Dios quien se la cortó?

—No, William. Lo hizo un cirujano barbero.

—¡Pues tendría que enfadarse con el barbero!

Jean inspiró hondo. Explicar algo así a un niño de apenas cinco años era más difícil de lo que había creído.

—O con tu madre, porque ella fue quien me sostuvo el brazo mientras el cirujano barbero empuñaba la sierra —rugió Isaac, que de repente había aparecido tras ellos como salido de la nada.

William lo miró con horror.

—¡Mentiroso, eso no es verdad! —gritó el niño, que se levantó de un salto y echó a correr.

—¡Isaac! —reprendió Jean al herrero.

—¿Qué pasa? —Este lo provocó con la mirada.

—¿Era necesario? ¡Ese niño te respeta y te quiere!

—Y su madre se encargó de convertirme en un lisiado.

—Sabes perfectamente que no tuvo elección. ¿O afirmas, acaso, que te hizo amputar la mano por capricho?

Jean miró a Isaac con desafío.

—A lo mejor quería quedarse con la herrería… —La voz de Isaac temblaba.

—¡Ya tenía una herrería!

—Me odia porque dije que las mujeres no deben estar en un taller.

—¡Eres un botarate, Isaac!

El herrero soltó un bufido.

—Ese pequeño también es un tullido. ¿Sabes lo importante que sería…?

No pudo decir más, pues Isaac lo interrumpió de pronto.

—¡A mí puedes llamarme tullido! Pero a él, ¡nunca! —gritó con furia, y después se vino abajo—. Encontrará su propio camino.

—Por supuesto que lo hará. ¡Y en ti tiene muy buen modelo! ¿No ves que ya ha empezado a aislarse de los demás? ¡Igual que tú! —Jean provocaba a Isaac con intención.

El herrero se alzó ante él cuan alto era e inspiró hondo.

Jean seguía mirándolo desafiantemente, y, por un momento, creyó que el otro iba a asestarle un puñetazo con la mano sana. Casi lo deseó incluso, pero no sucedió nada parecido. Jean dio media vuelta, aunque se giró una última vez hacia él.

—El niño nunca ha tenido un padre; tú habrías podido serlo —dijo con reproche, mirando a Isaac con decepción—. Pero se merece algo mejor que tú, y Ellen también.

Sin dignarse mirarlo una vez más, se fue hacia la herrería.

Isaac masculló un reniego y se arrastró de vuelta a la casa.

Un día de abril que jugueteaba con la lluvia, el aguanieve y el sol, Isaac aguardó a Ellen a solas en la cocina.

—Tenemos que hablar —dijo, y se sentó en el banco frente a ella.

Su mano sana estaba sobre la mesa, el otro brazo lo dejaba siempre colgando hacia abajo. Ellen lo miró con curiosidad. Era la primera vez que hablaba con ella desde la muerte de Mildred.

Isaac se aclaró la garganta. No hacía más que mover la mano sana sobre la mesa, nervioso.

—¿Qué quieres? —preguntó ella con impaciencia.

—Es por la boda.

—¿Has cambiado de opinión? —Prefirió no mirarlo.

—¡Por supuesto que no! —No podía ocultar que estaba contrariado—. Aunque nada me gustaría más que tener al fin tranquilidad. —Tras una pausa, añadió—: Lo juramos.

—No lo he olvidado —repuso Ellen, y arrugó la nariz. Desde la muerte de Mildred, Isaac se lavaba en contadas ocasiones y había dejado de afeitarse—. Antes de la boda tendrás que darte un baño, ¡apestas!

Esperaba que Isaac montara en cólera, pero él se limitó a asentir.

—El año de duelo ha terminado —informó.

—Entonces deberíamos cumplir pronto nuestra promesa; hablaré con el sacerdote. —Ellen se levantó—. ¿Eso era todo?

Isaac asintió sin mirarla y se quedó sentado, inmóvil, hasta que ella hubo salido. Entonces dio un puñetazo en la mesa e hizo traquetear todos los tablones. Se puso en pie con furia, salió hacia el bosque a grandes pasos, aunque estaba lloviendo, y no regresó hasta caída la noche, completamente empapado. Sin comer nada, se retiró a su alcoba.

Tan solo un mes después, en un deslucido y lluvioso día de mayo, se desposaron. Al volver de la iglesia, Rose cogió a Ellen del brazo. Jean, Peter y Eve iban tras ellas con los niños. Isaac los seguía a todos, solo, a una gran distancia. A pesar de que Ellen llevaba un vestido nuevo de lino y una corona de flores blancas en el pelo, no parecía una novia feliz. Rose llevó a su amiga a la casa y a la alcoba que en adelante compartiría con Isaac. Jean había reemplazado las colgaduras por una puerta y en el centro de la pequeña estancia estaba la cama que había construido para ella, con el cabecero de madera de roble contra la pared. Los cuatro postes se alzaban casi hasta el techo y sostenían un dosel y colgaduras de lino azul cielo.

A Ellen le cayeron lágrimas de los ojos al pensar que desde aquel día debería compartir esa cama con Isaac. El novio, contra todo lo esperado y sin que hubiera que pedírselo, se había afeitado, se había dado un baño y se había puesto la ropa nueva que ella le había dispuesto, pero eso en nada cambiaba el miedo que sentía Ellen por tener que pasar el resto de su vida como esposa de Isaac.

Cuando Rose vio las lágrimas en sus ojos, no supo qué hacer.

—Ay, Ellen. —Le acarició la mejilla—. Todo irá bien, solo dale tiempo —dijo para intentar consolar a la infeliz novia.

—¡Me da miedo la noche! —confesó Ellen con voz ahogada.

Rose asintió con comprensión y le apartó un mechón rebelde de la cara.

En el banquete de bodas, al que habían invitado a varias personas más, se bebió y se rió mucho. Solo Ellen e Isaac estuvieron sentados a la mesa con rostros pétreos y sin hablar. Cuanto más se alargaban los festejos, más ebria y dichosa estaba la concurrencia. Llegó un momento en que Ellen no pudo contemplar ya por más tiempo cómo los demás celebraban sus esponsales, y se levantó. Isaac hizo lo propio, según mandaba la costumbre. Los invitados se echaron a reír y vitorearon, les dedicaron comentarios ordinarios y levantaron las copas a la salud de la joven pareja. La partida del matrimonio hacia la cámara conyugal comportaba el final de la fiesta.

—¿Cuándo han hecho el cambio de cama? —preguntó Isaac incrédulo cuando estuvieron a solas en la alcoba.

—También yo me lo he preguntado. ¡Quién sabe qué más harán a mis espaldas! —repuso Ellen, e intentó sonreír con timidez.

Notó que Isaac se sentía igual de incómodo que ella. Se retiró al rincón más apartado de la estancia, donde la pequeña vela de sebo no llegaba a alumbrar, y allí se quitó el vestido y se ocultó bajo la manta en ropa interior.

Isaac se sentó en el borde de la cama, al otro lado.

—No exigiré las obligaciones conyugales —le dijo, apenas sin voz.

Se quitó los zapatos y la ropa polvorienta, y se metió también en la cama con la camisa puesta. Apagó la vela y le volvió la espalda a Ellen.

Ella estuvo largo rato despierta junto a él y, a la mañana siguiente, despertó más tarde de lo acostumbrado. El sol había salido ya. El otro lado de la cama estaba vacío.

—¿Has dormido bien? —preguntó Rose con inquietud cuando Ellen salió al fin de la alcoba.

Esta asintió; se la veía aliviada. Rose le sonrió.

—Jean y Peter me han pedido que te comunique que hoy no

te permiten entrar en el taller. Tienes que descansar y no volverás al trabajo hasta mañana.

Ellen parpadeó contra el sol que entraba por la puerta abierta y respiró hondo.

—Cuánto tiempo. ¿Qué voy a hacer con tanto tiempo? —Cogió uno de los pastelitos de carne que habían sobrado de la noche anterior y dio un bocado con apetito—. ¡Qué buen día hace hoy! Creo que iré a pasear un poco, hace mucho que no salgo —dijo con la boca llena.

—Me encantaría ir contigo, como antes, ¿sabes? Pero hoy Eve no ha venido y… con los niños, por desgracia, no puede ser.

Junto a Rose, en el suelo, los gemelos jugaban con unos cubos de la madera que había sobrado de la cama.

—No pasa nada, no me vendrá mal estar sola un rato.

Decidió ir a la gran pradera de la linde del bosque a echarse un rato en la hierba y mirar al cielo, como había hecho con Simon cuando eran niños. Hacía una eternidad que no disponía de tiempo para esas ociosidades. Su pensamiento regresó al pasado. Vio los rostros de Claire, de Jocelyn y de Guillaume. Ellen sintió crecer en su interior una agradable calidez que no procedía únicamente del sol. De súbito, un grito la despertó de su ensoñación. Se incorporó y miró en derredor. Su hijo corría hacia ella por la pradera, e Isaac lo perseguía a grandes zancadas. Hasta que lo alcanzó. William volvió a gritar. Ellen corrió todo lo deprisa que pudo y llegó hasta ellos enseguida.

—¡Eres malo! —oyó que chillaba William, y vio que pegaba a Isaac con sus pequeños puños.

—¿Qué está pasando aquí? —inquirió Ellen—. ¡William, ven conmigo!

El pequeño se refugió en las faldas de su madre; una oportunidad de la que rara vez disponía y que con tanto más placer aprovechaba.

—Me he cortado mucho en el dedo —se lamentó, y le enseñó la mano.

—¿De dónde has sacado el cuchillo? —preguntó Ellen con recelo una vez hubo comprobado que la herida no era grave.

—Me lo ha dado Isaac —respondió William en voz baja, y le enseñó un cuchillo pequeño pero muy afilado.

Ellen miró a Isaac sin dar crédito.

—¿Es que no estás en tus cabales? ¡A un niño de cinco años no se le puede dejar jugar solo con un cuchillo!

—No estaba jugando solo, estaba aprendiendo a tallar siguiendo mis indicaciones. ¡Además, aún conserva el dedo! —replicó Isaac con aspereza.

—Eso mismo me ha dicho a mí, y se ha reído porque me he puesto a llorar. Luego me he escapado corriendo.

—¿Te has reído de él? —Ellen sintió crecer en su fuero interno una furia incontenible contra la que nada podía hacer—. ¡Precisamente tú, que te pasas el día entero sin hacer nada más que compadecerte de ti mismo! —le gritó.

Isaac se arremangó y le mostró el muñón desnudo.

—Sí, me he reído de él. Por un cortecito de nada en el dedo, un niño no llora. Yo, por el contrario, tengo todos los motivos para rebelarme contra mi destino. Si tú no hubieras hecho que me amputaran la mano...

La vena que tenía Isaac en el cuello se había hinchado y parecía una lombriz enorme y palpitante.

—¡Ahora estarías muerto y por fin tendrías esa tranquilidad que tanto ansías! —bramó Ellen en respuesta—. Sí, hace tiempo que lamento haberte salvado la vida. Solo lo hice por Mildred; tenía miedo de que no superara tu muerte. De haber sabido que ella moriría de todas formas, te habría abandonado a tu destino. ¡Tenías gangrena! —Ellen soltó una carcajada—. ¡Ahora veo lo apropiado que habría sido eso para ti, holgazán! Ojalá me hubiera quedado en Normandía, así no habría tenido que estar junto al lecho de muerte de Mildred. ¿Cómo pude jurarle que me casaría contigo? ¡Eres egoísta, despreciable y un ingrato!

—¿Ingrato? —repitió Isaac—. ¿Acaso debo darte las gracias por que me sostuvieras el brazo mientras el cirujano barbero serraba mi mano? ¡Jamás te lo perdonaré!

—Detesté tener que hacerlo, Isaac, y ahora te detesto a ti. Cada noche me persigue la sensación de desvanecimiento de aquel entonces, al ver la sierra roer tus huesos. ¡Aún puedo oler la carne putrefacta! ¡Eres estúpido y vanidoso! El niño no podría aprender nada de ti. —Se volvió hacia William—. Vamos, la tía Rose te pondrá una pequeña venda —dijo, llena de comprensión, como habría querido hacer desde un principio.

Cogió al niño de la mano y lo llevó a la casa.

Isaac se quedó rabiando de ira. Se lo oía desde lejos.

—No siempre es así —dijo William en voz baja al cabo de un rato, y miró a su madre.

—¡No quiero volver a oír hablar de eso! —E hizo entrar a su hijo en casa.

Pocos días después de ese incidente, William fue en secreto hasta la colina en la que Isaac solía sentarse a darle vueltas a la cabeza.

—¿Qué haces aquí? —preguntó este, molesto.

—Nada, estar un rato contigo —respondió William, y se sentó junto a él.

—Pero tu madre no lo verá con buenos ojos —rezongó el hombre.

—No se dará cuenta, está en la herrería.

Estuvieron allí sentados un rato en silencio. William arrancó tres briznas de hierba y se puso a trenzarlas.

—¿Le has cogido miedo a tallar? —preguntó Isaac, muy cerca de él.

William asintió.

—No tienes por qué. Ahora ya sabes lo peligroso que puede ser. Hay que conocer el cuchillo y su filo para respetarlo y sostenerlo de la forma correcta. Nunca se comete dos veces el mismo error.

—¿Tío Isaac? —William lo miró con sus grandes ojos.

—¿Mmm?

—¿Puedo preguntarte una cosa?

—¡Mmm!

—¿Qué le pasó a tu mano? ¿Por qué tuvieron que amputártela?

Isaac sintió que la sangre le afluía a la cabeza e inspiró para tomar aire. Tardó un buen rato antes de poder decir nada, pero William aguardó con paciencia.

—Peter dejó unas tenazas junto a la fragua. Estaban muy calientes, pero no me di cuenta. Yo las cogí con la mano y me quemé.

—Entonces, ¿por qué estás enfadado con Dios y con mi madre, y no con Peter? —William lo miraba con curiosidad.

—Las tenazas estaban muy cerca de la fragua, tenía que haber pensado que quemarían. Además, después seguí forjando en lugar de curarme. Teníamos mucho trabajo y necesitábamos el dinero. —La voz de Isaac seguía siendo cruda, pero ya no sonaba tan áspera.

—¡Yo un día seré como tú, tío! —dijo el niño con cariño—. Es verdad que tengo las dos manos, pero mírame el pie. ¡También soy un lisiado! —William lo dijo con tal naturalidad que Isaac sintió un escalofrío en la espalda.

—¡Te prohíbo que digas eso! —bramó—. No eres un lisiado, y lo de tu pie… —Isaac se interrumpió y miró el pie del niño—. Dame tu zapato.

William se quitó los zapatos de madera.

—¿Cuál de los dos?

Isaac cogió el del pie tullido y lo miró con detenimiento. Después alzó la pierna del niño y la examinó también.

—Parece que se ha enderezado un poco. ¡A lo mejor sí que te ha ido bien! —Isaac parecía contento.

—Jean dice que tengo que llevar siempre el zapato. ¡Pero me duele mucho! Muchas veces me lo quito y corro descalzo, cuando nadie me ve —confesó William.

—¡Vaya, eso me pone muy triste! —Miró a su sobrino y sacudió la cabeza.

—¿Y eso por qué? —preguntó este con curiosidad.

Había deseado recibir la atención de su tío durante muchísimo tiempo, ¡y de repente la tenía toda para él!

—Seguro que no te acuerdas, pero Jean y yo te fabricamos juntos el primer zapato de madera para que tu pie se enderezara un poco al crecer —le explicó Isaac.

—Pero da igual como crezca. Eso dice siempre madre.

—Yo creo que tu madre no tiene razón.

—No me extraña que digas eso. ¡No la soportas! —William bajó la mirada y contempló el suelo con tristeza.

—No se trata de eso.

Isaac había estado masajeando durante todo ese rato el pie del niño con la mano sana, hasta que estuvo rosado y cálido. El zapato de madera había dejado ampollas y callosidades en el piececito de William, pero aun así, había disfrutado del tacto de la mano de Isaac.

—¿Tío Isaac?

—¿Qué pasa, hijo mío?

—¡No me gusta la forja! —William miró a su tío como si acabara de confesarle algo terrible.

—¿Qué quieres decir?

—Madre dice que algún día también yo seré herrero, y que los herreros no necesitan pies sanos. Tío Isaac, dime ¿quién es Wieland?

El herrero se sonrió ante esa asociación de ideas del chiquillo. Por primera vez desde hacía mucho volvió a sentir una agradable calidez en su corazón. Le alborotó el pelo al niño.

—¿Quieres oír la historia de Wieland, el herrero?

William asintió con entusiasmo. No imaginaba nada más bello que escuchar un relato.

—¡Pero es muy larga! —le hizo reflexionar Isaac.

—¡No me importa! —William sonreía con alegría.

—Pues muy bien. —Isaac carraspeó—. Hace mucho, mucho tiempo, en un lugar muy lejano, vivía una vez un pacífico gigante. Este entregó a su hijo, Wieland, a Mimir, el herrero más famoso de la tierra de los gigantes, para que fuera su aprendiz y se instruyera en el arte de la armería. Al cabo de tres años, Wieland regresó a su casa y, para que se convirtiera en el herrero más famoso de todos, el gigante lo mandó entonces a aprender con dos enanos que no solo dominaban el arte de la forja, sino que también eran maestros en orfebrería y platería. El joven aprendía deprisa y los enanos no querían dejarlo marchar, así que le prometieron al gigante devolverle todo su oro si permitía que el muchacho se quedara junto a ellos un año más. Sin embargo, si no llegaba a buscar a su hijo el día exacto que habían convenido, los enanos tendrían derecho a matar al muchacho. El gigante escondió una espada y ordenó a su hijo que la fuera a buscar y matara a los enanos si veía que él no llegaba a tiempo. Wieland se quedó viviendo con los hombrecillos. Era leal y muy trabajador, pero ellos le envidiaban su destreza y, por eso, se alegraban de tenerlo a su merced. Demasiado pronto emprendió camino el gigante para reclamar la vuelta de su hijo y, por ello, se encontró con que la montaña todavía era infranqueable cuando llegó ante ella. Se echó a dormir en la hierba, y una enorme roca cayó por la ladera y acabó con su vida.

William inspiró hondo, espantado.

—Cuando Wieland encontró muerto a su padre el día convenido, fue por la espada y acabó con los enanos. Después emprendió camino y fue a ver al rey Nidung, que lo aceptó en su corte. Su tarea no era más que la de ocuparse de tres cuchillos de la mesa del rey, pero un día, mientras los estaba lavando, ¡uno de ellos se le cayó al mar y desapareció para siempre jamás! Amilias, el único herrero de la corte del rey, no estaba en su taller, de manera que Wieland se dispuso a trabajar en el yunque y él mismo fabricó un cuchillo con una semejanza perfecta al que se había perdido.

—¡Había aprendido a hacerlo de Mimir y de los enanos! —exclamó William, y aplaudió con entusiasmo.

Isaac no se dejó distraer y continuó con su relato:

En la comida, cuando el rey quiso partir el pan con el cuchillo, hendió también la hoja en la madera de la mesa, de tan afilado que estaba. Nidung jamás había poseído un cuchillo semejante y no creyó que lo hubiese forjado Amilias. Así pues, amenazó a Wieland hasta hacerle confesar que lo había fabricado él mismo. Amilias, empero, sintió celos y le propuso al rey una apuesta. Wieland forjaría una espada y él, un yelmo y una armadura. El que venciera a su oponente le cortaría la cabeza al perdedor. El rey estuvo de acuerdo e hizo construir una segunda herrería en la que Wieland pudiera forjar su espada. Tras siete días, Wieland ya había forjado una hoja bien afilada, pero cogió una lima, redujo la espada a finas virutas, las mezcló con harina de trigo y dio de comer la mezcla a los gansos. Más adelante, fundió los excrementos de los animales, separó así el hierro de las inmundicias y forjó con él una segunda espada, más pequeña. Comprobó el filo y volvió a reducirla a limaduras. La tercera espada confeccionada de este modo resultó la mejor. Wieland la llamó *Mimung*. En secreto fabricó otra espada más, cuyo aspecto era casi igual que el de *Mimung*. El día en que había de decidirse la apuesta, Amilias llegó al mercado ataviado con su pulidísima armadura y fue admirado por todos. Se sentó en una silla y aguardó. Wieland empuñó su espada y posó el filo sobre la cabeza de Amilias. Estaba tan afilado que atravesó el yelmo como si fuera de sebo. Amilias no se dio cuenta y animó a Wieland a que cogiera impulso y le descargara un golpe con todas sus fuerzas. Este, sin embargo, simplemente presionó la espada un poco más, hasta que le atravesó el yelmo, la cabeza y la cota de malla hasta la hebilla del cinturón. Al intentar levantarse, Amilias cayó en dos pedazos y murió. Nidung quiso hacerse con la espada en aquel mismo instante, pero Wieland le rogó un momento de paciencia, pues quería ir a buscar la vaina y el cinto. Al llegar a la herrería, escondió a *Mimung* bajo la fragua, tomó la segunda espada y se la llevó al rey. Desde aquel día, Wieland fabricó armas y joyas para el rey y alcanzó grandes honores.

William se puso en pie de un salto.

—¡Esta historia no me gusta! ¡No la entiendo! —exclamó—. Madre me había dicho que Wieland no podía caminar, pero seguro que no es verdad.

—Espera un momento, hijo. —Isaac rió e indicó al chiquillo que volviera a sentarse—. La historia de Wieland no ha terminado aún, pero la acortaré un poco. Puesto que Wieland había engañado al soberano, huyó y se ocultó en los bosques. Sin embargo, cuando llegó a oídos del rey Nidung que Wieland estaba solo en una herrería del bosque y que poseía mucho oro, partió cabalgando con sus hombres hasta allí y le robó al herrero el oro y la espada *Mimung*. Nidung se llevó cautivo a Wieland y lo envió a una isla en la que mandó construirle una herrería. El forjador quería vengarse de la deshonra que le había infligido Nidung y preparó en secreto una comida con un bebedizo de amor para la hija del rey. Con todo, su artimaña fue descubierta y el rey volvió a castigarlo.

A Isaac le raspaba la garganta de tanto hablar; sacó un odre, dio un gran trago y después se lo alargó al niño.

William negó con la cabeza.

—¿Qué pasó entonces? —preguntó con impaciencia.

—El rey hizo cortar los tendones de los tobillos y las rodillas de Wieland y lo envió de vuelta a su herrería. —La voz de Isaac parecía emocionada al proseguir—: Durante largo tiempo estuvo tumbado, padeciendo fuertes dolores hasta que sus heridas sanaron, pero ya nunca más pudo andar. —Suspiró brevemente—. Un día Nidung fue a verlo. Le llevaba dos muletas y le prometió grandes riquezas si volvía a forjar para él. Wieland fingió alegrarse, pero en cuanto el rey se hubo marchado, juró venganza.

William apenas se atrevía a respirar.

—¿Crees que logró su venganza? —preguntó en voz baja.

Isaac parpadeó mirando al sol, que ya estaba bajo.

—Es más, lo sé. Si quieres, mañana te explicaré cómo lo logró, pero ahora será mejor que volvamos a casa. Si no, tu madre nos arrancará la cabeza.

Le sonrió al niño y le acarició el pelo otra vez.

—Tú has tenido suerte —dijo William de pronto.

—¿Qué quieres decir? —Isaac puso ceño.

—A ti te queda una mano sana, y casi todo el brazo.

—¿A eso lo llamas suerte? ¡Preferiría renunciar a los tendones de las dos piernas antes que a una mano! —gruñó Isaac.

William no le prestó atención.

—Wieland es un héroe. No se rindió, volvió a forjar. No podía evitar seguir haciendo lo que mejor sabía hacer, o jamás habría sido feliz. Seguro que con una mano también lo habría hecho.

Los ojos de William relucían. De haber intuido lo mucho que le dolerían esas palabras a Isaac, jamás habrían salido de sus labios, pues quería como a un padre a ese hombre de aspecto triste, y no había nada que deseara más que verlo feliz.

—¡Isaac me ha contado la historia de Wieland! —exclamó William con entusiasmo, sentado a la mesa.

Dio un bocado a su pan y se puso a masticarlo.

—¿Qué pasa, no tienes hambre? —Rose frunció la frente.

—¡*Cí*, pero *ce* me mueve un diente! —ceceó el niño.

Rose le asió la barbilla, le alzó la cabeza y sonrió.

—¡A ver!

—Mira.

William empujó los incisivos inferiores hacia delante con la lengua, hasta que le salió un poco de sangre.

—Bueno, pues pronto se te caerá —confirmó Rose, riendo.

—¡Yo ya tengo muchos nuevos! —terció entonces Marie, que abrió la boca y se metió dentro el dedo índice—. ¿Los ves?

Isaac acarició la mejilla de su hija con un tierno gesto.

—La historia de Wieland, qué bien. —Ellen sonrió—. Casi todos los niños de Inglaterra la conocen. Seguro que por eso la gente respeta tanto a los herreros, pues creen que, cuando templamos por la noche, obran fuerzas oscuras. Creen que enanos y elfos nos dan poder sobre el hierro. Algunas curanderas afirman incluso que el agua de nuestras tinas de temple tiene poderes curativos. —Ellen se encogió de hombros—. Me encantaba cuando Donovan nos explicaba esas historias en las largas tardes de invierno. Cuando hacía frío, nos sentábamos todos alrededor del fuego. ¡Donovan siempre adornaba las historias con más detalles y las explicaba con mucha pasión! En aquel entonces, en Tancarville, deseé llegar a forjar igual que Wieland, y más de una vez soñé que era aprendiz de un enano. Se lo conté a Donovan, y él fingió enfadarse. «Es verdad que soy bajito, pero no soy ningún enano», dijo, y se rió de mí, pues casi se me traga la tierra de vergüenza.

Las mejillas de Ellenweore se habían sonrojado. Sus rizos rebeldes asomaban por debajo del pañuelo que llevaba a la cabeza y danzaban sobre su rostro cuando reía.

Isaac sintió que se le encogía el estómago al ver esos ojos verdes reluciendo al calor del fuego. Le costaba respirar. Se levantó de la mesa tirando al suelo una silla, la recogió enseguida y, sin decir una palabra, se retiró.

Jean miró a Ellen con expresión interrogante.

—La historia de Wieland habrá hurgado en viejas heridas.

Aunque su reacción le hubiese parecido innecesariamente impetuosa, sentía lástima de Isaac.

Esa noche, cuando Ellen se tumbó en la cama junto a su marido, este parecía estar ya dormido. Tenía los ojos cerrados y respiraba a un ritmo regular. Lo contempló con curiosidad un instante más. Su rostro parecía relajado. De súbito parpadeó. Ellen enseguida miró a otra parte. Tenía el corazón desbocado, como si la hubieran sorprendido haciendo algo prohibido.

Al día siguiente William esperó a su padrastro en el patio, y aún no había salido Isaac por la puerta cuando el chiquillo se abalanzó corriendo hacia él.

—¡Tío Isaac! ¿Me explicas ahora el final de la historia?

El herrero no pudo resistirse a la implorante mirada del pequeño.

—Lo prometido es deuda, así que vamos, caminaremos un rato.

William miró a Isaac, asintió y puso su manita pegajosa en la garra seca del herrero. El brazo izquierdo de Isaac se estremeció; a menudo lo torturaba la sensación de que la mano y los dedos ausentes seguían allí. Se frotó el muñón en el sayo para hacer desaparecer el hormigueo. Llegados a la colina, se sentaron en la hierba.

—¿Conque quieres saber cómo se vengó Wieland de Nidung?

William asintió con brío.

—Como recordarás, Wieland volvía a trabajar de herrero para el rey.

El niño miraba a su tío con ojos refulgentes.

—Yo no habría vuelto a trabajar para él. ¡El rey había mandado que le cortaran los tendones! —se indignó el chiquillo.

Isaac le alborotó el pelo, riendo, antes de proseguir:

—Bueno, pues resulta que un día los dos hijos menores de Nidung fueron a la herrería a ver a Wieland y le pidieron que les forjara unas flechas, pero le dijeron que su padre no debía enterarse de nada. Wieland les dijo que regresaran un día en que hubiera vuelto a nevar, pero tenían que acercarse a la herrería caminando hacia atrás, solo así les forjaría las flechas. Al día siguiente ya había nevado y los dos jóvenes hicieron lo que les había dicho el herrero.

—Isaac miró a William a los ojos—. Wieland estaba obsesionado con su venganza, así que tomó su martillo y mató a los hijos del rey.

—¡Pero si ellos no tenían nada que ver! —exclamó William, indignado.

—Es cierto, hijo mío, pero el que se deja llevar por la venganza, rara vez obra con justicia. —Isaac cogió al niño en brazos—. ¿Quieres que siga explicando?

William se tragó las lágrimas y asintió con la cabeza.

—Wieland escondió los cadáveres y, cuando los hombres del rey llegaron a la herrería buscando a los muchachos, afirmó que les había forjado unas flechas. Las huellas de la nieve, que se alejaban de la herrería, parecían confirmar su relato, de modo que los hombres de Nidung buscaron a los jóvenes en el bosque cercano. La búsqueda se dio por concluida muchos días después, y entonces Wieland sacó los cadáveres de su escondite y confeccionó con las calaveras de ambos unas copas recubiertas de plata y de oro. Con sus huesos hizo puños de cuchillo y candelabros para la mesa del rey. Sin embargo, el herrero seguía sediento de venganza. Con un anillo mágico consiguió que Badhild, la hija del rey, se desposara en secreto con él. Poco después, cuando uno de los hermanos de Wieland y el mejor de todos los arqueros llegó al reino de Nidung, al fin pudo completar su venganza. Con plumas de águila se fabricó unas alas, se las puso y voló con ellas hasta el castillo de Nidung. Le explicó al rey que había sido él quien había matado a sus hijos y que Badhild esperaba un hijo suyo, alzó el vuelo y se alejó por los aires. Entonces Nidung ordenó al arquero que matara a su propio hermano.

—¡Ahora también Wieland recibirá su castigo! —exclamó William triunfante, pero Isaac sacudió la cabeza:

—Wieland era muy listo y le había dicho a su hermano que le disparara bajo el brazo derecho, donde llevaba una vejiga llena de sangre. Aunque Nidung, a causa de la gran cantidad de sangre, creyó que el herrero había muerto, él mismo murió de pena poco después. Su hijo mayor resultó un rey justo y piadoso, y, cuando Badhild dio a luz un varón, Wieland le pidió la paz al joven rey. Wieland y Badhild se casaron y vivieron felices en el hogar de él hasta el fin de los días.

Una vez terminada la historia, Isaac guardó silencio un buen rato.

William empezó a lanzar piedras. Primero con vacilación, pero cada vez con más rabia.

—¡No me gusta! —gruñó.

—¿El qué? —preguntó Isaac, asombrado.

—¡Wieland! ¡No es ningún héroe! Es un tramposo y no es mejor que Nidung.

—¡Pero si Nidung le engañó y lo convirtió en un tullido! —Isaac miraba al pequeño con sorpresa.

—Wieland es un cobardica. Los hijos del rey no le habían hecho nada, ¡y tampoco las pobres águilas que tuvieron que darle sus plumas! —William gritaba, indignado—. ¿Acaso me matarías tú porque madre dejara que el cirujano barbero te amputara el brazo? —preguntó con tristeza.

Isaac pensó en su riña con Ellen y no supo qué decir. Se limitó a mover la cabeza en silencio.

—¡Nunca seré como Wieland y tampoco seré herrero! —vociferó el niño.

—¡Anda, William! —Isaac lo cogió en brazos—. Todavía eres demasiado pequeño para ser tan tozudo. Claro que serás herrero. En nuestra familia todos los hombres han sido herreros: tu abuelo, mi padre y todos nuestros antepasados. —Le sonrió para infundirle valor.

—¿Y qué era mi padre? —Al pequeño le caían lágrimas de los ojos.

Saltó del regazo de su tío y corrió colina abajo.

—¡Espera, Will, espérame! —Isaac también se había puesto en pie y se apresuraba para alcanzar al chiquillo—. Te das mucha prisa con ese pie tullido —dijo con elogio, jadeando, cuando al fin lo atrapó poco antes de llegar a la herrería.

William se sonrojó de alegría ante el halago de Isaac y olvidó su enfado.

—¿Volveremos a ir juntos al bosque mañana? —preguntó Isaac con una sonrisa.

El pequeño asintió y se alejó con alegría.

—Podría volver a tallar si se me ocurriera una forma de sujetar la madera —murmuró Isaac al día siguiente, mientras estaban en la pradera que había junto al bosque.

Se quitó los zapatos e intentó utilizar los pies. William lo imitaba con entusiasmo, y pronto comprobaron que no era tan difícil.

Isaac empezó a practicar todos los días como un poseído, hasta que consiguió sostener el pedazo de madera con suficiente fuerza para trabajarlo cuidadosamente con la mano derecha. Estaba maravillado al ver el empeño con que practicaba William también.

—¿Por qué lo haces? Tú tienes dos manos sanas —le preguntó un día, pues no lograba entenderlo.

—Cuando empezaste, me pareció divertido —dijo el niño, sonriendo—, pero así también se pone fuerte mi pie. Desde que practico contigo, puedo caminar más rato sin que me haga daño.

Siempre que estaba con William, Isaac sentía una grata calidez que hacía mucho que añoraba.

—¡Entonces ya va siendo hora de que me ponga a tallar para hacerte pronto unos zapatos de madera nuevos!

Isaac se colocó un trozo de madera entre los dedos de ambos pies y lo sostuvo hábilmente.

Empezó tallando una vaca. Con el paso del tiempo llegaron también una muñeca para Marie y un perrito para Agnes, y, más adelante, otras dos vacas, un gorrino, un burro y un caballo, además de un labriego, un gato y una cuna con un bebé en su interior.

Los ojos de sus hijas relucieron cuando les regaló las primeras figuritas. Cada día lo asediaban con impaciencia, a la espera de las siguientes.

Con cada nueva talla, Isaac ganaba destreza y, como todos pudieron notar, también una nueva alegría.

Otoño de 1178

William corrió descalzo por la hierba mojada de rocío hasta el lugar en el que Isaac solía sentarse a tallar. El suelo estaba blando, olía muy bien y estaba cubierto por una alfombra de hojas de colores a las que el niño daba patadas al avanzar. En lugar de trabajar un pedazo de madera, como solía hacer, Isaac estaba allí de pie con una piedra en la mano. William se lo quedó mirando boquiabierto. Isaac doblaba el brazo con la piedra y luego lo separaba mucho del cuerpo, una y otra vez. A veces realizaba amplios movimientos oscilantes y luego alzaba la piedra de nuevo hacia arriba. William estaba fascinado por los movimientos de su tío y no se atrevió a interrumpirlo hasta pasado un buen rato.

—¿Qué estás haciendo, tío Isaac?

—No tengo fuerza en el brazo y ya va siendo hora de cambiar eso.

William asintió, aunque no lo había entendido.

Isaac miró al niño y rió, pues se lo veía desconcertado.

—No pierdas mi brazo de vista cuando alce la piedra. ¿Lo ves? —Señaló a su músculo con la barbilla—. Yo antes tenía los brazos casi el doble de gruesos, y así ha de volver a ser. Por eso he empezado con una piedra pequeña, más adelante buscaré una mayor. Cuanto más pese la piedra, más grueso se pondrá mi brazo con el tiempo.

—¿Y el otro? —William señaló al brazo izquierdo, que caía inerte—. ¿Es que el otro no tiene que ponerse más fuerte?

Isaac no respondió. ¿Cómo iba a alzar una piedra con un brazo que carecía de mano para sostenerla?

William no sospechaba lo mucho que le daría vueltas su tío a esa pregunta durante los días que siguieron.

—¡Cuélgate de aquí! —animó al chiquillo un día, extendiendo con orgullo su brazo derecho.

William se aferró al antebrazo de su tío y alzó las piernas. Isaac estaba contento, pues podía sostener al pequeño con el brazo solo ligeramente doblado. El ejercicio había merecido la pena: los músculos habían recobrado su fuerza.

—¡Ahora con el otro! —pidió William.

Isaac extendió con timidez el brazo tullido y el niño lo aferró y tiró de él sin levantar los pies del suelo. Tiró cuanto pudo, hasta que el brazo de su tío empezó a temblar a causa del esfuerzo. Enseguida lo soltó.

—¡No es mala idea! —Isaac le alborotó el pelo, como hacía siempre que quería demostrarle afecto—. Podríamos hacerlo más a menudo.

William asintió con alegría.

—¡Así se pondrá igual de fuerte que el otro!

Para darle la razón al niño, practicaron cada día y, poco antes de la primavera, Isaac ya podía alzarlo tanto tiempo como el que se tardaba en decir dos veces el padrenuestro con calma. Los músculos de los brazos, los hombros y la espalda ganaban cada vez más fuerza. Un día empezó a hacer flexiones con un solo brazo y, cuando consiguió hacerlo sin esfuerzo con el derecho, se fabricó un cojín para el muñón, que ya estaba completamente curado, y practicó también con el izquierdo. Junto con sus músculos creció también el deseo de Isaac de volver a trabajar en la herrería.

—¡Isaac me levanta mucho rato con el brazo estirado! —explicó William con orgullo una noche, durante la cena.

Ellen le lanzó una mirada de enfado a su marido, mientras que Jean y Rose le sonrieron con afecto.

—Me gustaría mucho ir a la herrería mañana. A lo mejor con Peter podría…

—¡Es tu herrería! —repuso Ellen con crudeza.

Isaac no dijo más.

—Peter se alegrará mucho —dijo entonces Jean—. Tenemos mucho que hacer. Nos vendrá muy bien contar con alguien más.

Ellen pasó la cena evitando la mirada de Isaac.

—¿Por qué no has intentado impedírselo? —increpó a Jean en cuanto Isaac se hubo marchado.

—¿Por qué tendría que haber hecho tal cosa? Hace casi dos años que no dejas de quejarte porque no trabaja. ¿Has visto sus brazos? Ha recuperado la fuerza. Lo he estado observando. También ha vuelto a reír.

—Todo este tiempo hemos tenido que soportar su malhumor y ahora, apenas aparece una sonrisa en sus labios amargados, ¡os ponéis a aplaudirle! —Su ira no pasaba indavertida.

—Pero ¿por qué estás tan enfadada? —preguntó Jean sin ambages.

—¿Que por qué…? —A Ellen le faltaba el aire—. ¿Acaso has olvidado que, según él, yo tendría que estar en el fogón en lugar de en la fragua?

Ellen se frotó la sien con el índice.

—¿Tienes miedo de que te envíe de vuelta a la casa? —preguntó Jean con incredulidad.

—No es que me importe un comino lo que piense, pero me gusta trabajar con vosotros y quiero que siga siendo así. Isaac solo nos alborotará, y eso no le hace ningún bien a nuestro trabajo.

—Si es como tú dices, puedes volver a echarlo. No creo que sea imprescindible, a menos que se nos una y te reconozca como maestra —dijo Jean, intentando tranquilizarla.

—¡Precisamente eso es lo que no querrá hacer! —siseó Ellen.

«Ajá, conque de eso se trata…», se dijo Jean, pero no hizo ningún comentario al respecto.

—¡Dale una oportunidad! A ver cómo se las arregla. No tienes por qué trabajar con él, deja que lo haga Peter. Además, sería bueno para William.

—¿Qué tiene él que ver en esto? —Ellen miró a su amigo de mala gana.

—Quiere mucho a Isaac. Ver que vuelve a trabajar de herrero puede ser bueno para William. Ya sabes lo que piensa de la forja.

—Qué disparate, William todavía es un niño. Intenta salirse con sus cabezonerías, pero trabajará en una herrería igual que sus antepasados. Ya me encargaré yo de que se convierta en un buen herrero. —Ellen había plantado los brazos con ímpetu en las caderas.

—No puedes obligarlo... —opinó Jean, pues comprendía la actitud de William.

—¡Vaya si puedo! No va a desperdiciar su talento, ¡ya me encargaré yo de eso! —Ellen soltó un resoplido.

«¿Qué sabes tú de los talentos de tu hijo?», parecía decir la mirada de Jean.

—La herrería es de Isaac y no puedo prohibirle la entrada, pero solo trabajaré bajo el mismo techo que él si se contiene —advirtió Ellen.

Jean asintió. Comprendía sus reparos, pues había tenido que luchar mucho para alcanzar sus metas. Había tenido que esforzarse muchísimo más que cualquier otro herrero. Aun así, le parecía que también Isaac merecía una oportunidad. Jean se propuso mencionarlo en sus oraciones y salió a buscarlo. Lo encontró en la paja de detrás del cobertizo donde guardaban la madera y se sentó a su lado sin decir nada.

—Me odia profundamente —dijo Isaac.

—Tú tampoco se lo has puesto fácil. Desde el principio. ¿O acaso lo has olvidado ya?

Jean tiró de una brizna de paja que sobresalía del montón.

—He tenido mucho tiempo para reflexionar. Ahora veo muchas cosas de forma diferente; otras no han cambiado.

Jean lo miró con actitud interrogante.

—Pues yo, la verdad, soy igual de listo que antes.

Isaac sonrió.

—Entonces te pasa como a mí. No sé si podré soportar tener que ver cómo os ordena y os manda. Tampoco sé si lograré hacer nada en estas circunstancias —alzó el brazo izquierdo—, y trabajando con ella en el mismo taller. No estoy ciego ni sordo. Sé que le ha hecho ganar una buena fama a la herrería, de modo que algo debe de saber. Pese a todo, no sé si podré soportar que sea mejor que yo. ¡Si aún tuviera la mano, no sería rival para mí! —Isaac parecía más desconcertado que desafiante.

—Te equivocas, Isaac. —Jean irguió la cabeza.

—¿Qué quieres decir?

—Isaac, yo he visto cómo forjabas. Eres un buen herrero, pero ella es más que buena, tiene un don. Estoy seguro de que solo hay un puñado de herreros en toda Inglaterra y Normandía que le lleguen a la suela del zapato. De haber sido hombre, hace tiempo que sería afamada. ¡La conocerían allende las fronteras de Anglia Oriental, e incluso fuera de Inglaterra, créeme!

—No puedo —se lamentó Isaac—. ¡Es muy injusto!

—¿Qué tiene de injusto? —Jean lo miró sin entenderlo.

—¿Acaso te parece justo que el Señor haya otorgado a una mujer, que además es bonita, un don con el que, de ser hombre, habría alcanzado grandes honores? ¿Y por qué me quitó a mí mi mano?

—A lo mejor el Señor quiere que aprendas humildad y comprendas que es él quien decide a quién bendecir, y no nosotros, los hombres. Ve a ver lo que forja y cómo trabaja, no podrás por menos que admirarla. Y tal vez así, algún día darás gracias a Dios porque te haya enviado a esa mujer maravillosa para que sea tu compañera.

Isaac, conmovido, miró a Jean y guardó silencio.

—¡Es una persona muy especial! Si la deseas por su belleza, tendrás que ganártela mediante su respeto, y su respeto no lo obtendrás gracias a tu forja, sino bajando de una vez de tu alto corcel y reconociéndole a ella sus habilidades.

Las palabras de Jean habían dejado a Isaac paralizado. Sin embargo, cuando quiso demostrar, indignado, que no deseaba a Ellen, Jean ya se había marchado.

A la mañana siguiente, Isaac decidió ir el último a la herrería para no molestar a su esposa. No quería que pensara que iba a disputarle el puesto de maestra. Toda la noche había estado reflexionando sobre las palabras de Jean y había decidido no provocarla.

Jean estaba atizando el fuego de la fragua mientras Ellen planificaba las tareas del día y Peter engrasaba unas cuantas herramientas.

—No ha sido más que un montón de palabrería hueca, no vendrá. ¡Por lo visto ha vuelto a perder las ganas de trabajar! —dijo Ellen, pues Isaac no había llegado aún.

Jean la miró con desaprobación.

—Dale una oportunidad, Ellen. ¡Te lo ruego!

—¡Muy bien! —Ellen alzó las manos con ánimo conciliador.

—Peter, hoy trabajarás con Isaac, hay que preparar unas cuantas piezas en bruto. Piensa que solo puede utilizar una mano. Tú tendrás que batir mientras él sostiene, o tú sostendrás mientras él trabaja con el martillo de mano. No será fácil, pero os las arreglaréis —dijo Jean haciéndose con el mando, y le dirigió un gesto de ánimo al joven oficial.

—Jean tiene razón, has aprendido una barbaridad desde la última vez que Isaac trabajó contigo. ¡Lo dejarás asombrado! —dijo Ellen para tranquilizarlo, al ver que él la miraba con inseguridad.

Isaac entró en la herrería como si la pisara por primera vez. Desde que Ellen trabajaba allí, habían cambiado algunas cosas. Había traído nuevas herramientas, había dispuesto una muela con pedal y había erigido otros dos puestos de trabajo. Las herramientas estaban ordenadas según la costumbre de ella, y eran bastantes más de las que había poseído él. A buen seguro tardaría un tiempo en acostumbrarse a cómo funcionaba la herrería. Tras un breve y humilde saludo a media voz, se dirigió hacia Peter para hablar del trabajo.

—Empuñar el martillo de mano no debería resultarme muy difícil. Seguro que eso no se olvida tan fácilmente, así que me gustaría empezar por ahí.

Peter asintió con devoción y se esforzó muchísimo por no decepcionar a su maestro. Isaac puso cuerpo y alma en el trabajo. Dejaba caer el martillo sobre el hierro una y otra vez, con obstinación. No hizo caso del dolor que empezó a extenderse desde la mano hasta el hombro. Le sentaba bien agotarse. Había echado en falta el trabajo, el sudor y las callosidades de las manos.

—Pásame el macho, quiero probar si puedo sostenerlo —pidió Isaac poco antes de que todos fueran a cenar.

Peter tragó saliva. ¿Cómo iba a sostener bien el mango sin la mano izquierda?

Al percibir las dudas del oficial, Isaac lo tranquilizó.

—Solo quiero intentarlo, ver cuánto pesa y si algún día, con algo de práctica, conseguiré empuñarlo.

Isaac puso mucho empeño en su intento, pero de todas formas el mango se le resbalaba y le costaba muchísimo sostener el martillo en alto. Decepcionado, pues había llegado ya a su límite, dejó el pesado macho en el cubo del agua para que el mango se hinchara y al día siguiente volviera a sujetar el cotillo sin bailar.

—Dejémoslo aquí por hoy. ¡Tengo un hambre de lobo! —dijo, forzando su alegría para ocultar a los demás lo decepcionado que estaba.

Isaac estuvo semanas trabajando con Peter como si no fuera el maestro, sino el aprendiz. Pese a que no estaba pendiente de Ellen, tampoco le pasaba por alto la concentración con que trabajaba. Siempre que había alguna dificultad, ella tenía la solución, y su fondo de ideas parecía ser inagotable. En pocas palabras, sus aptitudes habrían dejado impresionado a cualquier herrero. Así, un día Isaac hizo de su capa un sayo y le pidió consejo. Como si fuera lo más natural del mundo, ella le respondió y volvió a su trabajo. Isaac quedó asombrado, casi conmocionado por la claridad de su respuesta. ¿Cómo no lo había visto él mismo? Luchó por un momento contra su amargura y luego siguió el consejo.

Junio de 1179

Jean y Ellen habían sacado al patio la mesa y los bancos para poder disfrutar fuera de la comida. El sol llevaba una semana entera brillando. El domingo merecía la pena hacer el esfuerzo para después poder sentarse al aire libre, tranquilos, a disfrutar de la sobremesa en el cálido día estival, cosa que todos hicieron largo rato.

—¿Es muy complicado pulir una espada? —preguntó Isaac, y empapó un trozo de pan en lo que le quedaba de sopa.

—Sí, bueno, se necesita experiencia y destreza, ¿por qué?

—Te he estado observando. Con el esmerilado basto utilizas ambas manos, pero con el pulido trabajas casi únicamente con la derecha.

Isaac no se atrevía a mirarla. Cuando hablaba de espadas, sus ojos verdes se encendían y él la deseaba tanto que le resultaba doloroso. A veces apenas soportaba yacer junto a ella por las noches sin poder tocarla.

—No te equivocas en lo que dices. —Ellen se frotó la sien con el dedo índice, como si eso la ayudara a pensar con mayor claridad—. ¿No has pulido nunca? ¿Ni siquiera un sencillo cuchillo de monte?

—Solo he bruñido utensilios y unos cuantos cuchillos, pero no se puede comparar con el pulimento de una espada —repuso Isaac con humildad.

—Podrías probar —dijo Ellen con confianza—. Cierto es que

hoy es domingo y que no hay que trabajar, pero el taller está vacío y podría enseñarte... ¡Si quieres! —añadió enseguida.

Había reparado en que de los labios de Isaac no había salido una sola mala palabra contra ella desde que trabajaba en la herrería. Al contrario, su marido se esforzaba mucho por ayudar en todo lo que podía pese a la mano que le faltaba. Más de una vez la había dejado maravillada al ver que no se rendía.

—¡Bien! ¡Pues vayamos! —Isaac se levantó con alegría.

—El pulido puedes realizarlo con facilidad estando sentado. Te he visto tallar —dijo Ellen, que seguía evitando mirarlo a los ojos.

Las miradas de admiración que él creía poder ocultarle no le habían pasado por alto, y le producían una asombrosa sensación de debilidad en el estómago.

—Entonces, ¿te parece bien que utilice los pies para sostener la pieza?

Ellen se encogió de hombros.

—¿Por qué no? Mientras tengas los dedos alejados de la hoja... —Le sonrió y al instante se puso colorada. Se volvió enseguida y cogió una guadaña que Peter e Isaac habían terminado el día anterior—. ¡Puedes empezar con esto!

—¿Con una guadaña? ¿Tengo que pulir una guadaña? —Isaac la miró con cierto enojo.

—Mal no le hará —explicó Ellen, riendo.

Su risa impactó como un puñetazo en el estómago de Isaac.

—Es verdad —balbuceó, desconcertado.

—Al principio deberías practicar con la pasta de pulir más fina —explicó Ellen.

—¿Sí? ¿Y eso por qué?

—Cuanto más basta sea la piedra, más graves serán los fallos. Si se raya el hierro durante el esmerilado basto, ni el mejor de los espaderos podrá deshacerse de esa tara. De modo que, para empezar, lo mejor es una pasta de pulir de harina de piedra, para que nada pueda salir mal. Cuando tengas algo de práctica, sepas a qué debes prestar atención y cómo reacciona el hierro al pulimento, podrás usar piedras más bastas. ¡Pulir espadas es algo excepcional! Los espaderos se ocupan solo de esa tarea. Un espadero verdaderamente bueno vale su peso en oro, y pronto acumula más experiencia que cualquier herrero, porque solo se dedica a pulir.

Isaac asintió con interés.

Ellen se dio cuenta de cómo la miraba y volvió a ruborizarse. Cogió enseguida un trapo de lino y puso en él un poco de pasta de pulir. Le enseñó a Isaac cómo sostener el paño entre el pulgar y el índice para pulir la hoja y lo supervisó mientras trabajaba. De vez en cuando asentía con satisfacción, pues él se desenvolvía con maña.

Isaac pronto cogió confianza con la tarea, por lo que poco después le propuso a Ellen pulir el cuchillo de monte que acababa de terminar.

Rebosaba de contento. La confianza de Ellen significaba para él más de lo que hubiese deseado.

Ella sacó una piedra de pulir de su bolsita de cuero y, al dársela, sus dedos rozaron la mano de Isaac, que se estremeció.

El herrero demostraba perseverancia y destreza en el pulido, aprendía con gran empeño. Al cabo de dos meses, Ellen empezó a encomendarle también las espadas más sencillas. Ella solo pulía las más caras, las que seguía terminando sola. Hacía falta un tacto especial en las yemas de los dedos para escoger las piedras adecuadas y obtener una hoja de brillo reluciente y filo cortante.

Entre ellos no hubo más malas palabras. Isaac, a todas luces, disfrutaba de la confianza que se había ido creando poco a poco entre ambos.

Uno de los primeros días del otoño, una sorda trápala de herraduras anunció la llegada de un caballo al blando suelo del patio. El jinete bajó de un salto y, poco después, su voz atronadora se dejó oír ante la herrería.

—¡El maestro, quiero hablar con el maestro!

Ellen le indicó a Peter con apenas un movimiento de la cabeza que abriera la puerta al hombre, y por ella entró un joven barón vestido con telas caras y enjaezado con armas cargadas de oro y de costosas ataujías de marfil.

—¿Qué puedo hacer por vos? —preguntó Ellen con cortesía mientras se acercaba a él.

—El maestro, ¿dónde está?

—¡Lo tenéis delante, milord! —Permaneció serena, aunque no fuera una maestra reconocida; no era la primera vez que la trataban con desprecio, y ya estaba harta.

El joven caballero la miró sin piedad.

—¡Eso no puede ser! He oído decir que el maestro de esta herrería es un tal Alan. ¡Dicen que fabrica las mejores espadas de todo el territorio!

Jean se sonrió. Pese a que ella seguía insistiendo en que la llamaran Ellenweore, siempre había alguien que entendía Alan en vez de Ellen.

—No haré tratos con una mujer. ¡Será mejor que os volváis al fogón y cocinéis algo decente! ¿Dónde está el herrero? —preguntó el joven barón con impaciencia.

Ellen estaba tan indignada que le faltaba el aire. Demasiado bien recordaba aún esas palabras en boca de Isaac. Dispuesta a echar de allí al hombre, dio un paso hacia él. No tenía ninguna intención de dejar que la siguieran humillando. De súbito, Isaac estaba junto a ella.

—Con permiso, milord. Soy Isaac, el herrero.

Esbozó una reverencia, ocultando tras la espalda el muñón de la mano izquierda.

Ellen bullía de ira ante semejante traición.

—¡Ah! ¡El maestro! —Una sonrisa triunfal se extendió sobre el rostro del joven caballero.

—Es cierto que soy el maestro herrero, milord, pero esas espadas de excelente calidad de las que habéis oído hablar no soy capaz de forjarlas. Ni yo ni ninguno de mis ayudantes. —Señaló a Ellen—. Mi esposa. Dios es mi testigo: estoy orgulloso de decir que es mi esposa quien forja esas armas extraordinarias. En todo Anglia Oriental no encontraréis forjador de espadas mejor que ella. De modo que, si deseáis haceros con una de sus piezas, deberéis disculparos ante ella con la esperanza de que os perdone, pues la ira, debéis saberlo, es un mal consejero.

El joven barón se había quedado blanco. Dejó escapar aire entre los dientes apretados con un silbido, giró sobre sus talones y al punto desapareció de la herrería.

—¡No merecía una de tus espadas! —dijo Isaac con desdén.

A Ellen estaba a punto de estallarle el corazón. No de furia, sino de dicha.

—¡Tienes toda la razón! —lo secundó Jean.

Su mirada iba sin parar de Ellen a Isaac. ¿No estaría naciendo entre ellos un sentimiento de afecto?

El trabajo los acercó uno al otro. En el taller se trataban con respeto y reconocimiento. Solamente en la alcoba compartida no sabían, ninguno de los dos, cómo demostrar su creciente confianza.

Isaac no había olvidado su promesa de la noche de bodas.

A pesar de que estaba seguro de que Ellen ya no lo odiaba, no se atrevía a dar ni un paso minúsculo por miedo a que ella pudiera sentirse obligada a complacerlo.

También los demás sentían la tensión que había entre ambos y, un día, cuando estaban solas, Rose decidió hablar con Ellen.

—Bueno, hablemos seriamente, Ellenweore. ¡No puedo seguir sentada sin hacer nada!

—¿Qué? —Ellen se miró toda la ropa—. ¿Qué pasa?

Rose se echó a reír.

—¡Me refiero a Isaac y a ti! No hacéis más que rondaros…

Ellen sintió que la sangre le afluía al rostro.

—Sigue sin hacer vida marital contigo, ¿verdad? —Rose la miró con expectación.

Ellen sacudió la cabeza, ruborizada.

—La noche de bodas renunció para siempre a sus derechos —dijo en voz baja.

—Qué noble —mascculló Rose, y reflexionó un rato—. Si es por él, jamás romperá esa promesa… creo yo. —Rose enarcó las cejas—. ¡Hombres! —Suspiró con paciencia—. ¡Pero sin ellos tampoco se puede vivir! De modo que está en tu mano. —Sonrió para infundirle ánimos a su amiga.

—¡Pero Rose! —exclamó Ellen, indignada. Por un brevísimo instante pensó en Guillaume y en esa forma descarada e imperiosa de solicitar su amor a la que ella no había podido resistirse nunca—. ¡No puedo hacerlo! ¡Eso tiene que hacerlo el hombre!

—Bah, qué disparate. ¡Las mujeres que pueden forjar también pueden seducir a sus maridos!

Rose sonrió con aire conspirativo y susurró algo al oído de su amiga.

—¡Pero Rose! ¡No! ¡Jamás podría volver a mirarle a los ojos! —exclamó Ellen con decepción.

—¡Tú hazlo y ya está! —zanjó Rose sin dar lugar a más reparos.

Las francas palabras de su amiga y la perspectiva de acariciar el cuerpo bien formado de Isaac habían exaltado a Ellen. Durante la cena estuvo muy distante, pues temía que todos pudieran leerle esos pensamientos lujuriosos en la cara, y no fue a acostarse a la alcoba hasta tarde, cuando Isaac dormía ya. Se desvistió a toda prisa y se metió desnuda bajo la manta. Isaac estaba tumbado boca arriba. Ellen se arrimó a él. El corazón le latía con fuerza solo de pensar lo que tenía intención de hacer. Isaac no se movía; parecía dormir profundamente. Ellen empezó a acariciarlo con suavidad. Su mano se movía bajo la sábana, sobre su pecho plano y fuerte, e iba bajando por su estómago. Al principio con cuidado, pero después cada vez con más anhelo, empezó a besarle el cuello. Apretó todo su cuerpo contra él, cerró los ojos con placer e inhaló su olor a cuero y hierro, un aroma mezclado con el de la lavanda que Rose ponía en la cama para ahuyentar a los parásitos.

Isaac respiró con más fuerza.

Ellen sintió su creciente excitación, pero en vano esperó a que la tomara entre sus brazos, de modo que recorrió con suaves movimientos su brazo izquierdo, hasta llegar al muñón. Fue entonces cuando se tumbó sobre él, tomó sus brazos e hizo que la abrazaran por la cintura. En la alcoba había demasiada oscuridad para poder ver si Isaac había abierto los ojos, pero Ellen sintió que estaba despierto.

—¡Abrázame! —le susurró con voz ronca, y empezó a besarlo en la boca.

Al principio con timidez, pero cada vez con mayor pasión, Isaac correspondió al beso. Su mano derecha se deslizó por todo el cuerpo de Ellen y le hizo sentir escalofríos de placer por la espalda.

—¡Yace sobre mí! —le musitó con voz caliente.

A la mañana siguiente, Ellen despertó descansada y feliz como nunca. Isaac se había levantado ya. Acarició con ternura la sábana sobre la que habían pasado la noche juntos. Después se levantó con brío, se lavó con el agua del cubo que había siempre en un rincón y se puso el vestido.

—¡Llego tarde! —se disculpó, y acabó de anudarse el pañuelo a la nuca mientras entraba en la cámara principal.

—¡Toma, come algo antes! —Rose la obligó a sentarse y le puso delante una escudilla con avena hervida en leche de cabra. Agarró a Ellen de la barbilla y la miró a los ojos—. Te sienta muy bien.

—¿El qué?

—¡El amor!

Rose volvió a enfrascarse en el amasado de los pastelitos y sonrió con complicidad.

—¡Tengo que ir al taller! —exclamó Ellen, tragó una última cucharada de gachas y salió corriendo con las mejillas encendidas.

—Ya iba siendo hora de que esos dos se encontraran —murmuró Rose con alegría.

Marzo de 1180

Si bien Ellen e Isaac creían comportarse como siempre, a los demás no les pasaron por alto ni las miradas alentadoras que intercambiaban cuando creían que nadie los veía ni el aura de rubor que irradiaban ambos cuando salían por las mañanas de la alcoba conyugal. Siempre estaban juntos y conversaban sobre la confección de nuevas espadas y de sus pulimentos, bromeaban y reían. Jean y Rose repararon, con emoción, en lo unidos que habían llegado a estar y lo felices que parecían.

Incluso el pequeño William se percató del cambio, que lo tenía la mar de contento, pues al fin había llegado la paz a la casa.

—¿Tío Isaac? —William puso su mano en la del herrero.

—¿Sí, hijo mío?

—¡Me alegro de que estés mejor! —Lo miró con cariño.

—Yo también —repuso Isaac.

—¿Puedo preguntarte una cosa? —El niño se rascó la cabeza.

Isaac aún recordaba la última vez que William le había hecho esa pregunta. Después, casi toda su vida había cambiado. Su sobrino habría podido pedirle lo que fuera y hacerle cualquier pregunta.

—Desde luego, hijo mío —dijo, por tanto.

—¿Por qué siempre me llamas hijo?

Isaac se quedó un momento sin palabras.

—Porque eres el hijo de mi esposa y no podría quererte más aunque fueras de mi propia sangre. Además, siempre quise tener un hijo como tú.

—¿De veras?

Isaac asintió y sonrió al niño.

—Entonces, ¿puedo llamarte padre?

Isaac sintió un nudo en la garganta. No había contado con eso. Tardó un momento en serenarse.

—Si a tu madre le parece bien… —murmuró entonces con voz tímida.

—¡Seguro que sí! —replicó William, exultante—. ¡Gracias, padre! —exclamó, y se alejó cojeando, contento.

—Tengo que hacerle ya zapatos nuevos —se recordó Isaac y, satisfecho, echó a andar hacia el taller.

Al cruzar el patio vio a Rose, ensimismada, con una mano en el vientre.

—¿Vuelves a estar encinta? —le preguntó con afabilidad.

Rose asintió, feliz.

—Queríamos decíroslo esta noche. —Se ruborizó un poco.

—¡Me alegro por vosotros! —La voz de Isaac fue cálida.

—Espera y verás, vosotros seréis los próximos —repuso Rose, y le guiñó un ojo.

Isaac no dijo nada. Sabía lo poco que le gustaban los niños a Ellen y, tras la muerte de Mildred, no podía reprochárselo. Iba a abrir la puerta de la herrería cuando un caballero llegó al patio a todo galope. Barbagrís gruñó hasta que el joven y simpático caballero saltó de su montura y lo tranquilizó con suaves palabras.

—¿Milord? —Isaac esbozó una reverencia sin resultar servil.

—¡Por favor, buen hombre! Dicen que aquí puedo encontrar a un forjador de espadas.

El joven caballero tenía un fuerte acento normando, pero parecía dominar el inglés.

—¡Es cierto, milord! Os invito a pasar.—Le hizo señas para que lo siguiera.

El joven caballero amarró a su caballo a un poste.

—El pomo de mi espada está suelto y hay que remacharlo cuanto antes —explicó con afabilidad.

—William, pequeño, llévale un cubo de agua al caballo de este lord —exclamó Isaac, y condujo al caballero a la herrería.

—Esta es Ellenweore, la forjadora de espadas y mi esposa —dijo Isaac con orgullo.

Señaló a Ellen, dispuesto a reiterar su honor en caso de que fuera necesario. Ella apenas si levantó la vista, atenta a su trabajo.

—Enseguida voy, aún tengo que…

—Si se detiene ahora, milord, la calidad de la espada se resentirá —explicó Isaac.

—Bueno, pues que no sea dicho, tendré que tener un poco de paciencia, ¿no es así?

El joven caballero sonrió afable y contempló a la forjadora.

—Ellenweore, como nuestra reina —comentó—. Tiene que ser buena si ha podido salir adelante siendo herrera.

—¡Ya lo creo! —corroboró Isaac con énfasis.

—¿Puedo? —El joven caballero señaló una espada que colgaba de un gancho de hierro.

Isaac asintió con condescendencia, la bajó del gancho y se la acercó.

—¡El símbolo de cobre! ¡Yo lo conozco! —exclamó el caballero con asombro tras haber examinado la espada de cerca.

—Es el símbolo de Ellenweore. Realiza esa ataujía en todas sus hojas —explicó Isaac, con no poco orgullo.

Ellen volvió a meter un pedazo de hierro entre las brasas y se acercó a los hombres.

—Milord.

Hizo una breve reverencia y miró al joven a los ojos. En ellos vio afecto… y algo más que le resultó familiar.

—El pomo de mi espada está suelto. ¿Podríais repararlo?

Ellen miró la empuñadura y los remaches.

—¡Jean lo arreglará enseguida! —Llamó al joven y le mostró el arma—. Parece que no sois inglés —dijo, dirigiéndose de nuevo al extraño.

—Flamenco, aunque crecí en Normandía —explicó él de buen grado.

Ellen lo miró con curiosidad.

—Me resultáis muy familiar —murmuró el caballero, y de repente se quedó completamente aturdido.

Ellen sintió un breve instante de pánico, se frotó el índice contra la sien, el pañuelo de la cabeza se movió un poco y un mechón de su melena pelirroja asomó de debajo.

—*Mon ange!* —exclamó el joven caballero, y la miró con entusiasmo.

Ellen reconoció entonces a la señora de Béthune en los relucientes ojos del joven.

—¿Baudouin? —susurró sin poder creerlo.

Él asintió, y entonces ella repitió en francés normando:

—¿El pequeño Baudouin?

Como el joven no hizo sino asentir con mayor ímpetu, Ellen se echó a reír.

—Sí, lleváis razón, ¡de pequeño me llamabais siempre vuestro ángel!

—¡Porque me salvasteis del río! ¡Ellenweore! —Baudouin se dio un golpe en la frente con toda la mano—. ¿Cómo no habré caído al instante? Pero de aquello hace ya mucho tiempo, y estamos muy lejos de casa. —La rodeó alegremente con sus brazos.

—¿Cómo se encuentra vuestra madre?

Pronto habrían pasado quince años desde que conociera a Adelise de Béthune.

—Murió al dar a luz al menor de mis hermanos. ¡Dios la tenga en su gloria! —Baudouin se santiguó, y también Ellen.

—¡Era una persona extraordinaria!

Isaac había vuelto al trabajo, pero en ese momento se levantó y se acercó a ambos con el ceño fruncido. Ellen alargó hacia él una mano y lo agarró del brazo.

—Isaac, este es Baudouin de Béthune —dijo, presentando al joven caballero.

—Me salvó la vida cuando tenía cinco años —explicó él con alegría.

—¡Y por aquel entonces casi me hubiera prometido matrimonio por ello!

Ellen echó la cabeza hacia atrás, riendo, y el joven sonrió con bochorno.

—Sé que os prometí cumplir cualquier deseo que tuvierais,

pero ahora que he visto las maravillosas espadas que confeccionáis, ¡tan solo espero que seáis vos quien me concedáis a mí uno! —Baudouin la miró con ojos resplandecientes—. ¡Forjad una espada para mí! ¡Por favor! —Sacó una talega bien repleta de su cinto—. Por favor, yo... soy caballero del joven rey. Mi mejor amigo y compañero de armas gana todos los torneos con una de vuestras espadas. Jamás había conseguido averiguar de dónde la había sacado.

Ellen se quedó paralizada. ¿Baudouin era caballero del joven rey? «Por favor, Señor, que no sea Thibault ese amigo.» Ellen recobró la compostura.

—Bueno, y ¿cómo se llama ese amigo vuestro? —preguntó con calma.

—Guillaume, llamado también el Mariscal, como su padre. ¡Es el preceptor de nuestro joven rey! —explicó Baudouin con orgullo.

Ellen sintió que la sangre le afluía al rostro. Para intentar que nadie se diera cuenta, se volvió y cogió una cuerda.

—Bueno, vamos a ver. Dejad caer el brazo sin hacer fuerza —murmuró, evitando alzar la mirada—. ¿Sois diestro?

—Lucho con ambas manos, pero sobre todo con la derecha.

Ellen asintió, comedida. ¿De dónde habría sacado Guillaume una de sus espadas?

—¿Tenéis, acaso, algún deseo en especial? —Entretanto había recuperado la serenidad y ya podía mirar a Baudouin a los ojos—. ¿Imagináis alguna clase de ornamento en concreto? ¿Piedras preciosas, tal vez?

Baudouin adoptó una expresión de repugnancia.

—Aunque tuviera suficiente riqueza para ello, con piedras preciosas en la espada no podría dejarme ver jamás en presencia de Guillaume. Desprecia esas ostentaciones; es de la opinión de que solo son para hombres que no saben luchar y que, por tanto, deben deslumbrar a sus adversarios con el fulgor de las piedras para causarles cierta impresión.

Una sonrisa curvó los labios de Ellen. En esa cuestión siempre habían sido de igual parecer.

—El propio Guillaume, desde luego, posee una gran cantidad de espadas. Ha ganado muchísimas como botín en los torneos y por eso cuenta también con unas cuantas de bellos ornamentos, pero nunca las utiliza. Me resultan cómodas las cruces ligeramente curvadas hacia abajo —explicó—, por lo demás, confío plenamente en vuestras preferencias.

Ellen le tomó medidas, dibujó unos cuantos bocetos en una tablilla de cera y por último le ofreció a Baudouin un buen precio.

—¿Cuándo puedo venir por ella? —preguntó el joven con impaciencia.

—Seguro que la queréis para anteayer, pero tenemos mucho trabajo. Claro está que nos gustaría darnos prisa, pero las cosas buenas requieren su tiempo. —Miró a Isaac—. A buen seguro tardaremos dos meses, ¿no te parece?

Isaac frunció el ceño un momento.

—Antes, imposible, por mucho que queramos. Yo incluso tendré que retrasar otro encargo, pues necesito tiempo para el pulido.

Baudouin suspiró, desencantado.

—Está bien. ¡Espero estar aún en Inglaterra!

—En caso contrario, vuestra espada os aguardará aquí hasta que vengáis por ella —le aseguró Ellen.

—Me salvasteis la vida una vez, ahora podréis salvármela un millar de veces más, querida Ellenweore. Confeccionadme una buena espada, pues más de una vez dependerá mi vida de ella.

—¡Tened la certeza, Baudouin, de que vuestro hierro será muy especial!

Ellen acompañó fuera al joven caballero. Se despidieron con cariño, y Baudouin le guiñó un ojo mientras se alejaba a caballo.

—¿Le salvaste la vida? —preguntó Jean con incredulidad cuando regresó a la herrería.

—¡A un caballero del rey! —Peter miraba a su maestra con admiración.

—Vamos, explícanoslo todo… ¡y no omitas ni un detalle! —la animó Jean.

Ellen sonrió y les explicó cómo había salvado al niño de morir ahogado.

—¡A mí también me enseñó a nadar! —les dijo Jean con orgullo a Peter y a Isaac.

Era como si, así, también él gozara de cierto esplendor.

—Pero hacía mucho que no lo veías, ¡seguro que estaría muy cambiado! —dijo Rose cuando Ellen, a insistencia de Jean, explicó una vez más la historia durante la cena.

—Claro que ha cambiado, en aquel entonces era un chiquillo de cinco años y hoy es un hombre hecho y derecho. Pero se parece muchísimo a su madre, por eso tenía la sensación de que lo conocía. —Ellen sonrió, ensimismada—. Su madre era una buena persona, y creo que él tampoco es un mal joven.

—¿Y dices que está al servicio del joven rey? —preguntó Rose con cierto temor.

—¡Está a las órdenes de Guillaume, el Mariscal! —exclamó Ellen, y miró a Rose con insistencia.

A Jean ya le había dejado claro que no mencionara ni una sola palabra sobre el Mariscal delante de nadie. Rose, sin embargo, estaba agitada por algo muy distinto: temía que Thibault estuviera también por allí cerca. ¡A saber lo que sería capaz de hacerle si la descubría viviendo con Ellen! Se levantó y recogió la mesa sumida en sus pensamientos.

—¡Oye, que todavía no he terminado de cenar! ¡Siéntate, Rose! —exclamó Isaac con afabilidad.

Rose sacudió la cabeza.

—Ahora mismo vuelvo —dijo nerviosa, y salió fuera.

Isaac la siguió con la mirada.

—Pero ¿qué sucede?

Jean, que imaginaba lo que la afligía, se limitó a respirar hondo.

—No es nada, ahora iré a verla.

Isaac decidió no preguntar nada más por el momento, pero le importunaba ser siempre el último en enterarse de cuanto sucedía.

—¿Y de verdad le salvaste la vida a un caballero? —volvió a preguntar William.

A fin de cuentas, no todo el mundo tenía a una heroína por madre.

—Bah, pero si ya has oído que por entonces todavía no era caballero. Era un niño pequeño, ¡más pequeño que tú! —refunfuñó ella, y no dijo nada más en toda la noche.

Cuando se disponían a ir a la cama, Isaac cogió a su esposa del brazo.

—De repente te has quedado muy pensativa y en silencio, ¿qué sucede? —preguntó con preocupación.

—Nada, que estoy cansada y me duele la cabeza —murmuró ella, evitando su mirada.

Isaac la acercó más hacia sí y le acarició la espalda con su mano buena, cálida y seca.

Ellen inclinó la cabeza sobre su hombro y cerró los ojos. ¿Por qué tenían que aparecer de nuevo sombras en su felicidad? Respiró muy hondo y logró contener las lágrimas con gran esfuerzo.

Isaac la besó con ternura en el pelo. Como si fuera su último beso, Ellen se aferró a él con fuerza. Isaac la miró y le acarició la mejilla.

—Túmbate y descansa, cariño mío. Mañana te encontrarás mejor.

Ellen agradeció sus cuidados y asintió. Tanto pensar en Guillaume y en Thibault la había dejado revuelta; no lograba quitárselos de la cabeza.

—Gracias —murmuró en voz muy baja cuando estuvieron tumbados uno junto al otro.

Isaac le dio un beso en la frente.

—Que duermas bien.

Sin embargo, mientras que Isaac durmió pronto el sueño de los justos, Ellen siguió un buen rato despierta, cavilando.

Durante las semanas en que trabajó en la espada para Baudouin de Béthune, Ellen estuvo esquiva. Evitaba a todo el mundo.

—Se te ve cansada; deberías darte un descanso, trabajas demasiado —le dijo Rose una mañana.

Hacía unos días que estaba más pálida de lo normal, tenía el pelo áspero y casi parecía quebradiza.

—No es el trabajo. —Ellen tenía ojeras—. Estaba preñada —explicó sin emoción.

—¿Estabas? —Rose la miró sin dar crédito.

—Quería habérselo dicho a Isaac hace ya tiempo, pero... ahora me alegro de no haberle dicho nada. Hace dos días sentí de pronto unos dolores. —Ellen se llevó las manos a la cabeza—. Fue casi tan horrible como un parto pero, gracias a Dios, duró menos.

—¡Ellen! —Rose le acarició el brazo para darle consuelo.

—Era tan minúsculo que casi no se veía. —Sollozó un momento, pero Rose intuyó que no sufría solamente de dolor por el niño perdido, sino también por los recuerdos que el aborto le habría traído a la memoria—. Isaac no sabe nada, y así debe seguir siendo. Desea tanto tener un hijo que sería un dolor innecesario para él.

Ellen miró a Rose con ojos implorantes, y su amiga asintió y la tranquilizó.

Thibault estaba sentado ante su tienda, disfrutando del sol de la tarde estival, cuando Baudouin llegó a todo correr. Alzó la vista con desdén. Baudouin era el mejor amigo de Guillaume, y solo eso lo convertía ya en un traidor a sus ojos. Con todo, se esforzó en que no notara nada, pues, a fin de cuentas, podía serle de utilidad estar a buenas con el mejor amigo de su enemigo. Al ver que Baudouin tenía una nueva arma, sintió curiosidad.

El joven caballero corrió a ver a Guillaume.

Thibault se levantó para escuchar qué decían. Fingió tener que ir a aliviarse y se quedó merodeando por la tienda del Mariscal.

Este estaba fuera, rasurándose la barba con una cuchilla sin hacer caso a su amigo. Baudouin se estuvo pavoneando ante Guillaume hasta que el Mariscal alzó al fin la mirada y lo contempló con curiosidad de pies a cabeza. Sus ojos hicieron un alto en la espada.

—¿Nueva? —preguntó, y enarcó las cejas con interés.

Baudouin asintió con orgullo.

—¿Quieres verla?

—¡Desde luego! —Guillaume extendió la mano y aceptó el arma. En cuanto asió el puño, su curiosidad se avivó. Volvió la espada hacia aquí y hacia allá—. Tiene un manejo excepcional, bien equilibrada, casi como *Athanor* —dijo en voz baja, y se llevó una mano al cinto, de donde colgaba su querida espada. Entonces vio la inicial dibujada con alambre de cobre en un lado de la hoja, junto a la cruz—. ¡Y tiene la misma ataujía! —Miró a Baudouin sin salir de su asombro.

Este hizo como si comprobase que Guillaume tenía razón y sonrió.

—¿De dónde la has sacado? —inquirió el Mariscal.

—¡Me he encontrado con alguien a quien conocía ya de Béthune!

—¿Qué me estás ocultando? ¡Llévame allí! ¡Vamos, llévame a ver al forjador a quien se la has comprado! —pidió Guillaume con impaciencia, y se limpió los restos del jabón de la cara.

—¿Por qué te pones así?

—Siempre había creído saber quién había forjado mi espada, pero ahora parece que también otros herreros utilizan el mismo símbolo. Tengo que saber si estaba equivocado. ¡Llévame allí, vamos!

Baudouin se encogió de hombros con mansedumbre.

—Por mí; si insistes...

Thibault se arrastró a hurtadillas de vuelta a su tienda y llamó a su escudero.

—Ensilla mi caballo y llévalo hasta la linde del bosque; espérame en el haya partida por el rayo —ordenó.

El joven se apresuró a salir y hacer lo que le habían mandado. Thibault se puso la espada al cinto y se calzó las espuelas. ¿Habría encontrado Baudouin a Ellenweore? Thibault sintió crecer en su interior un ardor candente. En el pasado, en aquel torneo, le había encargado a un joven que robara la espada de Ellen, pero ella había recuperado el arma, de modo que no había podido hacerse con ella. Si la espada de Baudouin de veras estaba hecha por Ellenweore, igual que *Athanor*, tenía que encontrarla y conseguir que forjara para él una espada aún mejor; no, la mejor espada de todas. Thibault partió con ánimo furtivo y se apresuró hasta la linde del bosque, donde su escudero lo aguardaba tal como habían convenido. Se montó en el caballo y recorrió el campamento hasta que descubrió a Guillaume y a Baudouin, que cabalgaban ya en dirección norte. Se pegó a sus talones sin ser visto, no en balde estaba considerado un espía extraordinario. Si guardaba una distancia prudencial, jamás sabrían que iba tras ellos.

El sol ya había descendido de su cenit cuando llegaron a la herrería. Thibault descabalgó, amarró su caballo a un árbol y siguió un tramo más a pie.

Cuando Baudouin y Guillaume llegaron cabalgando hasta el patio, Barbagrís corrió hacia ellos gruñendo. Una vez ambos hubieron desmontado, el perro olfateó a Guillaume y lo saludó al fin con un amistoso meneo de la cola. Ninguno de ellos se dio cuenta de que entre los arbustos había alguien observándolos sin perder detalle.

Isaac iba de camino a la casa.

—¿Sucede algo con vuestra espada nueva? —le preguntó a Baudouin con preocupación.

—Oh, no, no te preocupes, no pasa nada con eso. Mi amigo quería conocer al herrero que la ha forjado —respondió el joven, y le guiñó un ojo.

Por la forma en que se había expresado el caballero, Isaac creyó entender que el desconocido seguramente no sabía que el forjador era una mujer. La idea de exhibir a Ellen de esa manera no le gustaba lo más mínimo.

—Ya conocéis el camino —dijo con cierta crudeza, por tanto, mientras señalaba al taller.

Sin embargo, poco antes de llegar a la casa se detuvo. Había algo que no acababa de gustarle. Dio media vuelta y regresó a la herrería. Al entrar en el taller, la mirada de Ellen lo dejó sin aliento. Un brillo se había encendido en ella al ver al caballero extranjero; sus ojos relucían como nunca antes.

—Esta es la forjadora que ha confeccionado mi espada. ¡Y, además de eso, ella me salvó la vida hace unos cuantos años! —Con esas palabras la presentó Baudouin, orgulloso. Sonrió a Guillaume—. Jamás habrías imaginado que fuera una mujer, ¿verdad?

Ellen contemplaba al Mariscal sin moverse.

Jean los miraba a uno y al otro, después le dio un pequeño empujón a Peter.

—Vayamos fuera, descansaremos un rato. Tengo hambre. —Y se llevó consigo al oficial.

El Mariscal no repuso nada a las palabras de Baudouin, sino que se acercó a la forjadora.

—¡Ellenweore! ¿Cuánto hace? —preguntó, y la tomó de la mano.

Baudouin lo miró estupefacto.

—¿Ya os conocéis?

—Más de siete años —respondió Ellen, desoyendo la pregunta de Baudouin.

El corazón le palpitaba hasta en el cuello, y tenía las manos húmedas de sudor. Jamás habría pensado que un reencuentro con Guillaume pudiera provocar en ella conmoción semejante.

—¡Diantre! ¿Podría alguien explicarme esto? —inquirió Baudouin entretanto, y despertó a Ellen de su ensueño.

—Nos conocimos en Tancarville —explicó con pocas palabras.

—¿Estuvisteis en Tancarville? —Baudouin no salía de su asombro.

—Allí aprendí a forjar espadas, con Donovan, tal vez conozcáis su nombre.

El joven negó con la cabeza.

—Baudouin no vino con nosotros a Tancarville hasta cuatro años después —explicó Guillaume.

—Pero entonces, ¡tiene que hacer más de siete años! —concluyó el joven con gran habilidad mental. Estaba orgulloso de saber calcular con rapidez.

—Nos reencontramos más adelante. —La voz de Ellen era ronca y dulce a la vez.

Baudouin asintió y comprendió que los dos debían de haberse conocido mejor en otro tiempo.

La mirada de Ellen bajó hasta el cinto de Guillaume. Reconoció a *Athanor* al instante. La vaina estaba raída, lo cual quería decir que la utilizaba con frecuencia.

—¿De dónde...? —Señaló el arma.

—¿*Athanor*? —Puso la mano sobre la espada. Parecía aliviado de que le preguntara por ella—. Unos dos meses después de que liberáramos a Jean y huyerais, se la aprehendí a un francés en un torneo en Caen. Se jactaba de ella, acababa de comprarla. Reconocí enseguida a *Athanor*; tenía que conseguirla. Deberías habérmela vendido a mí, no a un extraño. —Un ligero reproche sonó en su voz.

—¡Te la ganaste luchando! —Ellen sonrió.

—Baudouin me ha enseñado su nueva espada. Puede manejarse igual de bien que *Athanor*. Y entonces he visto el mismo símbolo en ella. Por un momento he temido que otros herreros pudieran utilizarlo también, y que mi espada tal vez no fuera la tuya. Aunque nunca antes había tenido ninguna duda al respecto, debía venir y convencerme de que tú habías forjado la espada de Baudouin y también la mía.

—¿Has quedado, pues, satisfecho? —Los ojos de Ellen seguían refulgiendo tanto como las estrellas.

Isaac, que se había acercado sin hacer ruido, sintió crecer en su interior unos celos que se hacían insoportables por momentos.

—¡Es la mejor espada que he tenido jamás! ¡Todos los caballeros pronuncian su nombre con respeto! —El Mariscal se irguió al hablar de la fama de *Athanor*—. ¡Incluso el joven rey la admira!

La puerta del taller se abrió. Isaac se hizo un poco a un lado. El chirrido de las bisagras llamó la atención de Ellen.

—¿William? —Miró a su hijo con enojo—. ¿Qué quieres ahora? —preguntó, malhumorada, pues el niño no respondió enseguida.

—¿Les doy agua a los caballos? —preguntó, y dio un par de pasos cojos para acercarse a su madre.

—¿William? —El Mariscal la miró con expectación.

Todos vieron en los ojos de la forjadora que el niño era hijo del normando. Incluso Baudouin lo comprendió. Miró al pequeño y a su amigo y constató que, salvo por las pecas y los ojos verdes, que sin duda había heredado de su madre, era el vivo retrato de su padre.

También Isaac supo interpretar esa mirada. Sintió un dolor espantoso y penetrante. Ese caballero extranjero, por tanto, era el padre de William. ¿Acaso le arrebataría de pronto el amor de su mujer y de su hijo a un tiempo?

—Lo cierto es que sería muy conveniente que te ocuparas de cuidar nuestros caballos. Hemos galopado muy deprisa para llegar aquí y seguro que tienen sed —respondió Baudouin, que fue el primero en recobrar la compostura.

William le sonrió, exultante.

—Son unos animales maravillosos. ¡Fuertes y elegantes! —comentó, y salió cojeando del taller.

—¿Qué le pasa en la pierna? —le preguntó Guillaume con crudeza.

—Tiene un pie torcido, de nacimiento —explicó su madre con frialdad.

No le había pasado por alto el tono desagradable de la voz de Guillaume.

—Un tullido —mascculló éste.

Ellen iba a decir algo, pero Isaac ya se les había acercado y se le adelantó.

—Para un herrero, los pies no son importantes. ¡Los que somos como yo lo tenemos peor! —Alzó en alto su muñón para que los dos caballeros lo vieran bien—. Por lo visto, no soy capaz ni de sujetar a mi esposa. —Sus ojos se clavaron en el Mariscal.

—¡Isaac! —Ellen le lanzó una mirada furiosa mientras Guillaume se limitaba a mirarlo con desprecio.

—Si eso es así, probablemente no sea culpa de vuestro brazo —repuso, y se volvió hacia otro lado—. Me ha alegrado mucho volver a verte.

Tomó la mano sucia de Ellen en su garra de guerrero y la sostuvo con fuerza.

La nostálgica mirada que le dedicó Ellen al Mariscal fue un duro golpe para Isaac. Todos pudieron ver lo mucho que seguía significando aquel hombre para ella.

—Se parece a ti —le dijo en voz baja Baudouin a su amigo cuando estuvieron fuera. Se acercaron al pequeño William, que les había llevado agua a los caballos y les acariciaba los ollares con cariño—. Y los caballos se le dan igual de bien que a su padre.

—¡Un tullido! —gruñó Guillaume, a todas luces contrariado.

—Gracias, William —dijo Baudouin, y le puso al pequeño una valiosa moneda de plata en la mano—. ¡Te pareces mucho a tu padre! —Le alzó la barbilla para poder mirarlo a los ojos.

—Isaac no es mi padre. —El niño sonó insolente.

—Lo sé, pues conozco a tu padre. Es un guerrero muy valiente, un hombre excepcional, y el mejor amigo que uno podría desear. Puedes estar orgulloso de él. —Baudouin sonrió al pequeño.

—¿De veras lo conocéis? —William lo miró con un brillo en los ojos.

—¡Como que me llamo Baudouin de Béthune!

El joven se golpeó con el puño derecho sobre el costado izquierdo del pecho.

Guillaume permanecía en silencio; ni siquiera se dignó mirar al niño.

—¡Deja ya de decir disparates y vayámonos! —refunfuñó mientras subía a su caballo.

Pero su amigo no se apresuraba, así que Guillaume hincó las espuelas en su montura y se alejó con impaciencia.

Baudouin montó también entonces y se inclinó hacia el chiquillo.

—Yo le hablaré de ti, y un día tu padre también estará orgulloso de tener un hijo como tú —le susurró.

William asintió con brío y, feliz, se despidió de los dos hombres con la mano.

—¡El caballero, mamá! —exclamó William corriendo a la herrería—. ¡El caballero al que le has hecho la espada dice que conoce a mi padre! —Estaba exultante.

Isaac rezongó algo y salió fuera.

—Tú nunca me has hablado de él.

William miraba a su madre con reproche.

—Porque no hay nada que contar —repuso Ellen de muy mala gana.

—Pero ¿quién es? —insistió el pequeño.

Ellen se volvió hacia otro lado.

—Eso lo sabrás muy pronto. Ahora ve a la casa y ayuda a Rose. ¡Ea, corre!

William sabía que de nada serviría seguir importunando a su madre y se dirigió a la casa arrastrando los pasos y con la cabeza gacha.

Isaac estuvo callado toda la cena, tragando cucharadas de sémola sin levantar la vista de su escudilla. Ellen vació la suya perdida en sus pensamientos, sin escuchar a Rose y a Jean, que intentaban animarlos con un poco de charla intrascendente.

William había apoyado la cabeza en una mano y removía sin ganas la comida en la escudilla de madera.

Agnes y Marie soltaban risitas, barboteaban e incordiaban a los gemelos quitándoles las cortezas de pan que tanto disfrutaban chupando.

Los dos empezaron a gritar y a estirar los brazos hacia el pan.

Ellen, que normalmente pedía silencio en la mesa y solía regañar a los niños en cuanto subían la voz, no dijo nada. Fue Rose la que ocupó su lugar y les quitó a las niñas las cortezas de pan con una mirada severa para devolvérselas a sus hijos.

Después de cenar, Ellen se retiró a la herrería. Recogió, aunque no estaba desordenada, luego barrió la fragua por segunda vez y engrasó las herramientas que ya habían sido engrasadas. Estaba tan absorta en sus pensamientos que no oyó entrar a Jean. El joven llegó junto a ella sin decir nada y se la quedó mirando.

—Debe de haber sido un duro golpe para ti —dijo al fin.

—¿Cómo dices? —Ellen levantó la mirada con sorpresa.

—Me refiero a que se ha presentado aquí de improviso. —Pasó la mano sobre el yunque.

—No había imaginado que fuera a afectarme tanto verlo otra vez. Bueno, con Isaac me va muy bien... No tengo ningún motivo... —Tomó aire.

—Guillaume nunca llegó a recomendarte al rey aunque en

aquel entonces pudo haberlo hecho, y tampoco lo hará ahora. Nunca pudiste esperar de él más que retozar juntos en la hierba.

—¡Jean! —Ellen lo fulminó con la mirada.

—Ya sé que no te gusta oírlo, pero tengo razón. Tienes que quitártelo de la cabeza, Ellen. —Jean se encogió de hombros—. He visto con qué ojos lo mirabas, pero no merece tu amor. Isaac, en cambio, sí.

Ellen miraba al suelo, avergonzada.

—No puedo remediarlo. Es mi corazón, que late como loco cuando él anda cerca —dijo en voz baja.

—No significas nada para Guillaume, Ellen, no eres más que una de tantas conquistas. ¡No olvides quién es! ¿Qué esperas de él? Hasta ayer eras feliz con Isaac. Que haya cambiado tanto es también mérito tuyo.

Ellen soltó una risa desesperada.

—Al principio nos odiábamos. ¡Válgame Dios, cuánto tiempo ha pasado desde entonces!

—Isaac quiere a tu hijo como si fuera suyo. El Mariscal no podría ser mejor padre para William.

Ellen asintió.

—¡Lo sé! Nunca será un padre para él. —Se encogió de hombros—. Me esforzaré —concedió—. ¡Lo prometo!

Jean le dio unas palmaditas en el hombro.

—Una vez le dije a Isaac que no te merecía, pero desde que vuelve a trabajar en la herrería he cambiado de opinión. ¡Debéis estar juntos! —Jean le hizo un gesto de ánimo.

Ellen se esforzó por sonreír con optimismo, pero no lo consiguió del todo.

En cuanto Thibault vio al pequeño que daba de beber a los caballos, supo que era hijo de Guillaume y Ellen. Sin embargo, debía cerciorarse de que también ella estuviera allí. Esperó hasta que la vio salir de la herrería, al final de la tarde. Guillaume y Baudouin hacía tiempo que se habían marchado, pero él se había ocultado entre la maleza a esperar.

Cuando al fin la vio, fue como encajar un puñetazo en el estómago. Seguía siendo la mujer más excitante que había conocido. Su pelo rojizo relucía en el atardecer, y la triste mirada de sus ojos le llegó al corazón. ¡Cómo le habría gustado salir de su escondite y correr hacia ella, estrecharla entre sus brazos y…! La humedad del suelo del bosque le atravesaba ya la vestimenta y lo despertó de sus ensoñaciones. Thibault regresó junto a su caballo, montó y se alejó de allí. De alguna forma tenía que conseguir una de sus espadas, pero no una cualquiera, no, sino una obra maestra: la mejor espada que hubiera forjado jamás. Lo único que aún no sabía era cómo iba a conseguirlo.

Cuando Guillaume se hubo ido, no tardó en regresar la cotidianidad para Ellen y los demás. Ella apenas pensaba en el reencuentro, e Isaac se esforzaba por contener los celos que lo reconcomían. De modo que todo volvió a ser como antes, hasta un día en que apareció en el patio otro caballero extranjero.

Llegó vestido con nobleza y acompañado de un escudero. Rose, que acababa de ponerse a trabajar en el huerto, se acercó a él.

—¡La forjadora! ¡Llevadme ante ella! —ordenó displicente, sin desmontar.

—Si tenéis la bondad de seguirme al taller.

Rose tenía grandes perlas de sudor en la frente. Al acercarse más, lo había reconocido enseguida y había enviado una jaculatoria a los cielos para que él no la reconociera a ella.

Sin decir nada, Adam d'Yquebœuf desmontó de su caballo, le dio las riendas al escudero y, sin dignarse mirar más a Rose, se dirigió al taller a grandes zancadas.

Esta corrió de vuelta a la casa y no respiró hasta que hubo cerrado la puerta tras de sí.

En la herrería, el caballero tuvo que acostumbrarse a la penumbra antes de poder ver dónde estaba Ellen. Ya la había visto forjar antes, en los torneos de Normandía, donde la había tomado por una mujerona loca a la que se le había metido en la cabeza ocupar el lugar de un hombre. Resolló un momento y luego se acercó a ella.

—¿Conocéis de quién es el blasón que llevo? —preguntó con severidad.

Ellen asintió.

—¡Los leones reales! ¿Qué puedo hacer por vos, milord? —Intentó no parecer demasiado impresionada.

—Dicen que vuestras espadas son unas armas excepcionalmente cortantes y buenas. Os traigo, por ello, piedras preciosas y oro para que confeccionéis una espada como no habéis confeccionado otra. El joven rey debe quedar deslumbrado. ¡Forjad una espada sin par!

Ellen lo miraba sin salir de su asombro. ¿El joven rey quería que le hiciera una espada? Apenas podía creerlo. ¡Al fin! Al fin Guillaume la había recomendado. Se esforzó por aparentar serenidad.

—Hasta ahora no he visto al joven Enrique más que de lejos, y de eso hace ya muchos años. Tendría que saber su altura, además de con qué mano prefiere luchar.

—Solo la mano derecha es la adecuada. Y las medidas podéis tomármelas a mí —repuso Yquebœuf con hastío.

—¿Cuándo debe estar terminada? —preguntó Ellen con cierto temor.

Cuanto más elevado era el rango de un cliente, antes solía querer el encargo.

—El joven Enrique no se quedará en Inglaterra mucho tiempo; los torneos lo reclaman. Tres semanas, cuatro a lo sumo, diría yo. Cuando volvamos a estar por aquí cerca, vendré a recoger la espada. No se la entregaréis a nadie, ¿entendido?

Ellen asintió.

Yquebœuf le pasó una bolsa con oro y otra con costosas piedras preciosas.

Ellen vertió las gemas sobre su mano izquierda.

—Zafiros, rubíes y esmeraldas. ¡Qué maravilla! —dijo, manifestando su admiración por las piedras escogidas.

Lo cierto es que eran brillantes y puras, pero Ellen no pudo evitar pensar en el Mariscal y en lo que Baudouin había dicho de su opinión sobre las joyas en las espadas. Ellen frunció el ceño. Para un rey no servía el mismo rasero.

—¡Será la espada más bonita y la mejor que el rey haya tenido jamás en sus manos! —prometió.

—Eso ya se verá, pero sería lo mejor para vos —repuso Yquebœuf.

Ellen tenía una réplica en la punta de la lengua, pero no resultaba conveniente reñir con un señor de tanta alcurnia, de modo que bajó la cabeza con humildad.

—No habléis a nadie de vuestro trabajo, y advertídselo también a vuestros oficiales. ¡Ni una palabra a nadie! —Yquebœuf la miró con insistencia.

—¡Como vos deseéis, sire! —Se inclinó.

Yquebœuf volvió a resoplar, y esta vez se le movieron las aletas de la nariz como los ollares de un caballo.

—¿Pomo y cruz?

—Realizadlos como vos consideréis correcto. Escoged la forma que creáis mejor para una espada bien equilibrada. ¡Y no olvidéis conferirle elegancia y gracia!

Ellen se tragó la respuesta que le hubiese gustado dar. Todas sus espadas tenían elegancia y gracia sin necesidad de tanta piedra preciosa.

—¿Algún deseo en cuanto a vaina y guarnición? —preguntó Ellen, como tenía por costumbre.

Yquebœuf negó con la cabeza, de malos modos.

—¿Sois o no sois vos la maestra? ¡Haced que se os ocurra algo que convierta la espada en algo único y que haga de su portador la envidia de todos!

Ellen volvió a inclinarse con una reverencia.

—¡Como mandéis, sire!

Cuando el caballero del rey se hubo marchado, Jean, Isaac y Peter se acercaron con curiosidad a Ellen, que pacientemente les dio cuenta de todo lo sucedido.

—La espada para el rey es más importante que ninguna otra cosa. Este trabajo tiene prioridad, ¿habéis comprendido?

—Pero ¿por qué no podemos hablar de ello? —se extrañó Peter—. Sería mucho más fácil retrasar los encargos de los monjes si pudiéramos explicarles que estás confeccionando una espada para el rey. Además, nuestra reputación se beneficiaría de ello. ¡Tu fama se extendería más allá de las fronteras de St. Edmundsbury!

—¡Y para los ladrones sería una invitación a hacernos una visita! ¿Lo has pensado? A fin de cuentas, nos han confiado valiosas piedras preciosas.

Peter contuvo el aliento.

—No se me había ocurrido —admitió a media voz.

Jean e Isaac apenas dijeron nada.

Cuando Ellen se quedó a solas con su amigo, ya entrada la tarde, se mostró triunfante con él:

—¿Has visto? Te equivocabas. ¡Al final sí que me ha recomendado al rey!

Jean se encogió de hombros.

—Aun así, insisto: ¡tienes que dejar de pensar en él!

Octubre de 1180

Conseguir terminar la espada a tiempo parecía prácticamente imposible, pues el plazo que les habían dado era muy justo. Ellen dispuso que Peter e Isaac se encargaran de todos los demás trabajos hasta que Jean ya no tuviera que ayudarla a batir.

En el bosquejo de la espada empleó solo medio día. Para ello sacó las piedras preciosas de la bolsita de cuero, las fue separando y pensó cómo podía decorar el pomo con ellas. Seguían sin gustarle las espadas muy enjoyadas, pero una espada real debía ser una excepción. Para poder decidirse por un modelo en concreto, primero dibujó varias ideas en la tierra. Una vez hubo decidido la forma, la bosquejó en una larga tablilla de cera y en ella estableció ya las medidas más importantes. Mientras estaba ocupada con los detalles de la espada, una serie de sílabas no dejaban de martillearle en las sienes: ru-ne-dur. Sin darse cuenta, empezó a susurrar las sílabas una y otra vez en voz baja. Entonces cayó en la cuenta: *¡Runedur!* ¡Así se llamaría la espada del rey! Igual que con *Athanor*, el nombre había surgido de ella por sí solo. *Runedur*, desde luego, tenía que reunir todas las cualidades que conformaban una buena arma. La espada, sin embargo, sería única ante todo porque el arte de la forja y el de la orfebrería quedarían unidos en ella con una armonía jamás vista, pues toda la artesanía surgiría del alma y las manos de Ellen. La espada del rey desprendería una elegancia inigualable al tiempo que resultaría sencilla. Sin embargo, *Runedur* también tendría que expresar, desde luego, la fuerza y el poder del joven rey. Ellen recordó los cálices y las cruces que había elaborado Jocelyn. También estos habían estado decorados a veces con piedras preciosas y demás ornamentos, pero pese a su costosa artesanía, siempre habían inspirado en el observador un sentimiento de humildad ante su belleza. Exactamente así debía sentirse el que contemplara a *Runedur.* Una vez supo cómo sería la espada, Ellen empezó a trabajar a un ritmo febril.

Aunque Jean no hacía más que examinar el dibujo de la tablilla de cera y había escuchado con atención las indicaciones de Ellen, apenas conseguía seguirle el ritmo. La mente de ella iba siempre dos o tres pasos por delante. A veces se enfurecía porque Jean parecía no entender lo que ya tenía previsto. Sus sentimientos oscilaban de continuo entre un miedo profundo al fracaso y la dicha de estar forjando al fin una espada para el rey.

Cuando el trabajo progresaba a buen ritmo, Ellen devoraba la comida del mediodía con ansia para poder volver al taller y reanudarlo lo antes posible. Si una tarea no le resultaba tan sencilla como había calculado, o si andaba cavilando la solución de algún problema, aún seguía dando vueltas a la comida en la escudilla cuando todos los demás se habían levantado ya de la mesa y habían retomado sus labores. Pese a que la familia y los ayudantes del taller compartían su tiempo en armonía, comían juntos y charlaban alegremente, esos días Ellen permanecía muy callada. Parecía no percatarse de nada de cuanto acontecía a su alrededor: su pensamiento solo giraba en torno a *Runedur*. Mentalmente ya estaba realizando el siguiente paso del trabajo, intentaba prever todos los contratiempos posibles y consideraba cómo evitarlos de antemano para que no se le escapara ni un solo error. Con todo, al desbastar los vaceos, la herramienta se le escapó de las manos y dejó una estría en la hoja. Ellen se echó a llorar al contemplar el fallo. ¿Cómo había podido suceder? Desconcertada, examinó los daños más de cerca. Perdió todo un día dudando de sí misma, pero después constató que la tara podía remediarse alargando un poco más la acanaladura del vaceo. Ellen desbastó con sumo cuidado algo más de metal del centro y luego le dio la vuelta a la hoja y alargó también el vaceo del otro lado. Respiró con alivio: el error ya no se veía. De nuevo volvió a trabajar desde que rayó el alba hasta bien entrada la noche. Después de un temple bien conseguido, con lo cual ya había quedado superada la mayor prueba, acometió personalmente el esmerilado basto y el pulido, y disfrutó al ver el maravilloso brillo que iba consiguiendo trozo a trozo. Aunque casi no lograba dormir, parecía no cansarse nunca y poseer la fuerza de tres hombres. Nunca había estado tan exuberante y, cuanto más forma iba tomando la espada, más relucía ella de felicidad.

—¿Habéis decidido cómo va a llamarse vuestra hija? —Ellen sonrió sin levantar la vista del trabajo.

La noche antes, Rose había dado a luz a una pequeña de voz portentosa y con unos pulmones harto potentes.

—Rose se niega en redondo a ponerle el nombre de su madre, ¡pero dice que Jeanne no estaría nada mal! —Se notaba que el padre estaba más que orgulloso del nombre de su niña.

—¡Jeanne! —repitió Ellen, y asintió con agrado—. Le queda muy bien.

En cuanto volvió a concentrarse en su trabajo, la punta de la lengua le asomó por la comisura izquierda de la boca. El engarce de las piedras preciosas le traía más dificultades de las que estaba dispuesta a reconocer.

—¿Por qué no dejas ese trabajo para un orfebre?

Jean la admiraba por lo mucho que se esforzaba sin haber soltado ni un solo improperio ni haber perdido la compostura una sola vez, pero no comprendía por qué se empeñaba en trabajar sin ayuda.

—De ninguna manera. En primer lugar, me he jurado a mí misma hacerlo yo sola, y, además, el orfebre me preguntaría para quién es la espada. Y, como bien sabes, eso no puedo decirlo. Además, con estas piedras preciosas no me fío de ningún extraño. ¿Quién sabe si realizaría su trabajo como Dios manda? ¡A lo mejor prepara piedras de vidrio y se queda con las preciosas!

—¿No te parece eso un tanto rebuscado? —Jean juntó las cejas con escepticismo.

—¡No, en lo más mínimo! A fin de cuentas, me han confiado a mí la realización de esta espada, de modo que yo soy la responsable. No te preocupes por nada, acabaré por conseguirlo.

—¡Bueno, como quieras! Yo solo lo decía por tu bien.

—Será mejor que la dejes tranquila. ¡Ya ves que no se puede hacer nada contra esa cabezota tozuda que tiene! Yo hace tiempo que me di por vencido y aprendí a resignarme —terció Isaac, que sonrió y le guiñó a Jean un ojo.

—¡Cómo eres! —exclamó Ellen, lanzándole una mirada de reprobación e incitante al mismo tiempo.

—¡Está bien! ¡Me vuelvo a mi trabajo! —Isaac alzó los brazos en señal de rendición.

Por la noche, a solas en la alcoba, Isaac bajó de ella sin aliento.

—¡Oh, Ellen! Tendrías que forjar siempre para el rey —dijo entre gemidos, satisfecho.

—¿Por? —preguntó ella con exagerada inocencia—. ¿Cómo es eso?

—Desde que trabajas en esa espada estás… ¡muy apasionada! —Le brillaban los ojos.

Ellen se ruborizó.

Isaac le apartó un mechón rebelde de la cara.

—Eres bellísima. Te quiero —le susurró.

Ellen se arrimó cariñosamente contra su brazo.

—Apaga la luz, cariño mío —murmuró, y se quedó dormida al instante.

Ellen se había aplicado en el trabajo con tanta ambición que terminó la espada antes incluso del plazo acordado. Estando ella sola en la herrería, colocó a *Runedur* sobre la mesa, ante sí, y la contempló con tanto detenimiento como si la viera por vez primera. El cinto de cuero vacuno oscuro, curtido, fuerte, contaba con una ancha hebilla de latón. La vaina de la espada estaba recubierta de una seda de color púrpura entretejida de oro, con bandas de cuero cruzadas para sostenerla. El ancho extremo estaba protegido por una contera de oro con delicadas ondas grabadas. Ellen había decorado el pomo redondo con las dos piedras más grandes, un rubí y una esmeralda, los cuales colocó en el centro, uno a cada lado. Las piedras más pequeñas estaban dispuestas en círculo, como pétalos rodeando ese botón, engalanadas con delicados dibujos y zarcillos dorados. El puño, de madera de roble, estaba revestido de un cuero oscuro, cubierto a su vez de hilo de oro enrollado a la perfección, y se ajustaba magníficamente a la mano. La cruz era recta, aunque los extremos estaban ligeramente curvados hacia abajo y semejaban fauces de lobo. Cuando llevaba un buen rato contemplando la espada, la desenvainó. La hoja era de doble filo y, a causa de su error en el desbastado, contaba con un vaceo extraordinariamente largo que le confería una elegancia aún mayor. Ellen cogió un paño grueso, agarró con él la punta y combó la hoja hasta formar un semicírculo. En cuanto la soltó, dio un latigazo hacia atrás y quedó igual de recta que antes. No había perdido un ápice de flexibilidad ni dureza a causa de la longitud del vaceo. Ellen suspiró, contenta. Después cogió un pedazo de lino, como era costumbre de Donovan, y lo hizo resbalar sobre el filo. La espada cortó la tela con facilidad. Ellen contempló con satisfacción las superficies afiladas. En el lado del rubí rojo sangre, que representaba el corazón y la vida del joven Enrique, Ellen había realizado con hilo de oro una ataujía de runas que debían conferirle fortuna, valor y muchas victorias al portador de la espada. Donovan le había enseñado aquellos símbolos ancestrales y le había explicado su significado. Pese a estar consideradas paganas, las runas continuaban siendo venerados símbolos de victoria. Sin embargo, para asegurarle al joven rey también la piedad de Dios, Ellen había decidido incluir junto a ellas otra ataujía de filamento de oro con las palabras IN NOMINE DOMINI. El lado de la esmeralda, verde como los ojos de ella, solo ostentaba la ataujía de cobre con la E dentro del círculo. ¡Aquella hoja maravillosa y de un brillo fulgurante le habría robado el corazón a cualquier *amante* de las espadas! Un escalofrío de placer le recorrió la espalda de lo satisfecha que estaba con *Runedur.*

—¡El joven Enrique! —Peter entró en la herrería a todo correr—. Está acampado a solo unas millas al noroeste de aquí.

Se dejó caer sin aliento en un taburete que cojeaba, con lo que casi acabó en el suelo.

—¿El rey? —A Ellen se le iluminó la mirada—. ¿Aquí cerca, dices? Estoy segura de que está impaciente por tener en sus manos la nueva espada. ¿Qué sucedería si fuese a llevársela hoy mismo?

—¿No dijo el caballero que él vendría a buscarla y que no se la entregaras a nadie más? —terció Isaac, que acababa de entrar.

Ellen no quería oír nada de eso y lo desestimó con un gesto de la mano.

—Se refería a otro emisario, naturalmente, ¡pero no al rey en persona!

Isaac se encogió de hombros.

—Si tú lo dices...

—La oportunidad es demasiado apetitosa, ¡tengo que llevarle yo misma la espada! Si viene el emisario a recogerla, nadie sabrá nada de mí. Por el contrario, si se la entrego al joven rey en persona, ¡todos los caballeros presentes verán quién ha forjado a *Runedur*! —Ellen no cabía en sí de entusiasmo.

—Entonces, deja al menos que te acompañe —propuso Isaac, preocupado.

Ella negó con la cabeza con decisión.

—¡No, iré sola!

De ir acompañada por un hombre, le atribuirían la espada a él. Al final puede que incluso naciera la leyenda del herrero de un solo brazo que forjara a la legendaria *Runedur.* En modo alguno podía arriesgarse a que ocurriera eso.

—Está bien, como tú quieras. —Isaac la miró con reproche.

Ellen no se dio cuenta. La idea de recibir al fin el reconocimiento que merecía le hacía temblar de emoción. ¡Había llegado su día! Cogió la espada, la envolvió en un manto y fue a la casa para explicárselo a Rose y cambiarse de ropa. Después sacó el caballo blanco del establo y montó.

—¿De verdad no quieres esperar a que vengan por la espada? —preguntó Isaac una vez más, esforzándose por utilizar un tono conciliador.

—¡Que no!

Ellen sacudió la cabeza con brío y zanjó así la cuestión. Le pidió a Peter que le explicara exactamente dónde se encontraba el rey y echó a cabalgar.

El gran henar que había junto a Mildenhall, donde se habían levantado las tiendas de la comitiva real, era un hervidero de actividad; escuderos, soldadesca, mozos, corceles... Todavía estaban montando algunas tiendas y clavando las cercas para las caballerías. Todo el mundo parecía tener las manos ocupadas y nadie reparó en Ellen, que avanzaba a caballo por el campamento con tranquilidad, mirándolo todo. En el centro del lugar vio una tienda más grande y ostentosa que las demás, sobre la que ondeaba un gallardete rojo con tres leones tumbados, bordados en oro. ¡Tenía que ser la tienda del joven rey! Descabalgó y amarró el caballo a un poste. Al acariciar la blanca y espesa crin de Loki, vio que le temblaba la mano. Apoyó la frente un instante contra la cabeza del animal y cerró los ojos. ¡Debía hacer acopio de todo su valor! Inspiró hondo, con decisión, agarró la espada y se dirigió a la colorida tienda.

Antes de llegar, la colgadura de la entrada se movió y de ella salió un apuesto y joven caballero que se interpuso en su camino con las piernas abiertas.

—¡Quiero ver al rey! —pidió ella, algo brusca a causa del nerviosismo, y enseguida se esforzó por mostrar una sonrisa amable.

El caballero la contempló de pies a cabeza con una mueca burlona.

—¿Y qué queréis de él?

—¡Le traigo su nueva espada, sire!

El caballero enarcó las cejas con perplejidad.

—Bueno, en tal caso, será mejor que me acompañéis. —Le sonrió brevemente y dio media vuelta.

Ellen lo siguió al interior. El alojamiento real era aún más grande de lo que había imaginado. Decenas de caballeros se apiñaban alrededor de un buen número de enormes braseros. Ellen mantenía la cabeza castamente gacha y solo miraba a los hombres con el rabillo del ojo. Bebían en copas de plata, mantenían animadas conversaciones y reían de buena gana sin prestarle ninguna atención. De repente sintió que el corazón le cerraba la garganta. ¿Y si Thibault también estuviera allí? ¡No había pensado en él al decidir que iría sola!

Con un gesto de la mano, el joven caballero le indicó que lo siguiera y avanzó resuelto hacia un trono de roble lujosamente ornado que había al otro extremo de la tienda. ¡El trono estaba vacío!

Ellen no osaba mirar en derredor en busca del rey.

Con un repentino e impetuoso impulso hacia delante, el joven caballero se sentó de súbito en el trono y se colocó bien erguido.

Ellen se sobresaltó, y algunos caballeros la miraron con asombro. Tragó saliva. Estaba visto que el caballero quería mofarse de ella, pero ¿qué diría el rey de que se hubiera sentado en su trono? Le temblaban las rodillas; insegura, permaneció allí plantada.

El joven, con una sonrisa, le indicó que se acercara. Como obedeciendo a esa orden suya, todas las conversaciones enmudecieron.

Los caballeros se reunieron con curiosidad alrededor de Ellen. Solo un estrecho corredor entre ella y el trono quedó libre. Alguien la empujó hacia delante.

—¿Me traíais algo? —El joven Enrique le sonrió con picardía.

A todas luces gozaba con la sorpresa de la mujer. ¡Ellen nunca había visto de cerca al joven rey y no lo había reconocido! La sangre le subió a las mejillas y una oleada de calor le recorrió todo el cuerpo.

Guillaume se colocó junto a su señor y apoyó el brazo con desenfado en el respaldo del trono. Su expresión era grave y no daba a entender que conociera a Ellen. Solo un nimio temblor en la comisura de los labios dejaba ver lo divertida que le resultaba aquella situación.

También Thibault estaba allí, no muy lejos, aunque quedaba oculto entre otros caballeros, de manera que Ellen no lo vio. Nadie se dio cuenta de cómo había palidecido al verla aparecer. La forjadora hizo acopio de valor, dio otros dos pasos hacia el trono e hizo una reverencia. Con los brazos extendidos le tendió al rey el manto con la espada.

—¡Traedla aquí de una vez! —exclamó este con impaciencia dando golpecitos con el pie, igual que un niño.

Ellen se irguió, desenvolvió la espada y se la dio. Al verla el rey, enseguida se inclinó hacia delante, se la arrebató de las manos con una sonrisa cándida y la alzó en alto como un trofeo para que todos pudieran admirarla. Unos vítores exaltados recorrieron la reunión de caballeros. El joven Enrique contempló la espada con mucho agrado, después la desenvainó despacio y la sopesó en su mano. Ni una mirada dedicó a la guarnición de piedras preciosas. Con un movimiento brusco se volvió hacia Guillaume. El oscuro siseo con que la hoja cortó el aire fue comentado por los caballeros con una ovación de reconocimiento. Algunos de ellos cuchichearon con emoción. Enrique examinó entonces la espada con más detenimiento y la volvió hacia uno y otro lado ante los ojos de Guillaume.

—¡Mirad! ¿Veis? ¡Tiene la misma ataujía que *Athanor*! —exclamó el joven rey con asombro.

Un nuevo murmullo de entusiasmo recorrió la multitud.

—La espada se llama *Runedur*, milord —anunció Ellen, si bien el joven rey no le había preguntado—. Sé que debía entregársela a vuestro emisario, pero al saber que habíais levantado vuestro campamento tan cerca, no he podido resistir la tentación de traérosla personalmente.

—¿Os han pagado ya, o acaso os debo aún algo por ella? —preguntó Enrique con recelo, y entrecerró los ojos hasta convertirlos en dos delgadas ranuras.

Nada sabía de ningún emisario que le hubiera encargado una espada.

—Vuestro pago fue de lo más generoso, mi rey; todas las deudas están ya saldadas.

Ellen sonrió, y también al joven Enrique se le iluminó entonces el rostro sin reservas.

Thibault, no obstante, temblaba de pies a cabeza.

—¿Por qué no está aquí Yqueboeuf? —inquirió en voz baja, preguntando a su escudero.

—¡Ha partido a realizar un recado para el rey, sire! —susurró el joven, y bajó la mirada con culpabilidad, aunque nada podía hacer contra la irritabilidad de su señor.

Nadie más se percató de la exaltación de Thibault, pese a que le costó un gran esfuerzo contenerse y no soltar exabruptos a voz en cuello.

—¡Decidnos, pues, el nombre del forjador que ha confeccionado a *Runedur*, para que todo el mundo lo oiga! —pidió Enrique a Ellen.

—La espada al completo ha sido elaborada por mí misma. ¡Me llamo Ellenweore, majestad! —E hizo una humilde reverencia.

Se elevó un rumor de sorpresa. El joven Enrique alzó entonces una mano imperiosa para acallar a los caballeros.

—¡Bueno, que las mujeres que llevan ese nombre son extraordinariamente fuertes ya lo han podido constatar otros reyes antes que yo!

El joven Enrique miró al corro de caballeros exigiendo aquiescencia y rió.

La mayoría de ellos se unió a sus carcajadas, como siempre que el rey soltaba chanzas. La madre de Enrique, Leonor, reina y duquesa de Aquitania, era bien conocida por haberle hecho la vida difícil a su primer esposo, el rey de Francia, y más tarde al segundo, el rey Enrique II, padre del joven rey. Su real marido hacía ya años que la mantenía presa para poner coto a sus intrigas contra él. Para muchos caballeros, mujeres de semejante poder eran como una espina clavada, pero la mayoría de los presentes admiraba a Leonor, puesto que más de una vez le había hecho frente al viejo rey.

Ellen sabía demasiado poco de su tocaya para comprender por qué reían los caballeros.

—¿También forjasteis, pues, a *Athanor*? —quiso saber el joven Enrique, y se inclinó un poco más hacia ella.

—Sí, mi rey, yo la forjé —respondió Ellen con orgullo.

—Bueno, en tal caso, a buen seguro pronto recibiréis gran cantidad de encargos de espadas. —En sus palabras se pudo oír la admiración de Enrique por su preceptor—. ¿Está vuestra herrería por estos pagos?

De nuevo se sentó erguido y separó mucho las piernas.

—¡En St. Edmundsbury, majestad!

—Bueno, pues os doy las gracias, Ellenweore de St. Edmundsbury. ¡Estoy sobremanera satisfecho! —El rey asintió, altivo, y le sonrió con afabilidad.

Ellen volvió a hacer una reverencia. Al levantar la mirada, Enrique miraba para otro lado y hablaba con los caballeros que estaban junto a él. Ellen miró en derredor. Nadie le prestaba ya atención. Por lo visto, podía marcharse. Se inclinó una vez más y lanzó una mirada furtiva a Guillaume, pero este estaba absorto en la conversación con su señor y no la vio.

Al salir de la tienda espiró satisfecha y con alivio, y fue por su caballo. Los caballeros más nobles del país sabían ya quién había forjado la nueva espada del rey. A pesar de que ninguno de ellos le había dicho nada, esperaba que el joven Enrique tuviera razón y que su talento fuese comentado muy pronto en todos los confines del país. Agotada después de tantas emociones, Ellen acarició un rato el cuello de Loki antes de montarse en su lomo y cabalgar hacia casa.

Estuvo de muy buen ánimo durante semanas. Si la razón era haber logrado su meta de forjar una espada para el rey o el hecho de estar convencida de que había sido Guillaume quien la recomendara al joven Enrique, ni ella misma hubiese sabido decirlo. También el pequeño William notó lo bien que se sentía su madre. Hablaba más cariñosamente con él y casi nunca lo regañaba. Un día lo llamó por señas y le acarició la cabeza.

—¿Recuerdas lo mucho que me enfadé cuando te cortaste con el cuchillo de Isaac?

El niño asintió con mala conciencia. Su madre no sabía que desde entonces había estado trabajando con ese mismo cuchillo.

—Pues me parece que ya eres lo bastante mayor para tener uno propio. Mi padre, me refiero a Osmond, también me regaló uno cuando tenía más o menos tu edad.

La mirada de William se deslizó hasta el cinto de Ellen, del que pendía un cuchillo.

—Sí, precisamente este —confirmó Ellen—. Desde aquel día es mi fiel compañero. Ya lo he afilado una infinidad de veces y lo he pulido otras tantas.

Sonrió a su hijo y le dio un cuchillo con una funda de cuero claro de cerdo.

William lo sacó y lo contempló, impresionado. Por toda la hoja relucían unas ondas de colores, algunas parecían incluso ojos.

—¡Sopla, qué bonito! —exclamó.

—Es una hoja damasquina; esas formas de colores se crean durante la soldadura y el batido de varias capas de hierros de diferente dureza. También se pueden utilizar distintas varas, que se retuercen en un proceso que se llama entorchado y después se unen soldándolas —explicó Ellen.

—¿Puedo enseñárselo a Isaac y a Jean? —preguntó William antes de que su madre tuviera ocasión de soltarle una lección más detallada sobre forja.

Ellen sonrió y asintió. Ellos ya habían visto el cuchillo, por supuesto, pero al chiquillo parecía hacerle ilusión, así que le dio permiso.

El damasquinado era una técnica muy antigua. Era especialmente adecuada para cuchillos, pero rara vez se utilizaba en hojas de espada. Donovan le había explicado que los vikingos habían desarrollado la técnica hasta llegar a asombrosas cotas de perfección y que habían elaborado maravillosas espadas damasquinas con artísticos dibujos. Sin embargo, esa técnica de manufactura de espadas había caído en el olvido en algún momento y las hojas habían vuelto a prescindir, salvo por grabados y ataujías, de cualquier clase de dibujo. El damasquinado representaba para Ellen un desafío, pues consideraba que llegar a hacer una espada con taraceas damasquinadas resultaría sin duda complicado, pero no imposible.

Con aquel cuchillo esperaba, además, despertar al fin el interés de William por el arte de la forja, pues hasta la fecha su hijo había preferido entretenerse en el bosque. Siempre llevaba a la casa animales abandonados para cuidarlos con amor, a pesar de que Ellen le reñía y le decía que debía ocupar su tiempo con cosas más útiles. Isaac y Jean apoyaban al chiquillo e intentaban que su madre fuese más indulgente cuando lo reprendía por tales asuntos. Ellen notó que se le fruncía el ceño al pensar en su hijo. ¡Debía comprender de una vez que en el futuro sería herrero y que no podía malgastar el tiempo en esas naderías!

Noviembre de 1180

William estaba aburrido en el patio, acariciando a Barbagrís, cuando dos jinetes llegaron al galope. A uno de ellos lo reconoció como el caballero que ya había ido a verlos un día junto a Baudouin de Béthune. El otro debía de ser su escudero. William vio el ave que el caballero llevaba en la mano, se levantó de un salto y corrió a su encuentro, asombrosamente deprisa pese a su pie.

—¿Lleváis ahí un halcón, sire? —preguntó con desenvoltura.

—Un halcón borní —confirmó Guillaume el Mariscal con voz serena y una sonrisa—. Aléjate un poco, para que pueda descabalgar sin que el pájaro se inquiete. —La mano del Mariscal permaneció casi inmóvil mientras bajaba de su montura—. Los halcones son animales salvajes y no dejan de serlo durante toda su vida... aun bajo el cuidado de los hombres —le explicó a William, que lo miraba con expectación—. Cualquier gesto brusco los espanta, y entonces intentan salir volando. Ven, acércate, pero despacio, y háblale con voz suave.

—Pero ¿no lo tenéis atado por esa banda de cuero? —inquirió William señalando la correa de la garra del halcón, y se acercó con cautela apenas un ápice más para ver mejor al animal.

—Precisamente, jovencito, y si ella, pues este halcón resulta ser una dama, quisiera huir volando de alguna cosa que se moviera a su alrededor, podría lastimarse.

—¡Sopla, ya veo! —El rostro de William se iluminó—. ¿Y cómo se llama? —preguntó al tiempo que ladeaba la cabeza.

—Princess of the Sky. —Guillaume sonrió.

—¿Puedo acariciarla?

—Puedes intentarlo, ¡pero cautela!

William se acercó algo más con timidez. Bajó la mirada y miró al ave solo con el rabillo del ojo.

—¡Lo haces muy bien! —lo felicitó el Mariscal—. Si se inquieta, tienes que apartarte enseguida y sin movimientos bruscos. ¿Entendido?

William asintió y casi estalló de orgullo cuando llegó a ponerse justo al lado del ave de presa. Alzó muy lentamente la mano derecha y acarició con suavidad el pecho de Princess of the Sky.

La dama halcón no mostró inquietud de ningún tipo.

El Mariscal quedó maravillado, pues el animal no se dejaba tocar por cualquiera así como así. Acostumbrarla a su escudero, Geoffrey, les había costado una barbaridad.

Acaso por celos, este se acercó a su señor por detrás e hizo tropezar al chico. El halcón, exaltado, intentó alzar el vuelo desde la mano de su amo.

—¡No puedes cogerla, la asustarás! —vociferó Geoffrey.

—¿Yo? —William se limitó a dirigirle al escudero una mirada de desprecio antes de mirar al Mariscal.

—Eres un alcornoque, Geoffrey. ¡La has espantado tú! —lo reprendió este, con voz pausada para no excitar más al pájaro.

Solo en la airada mirada que le lanzó a su escudero podía verse lo furioso que estaba.

William seguía allí de pie sin moverse y, cuando el halcón se tranquilizó, volvió a acariciarlo.

—¡Tienes muy buena mano! —lo alabó Guillaume.

—Ya he cuidado de palomas, avefrías, arrendajos y otros pájaros. A veces encuentro nidadas abandonadas por la madre, y entonces crío yo a los pajarillos —explicó William con un brillo en los ojos—. Incluso cuidé una vez de un cuervo herido que era muy inteligente. Pero al final el cuervo se fue volando. ¡Era la época de apareamiento!

Sonrió azorado y miró al halcón de soslayo, con gran admiración.

—Jovencito, los halcones no tienen mucho en común con los pájaros vulgares. Las aves de rapiña temen al hombre, incluso lo odian, y su rostro les resulta de lo más horrendo. Se necesita mucha destreza y una paciencia interminable para que se posen en la mano de su amo, lo que los cetreros llaman aves maneras, y conseguir que cacen para el hombre. El halcón no busca la proximidad de los humanos, la evita. Adora la libertad, y precisamente porque es tan difícil domesticar aves de presa, la caza con halcón es la forma más noble de caza.

—¡William! —oyeron que llamaba una imperiosa voz de mujer.

Ellen asomó la cabeza desde la herrería.

—Pero en el nombre de Dios, ¿dónde se habrá metido ahora ese pillastre? —exclamó con enojo.

Al ver al Mariscal, se restregó las manos sucias en el vestido, se remetió un par de rizos rebeldes bajo el pañuelo de la cabeza y se acercó a él.

—¡Milord! —Esbozó una inclinación de cabeza, pero no hizo ninguna reverencia. Después de todo cuanto los había unido, semejantes demostraciones de respeto le parecían exageradas, aun en presencia del escudero y de su hijo. Agarró a William de los hombros y lo empujó en dirección al taller—. ¡Ve con Jean y ayúdalo! —ordenó antes de volverse hacia el Mariscal.

—¡El rey está exultante con su nueva espada! —Guillaume le pasó el ave a su escudero y acompañó a Ellen al taller.

Un par de pasos más allá, se detuvieron.

—¿En qué puedo ayudarte? —preguntó ella abriendo la puerta de la herrería, y lo invitó a entrar.

—Una espada —repuso él, sucinto—. Uno de los escuderos del rey será investido pronto caballero. Para mí es como un hijo —su mirada rozó al pequeño William—, o como un hermano pequeño —añadió entre murmullos.

Ellen desoyó la alusión a William y procuró tratar a Guillaume con total normalidad. Comentaron todos los detalles, convinieron un precio y el plazo en el que la espada debía estar lista.

—Por entonces ya habremos regresado al continente. Esperan

a Enrique en la corte de su padre por los festejos de la Natividad. —El Mariscal toqueteaba la vaina de su espada.

—Habría que rehacerla, el cuero está muy desgastado —afirmó Ellen—. Puedo ocuparme de ello sin dilación, si quieres. La última vez que estuviste aquí, ya me fijé. Tengo todo lo que necesito. ¿Dispones de un poco de tiempo?

El Mariscal lo dudó un instante, pero enseguida asintió con aquiescencia.

—¿Puedo llevarme a William este rato?

Ellen se encogió de hombros con marcada indiferencia.

—Desde luego, ¿por qué no?... ¡William! ¡Acompaña al Mariscal! —exclamó, mandando a su hijo.

El niño, exultante, salió del taller tras Guillaume.

—Gracias por liberarme de esa horrible y oscura herrería. —Y le sonrió al Mariscal con aire conspirativo—. ¿Es cierto que sois el hombre de más confianza de nuestro rey?

William había fingido que no le interesaban las conversaciones de los mayores a la mesa, pero lo cierto es que se había empapado de cada una de sus palabras.

El Mariscal rió.

—Soy el preceptor del joven Enrique, quien, llevas razón, también es rey de Inglaterra, como lo es su padre. Y creo que, de hecho, soy su hombre de más confianza. ¿Satisfecho?

William asintió con timidez.

—¿Te apetece ver cómo vuela un halcón? Si quieres, te lo enseño.

—¿De veras haríais eso? —William, emocionado, no cabía en sí de gozo.

Cuando el Mariscal asintió, el niño empezó a dar vueltas de entusiasmo con su pierna coja.

—Pero despacio, que, si no, se espantará —intentó calmarlo el caballero.

Pasaron la tarde juntos. Guillaume le enseñó a William cómo volaba el halcón y le explicó toda clase de cosas interesantes sobre la naturaleza de esos animales y su doma. Le dejó, asimismo, que se probara su guante.

El niño lo aceptó con muchísima reverencia. El cuero de ciervo, suave y recio a un tiempo, desprendía un fuerte olor. El guante le quedaba enorme, pero le gustó su tacto.

El Mariscal le enseñó cómo había que colocar la mano y, al final de la tarde, incluso le posó un momento al halcón.

—¡Debes tener la mano pero que muy quieta! —ordenó con afabilidad.

William se esforzó por no temblar y experimentó alivio y decepción a partes iguales cuando el Mariscal ordenó a Geoffrey que volviera a hacerse cargo del ave.

—Tiene muy buena mano con los animales —le dijo Guillaume a Ellen, hablando de William, cuando regresaron y se encontraron con ella.

—Bueno, si no empieza pronto a interesarse algo más por la forja, no pasará de ser herrador. ¡Así que mal no le hará que los animales no acaben pisoteándolo! —Parecía malhumorada.

Incluso Guillaume se dio cuenta y se preguntó por qué sería tan severa con el niño. Apenas recordaba ya su propia infancia, pero sabía que su madre y las niñeras lo habían consentido sobremanera mientras vivió en su casa.

—¡Está otra vez como nueva! —Ellen lo sacó de sus elucubraciones y, orgullosa, alzó la vaina delante de sus narices—. La cola aún tiene que secarse un poco más. Todavía no puedes colgártela.

—¡Qué maravilla! —exclamó él, alabando su trabajo, y fue a sacar su escarcela para pagar.

—¡No es preciso! —Ellen posó una mano callosa y llena de herrumbre en su antebrazo—. Es lo menos que podía hacer.

Pese a no entender lo que quería decir la forjadora, el Mariscal se encogió de hombros con impotencia y dejó que Ellen y William lo acompañaran fuera. Le dio unas palmaditas en los hombros al pequeño y se despidió. Al montar en su caballo, se inclinó un poco hacia Ellen y depositó en su mejilla un beso que la dejó de piedra. Nada respondió a la interrogante mirada de Geoffrey.

—¡Obedece a tu madre y haz todo lo que te pida, William! —exclamó Guillaume; luego volvió a posar al ave en su puño y echó a cabalgar seguido de su escudero.

Ellen estaba completamente paralizada. El beso hormigueaba en su mejilla como una marca del diablo, como si ardiera en llamas.

Rose los había visto desde lejos. «Esperemos que esto no acabe mal», parecía decir su mirada antes de coger la escoba y regresar a la casa.

El joven rey estaba en lo cierto. Al cabo de pocas semanas todos los nobles de Anglia Oriental sabían que el rey y el Mariscal poseían una espada de Ellen, y no hacían más que acudir a la herrería para encargar espadas. Muchos pretendían que habían pasado por allí por casualidad, otros explicaban el largo camino que habían recorrido para encargarle el trabajo.

Y cuanto más trabajo tenía Ellen, más podía subir los precios de las espadas. Algunos meses se embolsaba más de lo que ganaba antes en todo un año.

—Jean, creo que ya te ha llegado la hora —dijo Ellen una noche, a la mesa de la cena.

El buen ánimo aún se le veía en la cara.

—¿La hora de qué? —preguntó él sin saber a qué se refería, y se llevó una cucharada de sopa caliente a la boca.

—Mañana empezarás a trabajar en una espada, ¡tú solo! Tendrás un ayudante para batir, creo que será el nuevo. ¿Cómo se llamaba?

—¡Stephen!

—Eso, Stephen. Si terminas la espada y tu trabajo me convence, iré a ver al mayordombre y le pediré que el gremio te reconozca como oficial.

De la emoción, Jean se atragantó con un pedazo de pan.

—¿Lo dices en serio? —le preguntó en cuanto recuperó el aliento.

Ellen lo miró y enarcó las cejas.

—¿Te parece que esté de chanza?

—No, claro que no. ¡Gracias, Ellen! —repuso él con humildad.

Rose puso su mano sobre la de él y la estrechó un momento.

—¡Lo conseguirás!

—Desde luego que lo conseguirá. Si no estuviera convencida de ello, no se lo propondría —comentó Ellen.

—¿Y qué será de Peter? —preguntó Jean, que, como de costumbre, siempre intercedía por los demás.

—Cuando tú termines le llegará su turno.

Jean asintió, contento.

—Entonces, pronto necesitaremos nuevos aprendices y ayudantes, ¿no te parece? —terció Isaac, y se echó otro trozo de pan a la boca.

—Eso todavía no lo había pensado.

Ellen dio un gran trago de cerveza floja y por el momento no dijo nada más.

Marzo de 1181

Ellen cogió la espada que Jean había confeccionado sin ayuda, la envolvió y emprendió camino para ir a ver a Conrad.

Jean había preguntado si no debía acompañarla, pero ella prefería ir sola. Conrad debía encontrarse en situación de admitirle ciertas cosas sin sentirse observado. Ellen se había puesto un vestido nuevo y limpio. Rose lo había confeccionado con un paño de lana extraordinariamente fino y de color verde abeto, y lo había decorado con un ribete de bordados plateados en el cuello y las mangas. En un principio Ellen se había indignado y lo había considerado un derroche, pues ya tenía el vestido verde de Béthune, pero Rose no se había dejado amilanar.

—También debes tener una prenda especial para vestir bien. El vestido de la boda de Claire debe de tener ya diez años. ¡Ellen, haz el favor! A lo mejor algún día te llaman ante el rey, o puede que nada más que ante el mayordombre del gremio. Así todos verán que no eres una pobre herrera, ¡sino que te has forjado una reputación!

Ellen se dio por vencida. De todas formas ya era demasiado tarde para cambiar nada, pues el vestido estaba terminado. Y en ese momento también ella se alegraba de tenerlo, al igual que el manto nuevo guarnecido con piel de lobo que la protegía del húmedo frío. Pese a que la primavera ya se había dejado notar con los primeros narcisos amarillos en la linde del camino, el viento seguía siendo gélido.

—¡Estás preciosa! ¡Como una auténtica dama! —había exclamado Isaac sonriendo, antes de que partiera a caballo.

La casa del mayordombre estaba a pocas millas y Ellen bien podría haber ido a pie, pero había seguido el consejo de Rose y de Jean y había sacado el ostentoso caballo blanco por el que a menudo era objeto de envidia.

—No vendrá mal que Conrad vea lo lejos que has llegado —había comentado también Isaac.

Cuando Ellen llegó cabalgando al patio de Conrad, un joven salió corriendo enseguida y la saludó con cortesía.

—¡Quiero ver al mayordombre! —dijo Ellen sin apearse del caballo.

—Como deseéis. Ahora mismo voy a por él —tartamudeó el joven, y echó a correr.

Una sonrisa asomó al rostro de Ellen. El joven había quedado impresionado a ojos vistas por su elegante vestimenta. ¡Puede que Isaac llevara razón y que incluso la hubiera tomado por una dama! «Gracias, Rose —pensó—. Era adecuado vestir así.»

Conrad salió de la herrería. No era más alto que Ellen, llevaba una gorra de cuero sobre la cabeza ya casi calva y se había remangado la camisa hasta sus portentosos bíceps. Ellen se dejó caer del caballo con elegancia, como le había enseñado a hacer Jean, y aterrizó firmemente sobre las dos piernas.

—¡Ellenweore! —exclamó Conrad, y la miró con sorprendente afecto.

—Conrad. —Ellen asintió con altanería.

«Me siento como una gansa con estos remilgos de boba», pensó brevemente.

—Estos días se habla por doquier de vos y vuestras espadas. —Conrad invitó a Ellen a entrar en la casa con un gesto—. Edda, mira quién viene de visita —le anunció a su esposa—. Esta es Ellenweore…

—¿La forjadora de espadas? —Edda la miró con entusiasmo y se limpió una mano enharinada en el mandil antes de tendérsela—. ¡Me alegro mucho de que hayáis venido a vernos!

Ellen no salía de su asombro. Primero el amistoso saludo de

Conrad, después la admiración de Edda. ¡Quizá debiera andarse con cuidado!

—Bueno, ¿qué os ha traído a mi casa?

El mayordombre le ofreció un sitio a la mesa, y Edda le sirvió un vaso de aguamiel.

—¿Recordáis a Jean? —preguntó, y dio un sorbo para aliviar un tanto la sequedad de su garganta.

—Desde luego —repuso Conrad, expectante.

—Ha forjado una espada él solo, con un ayudante. Un joven sin experiencia.

Ellen sostuvo la espada con ambas manos. La había llevado pegada al costado izquierdo del cuerpo, de modo que no se viera, y en ese momento la desenvolvió y la dejó sobre la mesa.

Conrad asió el arma con reverencia y la examinó de cerca.

—No soy forjador de espadas —dijo, casi sin voz.

—Pero sois el mayordombre del gremio. Estoy segura de que podéis juzgar si se trata de un buen trabajo de forja que otorgue a su autor el derecho a ser considerado oficial.

Conrad se sintió a todas luces halagado, pues sonrió un instante. Contempló el arma con buenos ojos.

—Entonces, ¿no tenéis inconveniente en que a partir de ahora considere a Jean oficial? —preguntó Ellen para estar segura.

No quería que la discordia con el gremio se eternizase.

—¿Se lo habéis enseñado vos? —preguntó el hombre, en lugar de dar una respuesta.

Ellen tensó un poco su postura sin querer.

—¡Sí, por supuesto que se lo he enseñado yo! —dijo con obstinación.

Estaba dispuesta a discutir con él, pues no tenía ningún derecho a negarle a Jean el título de oficial solo porque hubiera aprendido el oficio de una mujer.

—Nos equivocamos al no querer concederos la categoría de maestra. Desde que lleváis el taller de Isaac, habéis traído honra y fama a las herrerías de St. Edmundsbury. En la próxima reunión del gremio propondré que se os reconozca como tal. Con eso también quedaría garantizado el título de Jean como oficial.

Ellen estaba demasiado perpleja para saber qué decir. Conrad, que había sido su más acérrimo opositor, ¿de súbito quería interceder a su favor? Por lo visto el hombre supo cómo interpretar su asombrado silencio, pues carraspeó con timidez.

—Pongamos que el gremio acepta la solicitud y os reconoce como maestra. —Respiró hondo, como si tomara carrerilla, y Ellen se preparó para lo peor—. Entonces podríais aceptar legítimos aprendices —dijo el hombre tras una breve pausa, y se rascó la nuca.

—Es cierto —replicó Ellen, todavía expectante.

Estaba segura de que el mayordombre guardaba algo más en la manga.

Conrad parecía estar haciendo acopio de valor.

—Como sin duda sabréis, un padre no siempre es el mejor preceptor —tartamudeó, y se ruborizó.

—¡Válgame Dios, basta ya de tantos ambages! —atajó Edda con impaciencia—. A nuestro chico se le ha metido en la mollera llegar a ser forjador de espadas, ¡no habla de otra cosa! Y nosotros, naturalmente, habíamos pensado en vos. —Miró a su marido con reproche—. ¡Es mejor que digas las cosas tal como son!

—¡Pero si eso es lo que iba a hacer, mujer! —la interrumpió él con enojo, y se volvió de nuevo hacia Ellen, apocado—: ¿Lo aceptaríais como aprendiz, si el gremio estuviera de acuerdo? —preguntó con torpeza.

Ellen imaginaba el enorme esfuerzo que debía de haberle costado esa pregunta.

—En cuanto tenga la categoría de maestra, le echaré un vistazo al chico. Si es voluntarioso y trabajador…

Conrad tomó aire como pez varado en la orilla. Naturalmente, había esperado recibir enseguida de ella una respuesta afirmativa. Sin embargo, igual que él, tampoco Ellen quería rebajarse. Solo sus espadas estaban a la venta, ella no.

—Venid a verme con el chico cuando el gremio se haya decidido —repitió con afabilidad.

Estaba segura de que Conrad tenía suficiente influencia sobre los demás herreros para imponer su voluntad.

—La asamblea será dentro de ocho días —dijo este, y se relajó a ojos vistas.

—Bien, os espero entonces. —Ellen le dio la mano.

De vuelta en el patio, vio al chaval que la había saludado al llegar dirigiéndose a la herrería corriendo y deprisa.

—¿Este es? —preguntó.

—Sí, este es Brad; tiene casi once años —dijo Conrad con orgullo.

—¡Un joven fuerte y simpático! —lo felicitó Ellen.

Conrad se irguió un poco.

—Es el benjamín, a los demás ya los tengo fuera de casa. Salvo el mayor, que trabaja conmigo en la herrería y quiere heredarla.

—Sois un hombre muy afortunado, Conrad —dijo Ellen con amabilidad, y se despidió.

Una buena semana después, el sol de marzo luchaba con las espesas nubes por hacerse con un resquicio de cielo cuando Conrad se presentó de repente con su hijo en el taller.

—¡Ya sois oficial, Jean! —lo felicitó Conrad, y le estrechó la mano—. ¡Una espada verdaderamente excepcional, la que habéis forjado! —dijo con halago. Entonces se volvió hacia Ellen—: ¡Maestra! —Sonrió con timidez—. Os traigo a mi hijo con el ruego de que lo pongáis a prueba para aceptarlo como aprendiz. —Conrad interpretó la farsa tal como correspondía, e hizo una breve reverencia.

—Podéis venir a recogerlo esta tarde, ¡entonces, veremos! —dijo Ellen con una agradable sonrisa.

El mayordombre miró a su hijo con severidad:

—Este era tu deseo, Brad. ¡Ahora demuestra de qué estás hecho!

El chico asintió con brío.

—¡Sí, padre!

El joven ya había acumulado alguna que otra experiencia con el hierro junto a su padre, tenía ambición y se daba maña. Ellen se alegró con sinceridad de poder formar, después de a Jean y a Peter, también a Brad. Acordó con Conrad siete años de aprendizaje. La mayoría de los herreros se formaban en tan solo cinco, los herradores incluso en cuatro, y Conrad al principio se mostró reacio a que su hijo pasara tanto tiempo de aprendiz. Brad, sin embargo, le imploró con fervor a su padre, y este al final fue a ver a Ellen con el dinero para pagarle. También para su reputación entre los herreros era más que ventajoso que precisamente el mayordombre le confiara la formación de su hijo.

Cuando Conrad se hubo marchado, Ellen fue a comer a la casa y se sentó a la mesa en silencio. ¡Cuán orgulloso habría estado Osmond de ella si hubiera podido presenciar lo lejos que había llegado! Por un momento se asomó a su rostro una sonrisa. Puede que incluso algún día llegara a oídos de Aedith la fama de su hermana, o que Kenny pudiera impresionar a sus clientes diciendo que era hermano suyo. Ellen pensó en Mildred y en Leofric y cayó en un ligero desánimo, pues los añoraba mucho. «Tal vez incluso madre se hubiera sentido orgullosa de mí», estaba pensando cuando Isaac la hizo volver al presente.

—Si aceptamos más aprendices, pronto tendremos que ampliar la herrería. —Le pasó un pedazo de pan y le sonrió.

—A veces ya estamos demasiado apretados en las dos fraguas, ¡y tres yunques resultan pocos! —añadió Jean sin dejar de masticar.

—Ya lo había pensado —dijo Ellen, e iba a hacer una sugerencia, pero antes de que pudiera abrir la boca, Rose la interrumpió:

—¡Primero soy yo la que necesita ayuda! —Dejó a la pequeña Jeanne en el suelo—. Ahí quieta, cielo, ten. —Rose le puso en la mano una muñeca de trapo que dejó a la niña loca de contenta—. Eve y yo solas ya no damos abasto. Tenemos que cuidar de seis niños y al mediodía dar de comer a todos los del taller, además de hacer la casa, la colada, cuidar de los animales y del huerto. ¡Solo tenemos dos manos!

Rose había ido subiendo el tono. Estaba a todas luces desbordada. Su disgusto debía de venir ya de tiempo atrás.

Ellen la miró con espanto. ¡Su amiga jamás había protestado de esa forma! Últimamente la había visto algo nerviosa alguna que otra vez, pero nadie se lo había tomado demasiado en serio. Ni Ellen ni ninguno de los demás se había detenido nunca a pensar que las dos mujeres cada vez tenían más trabajo.

—¡Además, Eve se casará pronto!

Los buenos deseos para la muchacha y los alegres apretones de manos interrumpieron a Rose, que esperó pacientemente hasta que la algarabía general se hubo apaciguado.

Solo cuando Ellen preguntó con temor si Eve había pensado dejar de trabajar para ellos después de la boda, callaron todos. Eve dijo que no, y Ellen miró a Rose con insistencia, como diciendo: «¿Lo ves? Nada va a cambiar».

Los ojos de Rose refulgían de rabia.

—Dentro de un año a más tardar tendremos aquí a otro niño. ¿O acaso creéis que Eve va a pasarse la vida haciendo manitas nada más? Necesito más dinero para una segunda criada y, sobre todo, para comprar víveres. Los herreros devoran como orugas de nueve cabezas. La harina, los cereales y sobre todo el tocino se van en un periquete. A veces ya no sé qué echarle a la sopa. Siempre cebolla y col, ¡eso no sacia a nadie! —Rose había vuelto a alzar la voz.

—¡Por todos los santos, Rose! —Ellen la miró con culpabilidad—. Tienes razón, desde luego. ¡Ganamos suficiente! ¿Cómo es que no he caído en ello?

—De una forma o de otra siempre he logrado salir adelante, sin embargo ahora ya no puedo más —explicó Rose, casi disculpándose.

Ellen abrió la bolsa que le colgaba del cinto y dejó una considerable cantidad de monedas de plata sobre la mesa.

—¡Podrías habérmelo dicho antes! —exclamó con reproche—. Si necesitas más, dímelo, ¿conforme?

—Esto me bastará por un tiempo. Soy cuidadosa, pero…

—¡Déjalo ya, Rose! No tienes que dar explicaciones. Sé que sabes administrar la casa. ¿Te ocupas tú misma de buscar a una criada? A fin de cuentas, eres tú quien tiene que llevarse bien con ella.

Rose, contenta, se aclaró la garganta y sonrió.

—Una muchacha del pueblo estuvo ayer aquí, preguntando

por trabajo. Parece muy capaz. Mañana mismo envío a Marie a buscarla. —Rose estaba satisfecha.

—¡A lo mejor dentro de poco volvemos a tener pasteles! —Ellen miró a los comensales en busca de una respuesta—. ¿Qué os parecería?

—¡Viva, viva! —jalearon los niños.

Rose resplandecía de contento.

—¿Cuándo habías pensado decirle a Peter que confeccionara su pieza de oficial? —preguntó Isaac, y le tendió a Rose su escudilla de madera para que le sirviera otra ración.

—Antes de que llegue el invierno. Sería la espada para el hijo menor del conde de Clare. Creo que será la mejor ocasión.

—Pero sin la E de cobre no la querrá —dijo Jean, dando que pensar.

—Ya he hablado con él de ello. El joven no puede permitirse una de mis espadas, por eso le bastará el trabajo de Peter. Bajo mi supervisión, claro está. Le he asegurado al joven de Clare que solo realizamos trabajos impecables. La espada llevará una ataujía con una E de latón, como todas las espadas que en el futuro salgan de nuestra herrería. Solo las que forje yo misma seguirán exhibiendo el símbolo de cobre. Y eso lo haremos pagar a un precio exorbitado.

—¡Pues no es mala idea! —la alabó Jean—. ¡Entonces, a partir de ahora mis espadas llevarán una E de latón!

—¡Por supuesto! —Ellen tragó una gran cucharada de sopa—. Tienes razón, Rose, no está malo, pero un poco más de tocino no le vendría nada mal.

Enero de 1183

Ese año el invierno estaba siendo extraordinariamente suave. No había nevado un solo día, y también la lluvia había sido escasa. Ellen inspiró con gozo el aire del mediodía. Hacía un año y medio que no forjaba nada que no fueran espadas. Su fama le había reportado mejor clientela y unos ingresos espectaculares.

Isaac también se había labrado una buena reputación. Cada vez más nobles aprovechaban sus conocimientos para hacerse pulir las armas, ya fueran nuevas o reliquias de familia. Tenía tanto trabajo que hacía poco había empleado a un joven de St. Edmundsbury al que formaba como espadero.

Cada día recibían más encargos, y Ellen daba gracias al Señor con constantes oraciones y pequeñas limosnas que entregaba a los pobres.

—La herrería se nos queda pequeña... y también la casa. Creo que ya va siendo hora de ampliar las dos. He hecho averiguaciones, y el abad me ha recomendado a un maestro constructor —le dijo un día a Isaac.

—¿El abad?

—Hace poco volvió a encargar unas espadas, ¿no lo sabías?

Isaac suspiró, sonriente.

—Los personajes más elevados del país quieren que trabajemos para ellos; de vez en cuando puede pasarle a uno alguien por alto. —Se encogió de hombros, visiblemente desconcertado, y al mismo tiempo se le iluminó el rostro—. Jamás había imaginado que pudiera llegarse tan lejos siendo herrero.

Se pasó la manga por la frente, satisfecho.

—Quiero una auténtica casa de piedra —le comunicó Ellen con aire un poco romántico.

Isaac tragó saliva. Había construido la pequeña casa de paredes entramadas de niño, junto con su padre.

—Jean, Rose y sus hijos podrían quedarse con la casa. La cámara que construimos para ellos ya les queda demasiado estrecha. La casa nueva de piedra sería para nosotros —dijo Ellen, evitando sus protestas aun antes de que hubiera dicho nada. Le acarició la mejilla con cariño y le dio un beso en la frente—. Sé que le tienes mucho apego a esta casa, pero ya que pronto tendremos que dar cobijo a un niño más… —Suspiró.

Isaac la miró con sorpresa.

—¿Rose?

Ellen negó con la cabeza.

—¿No lo dirás por Eve? —preguntó, nervioso.

Tal como Rose había predicho, la muchacha había quedado encinta poco después de la boda. ¿No querría Ellen acogerla también a ella junto con su familia?

—¡No! ¡Estoy embarazada!

—¡Ellenweore! ¡Qué noticia más maravillosa! —exclamó Isaac con dicha; luego abrazó a Ellen y dio vueltas con ella en brazos—. ¡Ya había perdido toda esperanza de que el Señor nos enviara un retoño!

Primeros de febrero de 1183

El invierno se recrudeció de repente cuando ya nadie lo esperaba. El cielo estaba casi blanco; parecía que iba a nevar. Ellen se apretó las pieles contra el cuerpo y se apresuró a cruzar el patio para ir al taller. Poco antes de llegar a la herrería, oyó que llegaba un caballero.

—¡Baudouin! ¡Qué alegría! —lo saludó al acercarse. Hacía ya mucho de su última visita y Ellen se alegró sinceramente de verlo—. ¿Cómo os va todo?

Baudouin saltó de su caballo y lo amarró.

—¡El joven rey os necesita! Debéis acompañarme a Limoges —explicó el joven.

Ellen lo miró con espanto.

—Pero no puedo irme de aquí como si tal cosa...

Baudouin alzó los hombros, muy a su pesar.

—Cuando el rey llama, es mejor no oponerse. ¡Además, es un honor!

Ellen sintió que se le oprimía el pecho.

—¿Tendré que estar fuera mucho tiempo? Voy a tener un niño —explicó, y se miró el vientre.

—¡Oh! ¿Y cuándo? —Baudouin miró su barriga con curiosidad.

—En verano.

El joven sonrió sin ninguna preocupación e hizo un gesto, restándole importancia.

—O habréis vuelto a tiempo, o vuestro niño nacerá al otro lado del Canal. ¿Sería eso tan malo?

Ellen no contestó.

—Mañana debéis estar presta para el viaje.

—¿Tan pronto? —Ellen lo miró con susto.

—Limoges queda lejos. ¡Y vos queréis estar pronto de vuelta! Vendré a buscaros nada más salir el sol. —Baudouin volvió a montar a su caballo y se alejó cabalgando.

—¿Te exige que partas sin más? —Isaac había estallado en cólera y caminaba con furia de un lado para otro.

—Una invitación del rey es como una orden, ¡eso ha dicho Baudouin! Debo ir, no tengo elección. Pero procuraré estar de vuelta antes del verano —dijo Ellen intentando sosegarlo, pero Isaac masculló aún algo incomprensible y le dio la espalda.

Ellen sintió que una oleada de calor le recorría el cuerpo. Baudouin también había dicho que era un honor ser convocado por el rey, y ese honor había recaído en ella, no en Isaac. Ellen interpretó su malhumor como envidia y se sintió decepcionada por sus celos. Isaac había cosechado fama como espadero y se había convertido en un consejero indispensable para ella, por eso sus reservas le dolían especialmente.

No volvieron a cruzar una palabra sobre su partida.

Rose exhortó a Ellen a no pelear con él, pero la forjadora era tozuda. Su amiga sacudió la cabeza sin comprenderlo y chasqueó la lengua.

—Espero que ninguno de los dos tenga que lamentarlo. ¡Está claro que yo jamás dejaría que se llevaran de este modo a mi Jean!

Baudouin llegó a la herrería acompañado de un joven caballero y dos escuderos antes aun de que despuntara el alba. Ellen se despidió de Jean, de Rose y de los niños.

Isaac era el único al que no se veía por ninguna parte.

—Sé que llevaréis la herrería como si yo estuviera aquí —dijo Ellen con emoción en la voz.

—¡Válgame Dios, pero si parece que no hubieras de regresar nunca! En verano, a más tardar, volverás a estar con nosotros. —Jean la estrechó contra sí. Habían pasado tantos años juntos que, naturalmente, se preocupaba por ella—. ¡Isaac y tú estáis hechos el uno para el otro! —le susurró al oído—. Ve a despedirte de él.

Ellen cerró los ojos con fuerza.

—¡No está aquí, ya lo ves! Y solo porque me tiene envidia.

Entonces Jean la agarró de los hombros y la miró fijamente a los ojos.

—¿De dónde has sacado eso? Bien sabes lo feliz que es contigo y con su trabajo. Creo que teme mucho más que vuelvas a rendirte a los encantos de Guillaume. ¡Si pudieras verte cuando el Mariscal anda cerca! —La voz de Jean denotaba reproche.

Ellen sintió una punzada en el corazón. ¿No se habría conformado tan prontamente con su partida porque esperaba volver a ver a Guillaume?

—Siento interrumpir —terció Baudouin—, ¡pero debemos partir ya!

Ellen ahuyentó las imágenes de Isaac y de Guillaume.

—¡Ya voy! —contestó con una sonrisa forzada, y dejó que Jean la ayudara a montar en el caballo.

La noche había sido gélida. Árboles, matas y hierba estaban cubiertos por una capa de hielo, y el aliento de hombres y animales se alzaba en húmedos y neblinosos vapores. Todo era triste y gris. Incluso el sol colgaba en el cielo plomizo como un disco de plata empañada.

«Muerto, todo parece muerto», pensó Ellen, y maldijo al joven rey por haberla hecho llamar. De sus labios no salió una sola palabra en toda la mañana; también Baudouin permaneció de lo más callado.

Solo al comienzo de la tarde, cuando hicieron un pequeño alto, le explicó el muchacho, casi como de pasada, que Guillaume había abandonado la corte real.

Ellen lo miró entonces con sorpresa y reparó en que Baudouin evitaba su mirada.

—Un hombre con tanto éxito en torneos y tan cercano al joven rey es objeto de muchas envidias. —Baudouin suspiró—. Reconozco que Guillaume puede ser bastante fanfarrón, pero es y sigue siendo el amigo y caballero del joven rey más fiel que conozco. —Se volvió hacia uno de los escuderos—. ¿Tardarás mucho más con los caballos? ¡Tengo un hambre de oso!

El muchacho asintió con premura y se apresuró más aún. Ellen se lo quedó mirando y se preguntó si Baudouin no habría esperado a propósito a después de la partida para explicarle que Guillaume no estaría junto al joven Enrique cuando llegaran allí.

—Sus enemigos no han escatimado esfuerzos. ¡Llegaron a afirmar incluso que el Mariscal tenía un romance con la reina! —Baudouin asintió satisfecho cuando el escudero le acercó el odre del vino, y se lo ofreció también a Ellen—. Claro está que no había nada de cierto en el asunto —se apresuró a asegurar.

Ellen bebió un trago y empezó a toser sin remedio. El vino era fuerte y ardía en el coleto. Habría preferido muchísimo más un poco de sidra o de cerveza floja.

—Creo que tras esos embustes se esconden un par de hombres de los de más confianza del joven rey. Thomas de Coulonces, con toda probabilidad, y creo que también Thibault de Tournai, a pesar de que este se esfuerza horrores por permanecer en la sombra.

—¿Thibault? —Ellen se estremeció. Su voz sonó asombrosamente metálica y hueca.

Baudouin la miró con espanto.

—Aún pescaréis un enfriamiento de muerte con este clima. —Se apresuró a echarle una manta sobre los hombros—. ¿Conocéis a Thibault de Tournai?

Ellen asintió apenas.

—¡Ah, cómo no, seguro que de Tancarville! —Baudouin creyó comprender y siguió desarrollando sus ideas—. Corre el rumor de que no fue ni mucho menos el joven rey quien os hizo el encargo de la espada que confeccionasteis.

Baudouin hizo una pausa y la miró como si esperara una constatación.

—¿Cómo se os ha ocurrido semejante disparate? —preguntó ella, decepcionándolo.

—Al recibir la espada, el rey se puso contento como un niño cuando le dan un regalo. ¡Lo cierto es que no parecía estar esperándolo! —explicó Baudouin.

—Pero tuvo que ser Guillaume… —A Ellen le palpitaba el corazón con fuerza.

—¡No, Guillaume tampoco sabía nada! ¡Por eso mismo! También él se preguntó quién habría encargado la espada. A fin de cuentas, él era el responsable de las finanzas del joven rey. ¡La falta de semejante cantidad no le habría pasado por alto! Además, las arcas de Enrique siguen estando tan vacías como siempre. —Baudouin reflexionó un instante—. Ahí hay algo que me da mala espina. Una espada que nadie dice haber encargado, pero que fue pagada, y luego esas intrigas contra Guillaume. —Movió la cabeza con gravedad—. Con ello no solo el Mariscal salió perjudicado, también, y sobre todo, el joven rey. Ha perdido a su consejero más prudente y experimentado, y precisamente ahora que vuelve a haber disputas entre sus hermanos, su padre y él. ¡El hedor llega hasta los cielos y apesta a traición!

Ellen puso unos ojos como platos y lo miró horrorizada.

—¡Debo saber sin falta quién fue el que os encargó la espada! —la apremió Baudouin.

—No dijo su nombre… Tampoco yo se lo pregunté. Llevaba los colores y el blasón del rey. Con eso me bastó. —Ellen se sentía como una necia.

—¿Eso es todo? —preguntó el joven, decepcionado.

—El caballero me dio piedras preciosas y oro, y un par de instrucciones. —Ellen se encogió de hombros, como si lo sintiera.

—¿Instrucciones?

—No debíamos hablarle a nadie del encargo y no debíamos entregar la espada a nadie que no fuera él mismo.

—¿No teníais que llevársela al rey? —preguntó Baudouin, para asegurarse.

Ellen negó con la cabeza, avergonzada.

—Al saber que el rey estaba acampado en las inmediaciones de

St. Edmundsbury, me pasé por alto esa instrucción. Quería verle los ojos cuando sostuviera la espada por primera vez entre las manos —explicó a media voz.

Contra lo esperado, a Baudouin se le iluminó el semblante.

—Al principio creí que alguien había querido comprar el favor de Enrique con la espada, y no dejé de preguntarme quién podría haber sido. ¡Pero ahora más bien parece que el estafador fue estafado!

Ellen lo miraba, perpleja.

—Bueno, según decís, ¡parece que esa espada no estaba destinada al joven rey!

—¡Pero si el emisario dijo…! ¿Y las piedras preciosas y el oro? —Ellen expresó su disgusto casi a gritos de lo desconcertada y lo herida que se sentía.

Por lo visto no había sido Guillaume quien la había recomendado, ¿y de pronto resultaba que la espada ni siquiera habría tenido que ser para el rey?

—¡Si le encontrara el sentido! —Baudouin intentaba encajar todas las piezas—. Thomas de Coulonces y Thibault nunca se han podido ver, pero desde hace algún tiempo son inseparables. Estoy convencido de que también Adam d'Yquebœuf está detrás de todo esto. Era el que más envidiaba la posición de Guillaume.

Un fogonazo estalló en la cabeza de Ellen.

—¿Cómo habéis dicho que se llama? —preguntó, completamente lúcida de pronto.

—¿Quién? ¿Adam? ¡Adam d'Yquebœuf! ¿Por qué? ¿Acaso también lo conocéis de Tancarville?

Ellen sacudió la cabeza.

—No, no me acuerdo de él. Pero Rose… La pobre estuvo muy aturdida después de que el caballero viniese a encargar la espada. «Yquebœuf», murmuró cuando le pregunté por qué estaba tan pálida. Entonces no saqué nada en claro, pero al oír ahora el nombre en boca vuestra he comprendido a qué se refería. Seguramente había temido que pudiera reconocerla y delatarla a Thibault.

—Esto se complica más por momentos. ¿Os referís a Thibault de Tournai? ¿Qué tiene él que ver con Rose?

—Durante años fue su querida, pero huyó de él.

Baudouin movió la cabeza con incredulidad.

—Una vez me salvasteis la vida, tenéis un hijo de Guillaume y vuestra cuñada fue la amante de Thibault —enumeró con perplejidad.

—No es mi cuñada, solo una buena amiga —corrigió Ellen.

—Bien, es lo mismo, de todas formas es de lo más inaudito. ¿Hay acaso alguna implicación más que yo deba conocer? —La miró con expectación.

Ellen vaciló y evitó su mirada.

—Ya veo que aún hay más... —Baudouin suspiró sin insistir en recibir más explicaciones.

Limoges, marzo de 1183

Enrique, el joven rey, tenía desavenencias con su hermano Ricardo Corazón de León. Como de costumbre, se trataba de tierras, vasallajes y vanidades. El viejo rey había requerido de Enrique que le cediese a Ricardo el ducado de Aquitania. Con todo, Enrique estaba furioso con Ricardo porque este había ocupado y fortificado poco antes el castillo de Claraval pese a que desde tiempos inmemoriales había pertenecido a los condes de Anjou. Desde ese momento, Enrique había reforzado sus relaciones con los barones aquitanos y les había dado su palabra de permanecer junto a ellos. Para no encolerizar a su padre, no obstante, prometió hacer lo que el rey dispusiera, aunque a condición de que Ricardo le hiciera el juramento de fidelidad que le debía. Este, empero, seguía negándose con firmeza a reconocer como señor a su propio hermano.

Decía que, puesto que ambos tenían la misma sangre, ninguno de ellos podía imponerse al otro. De hecho, le parecía justo que Enrique, como mayor que era, heredara algún día el legado de su padre, pero en lo concerniente a las propiedades de su madre, Ricardo exigía que se trataran como una herencia con los mismos derechos para todos. No obstante, puesto que la reina Leonor no solo había aportado Aquitania a su unión matrimonial, el viejo rey había montado en cólera con ello. Amenazaba a Ricardo con que su hermano lanzaría a todo un ejército contra él para aplacar su orgullo y su ambición. A su otro hijo, Godofredo, que era duque de Bretaña, lo impelió a posicionarse del lado de su hermano y señor feudal, Enrique. Del joven rey dependía también, sin embargo, el bienestar de Poitou, que desde hacía un tiempo estaba sometido a Ricardo y era objeto de saqueos, y cuyos barones le habían implorado ayuda.

Con todo, el joven Enrique todavía no estaba preparado para tomar él solo las decisiones correctas. Necesitaba al Mariscal; en él podía confiar plenamente. Adam d'Yquebœuf y los demás hombres de su séquito no podían ocupar el lugar de Guillaume, pues carecían de experiencia para ello. Era esa especial combinación de impetuosidad y coraje, ambición, seguridad y fiabilidad lo que hacía que Guillaume le resultara tan irreemplazable… y también lo que le había granjeado tantas envidias.

Thibault estaba sentado en su cámara, mirando al fuego. En el castillo de Limoges hacía un frío espantoso, pero él apenas lo notaba. Se había propuesto quitar a Guillaume de en medio de una vez por todas y ya estaba muy cerca de su fin. En esos momentos aguardaba a Adam d'Yquebœuf. Desde que el Mariscal se marchara, Adam había ganado influencia, de modo que Thibault había cumplido con su parte del trato. Solo Adam había fallado, pues la espada con que se engalanaba el joven Enrique todavía no había llegado a sus manos. Dio un enojado puñetazo al brazo de la pesada silla de roble en la que estaba sentado. De repente llamaron y Adam d'Yquebœuf entró en la sala, raudo y furtivo.

—El viejo rey ya no está en sus cabales. ¡Está haciendo de nuevo todo lo contrario de lo que pretendía en un principio! Y eso que fue idea suya intentar que Ricardo recuperara la sensatez —exclamó Adam, indignado, y se dejó caer en la segunda butaca—. ¿En qué lugar nos deja eso? Sin Guillaume, Enrique no podrá acometer ninguna acción contra su padre. —Arrojó con enojo un escupitajo a la escupidera de latón que tenía a un lado—. ¡Apelaré a la conciencia de Enrique para que se reconcilie con su padre!

—Espero que logréis convencerlo. A vos es a quien más escucha ahora. ¡No olvidéis que, si pierde, no volverá a dar un paso sin Guillaume! —advirtió Thibault.

Adam d'Yqueboeuf rezongó de mala gana.

—¡Ya lo sé, y eso no redundaría en mi beneficio! —exclamó, nervioso; luego se levantó súbitamente y salió.

Thibault asintió con satisfacción y permaneció sentado un rato más.

—El muy majadero no imagina siquiera lo que sucede en realidad —murmuró con diversión.

Él mismo se encargaría personalmente de que el viejo rey no quedara desilusionado. Si bien Enrique II le había puesto a su hijo mayor la corona real sobre la cabeza hacía años, seguía esperando, como siempre, obediencia por parte de sus retoños. Estos, por el contrario, no querían someterse ya más a su voluntad y luchaban por cosechar su propio poder. El viejo rey debía poner todos sus medios para impedir una segunda rebelión de sus hijos, y por esa razón confiaba ahora en la lealtad de los hombres a quienes hacía tantísimos años había hecho entrar en la corte de su hijo mayor. Ahora que el Mariscal había desaparecido, estos debían hacer valer su influencia sobre el joven Enrique para volver a meterlo en vereda.

Thibault torció el semblante con una mueca maliciosa. A veces era mejor no estar en primera línea, ¡sino tirar de los hilos desde la sombra!

Puesto que el joven Enrique no había obedecido por completo a su padre, este, poco después de que su hijo mayor emprendiera camino hacia Limoges, había partido con una pequeña guarnición y le iba pisando los talones. No obstante, aun antes de alcanzar las puertas de la ciudad, tanto sus acompañantes como él recibieron una lluvia de flechas. El viejo rey cayó herido y se retiró para acampar en las inmediaciones.

Thomas de Coulonces aconsejó al joven Enrique que fuera a rendirle una visita. Debía pedirle perdón a su padre por el ataque y asegurarle que los ciudadanos de Limoges no habían reconocido a su rey.

Godofredo quedó decepcionado al ver que su hermano pretendía darse por vencido ante su padre, pero Thomas de Coulonces advirtió al joven Enrique que no se pusiera a Ricardo y a su padre en contra al mismo tiempo.

El joven rey, por tanto, fue a ver a Enrique II, pero la entrevista transcurrió de forma poco satisfactoria. En cuanto a la disputa con Ricardo, padre e hijo no lograron llegar a ningún acuerdo, de modo que el joven Enrique volvió a retirarse al castillo de Limoges y reunió de nuevo a sus consejeros en torno a sí. Se desencadenó entonces un tenso debate sobre cómo había que obrar a continuación y de dónde se podrían obtener los medios financieros necesarios. El joven rey les pidió que fueran hablando de uno en uno en presencia de todos.

—¡Yquebœuf, empezad vos! —exhortó Enrique, y le dirigió un amistoso gesto con la cabeza.

Para Adam d'Yquebœuf era, a todas luces, un gran honor ser el primero en ser preguntado. Tosió brevemente, se irguió y se acercó un par de pasos a su joven señor.

—Mi rey, con vuestro permiso, hay que mostrarle a Ricardo lo que sucederá si se niega a reconoceros. Con todo, ahora no es el momento adecuado para que surja una disputa también con vuestro padre. Si cedéis, el rey sabrá apreciarlo.

—Adam, sabéis bien que os tengo en alta estima, ¡pero en modo alguno puedo secundaros! Si Enrique se somete, Ricardo habrá ganado. Tan solo ha osado sublevarse porque contaba con la veleidad de su padre —le aleccionó Thibault, y se dirigió después directamente al joven Enrique—: Milord, no debéis caer en el desprestigio. Si no, no solo vuestros hermanos harán con vos lo que deseen. Le habéis prometido la libertad a Poitou bajo vuestra soberanía única. Dejadlos hoy en la estacada y jamás podréis volver a contar con el apoyo de los poitevinos.

Un murmullo de aquiescencia recorrió la sala, solo Godofredo, que también era hermano del joven rey y se había sentido atacado por la intervención de Thibault, le lanzó una mirada amenazante.

—Thibault de Tournai lleva razón, mi rey. Deberíais recorrer hasta el final el camino enfilado. Sin embargo, para poder ganar la guerra debéis ir de nuevo en busca del Mariscal —opinó un caballero algo mayor.

—¿Abogáis por ordenar que Guillaume regrese a la corte? ¿Precisamente vos? —preguntó el joven rey con asombro—. ¡Guillaume jamás os perdonó la muerte de su tío! —Enrique alzó las cejas con incredulidad.

—Lo sé, majestad. A los lusignanos, Guillaume nos odia; pero a vos os quiere, igual que yo. No podéis prescindir de su asesoramiento militar. Nadie sabe guiar a los soldados con más tino ni tiene más autoridad sobre ellos que él. Lo aman, es su modelo. Solo él puede conduciros a la victoria.

El joven Enrique asintió con altivez y se volvió hacia Baudouin:

—¡Béthune! Que a vos os alegraría el regreso del Mariscal lo sabemos a buen seguro todos los presentes, pero ¿cómo juzgáis la guerra contra mi padre?

—¡Mi rey! —Baudouin hizo una honda reverencia—. Mentiría si afirmara no estar a favor del regreso del Mariscal. Sin embargo, no es mi apego hacia él lo que cuenta aquí, sino el hecho de que es irreemplazable como asesor vuestro. Es a él a quien deberíais poder plantearle vuestras preguntas. Así, todo sería mucho más sencillo. —Baudouin se inclinó de nuevo.

El joven Enrique frunció el ceño. Baudouin había eludido con destreza responder a la pregunta. Miró para el otro lado:

—¿Coulonces?

Thomas de Coulonces miró a Adam d'Yqueboeuf y después de nuevo a su señor.

—Debo ponerme del lado de Yqueboeuf, mi rey. Contáis con los mismos medios que vuestro padre. Es un gran riesgo. Tampoco el Mariscal es más que un hombre, y no es garantía de victoria. De una forma o de otra, algún día seréis el único soberano. No le veo sentido alguno a encolerizar a vuestro padre más de lo necesario. Creo que Ricardo ya os ha desafiado en más de una ocasión porque sabía bien que así sembraría la discordia. ¡No deberíais concederle esa victoria a vuestro hermano! ¡Ceded!

El joven rey seguía arrugando la frente.

—Dejadme ahora solo; debo reflexionar sobre nuestro próximo proceder.

—Mi rey, en caso de que queráis hacer llamar a Guillaume, yo sé dónde se encuentra —dijo Baudouin en voz baja antes de retirarse.

El joven rey asintió con condescendencia.

—¡Godofredo, hermano mío, aguarda! —exclamó cuando vio que el duque de Bretaña pretendía marchar también.

—¡El Mariscal, siempre el Mariscal! —rezongó disgustado Adam d'Yqueboeuf cuando hubieron salido de la sala.

Thibault asintió con total acuerdo.

—No comprendo por qué le habéis aconsejado la guerra al joven Enrique. —Adam sacudió la cabeza—. ¡Perderá: sus soldados, sin su adorado Guillaume, no tienen el coraje necesario!

Thibault no replicó nada y lo dejó allí plantado. Naturalmente, Yqueboeuf tenía razón, pero él ya había conseguido lo que quería: poner al joven Enrique en una situación a todas luces más complicada...

En la herrería real dejaron todo el proceso de la fabricación de espadas en manos de Ellen. Los herreros no estaban precisamente entusiasmados con tener que obedecer a una mujer, aun cuando la fama de esta estuviera en boca de todos. La posición de Ellenweore no era sencilla, y sentía pocas ganas de volver a ganarse el respeto de los hombres. Siempre que estaba al yunque, olvidaba sus inquietudes, pero por la noche, cuando tenía tiempo para pensar, añoraba las suaves colinas de Inglaterra y las caricias de Isaac. No comprendía por qué razón la habían llevado hasta Limoges, pues los forjadores de espadas del lugar realizaban trabajos en condiciones, y para los soldados de a pie tampoco se necesitaban espadas como *Athanor*. A Ellen no dejaba de inquietarle la idea de que detrás de todo aquello se escondía alguna otra cosa. Le habría gustado preguntarle a Baudouin, pero hacía ya un tiempo que no se dejaba ver por allí. Ellen sentía que la había dejado en la estacada, se sentía indeciblemente sola.

Un día encapotado, durante la cuaresma, corrió hacia el taller. Esa noche apenas había logrado dormir y se había despertado muy tarde. Llevaba prisa y estaba un poco malhumorada. De pronto alguien se interpuso en su camino.

—¡No puedes escapar de mí, ruiseñor mío! ¡Nuestros caminos no dejan de entrelazarse! ¡Es tu destino! —murmuró Thibault.

Ellen se detuvo, estremecida. Una contracción en su vientre hizo que se llevara una rauda mano a proteger su cuerpo, ya redondeado. Sabía de la presencia de Thibault en Limoges, pero había intentado contener el terror impreciso a encontrárselo algún día. Aun así, fue toda una conmoción verlo de pronto ante ella con una amplia sonrisa.

—Has madurado, pero sigues siendo hermosa —dijo Thibault con voz ronca, y la arrastró tras un cobertizo de madera.

A causa de la holgura de sus ropas parecía no haberse percatado de su embarazo.

Ellen miró en derredor buscando ayuda, pero ninguno de los hombres que se apresuraban por allí les prestaba atención.

—¡Qué mala suerte que tu queridísimo Guillaume no esté! —Los ojos de Thibault se empequeñecieron—. El pobrecillo ya no es tan bien recibido como siempre —añadió con sorna—. Reconozco que no soy del todo inocente al respecto. —La miró con ojos fulgurantes—. ¡Jamás pude soportarlo! Y cuando el joven Enrique haya perdido la guerra contra su padre, Guillaume no regresará jamás a la corte. El viejo rey no lo tiene en estima.

—¡Enrique no perderá! —contravino Ellen, y dio un paso adelante.

—¡Sí, por supuesto que perderá! —Thibault volvió a empujarla hacia atrás—. De eso ya me encargaré yo, créeme. ¡Y el viejo rey se mostrará muy agradecido! —Soltó una carcajada—. Guillaume tiene bastantes enemigos aquí. Fue muy sencillo hacerlo caer en el descrédito. Demasiados hombres deseaban sacar tajada de su desaparición. Adam cree incluso que un día podrá ocupar su lugar, y cree también que yo le seré de ayuda. ¡Sin embargo, ese majadero se dejó ganar por ti!

Al oír el nombre de Adam, Ellen se sintió arder. ¿Habría sido Thibault quien le había encargado la espada a través de este?

—¡Estoy más que impresionada! —dijo ella, desdeñosa, para ganar tiempo.

—¡Pues deberías, sin duda! Tendrías que tomarme en serio de una vez por todas y empezar a temerme. Pero eres igual de obstinada que Guillaume, e igual de vanidosa, ¿o acaso no fue esa la razón por la que tuviste que llevársela en persona al rey, para que todo el mundo viera que la habías forjado tú? ¿No es cierto? ¡A mí me costó una maldita fortuna!

—Tú encargaste la espada —murmuró Ellen.

—¡Por supuesto! Sabía que jamás forjarías una para mí. Por el contrario, estaba seguro de que para el rey te esforzarías sobremanera. Y ahora veo al joven Enrique todos los días con su espada, que en realidad es mía, y ardo de ira. ¡Pero la recuperaré, ya lo creo que sí! —Thibault plantó una mano contra la pared del cobertizo de madera.

Ellen estaba acorralada. El corazón le latía apresuradamente. «Debo mantener la calma», se advirtió.

Cuanto más se acercaba Thibault, más sudaba ella.

—¡Baudouin! —exclamó de pronto, aliviada.

Thibault se volvió con curiosidad y ella aprovechó la oportunidad para escabullirse bajo su brazo y correr hacia el joven. En contra de lo que dictaba la usanza, lo cogió del brazo y se lo llevó de allí.

—Estáis pálida, ¿qué ha sucedido? —quiso saber Baudouin.

Ellen miró en derredor. Thibault había desaparecido.

—Debo hablar sin falta con vos. Thibault… —comenzó a decir sin saber muy bien cómo hacer comprender a Baudouin.

—¿Qué sucede con él?

—Ha dicho que se encargaría de que el joven rey pierda contra su padre.

—¿De modo que es cierto que Thibault es uno de los traidores? —siseó el joven—. Pero ¿cómo? ¿Sabéis qué tiene planeado… y por qué?

—Quiere quitar de en medio a Guillaume para siempre. Creo que de eso se trata.

—¿Hace todo esto por Guillaume? —Baudouin miró a Ellen sin dar crédito—. Cierto es que no son precisamente amigos íntimos, pero ¿por qué iba a traicionar Thibault al joven rey por él?

Estaba claro que el joven Baudouin tenía grandes dudas al respecto.

—Bueno, pues, en realidad es por mí —repuso Ellen, misteriosa, y miró a un lado con azoro.

—¿Primero es culpa de Guillaume y ahora vuestra? —El joven la miró con diversión.

No cabía duda de que Ellen irradiaba algo muy particular, pero había muchas otras mujeres hermosas. Además, ya estaba en la treintena, de modo que no era precisamente joven. Thibault podía tener a todas las mujeres que quisiera, y lo había demostrado en numerosas ocasiones.

—Viene sucediendo desde la época de Tancarville. Thibault está obsesionado con la idea de que le pertenezco. —Ellen miró a Baudouin con apremio—. No se amilanó para hacer sacrificar como a un perro al orfebre con quien me iba a casar. Piensa que me ama, pero en realidad me odia. ¡Fue él quien me envió a Yquebœuf para encargarme la espada!

—¿Estáis segura? —Baudouin frunció el ceño.

—¡Él mismo me lo ha dicho!

—¿Y las intrigas contra Guillaume?

—Lo odia. La caída de Guillaume le reporta varios beneficios: influencia, poder y, sobre todo, venganza.

—¡Tal vez Thibault le haya demostrado así también al viejo rey su fidelidad! —dijo Baudouin, desarrollando más la idea—. Pese a todo, no lo comprendo. En algún momento el joven Enrique sucederá a su padre.

—¿Y si el traidor no sale a la luz y Thibault se hace insustituible? Estoy segura de que no le asusta matar a más personas e intrigar cuanto haga falta para permanecer libre de toda sospecha. Vos mismo deberíais andaros con cuidado. Aquí todos saben lo cercano que os sentís a Guillaume. ¿No dijisteis que de vez en cuando le lleváis nuevas? —preguntó Ellen, dándole qué pensar.

—¡Que se atreva a lanzar acusaciones contra mí! —gruñó Baudouin.

—No creo que lo hiciera directamente, es demasiado taimado. Pero quiere conseguir a *Runedur* a toda costa.

—¡Pero eso es una locura! —Baudouin la miró, atónito.

Ellen asintió.

—¡Thibault está loco!

—¡Ese personaje quiere provocarle agravios al rey por una mujer y una espada! —Baudouin se tiró de los pelos—. Que Adam d'Yqueboeuf y Thomas de Coulonces quisieran deshacerse de Guillaume puedo imaginarlo vivamente, pero jamás osarían pactar con el viejo rey. Le son leales a su hijo, ambos se han manifestado en contra de la guerra. ¿Quién sabe si no intuirán también lo que pretende Thibault? ¡Por Dios todopoderoso, si Guillaume estuviera aquí! Siempre sabe lo que hay que hacer. —Suspiró con pesadez.

—¡Debéis declarar a Thibault culpable de la traición y traer a Guillaume de vuelta!

Ellen evitó mirar a Baudouin a los ojos.

Durante días no ocurrió nada. Ellen no volvió a toparse con Baudouin ni con Thibault, y casi parecía como si lo hubiera imaginado todo. Casi todos los días pasaba unos minutos en el establo en el que guardaban a Loki y mimaba al caballo con un buen puñado de hierba o un manojo de alfalfa. «Pronto llegará el verano», pensó, transida de añoranza, y apretó la cabeza contra el cuello del animal. Cerró los ojos y pensó en St. Edmundsbury. Echaba en falta la familiaridad de su propio taller y a sus amigos. El niño ya le daba patadas a menudo, y trabajar de pie y con el estruendo de la herrería cada vez le resultaba más pesado. Isaac habría insistido en que descansara cada vez más a menudo. ¡Lo añoraba! Ellen sintió que las lágrimas le afloraban a los ojos. Acarició con cariño los suaves ollares del animal y ahuyentó los recuerdos de su hogar. Cogió la almohaza y peinó con ella los flancos de Loki.

La puerta del establo se abrió de improviso y un hombre se coló dentro. Loki soltó un breve bufido al percibir al extraño y el hombre se volvió, angustiado.

Ellen intuyó que su presencia no agradaría al recién llegado y decidió permanecer en silencio. Se agazapó en el rincón más oculto de la cuadra de Loki, contra los tablones de madera.

El hombre comenzó a ensillar uno de los caballos. ¿Por qué no se daba más prisa? Un pavor inexplicable hizo presa de Ellen. Cerró los ojos y rezó. La puerta de madera volvió a chirriar y entró un segundo hombre.

—¡Aquí estoy, sire! —oyó que decía uno de ellos.

—Bien, Armand, llévale esta misiva al rey. ¡No dejes que te echen con cajas destempladas y entrégasela únicamente a Enrique en persona!

Ellen se quedó de piedra. La voz de Thibault siempre le provocaba escalofríos en la espalda.

—Será difícil salir de Limoges —protestó el hombre al que Thibault había llamado Armand.

—Debes salir de la ciudad por la puerta occidental. Ve justo antes de que anochezca, nada más se releve la guardia. Dirígete al centinela del costado derecho. Te dejará pasar, le he pagado bien por ello.

—¿Y mi dinero, qué? —preguntó el hombre.

—¡Aquí, como siempre! Y date prisa, pronto habrá más quehaceres esperándote. —La voz de Thibault sonó autoritaria, pese a estar susurrando.

—Sí, sire, rápido y cumplidor. ¡Como estáis acostumbrado a que sea Armand!

No eran las palabras de un hombre desesperado que por necesidad lleva mensajes secretos. Su voz untuosa denotaba codicia y maldad.

De pronto, Loki bufó.

—Un animal extraordinario —oyó Ellen que decía la voz de Thibault, muy pegada a ella.

Cerró los ojos de nuevo y rezó. «Por favor, Señor, no dejes que me vea.» Si la descubría en ese momento, estaba perdida. Apenas si se atrevía a respirar.

Thibault alargó una mano y acarició los ollares del caballo.

—Un animal bello y excepcional, ¿sabes a quién pertenece?

—Ni la menor idea —respondió Armand, y escupió al suelo.

—Qué más da. En cuanto hayas entregado esa misiva, vuelve, ¿entendido? —Thibault dio media vuelta y se marchó.

—Desde luego, sire.

Armand parecía más relajado que al principio de la entrevista, seguramente porque ya había conseguido su dinero.

Cuando Thibault hubo desaparecido, ensilló su caballo silbando a media voz y lo sacó del establo tirando de las riendas.

Ellen permaneció inmóvil un rato más, pero no podía vacilar mucho tiempo. Era la oportunidad de desenmascarar al fin a Thibault; debía informar a Baudouin cuanto antes de lo que había oído. Se acercó furtivamente a la puerta del establo y la abrió con cautela. No se veía a Thibault ni a su mensajero por ningún lado. Se esforzó por ofrecer un aspecto indiferente y, con naturalidad, salió del establo lo más deprisa que pudo. Poco antes de llegar al castillo, oyó pisadas tras de sí, como si alguien la siguiera. Apretó el paso, presa del pánico.

—¡Ellenweore, aguardad un momento! —La voz parecía divertida—. ¡Madre de Dios, sí que lleváis prisa!

Ellen respiró tranquila; ¡era Baudouin quien la seguía!

—Debéis detenerlo. ¡Iba a veros ahora mismo! —balbuceó, nerviosa.

—¿A quién debo detener? —Baudouin miró un momento en derredor.

—¡Al mensajero, en la puerta occidental! —insistió ella.

—Veamos, despacio y por partes.

Ellen le explicó cuanto había oído en el establo.

—No me esperéis. ¡Si os necesito, os haré llamar! —exclamó Baudouin, y echó a correr.

Ellen se sentó a la mesa de los aposentos de la servidumbre y esperó sin que sucediera nada.

Era ya tarde cuando un sirviente del rey entró al fin y le pidió que lo siguiera por los corredores. Pese a que Ellen no era culpable de nada, estaba tan nerviosa como si la estuvieran acusando. Entró por primera vez en la gran sala.

En una gigantesca chimenea crepitaba un fuego cálido, y las paredes estaban en parte decoradas con bellísimas escenas de caza pintadas y en parte recubiertas de pesados tapices. Grandes teas iluminaban la sala. Ellen se detuvo no muy lejos de la entrada, muda de asombro ante tanto esplendor. Por doquier había caballeros y donceles reunidos en pequeños corros.

Adam d'Yquebœuf y Thomas de Coulonces estaban junto a una media docena de caballeros, cuchicheando.

El duque Godofredo se había apostado cerca del trono de su hermano.

Baudouin y un puñado de caballeros más estaban ante el joven rey. Un par de pasos más allá se encontraba Thibault, cruzado de brazos, custodiado por otro caballero, y junto a él dos soldados que retenían al mensajero.

—Baudouin de Béthune, formulad ahora vuestra acusación —pidió entonces el joven rey y, con un majestuoso gesto de la mano, le indicó que se adelantara.

—¡Este hombre —Baudouin señaló a Armand— ha intentado sacar a escondidas de Limoges un mensaje para vuestro padre!

Un murmullo exaltado recorrió la sala.

Ellen quiso que se la tragara la tierra para que Thibault no la viera allí, pero él, por fortuna, estaba demasiado ocupado en sonreír con aire desdeñoso.

—Y ese mensaje —añadió Baudouin tras una pausa teatral—, ese mensaje fue escrito por Thibault de Tournai. ¡Informa a vuestro padre de cada uno de nuestros pasos!

Un fuerte rumor y exclamaciones de contrariedad de algunos caballeros pusieron de relieve el escándalo que representaba aquello.

—¿Qué podéis alegar en vuestra defensa? —preguntó el joven Enrique a Thibault con seria gravedad.

—No sé cómo ha llegado Béthune a la conclusión de que debo ser yo precisamente el acusado. ¡Bien sabéis que siempre he estado de vuestro lado! —Hizo una reverencia.

—¿Está el escrito firmado por él? —inquirió el joven rey.

Baudouin sacudió la cabeza.

—No, majestad.

—¿Ostenta su sello?

—¡Ningún sello, mi rey! —Baudouin se congestionó de ira al ver la maliciosa sonrisa de Thibault.

—¿De dónde habéis sacado, entonces, que fue Thibault quien escribió la carta?

—¡Armand ha confesado!

—¿Cuánto le habéis pagado por esa falsa acusación, Baudouin? ¡A los hombres como él bien puede comprárselos! ¿Acaso os ha encargado el Mariscal reducirme a la nada?

Baudouin dio media vuelta.

—Será mejor que guardéis silencio, Thibault. ¡Tengo otro testigo!

Ellen sintió que el pánico le revolvía el estómago.

Baudouin le hizo una seña para que se acercara. Le pesaban las piernas como el plomo, apenas querían hacerla avanzar.

—Explicadle al rey lo que me habéis relatado a mí, Ellenweore.

Ellen asintió con timidez y se adelantó aún más. Tras terminar su declaración, el joven rey se puso en pie con brío.

—¿De manera que verdaderamente habéis osado intrigar en mi contra?

—¡La herrera os ha sobornado! —exclamó Thibault, jugando su última baza. El murmullo de voces creció—. ¿O acaso no es cierto que jamás encargasteis la espada que con tanto orgullo lleváis al cinto, y que tampoco la pagasteis?

El joven rey, confuso, asió el puño de *Runedur.*

—Sois un estafador, milord, que se engalana con las joyas del prójimo. ¡Un ladrón! ¡Vuestro padre se avergonzaría de saberlo!

El joven rey se acercó lentamente a Thibault, pero este no se dejó amilanar, sino que siguió con su perorata:

—*Runedur* es mía. ¡Son mi oro y mis piedras preciosas las que os adornan! —Se golpeó el pecho con un puño—. ¡Esa espada es mía! —gritó, fuera de sí. Tenía el rostro demudado—. ¡Y ella! —Agarró a Ellen del brazo—. ¡Ella es mía también!

En un abrir y cerrar de ojos apretó a Ellen contra sí y le puso un puñal al cuello.

Los hombres que estaban a su lado se hicieron atrás con espanto.

El joven rey palideció como una sábana, iracundo. Despacio, casi con deleite, desenvainó a *Runedur* y se acercó a Thibault sin mirar siquiera a Ellen.

—¿De manera que consideráis que esta espada os pertenece? Bien. ¡Pues tenedla!

El joven Enrique clavó su mirada gélida en Thibault, se acercó hasta tenerlo al alcance e hincó la hoja hasta el puño en el pecho del traidor sin dedicar ni un momento de consideración a la integridad de Ellen.

Thibault la apretó contra sus hombros y dejó caer el puñal.

Ellen temblaba de pies a cabeza.

—Jamás tomaréis posesión del legado de vuestro padre... ¡Yo os maldigo! —gritó Thibault con sus últimas fuerzas, entre estertores, y se desplomó.

El joven Enrique tiró de la espada para sacarla del cuerpo del que una vez fuera su amigo y se volvió hacia sus caballeros.

—¡Guárdense mis enemigos y aquellos que me traicionen! —exclamó con furia, y extendió el brazo de la espada hacia lo alto, seguro de su triunfo.

La sangre goteaba de la hoja al pavimento de piedra.

Armand, el mensajero, fue apresado. Era culpable, y a nadie le interesaba saber qué destino le aguardaba.

El joven Enrique volvió a sentarse en su trono y dos soldados retiraron el cadáver ensangrentado de Thibault.

Los caballeros retomaron sus conversaciones y la gran sala recuperó la calma y la tranquilidad, como si nada hubiese acontecido. Solo el charco de sangre del suelo recordaba aún el espantoso suceso.

Ellen se había quedado allí petrificada; ya nadie le hacía el menor caso. El rey habría dado por supuesto que Thibault la había matado con sus últimas fuerzas y no le había dedicado ni el más nimio gesto una vez hubo pasado todo. Ellen estaba completamente abatida. Thibault había muerto, pero ella no sentía ni alegría ni satisfacción. Todo lo que sentía era ira. Sin pedir permiso a nadie, salió de la sala y se apresuró de vuelta a su hospedaje. Por el camino se le cruzó una rata gorda, y ella la quitó de en medio con una patada furibunda. Entonces se sintió algo mejor.

Al día siguiente, Baudouin quiso ir a buscarla al taller y la encontró ya frente a la puerta.

—¡Mañana partiré para ir en busca de Guillaume! El joven rey ha decidido hacer cuanto haga falta para resistir contra su padre. ¿Qué hay más lógico que conseguir de nuevo la ayuda de su mejor consejero? Ha trascendido que Yquebœuf y Coulonces participaron en la intriga contra Guillaume, pero creo que pueden contar con la benevolencia real. El joven Enrique necesita ahora a todos sus hombres —le explicó Baudouin, como si la noche anterior no hubiese sucedido nada fuera de lo común.

Ellen, por el contrario, no podía olvidarlo. Los dedos de Thibault le habían dejado unas dolorosas marcas azuladas, y la imagen del cadáver ensangrentado no cesaba de surgir en su recuerdo. Intentaba concentrarse en la voz de Baudouin, pero ni siquiera eso conseguía. El niño que llevaba en su seno le daba patadas y golpes.

De súbito sintió que el suelo se movía bajo sus pies. Parecía volverse inestable, como arenas movedizas, mientras que en sus oídos resonaba un río de montaña.

—¡Ellenweore! —exclamó Baudouin, espantado, y la sostuvo cuando cayó inconsciente.

Despertó en una cámara de dimensiones reducidas. El sol brillaba ya con fuerza, y estaba sola. En un primer momento creyó que la habían encarcelado, pero después recordó lo sucedido y se tocó la barriga con inquietud. Seguía tensa como antes. ¡No había perdido el niño! Al cabo de un rato que pasó en un duermevela, una joven criada entró con unas gachas de cereales para que se recuperara.

—¿Te encuentras mejor? —preguntó con timidez.

Ellen asintió, nada más, y se quedó mirando la escudilla. Baudouin habría partido ya, sin duda. ¿Cómo le iría a Guillaume? Baudouin le había explicado que, aun después de tantísimos años en la corte, seguía negándose a aprender a leer y escribir, y por eso seguía necesitando que alguien le leyera las misivas y escribiera por él sus respuestas. «Qué fácil debe de ser embaucarlo», pensó Ellen con repulsa al recordar lo que acababa de suceder. Respetaba la obstinación que lo ayudaba a uno a acercarse a sus objetivos, pues a fin de cuentas a ella misma le había valido ciertos logros. Sin embargo, cuando la contumacia se interponía en el camino de una persona, no era más que lamentable, a su parecer. Se volvió hacia la pared con enfado y volvió a cerrar los ojos. El niño le daba fuertes patadas, pero todavía le quedaban al menos dos meses para el parto. Ellen pensó en William, que había venido al mundo en el canal de la Mancha. ¿Dónde acabaría naciendo esa nueva criatura? Sus pensamientos se dirigieron una vez más hacia Guillaume. Qué emocionante había sido la época de los torneos, y también la pasión que los uniera una vez. Aunque todo aquello quedaba ya muy lejos.

Limoges, finales de abril de 1183

A primera hora de la mañana, el sol iluminó el cielo de un azul resplandeciente, pero unas nubes grises no tardaron en encapotarlo. Desde las campanadas de mediodía chispeaba, y el sol intentaba abrirse paso aquí y allá. El colorido arco iris que se cernió sobre Limoges dio la bienvenida a Guillaume cuando cruzó la puerta acompañado de Baudouin y otros hombres. Los soldados jaleaban con entusiasmo, le daban la bienvenida a gritos y cuchicheaban que aquel juego de colores del cielo no podía ser sino una señal enviada por Dios.

A Ellen casi se le salió el corazón del pecho al recordar que Guillaume regresaba. Sin embargo, este no se dejó ver por la herrería.

El joven Enrique lo retuvo todo el día a su lado y estuvo departiendo con él hasta bien entrada la noche.

No fue hasta la tarde del día siguiente cuando Guillaume apareció en el taller. Allá por donde pasaba, la gente lo saludaba. Hombres y mujeres por igual lo vitoreaban con entusiasmo y lo ensalzaban como a un héroe. Guillaume correspondía a su dicha con altivez. Cuando hizo su entrada en el taller, los herreros se descubrieron la cabeza y se alinearon, erguidos como soldaditos de madera. Incluso a Ellen se le escapó una sonrisa de emoción.

Guillaume se acercó, la asió del brazo y la llevó fuera para poder hablar con ella sin interrupciones.

—Mi reputación ha quedado restablecida, el rey me necesita —dijo, triunfante—. Desde el principio supe que Baudouin necesitaría de tu ayuda para poder destapar la intriga que había en mi contra.

—¿A qué te refieres? —preguntó Ellen con reservas, y dio un paso atrás.

Contempló su semblante distinguido, curtido por el sol y el viento. Desilusionada, pensó que, pese a que todos y cada uno de sus rasgos le eran familiares, le parecía un desconocido.

—Después de que le llevaras la espada a Enrique, Thibault parecía otro. Yo sabía que el joven rey no había encargado ni había podido pagar a *Runedur*. ¡Hace tiempo que sus arcas están vacías! Poco después, cuando empezaron a difundirse cada vez más embustes sobre mi persona, comprendí con claridad que Thibault debía de estar detrás de todo aquello, pero no tenía forma de demostrarlo. Todo cuanto hacía, él sabía volverlo en mi contra. ¡De alguna forma tenía que sacarlo de su madriguera! Estaba seguro de que tú podrías hacerle abandonar su agujero y, por lo que se ve, tenía razón. Ante nadie más se habría delatado de la forma en que lo hizo jactándose ante ti. Que, además de eso, lo descubrieras con las manos en la masa fue un dichoso giro de la providencia, al menos para mí.

«Baudouin le ha relatado lo acontecido con todo detalle», pensó Ellen, asombrosamente indiferente.

—Eres muy fuerte, Ellen.

En boca de él, su nombre casi sonó como Alan. Se preguntó si lo habría hecho adrede.

—Sabía que no te acobardarías ante él, jamás lo has hecho.

«Qué mal me juzga.» Sintió unas náuseas que sacudieron su cuerpo.

—Con tocino se cazan ratones. Para atrapar a Thibault, te necesitaba a ti. —Guillaume sacó pecho—. Mis corazonadas rara vez yerran, también Baudouin ha debido de darse cuenta. ¡Solo por parte de Lusignan había esperado algo más de resistencia! —Sonrió con confianza.

«¡Un cebo! ¡No he sido más que un cebo!», comprendió Ellen de súbito. Y comprenderlo fue peor que un puñetazo en el estómago, fue más espantoso de lo que había sido el miedo a Thibault.

—Quiero irme a casa —dijo, sin emoción alguna.

—Es comprensible. Me encargaré de que regreses a Inglaterra lo antes posible.

Le apretó los brazos sin muestra alguna de cariño y se alejó con paso orgulloso, sin despedirse.

¿Cómo había podido ese hombre tenerla fascinada durante tantos años? Había residido en su alma como un parásito, paladeando su pasión siempre que había querido, y de pronto se marchaba de nuevo sin disculparse siquiera a pesar de haberla puesto en grave peligro. Ni siquiera le había dado las gracias.

—Quiero irme a casa —susurró Ellen de nuevo.

El cielo estaba cubierto de una fina capa de nubes gris claro cuando Baudouin fue a verla dos días después para informarla sobre los preparativos que estaba disponiendo para su viaje.

—Quería acompañaros yo personalmente hasta Inglaterra, pero Guillaume me necesita aquí —dijo el joven con diligencia.

—Ah, ¿de veras? —Ellen lo miró con ojos refulgentes—. Y, cuando os necesita, vos estáis siempre a su disposición, ¿no es cierto? ¡Venderíais vuestra alma por él! —exclamó con amargura—. Traerme aquí fue idea de Guillaume, no del rey.

—Cuando empezó todo esto, no creí que de veras vos pudierais hacer algo por él. Seamos sinceros, jamás habéis vivido en una corte. Sois... ¡No sois más que una herrera! ¿Cómo habría podido yo imaginar que estabais tan implicada en este asunto?

—¿Implicada? —A Ellen casi se le atragantó la voz.

—Perdonad, no había sido mi intención decir eso. Me refería a que...

—¡Mejor guardad silencio! —lo atajó Ellen.

No le correspondía comportarse así, pero todo le era ya indiferente. A fin de cuentas, aquellos dos gallos le debían muchísimo.

—Pensad quién y qué sois, queridísima Ellen. Una herrera. La mejor que conozco, y mi salvadora, pero una herrera al fin y al cabo. ¡Me escucharéis e intentaréis comprender lo que os digo! Guillaume es uno de los hombres de mayor relevancia del país, seguramente el más importante después del rey y su familia. Y es mi amigo. Sí, si con ello pudiera salvarlo, le vendería mi alma al diablo. Sin embargo, a vos no os he hecho ninguna afrenta. ¡Sé muy bien lo que sentís por él!

—¡No sabéis nada de nada! —espetó Ellen con sequedad—. Mis sentimientos por Guillaume fueron nada más que una ilusión. Tengo un hijo suyo, pero su corazón siempre fue para la batalla y para la corona a la que sirve. No sabéis nada de mí ni de mis sentimientos. ¿Que no soy más que una herrera? ¡No soy solo eso! ¡También soy una bastarda, y Bérenger de Tournai es mi padre!

Baudouin la miró con asombro.

—Eso no lo sabía. Entonces, Thibault era…

—Mi hermanastro, sí señor. Y pese a eso me violó, y también de él quedé un día preñada. ¿Por qué os he ayudado? ¿Por amor a Guillaume o por lealtad al rey? —Ellen sacudió la cabeza con pesar—. Hace ya tiempo que no lo sé. Pero ya ha terminado, y me alegro de ello. Ahora solo quiero irme a casa, y al menos de eso deberíais encargaros.

—¡El mejor de mis hombres y media docena de soldados os acompañarán de inmediato a Inglaterra! —Baudouin la miró con cariño—. Si os he podido causar ofensa alguna, lo siento con sinceridad, Ellenweore. He actuado siempre con la mejor intención. —Hizo una reverencia y esbozó un beso en la callosa mano de Ellen—. Saludad a vuestro hijo de mi parte. En cuanto vuelva a poner pie en Inglaterra, me gustaría ir a visitarlo, si me lo permitís.

Ellen asintió con un suspiro. Para alguien de la plebe no había forma de entender a esos caballeros. ¿Acaso no lo había aprendido ya en Tancarville?

St. Edmundsbury, junio de 1183

Hacía un día maravilloso y soplaba una suave brisa cuando Ellen llegó al patio cabalgando sin escolta. Había insistido en despedirse de sus protectores normandos unas millas antes de llegar para poder disfrutar con total tranquilidad del paseo solitario y de ver aparecer la casa y el taller. Barbagrís fue el primero en verla. Levantó sus huesos cansados y se le acercó gimiendo de alegría.

Ellen se dejó caer del caballo con cierta dificultad. Llevaba más de un mes viajando y la redondez de su vientre había crecido en consonancia.

«Cuánto ha envejecido Barbagrís desde que lo encontramos entre los matorrales», pensó, emocionada, y acarició al perro tras las orejas para saludarlo. Después miró en derredor con atención e inspiró hondo. ¡Al fin! ¡Al fin estaba en casa!

Decidió ir primero a ver a Isaac a la herrería, y se disponía ya a cruzar el patio cuando Rose y Marie salieron de la casa. Le sorprendió ver lo mucho que había cambiado la hija mayor de Mildred, que en los cinco meses de su ausencia se había convertido en toda una mujercita. ¡Pronto tendrían que ocuparse de buscarle un buen marido! Marie iba hablándole a Rose sin parar, y no calló hasta que esta le dio un codazo.

—¡Ellenweore! —Se le iluminó el rostro de alegría—. ¡Isaac, William, Jean! ¡Ellenweore ha vuelto! —exclamó a voz en grito en dirección a la casa, y corrió hacia su amiga.

Ellen se preguntó por un momento por qué no estaban los hombres en el taller; todavía era de día y la hora de comer había pasado ya. Después sonrió. ¡Debía de ser domingo! El largo viaje le había hecho perder la noción del tiempo.

Rose corrió a sus brazos y la estrechó con cariño.

—¿Cómo es que vienes sola? ¿Nadie te ha acompañado? —Miró por todas partes con preocupación.

—Los he despedido en el viejo tilo. No quería tenerlos a mi lado al llegar a casa. ¡Ay, Rose, han acontecido tantísimas cosas!

—¿Thibault? —preguntó ella con temor.

Ellen asintió.

—Pero ya ha terminado, al fin.

—Entonces, ¿ya no debemos temerlo más? —La miró con duda.

Ellen negó con la cabeza para tranquilizarla.

—No, ha recibido su justo castigo: el joven rey lo envió al infierno con *Runedur* usando una sola mano.

Rose abrió los ojos con espanto, pero no dijo más.

Entretanto, también Isaac había salido de la casa. Se acercó a ella despacio, casi a la expectativa, como si temiera que Ellen le guardara aún rencor.

William lo adelantó, corrió hacia su madre y llegó a ella antes que Isaac.

—¡Válgame Dios, lo que has crecido! —constató Ellen con asombro.

Después de haberlo abrazado con fuerza, lo agarró de los hombros y lo alejó un poco para poder mirarlo bien.

William la contempló con alegría y asintió.

—Todo esto desde la Natividad. —Entre el pulgar y el índice que le mostró había una distancia considerable.

Isaac lo ponía de vez en cuando con la espalda contra la puerta del establo y hacía una muesca con su cuchillo, marcando su altura en la madera. La marca era un poco más alta cada vez, y William casi estallaba de orgullo.

Por fin también Isaac se acercó a Ellen, y William desapareció sin que nadie le dijera nada.

En la interrogante mirada de su marido, Ellen vio lo preocupado que estaba por ella.

—¡Me encuentro muy bien! —dijo en voz baja, y le echó los brazos alrededor del cuello—. Me alegro de estar otra vez contigo.

Su familiar olor y sus susurradas palabras: «Te he añorado mucho», hicieron que se le saltaran las lágrimas.

Isaac la estrechó con fuerza, aunque con cuidado.

Durante un buen rato permanecieron allí en el patio, absortos en su abrazo.

Fue Jean quien habló entonces:

—¡Bueno, bueno, ahora me toca a mí! —Sonrió y tiró de Ellen hacia sí—. Deja que te vea. ¡Qué barriguita más hermosa nos traes! —dijo, guiñándole un ojo—. Parece que ya no le queda mucho. ¡Por lo visto has conseguido llegar a casa justo a tiempo!

Ellen asintió y rió con alegría. No hacía más que mirar a Isaac. ¿Cómo había podido dudar de él un solo momento y creer que sentía envidia, y no celos, como había insinuado Jean, y que por eso estaba enfadado cuando Baudouin se la llevó? ¡En los ojos de su marido vio orgullo y amor, así como calidez e inquietud por ella! «Es del todo diferente a Guillaume», pensó con ternura. Por primera vez en su vida se sintió completamente a salvo. Había conseguido todas sus metas y estaba feliz de encontrarse junto a Isaac.

St. Edmundsbury, julio de 1183

La barriga de Ellen estaba ya tan redonda a su regreso que no la dejaba trabajar en el yunque, de modo que tuvo que conformarse con supervisar a los dos aprendices. Siempre tenía algo que criticar y no hacía más que reprender a los cohibidos muchachos.

—¡Deberías reposar un poco! —le aconsejó Isaac con cariño, y le besó la frente ceñuda y malhumorada.

—¡Pero si no estoy cansada! —se rebeló ella.

—Pronto llegará el momento, no seas tan exigente contigo misma. ¡Y tampoco con nosotros! —la riñó Isaac con cordialidad, y le acarició la barriga lleno de amor.

—Ay, válgame Dios, cómo me alegro de que esto vaya a terminar pronto y pueda volver a trabajar —rezongó Ellen, pero salió del taller sin sentirse ofendida.

Paseó aburrida por el patio. Si se dejaba ver en la casa tendría que ayudar a preparar la comida, y eso no le apetecía lo más mínimo. Ellen estaba pensando qué podía hacer cuando un grupo de monjes llegaron trotando al patio.

El abad en persona desmontó de su espléndido corcel negro y se le acercó con grave semblante.

Ellen se dio cuenta de lo mucho que se esforzaba el hombre por no mirarle la barriga.

—¡Horrible, es de lo más horrible! —se lamentó el abad—. ¡Nuestro joven rey ha muerto!

Un dolor penetrante sacudió el vientre de Ellen. Acto seguido, cayó inconsciente.

Hacía ya rato que los monjes se habían marchado cuando Ellen volvió en sí, tumbada en su cama.

—¡Has roto aguas, ya llega el niño! —exclamó Rose con ternura, y le pasó un paño húmedo por la frente.

—¡El joven rey! —gimió Ellen, pero una contracción la dejó sin fuerzas para hablar—. ¡Thibault lo maldijo! ¡La maldición ha matado a Enrique! —susurraba sin cesar.

—Está ardiendo, seguramente por la conmoción —explicó Rose en voz baja cuando Isaac entró en la alcoba y le apartó de la frente unos mechones sudados.

—Ten fuerza, amor mío. Pronto lo habrás conseguido.

Ellen se esforzó por sonreírle con tranquilidad. Por las palabras de Isaac, parecía que quisiera infundirse valor tanto a sí mismo como a ella.

—Espero que sea el hijo que tanto deseas —susurró.

—No te preocupes por eso. ¡Ya tenemos un hijo! Lo principal es que tú estés bien. —Siguió a Rose a la cocina—. Estoy muy preocupado —mascullló.

—Ya lo sé, Isaac, yo también, pero lo conseguirá, ya verás.

Ellen llevaba varias horas con contracciones cuando al fin llegó la partera. Después de lavarse las manos a conciencia, las metió bajo la camisa de Ellen.

—No toco la cabecita.

Arrugó la frente con inquietud y después apartó la manta por completo para palpar a la parturienta.

Rose la miró con espanto.

—¡El niño viene de través! —La anciana se frotó las manos con nerviosismo—. Si no logro enderezarlo, morirá.

Puso la mano derecha en la parte baja de la barriga de Ellen y fue empujando contra ella con un suave balanceo sin dejar de rezar en voz baja. Las cuentas del rosario de madera resbalaban con pericia entre sus dedos. Pareció pasar una eternidad, pero de pronto toda la barriga empezó a dar bandazos, como un barco al borde de la zozobra.

Rose apenas creía lo que veía. El niño se había enderezado y la barriga de Ellen volvía a parecer la de una embarazada, y no como si se le hubiera atravesado una gigantesca hogaza de pan.

—¡El Señor está con vos, niña! —se alegró la partera, y le acarició a Ellen las mejillas, persignándose incontables veces.

A partir de ese momento el parto se sucedió muy deprisa. Las contracciones aumentaron y, antes aun de que oscureciera, Ellen había dado a luz a un niño sano.

—Tendrá que descansar unos días, ¡ya no tiene dieciséis años! —le advirtió la partera a Isaac.

—¡Mira, tiene el pelo oscuro como tú! —susurró Ellen con cariño al oído de su marido mientras la anciana lavaba y arropaba al pequeño.

También William, que había acabado teniendo el pelo castaño claro, había nacido con una mata casi negra en la cabeza, pero de eso nada le dijo a Isaac, pues disfrutaba al verlo tan orgulloso de su primer varón.

—¡Es todo hijo tuyo! —le dijo con amor.

—He tenido mucho miedo de perderte —admitió él a media voz.

Ellen supo que no solo se refería al peligro del parto; le cogió la mano y la estrechó.

—Mi sitio está aquí, junto a ti.

—¿Qué te parece si llamamos Enrique al pequeño, por el joven rey? —propuso Isaac.

Ellen asintió.

—¡Ven a conocer a tu hermano! —Isaac, al ver a William espiando un momento en la alcoba, le indicó que se acercara.

Este avanzó con timidez.

—Un poco arrugado —comentó en voz baja, e Isaac se echó a reír.

—A tu madre no se lo diremos, pero un poco de razón sí que tienes —convino el herrero con aire conspirativo.

Ellen frunció el ceño, luego rió y miró a Isaac con un brillo en los ojos.

La mirada de William, por el contrario, se ensombreció de súbito. Salió corriendo de la alcoba sin mediar palabra.

Al día siguiente, cuando Ellen salió de la casa con el pequeño Enrique en brazos, William todavía parecía triste. Estaba sentado en el patio con la cabeza gacha, apático. Ellen iba a sentarse con él cuando Isaac se apresuró hacia ella, feliz.

—¿Veníais a verme? —preguntó, exultante, y le besó la frente antes de volverse hacia su hijo—. ¡Mira con qué fuerza me agarra el dedo! —Miraba encandilado a su primer hijo varón, señalando con orgullo su pequeño puñito.

William se levantó con brusquedad y pasó junto a ellos caminando con rabia. Isaac, empero, lo agarró del brazo y lo retuvo.

—Oye, hijo mío, ¿te sucede algo?

—¡Tu hijo es él, no yo! —espetó William, señalando con el dedo al pequeño Enrique. En sus ojos brillaban lágrimas de ira.

—Aunque no sea tu padre, tú para mí sigues siendo mi hijo, y nunca, ¿me oyes?, nunca se te ocurra pensar que te quiero menos que a tu hermano. ¿Lo has entendido? —Isaac seguía sin soltar al chiquillo y lo miraba con insistencia.

William asintió.

—Entonces, ¿puedo seguir llamándote padre? —preguntó a media voz.

Isaac le alborotó el pelo con ternura.

—Me entristecería sobremanera que no lo hicieras.

Ellen suspiró, contenta. Isaac era el mejor esposo que podía desear, y sería un buen padre, no solo para su propio hijo, sino también para William.

—¡Mira, el pequeño Enrique se ha quedado dormido! —Ellen, ensimismada, acunaba en sus brazos a su retoño de tres semanas y, de pronto, se despertó en ella su viejo afán—. ¿Sabes qué? Se lo dejaré a Rose e iré a la herrería. Hace muchísimo que no hago nada. —Le dio la espalda a Isaac y salió a todo correr.

—Los herreros se alegrarán mucho. Jean, sobre todo, está impaciente por volver a trabajar contigo —exclamó su marido tras ella, y en voz baja añadió—: ¡Pero el que más te ha echado de menos he sido yo!

—¡Ya iba siendo hora de que te dejaras ver de nuevo por aquí! —saludó Jean con fingido reproche cuando, poco después, Ellen se presentó en el taller. Enseguida se echó a reír—. ¡Desde que te marchaste, han preguntado por ti como nunca! ¡El símbolo de cobre está en boca de todos, y los barones más destacados de Inglaterra esperan poder adquirir una de tus espadas!

Ellen le ofreció una tímida sonrisa.

—Sienta tan bien estar de vuelta... —murmuró; después inspiró hondo y se deleitó con el familiar aroma a hierro y humo de carbón.

En aquel instante comprendió lo mucho que añoraba trabajar con Jean e Isaac.

—Como sabéis, siempre soñé con forjar una espada para el rey —empezó a decir, y pasó una mano por el yunque como acostumbraba hacer—. Después de *Runedur* quedé satisfecha. Sin embargo, el joven rey ha muerto y su padre sigue reinando en el país. —Las mejillas de Ellen estaban encendidas. Tomó aire una vez más, como si quisiera hacer acopio de valor—. Todavía no me han encargado que forje una espada para Enrique II, pero nuestra meta debería ser ponerle remedio a eso, ¿no creéis?

—¡Esa es nuestra Ellen! —jaleó Jean con entusiasmo, y se frotó las manos.

—Estoy convencida de que el rey vendrá un día a vernos —prosiguió ella con seriedad—. Tengo más ideas que antes y quiero estar preparada para ese día. —Los fue mirando uno a uno—. ¡Pero para ello necesito vuestra ayuda!

—Lo cierto es que considero que te las apañarías muy bien sin mí, pero nada podría hacerme más feliz —repuso Jean con cierta teatralidad.

—¡Yo no habría sabido decirlo mejor! —terció Isaac—. Por cierto, hace poco he descubierto a un mercader de Brabante que tiene unas nuevas piedras para pulir, muy finas. Un pecado de caras, ¡pero el brillo que se consigue con ellas es inigualable! —informó con gran entusiasmo.

—¡Eso promete maravillas, Isaac! —Ellen rió con ganas, más optimista que nunca. Les dirigió a ambos una mirada resplandeciente y apremiante—. ¿A qué aguardamos? Vamos, los dos, que yo he perdido ya la costumbre. ¡A trabajar se ha dicho!

Observaciones históricas

Con esta novela quería hacer recaer la mirada del lector sobre una época importante y muy emocionante del medievo: el siglo XII. A causa de varios y polifacéticos acontecimientos que supusieron un gran progreso para aquellos tiempos, ese siglo suele considerarse el apogeo de la Edad Media y la cuna de la modernidad.

Las gentes de la época eran ciertamente temerosas de Dios y estaban más rendidas a su destino que nosotros, pero no eran pudibundas ni tenían una mentalidad extraña para con la sexualidad ni la desnudez. Les gustaba lavarse y bañarse, amaban y odiaban de todo corazón, celebraban y viajaban mucho; con sus esperanzas y sus miedos, en resumen, eran mucho más parecidos a nosotros de lo que solemos imaginar. En la Alta y la Baja Edad Media se temía sobre todo la lepra, una enfermedad cutánea no demasiado contagiosa, conocida también como el mal de San Lázaro. La peste no causó estragos en Europa hasta mediados del siglo XIV, cuando trastocó de manera radical la vida cotidiana.

La bonanza del clima del siglo XII y el nuevo sistema de rotación de cultivos trienal aumentaron los rendimientos de las tierras. Los excedentes de alimentos resultantes permitieron el nacimiento de las ciudades. El creciente progreso en muchos ámbitos, también en el de la técnica, trajo consigo mucho bienestar. Numerosas novedades legales y administrativas fueron responsables de la estabilidad política.

En lo concerniente al papel de las mujeres dentro de esta sociedad joven y dinámica, me adhiero a las opiniones del historiador Robert Fossier, quien nos demuestra con detalle que mujeres de los más diversos ámbitos y estructuras sociales tenían influencia u ostentaban poder, y considera que probablemente incluso contaban con más derechos que sus homólogas de los siglos XVII y XVIII.

La base de la investigación histórica de la novela está compuesta por fuentes de la Edad Media, leyendas y poemas épicos, crónicas históricas, así como documentos y actas. Las falsificaciones, no obstante, estaban a la orden del día, de manera que no siempre es posible deshacer ambigüedades. Los historiadores (y los arqueólogos) difieren a menudo en sus evaluaciones, puesto que las mismas fuentes pueden interpretarse de manera diferente según el ángulo desde el que se estudien y, aunque sus interpretaciones se basen en consecuencias lógicas, rara vez son irrefutablemente demostrables.

De manera que también a mí, pese a la minuciosa investigación de incontables detalles históricos y socioculturales, me quedaba cierto espacio de maniobra que he elaborado según mi propia imaginación.

El calendario pagano romano consideraba el 1 de enero como primer día del año, y así fue hasta que, en la Alta Edad Media, la Iglesia se pronunció en contra y dictó que el año comenzara el día de Natividad, es decir, el 25 de diciembre. En la Inglaterra del siglo XII, el día de Año Nuevo quedó fijado en el 25 de marzo, considerando que la vida de Cristo había comenzado con la Anunciación. En general, no obstante, este Año Nuevo no fue ampliamente aceptado, y la nueva datación no se extendió de forma generalizada hasta el siglo XIII. En Francia, el 1 de enero fue proclamado otra vez día oficial de Año Nuevo en 1563, pero en Inglaterra no sucedió hasta 1753. Sin embargo, hacía ya tiempo que el pueblo consideraba el 1 de enero como comienzo del año. Para no confundir al lector, también en la novela he hecho comenzar el año, como es habitual hoy en día, el 1 de enero.

Los mitos mágicos rodean al arte de la forja ya desde la Edad del Hierro (800 a.C.): aquel que era capaz de transformar irregulares bloques negros en un metal brillante debía de poseer poderes ocultos. El hecho de que, pese a la precariedad de sus conocimientos químicos, los herreros obtuvieran ya desde antiguo acero duro y al mismo tiempo flexible, es un dato real. El concepto de acero, no obstante, aún no existía en la época, por lo que no lo he utilizado en la novela. Recientes descubrimientos del doctor en arqueología Stefan Mäder han demostrado que las espadas de la Edad Media podían competir sin ningún problema con las espadas samuráis japonesas de esa misma época. Con una longitud de unos 90 centímetros y un peso entre 0,9 y 1,30 kilos, la espada de doble filo de los caballeros no era una quebradiza arma de hierro, sino un arma blanca de acero, ligera, muy manejable y altamente efectiva.

El dorado al fuego que aparece en la novela se realizaba en el siglo XII tal como está descrito, y la calidad de esta técnica sigue inigualada en nuestros días. Sin embargo, a causa de los efectos perjudiciales del mercurio para la salud, fue sustituida, salvo en contadas excepciones, por procedimientos galvánicos.

Sacamuelas, cirujanos barberos, operadores y batidores de cataratas iban de feria en feria y se encargaban, junto con curanderas, monjas y monjes, de los cuidados médicos del pueblo. Los batidores de cataratas nunca se quedaban mucho tiempo en un mismo lugar, pues la mayoría de sus pacientes volvían a quedar ciegos poco más de tres meses después, a causa de infecciones. La técnica de esta operación apenas varió desde los albores de la Antigüedad hasta entrado el siglo XVIII.

Todos los lugares citados en el libro existen en la realidad, si bien St. Edmundsbury es hoy más conocido como Bury St. Edmunds. El castillo de Orford se conserva en muy buen estado, ¡y vale la pena visitarlo!

Salvo su encuentro con Ellen y el hijo nacido de esa relación, la mayoría de los detalles sobre la vida de Guillaume son auténticos, según nos han sido transmitidos. Fue inmortalizado en un poema épico, *Guillermo el Mariscal*, y está considerado quizá como el caballero más importante de su época. Fue un soldado excepcional, con extraordinaria buena estrella y un gran olfato político. El punto culminante de su carrera fue su nombramiento como regente de Inglaterra tras la muerte del rey Juan.

Agradecimientos

Mi más sentido agradecimiento por introducirme en el arte de la forja y responder a interminables preguntas para el herrero Arno Eckhart, que aún hoy en día vive de forjar espadas. Él ha confeccionado a *Athanor* siguiendo las descripciones del libro, y gracias a él puede contemplarse, pues la llevo conmigo durante mis lecturas.

Asimismo, fueron para mí de fundamental importancia las conversaciones con la forjadora Petra Schmalz, quien también creció en una herrería y, con ello, pudo ofrecerme una perspectiva única sobre la infancia de Ellen. También quisiera agradecerle al orfebre Fritz Rottler la ayuda prestada.

Las palabras de aliento y los consejos de Tanja Reindel, Eva Baronsky y Rebecca Gablé, tan querida por mí, me ayudaron a no tirar la toalla en los momentos difíciles.

A mi agente, Bastian Schlück, y a mi lectora, Karin Schmidt, les agradezco su constructiva colaboración y la confianza que depositaron en mí desde un buen principio.

A mi amiga Françoise Chateau-Dégat le dirijo un agradecimiento muy especial, pues aligeró una inmensa cantidad de compromisos de mi vida cotidiana, cuidó de mis hijos con mucho amor y estuvo dispuesta a escucharme día y noche.

No obstante, sin mis padres, que tras sus reparos iniciales demostraron ser unos mecenas de lo más generosos, la realización de este proyecto no habría sido posible.

ESTE LIBRO HA SIDO IMPRESO
EN LOS TALLERES DE
PRINTER INDUSTRIA GRAFICA